经贸院士
科技前沿
贺教育部
重大攻关项目
成果专辑

李岚林
癸巳八月八

教育部哲学社会科学研究重大课题攻关项目

"十三五"国家重点出版物出版规划项目

创新专业学位研究生培养模式研究

RESEARCH ON CULTIVATION MODEL
OF INNOVATIVE PROFESSIONAL
DEGREE GRADUATE STUDENTS

贺克斌 等著

中国财经出版传媒集团

经济科学出版社
Economic Science Press

图书在版编目（CIP）数据

创新专业学位研究生培养模式研究/贺克斌等著. —北京：经济科学出版社，2020.11

教育部哲学社会科学研究重大课题攻关项目 "十三五"国家重点出版物出版规划项目

ISBN 978-7-5218-1978-6

Ⅰ.①创… Ⅱ.①贺… Ⅲ.①研究生教育-培养模式-研究-中国 Ⅳ.①G643

中国版本图书馆 CIP 数据核字（2020）第 198256 号

责任编辑：孙丽丽　胡蔚婷
责任校对：靳玉环
责任印制：范　艳

创新专业学位研究生培养模式研究

贺克斌　等著

经济科学出版社出版、发行　新华书店经销
社址：北京市海淀区阜成路甲 28 号　邮编：100142
总编部电话：010-88191217　发行部电话：010-88191522
网址：www.esp.com.cn
电子邮箱：esp@esp.com.cn
天猫网店：经济科学出版社旗舰店
网址：http://jjkxcbs.tmall.com
北京季蜂印刷有限公司印装
787×1092　16 开　36.5 印张　710000 字
2021 年 5 月第 1 版　2021 年 5 月第 1 次印刷
ISBN 978-7-5218-1978-6　定价：148.00 元
(图书出现印装问题，本社负责调换。电话：010-88191510)
(版权所有　侵权必究　打击盗版　举报热线：010-88191661
QQ：2242791300　营销中心电话：010-88191537
电子邮箱：dbts@esp.com.cn)

课题组主要成员

总负责人： 贺克斌　袁本涛

子课题一： 专业学位培养的理念、模式与趋势研究
　　　　　　袁本涛　王顶明　陈　东　李莞荷　胡　轩
　　　　　　冯柳青　杨力苈　朱贺玲　肖　聪

子课题二： 我国专业学位培养模式的现状及其国际比较研究
　　　　　　马永红　于苗苗　张　乐　包艳华　刘贤伟
　　　　　　陈　丹　李开宇

子课题三： Ⅰ型专业学位培养模式创新研究
　　　　　　段丽萍　贾金忠　王志锋　崔　爽

子课题四： Ⅱ型和Ⅲ型专业学位培养模式创新研究
　　　　　　王孙禺　李锋亮

子课题五： 专业学位培养模式创新的政策研究
　　　　　　刘惠琴　康　妮　钟晓征　高彦芳　沈　岩
　　　　　　易　然

统　　稿： 袁本涛　王顶明　李莞荷　刘惠琴

总　序

哲学社会科学是人们认识世界、改造世界的重要工具，是推动历史发展和社会进步的重要力量，其发展水平反映了一个民族的思维能力、精神品格、文明素质，体现了一个国家的综合国力和国际竞争力。一个国家的发展水平，既取决于自然科学发展水平，也取决于哲学社会科学发展水平。

党和国家高度重视哲学社会科学。党的十八大提出要建设哲学社会科学创新体系，推进马克思主义中国化、时代化、大众化，坚持不懈用中国特色社会主义理论体系武装全党、教育人民。2016年5月17日，习近平总书记亲自主持召开哲学社会科学工作座谈会并发表重要讲话。讲话从坚持和发展中国特色社会主义事业全局的高度，深刻阐释了哲学社会科学的战略地位，全面分析了哲学社会科学面临的新形势，明确了加快构建中国特色哲学社会科学的新目标，对哲学社会科学工作者提出了新期待，体现了我们党对哲学社会科学发展规律的认识达到了一个新高度，是一篇新形势下繁荣发展我国哲学社会科学事业的纲领性文献，为哲学社会科学事业提供了强大精神动力，指明了前进方向。

高校是我国哲学社会科学事业的主力军。贯彻落实习近平总书记哲学社会科学座谈会重要讲话精神，加快构建中国特色哲学社会科学，高校应发挥重要作用：要坚持和巩固马克思主义的指导地位，用中国化的马克思主义指导哲学社会科学；要实施以育人育才为中心的哲学社会科学整体发展战略，构筑学生、学术、学科一体的综合发展体系；要以人为本，从人抓起，积极实施人才工程，构建种类齐全、梯队衔接的高校哲学社会科学人才体系；要深化科研管理体制改革，发挥高校人才、智力和学科优势，提升学术原创能力，激发创新创造活力，建设中国特色新型高校智库；要加强组织领导、做好统筹规划、营造良好学术生态，形成统筹推进高校哲学社会科学发展新格局。

哲学社会科学研究重大课题攻关项目计划是教育部贯彻落实党中央决策部署的一项重大举措，是实施"高校哲学社会科学繁荣计划"的重要内容。重大攻关项目采取招投标的组织方式，按照"公平竞争，择优立项，严格管理，铸造精品"的要求进行，每年评审立项约40个项目。项目研究实行首席专家负责制，鼓励跨学科、跨学校、跨地区的联合研究，协同创新。重大攻关项目以解决国家现代化建设过程中重大理论和实际问题为主攻方向，以提升为党和政府咨询决策服务能力和推动哲学社会科学发展为战略目标，集合优秀研究团队和顶尖人才联合攻关。自2003年以来，项目开展取得了丰硕成果，形成了特色品牌。一大批标志性成果纷纷涌现，一大批科研名家脱颖而出，高校哲学社会科学整体实力和社会影响力快速提升。国务院副总理刘延东同志做出重要批示，指出重大攻关项目有效调动各方面的积极性，产生了一批重要成果，影响广泛，成效显著；要总结经验，再接再厉，紧密服务国家需求，更好地优化资源，突出重点，多出精品，多出人才，为经济社会发展做出新的贡献。

作为教育部社科研究项目中的拳头产品，我们始终秉持以管理创新服务学术创新的理念，坚持科学管理、民主管理、依法管理，切实增强服务意识，不断创新管理模式，健全管理制度，加强对重大攻关项目的选题遴选、评审立项、组织开题、中期检查到最终成果鉴定的全过程管理，逐渐探索并形成一套成熟有效、符合学术研究规律的管理办法，努力将重大攻关项目打造成学术精品工程。我们将项目最终成果汇编成"教育部哲学社会科学研究重大课题攻关项目成果文库"统一组织出版。经济科学出版社倾全社之力，精心组织编辑力量，努力铸造出版精品。国学大师季羡林先生为本文库题词："经时济世　继往开来——贺教育部重大攻关项目成果出版"；欧阳中石先生题写了"教育部哲学社会科学研究重大课题攻关项目"的书名，充分体现了他们对繁荣发展高校哲学社会科学的深切勉励和由衷期望。

伟大的时代呼唤伟大的理论，伟大的理论推动伟大的实践。高校哲学社会科学将不忘初心，继续前进。深入贯彻落实习近平总书记系列重要讲话精神，坚持道路自信、理论自信、制度自信、文化自信，立足中国、借鉴国外，挖掘历史、把握当代，关怀人类、面向未来，立时代之潮头、发思想之先声，为加快构建中国特色哲学社会科学，实现中华民族伟大复兴的中国梦做出新的更大贡献！

教育部社会科学司

前 言

本书是教育部哲学社会科学研究重大课题攻关项目《创新专业学位研究生培养模式研究》的成果。项目下设5个子课题组,分别从专业学位培养理念、模式与趋势研究,专业学位培养模式现状及其国际比较研究,临床医学硕士专业学位培养模式研究,MBA、工程硕士等专业学位培养模式研究以及专业学位培养模式创新的政策研究这五个方面展开研究。经过近五年的实证研究,跨单位科研团队的通力协作,完成了本书的撰写工作,本书分为四个部分:

第一部分为总论。主要包括本书的研究背景、文献综述、分析框架、研究方法等内容。概述了专业学位研究生培养的国内外研究现状,我国专业学位研究生教育发展状况,以及典型国家专业学位教育情况。并且建构了专业学位研究生培养模式核心要素体系作为本书研究的基础,为专业学位培养模式研究提供了分析框架。

第二部分为分类视角下的专业学位研究生培养模式调查分析。从分类的视角出发,创新性地提出了专业学位人才培养项目分类标准和类型。依据专业学位人才培养项目的母学科特征及其相应的职业技能专业化程度,将之分为高度专业化过程认知型(Ⅰ型)、高度专业化程序认知型(Ⅱ型)、初步专业化过程认知型(Ⅲ型)、初步专业化程序认知型(Ⅳ型)四大类。通过问卷调查等方式对我国专业学位研究生培养模式现状、问题与特征进行实证分析,特别是选取全日制非定向的工程硕士、法律硕士、工商管理硕士和应用统计硕士作为四种类型的代表,对其培养模式关键要素进行了比较,总结了我国专业学位研究生培养现状的特征和存在的问题。

第三部分为专业学位研究生培养模式案例分析。选取了我国的临床医学硕士、工商管理硕士、工程硕士为代表，对专业学位研究生培养情况进行了实例分析，同时，还选取了国（境）外的典型专业学位培养模式案例进行分析，从而发现问题，总结特色经验。

第四部分为关于创新专业学位研究生培养模式的建议。从政府、行企、高校三个维度对创新专业学位研究生培养模式提出了政策建议，一是要完善专业学位研究生培养的相关政策法规，二是要健全高层次人才培养的协同培养机制，三是要创新多样化的专业学位研究生培养模式。

我国的专业学位研究生教育虽然起步较晚，但近十年来的发展势头十分迅猛。在从研究生教育大国向研究生教育强国转变的进程中，专业学位研究生教育作为与学术学位研究生教育并列的一大支柱，需要继续加强自身建设，奋力开拓创新，发挥重大作用。这离不开来自政府、市场、高校各界的专业学位研究生教育相关者的共同努力、通力合作，也需要从事研究生教育研究和一线工作人员的大胆探索、小心求证，本书的完成便很好地说明了这一点。我国专业学位研究生教育即将迎来创设30周年，未来，定会有更多的力量关注并投入专业学位研究生培养模式研究中，为我国社会主义现代化建设输送更多优秀人才，推动我国研究生教育迈上新台阶！

摘 要

专业学位是针对社会特定职业领域的需要，培养具有较强的专业能力和职业素养，能够创造性地从事实际工作的高层次应用型专门人才而设置的一种学位类型。自1990年，我国开始设置和试办第一个专业学位以来，专业学位研究生教育蓬勃发展。截至目前，已设置博士专业学位6种、硕士专业学位47种，全国专业学位年授予规模超过30万人次，累计授予规模接近250万人次。在过去三十年的时间里，专业学位研究生教育体系已初见形态，为我国社会主义现代化建设培养并输送了大批人才，对改善和优化国家人才队伍结构发挥了重要作用，为推动人才强国战略和科教兴国创新型国家建设战略的有效实施提供了强有力的保障。

随着产业结构优化升级和科技的迅速发展，国家对创新型人才的需求日趋多样化，新兴行业领域和职业层出不穷，社会分工逐渐细化，这些都对研究生教育发展提出了新的要求和挑战。在美国、英国、法国等高等教育发达国家，专业学位研究生教育都已成为研究生教育的主体。我国在从研究生教育大国向研究生教育强国迈进的建设进程中，也需要根据新的形势做出战略调整，进一步加大专业学位研究生培养力度。但是，鉴于我国专业学位研究生教育办学历史尚短，还存在着对专业学位人才培养规律的认识不到位、管理服务经验不足、行业与用人单位对专业学位研究生认可度不高等种种问题。在专业学位研究生培养过程中，培养目标与规格尚不清晰、课程体系沿袭学术学位研究生课程、专业实践效果欠佳、双师型师资队伍不够健全、人才评价标准单一等问题依然存在。因此，迫切需要开展专业学位研究生教育研究，探索适应行业领域需要的专业学位研究生培养模式，以更好地适应国家经济社会发展对高层次应用型专门人才的需求。

　　基于上述背景，本书构建了我国专业学位研究生培养模式的理论框架，对我国专业学位进行了类型学分析，在对国内外专业学位研究生培养开展实证调研和案例分析的基础上，总结先进经验，分析现状与问题，从而提出创新专业学位研究生培养模式的对策与建议，以期推动我国专业学位研究生教育的蓬勃发展。研究的创新与贡献在于：第一，建构了培养模式核心要素体系。为专业学位培养模式的研究与实践提供理论基础与分析框架。第二，提出了专业学位人才培养项目分类标准和类型。依据专业学位人才培养项目的母学科特征及其相应的职业技能专业化程度将之分为四类，揭示了不同类型专业学位人才培养的本质特征，推动了专业学位教育的分类指导与管理。第三，开展全国范围的专业学位研究生教育调研并进行实证分析，获得了大量数据与访谈资料，为全面了解我国专业学位研究生培养现状提供了丰富素材。第四，构建了专业学位研究生教育的政策支持体系。分别从国家、行业（企业）、学校的角度出发，提出完善专业学位研究生培养的政策法规、健全高层次人才协同培养机制、创新多样化的专业学位研究生培养模式等建议。

Abstract

　　Professional degree is a kind of degree designed to respond to the needs of occupational field of society, and to educate high-level applied professionals with strong professional competence and quality, who can also creatively engage in practical work. Professional degree graduate education has been flourishing since the first professional degree was set up in China in 1990. Up to now, there are 6 kinds of professional doctoral degrees and 47 kinds of professional master's degrees. Now, over 300 thousands professional degrees are granted every year, and a total of 2.5 million people have earned professional degrees. In the past 30 years, the system of professional degree graduate education has already established basically. Professional degree graduate education has made a significant contribution to optimize the national structure of talents by educating a large number of professionals, and guaranteed the implementation of the strategy of reinvigorating China through science, education and human resources.

　　With the optimization and upgrading of industrial structure and the rapid development of science and technology, national demand for innovative talents is becoming increasingly diverse. In the meantime, newly emerged industries, occupations, and refined social division of labor puts forward new requirements and challenges to the development of graduate education. So far, professional degree graduate education has become the main part of graduate education in countries like the USA, the UK and France. For China, in the transition from a big country to a strong country in graduate education, it is crucial that making strategic adjustment according to the new situation and strengthen the professional degree graduate education. However, in view of the professional degree graduate education in China just started 30 years ago, there are still some problems such as lack of awareness of regularities of professional degree talent fostering, lack of experience of administration and service, and social bias on professional degree graduates. When professional degree graduates are educated, problems like vague education goals, similar curriculum to academic degree programs', unsatisfactory effect of professional practice, unbalanced faculty structure and inflexible standard of evaluation to graduates still exist. In order to meet the demand of high-level applied professionals in China, it's necessary to conduct a research on professional degree graduate education, exploring professional degree graduates cultivating modes which can satisfy the industries' needs.

Considering the above situation, this research developed a theoretical framework of professional degree graduate cultivating mode, and presented a typology analysis of professional degree graduate education. Basing on the investigation and case studies, the author summarized the domestic and overseas experiences, current status and issues, and put forward some suggestions on innovation of professional degree graduates cultivating mode. The innovation and contribution of this research includes: Firstly, we designed a system of key elements of graduate training mode which can be used in research and practice about professional degree graduate education as an analysis framework. Secondly, standards and characteristics of professional degree programs classification were concluded. According to the characteristics of the discipline and the level of specialization of the professional degree programs, we divided professional degree programs into four types. The result of classification reveals the nature of different types of professional degree talent cultivation, and promotes the classified guidelines and administration on professional degree education. Thirdly, a nationwide investigation on professional degree graduate education was conducted. Mass of data and materials were obtained to make sure that we can get the whole picture of the status of professional degree graduate cultivating. Fourthly, a policy support system of professional degree graduate education was proposed from the perspective of stakeholders. We suggested that government should strengthen policies and regulations of professional degree graduate cultivating, industries and enterprises need to be encouraged to improve the mechanism of high-level talent joint cultivation, and colleges should explore diversified cultivating modes of professional degree graduate positively.

目 录
Contents

第一部分

总论 1

第一章 绪论 3

第一节 研究背景 3
第二节 文献综述 5
第三节 研究框架与研究方法 34
第四节 专业学位研究生培养模式核心要素分析 38

第二章 我国专业学位研究生教育发展 53

第一节 2009年以来我国专业学位类别及学位授权点增长情况 53
第二节 2010年以来我国专业学位授权点整改与撤销情况 58
第三节 2009年以来我国新增专业学位类别学位授予数 63
第四节 结论与建议 66

第三章 专业学位教育国际比较 70

第一节 国外典型国家专业学位历史演进 70
第二节 典型国家专业学位类型 72
第三节 典型国家专业学位授权关键要素比较 74
第四节 国外专业学位授权模式总结 77
第五节 国外专业学位授权模式经验对我国的启示 78

第二部分 分类视角下的专业学位研究生培养模式调查分析　81

第四章 专业学位人才培养模式分类设想　83
第一节　专业学位人才培养项目分类标准及培养模式特征　83
第二节　基于分类视角的专业学位培养方案目标与路径分析　100

第五章 全国专业学位研究生培养模式现状分析　113
第一节　培养模式核心要素分析　113
第二节　研究结论　134

第六章 Ⅰ型专业学位培养模式现状分析——以工程硕士为例　137
第一节　培养模式关键要素分析　139
第二节　研究结论　160

第七章 Ⅱ型专业学位培养模式现状分析——以法律硕士为例　163
第一节　培养模式关键要素分析　164
第二节　研究结论　184

第八章 Ⅲ型专业学位培养模式现状分析——以工商管理硕士为例　187
第一节　培养模式关键要素分析　188
第二节　研究结论　208

第九章 Ⅳ型专业学位培养模式现状分析——以应用统计硕士为例　212
第一节　培养模式关键要素分析　212
第二节　研究结论　232

第十章 专业学位培养模式现状对比分析及建议　235
第一节　专业学位对比分析　235

第二节　问题及建议　243

第三部分
专业学位研究生培养模式案例分析　249

第十一章 ▶ 临床医学硕士培养模式实例分析　251

第一节　我国临床医学专业学位的起源、发展与研究现状　251
第二节　临床医学硕士专业学位培养模式分析　258
第三节　临床医学硕士专业学位培养体系建设的难点与对策　289
第四节　利益相关者视角下临床医学硕士专业学位培养模式改革　299

第十二章 ▶ 工商管理硕士培养模式实例分析　312

第一节　国内外研究现状分析　313
第二节　MBA 培养模式的概念内涵及特征　316
第三节　研究对象与方法　322
第四节　不同层次院校 MBA 培养模式的共性与个性　348
第五节　研究结论　354

第十三章 ▶ 工程硕士培养模式实例分析　361

第一节　工程硕士研究生教育整体情况　361
第二节　工程硕士专业学位培养情况　367
第三节　工程硕士联合培养实践基地状况　373
第四节　工科博士生培养模式改革及其效果　382

第十四章 ▶ 国外专业学位培养模式案例研究　393

第一节　美国普渡大学无论文硕士学位项目教育模式研究　393
第二节　英国格拉斯哥大学教育学院多元研究生授课项目研究　402
第三节　法国巴黎综合理工学院科学技术硕士培养项目研究　413
第四节　教育博士培养模式的困境与变革　419

第四部分

关于创新专业学位研究生培养模式的建议 431

第十五章 ▶ 政府：完善专业学位研究生培养的政策法规　433

第一节　优化专业学位研究生教育体系　433
第二节　明确专业学位法律地位　434
第三节　优化专业学位教师结构　435
第四节　合理规划招生名额　436
第五节　发挥专业学位教指委职能　437

第十六章 ▶ 行业（企业）：健全高层次人才协同培养机制　438

第一节　促进行业（企业）协会有效参与专业学位研究生教育　438
第二节　切实发挥行业（企业）在专业学位研究生培养中的作用　440
第三节　搭建校企合作的第三方培养平台　442

第十七章 ▶ 高校：创新多样化专业学位研究生培养模式　444

第一节　改革专业学位研究生招生模式　444
第二节　持续改进课程体系　445
第三节　继续强化师资力量　447
第四节　改革探索多元化毕业考核方式　448
第五节　建立内外联动的培养机制　450
第六节　探索多样化培养模式　451

附录A　我国专业学位授权点类别分布　453

附录B　访谈提纲　456

附录C　调查问卷　468

参考文献　531

后记　551

Contents

Part 1
Overview   1

Chapter 1   Introduction   3

    1.1   Background   3

    1.2   Literature Review   5

    1.3   Research Framework and Methods   34

    1.4   An Analysis on Core Elements of Professional Degree Graduate Cultivating Mode   38

Chapter 2   Development of Professional Degree Graduate Education in China   53

    2.1   Growth of Professional Degree Majors and Professional Degree Conferring Programs in China Since 2009   53

    2.2   Reorganization of Professional Degree Conferring Programs in China Since 2010   58

    2.3   Number of Granted Degrees in Newly Appeared Professional Degree Majors in China Since 2009   63

    2.4   Summary and Suggestions   66

Chapter 3　An International Comparison of Professional Degree Education　70

    3.1　Historical Development of Professional Degree in Typical Countries　70

    3.2　The Varieties of Professional Degree in Typical Countries　72

    3.3　A Comparison of Key Elements of Professional Degree Conferring in Typical Countries　74

    3.4　A Summary of Foreign Professional Degree Conferring Mode　77

    3.5　The Enlightenment of Foreign Professional Degree Conferring Mode to China　78

Part 2

Investigation and Analysis on Professional Degree Graduate Cultivating Mode in China from the Perspective of Classification　81

Chapter 4　An Assumption of Professional Degree Talent Cultivating Mode Classification　83

    4.1　Standards and Characteristics of Professional Degree Programs Classification　83

    4.2　An Analysis on the Goal and Path of Professional Degree Talent Cultivating Plan from The Perspective of Classification　100

Chapter 5　An Analysis on the Current Status of Professional Degree Graduate Training Mode in China　113

    5.1　Analysis on The Core Elements of Talent Cultivating Mode　113

    5.2　Conclusions　134

Chapter 6　An Analysis on the Current Status of Model Ⅰ—Taking Master of Engineering as an Example　137

    6.1　Analysis on the Core Elements of Talent Cultivating Mode　139

    6.2　Conclusions　160

Chapter 7   An Analysis on the Current Status of Model Ⅱ—Taking Juris Master as an Example   163

    7.1   Analysis on the Core Elements of Talent Cultivating Mode   164

    7.2   Conclusions   184

Chapter 8   An Analysis on the Current Status of Model Ⅲ—Taking Master of Business Administration as an Example   187

    8.1   Analysis on the Core Elements of Talent Cultivating Mode   188

    8.2   Conclusions   208

Chapter 9   An Analysis on the Current Status of Mode Ⅳ—Taking Master of Applied Statistics as an Example   212

    9.1   Analysis on the Core Elements of Talent Cultivating Mode   212

    9.2   Conclusions   232

Chapter 10   Comparative Analysis and Suggestions on the Current Status of Professional Degree Graduate Cultivating Mode   235

    10.1   A Comparative Analysis on the Current Status of Professional Degree Graduate Cultivating Mode   235

    10.2   Existing Problems and Suggestions   243

Part 3

Case Studies of Professional Degree Graduate Cultivating Mode   249

Chapter 11   A Case Study on the Cultivating Mode of Master of Clinical Medicine in China   251

    11.1   The Birth, Development and Research Status of Master of Clinical Medicine in China   251

    11.2   An Analysis on the Cultivating Mode of Master of Clinical Medicine   258

11.3　The Difficulties and Strategies of Master of Clinical Medicine Cultivating System Construction　289

11.4　A Reform of Cultivating Mode of Master of Clinical Medicine from A Stakeholder Perspective　299

Chapter 12　A Case Study on the Cultivating Mode of Master of Business Administration in China　312

12.1　An Analysis of Research Status in Domestic and Overseas　313

12.2　The Concept and Characteristics of MBA Cultivating Mode　316

12.3　Research Objects and Methods　322

12.4　Common and Individuality of MBA Cultivating Mode in Different Levels of Colleges　348

12.5　Conclusions　354

Chapter 13　A Case Study on the Cultivating Mode of Master of Engineering in China　361

13.1　An Overview of Master of Engineering Education　361

13.2　Status of Master of Engineering Cultivation　367

13.3　Status of the Practice Base of Master of Engineering Joint Cultivation　373

13.4　The Reform and Effect of the Cultivating Mode of Engineering Doctoral Students　382

Chapter 14　Case Studies on the Professional Degree Graduate Cultivating Mode Overseas　393

14.1　A Study on Non-Thesis Master's Degree Programs in Purdue University　393

14.2　A Study on Postgraduate Taught Degree Programs in School of Education in University of Glasgow　402

14.3　A Study on Master of Science and Technology Programs in Ecole Polytechnique　413

14.4　Problems and Reform of the Cultivating Mode of
　　　 Doctor of Education　419

Part 4
Suggestions on Innovation of Professional Degree
Graduate Cultivating Mode　431

Chapter 15　Government: Improve Policies and Regulations
　　　　　　　　of Professional Degree Graduate Cultivating　433

15.1　Optimize the System of Professional Degree Graduate Education　433
15.2　Clarify the Legal Status of Professional Degrees　434
15.3　Optimize the Faculty Structure of Professional Degrees　435
15.4　Make a Rational Plan for Enrollment　436
15.5　Take the Advantage of the Professional Degree
　　　 Education Steering Committee　437

Chapter 16　Industry (Enterprise): Improve the Mechanism
　　　　　　　　of High-Level Talent Joint Cultivation　438

16.1　Engage Industry (Enterprise) Associations to Participate in Professional
　　　 Degree Graduate Education Effectively　438
16.2　Making Full Use of Industry (Enterprise) in
　　　 Professional Degree Graduate Cultivation　440
16.3　Build a Third-Party Platform for Better Cooperation
　　　 between Colleges and Enterprise　442

Chapter 17　College: Explore Diversified Cultivating Modes
　　　　　　　　of Professional Degree Graduates　444

17.1　Change the Enrollment Patterns of Professional Degree Graduates　444
17.2　Improve the Curriculum System Continuously　445
17.3　Enhance the Faculty Quality Constantly　447
17.4　Explore Diversified Methods of Graduation Assessment　448

17.5　Establish a Mechanism of Collaborative Cultivation Both Inside and Outside the Colleges　450

17.6　Explore Diversified Modes of Talent Cultivation　451

Appendix A：Distribution of Categories of Professional Degree Authorization Points in China　453

Appendix B：Interview Outline　456

Appendix C：Questionnaire　468

References　531

Postscript　551

第一部分

总　论

第一章

绪 论

第一节 研究背景

专业学位是随着现代科技与社会的快速发展,针对社会特定职业领域的需要,培养具有较强的专业能力和职业素养,能够创造性地从事实际工作的高层次应用型专门人才而设置的一种学位类型[①]。自1990年开始设置和试办第一个专业学位(工商管理硕士学位)以来,我国专业学位研究生教育经历了一个从无到有、从少到多的发展历程。截至目前,我国已设置博士专业学位6种、硕士专业学位47种,全国共有博士专业学位授予点111个,硕士专业学位授予点3 900个。全国专业学位年授予规模超过30万人次,专业学位授予人数与学术学位授予人数大体相当。专业学位研究生教育为我国社会主义现代化建设培养了一大批高层次应用型专门人才,对改善和优化国家人才队伍的结构和素质起到了不可替代的重要作用,为推动人才强国战略和科教兴国创新型国家建设战略的有效实施提供了强有力的保障。

但我国专业学位研究生教育还处于初级阶段,办学历史短,整体呈现出一种跨越式发展的特点。专业学位研究生教育体系还处在健全和完善之中,对专业学位人才培养规律的认识不到位,探索不全面,相关管理经验还很不足。每一个专

---

① 国务院学位委员会:《硕士、博士专业学位研究生教育发展总体方案》,2010年9月18日。

业学位的设置都是一次新的探索。一些高校在实施专业学位教育过程中理论认识不足,没有能够根据专业学位人才的特点和要求来建构其培养体系,还没有形成特色鲜明符合时代社会经济发展、符合专业学位人才培养规律的培养模式。

具体来说,在各专业学位研究生培养中,不少高校不自觉地存在沿袭学术学位研究生教育培养模式的倾向,在培养方案制定、课程设置、教材建设、培养方式及教学管理等各具体环节以学术学位培养模式为蓝本,对论文和答辩程序的要求也与学术学位研究生基本相同,表现为应用型人才培养的"学术化"惯性,无法体现专业学位作为一种人才培养类型的特征。甚至有些高校为了体现差别就在专业学位研究生的课程设置和论文要求方面降低标准。不少高校既缺乏具有实践背景素养的教师,又缺乏产学合作的渠道,致使培养模式单一、学术化倾向明显,使专业学位研究生教育丧失了应有的特征与生命力。另外,行业企业参与专业学位教育的积极性不够,知识结构缺乏针对性,专业学位与职业资格的衔接不紧密。再者,专业学位的学位论文(或毕业设计、调查报告、案例研究、工程设计)的要求不明确,重形式、轻质量,学术失范行为严重,论文答辩走过场。

随着我国经济和社会的转型,高等教育的大众化和创新型国家战略的实施与推进,国家对创新型人才的需求日趋多样化。我国的研究生教育需要从过去相对单一的以培养高校教学科研人员以及科研机构的研究人员为主的培养方式,向多样化人才培养方向发展,既要培养创新型科技人才、领军人才和复合型人才,又要大力培养经济社会发展重点领域急需紧缺专门人才,进一步加大高层次应用型专门人才的培养力度。为此,我们的研究生培养目标和服务面向以及培养模式必须根据新的形势做出战略调整,进而使研究生教育的培养类型更好地适应社会需求的变化。

现实中存在的问题和经济社会发展对人才的需求变化都迫切需要我国专业学位研究生教育在培养理念的转变、培养目标的确定、培养方案和课程体系的优化、导师队伍的建设、培养方式的改革、质量标准的设定、考试评价的变革等方面进行大刀阔斧的创新,以全面提高专业学位人才的培养质量,适应经济社会发展需求和个体学习发展的需求。鉴于此,本研究课题拟探讨建构具有中国特色的、高质量的专业学位人才培养模式。在学理层面上,以研究生培养模式为研究对象,以专业学位人才培养项目分类、实证调查与验证性分析等为基础,系统探讨专业学位研究生的招生—培养—就业全过程中各个子系统、环节和要素,建立相应的分析模型,揭示各环节、各要素之间的互动关系,进一步加深对于专业学位教育的理论认识,明确专业学位的内在属性和价值取向,总结专业学位培养模式的理论内涵与本质特征,从而丰富和完善我国研究生教育学的理论体系。在实践层面上,针对国内外专业学位研究生培养开展实证调研和案例分析,总结经验、分析问题、查找成因、探讨对策,希望可以为有关培养单位的实践提供咨询、指导，也可以为专业学位培养模式创新的政策制订与实施提供决策依据，促进全社会了解和支持专业学位培养模式创新。

第二节 文献综述

我们通过万方、维普、CNKI、EBSCO、Elsevier 等数据库进行广泛的文献检索，将国内外对专业学位教育研究现状进行了全面的归纳与分析，并从我国专业学位研究论文数量、每百万篇期刊论文中专业学位命中数量、国外有关硕士学位研究的英文文献数量等角度出发，将总体研究的趋势和特点以图表的形式清晰地呈现出来（见图1-1、图1-2、表1-1、图1-3、图1-4）。

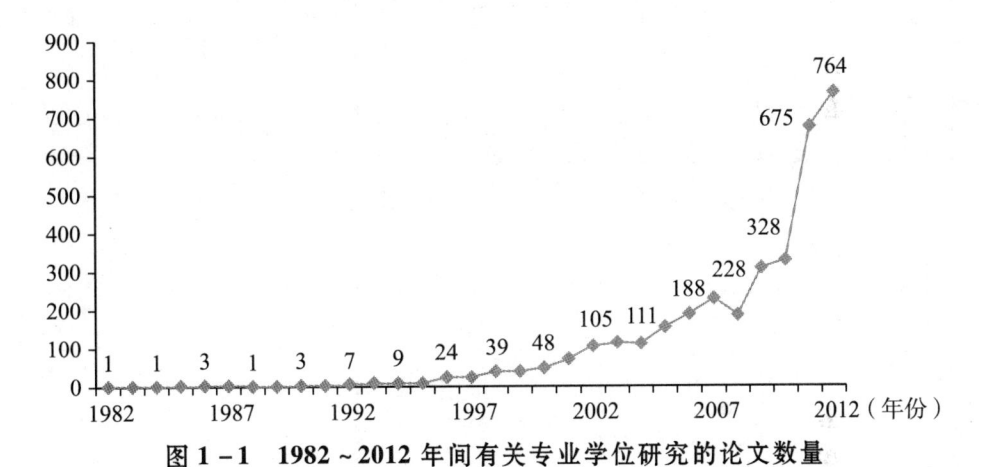

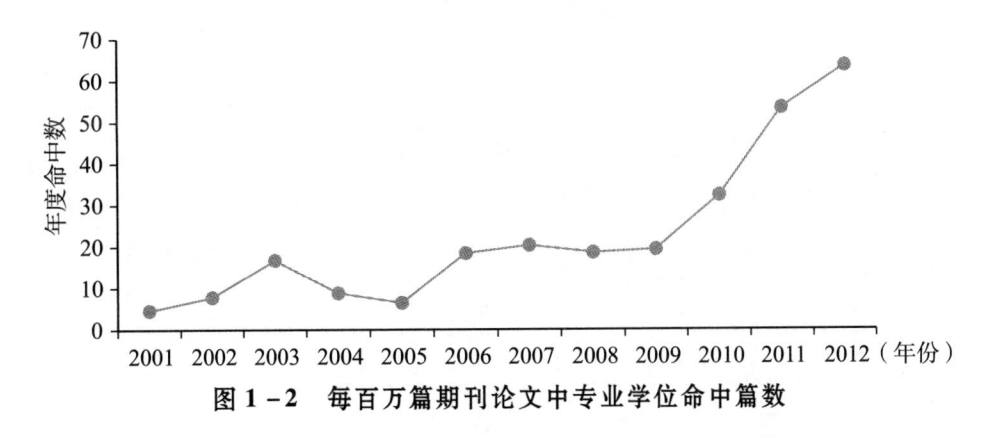

图1-1 1982~2012年间有关专业学位研究的论文数量

图1-2 每百万篇期刊论文中专业学位命中篇数

表1-1　2001~2012年专业学位研究关键词分析

项目	2001年	2002年	2003年	2004年	2005年	2006年
关键词	教育硕士(2)	研究生教育(3)	研究生教育(3)	研究生培养(3)	培养质量(3)	研究生教育(10)
	差异平衡(1)	农业推广(2)	临床医学(3)	临床医学(3)	农业推广硕士(2)	临床医学(4)
	教学评价(1)	硕士(2)	农业推广(2)	工程硕士(2)	兽医(2)	科学学位(3)
	试点工作实践(1)	农业推广硕士(1)	中医教育(1)	培养(2)	研究生教育(2)	工程硕士(3)
	临床医学(1)	硕士学位(1)	中医特色(1)	农业推广(1)	临床硕士(1)	工程博士(3)

项目	2007年	2008年	2009年	2010年	2011年	2012年
关键词	研究生教育(10)	研究生教育(11)	研究生教育(13)	研究生教育(25)	研究生教育(30)	研究生教育(55)
	工程硕士(3)	教育硕士(5)	研究生(6)	研究生(9)	研究生(20)	研究生(28)
	研究生(3)	研究生(4)	教育硕士(4)	培养模式(8)	培养模式(18)	professional degree(26)
	临床医学(3)	农业推广硕士(4)	临床医学(3)	全日制工程硕士(5)	professional degree(15)	培养模式(23)
	研究生培养(2)	临床医学(3)	培养质量(3)	教育硕士(4)	工程硕士(12)	全日制(19)

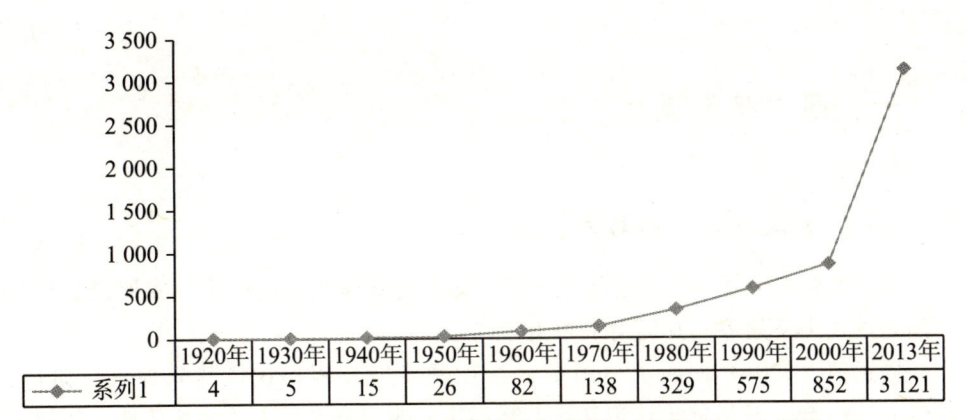

	1920年	1930年	1940年	1950年	1960年	1970年	1980年	1990年	2000年	2013年
系列1	4	5	15	26	82	138	329	575	852	3 121

图1-3　1920～2013年间有关硕士学位研究的英文文献数

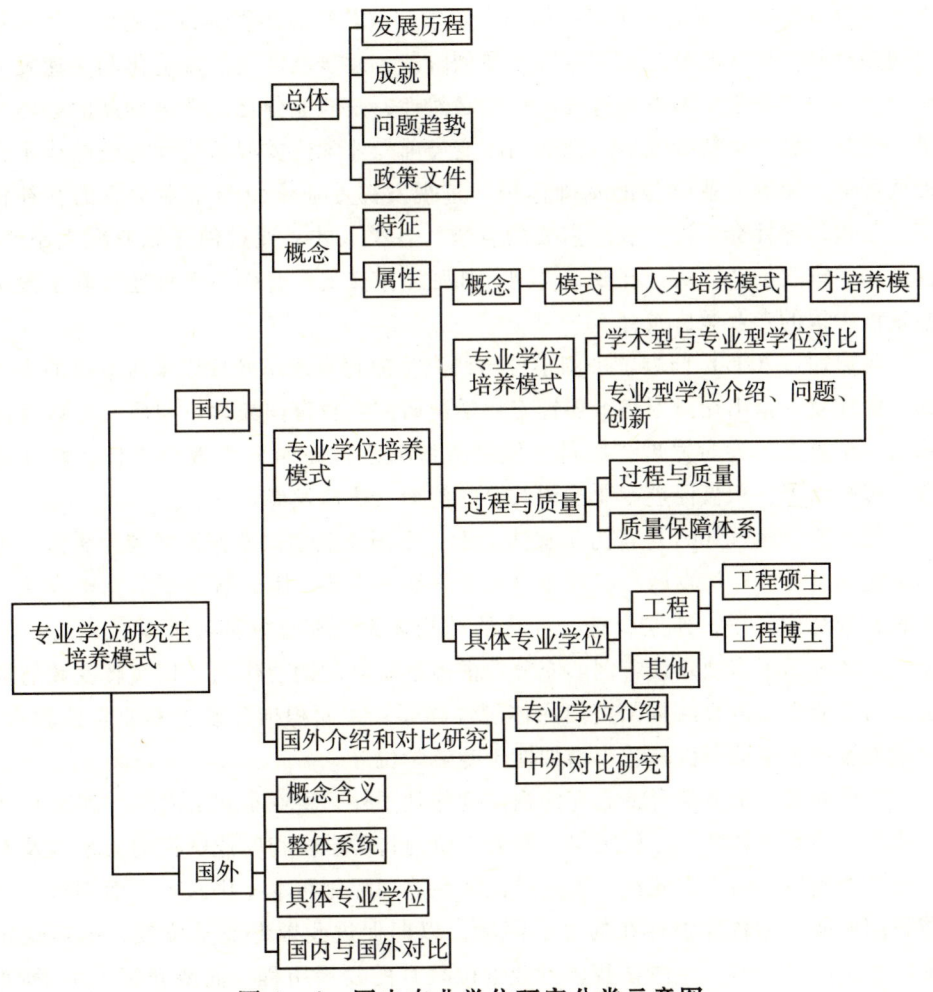

图1-4　国内专业学位研究分类示意图

一、国内研究现状

（一）发展历程、问题与趋势

这方面的研究主要是从总体上介绍国内外专业学位发展历程、发展成就和现存问题以及未来趋势，并提出了相关建议。

周远清（2001）回顾了中国专业学位的发展过程，并将其分为三个阶段：1984～1988年，开始逐步认识到培养高层次、应用型专门人才的重要性；1988～1996年，专业学位初创阶段；1996年至今，逐步制度化、规范化和快速发展。史耀媛等（2005）在论文中对中国的专业学位教育发展历程进行了划分，将其按时间顺序和发展状况分为萌芽阶段，初创阶段，逐步制度化、规范化和快速发展阶段；认为专业学位的发展有其内在的必然性，是职业分化、社会发展的必然要求，但是要保持可持续发展，就必须改变当前专业学位类型结构和等级结构不合理的局面，明确专业学位的基础作用，重视发挥专业学位与学术学位的互补作用，积极培养社会经济发展所需要的各级、各类人才；通过倡导职业准入制度，推进培养模式创新，实行开放式管理，加强国家交流与合作等多种途径和手段不断发展中国的专业学位教育。

吴启迪（2005）回顾了中国学位与研究生教育自改革开放以来所取得的令人瞩目的成就，指出在新形势下要把专业学位研究生教育作为学位与研究生教育改革的一个重点，大力发展，用科学发展观统领学位与研究生教育工作，转变观念，提高认识，积极促进专业学位教育的健康、快速发展。

然而陈学敏（2004）认为从整体上看，中国专业学位教育发展较为缓慢，远远不能满足社会经济发展和高等教育事业发展的需要，因此有必要从调整专业学位教育的结构入手，建立合理、优化的结构体系，充分发挥专业学位教育的功能。具体提出了多项建议，例如充分发挥市场机制的调节作用，切实转变政府职能，为专业学位教育结构调整扫除体制性障碍；大面积推开硕士专业学位教育，大量增设学士专业学位，适当增加博士专业学位等。

与此同时，很多学者将研究的视角延伸到国外。翟亚军和王战军（2006）从专业学位的基本属性、层次定位、专业学位与科学学位和职业资格的关系以及专业学位的规模、结构、效益、质量保证体系、国际化与本土化八个方面剖析了目前我国专业学位教育中存在的主要问题，以期促进我国专业学位教育的良性发展。黄宝印（2007）回顾了我国专业学位教育的发展历程，简要介绍了16种专业学位的基本情况，分析了专业学位的基本特征，对进一步发展我国专业学位教育进行了思考和展望。韩映雄（2010）认为，身份认同危机和办学宗旨偏差是专业学位研究生教育面临的两大主要问题，专业学位与学术学位在培养目标、知识基础及培养过程上具有鲜明的差别，类型、领域和方向是专业学位授予和人才培养目录体系的主要构成要素，依此目录，可增设护理、工程、管理等硕士专业学位类型和公共管理等博士专业学位类型，并选择外延式和转移式并举的发展路径。马永红、赵世奎等（2011）概括阐述了全日制专业学位研究生教育实施背景、培养目标及面临的问题，并在深入研究美国经验的基础上，提出了在我国开展全日制专业学位研究生培养过程跟踪研究的基本构想，主要从以下三个方面着手构建基础信息数据库：全面加强对职业人才特征及其成长规律的调查分析；系统梳理国外专业学位研究生教育的历史、现状；着力打造我国全日制专业学位研究生教育的特色。

此外，相关政策文件主要有《学位与研究生教育文件选编》《专业学位文件选编》《关于加强和改进研究生培养工作的几点意见》《关于征求〈中国学位与研究生教育发展规划战略研究总报告（2005～2020）〉意见的函》以及《关于做好全日制工程硕士专业学位研究生培养方案的指导意见》（征求意见稿）等，旨在促进全日制工程硕士专业学位研究生培养的规范化，确保其培养质量，在入学要求、培养方式、课程学习、企业实习和学位论文等环节为各培养单位提供了参考意见；《关于做好2009年全日制专业学位硕士研究生招生计划安排工作的通知》指出，为更好地适应国家经济社会发展对高层次、多类型人才的需求，增强研究生教育服务经济社会发展的能力，当前和今后两个时期要加快研究生教育结构调整优化的步伐，努力提高研究生选拔培养质量，积极为国家经济社会发展培养应用型、紧缺型人才，要求各级培养单位统筹规划、高度重视、加强统筹管理；《关于做好全日制硕士专业学位研究生培养工作的若干意见》进一步规范了全日制硕士专业学位研究生的培养机制。

（二）概念、属性与特征

陈子辰（1999）、刘国瑜（2005）、别敦荣（2009）的研究指出专业学位的基本特征包括实践性、职业性、专业性、学术性、研究性等。刘国瑜认为专业学位研究生教育是学位与研究生教育的重要组成部分，职业性、学术性、研究性是其三大基本特征，三者缺一不可，它们相互作用，共同规范着专业学位研究生教育的发展方向。

邹碧金等（2000）强调了专业学位的职业性，认为专业学位的基本属性是实践性、职业性和综合性。专业学位具有明显的实践倾向，其本质是职业性学位。职业性作为专业学位的基本属性，是专业学位区别于其他学位类型的本质特征。同样，邓光平（2005）认为专业学位教育的性质与使命决定了专业学位的设置很大程度上有赖于对应职业的成熟度，即只有专业化程度较高的职业才有可能设置相应的专业学位。在整个社会教育资源稀缺的情况下，首先考虑为社会重要行业培养急需的高层次应用型人才，无疑最能体现专业学位设置的真正价值所在。专业学位教育本质上是一种职业教育。王战军（2006）认为，职业性是专业学位的基本属性。专业学位具有明显的实践取向，其本质是职业性学位，职业性作为专业学位的基本属性，是专业学位区别于其他学位类型的本质特征。此外，蔡建华和周宏力（2011）区分了专业学位研究生教育的职业特性和职业教育及技术教育的相关概念，在此基础上，作者运用克拉克三角形协调理论，从市场、政府以及学术权威三个维度观察专业学位研究生教育职业特性实现的国外经验，为我国专业学位研究生教育的职业特性实现提供思考与启示。

史雯婷（2004）在强调职业性之外，还从知识发展要求对专业学位研究生教育的基本属性进行了具体化的理论分析，提出知识发展属性是专业学位研究生教育的本质属性，专业学位研究生教育所表现出的新的知识发展属性也反过来证明了这点。石中英（2007）则论述了专业学位的专业性，提出了走出专业性概念危机、基础危机和制度危机的若干思考。王莹和朱方长（2009）回顾了我国专业学位教育的历史背景和发展现状，进一步阐释了专业学位的内涵和教育特征，分别从生源对象与招生考试、培养方式、课程设置、导师指导、学位论文和文凭发放六个方面对比了学术学位和专业学位的差异。

还有学者对专业学位与学术学位的联系与区别进行了界定。薛天祥（2001）指出，专业学位与学术学位的区别在于，学术学位强调理论研究，而专业学位强调实践，专业性的学位主要是从事实践职业，应该说专业学位并不低于学术学位，但工程博士论文的确与哲学博士论文有所不同，它更多地追求基础知识的应用与设计，而不是发展这些知识。别敦荣（2009）认为，学术学位与专业学位的教育基础是相同的，但前者更加注重基础教育和理论教育，在较高层次的学位教育中更注重理论原创性研究；后者更加注重应用和实践教育，在较高层次的学位教育中更注重应用性开发性研究、创新与设计。由国务院学位办组织课题组编写的《开创我国专业学位研究生教育发展的新时代》（2010）全面地回顾了我国专业学位研究生教育发展历史，分析了我国专业学位研究生教育发展的现实状况，比较了主要国家专业学位研究生教育的发展特点，提出了我国专业学位研究生教育发展的总体构想和战略选择建议。

(三) 专业学位研究生培养

1. 培养模式的概念与含义

模式（model, mode, pattern, type, schema）一词的指涉范围甚广，它是事物之间内在的规律关系，是一种认识论意义上的思维方式，也是解决某一类问题的方法论，更是从生产经验和生活经验中经过抽象和升华提炼出来的核心知识体系，还是在一定思想指导下建立起来的由若干要素构成的，具有系统性、简约性、中介性、可仿效性和开放性的理论模型和操作范式（董泽芳，2009）。简言之，模式是指对所研究现象的概括和简明的表述，力求突出这一现象主要的、基本的特征，以便获得对本质的认识。

就"人才培养模式"而言，研究者对培养模式的概念界定见仁见智、众说纷纭。杨杏芳（2002）认为，人才培养模式是指以一定的教育思想理念为灵魂，以高等教育人才培养活动为本体或原型，围绕人才培养目标这个中心对人才培养活动全过程进行设计形成的某种标准构造样式和运行方式，这种标准构造样式和运行方式具有明显的系统性和范型性，它在与具体的实践相结合时将以此为基础，并考虑或针对千差万别的对象和条件，形成多种多样、各具风格与特色的变式。韦巧燕（2007）认为，人才培养模式是指依据一定的教育目的、教育理念、培养目标，遵循一定的工作程序、采用一定的方法对受教育者进行知识传授、能力和素质培养，并使其达到预期培养标准的一种相对固定的组织框架和运行方式，是学校为学生构建的知识、能力和素质结构及实现组合这种结构的方式。周升铭（2008）认为，人才培养模式是指高等学校根据一定的办学理念、学校的办学定位，为培养学生所设计的知识、能力和素质结构，以及实现这种结构目标的组织形式和运行方式。成中梅（2008）认为，人才培养模式主要指一定教育机构或教育工作者群体普遍认同和遵从的关于人才培养活动的实践规范和基本样式，它以教育目的为导向、以教育内容为依托、以教育方法为具体实现形式，是直接作用于受教育者身心的教育活动全要素的总和与全过程的总和，它反映位于教育模式之下、具体教学方法之上这样一个区间的教育现象。

1994年国家教育改革委员会全面启动和实施了《高等教育面向21世纪教学内容和课程体系改革计划》，首次明确提出了研究21世纪对人才素质的要求和改革教育思想、教育观念与人才培养模式的任务，因而带动了对人才培养模式的理论研究和改革实践的热潮。对人才培养模式比较权威的定义是1998年教育部召开的第一次全国普通高校教学工作会议的主文件《关于深化教学改革，培养适应21世纪需要的高质量人才的意见》。该意见指出：人才培养模式是学校为学生构建的知识、能力、素质结构，以及实现这种结构的方式，它从根本上规定了人才特征并集中地体现了教育思想和教育观念。教育部原副部长周远清在这次会议的讲话中，对"人才培养模式"这一概念又作了简明扼要的阐述：所谓人才培养模式，实际上就是人才的培养目标、培养规格和基本培养方式。

在人才培养模式的分类上，周升铭（2008）认为，从涉及的范围上看，人才培养模式可以分为广义、中义和狭义三个层次：广义的人才培养模式，是一个学校整体的人才培养模式、方式、方法；中义的人才培养模式，是某一层次或某一类专业的人才培养模式，如高职高专的培养模式是以服务为宗旨，以就业为导向，实行产学研培养、工学制、订单培养等方式来培养高技能的应用型人才；狭义的人才培养模式，仅指某一个专业的人才培养方式，如会计专业国际班的培养方式，国内三年、国外一年，或者医学专业的本—硕—博连续培养方式。总之，对人才培养模式尚未得出一个统一的定义，但在已有定义中几乎都包含教育理念、培养目标、培养方式、培养过程、评价方式等。

有关研究生培养模式的含义，秦惠民（1994）认为，研究生培养模式是指在实施研究生教育的过程中，为了实现培养目标和相应的规格质量，对作为受教育对象的研究生所采用的各种教育措施的总体方式，即在研究生的招生、课程教学、科学研究、社会实践、论文撰写和其他培养环节以及论文答辩等诸方面采用的特定方式的总和。李盛兵（1997）从时间维度即科学技术史来考查世界研究生教育模式的演变和多样化发展趋势提出了学徒式、专业式和协作式三种研究生教育模式。胡玲琳（2004）认为，研究生培养模式是指在一定的教育思想、教育理论和特定需求指导下，为实现研究生培养目标（含培养规格）而形成的研究生培养过程的诸要素构成的标准样式与运行方式。如果根据参与研究生培养主体在研究生培养过程诸环节中所处的地位和发挥的作用不同，可以将研究生培养模式划分为政府主导型模式、研究生培养单位主导型模式、学科专业单位主导型模式、导师主导型模式、研究生主导型模式和社会（用人单位）主导型模式六种类型（程斯辉，2006）。董泽芳（2009）从240多篇论文中归纳了学界对"研究生培养模式"的定义，发现有"体系说""环节说""指标说""活动说""方式说""结构说""过程说"等多种界定，关于如何认识模式的要素构成，则有"三要素说""四要素说""五要素说"和"六要素说"四种，其中大家最为关注的要素依次为培养目标、课程体系、培养过程、导师指导、培养方式、组织管理、质量评价等。

总的来说，研究生培养模式是根据高层次人才成长的规律和社会的需要，在一定的教育思想、教育理论和特定需求指导下，为实现研究生培养目标（培养规格），参与研究生培养的主体与研究生培养基本环节之间所形成的组合样式及运行方式，它表达的是参与研究生培养的主体要素就"培养什么样的研究生"和

"怎样培养研究生"两个基本问题在研究生培养诸环节中的解决方式（程斯辉，2010）。

2. 专业学位研究生培养模式

胡玲琳和潘武玲（2005）围绕研究生培养模式的几大要素，即培养目标、入学形式、课程教学、导师指导、论文评定等方面，对北京大学、复旦大学、南京大学、浙江大学、中山大学、东北大学、武汉大学、同济大学、北京师范大学和华东师范大学 10 所大学的硕士生、博士生和专业学位研究生进行问卷调查。调查结果发现，硕士生培养目标与就业意向脱节，两类研究生培养模式存在雷同现象——招生方式过于单一，课程设置侧重点不明晰，导师知识结构优势不显著，论文选题特色不明显等，培养模式缺乏灵活性、变通性——入学考试沿袭"应试教育"，灵活性不够，培养年限缺乏弹性以及"学术门户"现象普遍。在以上问题基础之上，胡玲琳和潘武玲分析并提出了研究生培养要适应经济与社会发展需要，两类研究生培养模式并驾齐驱、各具特色，研究生培养模式要体现灵活性、开放性、多样性等具体改进建议。

陈杰（2005）以学术型与专业硕士研究生教育培养模式构成为出发点，以专业型硕士研究生教育在发展中所面临的问题为依据，主张采用衍生策略实现培养格局的逐步调整。首先从概念上完善了培养模式的内涵及其组成要素，在此基础上对比了学术型与专业型硕士研究生教育人才培养模式两者之间的主要区别。进而，分别以政治、经济、文化、教育等为背景分析论证了专业型硕士研究生教育发展的必然性，并从量和质两个维度考察了我国专业学位硕士研究生教育在发展中存在的主要问题并简要分析了原因。最后，论证了采用衍生策略对于专业学位硕士研究生教育发展量和质的提升的重要意义和必要性，并提出了具体的政策改进措施和建议。

胡玲琳（2006）对学术性学位与专业学位研究生培养模式在培养目标、课程设置、导师指导和论文评价等方面的各自特性进行了比较。胡玲琳认为两类研究生的培养目标差异主要在于品德和素质结构方面养成科学家素养与实干家精神的区别以及知识结构方面开展基础性研究与应用性研究的区别；两类研究生教育的课程设置区别主要在于学科体系与模块式体系不同、递进式与综合性不同；导师方面则主要是学科导师组和校内外双导师指导的区别；在学位论文评价标准方面主要有创造性与创新性、理论性与实用性和专业性与综合性的差异。

叶宏（2007）认为，专业学位研究生培养模式由培养目标、入学方式、培养方式和质量控制四个要素组成，专业学位研究生培养目标具有应用性和实践性指向，其主要以培养特定职业岗位的应用性和实践性高层次人才；在培养方式上，专业学位研究生根据在职攻读特点实行弹性学制，围绕"职业发展"构建"模块式"课程体系，由若干个符合职业岗位的课程模块构成，构成职业要求所需的知识系统；课程教学要实现理论知识与实践经验的结合，更多采取多媒体教学、案例教学及专题研讨等；专业学位研究生以课程学习和设计为主，专业学位论文强调实用性研究，其质量标准为实用性、综合性和创新性。

刘辉煌和谭飞燕（2008）针对目前中国的专业学位研究生培养模式可持续发展过程中亟待解决的问题，提出构建可持续发展的专业学位研究生培养模式，由以下五部分构成：（1）明确培养目标，制定详细的专业学位研究生培养方案；（2）确定招生对象范围，改进入学考核方法；（3）合理设置专业与课程，构建模块课程教学体系；（4）注重实践，实施阶段式推进实习计划与"双导师"联合的培养机制；（5）加强管理，保证质量，强化论文选题、评审工作。

徐慧（2009）倡导工程硕士专业学位的人才培养模式应采取产学研结合的培养模式。产学研合作教育是指在培养应用型人才过程中，充分利用学校与企业不同的教育资源与教育环境，发挥各自的优势，把课堂传授间接知识为主的学校教学与直接获取实践经验和岗位能力的生产现场相结合的教育模式。张志红和潘紫微（2010）论述了高校与企业联合进行的产学研合作培养是工程硕士专业学位培养的最佳模式，介绍了工程硕士培养过程中产学研合作的主要形式，以及产学研合作工程中的管理与质量控制等问题，思考并论述了如何做好全日制专业硕士教育培养工作。郑冬梅（2009）认为随着全日制硕士专业学位研究生教育的开展，探索一套全日制硕士专业学位研究生的创新型培养模式是当务之急。郑冬梅指出要加强基础理论和应用知识相结合的课程教学模式、依托学校科研优势，提升全日制专业学位研究生的产学研相结合的实践能力，提高全日制专业学位研究生的学位论文质量，并指出专业学位的最大特点是获得学位的人员并非从事学术研究，而是有明显的职业背景。

廖文婕（2010）结合前人最新的研究成果以及国内、国外关于专业学位研究生培养的实践经验来探讨我国专业学位研究生培养模式的问题。廖文婕首先应用内容分析的方法对我国专业学位研究生培养模式所包含的系统要素进行了比较科学和客观的划分，在此基础之上，以收集的国内外的案例和各种数据的统计结果作为论据，结合文献分析的方法，对这些要素及其所构成的子系统的内涵、结构与发展现状进行了研究。之后，结合系统动力学的因果反馈回路分析方法以及建模和仿真方法，对我国专业学位研究生培养模式的系统结构进行了分析，建立了系统动力学模型并对系统结构的运行模式进行了模拟，比较了四个管理策略对系统运行的影响，并在此基础之上运用自组织理论的相关原理分析了我国专业学位研究生培养模式系统结构的运行机制与功能。

徐小龙（2010）认为目前我国逐渐将硕士研究生教育从以培养学术型学位研

究生为主转向以培养专业型学位研究生为主。全日制硕士专业学位研究生教育在培养目标、课程设置、教学理念、培养模式和质量标准等方面都与学术型学位研究生教育和一般的职业教育有很大不同。徐小龙提出一种新颖的针对全日制专业学位研究生的"螺旋提升型"培养模式SUTM，改变了传统的职业教育中周而复始的"学习—实践—学习—实践"单向循环培养模式，在动态螺旋提升的理念下，构成多个培养平面，每个培养平面包含"学习—实践—学习—实习—总结"五大核心要素。通过前后呼应的培养流程，提高学生知识层次、理论水平、实践能力和创新精神，并积累相关资源，从而不断提升教育水平和教育质量。徐小龙以两年半学制的专业学位工程硕士研究生培养为例，详细阐述"螺旋提升型"培养模式的运作流程。

王旭东等（2011）认为，在当前我国提出大力发展专业学位教育的背景下，专题研究全日制专业学位研究生培养模式无疑具有重要的理论与实践意义。王旭东等首先总结了研究生培养创新基地人才模式的特征，指出目前全日制专业学位研究生培养面临的主要问题：第一，培养目标与社会经济发展明显滞后；第二，研究生教育创新基地培养环境利用率低；第三，培养途径缺少创新；第四，研究生"基地"建设缺乏必要的软硬件支持等。在理论分析的基础之上，王旭东等进而从实践的角度，对哈尔滨工程大学与中国船舶重工集团公司第703研究所联合共建的"舰船动力研究生创新人才培养基地"进行了案例分析。最后分别从招生、培养、基地教师队伍建设、条件保障等方面总结出研究生教育创新角度全日制专业学位研究生培养策略。

李森和王振华（2011）从研究生培养模式的三个构成要素——培养目标、培养过程和培养评价来对比分析我国与美国的专业学位研究生教育，总结借鉴美国的成功经验，理出目前我国存在的问题，提出我国教育专业学位研究生教育应落实的培养目标，细化落实程序；改革招生入学，强化责任承担；以实践为导向，调整课程与教学；增强培养方式的灵活性，打造导师指导特色；革新培养评价，严格学位授予。

别敦荣和万卫（2011）认为我国专业学位研究生教育发展很快，但人才培养模式存在"理论化"色彩浓厚的特点，主要表现为在"入口"重视对理论知识的考察、培养过程重视理论知识的学习，以及"出口"重视对理论知识的考核。建立学研产相结合、"应用性"特征突出的专业学位研究生教育人才培养模式，可以从更新教育理念、改革管理制度和整合各种资源等角度着手。

陶学文（2011）从专业学位"专业性"与"学术性"之间的矛盾关系出发，分析了我国专业学位研究生培养模式中存在的培养目标不明确、课程体系重理论、轻实践，教学过程重知识传授、轻能力培养等问题，并通过抓住培养目标、课程体系、教学过程三个主要因素，建构了产学合作的专业学位研究生培养模式。

（四）培养过程与质量

张兰（2011）认为课程教学是实现专业学位研究生培养目标最主要的途径之一，课程教学的内涵包含专业实践要素。张兰还总结了课程教学在专业学位研究生实际培养过程中的三个特点：在课程设计的总体要求上强调形成学习者的经验和体验、教学内容围绕专业知识和相应的实践案例展开、学习场所与再造的典型实践场景合二为一。在此基础上强调了课程教学在专业学位研究生培养中的主体地位与核心作用。最后，张兰为构建新型的课程教学体系成为专业学位研究生教育提供了改进建议：课程设计要去学科式；确保学习内容的统整性；坚持教学模式的实践导向。

陈谷纲等（2006）从内适性质量观、外适性质量观、目标达成观、绩效观这四种具有代表性和影响力的质量观理论出发，结合实际分析、总结了专业学位研究生教育的特殊性和发展中出现的各种问题。在此基础上，陈谷纲等提出了专业学位研究生教育在发展中应持的质量观：强调外适性质量观，但不以忽视内适性质量观为代价；强调目标达成观，但应以发展的观点看专业学位教育的问题；强调绩效，但不过于功利。文章对专业学位研究生教育质量观的探讨和归纳有助于进一步提高质量、实现更大规模发展的价值引导和理论指导。

文冠华等（2010）认为在全日制专业学位研究生培养过程的课程学习、专业实践、学位论文三大环节中，专业实践环节是达成全日制专业学位研究生培养目标、实现硕士生培养类别成功转型的关键。文冠华等从专业实践的重要性、专业实践基地建设以及抓好专业实践的全过程管理三个方面，论述了如何保证全日制专业学位研究生专业实践环节质量。

孙阳春和王富荣（2010）认为专业学位教育质量评估是专业学位研究生教育质量的保证，而评估指标的选取是关系到评估是否科学的核心。通过投入—产出、学校培养过程、学生个体质量、外适性质量观、教育服务质量及其他多个维度对专业学位教育质量评估指标的选取进行总结和评述，并为建立科学合理的学位研究生教育质量评估体系奠定基础。

张东海和陈曦（2011）把培养过程分为课程设置、课堂教学、导师指导、专业实践等方面，运用自编问卷对我国36所高校2009年招收的全日制专业学位研究生进行抽样调查，结果表明：学生对专业学位的认同度不高、培养环节尚未充分体现专业学位教育的特点、课堂教学过程与导师针对性的指导等因素显著影响研究生的培养质量和就读收获。为促进我国专业学位研究生教育的进一步发展，必须加强专业学位研究生培养机制改革，强化专业学位与学术学位的区分度，提高培养质量，推进专业学位教育与行业执业资格的衔接。

邓玲玲（2006）回顾并总结了国内外高等教育质量保证体系的历史演变轨迹及其发展现状，在教育系统论、教育价值论和全面质量管理理论以及已有相关理论研究成果的基础之上，构建了专业学位研究生教育质量保证体系的基本框架——由专业学位研究生培养单位内部的自我质量管理体系、政府和社会外部的质量监督控制体系以及联结、整合内外两方面的专业学位研究生教育质量反馈体系三个部分有机构成；并构想了专业学位研究生教育质量保证体系的运行机制，即综合运用政府的宏观调控机制、培养单位的自我保证机制、社会中介机构参与评估机制和市场竞争导向机制，实现专业学位研究生教育质量保证的整体目标。邓玲玲指出，目前我国专业学位研究生教育质量保证体系建设中主要存在着培养单位内部质量保证机制不全、外部监控作用不强以及内外沟通联动不够等问题，并且提出了相应的对策与措施：健全运行机制，增强内部自主保证能力；优化环境资源，加大外部监督调控力度；完善反馈体系，提升内外持续改进能力。

别敦荣和陶学文（2009）将我国专业学位研究生教育质量保障体系设计的目的概括为以下四个方面：明确影响我国专业学位研究生教育质量的主要因素；解决我国专业学位研究生教育质量保障存在的主要问题；强化我国专业学位研究生教育质量保障的激励机制；完善我国专业学位研究生教育质量保障的组织体系。别敦荣和陶学文提出了专业学位研究生教育质量保障体系的思路：以高校为本，充分发挥高校的主渠道作用；加强政府宏观调控职能；重视社会参与；明确教指委的定位。根据这一思路，专业学位研究生教育质量保障体系模型主要包括功能模型、组织模型和综合模型三大部分，其中在综合模型中，宏观和微观两个层面的质量保障组织分别承担相应的任务，共同履行质量保障使命。别敦荣和陶学文还在《我国专业学位研究生教育质量保障体系的反思与创新》（2009）中指出，由于发展时间较短，目前我国的专业学位研究生教育质量保障机制还很不完善，存在着外部保障机制不全、内部保障作用不强和内外沟通互动不够等问题。此外，别敦荣和陶学文还结合美国专业学位研究生教育质量保障的经验——各高校发挥核心作用，同时有效发挥学术共同体、市场和政府力量的调节作用，进而提出我国应建立以高校为本的专业学位研究生教育质量保障体系，并辅之以政府和社会监控机制，同时完善相关政策，准确定位专业学位，实现学位与学历一体化，推进专业学位研究生教育与职业资格认证制度的相互衔接。

熊玲和李忠（2010）在梳理和辨析全日制专业学位硕士研究生教学质量保障体系内涵的基础上，指出了全日制专业学位硕士研究生教学质量保障体系的构建原则，阐述了其系统的构成和功能，并提出完善全日制专业学位硕士研究生教学质量保障体系的举措：优化培养方案，把握培养环节是基础；加强师资队伍建设，开展"双师制"是关键；强化教学过程管理，保证培养质量是核心；完善评估方法，构建合理的质量评估体系是保证。李忠等（2010）介绍了华南理工大学从建立全日制专业学位硕士研究生奖助体系和实践教学基地、改革课程设置、争取地方政府支持等方面着手，积极探索服务于国家战略目标的高层次应用型人才培养模式。

秦发兰等（2012）认为我国全日制专业学位研究生教育迅速发展，基本形成了完整的人才培养学科体系；全日制专业学位研究生教育应突出职业素养培育、强化全程职业教育、重视多元主体办学、追求学生对口择业，办出专业学位研究生教育的特色。然而，目前我国全日制专业学位研究生教育存在着政府"一刀切"推进、社会认同度不高、高校认识与准备不足、导师主动性不强、人才培养体系设计不完善等诸多问题，无法彰显全日制专业学位研究生教育特色。加强全日制专业学位研究生特色化培养，必须通过政府、高校、社会、导师等共同努力，允许高校差异化发展，构建多元主体合作共赢机制，构建"两段式、三结合"的人才培养模式，构建全日制专业学位研究生教育质量保障体系。

（五）不同类别的专业学位研究生教育

谢锡善主编的《中国工程硕士专业学位研究》（高等教育出版社 2000 年版）收集了一些论文，对我国设置工程硕士专业学位的必要性与重要性、培养目标与培养模式、校企合作共同培养的途径和方式，以及对国外工程类型研究生教育的改革和发展作了介绍。全国工程硕士专业学位教育指导委员会秘书处主编的《工程硕士专业学位教育的实践与探索》（清华大学出版社 2001 年版），从企业需求、校企合作培养人才的角度论述了开展工程硕士教育的重要意义，并且总结了工程硕士实施过程中的一些经验，包括教学改革、人才培养、论文质量与评价方面。张文修、王亚杰主编的《中国工程硕士教育的实践与发展》（清华大学出版社 2001 年版）也就工程硕士设立的必要性、工程硕士专业学位研究生培养目标与模式、工程硕士专业学位的质量保证等方面进行研究论述。这些研究主要是针对我国设置工程硕士专业学位的必要性与重要性的认识，分析了我国工程硕士专业学位的实施现状，并提出了一些需要进一步探索的问题。王东红、刘东、郑小林、何德忠、方祯云主编的《中国工程硕士培养模式实证研究》通过对中国部分工程硕士培养单位和企业的调研，对校企合作培养、教学基地培养、工作站培养以及校内集中培养等主要培养模式进行了实证研究，分析了各种培养模式具有的特点和优势，对存在的不足及对策进行了探讨。

刘晓武、何静静等（2006）分析了以工程硕士为代表的专业学位有学位、无学历的原因,认为专业学位无学历证书和研究生教育的健康发展已构成障碍,提出了修改相关教育法规、取消学历证书,为科学学位和专业学位发展提供统一平台的建议。张海英和汪航(2007)认为,我国工程硕士专业学位教育问题涉及教育发展中的模仿与借鉴、政府职能和定位、企业在工程师人才培养中的作用、工程硕士专业学位的社会地位和工程教育本身的社会地位等一系列问题,本质上是政府、社会、企业、工程教育机构之间互动关系的深层次问题。高等工程教育在中国经济发展中具有的重要地位和作用尚未成为全社会的共识,与工程硕士教育相关的各个方面协调一致的机制尚未建立。导致问题的原因包括文化传统、体制、制度和组织构建等。工程教育的发展必须靠政府、社会、学校、企业共同努力,争取人才培养工作与社会发展供需之间的平衡与协调。张乐勇等(2008)强调工程硕士专业学位研究生教育应具有自身的办学要求和特色,在其教育体系和培养模式不断完善的过程中,需要正确处理好工程硕士与工学硕士、质量标准与工程特色、理论知识与工程实践、专业学位与任职资格、传统教学与现代远程教学、学校自律与社会监督六个关系。胡小唐等(2010)认为校企互动不足是影响工程硕士专业学位研究生教育科学发展的"瓶颈"。胡小唐等介绍了天津大学在长期的工程硕士教育中的实践经验,即坚持校企紧密合作,聚焦企业需求,服务行业发展,创新工程硕士教育的办学理念;面向企业自主创新,实施"订单"培养,创新工程硕士生的培养模式;重点服务国家大中型企业和重大工程建设项目,校企合作实现双赢。

李智(2010)分析了我国全日制工程硕士的特点,对全日制工程硕士与工学硕士和以往工程硕士的区别、全日制工程硕士的特点、全日制工程硕士的人才结构进行了探讨;对以往我国工程硕士的培养模式特点进行分析,以及我国全日制工程硕士的发展背景;对当前我国的全日制工程硕士培养方案进行比较研究,然后通过个案研究和文献研究,剖析了我国全日制工程硕士的培养现状,归纳出我国全日制工程硕士培养过程中存在的问题,以及在以后的培养中可能遇到的问题;最后借鉴我国以往的工程硕士培养经验和美国工程硕士的培养经验,提出构建我国全日制工程硕士培养模式的对策。

张振刚(2007)分析了我国现有工学博士教育存在的问题,提出发展工程博士专业学位教育,构建有中国特色的工程博士培养模式是建设创新型国家的需要。

马健生等(2007)论证了设置教育博士专业学位不仅是我国教育事业发展和教师个人发挥的需要,同时也是完善我国学位制度的需要,因此有必要在我国设置教育博士专业学位。姚启等(2000)论证了设置教育管理博士专业学位培训大学校长的必要性和可行性。此外,张晓明(2005)和张慧(1999)也对教育硕士专业学位进行了相关研究。

罗飞（2003）论述了在我国开办会计硕士专业学位教育的必要性、紧迫性以及可能性；针对会计硕士专业学位进行研究的还有王海民（2005）、罗飞（2003）等。王晨光（2003）等根据在职法律硕士生的特点，从培养方案、学习时间安排以及教学方式等几个方面探讨了在职法律硕士生的培养、管理和教学创新问题。此外，曾宪义（2007）、郝晓明（2007）、李红（2004）也对法律硕士专业学位开展了相关研究。佟福锁（2004）等提出了我国农业推广专业学位研究生培养评估体系的基本原则，并从生源状况、师资队伍、课程教学、学位论文、培养条件、管理工作以及社会评价七个方面确立了评估内容。连铸淡（2011）根据临床医学专业学位与科学学位的性质和要求，比较分析了临床医学专业学位研究生与科学学位研究生的不同培养模式，对于更好地分类培养研究生，满足社会对不同高层次医学专门人才的需求，具有重要的现实意义。针对临床医学专业硕士学位进行研究的还有刁承湘（1999）、郭静竹（2001）。有关艺术硕士专业学位进行研究的主要包括方仪（2006）、钟宏桃（2003）等，针对公共管理专业学位进行研究的有胡河宁（2006）、季明明（1999）等，针对建筑硕士专业学位进行研究的有王亚杰（2000）、杨昌鸣（2000）。

（六）国外专业学位介绍与比较研究

顾建民（1999）分析了美国工程专业学位现状，在大力发展工程硕士教育的过程中应当注意避免将工程硕士等同于公学硕士、降格以求这两种不良倾向，切实提高工程硕士的培养质量。刘彤（1999）分析了美国法律专业学位教育制度，介绍了法律博士（J.D）的学制安排、学分设置、学位授予等培养的具体环节，强调了法律专业学位具有特色的问答式教学方法和法律诊所供学生从事实践活动；与实践紧密结合的教学方法和教学安排，充分满足了专业学位教育注重实践能力的要求，有助于提高学生的法律专业素养和实际的职业技能。谢佩娜（2002）运用文献资料、数据统计的方法对美国印第安纳大学健康、体育和娱乐学院健康教育专业的公共健康教育硕士学位的培养计划和特点进行分析，详细介绍了这一专业学位的学分要求及具体分配、课程设置等内容。这个专业注重为社会改革服务，课程不以单一学科进行设置，课程多样化，重视交叉学科、新兴学科、社会学科和人文学科课程的开设，以使学生能从其他学科中汲取知识营养，丰富知识层次和知识结构。更为重要的是专业重视示范职业教育，这反映在申请示范教育专业的标准，教育类知识的必修课目数和学分比例较高，并且有教师资格证书制度。

钟怡（2003）运用文献分析、案例分析、因素分析等方法对美国专业硕士学位教育的质量控制进行研究。钟怡首先对美国专业硕士学位教育的历史发展进行纵向梳理,研究表明当今美国专业硕士学位教育开始走向理性,进入注重质量的阶段。主要原因是美国高等教育自由竞争机制的推动、专业硕士学位规模不断扩大、研究生质量观的转变、美国高等教育改革等。钟怡运用因素分析从理论上进行论证,并结合案例对美国工商行政管理和公共管理专业学位教育在质量控制方面进行深入细致的研究,结果发现从招生、培养目标到课程设置、教学方式以及评估体系等方面都采取了积极且行之有效的措施。钟怡对以上具体措施进行了理论分析,得出美国专业硕士学位教育质量控制的一般特点:明确的培养目标,严格而灵活的录取标准;正确处理专与博的关系,注重实际应用的课程设置;采用多样化的教学方式,注重能力的培养;以市场为基础注重社会监督的完善评价体系;在培养模式上注重产学结合。最后从美国专业硕士学位教育质量的实践中总结了值得我国借鉴的有益经验。

娄成武(2002)等从课程体系和教学内容两个方面对中美 MPA 教育进行了比较。邹海燕(2005)介绍了美国专业博士研究生培养的发展历程与现状,并从培养目标、招生、课程设置、实践能力的培养与要求、论文要求五个方面探讨其培养模式。周富强(2006)对美国、澳大利亚和英国的博士专业学位教育在培养特色等方面进行了比较研究。王根顺和曹瑞红(2009)立足于中美两国专业学位教育不同的发展历程,从培养目标、招生考试、课程设置及教学方法、实践实习、学位论文等分析了中美两国专业学位研究生教育的异同,从中得出了有利于中国专业学位教育发展的启示——要进一步完善专业学位的培养机制,给予充分的自由发展空间;扩大招生规模,灵活设置入学条件;课程设置与教育方法要灵活多样;专业学位教育应重视实践应用。邓涛和孔凡琴(2009)介绍美国的教育博士专业学位教育面临的中心问题是其与教育学博士教育在培养目标、入学标准、培养模式与师资队伍、课程设置与学习方式、学位论文与评价标准等方面存在着趋同性,围绕该问题的解决,美国近年来展开了一系列的论争,从而激发了美国和其他国家对教育博士(Ed. D.)教育改革与发展的深入思考。王莹朱和方长(2009)在阐述美国专业学位研究生教育发展的萌芽期、发展期以及完善期三个阶段的基础上,分析了其严格的准入制度、明确的培养目标,系统化,适应性的课程设置、合理的教学组织形式、严格的学业评估机制等特征。明确提出要进一步提高中国专业学位研究生教育质量,必须从专业学位教育的思想观念、培养目标、培养环节和评估等方面进行建设,以促进专业学位研究生教育的健康发展。

胡冰玉(2011)通过比较中美专业学位硕士的发展历程、规模与结构、培养模式,对中国专业学位教育的构建进行初步探索。通过历史分析法,对比中美两国专业硕士的发展历程，发现美国专业硕士的形成是市场导向的发展模式，经济发展、市场机制和高校自主权在其中发挥重要作用；中国专业硕士的形成是政策导向的模式，经济发展和政府政策在其中发挥着重要的作用。比较中美两国专业硕士的规模与结构，发现美国专业硕士规模比较庞大，而中国专业硕士授予人数则相对较小，主要原因是美国专业硕士占据硕士学位的主导地位，而中国专业硕士占硕士学位的次要地位；与中国专业硕士相比，美国专业学位硕士涉及科类结构更为广泛，更多地涉及社会服务相关领域。从培养目标、入学形式、培养过程和考核评价四个方面比较两国专业学位研究生的培养模式，发现美国专业硕士培养模式更多的是从个体角度出发，灵活多变，以市场和社会服务为导向；中国专业硕士招生是以政府为主导，培养形式不够灵活，在实践能力的培养上还有所欠缺。通过分析我国原有的非全日制专业学位硕士与全日制专业硕士的现存问题，参照美国专业硕士的经验，认为应当从区分专业硕士与学术型硕士的定位、调整专业硕士规模、以市场导向调整结构、发挥高校自主权、完善专业硕士培养模式等方面入手推动我国专业学位硕士教育的发展。

张建功（2011）的博士论文《中美专业学位研究生培养模式比较研究》以专业学位研究生培养模式为研究对象，依据系统理论、高等教育管理、人力资本等相关理论，运用系统分析法和文献研究法，对专业学位研究生培养模式进行系统分析，提炼出其主要构成要素：培养目标、培养过程、支撑条件、外部协作、质量保障等，建立了培养模式的概念框架及旨在说明要素之间关系的实证模型。在此基础上，张建功以有代表性的建筑学专业为例，以2009年中国建筑学学科研究生教育排名前10位的12所高校为抽样对象，采用问卷调查、统计以及结构方程模型（SEM）分析方法，对理论模型和假设进行了检验和修正，并辅以具体的案例加以佐证。同样以建筑学专业为例，从宏观（社会）、中观（高校）、微观（专业）三个层面，对美国专业学位研究生的培养目标、培养过程、支撑条件、外部协作和质量保障等培养模式的要素进行了研究，并对其特征进行了归纳和总结。最后，对中美专业学位研究生培养模式的要素进行了对比分析，并提出了相应的对策和措施。主要研究结果如下：第一，专业学位研究生培养模式是一个由培养目标、培养过程、支撑条件、外部协作、质量保障五个要素构成的相互联系、相互作用、相互制约的一个有机的整体；第二，严格的培养过程、良好的支撑条件、稳固的外部协作和完善的质量保障对培养目标的实现有显著的正向影响效果，完善的质量保障对培养过程、支撑条件、外部协作有显著的正向影响效果，良好的支撑条件及稳固的外部协作对培养过程有显著的正向影响效果；第三，美国专业学位研究生具有培养目标明确、培养过程规范、支撑条件良好、外部协作活跃及质量保障高效等特征。该文章构建了专业学位研究生培养模式的概念模型和分析框架，对相对薄弱的专业学位研究生教育理论的发展提供了有益补充。同时，以中国高校为样本进行了实证研究，既弥补了国内相关领域实证研究的不足，又为这些理论的本土化发展提供了新的空间。运用文献研究法，从宏观（社会）、中观（高校）、微观（专业）三个层面，对美国专业学位研究生培养模式的要素进行系统研究，对其特征进行归纳并对其经验进行批判性分析，为中国专业学位研究生的培养提供一定的借鉴。

袁锐锷（2000）以英国沃威克大学为代表，比较了该校教育方面的课程硕士（Taught Master）与中国的教育硕士专业学位在招生条件、培养目标、课程设置、学制、学位论文、质量保证等方面的异同。郑莲敏（2006）对中外专业学位教育进行了比较研究，回顾了专业学位的发展历程和中国专业学位教育发展的基本概况，着重以英国为例，与中国专业学位教育进行比较和分析，得出二者在招生对象和学制、课程结构、教学方法和过程、评估和监督机制、学位论文标准等多个方面都存在差异。应该多借鉴国外发达国家的经验，保持可持续发展和专业学位的吸引力，从而保证中国专业学位教育的持续、健康发展。黎学平（2004）介绍了英国专业博士学位的形成和现状，并探讨了英国专业博士学位在教学成分、研究成分、学分、导师指导和学位评估等方面的特点。朴雪涛（2005）介绍了英国博士专业学位的发展情况，探讨了在专业设置、培养过程和研究工作等方面的特征，并认为英国博士专业学位教育的发展是现代大学理念触动、政府公共政策引导、市场需求导致和学习借鉴共同作用的结果。邓光平（2005）从政策的角度对英国专业博士学位设置进行了分析，说明虽然英国专业博士学位设置政策出台晚，在初期遇到较大的阻力，但是在政府干预和市场影响等多种力量的共同作用下，通过政策体系的完善和贯彻，赢得了社会信任从而获得很大的发展，并且在专业博士学位设置政策制定与实施中有一个突出特点，即注重发挥专业组织的积极作用，强调高校与工商界的沟通与协作，通过这些合作以及与企业联合培养计划的实施，不仅为大学提供更多的科研经费，减轻学生经济压力，而且有助于锻炼研究生把理论运用于生产实践的能力，培养出更符合工商企业需求的人才。钟尚科（2006）等研究了英国和美国工程博士专业学位研究生教育的产生与发展，并分别从招生、课程学习、实践训练、导师指导以及学位论文等几个环节对两国工程博士专业学位进行了介绍，并提出改革我国培养目标和类型单一的工学博士研究生教育的必要性。

高益民（2007）指出在国际人才竞争的压力和国内司法改革等因素的影响下，日本于2003年正式在制度上确立了专业学位研究生教育，并使其得到了快速发展。高益民首先回顾了日本实行专业学位研究生教育的基本过程，之后介绍了制度设计和初步实践。在此基础之上指出，由于日本的专业学位研究生教育的蓝本取自美国,目前还处于初步的探索阶段,存在以下几个方面的主要问题:专业学位研究生教育与现行的本科教育之间缺乏整合;专业学位研究生教育与既往偏重于学术的研究生教育之间也缺乏整合;"法科大学院"与其他"专门职大学院"之间的整合性也存在问题;与我国相似,在总体上日本尚未将专业学位作为职业资格。高益民认为造成上述问题的原因在于这一取自美国的新制度与日本的现行高等教育体制之间存在着不协调。

杨震(2013)从培养目标、课程设置、培养方式、实践环节四个方面针对国内外学者对专业学位硕士研究生培养模式的探讨进行了总结和对比。比较国内外学者对这些方面的研究,发现两者虽然都关注这四个大方面,但在研究的具体内容和研究方法上有所差异。国外重实证、重细节的研究范式值得我国研究者借鉴。

二、国外研究现状

专业学位教育在西方发达国家发展较为成熟,已经是一个较为完善的体系,贯通于学士、硕士和博士阶段,一般包括全日制和非全日制两种培养形式。国外研究者对专业学位的研究主要包括四类。

(一)概念、含义

英语中的"专业"一词为 profession,源自拉丁词 profilteri,字首 pro – 为 forward,before 之意,字尾 fari – 为说、声明之意。"专业"(profession)一词意味着声明或者宣誓(professing)的行为与事实,它意味着职业的从业者们声称对某些事务具有较他人更多的知识,尤其是对其客户的事务具有较客户本人更多的知识[①]。这些高度专业化的艰深知识往往由通过科学研究与逻辑分析而获致的抽象原则所组成,并且是社会能够持续运转的必要条件[②]。

从 19 世纪开始,美国的教育、法律和医学等领域"将专门职业与现代大学联系起来",[③] 开始在大学系统内进行专门职业教育,以期寻求确定的训练方法培养出胜任该职业的专家。尽管当时的一些美国大学是发展历史较短的新兴大

[①] Hughes, Everett C. *On Work, Race, and the Sociological Imagination*. Chicago: University of Chicago Press, 1994, P. 5.

[②] Becker, Howard S. *The Nature of a Profession in Education for the Professions*. Chicago: National Society for the Study of Education, 1962, pp. 87 – 103.

[③] Clifford, G. J., J. W. Guthrie. *Ed School: a Brief for Professional Education*. Chicago and London: University of Chicago Press, 1988, pp. 25 – 26.

学，如哈佛大学、约翰·霍普金斯大学和哥伦比亚大学等，但是这些大学中的专业学院的院长们相信通过大学学习可以提高专门职业的水平和标准。在这样的社会背景下，医学、法律和教育等专门职业开始了大学化进程，先后制定了专业教育的标准和模式，开启了美国现代医学、法律、教育等领域的专业学位教育。自此，专业学位教育成为高等教育系统中的一个组成部分。那么，它与高等职业教育的区别何在？它与学术导向的高等教育之间又有怎样的不同？

按照联合国教科文组织《国际教育标准分类》，高等教育划分为5A、5B两种类型。其中5A类为理论型、为研究做准备、进入高技术要求的专业课程。它传授基础学科知识以达到具有进入高级研究领域的能力（符合学术型人才规格），或者传授应用科学知识（医学、法学、建筑学等），以可以从事高技术要求的专门职业（符合工程型人才规格）为目标。5B类则为实用的、技术的、职业的特殊课程，主要使学生获得某一特定职业或职业群所需的实际技术和专门技能（符合技术型人才规格）。根据这种分类法，专业学位教育应属于5A类，5B类则指高等职业教育。由此可见，专业学位教育在知识的层次、技术的要求以及人才的规格等方面都与高等职业教育有显著的区别。

根据美国国家教育统计中心对"专业学位"所作的界定，该学位意味着完成在一个特定职业领域内开展实践所必需的理论性学习，并获得高于学士学位水平所应具备的职业技能。这表明了专业学位的培养目标是培养职业领域的应用型高级专业人才，而学术性学位是培养学术领域的研究人才。哈佛大学则对学术性学位和专业学位进行了分别定义来进一步明确两种学位的培养目标差异：（1）学术性学位：培养对象是在学术界和其他研究机构从事学术研究的人，培养学生的学术能力，使其在下一阶段能对某一学科或研究领域的新知识进行研究、获取、组织、分析和传播。（2）专业学位：是一种基于学习目标和毕业生追求的工作类型而设置的学位，培养目标是使学生广泛掌握一个实践领域必需的学科内容和方法，锻炼学生以应用形式来组织、分析、解释并表达知识的能力[①]。

具体而言，英国学者彼特（J. Peter）在其专著《专业教育》中对专业学位教育的培养目标进行了系统的阐述。他认为，专业学位教育的目标是培养能够胜任专业工作的实践者。具体包括三个方面：第一，专业学位教育所培养的学生应该具有专业伦理观念，对完美的实践和服务应有深刻的理解；彼特认为，这一点是专业教育最重要的目标。确实，专家的词源本是"profess"，意思是"向上帝发誓，以此为职业"。如医学界著名的"希波克拉底誓言"就是以敬业精业、道

---

① 别敦荣、赵映川、闫建璋：《专业学位概念释义及其定位》，载于《高等教育研究》2009年第6期，第53~59页。

德自律为中心思想的医学伦理。日本战略之父、著名经济学家大前研一在其影响全球的文章《专业,21世纪唯一的生存之道》中所呼吁的"专业是希波克拉底誓言,专业是顾客至上",强调的也正是这一点。第二,专业教育应给专业新手提供足够的知识与技能或提高在职者的知识和技能。因为学生在受教育期间与知识的联系程度关系到他们执行专业任务的能力,已有的研究也表明学生在专业教育中如果得到相关专业知识、将会减少他们对未来能否胜任专业任务的焦虑。第三,通过专业教育发展学生的批判性思维和意识。专业人士在复杂情境下进行何种实践、采取何种措施,不仅依赖于他所掌握的各种理论或实践知识,更依赖于他的评价和判断能力。因此,专业知识这种由实践性带来的不确定性,使专业教育无法一劳永逸地为学生提供满足其整个专业生涯所需要的知识和技能,因而专业教育的目标不能仅限于知识和技能的获得,还必须发展学生的批判性思维和意识。在专业实践中需要解决的往往是具有"不确定性、唯一性、价值冲突性"的问题,而不是传统较低层次的职业中出现的纯粹的技术问题,因此,专业学位教育培养的是能够对专业实践问题进行全盘考虑的高层次人才。专业学位教育由于其所对应的专业岗位的专业性更强、要求更高,需要通过时间更长、层次更高的培养和熏陶才可能完成,因而一般要求在本科及以上层次。西方国家专业教育虽根据专业不同既有4年的本科层次(如工程、商业管理等专业),也有年限更长的硕士及以上层次(如美国的法律专业其专业学位教育时间至少要求7年,医学专业学位教育则要求至少8年),但总体趋势要求达到研究生教育水平。

此外,斯蒂芬·霍戴尔(Stephen Hoddell, 2000)对英国专业博士和哲学博士(PhD)两者进行了比较,分析了两者各自的特点与不同。英国研究生教育委员会(UK Council for Graduate Education)于2002年出版了《专业博士》(*Professional Doctorates*)一书,对英国专业博士学位的发展、类别、模式结构、质量标准、特点、需求以及学者观点等各方面均作了介绍。2005年,英国研究生教育委员会又一次出版了《英国专业博士学位奖学金》,对当前英国专业博士学位的发展现状以及奖学金颁发的单位、数量、对象以及范围等作了调查。

总之,专业学位教育因其知识的专门性、实践的复杂性以及专业的发展性等要求而具备了不同于学术学位教育的特征。

(二) 对专业学位教育体系的研究

埃弗雷特·沃尔特斯(Everett Walters, 1965)的《当今研究生教育》(*Graduate Education Today*)在美国研究生教育的发展脉络基础之上,对不同学位产生的背景进行了详细介绍。埃弗雷特·沃尔特斯分别对以下几个方面进行了论述:研究生教育的兴起、哲学博士学位、其他博士学位、硕士学位、研究生教育管理、学生、奖学金、社会科学和人文科学以及物理科学研究生学习发展新趋势、未来趋势与问题等。理查德·斯托尔（Storr, Richard J., 1973）的《未来的发端：艺术和科学领域研究生教育的历史方法》（The Beginning of the Future: a Historical Approach to Graduate Education in the Arts and Sciences）从历史的角度对美国文理科研究生教育进行了梳理和回顾。斯蒂芬·斯伯尔（Stephen H. Spur, 1970）的《学位结构：创新的方法》（Academic Degree Structures: Innovative Approaches）在研究学术性学位结构的同时，与专业学位进行了比较，并对专业学位的发展提出建议。

朱迪斯·格莱泽（Glazer Judith S, 1986）的《硕士学位：传统、多元与革新》（The Master's Degree: Tradition, Diversity, Innovation）从传统、多样性和创新三个方面对战后科技时代美国硕士学位的发展进行了深入而全面的研究。朱迪斯·格莱泽整合了有关组织结构、课程改革、质量控制和创新等方面，并对未来研究提出自己的建议。此外，朱迪斯·格莱泽还详细介绍了11种硕士研究生学位，包括修业年限、项目方向数量、学分要求等。朱迪斯·格莱泽重点讨论了以下主要专业学位：工商管理、教师教育、工程、美术和表演艺术、健康科学、国际教育、新闻、法律、图书馆学、公共管理、社会工作等。此外，有学者在《专业研究生教育：市场中的硕士学位》（Professionalizing Graduate Education: The Master's Degree in the Marketplace）中指出，专业硕士项目是"全球化、私有化、问责制以及研究生构成的地缘变化"等因素共同作用下的结果，硕士学位已经成为促进大学经济增长的主要力量（Glazer – Raymo, 2005）。还有学者详细介绍了商业、会计、教育专业的主要专业硕士项目，并特别关注了化学、地理、生物、物理等科学和工程学位的专业化，以及人文社科的专业硕士学位发展趋势。美国高等教育政策分析中心（2004）的《前进之路：提高研究生教育的多样性》（The Road Ahead: Improving Diversity in Graduate Education）对美国研究生教育的多样性进行了研究，并对专业学位和学术性学位的人数进行了统计。

汤姆·伯恩、雷切尔·鲍登和斯图尔特·莱恩（Tom Bourner, Rachel Bowden and Stuart Laing, 2010）汇报了一项针对英国专业博士过去十年发展情况的调查结果。该研究旨在发现英国大学影响专业博士学位的发展与改变的程度、专业博士项目的增长率以及各自具有的特点。结果表明，专业博士存在于英国多数大学和广泛学科之中，并持续快速增长。文章还总结归纳了英国专业博士学位20个代表性的特征。

（三）对不同类别专业学位的探讨

欧内斯特·吕德（Ernest Rudd, 1985）的《对研究生失败的新看法》（A New Look at Postgraduate Failure）和埃德加·H. 沙因（Edgar H. Schein, 1972）

的《专业教育：一些新的方向》（Professional Education: Some New Directions）是通过个案，采用实证研究方法对不同类型的专业学位研究生教育历史、现状及问题进行了探究。所罗门·霍伯曼（Solomon Hoberman）和西德尼·梅里克（Sidney Mailick, 1994）的《美国的专业教育：体验式学习、问题与展望》（Professional Education in the United States: Experiential Learning, Issues and Prospect）就美国的医学、法学、社会学、管理学四个专业教育领域进行了个案研究与分析，并对四个专业教育的未来发展提出相应建议。文章中解释了"谁是专业型人才"（who are the professionals?）、"服务专业"（the service professions）等概念，介绍了美国的专业学校（professional schools）和专业教育（professional education）发展的历史、现状和出现的问题，认为专业教育的首要目标是培养实践者，强调实验教学的核心地位，并将影响服务成本和质量的其他变量也考虑在其中，比如职业教育的时长、教师的专业水平、研究的角色、专业教育评估等。研究结果证明在以上四个专业领域，发展和应用实验教育是十分重要的学习和教学方法。目前专业教育存在研究问题孤立零散、忽略顾客需求、学生研究生专业继续教育不足、部分职业供给过剩、理论与实践脱节等问题。

劳拉·E.舒尔特等（Laura E. Schulte et al., 1991）在对一个职业性高校的长期实验中，提出了专业学位硕士各项技能的提高，依赖于学生与企业界的紧密结合。赫诺特（K. Hernaut, 1994）的《欧洲工程师：多样性的统一》（European Engineers: Unity of Diversity）对工程硕士专业学位研究生教育的发展进行了探讨，倡导为实现欧洲工程师人力资源的自由配置，在全欧框架下建立大学学历资格互认的工程教育须引起人们的注意。安妮·玛丽·德莱尼（Anne Marie Delaney, 1997）对美国东北部一所大学的教师教育专业硕士学位的毕业校友进行了调查，结果表明学生对于课程的满意程度、专业类课程的比例以及学生在项目评价中所遇到的能力挑战水平都将对项目评价产生重要的影响，同时也证明了校友调查的研究方法对于专业学位项目评价的有效性。彼得·丹宁（Peter J. Denning, 1998）为包含软件工程专业学位在内的软件工程专业教育项目运行设计了一个概念框架，从学历学位、招生对象、课程模块、项目时间以及社区支持等几个方面提出了实施建议。约瑟夫·瑟雷克尔德（Joseph Threlkeld, Gail M Jensen, 1999）以及夏洛特·罗耶恩（Charlotte Brasic Royeen, 1999）探究了临床博士学位作为理疗师教育（DPT）第一专业学位的相关重要问题。在斯塔克（Stark）等根据扎根理论研究建立的职业教育理论框架，分析了与DPT相关的社会和职业外部因素、制度和项目影响因素、职业能力和职业态度等问题，并得出DPT是服务社会、病人和相应职业的最佳选择。

玛丽·塞尔克（Mary Selke, 2001）分析了目前美国教育文学硕士学位（The

Master of Arts of Teaching，M. A. T.)、传统的教育硕士学位（Traditional Education Master's Degrees）和针对想终身从事课堂教学的学生设置的硕士学位（Practitioner's Master's Degress）三种硕士学位在目标设置、人才培养、培养形式等方面的不同。费恩（2001）专门探讨了越南工商管理硕士的培养现状，从结构上分析了越南工商管理硕士课程体系的优势与不足，对工商管理硕士的八个项目提出具体的改进和操作性的设计。斯科特、大卫和布朗（Scott，David and Brown）等（2004）围绕以下四个问题对专业博士学位开展了讨论：什么是专业博士？它们如何改变专业知识并改进现实？大学如何组织博士学位项目来促进学生的职业学习和发展？专业知识与学术知识之间的最恰当的关系是什么？通过仔细分析了高等教育课程的深层研究与职业训练之间的关系，探索了实践研究对职业发展的贡献。对采用深层案例研究对以下三个专业博士学位进行了分析：工商管理学博士学位（DBA）、工程学博士学位（DEng）和教育博士学位（EdD）。乔治·德拉芬雷德（George M. Degraffenreid，2001）通过对加州州立大学——弗雷斯诺（California State University – Fresno）在1950年和2000年音乐硕士专业学位课程设置的比较，分析美国艺术大学协会（National Association of Schools of Music，NASM）要求加利福尼亚州的大学增加公共教育的学分可能造成的影响，并提出可供解决的方案。

史蒂文·诺顿、菲利普·哈默和罗曼·祖伊科（Stephen D. Norton，Philip W. Hammer and Roman Czujko，2001）在物理学的专业学位教育方面开展了相关研究。研究旨在发现专业硕士（职业导向所示）学位项目与传统（学术）硕士学位项目各自的不同特征；找到最具实力的专业硕士学位项目；为学院和资助机构提供指导依据。研究者根据项目特征把专业硕士学位项目划归为四类；通过问卷调查的方式，为美国的物理学专业学位项目制定了一个评价标准并根据这个标准将所有项目分为最强、较强和新项目三类。结果发现：22所物理学院具有最强实力的专业硕士学位项目；17所物理学院拥有较强的专业硕士学位项目，但生产能力方面有所欠缺；22所物理学院开展的新项目尚未被评估。

帕斯卡尔·詹姆斯·因佩拉托等（Pascal James Imperato et al.，2005）专门讨论了纽约州立大学Downstate医学中心的一项护理专业硕士项目，该计划的初衷在于保护城市居民和移民的健康，旨在培养帮助公众解决健康问题的专业人士，以协助通过人群干预解决布鲁克林居民的各种健康问题。帕斯卡尔认为该项目目标具有具体新的和明确的指向性，2001年该项目开始设立公众卫生学位课程硕士，培养了高层次的健康方面的专业人士来解决以往遭到忽视的社区健康问题。乔纳森·卓尔与阿比·海德（2005）以理性批判的态度，批评了传统的专业学位研究生是培养"知识渊博的实干家"的目标，他认为这种培养目标并不符合实际,也不能真正应用在实际中,因为这个概念对于侧重学术还是侧重实践的界定并不清晰。帕斯卡尔·詹姆斯·因佩拉托(2005)提出公共卫生硕士的培养应包含250个小时的社区实习要求,用于把他们学到的理论知识应用到公共健康实践中。

马德琳·亚布拉迪·达尔格伦(2006)探讨了专业学位硕士生如何提高通过网络学习获得学位的问题。他指出:自1999年以来,维尔纽斯米纳斯技术大学就相继出台了三个网络学习攻读硕士学位的系列课程。为了提高网络学习的效率和质量,维尔纽斯米纳斯技术大学开发了建筑和房地产管理攻读硕士学位的智能教学系统(ITS-CREM)。该系统由6个子系统组成:(域模型学生模型、教师和测试模型、电脑学习系统数据库、决策支持子系统和图形界面)。该书就该智能教学系统进行了分析。印度学者哥什(2007)谈道:对移民学生可用远程教育的方式,由此要增长修业年限,2~3年方可修完全部课程,取得学位。迈克尔·泰特尔鲍姆(Michael S. Teitelbaum)与弗吉尼亚·考克斯(Virginia T. Cox)于2007年在 Nature 上撰文阐明了专业科学硕士的基本特点,以及设置专业科学硕士的可能性和必要性。路斯·鲁曼(Ruth Neumann, 2007)基于澳大利亚在大学同时授予哲学博士和专业博士的学院中开展的"The Doctoral Education Experience"的实证研究,介绍了教育、管理、法律、艺术等专业的专业博士学位,根据研究结果从以下三个方面评论了哲学与专业博士项目的相似与不同:第一个方面是在学校招生和录取以及学生对专业博士学位以及未来职业的选择;第二个方面则关注哲学博士和专业博士项目各自的结构和组织;第三个方面是有关两类学位地位的探讨。并在澳大利亚研究生教育政策背景下对研究结果进行了讨论,并总结了两类博士学位的主要不同以及未来的发展趋势。帕梅拉·吉布森(Pamela A. Gibson, 2007)等研究者认为随着 MPA 申请人的多样化增强,人们要求录取标准也将职业经历作为衡量未来学术表现的指标之一。通过对 MPA 的考核问题长达七年的试验,结果表明在招生时若考虑学生的工作经验而不仅是标准化考试成绩,则学生入学后将取得更高的学业成绩。迈克尔·德瓦尼(Michael Devaney, 2007)、克林顿·理查兹等(Clinton H. Richards, et al., 2002)都认为 MBA 培养忽视了道德教育,应增加商业伦理与职业精神教育,并对此进行评估。彼德·多拉托(2008)分析:美国有学者提出4年制的工程学士学位人才不能适应美国现有工程实践领域的需要,学校应向用人单位提供学历为工程硕士的人才。这一提法也许在实际操作上还为时过早,但向工程实践领域提供更高学历的职业型人才乃是一种趋势。

有学者从终身教育的角度出发,以大量事实论述了产学研结合对专业学位硕士培养的有效性(Susan H. Synthesis, 2010)。研究生院协会(CGS)与美国大学协会(AAU)也对专业学位进行了相关调查和研究。比如,CGS 发起的 Professional Master's in Social Science and Humanities（PMA）项目，2011 年 CGS Publication 公布了 PMA 项目的最新相关研究成果。再如，CGS 在科学硕士学位研究生教育（Science Master's Programs）的基础上，1997 年由斯隆基金会（Alfred P Sloan Foundation）倡议并支持开设了专业科学硕士学位（Professional Science Master's，PSM），涉及的学科专业包括生物和生物技术、化学、计算机科学、数学和统计等十大领域。塞利格（G. Seliger，2011）等认为工程师专业学位的培养目标应是"变革推动者"；埃尔维娅·梅伦德斯·阿克曼（Elvia J. Meléndez-Ackerman，2011）认为生态工程硕士在野外作业时需要的课程应包括生态科学、野外探险技能与策略、和平与安全教育以及跨学科课程等；美国学者 G. 塞利格（2011）针对工程师提出了培养目标，他认为工程学应该具有充分开发实用的应用软件的潜力，它是在有限资源的框架内提供解决方案，教育需使工程师能够充当"变革推动者"。

（四）国际比较与其他

伯顿·克拉克、托尼·贝克尔、莫利斯·科根和盖伊·尼夫等多国学者在研究生教育跨国比较研究基础上出版的《研究生教育的科学研究基础》（1993）和《探究的场所》（1995），以及《美国的研究生教育》（*Graduate Education in the United States*）（Bernard Berelson，1960）、《研究生教育》（*Graduate Education*）（Charles M. Grigg，1965）、《英国的研究生教育》（*Graduate Education in Britain*）（Tony Becher，1994）、《无声的成功：美国的硕士教育》（*A Silent Success：Master's Education in the United States*）（Clifton F.，1993）等，这些著作从宏观和微观两个层面考察探讨了研究生教育及其培养问题。此外，《20 世纪 80 年代的研究生教育》（*Postgraduate Education in the 1980s*）（OECD，1987）、《改革博士学位：一个国际化的视角》（*Changing Doctoral Degrees：An International Perspective*）（Keith Allan Nobel，1994）、《英、法、美三国政府中的研究生教育》（*Graduate Education in Government in England，France，and the United States*）（Vernardakis, George，1998）等著作均对各国研究生教育的规模、数量和培养模式等方面进行了比较研究。有些学者通过对 136 名区域或城市规划专业的学者进行问卷调查，得出了对于课程的学习和学生的就业方面应用知识比基础知识更为重要的结论（Stacey Swearingen White and James M. Mayo, 2005）。对于教育方式，克劳福德（C. B. Crawford）、柯蒂斯·布伦加德特（Curtis L. Brungardt）和罗伯特·斯科特（Robert F. Scott）等学者（2002）认为，专业学位教育应该在项目、成本、院系设置以及教学方式上适应新一代学生的需要，使学生能"随时随地"地学习。

（五）已有研究的特征及局限性

总体来看，我国专业学位硕士研究生教育的研究多是从宏观立场来看待专业学位硕士研究生教育中的各种问题，少有微观研究，主要存在以下六方面问题：第一，在专业学位教育领域较少有著名学者和研究者出现，论文的作者多为高校教师和在校学生，著名学者论文出现的概率偏低，通过查阅相关著作，以专业学位硕士研究生教育为题的著作几乎没有；第二，在论述人才培养模式构建中，没有涉及专业学位硕士研究生身心发展状况的论文；第三，在课程设置和教学改革相关论文中，没有涉及专业学位硕士研究生德育工作的论文；第四，涉及专业学位硕士研究生教育管理模式研究的论文很少；第五，在对课程设置和教学改革的研究中，较少涉及教材和案例的编写研究；第六，缺少对专业学位硕士研究生教育的奖助学金体制的研究。从研究队伍来看，研究专业学位硕士研究生教育的学者有从事研究生教育管理的人员，也有理论工作者；有专职研究人员，也有其他领域研究人员；有研究生教育研究的资深学者，也有以硕士生、博士生为代表的年轻学者，专业学位硕士研究生教育的研究队伍和研究群体在不断壮大。但是，这些研究多是以期刊论文或领导讲话的形式发表，专著较少。

从研究视角来看，既有宏观性的专题研究，也有比较具体的微观研究；既有理论性较强的研究，也有比较偏重实践的问题研究。但是，宏观研究多，从问题入手的局部研究少。从问题出发提出对策和建议的仅有6篇，1篇是从军事人才体能训练的角度来论述的，而其中有9篇是从当前我国专业学位硕士研究生教育整体出发来阐述的。

从研究范围上看，关于国外和国内的研究都有涉及；对全国性的探讨既有东部发达地区，也有西部地区；区域性的调查研究既有重点院校，也有一般院校。但总体来说，表现出一定的不均衡性：普遍性探讨多，个性化研究少；重点高校多，一般院校少；东部地区多，西部地区少。

从研究的效应和重视程度上看，大多数研究基本停留在对现有政策的解读上，缺乏创新的观点和理论，也缺乏具有操作性的建议和对策，一般都是比较宽泛的论述。另外，当前我国对于专业学位硕士研究生教育的重视程度不高，在各大学建设方案的论文中也缺少对专业学位教育建设情况的阐述。

从研究方法上看，与国际社会相比，国内研究多是从定性的角度来分析。例如，从招生考试制度、招生生源、人才培养目标和模式、质量保障与评价机制等方面进行探讨，或者从专业学位硕士研究生教育的发展对促进经济建设和社会发展重要性的角度进行论述，多为理论论述，少有实践方面的具体阐述。而国外对于专业学位硕士研究生教育的发展研究多是定量研究，且多是从劳动力市场的需求出发，将劳动力市场需求视为分析专业学位硕士研究生教育发展规模、结构的重要变量。

从文献数量和研究主题来看，有关我国专业学位研究生教育的文献在1996年之前较少，而内容基本上也都是国外专业研究生教育的客观介绍。自1996年之后，随着我国专业研究生教育的发展、历年授予的专业学位数量的增多，有关专业学位研究的文献也逐年增长，并从2004年左右开始增长幅度加大；通过热点词频的分析可以看出，这一阶段专业学位研究的主题不再是单一介绍国外情况，而是介绍不同学科门类的专业学位设置情况，包括农学、医学、工学、法学、教育等学科的专业硕士、博士学位。

专业学位的研究在2008年出现一定幅度的回落，而后又呈现快速增长的趋势。尤其是2010年以来，我国专业学位研究生人数迅速增加，有关专业学位的研究文献数量也直线上升。研究的主题也开始向专业学位的规模、结构、培养质量等方面转移。这也说明，我国专业学位研究者开始转向更深层次的思考，致力于探索、揭示专业学位研究生的培养与发展规律，关注在数量的基础上如何调整内部结构来提高专业学位研究生的培养质量。总体来说，从1996年至今，我国有关专业学位研究生教育的研究关注点呈现出以下变迁趋势：由介绍国外情况到介绍国内某一学科的专业学位情况，再到关注专业学位的规模、结构与培养质量，以及专业学位培养模式。

国外专业学位研究生的研究在第二次世界大战之前数量相对较小，内容主要是对专业学位教育发展初期的一些探索。从20世纪50年代开始，随着美国等专业研究生教育获得了较快的发展，有关专业学位的研究也开始逐渐增多，研究内容主要是对教育、管理、工程、药学、社会科学、公共卫生学等领域专业学位的介绍，内容丰富繁多。从70年代开始，美国等专业学位发展速度开始加快，相应的研究文献数量也开始大幅增加。到90年代左右，有关计算机、工商管理、医学、艺术设计等专业学位的研究数量较多，而自然科学、工程类研究相对较少；此外，随着信息产业和科技的迅猛发展，一批新兴学科的出现为专业学位发展提供了新的契机，有关自动控制、遗传工程、新材料、新能源、电子计算机等专业学位的研究不断涌现。此外，研究人员也更加关注专业学位的培养质量和培养模式。

概言之，国外研究主要集中于具体某一种或某几种专业学位研究生教育的介绍，其研究趋势具体体现为：1859~1900年，主要是硕士学位作为高校教师学术资格的实质性学位的研究；1900~1945年，开始关注硕士学位作为多元目标的专业学位和终结性学位这一形势；1970~1991年，集中研究硕士教育的转型，包括对职业化、专业化、应用性的探讨；1992年至今，开始探讨硕士点内部的改变和创新，包括新的教学技术、校外学位的设立、体验式和应用性学习等多元化选择。

已有的研究成果为本研究奠定了良好的基础、提供了可资借鉴的依据。但是客观地看，相关研究更多还是停留在对现象进行经验性的研究而缺乏对现象进行深层次的理论探讨；较多地采用定性思辨归纳专业学位研究生教育的发展历程、静态地分析其现状，而较少地从国家战略转型、教育发展战略、人力资源需求动态等预测专业学位研究生教育的发展趋势；较多地进行单一专业类型、单一个案单位的微观研究，而缺乏对我国专业学位总体情况的宏观把握和系统分析；对专业学位培养的特色凝练、实践创新、案例分析等方面还存在明显的不足，尤其是一些个案的研究，政策价值不够，尚未从规律层面总结和把握专业学位培养模式的总体特征与途径。

第三节 研究框架与研究方法

一、研究框架

本书综合运用问卷调查、深度访谈、案例分析、数据挖掘和专家咨询与论证等多种研究方法，从理论推演、现状分析、国际比较、案例分析和对策建议等方面展开研究，具体研究内容如下：

（一）专业学位培养的分类理念与模式

探讨专业学位人才培养的核心理念、根本目标、价值取向和本质属性。分析、探讨专业学位分类的原则、依据与模型，分析专业学位培养中的目标、课程、实践、评价、组织等环节与要素的相互关系和运行机制，在动态发展的专业学位培养过程中总结出现阶段专业学位培养的主要模式和共同特征。探讨经济社会转型和产业结构调整对未来一个时期专业学位培养模式发展趋势的影响。

（二）我国专业学位培养模式的现状及国际比较研究

全面调查分析我国现有专业学位研究生培养模式的现状，特别是归纳总结专业学位综合改革试点单位在培养模式创新与实践方面的经验、问题、影响因素，进而对我国专业学位研究生培养模式的特征进行理论概括和实践总结。同时，从国际比较的视角，选取美国、英国、法国等为主要分析对象，考察这些发达国家的专业学位研究生培养如何主动适应行业领域需求，如何与行业协会、校内外组织机构协同联动，高校如何根据劳动力市场中应用型人才需求的规模和能力素质不断改进自身的人才培养，如何实现专业学位培养与职业资格认证或考试的有效衔接，如何实现专业学位人才培养标准与业界的人才评价标准相一致，如何引导劳动力市场的各行各业、用人单位和第三方组织参与到高校的专业学位培养过程中来。最后结合国际背景和我国国情提出对专业学位研究生培养模式创新发展的启示和建议。

（三）临床医学硕士、工商管理硕士、工程硕士等专业学位培养模式研究

选取以临床医学硕士、工商管理硕士、工程硕士等具有较大培养规模和稳定劳动力市场需求的专业学位为代表，在用人单位调查、行业专家访谈和毕业生追踪调查的基础上，实地考察一批专业学位综合改革试点院校的专业学位研究生培养的现实状况、问题和原因、经验和特色等，探索其在培养理念、培养目标、培养方式、导师队伍、实习实践、质量标准与评价方式上的特点，重点分析专业学位在与行业部门联合培养时所面临的培养过程管理、导师队伍、资源共享与质量保障等问题，以及专业学位研究生培养如何与行业、职业领域进行有效沟通、合作与衔接。分析影响专业学位研究生培养质量的内、外部因素，总结凝练出专业学位研究生的培养模式，提出提高专业学位研究生培养质量的措施和建议。

（四）专业学位培养模式创新的政策研究

根据创新型国家建设战略与人力资源建设战略的客观需求、国家产业结构变化的趋势，从政府、企业和高校三个层面提出专业学位培养模式改革和创新的政策框架，并就每一项政策建议进行具体的分析，提出实施的可能途径与效果预测。探讨如何在国家层面制订相关法律法规，建立健全专业学位与职业资格有效衔接的规章制度，构建专业学位研究生教育的政策支持体系；如何推进用人单位和行业层面在教学实习实践，专业人士到校任教、讲学和指导学生以及经费等方面为专业学位培养提供多方位支持，形成专业学位研究生教育发展的良好社会环境、制度环境；如何引导和促进研究生培养单位层面集中精力创新专业学位培养模式、提高专业学位培养质量（见图1-5）。

```
                    ┌─────────────────┐
                    │  专业学位培养的  │
                    │ 理念、模式与趋势研究 │
                    └─────────────────┘
┌────────┐          ┌─────────────────┐          ┌────────┐
│我国专业│          │临床医学硕士、工商管理硕士、│          │专业学 │
│学位培养│          │工程硕士等专业学位培养模式│          │位培养 │
│模式的现│          │    创新研究     │          │国际比 │
│状研究  │          │                 │          │较研究 │
└────────┘          └─────────────────┘          └────────┘
                    ┌─────────────────┐
                    │专业学位培养模式创新的│
                    │    政策研究     │
                    └─────────────────┘
```

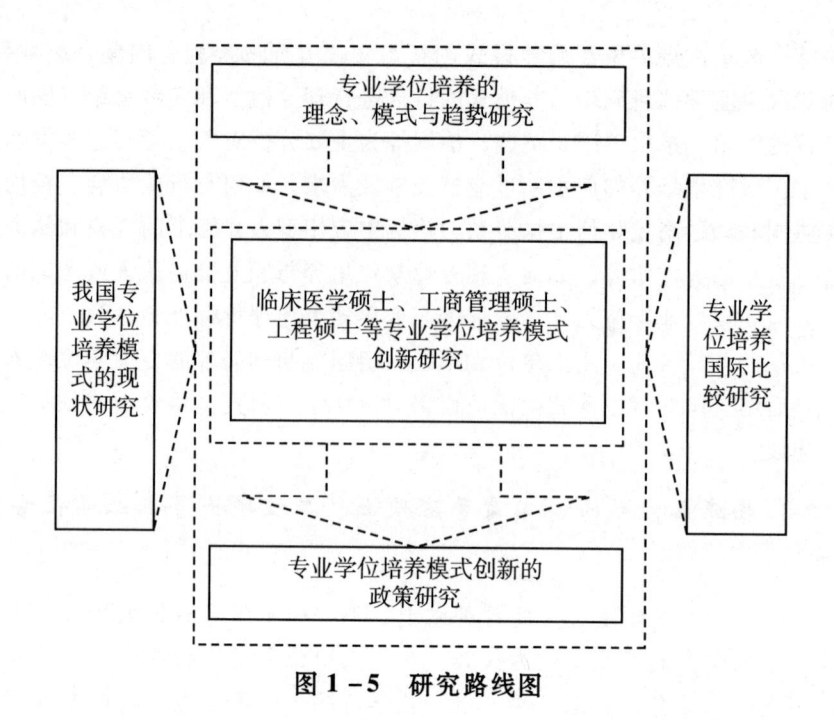

图 1-5 研究路线图

二、研究方法

本书将充分利用近些年来我国研究生教育研究积累的丰富资料，全面整理、分析国内外本领域相关的研究文献和调查成果，在进行相关理论分析的同时，综合运用历史、比较、案例、定量与定性相结合的方法进行研究。具体研究方法、手段和计划如下：

（一）问卷调查

我国专业学位研究生教育分布广泛，各专业和行业领域的差异较大，职业或专业成熟度存在明显差异，对应的专业学位培养也各有自身特色。因此，本研究分层次、分类别、分维度地开展在校生就读体验调查、毕业生追踪调查和用人单位调查。其中，专业学位硕士研究生应届毕业生调研共有 175 所高校参与，涉及专业学位种类达 32 种，回收问卷总量 17 546 份，有效问卷 15 415 份，占比 87.85%。其中样本量大于（含等于）240 份的专业学位有：工商管理硕士（1 050 份）、建筑学硕士（326 份）、法律硕士（1 057 份）、教育硕士（992 份）、工程硕士（5 693 份）、临床医学硕士（1 131 份）、公共管理硕士（335 份）、农业推广硕士（367 份）、会计硕士（939 份）、艺术硕士（390 份）、翻译硕士（310 份）、金融硕士（240 份）。此外，通过全国医学专业学位教育指导委员会秘书处电话和邮件通知相关单位填写问卷，共回收 3 241 份学生问卷和 600 份导师问卷。

（二）深度访谈

专业学位研究生培养模式涉及深层次的问题十分复杂，因此，有必要在大面积问卷调查之外，就专业学位研究生教育存在的问题进行针对性访谈，征求不同行业、不同学校相关专家的意见。为此，采用焦点访谈和专家个别访谈相结合的方式进行深度访谈，以加深对培养模式现状的了解，探讨存在的问题和解决思路。课题组采用德尔菲法，围绕全日制专业学位研究生培养模式现状调研、专业学位研究生培养模式核心要素等展开多轮专家咨询。2014~2015 年，深度访谈专业学位研究生、教师、管理者、行业专家、专业学位教育指导委员会委员等共计 120 人次，组织研究生教育管理人员、专家、教授座谈会 3 次。面对面访谈北京航空航天大学专业学位应届毕业生共 35 人、专业学位点负责人 6 人、企业招聘人员 10 多人，通过电子邮件和 QQ 形式访谈 9 个学校 1 103 名学生。召集清华大学专业学位研究生培养模式座谈会 1 次，北京航空航天大学公共管理专业教师座谈会 1 次，北京大学临床医学专业学位座谈会 2 次。

（三）案例研究

为了使研究问题更加深入，本研究从 64 个专业学位综合改革试点中选取典型案例开展个案调查，解剖麻雀，深入分析，总结其经验。重点观察教育与职业需求匹配性，提炼典型培养模式。案例调研得到北京市、上海市、重庆市、陕西省、黑龙江省、山西省、山东省、安徽省和江苏省等多个省市学位办的大力支持。其中，面对面访谈哈尔滨医科大学、吉林大学、复旦大学、南京医科大学、东南大学、石河子大学、苏州大学、内蒙古医科大学、首都医科大学、昆明医科大学等校的学生 37 位，导师 16 位，管理者 6 位。

（四）比较研究

本研究通过国际比较了解典型国家著名高校不同时期专业学位培养模式的历史、现状、问题以及未来的发展方向，以探索出一条符合我国国情的专业学位研究生培养路径。英国诺丁汉大学摩根（W. J. Morgan）教授、格拉斯哥大学克尔姆（Kelm）教授就专业学位研究生培养问题与课题组开展了合作研究。

（五）文本与内容分析

选取Ⅰ型专业学位中的机械工程领域工程硕士、Ⅱ型专业学位中的法律硕士、Ⅲ型专业学位中的工商管理硕士、Ⅳ型专业学位中的应用统计硕士作为典型代表，对其人才培养方案进行内容分析；基于全国28个工程硕士示范基地的申报材料，分析我国工程硕士联合培养实践基地状况；以北京地区高校MBA专业学位为例，采用文本内容分析法系统地考察了MBA培养模式相关的公开文本材料，对"985"院校、"211"院校和一般院校在MBA培养模式各核心要素中体现出的共性与个性进行了梳理、分析与讨论。

第四节 专业学位研究生培养模式核心要素分析

随着我国经济和社会的转型、高等教育的大众化和创新型国家战略的实施与推进，国家对创新型人才的需求日趋多样化。为了优化研究生培养结构，更好地适应国家经济社会发展对应用型、实践型高级专业人才的需要，满足社会需求，增强研究生教育服务经济社会发展的能力，加快研究生教育结构调整优化的步伐，专业学位研究生教育应运而生。然而，我国专业学位研究生教育发展至今仅20多年，仍处于初级阶段，对专业学位人才培养规律的认识不到位、探索不全面，未能形成特色鲜明符合时代社会经济发展、符合专业学位人才培养规律的培养模式，培养过程的各个环节中存在诸多现实问题迫切需要我国专业学位研究生教育培养模式的转变。然而，国内研究有关培养模式的内涵存在争议，尤其是有关培养模式的构成要素更是说法不一、各不相同。主要包括"三要素"[1]"四要素"[2][3]"五要素"[4]"六要素"[5]"体系说"[6]"环节说"[7]"指标说"[8]等观点，内

---

[1] 李盛兵：《研究生培养模式研究之反思》，载于《教育研究》2005年第11期，第55～58页。
[2] 刘鸿：《论研究生培养模式多样化》，载于《江苏高教》2007年第6期，第116～118页。
[3] 胡玲琳：《我国高校研究生培养模式研究》，华东师范大学，2004年，第182页。
[4] 巩子坤：《国外数学教育专业研究生培养模式分析及启示》，载于《西南师范大学学报（自然科学版）》2007年第1期，第145～148页。
[5] 周叶中：《从市场需求看我国高校人才培养模式的改革》，载于《武汉大学学报（人文社科版）》2000年第6期，第830～836页。
[6] 瞿海东：《创新能力与研究生培养模式》，载于《高等工程教育研究》2002年第5期，第58～59页。
[7] 吴世明：《研究生教育的多模式趋向》，载于《学位与研究生教育》2000年第4期，第1～3页。
[8] 陈少雄：《综合运用层次分析法和模糊数学方法对我国研究生培养模式进行评价》，载于《高教探索》2005年第1期，第91～93页。

涵庞杂、混乱，许多学者仅根据自己研究需要和主观认识与经验进行划分，出现多重依据、多重标准、划分重复或遗漏、没有重点等问题，不利于研究的比较与推广。因此，如何运用科学、客观的研究方法得出统一、公认的培养模式核心构成要素成为专业学位教育研究亟待解决的问题。

一、德尔菲专家咨询法

针对此类尚无统一标准、需要多个领域专家通力合作的复杂问题，常采用的策略是应用德尔菲专家咨询法。德尔菲专家咨询法是在20世纪40年代由O.赫尔姆和N.达尔克首创，经过T.J.戈尔登和兰德公司进一步发展而成的，又称为专家询函调查法，是专家会议法的改进和发展。该方法克服了专家会议法的不足，使参与的专家的知识和经验得到充分的发挥。德尔菲法是通过匿名的方式广泛征求专家的意见，经过反复多次的信息交流和反馈修正，使专家的意见逐步趋向一致，最后根据专家的综合意见，从而对评价对象作出评价的一种定量与定性相结合的预测、评价方法。德尔菲预测法的特点是匿名性、反馈性和量化性。德尔菲法最初产生于科技领域，后来逐渐被应用于军事预测、人口预测、医疗保健预测、经营和需求预测、教育预测等[①]。本书在整合已有文献中的专业学位研究生培养模式构成要素基础之上，采用德尔菲专家调查法提取核心关键要素，通过更为科学、客观、合理的研究方法，试图整合、构建出更为全面、清晰、科学合理、公认统一的专业学位研究生培养模式核心要素的框架体系结构。

二、实施步骤

（一）确定调查对象

根据研究目的，遵循专家代表性、权威性相结合的原则，根据专家的知识结构、专业、职称等遴选专家。本书采用12月1~2日召开的2014年学位与研究生教育政策与业务培训会的主要参会人员作为专家库，普遍发放第一轮咨询问卷，这些专家多来自全国各地各科研院所研究生院或相关部门的管理者、专家，

---

① Ziglio, E., *The Delphi Method and Its Contribution to Decision - Making*. M. Alder and E Ziglio, eds. *Gazing into the Oracle: The Delphi Method and Its Application to Social Policy and Public Health*. London: Jessica Kingsley, 1996.

他们对于专业学位研究生教育工作比较熟悉，具有一定的代表性与权威性。第二轮咨询调查的对象则根据第一轮问卷"专家基本情况调查表"的结果以及问卷实际回收反馈情况进行了筛选，删去了对专业学位研究生教育工作了解程度较低、职称职务较低的部分专家，从而提高了专家的代表性和权威性。

（二）制定专家问卷调查表

为简化调查过程，本书在前期文献调查的基础之上，编制拟定了《专业学位人才培养模式核心要素专家咨询表》，要求专家对一级、二级核心要素进行打分，并简明写出自己修改或补充的意见。问卷包括如下内容：

第一轮专家咨询包括两个主体部分：(1) "专业学位人才培养模式一级核心要素调查表"和"专业学位人才培养模式二级核心要素调查表"，包括专家对各要素相对重要程度的打分以及专家对于该项指标在表述上是否恰当、是否需要修改，在内容上是否需要删除或添加等主观问题提出修改意见。评价要素的重要性分为："很重要""重要""一般重要""不重要"和"很不重要"5个等级，每个等级分别赋值为5分、4分、3分、2分、1分，专家们严格按照赋值打分。(2) "专家基本情况调查表"，包括专家对调查内容的熟悉程度打分以及专家进行要素评分判断的依据。其中，熟悉程度分为"很熟悉""熟悉""一般""不熟悉"和"很不熟悉"5个等级，分别赋值为0.9、0.7、0.5、0.3、0.1；判断依据分实践经验、理论分析、对国内外研究的了解及直觉选择4个方面，按照影响程度不同分别赋予不同的分值。（第一轮专家咨询表详见附录A）

第二轮专家咨询包括综合专家反馈意见修改后的一级、二级核心要素调查表一级专家基本情况调查表，以及新增条目——"专业学位分类标准"。在本轮调查中，专家参考第一轮其他专家的综合意见重新考虑自己原先的选择和判断，并给出适当的修改、补充以及理由，对专业学位人才培养模式核心要素再次进行打分。专家在对修改后的各要素评分后，还要根据自己的理解和经验从"专业学位人才培养模式一级、二级核心要素"中选出或自己提出认为适合作为专业学位内部分类的标准依据。最后，对自己的判断依据、熟悉程度进行自评。

（三）问卷的发放与回收

第一轮问卷在2014年12月1~2日教育部学位中心组织的学位与研究生教育政策与业务培训会议上以纸质版会议材料形式向参会的主要专家、学者、管理者发放，会后统一回收输入。第一轮调查结束后笔者对问卷进行了汇总、整理和数据分析，综合专家意见后予以修改形成第二轮专家咨询问卷。第二轮专家调查采用"问卷星"网络问卷，将问卷链接以电子邮件方式发送至第一轮中筛选出的专家，网上回收输入。

三、数理统计分析

经过两轮调查，专家的意见基本趋向一致，基本筛选出了"专业学位人才培养模式核心要素"。本书对数据结果进行统计分析，主要包括回收率、平均数、变异系数、协调系数等，具体结果汇总如下：

（一）专家积极程度

专家积极系数用专家咨询表的回收率表示，回收率越高则说明专家对该问题的关心程度越高、积极程度越高。第一轮回收率为43%。在第二轮之间咨询实施中，我们根据第一轮问卷中专家的基本信息从反馈回的问卷中挑选出了更符合研究需要的30位专家，回收了有效问卷18份，第二轮问卷的专家积极系数为60%，说明专家对本书研究具有一定的积极性。

（二）专家意见集中程度

专家对于要素重要性意见的集中程度用均值和认可度（得分为4分或5分的专家人数占总人数的比例）来反映，这两项得分越高，说明该项指标或条目越重要；一般认为平均分在3.5以下，则该条目重要性相对较差。

在第一轮调查中的7个一级要素，"A培养目标与理念""D师资队伍""E考核评价与方式""C课程体系""F支撑条件与管理"5项的均值得分较高，而"B招生与入学方式"和"G外部环境"两项一级要素平均分较低，都在4.0以下。而认可度也与均值结果基本一致，对上述除招生和外部环境外的五项一级指标的认可度都在85%以上。第二轮结论与第一轮基本一致，且集中程度均值均高于第一轮结果，变异系数比第一轮也有所降低。这就说明专家的意见逐渐趋向一致，多数专家认为专业学位人才培养模式一级核心要素应当包括培养目标、课程体系与授课方式、师资队伍、考核评价机制、支撑条件与管理等五个方面的内容（见表1-2）。

表1-2　　　　　专家对于要素重要性意见的集中程度

项目	一级要素	均值	变异系数	认可度（%）
第一轮	A 培养目标与理念	4.47	0.2	85
	B 招生与入学方式	3.67	0.23	61
	C 课程体系	4.27	0.2	88
	D 师资队伍	4.33	0.19	86
	E 考核评价与方式	4.33	0.17	86
	F 支撑条件与管理	4.21	0.18	88
	G 外部环境	3.44	0.3	45
第二轮	A 培养目标	4.89	0.06	100
	B 招生录取模式	3.56	0.4	67
	C 课程体系与授课方式	4.5	0.17	94
	D 师资队伍	4.78	0.09	100
	E 考核评价机制	4.5	0.11	100
	F 支撑条件与管理	4.39	0.18	83
	G 外部环境	3.89	0.20	67

在两轮调查中（见表1-3）"A培养目标"包含的二级要素得分普遍较高，其中"与行业的符合度、对社会需求的满足度"得分最高，这就说明在专业学位培养目标的制定时应当充分体现出相关行业对人才能力和素质的切实需求。此外，第二轮调查中新增的4条"培养方案"二级要素的均值普遍较高且变异系数较小，说明多数专家认可培养方案要素的重要地位，是培养目标中的一个关键要素。

"B招生录取制度"包含的二级要素得分均值普遍偏低，"人才选拔方式"和"招生时更加侧重学生实践能力"均值得分较高，在4分以上；而其他两项的均值相对较低，其中"招生类别"的得分低于3.5分。在第一轮指标体系修改的情况下，招生录取模式要素在第二轮总体得分和分项二级指标得分普遍不高的结果说明，多数专家认为招生录取并不是专业学位研究生培养模式的最为核心的要素。

"C课程体系与授课方式"二级要素的两轮调查结果表明，"课程数量""学分学时的设置""课程内容具备系统性""适合专业学位培养的教材"和"专利教育"得分较低；"课程内容体现行业和市场需求""具有跨学科交叉性以及与职业资格相衔接"等要素得分最高。这就说明多数专家认为，在专业学位研究生课程体系与授课方式内部，学生上多少门课、修多少学分（学时）对于专业学位研究生人才培养来说并不重要，最重要的是课程内容体现行业和市场的现实需求和发展趋势，具备实践性、应用性；课程内容体现多专业领域交叉合作以及与职业资格相衔接。

在"D师资队伍"中，多数专家认为"参与专业学位培养的专任教师的数量""相对固定、长期聘用的校外导师的数量""双师型导师的数量"以及"校外导师的指导"相对不重要；师资队伍中最重要的要素还是"校内导师的指导"。而"参与专业学位培养的专任教师结构"均值最高说明，在专业学位研究生人才培养过程中，直接参与人才培养的专任教师结构存在较为突出的问题，是多数专家关注的焦点，应当成为后期访谈研究关注的一个重点。

"E 考核评价与方式"包含的二级要素只有"学位点开展多种形式的自评"得分相对较低；此外，"专业学位毕业论文"的得分高于"无毕业论文要求的专业学位毕业考核要求"，说明在多数专家看来，在毕业考核环节还是以毕业论文要求居多，采用更为灵活的毕业考核形式的重要程度尚未超过毕业论文。

"F 支撑条件与管理"一级要素包含的各项二级要素平均得分都较高。

"G 外部环境"相对于其他一级要素的重要性得分最低，但专家对外部环境的各项二级要素打分普遍很高。造成这一结果的原因可能是虽然人们都认可在专业学位研究生培养过程中行业、企业、政府部门的合理参与以及社会对专业学位的认知、了解很重要，但这一环节的许多问题相对于其他培养环节来说，凭借院校自身力量难以做出明显的调整或改变。

（三）专家意见的协调程度

专家意见的变异系数：变异系数表明专家对各要素意见的波动程度、协调程度，一般认为变异系数大于或等于 0.25，则说明专家意见的协调程度不够，存在较大分歧，专家对于各要素重要性评价的离散趋势见表 1-3 至表 1-9 中的变异系数栏。在第一轮调查中，"G 外部环境"一级要素的变异系数大于 0.25；在第二轮调查中，"B 招生录取模式"的变异系数在 0.25 以上。说明多数专家对于其他一级要素的意见相对较为统一，仅在"招生录取制度"与"外部环境"方面存在较大的分歧。在第一轮调查中变异系数较大的二级要素，经过修改后在第二轮中变异系数均小于 0.25，说明专家对于各二级要素的意见趋向一致。

表 1-3　　　　　　　专家对于培养目标要素的协调程度

A 培养目标		二级要素	平均值	变异系数
第一轮	A1	与学校人才培养使命的符合度	3.96	0.22
	A2	对社会需求的满足度	4.47	0.19
	A3	本专业学位的设置理念和培养目标	4.21	0.20
	A4	人才培养的预期走向	4.12	0.21
	A5	专业培养方案	4.37	0.17

续表

A 培养目标		二级要素	平均值	变异系数
第二轮	A1	与学校发展特色、定位的符合度	4.11	0.14
	A2	与行业的符合度、对社会需求的满足度	4.89	0.07
	A3	本专业学位的设置理念、培养目标	4.82	0.08
	A4	人才培养的预期走向	4.61	0.11
	A5	培养目标具体且有明确的针对性（新增）	4.56	0.14
	A6	专业培养方案内部运行机制（新增）	4.22	0.13
	A7	专业培养方案外部协调机制（新增）	4.17	0.15
	A8	行业企业专家参与培养方案修订（新增）	4.28	0.16

表1-4　专家对于招生与入学方式要素的协调程度

B 招生与入学方式		二级要素	平均值	变异系数
第一轮	B1	人才选拔方式	3.89	0.23
	B2	招生类别是否为全日制	3.24	0.31
	B3	本科专业是否与研究生专业对口（删除）	3.29	0.30
	B4	学生是否要具备相关工作经验（删除）	3.15	0.30
	B5	生源学校的背景特点（删除）	3.01	0.33
	B6	学制时间长短（删除）	3.40	0.25
第二轮	B1	人才选拔方式	4.39	0.14
	B2	招生类别	3.22	0.39
	B3	考生就业意愿表达（新增）	3.83	0.21
	B4	招生时更加侧重学生实践能力（新增）	4.056	0.16

表1-5　专家对于课程体系要素的协调程度

C 课程体系		二级要素	平均值	变异系数
第一轮	C1	整体课程结构体系	4.32	0.22
	C2	课程数量	3.32	0.25

续表

C课程体系		二级要素	平均值	变异系数
第一轮	C3	学分学时的设置	3.32	0.23
	C4	课程内容具备前沿性，体现学科或专业发展	4.19	0.20
	C5	课程内容具备系统性	4.09	0.22
	C6	课程内容反映社会市场需要，具备实践性、应用性、实用性等	4.44	0.18
	C7	课程内容覆盖相关职业资格考试内容	3.84	0.24
	C8	课程内容具有跨学科性、多专业领域合作	3.94	0.23
	C9	适合专业学位培养的教材（指南、手册等）	3.75	0.26
	C10	建立教学案例库	4.08	0.20
	C11	授课方式多样化	4.24	0.19
	C12	校外相关用人单位参与课程体系的设计	3.95	0.22
	C13	专业实践课或实验课	4.20	0.20
	C14	职业伦理、职业道德培训	3.97	0.24
第二轮	C1	整体课程结构体系	4.44	0.22
	C2	开设的课程与培养目标具体对应	4.28	0.22
	C3	课程内容具备前沿性，体现学科或专业发展	4.39	0.16
	C4	课程内容体现行业和市场需求及发展趋势，具备实践性、应用性、实用性等	4.67	0.13
	C5	课程内容具有跨学科性、交叉性、多专业领域合作	4.67	0.22
	C6	课程内容具备系统性	3.78	0.23
	C7	课程与职业资格相衔接	4.67	0.22
	C8	适合专业学位培养的教材	3.72	0.323
	C9	建立教学案例库及共享机制	4.17	0.26
	C10	授课方式多样化	4.5	0.14
	C11	行业企业专家参与课程体系设计	4.17	0.21
	C12	行业企业专家参与课题教学及论文指导	4.0	0.26
	C13	明确的专业实践教学目标体系	4.28	0.21
	C14	实践教学内容体系	4.11	0.25

续表

C课程体系		二级要素	平均值	变异系数
第二轮	C15	实践教学管理体系	4.17	0.19
	C16	实践教学评价体系	4.28	0.19
	C17	实践教学保障体系	4.5	0.16
	C18	职业素养培训	4.28	0.18
	C19	专利教育	3.17	0.33

表1-6　　专家对于师资队伍要素的协调程度

D师资队伍		二级要素	平均值	变异系数
第一轮	D1	参与专业学位培养的专任教师数量	3.89	0.23
	D2	参与专业学位培养的专任教师结构	4.08	0.21
	D3	相对固定、长期聘用的校外导师数量	3.88	0.24
	D4	双师型老师的数量	3.73	0.24
	D5	校内导师的指导	3.96	0.21
	D6	校外导师的指导	3.85	0.23
第二轮	D1	参与专业学位培养的专任教师数量	3.89	0.30
	D2	参与专业学位培养的专任教师结构	4.278	0.21
	D3	相对固定、长期聘用的校外导师数量	3.78	0.32
	D4	双师型老师的数量	3.78	0.32
	D5	校内导师的指导	4.5	0.11
	D6	校外导师的指导	3.83	0.26
	D7	校内外导师责任、权利、义务明确	4.28	0.16
	D8	调整优化专业型师资遴选与考核标准	4.39	0.14
	D9	导师的企业经历、横向课题	4.11	0.14
	D10	授课教师的职业契合度	4.33	0.14

表 1-7　　　　　　专家对于考核评价机制要素的协调程度

E 考核评价机制		二级要素	平均值	变异系数
第一轮	E1	课程考查（考试、课堂展示、实践或实验、课程论文等）	3.89	0.21
	E2	专业学位毕业论文（包括选题、开题、答辩等环节的质量控制）	4.09	0.22
	E3	无毕业论文要求的专业学位毕业考核要求（能够反映学习效果的标志性成果，比如发表论文、科研成果、其他奖励等）	3.91	0.26
	E4	培养管理过程的相关规章制度建设与关键环节的控制	4.05	0.20
	E5	导师遴选	4.08	0.23
	E6	适时开展专业学位校内外评估与调整	4.04	0.25
	E7	专项的专业学位毕业生跟踪调查	3.87	0.24
第二轮	E1	课程考核方式多样化	4.11	0.25
	E2	专业学位毕业论文	4.22	0.29
	E3	采用无毕业论文要求的多元化毕业考核形式，减少纸质化考核	4.17	0.24
	E4	培养管理过程的相关规章制度建设与关键环节的控制	4.17	0.24
	E5	学位点开展多种形式的自评	3.94	0.27
	E6	专项的专业学位毕业生跟踪调查	4.5	0.14

表 1-8　　　　　　专家对于支撑条件与管理要素的协调程度

F 支撑条件与管理		二级要素	平均值	变异系数
第一轮	F1	学生资助	3.76	0.22
	F2	经费制度	4.00	0.22
	F3	职业辅导与规划制度	3.84	0.21
	F4	实践基地建设、实验平台建设	4.32	0.20

续表

F 支撑条件与管理		二级要素	平均值	变异系数
第二轮	F1	学生资助	4.22	0.19
	F2	经费制度	4.0	0.24
	F3	职业辅导与规划制度	4.0	0.24
	F4	实践基地建设、实验平台建设	4.5	0.22
	F5	定向就业单位	4.0	0.23
	F6	相对独立的专门管理体系	4.5	0.14

表1-9　　　　专家对于外部环境要素的协调程度

G 外部环境		二级要素	平均值	变异系数
第一轮	G1	社会对专业学位的了解与认知程度	4.20	0.20
	G2	行业、产业界的参与度	4.24	0.21
	G3	政府部门的参与度	3.89	0.26
第二轮	G1	社会对专业学位的了解与认知程度	4.56	0.11
	G2	行业、产业界的参与度	4.67	0.1
	G3	政府部门的参与度	4.22	0.1
	G4	与职业资格认证及行业认证合作进程	4.44	0.22

专家意见的协调系数：

变异系数仅能说明专家对要素的协调程度，而协调系数及其显著性检验可以反映专家对整体方案、专家评价意见的协调程度，协调系数在0~1，一般认为如果 P 值>0.05，则专家意见分歧较大；若 P 值<0.05，则专家意见一致性较好，协调程度高。第一轮调查的专业学位研究生培养模式一级、二级核心要素的协调系数 Kendall（W）的卡方检验结果都为显著，表明整体调查协调程度较好，结果可信。其中，第二轮的 W 值比第一轮 W 值要高且显著，说明第二轮专家协调程度比前一轮要高，说明第二轮一级要素总体协调程度较高（见表1-10）。

表 1-10　　　　两轮专家调查的协调系数分析结果

项目	第一轮调查			第二轮调查		
	W 值	卡方值	P 值	W 值	卡方值	P 值
一级要素	0.226	27.098	0.00	0.558	60.304	0.00
二级要素	0.253	227.264	0.00	0.465	450.807	0.00

(四) 专家权威性

专家可靠性用专家权威系数表示，一般大于等于 0.7 即可接受[①]。权威系数有两种算法：第一种算法的专家权威系数等于专家判断系数与熟悉程度系数的算数平均值，计算公式为 $Cr = (Ca + Cs)/2$，其中 Cr 表示专家权威程度，Ca 表示判断系数，Cs 表示熟悉程度。第二种算法的专家权威系数等于专家判断系数、熟悉程度系数以及专家职称等级的算数平均值。由于部分专家不愿填写自己的职称信息，因此本书采用第一种算法。一般来说，权威系数高于 0.7 表明专家对于研究问题具有相对较好的权威性。权威系数平均值为 0.845，说明专家在理论和实践均具有相对较高的水平，具有一定的权威性（见表 1-11）。

表 1-11　　　　两轮调查的专家权威系数结果

名称	Ca 判断系数	Cs 熟悉程度	Cr 专家权威程度
第一轮	0.89	0.8	0.845
第二轮	0.92	0.83	0.875

(五) 专家提出的修改意见

在第一轮调查中，专家对专业学位研究生人才培养模式一级、二级要素进行了修改和完善，包括对已有要素表述不完善的修改、删除部分条目以及补充新要素。本书综合上述专家意见，修订了"专业学位研究生培养模式核心要素第二轮专家咨询表"。经过第二轮调查，专家对各一级要素的修改意见没有删除、补充或修改，更多体现为对要素应当注意的问题提示与建议。

(六) 作为分类指标的依据

经过整合专家意见，多数人认为在现有的一、二级要素中，培养目标中的"与行业的符合度、对社会需求的满足度"和"本专业学位的设置理念、培养目

---

① 曾光：《现代流行病学方法与应用》，北京医科大学、中国协和医科大学联合出版社 1994 年版。

标"适合作为专业学位人才培养模式分类的依据标准。此外，部分专家根据自己的经验，提出可以按照"人才培养的就业领域、职业倾向""导师的经历和能力、论文是否解决企业实际问题"以及"职业认证及行业认证的结合程序"对专业学位研究生培养模式进行划分。

四、构建专业学位研究生培养模式核心要素体系

综合上述两轮调查的结果，本研究得出最终的"专业学位研究生培养模式一级、二级核心要素表"，包括"A 培养目标"一级要素及其 8 项二级要素；"B 招生录取模式"一级要素及其 3 项二级要素；"C 课程体系与授课方式"及其 16 项二级要素；"D 师资队伍"及其 10 项二级要素；"E 考核评价机制"及其 6 项二级要素；"F 支撑条件与管理"及其 6 项二级要素；"G 外部环境"及其 4 项二级要素。研究结果并不是要覆盖培养模式核心要素的全部、适合各种目的和类型的研究，而是为专业学位研究生培养模式要素梳理一个较为清晰的基本体系，相关研究可以以此作为基本参考依据并结合自己的研究目的进行筛选或填充（见表 1-12）。

表 1-12   专业学位研究生培养模式核心要素体系

一级要素	序号	二级要素
A 培养目标	A1	与学校发展特色、定位的符合度
	A2	与行业的符合度、对社会需求的满足度
	A3	本专业学位的设置理念、培养目标
	A4	人才培养的预期走向
	A5	培养目标具体且有明确的针对性
	A6	专业培养方案内部运行机制
	A7	专业培养方案外部协调机制
	A8	行业、企业专家参与培养方案修订
B 招生录取模式	B1	人才选拔方式
	B2	考生就业意愿表达
	B3	招生时更加侧重学生实践能力
C 课程体系与授课方式	C1	整体课程结构体系
	C2	开设的课程与培养目标具体对应
	C3	课程内容具备前沿性，体现学科或专业发展

续表

一级要素	序号	二级要素
C 课程体系与授课方式	C4	课程内容体现行业和市场需求及发展趋势，具备实践性、应用性、实用性等
	C5	课程内容具有跨学科性、交叉性、多专业领域合作
	C6	课程与职业资格相衔接
	C7	建立教学案例库及共享机制
	C8	授课方式多样化
	C9	行业、企业专家参与课程体系设计
	C10	行业、企业专家参与课题教学及论文指导
	C11	明确的专业实践教学目标体系
	C12	实践教学内容体系
	C13	实践教学管理体系
	C14	实践教学评价体系
	C15	实践教学保障体系
	C16	职业素养培训
D 师资队伍	D1	参与专业学位培养的专任教师数量
	D2	参与专业学位培养的专任教师结构
	D3	相对固定、长期聘用的校外导师数量
	D4	双师型老师的数量
	D5	校内导师的指导
	D6	校外导师的指导
	D7	校内外导师责任、权利、义务明确
	D8	调整优化专业型师资遴选与考核标准
	D9	导师的企业经历、横向课题
	D10	授课教师的职业契合度
E 考核评价机制	E1	课程考核方式多样化
	E2	专业学位毕业论文
	E3	采用无毕业论文要求的多元化毕业考核形式，减少纸质化考核
	E4	培养管理过程的相关规章制度建立与关键环节的控制
	E5	学位点开展多种形式自评
	E6	专项的专业学位毕业生跟踪调查

续表

一级要素	序号	二级要素
F 支撑条件与管理	F1	学生资助
	F2	经费制度
	F3	职业辅导与规划制度
	F4	实践基地建设、实验平台建设
	F5	定向就业单位
	F6	相对独立的专门管理体系
G 外部环境	G1	社会对专业学位的了解与认知程度
	G2	行业、产业界的参与度
	G3	政府部门的参与度
	G4	与职业资格认证及行业认证合作进程

第二章

我国专业学位研究生教育发展

自1990年设立专业学位以来,我国采取的是"组织专家论证—与实际部门协调—个别试点—逐步推广"的方式逐步增设专业学位。同时,采用"单位申请—专家评估—审核确定授权"的方式逐步授权符合条件学校招生专业学位研究生。总体而言,2009年可作为我国专业学位发展的分界点。1990~2008年,我国开始试点推行专业学位,设置19个专业学位类别;构建了自成体系的在职攻读硕士专业学位的渠道;成立了专业学位教育指导委员会并开始指导专业学位的授权与培养工作;实现了建筑学专业学位、翻译硕士学位的学位授予与职业资格考试制度。

第一节 2009年以来我国专业学位类别及学位授权点增长情况

2009年之后,我国专业学位的发展主要体现在学位类别的大幅增加以及学位授权点数量持续增长两个方面。截至2015年,我国专业学位类别已达40个,覆盖了主要行业领域(其中,专业博士6个,专业硕士40个,专业学士1个);硕士专业学位培养单位数653个,博士专业学位培养单位79个;硕士专业学位授权点6 820个(其中,2009年后新增的授权点数:3 496),博士专业学位授权点134个(见表2-1)。

表2－1　2010年至今我国各类专业学位授权点（个）变化数统计表

序号	学位类别	设立年份	新增专业学位授权点（个）						授权总数
			2010年	2011年	2012年	2013年	2014年	2015年	
1	工商管理	1990	52	1					291
2	建筑学学士	1992		2	1	1	4		52
	建筑学硕士			3	3	1	5		34
3	法律	1995	1	1	1		69	2	187
4	教育硕士	1996		4	3		50		135
	教育博士	2008							15
5	工程硕士	1997	204	43	3	1	317		3 385
	工程博士	2011		47					47
6	临床医学硕士	1998	4	2	1		29	1	110
	临床医学博士								35
7	兽医硕士	1999					5		41
	兽医博士								7
8	农业	1999	23	2			12		544
9	公共管理	1999	46		1		76	1	219
10	口腔医学硕士	2000	5				11		56
	口腔医学博士								13
11	公共卫生	2001	9				16		60
12	军事	2002					34		46
13	会计	2004	77	8			71		176
14	体育	2005	77				20		87
15	艺术硕士	2005	35	2			64	3	203
16	风景园林	2005	7				27		58
17	汉语国际教育	2007	19	1			25	1	107
18	翻译	2007	118	1			47	1	206
19	社会工作	2008	25	1	1		44	1	105
20	金融	2010	84	2			58		141
21	应用统计	2010	78				29		101

续表

序号	学位类别	设立年份	新增专业学位授权点（个）						授权总数
			2010年	2011年	2012年	2013年	2014年	2015年	
22	税务	2010	36	1	1		9		45
23	国际商务	2010	78				20	1	90
24	保险	2010	50				1		44
25	资产评估	2010	65				2		53
26	警务	2010	3	1	1		1		6
27	应用心理	2010	30				36	1	67
28	新闻与传播	2010	48	1			54		103
29	出版	2010	14				6		19
30	文物与博物馆	2010	28	1	1		5		34
31	城市规划	2010		11	6	4	4		25
32	林业	2010	16				3		18
33	护理	2010	28	1			58		86
34	药学	2010	39	2			28	2	69
35	中药学	2010	43				8		46
36	旅游管理	2010	56	1	1		17		66
37	图书情报	2010	18				13		30
38	工程管理	2010	77				28	2	93
39	审计	2011		31			13		41
40	中医硕士	2014					9		45
	中医博士								17
	合计		1 493	170	24	7	1 328	16	7 458

此外，本书亦对1991年以来，我国各类专业学位授权点的年增长数、历年专业学位授权点累计数，以及历年专业学位授权点的累计增长变化做了归纳，详见表2-2和图2-1。

表2-2 我国各类专业学位授权点（个）年增长与累计变化数统计

年份	当年新增专业学位授权点	历年专业学位授权点累计	年份	当年新增专业学位授权点	历年专业学位授权点累计
1991	9	9	2004	128	781
1992	8	17	2005	106	887
1993	18	35	2006	11	898
1994	8	43	2007	157	1 055
1995	8	51	2008	1 698	2 753
1996	38	89	2009	875	3 628
1997	69	158	2010	1 493	5 121
1998	73	231	2011	170	5 291
1999	41	272	2012	24	5 461
2000	116	388	2013	7	5 485
2001	52	440	2014	1 328	5 492
2002	90	530	2015	16	6 820
2003	123	653	2016	638	7 458

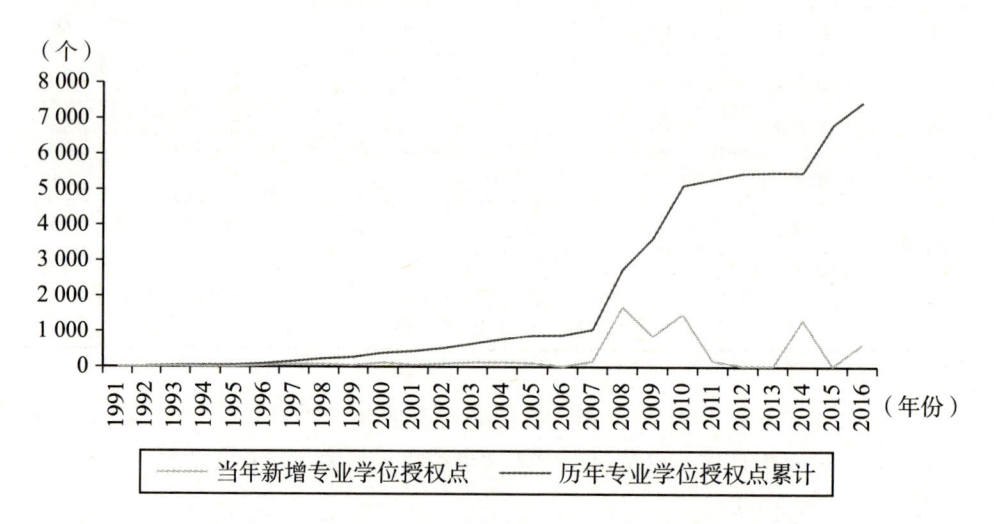

图2-1 我国历年专业学位授权点累计增长变化图

从表2-2及图2-1可以看出，自1991年我国开始设置专业学位起，1991~2007年的17年中，我国专业学位授权点数量整体呈现缓慢增长趋势。但2008年我国专业学位授权点增长迅速，其中 2008 年、2009 年、2010 年和 2014 年为授权点增长最多的年份，授权点增长个数分别达到 1 698 个、875 个、1 493 个和 1 328 个。从不同类别专业学位授权点来看，由于面向的职业领域不同，开设时间早晚有别，各种专业学位类型之间授权点数量差别很大。其中，工程硕士授权点最多，截至 2016 年，工程硕士学位授权点 3 385 个，占全部专业学位授权点的 45.39%，仅 2011 年工程博士学位授权点就新增了 47 个；而截至 2015 年，警务硕士和兽医博士授权点仅为 6 个和 7 个，占专业学位授权点总数的 0.08% 与 0.09%。

本书另对 2010～2015 年我国各专业学位授权点的增长情况进行了总结（见图 2-2）。

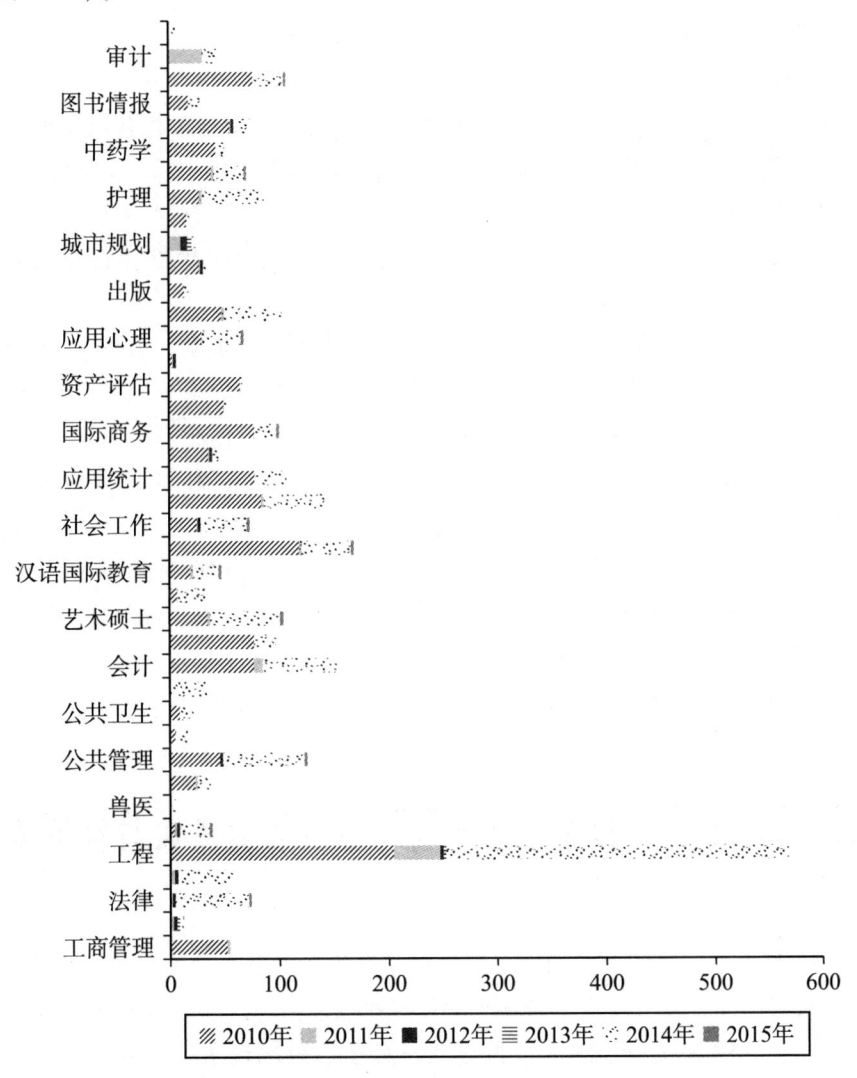

图 2-2　2010～2015 年我国各专业学位授权点增长示意图（个）

2010～2015年，我国专业硕士学位授权点均有不同程度的增长。其中，工程硕士专业学位授权点增长最快，其授权点总数由2010年的945个授权点增长为2016年的3385个授权点，7年间其专业学位授权点增长了72.1%；除工程硕士外，其余专业硕士学位授权点按增长数由多到少依次为翻译硕士（167个）、会计硕士（156个）、金融硕士（144个）、公共管理硕士（124个）、应用统计硕士与工程管理硕士（均为107个）、艺术硕士（104个）、新闻与传播硕士（103个）、国际商务硕士（99个）；此外，有6个专业学位授权点7年间的增长数量在40个以下，分别为警务硕士（6个）、林业硕士（19个）、出版硕士（20个）、城市规划硕士（25个）、图书情报硕士（31个）、文物与博物馆硕士（35个）以及建筑学硕士（12个）（见表2-1、图2-2）。

若具体分析2010年之后新增的21个专业硕士类别，则金融硕士学位授权点增长最多，总数达到144个，其次分别为：应用统计硕士与工程管理硕士（均为107个）、新闻与传播硕士（103个）、国际商务硕士（99个）、护理硕士（87个）、旅游管理硕士（75个）、药学硕士（71个）。此外，2011年设置的审计硕士授权点数也相对增长较快，到2015年已达到44个，而2010年设置的警务硕士仅为6个，2014年设置的中医硕士仅为9个（见表2-1、图2-2）。

若仅从工程硕士专业学位的40个不同领域的授权点来看，有近15个领域的学位授权点达到100个以上，其中约10个领域的专业学位授权点在150个以上；授权点总数位列前3的工程领域分别为：计算机技术工程领域（231个）、机械工程领域（200个）以及电子与通信工程领域（182个）；有10个工程硕士领域的授权点在30个以下，授权点最少的为林业工程领域（11个），其余授权点较少的工程硕士领域分别为：石油与天然气工程领域（14个）、兵器工程领域（16个）、航空工程领域（17个）、核能与核技术工程领域（17个）、航天工程领域（19个）、纺织工程领域（20个）、冶金工程领域（21个）、船舶与海洋工程领域（22个）以及轻工技术与工程领域（29个）（见图2-3）。

第二节 2010年以来我国专业学位授权点整改与撤销情况

2010年至今，我国设置的博士层次专业学位类别中，除工程博士被撤销1个学位授权点以外，其余5个专业博士学位授权点未出现过整改或撤销的情况；而在40个硕士层次的专业类别中，除建筑学硕士、兽医硕士、军事硕士、金融硕士、警务硕士、出版硕士、文物与博物馆硕士、城市规划硕士、应用心理硕士、林业硕士以及中医硕士11个专业硕士类别的授权点未出现整改或撤销的情况外，其余29个硕士类别中共计152个学位授权点出现过整改或撤销的情况，约占我国专业学位授权点总数的2.04%（见表2-3）。

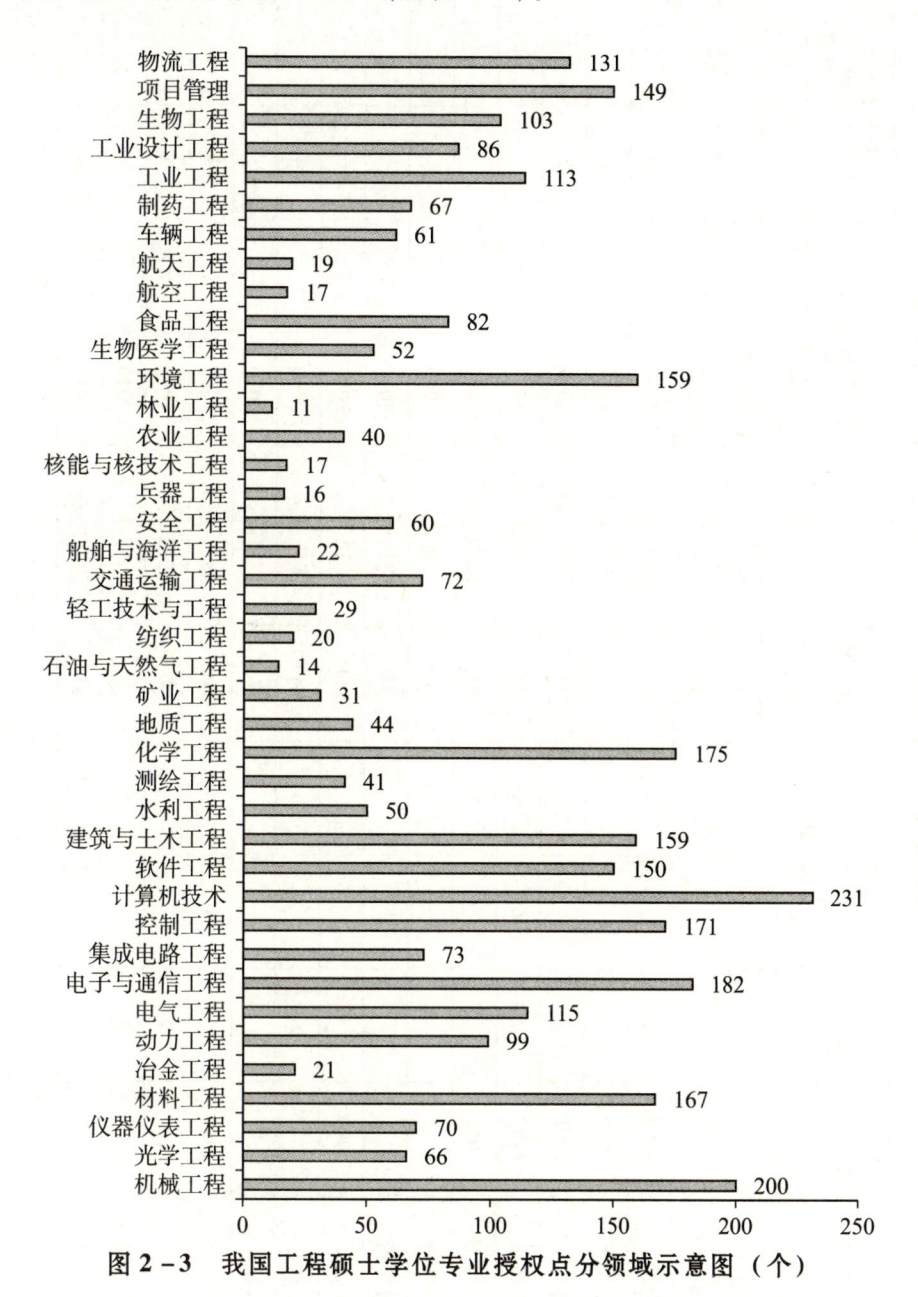

领域	授权点数
物流工程	131
项目管理	149
生物工程	103
工业设计工程	86
工业工程	113
制药工程	67
车辆工程	61
航天工程	19
航空工程	17
食品工程	82
生物医学工程	52
环境工程	159
林业工程	11
农业工程	40
核能与核技术工程	17
兵器工程	16
安全工程	60
船舶与海洋工程	22
交通运输工程	72
轻工技术与工程	29
纺织工程	20
石油与天然气工程	14
矿业工程	31
地质工程	44
化学工程	175
测绘工程	41
水利工程	50
建筑与土木工程	159
软件工程	150
计算机技术	231
控制工程	171
集成电路工程	73
电子与通信工程	182
电气工程	115
动力工程	99
冶金工程	21
材料工程	167
仪器仪表工程	70
光学工程	66
机械工程	200

图2-3 我国工程硕士学位专业授权点分领域示意图（个）

表 2-3　我国各类专业学位授权点（个）整改与撤销数统计

学位类别	设立年份	整改	撤销授权 主动	撤销授权 被动	授权总数	学位类别	设立年份	整改	撤销授权 主动	撤销授权 被动	授权总数
工商管理	1990	1	2		291	军事	2002				46
建筑学学士	1992				52	会计	2004	9	1		176
建筑学硕士					34	体育	2005	4			87
法律	1995	1		1	187	艺术硕士	2005	16		2	203
教育硕士	1996	3		4	135	风景园林	2005		1		58
教育博士	2008				15	汉语国际教育	2007		2		107
工程硕士	1997	7	6	18	3 385	翻译	2007	10		1	206
工程博士	2011				47	社会工作	2008	1	1		105
临床医学硕士	1998			1	110	金融	2010				141
临床医学博士					35	应用统计	2010	2			101
农业	1999			3	544	税务	2010				45
兽医硕士	1999				41	国际商务	2010		4		90
兽医博士					7	保险	2010		3		44
公共管理	1999	6	1	4	219	资产评估	2010	2	4		53
公共卫生	2001	1			60	工程管理	2010	6			93
口腔医学硕士	2000	1		2	56	警务	2010		5		6
口腔医学博士					13	应用心理	2010				67

续表

学位类别	设立年份	整改	撤销授权 主动	撤销授权 被动	授权总数
新闻与传播	2010		1		103
出版	2010				19
林业	2010				18
护理	2010			1	86
旅游管理	2010		4	1	66
中医硕士	2014				45
中医博士					17
文物与博物馆	2010				34
城市规划	2010		1		25
药学	2010		1		69
中药学	2010		1		46
图书情报	2010				30
审计	2011	6			41

若将出现整改或撤销的授权点一律界定为问题授权点,并计算问题授权点与其对应专业学位类别的授权点总数的百分比,则得到问题授权点占其对应专业学位类别的总授权点数百分比的均值为4.21%。在29个出现问题授权点的硕士专业学位类别中,有16个硕士专业学位类别的问题授权点百分比值超过4.21%这个均值。其中审计硕士问题授权点百分比值高达14.63%、工程管理硕士为11.83%、资产评估硕士为11.32%;问题授权点百分比值最低的为农业硕士0.55%,其次为临床医学硕士0.91%、工程硕士0.92%、社会工作硕士0.95%(见表2-3、图2-4)。

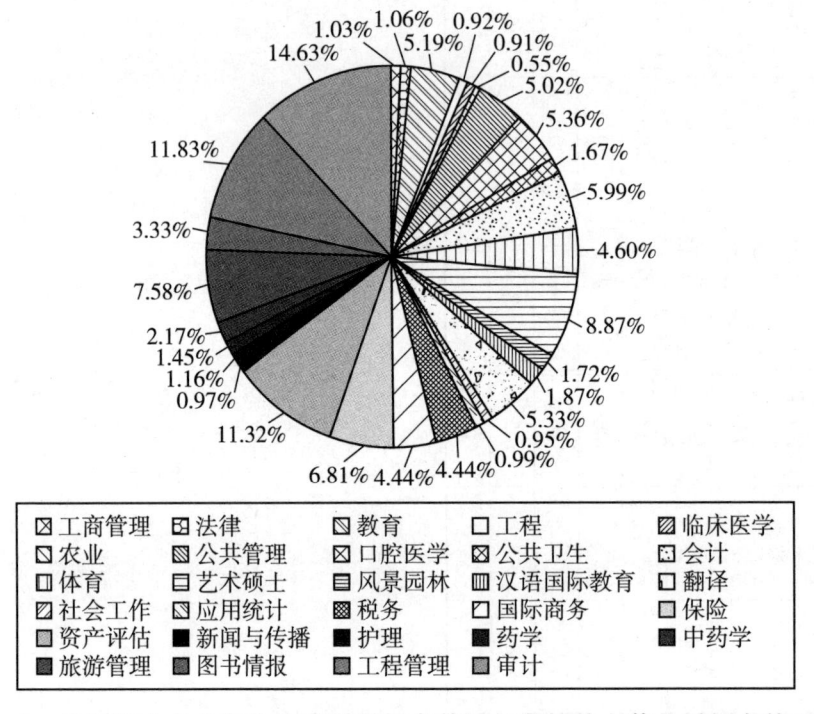

图2-4 我国硕士专业学位分类别授权点整改与撤销数占其总授权点数百分比

若仅计算撤销授权点占其对应专业学位类别的总授权点数,则该百分比的均值为2.44%,其中除了公共管理、公共卫生硕士、体育硕士、社会工作硕士、税务硕士以及审计硕士这6个专业硕士学位并未出现撤销学位授权点情况外,问题授权点中的其余23个专业硕士学位中有7个专业学位类别的该百分比值高于2.44%这个均值。其中撤销授权点占其对应专业学位类别的总授权点数的百分比值由高到低依次为旅游管理硕士(7.58%)、资产评估硕士(7.55%)、保险硕士(6.82%)、工程管理硕士(5.38%)、国际商务硕士(4.44%)、图书情报硕士(3.33%)以及教育硕士(2.96%);撤销授权点占比较低的是翻译硕士百分比值为

0.49%，其次为法律硕士为 0.53%、农业硕士为 0.55%、会计硕士为 0.57%、工商管理硕士为 0.69% 以及工程硕士为 0.71%（详见表 2-3、图 2-5）。

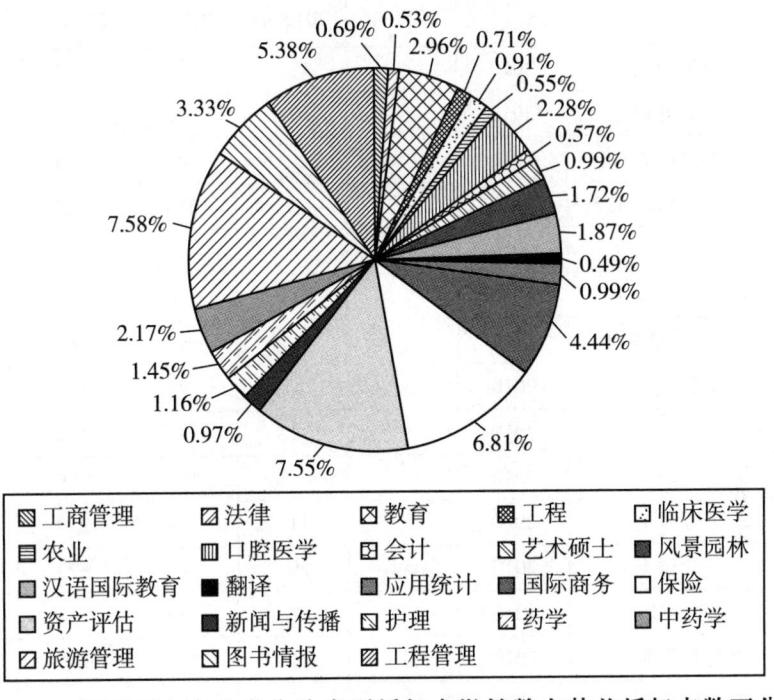

图 2-5 我国硕士专业学位分类别授权点撤销数占其总授权点数百分比

第三节 2009 年以来我国新增专业学位类别学位授予数

2011~2014 年，我国新设立的 21 个专业学位类别中，除了 2014 年刚刚新设的中医硕士未授予学位外，其余的 20 个专业学位自 2011 年起均有不同数量的专业学位研究生被授予了专业硕士学位（见表 2-4）。

表 2-4　　2009 年后我国新增专业学位类别学位授予统计

序号	专业学位类别	设立年份	学位授予数（个）				学位授予数合计（个）
			2011 年	2012 年	2013 年	2014 年	
1	金融硕士	2010		2	2 015	3 311	5 328
2	应用统计硕士	2010		9	620	1 041	1 670

续表

序号	专业学位类别	设立年份	学位授予数（个）				学位授予数合计（个）
			2011年	2012年	2013年	2014年	
3	税务硕士	2010	8		307	553	868
4	国际商务硕士	2010		1	768	1 395	2 164
5	保险硕士	2010			349	544	893
6	资产评估硕士	2010		1	359	705	1 065
7	警务硕士	2010			119	84	203
8	应用心理硕士	2010		19	354	659	1 032
9	新闻与传播硕士	2010			972	1 648	2 620
10	出版硕士	2010			79	186	265
11	文物与博物馆硕士	2010		1	194	401	596
12	林业硕士	2010			191	290	481
13	护理硕士	2010		11	74	210	295
14	药学硕士	2010		20	60	622	702
15	中药学硕士	2010	1	2	59	342	404
16	旅游管理硕士	2010	1	1	119	326	447
17	图书情报硕士	2010			77	283	360
18	工程管理硕士	2010		4	138	421	563
19	审计硕士	2011				328	328
20	城市规划硕士	2010				37	37
21	中医硕士	2014					
	学位授予数合计		10	71	6 854	13 386	20 321

若分析新增20个专业学位类别在不同年份的专业学位授予数的数量变化，则2011年授予的专业学位数最少，仅为10个，其中税务硕士授予8个学位，中药学硕士和旅游管理硕士各授予了1个专业学位；而2014年授予的专业学位最多，总数达到13 386个，其中2014年金融硕士授予的专业学位最多达到3 311个，占2014年专业学位授予总数的24.7%，而城市规划硕士授予37个专业学位，仅占2014年授予专业学位总数的0.3%（见表2-4、图2-6、图2-7）。

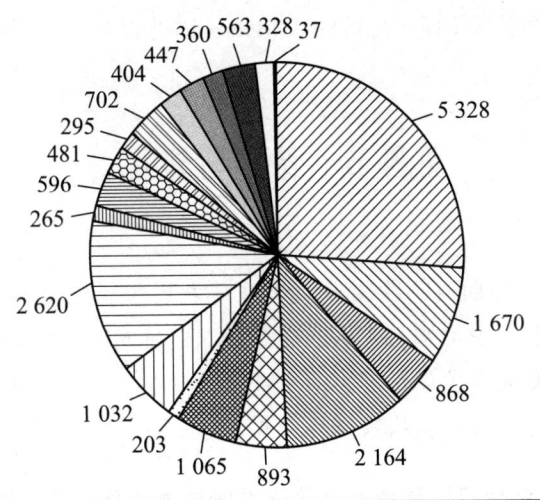

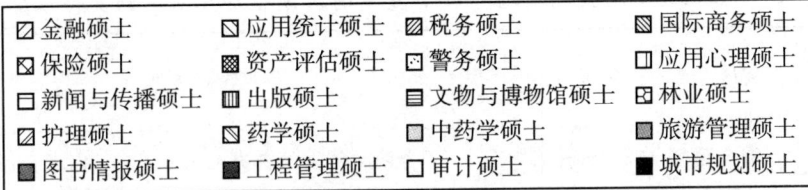

图 2-6 2009 年后我国新增专业学位分类别学位授予总数

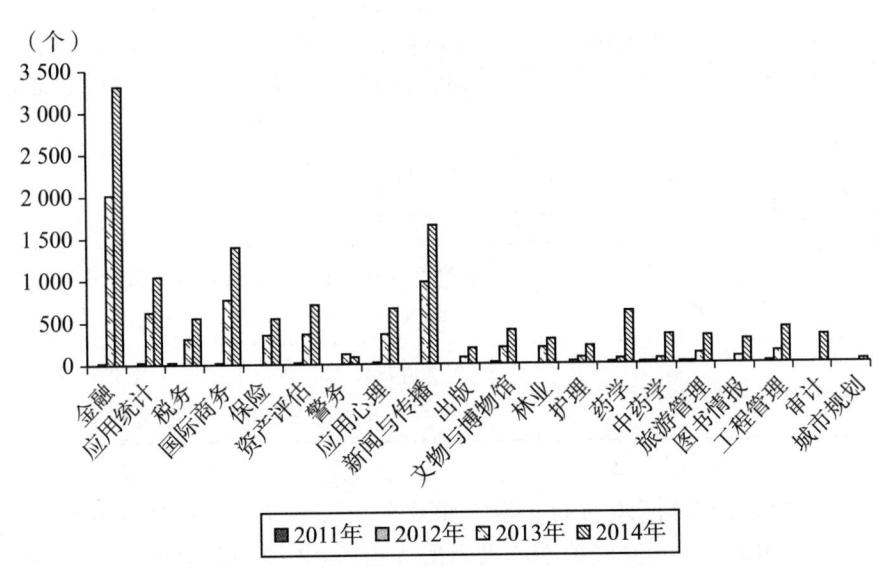

图 2-7 2009 年后我国新增专业学位分类别学位授予分年份统计

若分析新增不同专业学位类别专业学位授予数在 2011～2014 年的变化情况，则会发现：金融硕士授予的专业学位数最多达到 5 328 个，占新增专业学位类别学位授予总数的 26.2%；城市规划硕士授予了 37 个专业学位，仅占总专业学位授予数的新增专业学位类别学位授予总数的 0.18%（详见表 2-4、图 2-6、图 2-7）。

第四节 结论与建议

2010 年至今，总体而言，我国专业学位的发展仅呈现类别与领域增设的趋势，而并未健全专业学位类别与领域的撤销与退出机制。此外，通常情况下，我国是通过颁布相应专业学位设置方案的方式增设专业学位类别与领域，但是也有少数例外，如翻译专业类别新增领域等（见表 2-5）。

表 2-5　2009 年后我国新增专业学位类别与领域及其对应的文件依据

序号	新增专业学位领域	设立年份	设置依据
1	新增金融硕士等 19 种专业硕士类别	2010	国务院学位委员会办公室：《关于印发金融硕士等 19 种专业学位设置方案的通知》
2	林业（从农业类别中独立）	2010	国务院学位委员会办公室：《关于印发金融硕士等 19 种专业学位设置方案的通知》（注：2010 年之后，虽然招生目录仍然在农业类别中但是实际工作由林业教指委承担）
3	审计硕士	2011	《审计硕士专业学位设置方案》
4	中医硕士	2014	《中医专业学位设置方案》
5	增设阿拉伯语、西班牙语、泰语三领域	2015	教育部没有回复正式文件，但是实际中已经开始招生
6	增设职业技术教育	2016	《国务院学位委员会关于印发〈教育硕士专业学位设置方案（2015 年修订）〉的通知》

从专业学位的类别变化分析，2010 年至今，我国新增设了 21 个专业学位类别。其中，2010 年，依据《关于印发金融硕士等 19 种专业学位设置方案的通知》，我国增设了 19 个专业学位类别；2011 年与 2014 年分别依据国务院学位办颁布的《审计硕士专业学位设置方案》与《中医专业学位设置方案》，又增设了审计硕士与中医硕士两个专业学位类别（见表 2-5）。

从专业学位的领域变化来看，2015 年，我国翻译硕士专业指导委员会增设了阿拉伯语、西班牙语、泰语三个领域，虽未明确依据相关法律，但是得到了教育部的默许并开始招生。此外，2016 年，依据《教育硕士专业学位设置方案（2015 年修订）》，我国又在教育硕士类别中新增了职业教育领域（详见表 2-5）。

总体来看，自 1990 年试办工商管理硕士学位以来，我国专业学位类别大幅增加，学位授权点数量持续增长。截至 2015 年，我国专业学位类别已达 40 个，覆盖了主要行业领域；硕士专业学位培养单位数 653 个，博士专业学位培养单位 79 个；硕士专业学位授权点 6 820 个，博士专业学位授权点 134 个。与此同时，我国先后整改或撤销了 1 个专业博士学位授权点、152 个专业硕士学位授权点，但专业学位类别尚未颁布相应的撤出机制。

《专业学位设置审批暂行办法》（1996）及《硕士、博士专业学位设置与授权审核办法》（2010）是设置专业学位的主要政策依据，二者虽然对设置标准、程序进行了一定程度的规定，但如上所述，我国专业学位自 2009 年已发生较大变化，社会对高层次专门人才的需求不但在数量上大幅提高，在类别与质量等方面也提出了新的要求。有鉴于此，本书认为亟须立足于我国国情和社会需求的变化，在借鉴专业学位教育发达国家经验的基础上，颁布新的政策文本，更新专业学位设置的标准、程序，同时规范现有专业学位类别的管理与调整机制，尤其应对专业学位类别、领域设置与调整的条件、程序、管理机制等进行分别界定。

建议 1：分别制定专业学位类别、领域的设置与调整的条件与程序

专业学位类别是指具有明确职业属性和学科背景、社会广泛认同、人才需求相对稳定的专业领域集合；专业学位领域则通常指具有特定职业指向、完整知识体系、一定规模需求的培养方向。依据国情及社会需求，同时借鉴国际经验，本书认为专业学位类别的设置与调整宜符合下列基本条件：具有明确的职业属性或行业背景；具有相对独立、完整、系统的专业知识体系；对应的职业或行业已形成相对独立的专业技术标准或职业能力标准，以及相对成熟且社会广泛认可的职业资格认证体系；对应职业或行业的人才需求相对稳定，且需求规模较大。

专业学位类别的设置与调整程序宜为：国家有关部门提出设置或调整专业学位类别的动议，联合 10 所以上的学位授予单位共同形成论证报告；国务院学位委员会、教育部有关部门委托相关教育指导委员会对设置、调整的论证报告进行评议，并在征求学位授予单位和相关行业专家意见的基础上，提出设置、调整的评审意见；国务院学位委员会、教育部有关部门根据论证报告、专家意见等提出设置或调整方案；国务院学位委员会审议设置或调整方案，并向社会公示；国务院学位委员会会同教育部将设置或调整的专业类别编入专业学

位类别目录。

专业学位领域的设置与调整宜符合下列基本条件：具有特定的职业指向或行业背景；具有一定的知识体系和学科依据；具有一定的人才需求和发展前景。设置与调整程序宜为：学位授予单位提出设置或调整专业学位领域的动议，并组织相关领域、行业专家进行论证，提出专业领域的设置或调整方案；专业学位教育指导委员会组织相关行业专家对设置或调整方案进行评议；专业学位教育指导委员会将专业领域设置或调整论证方案、评议意见等材料进行公示；学位授予单位将设置或调整专业领域相关材料报送专业学位教育指导委员会备案。

建议2：明确相关部门的职责，尤其发挥专业学位教指委的作用

依据国情及社会需求，同时借鉴国际经验，本书认为在专业学位类别的设置和管理过程中，国务院学位委员会、教育部宜作为决策机构，负责制定专业学位类别的设置与管理办法；统筹规划专业学位类别的设置与调整工作；批准专业学位类别的设置与调整方案，定期发布专业学位类别目录。

教育部有关职能部门宜作为专业学位类别设置和管理的执行机构，负责按照发布的专业学位类别目录对学位授予单位的人才培养、专业学位建设工作进行宏观管理；收集和发布专业学位类别相关信息，组织类别设置与调整的论证工作，引导和规范专业学位类别设置；承办国务院学位委员会、教育部涉及专业学位类别目录的其他相关工作。

专业学位教育全国教指委作为专业学位教育的专业性中介组织，可发挥重要的桥梁纽带作用，促进高校与政府、行业、企事业单位之间的联系，增进专业学位教育人才培养工作中理论与实际的结合，因此宜将专业学位教育指导委员会定位为专业学位领域设置和管理的议事机构，负责承办国务院学位委员会、教育部委托的专业学位类别目录相关工作；负责专业领域设置与调整的评议、备案；定期编制与发布专业领域目录。

学位授予单位在专业学位类别设置与管理中应依据专业学位类别目录，实施学位授予与人才培养、招生与就业指导等工作；依据本办法制订本单位专业学位领域设置与调整的原则、要求和程序；按规定报送招生、学位授予、毕业生就业和人才培养质量报告等信息；根据专业学位发展趋势，提出专业学位类别、领域设置与调整建议方案。

建议3：关于专业学位领域的设置与调整，可给予高校适当程度的自主权

专业学位类别是国家进行学位授权审核、学位授予单位进行学位授予与专业建设的基本依据，其设置与调整程序应经过相关教育指导委员会、学位授予单位、相关行业专家的论证，并由国务院学位委员会、教育部有关部门审核并最终决定。但专业学位领域是国家进行学位授权点评估、学位授予单位开展招生培养

和质量保障的参考依据,可由专业学位教育指导委员会编制专业学位领域目录,学位授予单位根据专业学位领域目录,自主设置与调整专业学位领域。学位授予单位需接受专业学位教育指导委员会的评估,若专业领域评估不通过,建议撤销其专业类别授权。

第三章

专业学位教育国际比较

第一节 国外典型国家专业学位历史演进

国外专业学位教育的发展时间长短不一、各有特色。早在18世纪初，法国就建立了具有专业学位特征的"大学校"，但国外正式意义上的现代专业学位教育的发展应从1908年美国哈佛大学授予美国第一个专业学位——工商管理硕士学位（MBA）开始算起，至今已有100多年的历史。20世纪90年代以来，专业学位教育出现了一个高潮，美国、英国、法国等主要发达国家在该领域的发展进一步加快。法国自2000年后专业硕士的规模增长迅猛，到2006年已经建立了体系完备的专业学位教育体系，专业硕士学位授予数量占授予硕士学位总数高达69%；英国的专业学位研究生教育在2000年就已成为研究生学位教育的主体，近几年来专业学位研究生授予人数占研究生学位授予总数的比例均在80%以上；美国在20世纪八九十年代就已经建立起门类齐全、规模庞大的专业学位教育体系，近年来专业硕士学位授予数量占硕士学位授予总数的比例均在80%以上。相对而言，日本的专业学位教育起步较晚，到1998年后才有了真正意义的专业研究生教育，2002年后开始迅速发展。总体而言，美国、英国、法国等国家专业学位的发展更为成熟和稳定，专业学位教育也已经成为这些国家学位教育的重要组成部分（见表3-1）。

表 3-1　　国外典型国家专业学位历史演进过程简表

国家	时间	与专业学位相关的重要事件
法国	18 世纪初	建立了从事职业教育的"大学校"
法国	1982 年	开始创办专业学位教育
法国	2000~2006 年	硕士教育的规模增长近 70%，其中大部分为专业硕士教育
法国	2006 年	专业硕士学位授予数量占授予硕士学位总数高达 69%
英国	1963 年	《罗宾斯报告》建议研究生教育的重心应转向发展专业学位
英国	20 世纪 90 年代	专业学位教育快速发展，高校开始大规模设置 MBA 项目
英国	1992 年	英国第一个专业博士学位（教育博士学位）诞生于布里斯托尔大学
英国	2003~2008 年	专业学位研究生授予人数占研究生学位授予总数的 75% 左右
英国	2009~2013 年	专业学位研究生授予人数占研究生学位授予总数的 80% 以上
美国	1908 年	哈佛大学授予美国第一个专业学位（MBA）
美国	1920 年	哈佛大学首设第一个专业博士（教育博士）
美国	20 世纪 80~90 年代	专业硕士学位获得者数量占硕士学位获得者总数的 55% 以上
美国	2000 年	专业硕士学位授予数量占硕士学位授予总数的 80% 以上
美国	2010~2012 年	专业硕士学位授予数量占硕士学位授予总数保持在 82% 左右，占研究生学位授予总量保持在 67% 左右；第一职业学位（FPD）授予数量占研究生学位授予总量保持在 11% 左右
日本	1998 年	提出《关于 21 世纪大学改革的咨询报告》，指出必须培养高层次专门人才
日本	1999 年	设计了专门培养高层次职业人才的"专门职大学院"
日本	2000~2002 年	在京都大学等 6 所大学开设了医疗类和工商类的"专门职大学院"专业，如 MBA、社会健康医学等
日本	2003 年	文部科学省颁布《"专门职大学院"设置基准》，开始招收专门职大学院生（专业学位研究生）
日本	2012 年	专业学位招生人数占研究生招生总人数的 7.7%，其中"法科大学院"和"教职大学院"招生人数占专业学位总数的 60% 以上

资料来源：根据《开创我国专业学位研究生教育发展的新时代》《全日制专业学位研究生教育跟踪研究》、法国教育部（http：//www.education.gouv.fr）、英国自然科学基金（http：//www.findamasters.com、http：//www.hesa.ac.uk）、美国教育部（U.S. Department of Education）、美国自然科学基金（the U.S. National Science Foundation，NSF）、美国全国教育统计中心（U.S. National Center for Education Statistic）、德国自然科学基金（http：//wiki.bildungsserver.de）、日本文部科学省专门职大学院（法科大学院·教职大学院）专网（http：//www.mext.go.jp）的信息整理得出。

第二节 典型国家专业学位类型

现代专业学位教育是20世纪以来各国社会发展需求与高等教育相结合的产物。特别是20世纪后半期，新兴工业化国家迅速发展，社会产业结构和经济形态发生了根本的变化。在这些国家中，除了传统的与高等教育联系密切的行业以外，其他社会行业和产业对人才素质的需求在层次、类型和规格上发生了巨大变化，正是在这样的社会需求背景下，各国专业学位教育的层次、类型和规格也更加多样化了（见表3-2）。

表3-2　　　国外典型国家专业学位类型比较

国家	专业学位（或类似专业学位）名称	学位种类（个）	学位覆盖领域
法国	职业学士学位	N/A	专业设置以新科技和新服务为主，如电子商务等
法国	专业硕士学位	N/A	法律、政治、商科、管理、政治和经济管理、文学、语言、自然科学、其他等
法国	专业博士学位	N/A	以医学、牙医外科和药学领域为主
英国	授课型硕士学位	83	旅游、商业、统计、计算机科学、工程、艺术、建筑学、新闻、音乐、营养、临床、法律、教育、心理等
英国	专业博士学位	63	健康及社会保健、医学、兽医学、心理学、教育、神学、社科、商业、建筑、工程、职业研究等
美国	专业硕士学位	≥74	农业、林业、环境、建筑、新闻、法学、教育、医学、工程、财会、商业、计算机、音乐、宗教、文学等
美国	专业博士学位	≥56	林业、环境、建筑、新闻、法学、教育、医学、工程、财会、商业、运输、计算机、音乐、宗教、文学等
美国	第一职业学位（FPD）	11	牙医学、医学、验光学、骨科学、药学、足医学、兽医学、按摩治疗学、法律、神学、其他

续表

国家	专业学位（或类似专业学位）名称	学位种类（个）	学位覆盖领域
德国	连续型硕士学位	7	文科、理科、工程、法学、工艺、音乐、教育
	非连续型硕士学位	≥22	教育、建筑、商业、工程、公共管理、神学、图书、政治学等
	进修型硕士学位		
日本	各专业领域的硕士专业学位	≥42	商学、技术管理、会计、公共政策、公共卫生、知识产权、临床心理、理工、教育、国际、艺术、家政、法科、看护、福利
	教职专业学位	1	教职学
	法务博士专业学位	1	法科

资料来源：同表 3-1。

专业学位名称方面，各国的称谓基本不同。法国专业学位按照本科、硕士、博士三个层次分为职业学士、专业硕士、专业博士三种类型，其中职业学士是本科层次的专业学位教育，此点与欧洲其他国家有所不同；英国专业学位分为授课型硕士和专业博士，其中授课型硕士类似于我国的专业硕士；美国专业学位分为专业硕士、专业博士和第一职业学位（First Professional Degree, FPD），其中 FPD 也是博士层次的专业教育；德国新型类似我国专业学位的专业硕士学位按其学科相关性可分为连续型、非连续型和进修型硕士；日本专业学位包括各专业领域的硕士专业学位、教职专业学位和法务博士专业学位三种，其最显著的特点在于将专业学位看作与硕士学位和博士学位并列的第三种研究生教育学位。

在学位种类、学位覆盖领域方面，各国的差异也较大。其中，英、美两国的专业学位的数量最多，覆盖的学科领域也最广。以博士层次的专业学位教育为例，英国、美国分别至少有 63 种和 67 种，覆盖工、农、商、教育、医学等各个领域，而日本只有法务博士 1 种，法国数量不详，主要以医学、牙医外科和药学为主。因此，无论是从专业学位的种类数量还是覆盖的学科领域而言，英、美两国的专业学位教育更能及时反映社会发展的需求，大多集中在有着较强职业导向性或较强应用性的领域，如法律、医学、工商管理、教育、工程技术等。

第三节 典型国家专业学位授权关键要素比较

本书将从专业学位授权的法律依据、授权主体、学位授予权的获取方式、学位授予的覆盖权限、授权审核的形式、学位授权的时限、授权的中间机构及专业团队参与程度等角度对法、英、美、德、日五个国家专业学位授权的关键要素进行比较分析,详见表3-3。

专业学位授权具有两层含义:一是指高校具有开展专业学位教育的权力,本书称之为"专业学位学校授权";二是指高校具有开展某个具体的专业学位项目或种类的权力,本书称为"专业学位项目授权"。

五个国家的专业学位授权主体都是政府。在"专业学位学校授权"获取的方式上有两种,第一种为美国、德国、日本依据有关法律对高校的"专业学位学校授权"直接进行授权。一是专业学位的授权包含在传统的学术型学位的授权和权限中,属于自然沿袭式授权,如英国获得教皇训令或者皇家特许状的大学、美国的大学及学院、德国的研究型大学和应用技术大学都能自然获取授权;二是政府出台新的法律规定后自然获得授权,如日本文部省通过《专门职大学学院基准》后,各类高等教育机构(短期大学除外)自然获得专业学位授予权。第二种为法国、英国(针对一部分学校)通过授权机构进行审核授权。例如,法国高校是否具有学位授权(含专业学位学校授权),是要通过政府部门或委托中间机构审核来决定;英国的新设学校或未取得传统学术型学位授予权的高等教育机构,申请学位授权需要单独进行审核。

"专业学位项目授权"又与学校的"专业学位学校授权"的覆盖权限有关,大体有四种形式:一是全覆盖模式。如英国、美国大学获得的学位授予权均覆盖所有学术领域,也自然包含专业学位领域,同时隐含开展所有专业学位项目的可能性,因此,一些著名的大学可自行设置审核和开展某类专业学位项目。二是特定覆盖模式。日本和德国规定只能获得某个特定领域的专业学位项目的授予权,如日本规定只有建立了某类的专门职大学院才可以开展某特定专业学位项目,如德国规定应用技术大学、高等师范学院等专门培养"实践工程师""教师"。三是按照"申请—审核—批复"的程序进行无时限的单个专业学位项目审核。如美国各州的新设某个具体的专业学位项目目前均采用这种申报制度。四是按照"获自然授权—再评估—认证—延续授权"的模式对有时限的单个专业学位项目进行授权。德国在博洛尼亚进程中新调整或新增加的专业学位项目基本是按照此种模式进行的。

表3-3 国外典型国家专业学位授权关键要素比较

要素	法国	英国	美国	德国	日本
法律依据	《高等教育指引法》等	《继续教育和高等教育法》等	《高等教育法》等	《高校总纲法》等	《专门职大学院设置基准》
授权主体	政府或政府授权的中间机构	政府或政府授权的中间机构	政府	政府	政府
获取方式	自然获授权、认证后授权	自然获授权、审批授权	自然获授权、审核授权	自然取授权、依据法律规定授权	新的法律规定后自然获得授权
覆盖权限	所有学术领域	所有学术领域	所有学术领域	限特定领域	限特定领域
审核形式	政府审核、授权中间机构审核、自行审核	自行审核、政府授权中间机构审核	自行审核、州政府委托中间机构审核备案	政府审核、自行审核	政府审核
授权时限-举例	6年（工程师学校）	6年，公共拨款的高等教育机构（无时限）除外	无时限	5年（工程教育专业、新学位项目）	5年
中间机构	AERES、CTI等	QAA、学位授予权顾问委员会、皇家授权的各类认证机构等	任命的高等教育委员会及下设的各种委员会、政府授权的各类认证机构等	国家认证处、认证处授权的各类认证机构等	大学机构协会等
专业团队或专业认证机构参与度	如CTI可直接参与审核	如QAA可参与部分审核	由学校自愿选择，州政府审核专家组专家中有专业团体成员	如ASIIN可直接参与审核	部分专业团体或专业认证机构参与审核

在专业学位授权审核的形式上,主要有四种形式:一是由政府主管部门直接进行审核授权。如法国高等教育评估署(Agence de Evaluation de la recherche et de l'enseignementsuperieur,AERES)对高校的整体评估。二是由政府委托中间机构进行审核。如英国政府枢密院委托高等教育质量保障署(The Quality Assurance Agency for Higher Education,QAA)进行审核,法国工程师职衔委员会(The Committee of French Title of Engineer,CTI)受政府委托,可以对所有法国工程师学校进行是否有资格开展工程师教育的授权审核。三是对于一些著名高校延续历史惯例,直接进行授权,不进行专门组织审核。如英国皇家授权的大学系统,具有独立的学位授予权。四是高等学校自授权自审。如巴黎高等商科学校,学校设置和开展专业学位教育,不需要经过政府或中间机构审核授权,而是可以由学校自行根据社会和市场需求,自行设置和调整专业学位项目。以上政府委托的中间机构,有的是官方机构,如德国国家认证处;有的则是半官方机构,如法国的CTI、英国的QAA、日本的大学机构协会等。各国对授权的中间机构的人员数量及构成都有严格的规定。

关于专业学位授权的时限,最近大多数国家对新设置的专业学位的授权时限进行了限定,如英国经枢密院审核授权的小学院或新设立的学院,其硕士专业学位的授权期限为6年;德国工程、信息科学、自然科学和数学专业鉴定机构(German Accreditation Agency for Study Programs in Engineering, Informatics, Natural Sciences and Mathematics,ASIIN)对于德国应用技术大学工程调整或增设的专业学位设置的授权时限为5年。①

此外,各国的专业学位授权过程均邀请专业团体参与,而专业团体参与授权审核主要有四种形式:一是一些学位项目直接交由专业团体进行授权审核,如法国CTI得到政府授权直接对工程师文凭学位进行授权审核;二是参与学位授权审核过程的部分工作,如英国枢密院委托QAA进行新学院的申请的学位审核;三是专业团体参与已获得授权或依法设置的学位项目的后期评估;四是专业团体的代表作为授权审核的专家组成员来参与授权审核,如美国州政府对于申报的具体专业学位的授权审核活动。

---

① 马永红、张乐、张志祥:《专业学位授权模式的国际比较研究》,载于《国家教育行政学院学报》2014年第8期,第89~94页。

第四节 国外专业学位授权模式总结

综合国外几个典型国家的专业学位授权的关键要素的情况，总结出以下七种模式。

第一，法律规定下的专业学位授权自然获取模式。根据学校整体的学位授权而自然获得专业学位授权，适用于得到普遍认可的大学，其专业学位授权可自然获得，并免予审核或进行形式审核。如英国皇家特许的大学、美国的大学及学院、德国的研究型大学和应用技术大学可按其法律规定直接获取专业学位的授权，无需单独申请或审核。

第二，指定专门教育机构的专业学位授权指定模式。如德国的应用技术大学、法国的"大学校"直接授权获得的就是专业学位，日本只有设置了专门职业研究生院的大学才具有专业学位的学位授予权，此类高校获得的授权学位自然就是专业学位。

第三，应职业强制性和国家监管的要求，与职业资格无缝衔接的专业学位授权对接模式。对于传统的专业学位（如医学、法律等）进行专门的学位审核或考核，并与职业资格体系紧密相连，专业团体或专业认证机构直接参与专业学位的学位授权审核及专业学位教育的过程。如德国通过国家考试才能在特定的行业就职；日本的"法科大学院"是司法界直接推动，与国家司法考试直接对接；美国临床医学、护理、法律等专业学位的设置要求与执业资格具有对应性等。

第四，鼓励新办学院或总体实力不强但职业教育有特色的学院基于市场需求进行的专业学位授权优先激励模式。如英国新办学院申请学位授权时类似专业学位的授课型硕士学位的可优先申请授权模式；美国鼓励一般学校设置专业学位的模式；法国专业学院自授权的学校文凭模式，鼓励更多专业学位的设置，同时自愿申请接受专业认证机构的评估，以保证专业学位质量。

第五，标准导引再授权模式，即通过标准设置，开展专业学位试点，再进行国家授权的评估和再授权的模式。如日本的《专门职大学院设置基准》是一种很有意义的模式，国家先出标准，各校按图索骥，再决定是否开展专业学位的项目设置，国家不仅对学校整体设置作具体要求，还对设置的专业学位分别制定了具体的设置要求。通过自我评估，判断该校是否满足设置要求，满足要求的高校才可开展实施专业学位项目，此模式可以为新办学院或拟报专业学位的高等教育机构进行了解和准备的指导。

第六，试点后评估再授权模式。如德国应用技术大学新学位项目的设置，试点后接受德国专业评估机构 ASIIN 的评估，ASIIN 受认证委员会委托，对大学所开设的学士、硕士专业以及文凭课程进行鉴定认证，按德国有关规定，凡经 ASIIN 评估并认证的大学本科专业，其合格的毕业生可获得德国正式学士学位，从而自然拥有工程师执业资格。以上评估，就具有了"学位项目评估再授权"的意义，即合格再授权。当然，德国在推进博洛尼亚进程中新设项目均面临这种授权模式的考验。

第七，时效约束的授权模式。部分专业学位有时效约束，如英国新学院申请的授课型硕士（专业学位）时效期为 6 年；法国工程师文凭每 6 年都要经过 CTI 的认证评估后再授权；美国新设置的专业学位很多需要每 5 年接受相关第三方机构的认证后再授权，从而保证专业学位的质量要求。

第五节 国外专业学位授权模式经验对我国的启示

我国专业学位正处于快速发展中，同时又是面临完善构建专业学位基本制度的阶段，还需要基于长远发展考虑结构效益，不断探索、调整和发展。国外现已形成的专业学位的授权模式，既有共性又各具特色。从长远发展的视角来看，对于我国专业学位授权有以下启示：

第一，重视对学校整体实力的审核。国外在设置专业学位的学位授权上，非常看重学校开展专业学位教育的整体实力，对于整体实力强的学校，基本上采取自然沿袭模式来发展专业学位教育。建议我国专业学位授予审核应将重点放在开展专业学位教育的学校整体实力的审核上，充分考虑不同因素的交叉影响，如整体实力强的学校有良好的办学基础、雄厚的师资力量、较高的社会声誉，对申请攻读专业学位的学生有很大吸引力，对于专业学位的容纳量也比较大，专业学位授权审核应充分尊重学校的办学自主权，尤其应给予整体实力强的高校更多的发展弹性，并起到示范和引导作用。目前，我国已允许符合条件的高校自行设置学术性的硕、博士学位，专业学位的学校授权也应及时跟进。

第二，专业学位授权也应是开放性的。随着社会经济发展和新的职业出现，专业学位也会不断得以调整或设置新的项目和种类。国外在具体专业学位项目设置上较为自由开放，符合条件下的学校自授权甚至自设学校文凭的专业学位很大程度上促进了专业学位的蓬勃发展，满足了社会对专业领域人才的实际需求。建议应秉承专业学位开放的理念，逐步构建依据社会发展需求进行专业学位项目授权的项目设置与退出机制，保持专业学位教育的灵活性和弹性，为社会经济提供有效的人才供给，为其长远发展注入活力。

同时，专业学位授权可以更加倾向在本科教育层面亦体现出职业教育实力强、市场需求大的一些学校，提高这些学校的办学积极性，鼓励它们发挥特色优势，尤其是那些本科教育及相关专业已获得专业领域职业认证的高校，可以借鉴按学校类型指定专业学位授权的模式（如指定德国应用科技大学），实现专业学位的多元发展路径，进一步释放专业学位发展的空间，在保证专业学位培养质量的前提下，促进专业学位教育的持续快速发展。

第三，统一标准以导引申报。我国专业学位教育正处于快速发展时期，相比国外专业学位项目的设置，我国专业学位项目设置的空间巨大，会有一系列新的专业学位项目需要考虑设置。2010年新设置的19个专业学位已经有了第一届毕业生，其培养质量正面临着社会的检验。因此，如何保证专业学位的质量是当前面临的挑战，而专业学位授权是第一道质量关口。由于专业学位有职业指向性，而职业标准是有明确要求的，高校设置某个专业学位自然也应具备基本的学术和职业发展标准。建议构建和完善专业学位整体授权标准和专业学位的质量标准，并配有详细的标准对照指南，使之成为具有法规意义的文件，保证申报质量，进而保证授权审核质量。目前，我国专业学位的新一轮的基本要求和规范正在初稿讨论之中，建议在新的专业学位项目设置时，可以充分论证，先提出国家标准和基本要求，以此来引导、规范新专业学位项目的申报，使之有的放矢。申报高校可按照国家标准和要求先行自我评估，待符合条件后再申报实施，有利于教育资源的进一步优化配置。

第四，引进中间机构介入专业学位的授权审核和评估，重视社会权力的作用。社会权力即社会主体以其所拥有的社会资源对国家和社会的影响力和支配力。[8]随着社会经济发展和新的职业出现，专业学位也会不断调整或设置新的项目和种类，中间机构或称第三方机构如行业学会、协会、教育专业鉴定机构、职业资格认证机构等，在某种意义上代表了一种社会权力，对于专业学位教育进行审视和监督，起到了教育外部的质量保障作用。如2008年美国《高等教育机会法案》（*Higher Education Opportunity Act*）的颁布，指出美国新设置的专业学位项目要求接受中间机构的审核，虽各州执行不一，但也反映出第三方机构这种社会权力对于高等教育的渗透程度越来越高。中间机构社会权力的表现方式主要是参与教育过程或对于教育的某个环节阶段或整体进行专业学位教育资质的评估。建议对于具有法律强制性和国家需要监管的职业所对应的专业学位，亦称为传统的专业学位（如临床医学、法律等），邀请该专业认证机构或该行业的领导性中间机构直接全程参与专业学位授权审核之中，以促进专业学位教育与职业资格的良好衔接，保证专业学位的实践性需求和培养质量。而对于其他对接性不强的专业学位，允许和鼓励中间机构参与，但不应强求。除此以外，建立专业学位的授权接受第三方专业认证机构评估的制度，在有些领域可以直接通过第三方专业认证机构的评估，落实专业学位授权的再次评估授权，建立专业学位的准入和退出机制，保证专业学位的质量。

第五，依据专业学位可变和发展的特点，坚持对专业学位授权的时效性限定，尤其是对新建学院和总体实力不强的高校专业学位的时效性限定。目前大多数国家对于专业学位的授权时效进行了限定。时效性限定对专业学位的质量起到了监督和保障的作用，及时淘汰达不到要求的申请单位，并根据社会发展需求适时调整专业学位的设置。借鉴"试点—定期评估—再授权"的模式，有利于各高校认真实施专业学位教育，不断学习和调整本校的专业学位教育的理念和实践方向，达到基准并谋求持续发展。

第六，专业学位的发展应有广阔的国际视野。专业学位具有较强的职业导向性，职业发展的国际化和全球化对于专业学位的影响不可忽视，专业学位所对应的很多职业正在朝着职业国际流动的趋势发展。因此在专业学位授权中，应该加强与国外相关组织机构的交流，积极加入教育专业鉴定的国际性组织或体系，发展与专业学位相关联的职业资格认证等国际性组织的关系，从专业学位授权这个源头出发，以保证专业学位的设置、人才培养与国际接轨，这将有利于专业学位获得者的未来发展及其职业资格的国际流动和认可。基于以上考虑，参与专业学位授权活动的中间机构，也可考虑引入国际专家学者或国际组织参与的方式，比如法国CTI要求成员中必须有若干国际成员。

总之，专业学位授权是专业学位发展的源头，应结合国情和职业发展的趋势，借鉴国际经验，采取多元授权模式，促进我国专业学位研究生教育的健康有序发展。

第二部分

分类视角下的专业学位研究生培养模式调查分析

第四章

专业学位人才培养模式分类设想

第一节 专业学位人才培养项目分类标准及培养模式特征

随着现代科技与社会的快速发展，社会劳动分工呈现日益复杂、精细的特点，为了适应特定职业领域的需求，我国设立了专业学位以培养能够从事实际工作的高层次应用型专门人才。自 1991 年设置首个专业学位起，我国专业学位教育已经历 20 多年的发展，截至 2013 年底，全国共有硕士专业学位授予单位 574 个、博士专业学位授予单位 79 个，累计授予硕士专业学位 120 余万人、博士专业学位 1.8 万人[①]。2013 年我国学术学位与专业学位的研究生招生比例接近 1∶1，在校生比例约为 2∶1。目前，我国硕士专业学位种类已增加至 40 种，专业博士学位 5 种。至此，我国已经形成了种类齐全、覆盖面广泛、具有一定规模与特色的专业学位研究生培养体系。

然而我们必须认识到，当前专业学位研究生教育尚处于初级阶段。与传统的学术学位研究生培养相比，我国专业学位研究生培养无论在实践领域还是理论研究领域，都存在着诸多问题。

从人才培养实践领域看，目前普遍反映的问题是培养模式缺乏特色，存在

---

① 数据来自中国学位与研究生教育发展年度报告课题组：《中国学位与研究生教育发展年度报告（2014）》，高等教育出版社 2015 年版。

"同化、矮化、弱化"的弊端①。尽管教育部、人力资源和社会保障部非常明确地提出了专业学位研究生的培养目标是"掌握某一特定职业领域相关理论知识、具有较强解决实际问题的能力、能够承担专业技术或管理工作、具有良好职业素养的高层次应用型专门人才。"在培养模式方面也提出了"以实践能力培养为重点,以产学结合为途径"。②但在实际人才培养过程中,我国专业学位人才培养模式很大程度上具有"路径依赖"的明显特征,也就是主要沿袭传统学术学位研究生培养模式,进而导致专业学位与学术学位人才培养目标和模式没有明显区分,社会用人单位对专业学位研究生认可度不高等问题。

从理论研究的角度看,目前我国学界对专业学位的理论认识与探索还不够深入。主要问题是过"粗"或过"细"。过"粗"是指我们很多研究存在"一刀切"的现象,即将所有类型的专业学位人才培养一概而论,忽略了专业学位内部的差异性和不同种类专业学位人才培养的个性,简单地把专业学位人才培养与学术学位人才培养进行比较,得出了一些缺乏实际指导意义、过于宏观的结论;过"细"是指一些研究仅着眼于某一类型甚至单一院校某一专业学位人才培养经验的个案研究,进而得出一个关于专业学位人才培养模式的总结性结论,以偏概全。

以上问题的出现,客观上是因为我国在专业学位人才培养领域的历史还较短,缺乏必要的经验积累;主观上是因为我们在对专业学位人才培养进行必要的分类研究时,缺乏对某些类型专业学位人才培养特征规律性的认识和总结。因此,有必要回顾与梳理科学研究和学科领域中一些具有代表性的分类理论与实践,从类型学的角度集中探讨专业学位类属问题,揭示各专业学位不同类型人才培养之间的共性与差异,以分类指导我国的专业学位研究生培养,为创新人才培养模式提供合理依据。

一、分类研究的理论及其启示

对于学科分类、研究分类等的研究,成果非常丰富。如早在20世纪60年代托马斯·库恩就基于其范式理论提出了学科差异的分析观点,柯林斯提出了学科组织的分类理论等,这些理论对于理解学科的本质特征和制定学科战略规划都具有重要的借鉴意义。

(一) 库恩的范式理论与科学发展模式

现代对学科组织的研究志趣始于60年代托马斯·库恩对科学研究本质的思

---

① 李娟:《构建专业学位研究生教育外部质量评价体系》,载于《中国教育报》2014年1月13日。
② 教育部、人力资源和社会保障部:《关于深入推进专业学位研究生培养模式改革的意见》。

考。库恩提出范式概念并根据这一术语将科学分为三种状态，同时也是科学发展的三个阶段：前范式科学、常规科学和范式革命。前范式科学相当于预备阶段，是经过竞争与选择建立范式的过程；常规科学是指建立在过去科学成就基础上，以共同范式进行研究的状态；而范式革命则是指受到反常和危机的影响，既有范式发生动摇而向另一种范式的过渡。① 大多数时候科学以其常规建立起的规则和标准按部就班地进行稳定的扩张，追求该研究领域知识的广度和深度，直到既有范式受到严重动摇，产生科学革命并建立起新的范式，而新范式又将作为常规科学的基础加入新一轮循环中。范式发展理论为后人研究科学组织和学科结构奠定了基础，库恩也基于该理论提出了学科差异的分析观点，对物理学与其他学科作出了区分，将物理学这类有着明确的定义、规则和知识探究方式的学科作为发达范式的典例，而教育学、社会学等没有明确的定义与规则、研究人员间缺少理论与方法共识的学科则处于前范式阶段。

（二）比格兰学科分类方法

美国当代心理学家安东尼·比格兰早期专注于学科领域的划分，他邀请了来自伊利诺伊大学 36 个不同学科领域的 168 位教员参与分类研究，调查他们对 36 种学科相似性的判断，要求他们按自己的认知独立对 36 个学科进行分类并表明分类依据。通过多维尺度方法对他们的判断结果即学科相似性程度矩阵进行分析，发现三维尺度是衡量学科相似性的最佳状态。类似的过程同样在另外一处西部的小型文科学院进行，来自 30 个领域的 54 名教员重复了上述研究，将结果与伊利诺伊大学进行比对，最终得出学科分类的三个维度分别为：硬—软，纯—应用，生命—无生命。具体如表 4-1 所示。

表 4-1　　　　　　　　比格兰学科分类体系

项目	硬		软	
	无生命系统	生命系统	无生命系统	生命系统
纯	天文学 化学 地质学 数学 物理	植物学 昆虫学 微生物学 生理学 动物学	英语 德语 历史学 哲学 俄语 信息通信	人类学 政治学 心理学 社会学

---

① ［美］托马斯·库恩，金吾伦、胡新和译：《科学革命的结构》，北京大学出版社 2003 年版。

续表

项目	硬		软	
	无生命系统	生命系统	无生命系统	生命系统
应用	陶瓷工程 土木工程 计算机科学 机械工程	农学 乳品科学 园艺学 农业经济学	会计学 金融学 经济学	教育管理与监督 特殊教育 职业技术教育 中等与继续教育

资料来源：Biglan and Anthony：*Relationships between Subject Matter Characteristics and the Structure and Output of University Departments*. Journal of Applied Psychology 57. 3（1973），pp. 204 – 213.

比格兰认为这三个维度可以用来描述大部分学术机构的学科特征。其中硬—软维度揭示了学科范式发展程度，除库恩论述过的物理学、生物学以外，比格兰的研究将工程、农业等学科领域也纳入硬学科范围，而人文学科、教育学等处于这一维度的另一端，因此被视为软学科的典型；纯—应用维度表示不同学科对解决实际问题抑或学科应用性的关心程度，教育、工程、农业等领域具有强烈的应用特征，而哲学等人文学科则相对不太关心问题的应用；参与实验的教员们还将研究对象是否是生物体作为区分学科差异的特征，因此对生命系统的关注程度成为学科分类的又一维度。

此后大量基于学科的实证研究都建立在比格兰分类方法之上，该分类策略的有效性得到了广泛验证，因此成为最被认可的学科分类模型之一。

（三）伯恩斯坦的课程与教学分类观

伯恩斯坦早期通过建构符码理论来探究公共语言、权威和共享意义之间的关系，借由精致符码和限制符码概念反映不同社会阶层的孩子使用语言存在着差异，这种交际符码的差异同时折射出社会劳动分工、家庭和学校中的阶层与权力的关系。为了进一步探讨学校知识结构与传递过程，伯恩斯坦引入分类与架构的概念，用社会性、制度性、互动性等社会学视角来分析知识如何进入课程、如何在师生教学实践中传递。

伯恩斯坦认为课程可以分为两大类型。将不同课程内容彼此间处于一种封闭的关系，即不同课程内容之间清楚界定且相互隔离的一类称为聚集型课程，这类课程要求学习者学习经过筛选认可的内容，以满足某些评判标准。而课程内容之间处于开放关系、不同内容之间没有清晰界限的一类则被称为统整型课程，该类课程中的学习者相对比较自由，可以涉及不同学科领域的内容。

分类与架构是伯恩斯坦为了分析符码与学校教育之间的关系提出的两个重要

概念，为解构课程活动提供了一种界限理论。一方面，分类不是指课程内容的分类，而是指不同课程内容之间的联结关系，或者说不同课程内容之间界线维持的程度。分类可分为强与弱两类，强分类意味着内容的聚合有很多限制，不同内容之间的界线清晰、区分程度高，而弱分类意味着内容的聚合限制较小，不同内容之间没有清晰界线。这与伯恩斯坦区别两种课程类型的原则是相关的，即强分类体现为聚集型，弱分类指向统整型。另一方面，架构概念规定制约了不同符码之间或符码内部的互动关系，从课程教育的角度来看，它表达的是师生的教学关系中，对知识传递和接受的过程的控制程度，也可以理解为师生之间的互动关系与形态。同时还包含师生日常社群知识与教育知识之间的界线强度与隔离程度。强架构下师生对知识传递与接受过程的控制程度低，学习内容选择范围小。而弱架构下师生在知识传递接受过程中可选择性强，师生之间有更多自由空间。

据此，伯恩斯坦利用分类原则和架构原则分别解释了课程系统与教学系统的基本结构。同时他从实际出发更进一步阐述了不同分类与架构下的教育特征，如表4-2所示。

表4-2　　　　　伯恩斯坦基于分类与架构概念的教育模式

项目	强分类	弱分类
强架构	欧洲：非专门化、学科为主的聚集型模式，教师和学生对知识传递毫无选择的机会，课程和教学大纲极为明确	—
弱架构	英国（除英格兰外）：专门化、偏理论的聚集型模式，教师教授科目内容明确，学生在教学中有更多选择机会	美国：以学程为主的非专门化聚集型模式，中学与大学的学科范围相对广泛，能够自主结合，教育知识与日常社群知识的隔离弱化，学生在教学关系中也有更大的选择范围

资料来源：Basil Bernstein. Class, Codes and Control, Volume 3: Towards a Theory of Educational Transmissions. Routledge & Kegan Paul: London. 1975.

伯恩斯坦认为欧洲非专门化模式、学科为主的聚集型呈现强分类、强架构的特征，教师和学生对知识传递毫无选择的机会，课程和教学大纲极为明确；英国属于强分类、弱架构类型，专门化程度决定了教师教授科目的内容，理论与应用知识之间强烈隔离，不过相较于欧洲，英国学生在教学关系中有更多选择机会；美国则是以学程为主的非专门化模式，分类与架构都很弱，中学与大学的学科范围相对广泛，能够自主结合，教育知识与日常社群知识的隔离弱化，学生在教学关系中也有更大的选择范围。

另外，伯恩斯坦还从科层、进度、标准三个维度将教学分为显性教学与隐性教学两类，具体特征（见表4-3）。

表4-3　　　　　　　　　伯恩斯坦的教学分类

项目	显性教学 强分类、强架构	隐性教学 弱分类、弱架构
科层	传授者与习得者之间的关系是清晰和支配型的	模糊的科层掩盖了权力关系，习得者具有对自身行动、行为和交流进行控制的较大权力
进度	清晰的进度规则给学生指出明确的进步方向	模糊的进度规则使学生对未来的学习预期是模糊的
标准	明确的、具体的	模糊的、多元的、发散的

资料来源：Basil Bernstein. Class, Codes and Control, Volume 3: Towards a Theory of Educational Transmissions. Routledge & Kegan Paul; London. 1975.

伯恩斯坦基于其符码理论的课程观与教学观的认识为研究课程活动与教学实践奠定了基础，同时也为探讨社会分工与阶层问题、社会文化传递和教育不平等现象等提供了又一种新的视角。

（四）托尼·比彻的学科分类体系

基于比格兰等的研究，托尼·比彻保留了"硬—软""纯—应用"两个维度，将学科分为四个类别：纯硬科学、纯软科学、应用硬科学和应用软科学，探讨了学科文化和学科认识论特点（见表4-4）。

表4-4　　　　　托尼·比彻基于认知的学科分类体系

项目		范式存在的程度	
		硬科学	软科学
对应用的关注程度	纯科学	物理学为代表。知识发展具有累积性，知识结构清晰，注重普遍化、量化方法，有正误标准，对所要解决的问题能够达成共识	人文学科（如历史学）和纯社会科学（如人类学）。知识发展具有重复性，知识呈现出有机整体机构，注重特殊性、个人色彩和价值观影响明显，正误标准有争议，缺乏共识

续表

项目		范式存在的程度	
		硬科学	软科学
对应用的关注程度	应用科学	技术学科，以机械工程为代表。目的性强，通过硬性知识获得实际技能，采用启发式探究，判断标准具有目的性和功能性	应用社会科学，以法学、教育学、管理学为代表。强调知识的功能性与功利性，通过软性知识获得技能，关注职业实践，采用案例研究

资料来源：[英] 托尼·比彻、保罗·特罗勒尔，唐跃勤等译：《学术部落及其领地——知识探索与学科文化》，北京大学出版社 2008 年版。

托尼·比彻在《学术部落及其领地》中集合了多年来的研究经验，"部落"概念可以被视为一个学术共同体认知维度上的学科文化，讨论的是学科认识论特点，而"领地"则表达了学科与其所处的社会环境的关系。比彻又从社会维度，即学科与其所处社会环境的关系出发诠释了学科的其他特征：一是根据学科成员联系的紧密程度分为趋同型学科和趋异型学科；二是根据研究人员与研究问题比率高低分为都市型学科与田园型学科（见表 4-5）。

表 4-5　　　　托尼·比彻基于社会文化的学科分类体系

学科成员联系的紧密程度	趋同型	能够保持合理、一致的标准和程序，有共同的话语模式和可接受的标准，如物理学、数学、经济学等
	趋异型	许多观点和问题缺乏一致性，没有统一的范式和标准，如社会学、地理学、医药学、工程学等
研究人员与研究问题比率	都市型	众多研究者围绕有限的问题交流频繁，易达成共识，短期内可以解决问题，如物理学和生物化学等
	田园型	研究人员选择的研究领域广阔，问题分布离散，难达成共识，研究周期长，如历史学、社会学、地理学等

资料来源：[英] 托尼·比彻、保罗·特罗勒尔，唐跃勤等译：《学术部落及其领地——知识探索与学科文化》，北京大学出版社 2008 年版。

托尼·比彻还选取了药学、法学、会计学、医学、工程和建筑六种与职业密切相关的知识领域进行分类和诠释。技术类包括药学、医学、工程，法学、会计学和建筑学相对被视为非技术类；药学、法学和会计学等程序型领域大部分是由严格的规则支配的，而医学、工程和建筑则重在掌握过程。这些领域及其对应职业之间的差异可以总结为以下矩阵（见表4-6）。

表4-6　　　　　　　　托尼·比彻的分类矩阵

项目	技术	非技术
程序型	药学	法学、会计学
过程型	医学、工程	建筑

资料来源：Becher, T. *Professional Practices: Commitment and Capability in a Changing Environment*, Transaction Publishers, 1999.

比彻还提出其他区别不同职业的因素：一方面，职业活动被解释为社会行为，是职业共同体在某一特定时期持有的价值观带来的结果；另一方面，职业活动受到专业知识性质的影响，例如律师这一职业通常对强制的、持续的教育的需求不高，因为这一职业需要最大限度地设法保证其身份的自我支配性和独立性。从认知的角度看，由于外科医生从事的职业是实践性的，因此他们更倾向于从工作过程本身而非从口头或书面的资料中学习。不同职业所关注的对象也不同，例如医学、药学关注的主体是人，法律、会计关注的基本对象是抽象的符号材料，而建筑、结构工程的工作中心是人造物。这也从认知维度解释了职业之间的差异。

（五）柯林斯基于组织结构的分类方法

柯林斯提出的组织结构类型同样是基于社会理论的分类方式。他认为无论是学科的软硬还是范式发展水平都没能全面地刻画学科组织结构上的差异，比起探讨某些特定学科的特征，柯林斯倾向于研究不同的社会组织结构形式。他在《冲突社会学》一书中构建了两个决定社会组织结构的维度：任务的不确定性程度和协调程度，前者指组织任务取得成果的不确定性，后者指为取得成果，组织成员根据自身需求而相互依赖的程度。据此，柯林斯将科学领域组织分为"高任务不确定性—高协调程度""高任务不确定性—低协调程度""低任务不确定性—高协调程度""低任务不确定性—低协调程度"，并对这四类科学组织进行了特征描述，见表4-7。

表 4-7　　柯林斯社会组织结构划分在科学领域的应用

项目	高任务不确定性	低任务不确定性
高协调程度	成员之间因需要得到内部同行的认可而相互依存，多采用实证方法，有严谨的逻辑体系，研究多由小团队垄断，如数学、天文学	有良好的工作范式或处于前范式阶段，研究人员众多，垄断研究资源。多表现为改革中的现代科学，有一套标准、便识的符号系统，如物理学
低协调程度	前沿领域，面临危机与挑战。成员独立研究，非正式共同体，联系松散，如古典哲学	成熟范式，高度程式化的研究技术。机构运转良好，成员间联系无须紧密，如现代化学

资料来源：Collins, R. *Conflict Sociology*: *Toward an Explanatory Science*. New York: McGraw Hill, 1975.

这种针对组织结构的分类的好处是体现了科学发展的动态性，随着时间的变化，学科范式、设备资源、外部环境等因素会影响科学以及知识领域的发展，因此学科的特征也会相应做出动态调整，在不同时期表现出不同的组织形式。

（六）司托克斯的科学研究分类象限

基础科学与应用科学的两分法为政府与科学建立起一种长期的协约关系，然而经历了五十多年的发展，普林斯顿大学的教授司托克斯认为关于基础科学根本目的的表述和对科学工作的动机的解释过于狭隘，他以化学家巴斯德为例说明基础研究的学术成果不仅是由追求基本认识引起的，也可以是以应用为动力源泉：巴斯德起先本着纯认识的目的投入化学研究，随着研究的不断深入，他开始对一些实际应用问题产生兴趣，对甜菜汁酿酒现象的研究让他成功地开发了发酵技术，此后巴斯德承接了许多实际应用问题，使他的微生物研究不断深入。类似于巴斯德的案例还有很多，司托克斯发现每一个科学领域的进步都或多或少源于实际应用的考虑，因此可以从认识与应用两个目标入手，通过一个二维象限模型来解释科学研究的分类模式和探讨基础科学与技术创新的关系。

如表 4-8 所示，左上角的单元指单纯追求基本认识、不受实际应用引导的科学研究，典型例子是尼尔斯·玻尔基于纯粹自由探索而发现的对原子结构模型的探求，布什的基础研究概念也包含在这一单元中；右上角的单元是以巴斯德等科学家为代表的研究模式，亦即著名的"巴斯德象限"，这类研究既寻求扩展认识的边界，同时又受到应用目的影响的基础研究；右下角的单元指只由应用目的引起的科学研究，例如以爱迪生为代表的发明家们"一往无前地从事具有商业性利润的研究,而不去追究他们所发现的东西的更深层次的科学意义";左下角既不是以认识为目的、也不以应用为目的的研究尚为少数,但并不是空的、无意义的,司托克斯举出鸟类观察家皮特森的例子,意指一类对事物的好奇心驱使的技能与经验。

表4-8　　　　　　　　司托克斯的科学研究象限

研究由……引起		应用考虑	
		否	是
追求基本认识	是	纯基础研究(玻尔)	应用引起的基础研究(巴斯德)
	否		纯应用研究(爱迪生)

资料来源:[美]司托克斯,周春彦、谷春立译:《基础科学与技术创新:巴斯德象限》,科学出版社1999年版。

司托克斯的二维象限分类模型重新建立了政府与科学共同体之间的协约关系,著名的巴斯德象限的提出诠释了战后美国、日本等国家科研与经济迅速发展的原因,为国家的科研发展战略发挥了很大作用。

(七) 针对硕士点分类的实证研究

克利夫顿·康拉德等在美国硕士教育调查中以硕士点为对象进行了类型学研究,他们访谈了包括学校管理者、学位点管理者、教师、学生、校友和用人单位在内的781位硕士教育相关者,这些访谈对象分布在11个学科领域的47个硕士点。该研究分析受访者在做出选择时受到哪些"决策情景"的影响,并按重要性将其排序为:教学方法、培养导向、院系支持、校方支持和学生文化。他们根据决策情景做了三轮分类:第一轮分类根据访谈对象在教学方法上的选择,将47个硕士点分为说教式、协助式和对话式三类;在此基础上根据不同的培养导向进行第二轮分类;再根据后三个决策情景做出第三轮分类,最终得出四种硕士项目理想类型:附属型、职业发展型、学徒型、社区中心型(见表4-9)。

表4-9　　　　　　　　硕士点分类依据

决策情景	类别特征
教学方法	说教式
	协助式
	对话式

续表

决策情景	类别特征
培养导向	学术导向
	专业导向
	整合导向
院系支持	弱
	强
校方支持	弱
	强
学生文化	个体式
	参与式
	协作式

资料来源：Clifton f. Conrad, *A Silent Success*: *Master's Education in the United States*, the Johns Hopkins University press, 1993.

通过访谈样本发现，47个案例中有10个硕士点的相关人员在决策情景中做出了相近的选择，即说教式的教学方法、学术培养导向、较弱的院系支持、较弱的学校支持、个体式的学生文化。康拉德将这种理想类型的硕士点命名为"附属型学位点"；说教式的教学方法、专业培养导向、强大的院系支持、充分的学校支持、个体式的学生文化被命名为"职业发展型学位点"；协助式的教学方法、学术培养导向、较弱的院系支持、较弱的学校支持、协作式的学生文化为"学徒型学位点"；对话式的教学方法、整合培养导向、强大的院系支持、强大的学校支持、协作式的学生文化为"社区中心型学位点"。这种硕士教育理想类型的划分提供了一种对学位点进行分类的有效方法，同时采用访谈的方式充分聆听了硕士教育相关者的声音，结果更具有说服力和可信度。

（八）欧洲教育质量文化类型

随着博洛尼亚进程的推进，欧洲各地的大学都致力于改革博士生教育并加强博士教育质量的保障力度。欧洲大学联合会从2002年起实施了质量文化项目，强调质量是包括教师、管理人员在内的高校人员共享的价值观念和责任，并根据高校教师和管理人员在质量保障中的参与度对质量文化类型进行了划分（见表4-10）。

表 4-10　　　　　　　　欧洲大学质量文化类型

项目		管理人员参与度	
		低	高
教师参与度	高	专家型文化	整合型文化
	低	宿命型文化	管理型文化

在专家型文化当中，管理人员对质量的承诺是含蓄、隐性的，院校管理发挥的作用非常有限，而教师在质量保障中参与度较高，体现了教师的专家角色。宿命型文化中管理人员和教师的参与度都比较低，导致没有人真正为教育质量负责。管理型文化中管理人员发挥的作用很大，但教师的参与程度较低，因此质量保障更多是管理层面的，而且集中关注于质量保障的程序上。当管理人员和教师的参与程度都很高时，高校才形成一种真正的质量文化，即整合型文化，这也是质量文化中最理想的类型。最近十年，欧洲大学涉及质量的讨论开始由宿命型文化和专家型文化转向整合型文化或管理型文化，说明欧洲大学质量保障效果的整体提升，但如何真正实现整合型质量文化的理想状态尚需欧洲各大学的进一步探索与努力。这一针对质量文化的分类方法非常简单，但将项目评估对象同文化联系起来考量的思路很有新意，抓住了教师与管理人员两个行为主体在质量保障中的核心角色，突出了质量保障在价值理念与高校成员责任方面的重要意义。

二、专业学位人才培养项目分类标准及培养模式特征

以上经典学科分类框架和硕士学位项目类型的划分虽然对我们的专业学位分类具有一定的指导作用，但它们毕竟是针对传统学科或硕士学位人才培养项目总体，而不是基于专业学位人才培养项目的特点而进行的分类，难以完全适用专业学位人才培养类型的划分。专业学位自设置之日起，其人才培养就具有与生俱来的实践性与职业性特征，虽然在人才培养模式方面还存在依附传统学术学位人才培养模式的问题，但培养目标是有共识的，即根本目的是培养能够适应社会职业需求、从事特定职业的高级专门人才，至于如何达成这一培养目标则需要根据不同类型的专业学位人才培养的特点，分类设计人才培养模式。因此，有必要在过去学科分类研究的基础上，根据我国专业学位人才培养项目的实际状况，提出一种专业学位人才培养项目分类框架来分析不同类型专业学位人才培养的特征属性，解释不同专业学位人才培养项目类型之间的差别和联系，从而为专业学位人才培养模式的设计提供理论支持。

(一) 专业学位人才培养项目分类标准

一方面，专业学位人才培养项目的分类标准必须能够反映其母学科的根本特征，使人才培养过程符合学习与认知发展规律；另一方面，专业学位以培养能够解决实际问题的高层次应用型专门人才为目的，其人才培养项目分类还必须联系对应的行业与职业发展情况，才能体现专业学位人才培养的现实意义。因此，首先我们需要厘清特定的专业学位人才培养项目的知识与技能习得方式，也就是认知方式上具有何种特点。事实上，专业学位是建于相关传统学科基础之上的应用型人才培养项目，因此，专业学位人才培养项目的认知方式是由其母学科的认知特点决定的，这也是导致专业学位人才培养与学术学位人才培养差异不显著的一个重要原因。

根据比格兰和托尼·比彻的学科分类理论，有些专业学位人才培养项目的母学科具有相对明晰的理论体系和相对成熟的研究范式；另一些专业学位人才培养项目的母学科蕴含的理论体系和知识边界相对模糊，存在较强的学科交叉特征。在研究对象上，一些专业学位人才培养项目的母学科主要关注于抽象的符号或材料，一般不需要工具设备或工具设备比较基础，强调逻辑推理和分析论证；另一些专业学位人才培养项目的母学科则关注于具体的人、事、物，一般需要操作工具设备，强调参与、经验与体悟。在学习情境上，一些专业学位人才培养项目的母学科侧重于规则，具有比较明确的指令性和客观外在的强制性，由严格的规则所支配；而另一些专业学位人才培养项目的母学科则侧重于问题导向，更加强调在实践过程中掌握知识、习得技能。根据其母学科在人才培养四个方面的特征，我们从认知的角度把专业学位人才培养类型分为程序型和过程型两类，前者如法律、会计、税务等；后者如临床医学、工程、教育等（见表4-11）。

表4-11　专业学位人才培养项目的认知方式分类及标准

标准	程序型认知	过程型认知
理论体系	相对明晰	相对模糊、跨学科特征明显
认知对象	关注抽象的符号材料	关注具体的人/事/物
技能要求	以智力为中心	以行动为中心
学习情境	侧重于规则导向	侧重于问题导向
专业学位举例	法律、会计、税务	临床医学、工程、教育

1. 理论体系

程序型认知的专业学位对应的母学科通常具有比较独立的理论体系和较为清

晰的知识边界，这些专业学位领域中的知识高度明确并拥有与特定技能相联系的概念和方法，因此在认知过程中强调对系统专业知识的学习与积累。从社会学的观点来看，菲利普·艾略特（Philip Elliott，1972）认为拥有更丰富的理论知识体系的专业更能使社会相信需要它们的特殊服务，更能使社会相信它们有权对它们负责，如律师、会计、税务师。而在过程型认知的专业学位对应的母学科的理论体系中，其知识可能更加模糊而且定向于经验事物，或者可以说是高度基于经验主义的，因此更强调操作性和参与性。例如工程领域，关于如何设计、开发、实施等应用区域的知识更加依赖于经验的积累。而且由于知识边界比较模糊，过程型认知为主的专业学位也经常表现出跨学科的特性。

2. 认知对象

过程型认知专业的研究与服务对象多为人或人造物，这与格莱泽（Glazer，1974）提出的"minor profession"（相对于法律、医学这两个"major profession"而言）的特征比较类似，他将教育、社会工作、城市规划、神学等学科称为"minor profession"，这些学科的共同特点之一是更多地与人打交道，并且所对应的职业触及"严肃的事情"——健康与疾病、幸福与痛苦、启蒙与无知，而不是操纵实物机械。与之相对的，程序型认知专业的研究对象多为抽象的符号材料。以对象为划分依据的做法在此前提到的比格兰的研究中也有类似体现。他邀请了来自不同学科领域的数百位教师参与学科分类研究，要求他们按自己的认知独立对36个学科进行分类并表明分类依据，最后得出学科分类的三个维度分别为："硬学科与软学科""纯科学与应用科学""生命系统与无生命系统"。可见，参与实验的教师们认为研究对象是否是生物体是区分学科差异的重要特征。通常来说，更多与人打交道的职业的社会关联性要更强，专业人员所要面对的问题的多样性更加复杂，应对与处理起来需要更多的经验积累，所以过程性认知为主的专业学位比程序型认知为主的专业学位可能更加需要在真实环境中的实践参与。

3. 技能要求

以行动为中心的技能主要是通过实践得以发展的（learning by doing），而以智力（intellectual）为中心的技能结合了抽象、明显关联和程序推论，这使得它们作为符号很容易被表征，因此也很容易被转移。[①] 可以暂且粗略地认为过程型认知为主的专业学位对技能的要求更加侧重于以行动为中心，而程序型认知为主的专业学位对技能的要求则更加侧重于以智力为中心。这其实同二者的理论体系特征是相联系的，如菲利普·艾略特（Philip Elliott，1972）所说，"所有的职业

---

① Chyi Lee C., Yang J. Knowledge Value Chain, *Journal of Management Development*, 2000, 19 (9): 783 – 794.

群体都在他们的工作过程中应用或发展出特定的技能,但有些职业的技能建立在更广泛的理论知识体系的基础上,这些职业所需要的不仅仅是日常应用。"程序型认知为主的专业学位和过程型认知为主的专业学位在对应的职业中都需要较高的技能要求,但是由于前者的技能建立在更加系统而广泛的理论知识基础上,所以技能的学习和应用同样需要建立在对知识体系的良好把握基础上,只有具备了扎实的理论知识根基,其技能才能得以应用和发展,因此可以说是一种以心智为中心的技能。

4. 学习情境

一方面,由于程序型认知专业的母学科知识边界相对完整清晰,研究对象多为容易表述的文字符号,并且更强调以智力为中心的技能,因此这一类型专业的很多知识与技能是可以从口头或书面材料习得的。托尼·比彻(1999)将其称为"从口头或书面资料中习得(learning from spoken or written sources)",这些知识与技能是较为直接的、可以编码的。在对应的职业中,专业人员可以根据先前制定的标准来进行决策,因此是一种规则导向的。例如英美和欧陆法系至今仍以判例法为主要的法律渊源或辅助标准,"遵循先例"是主要的司法原则。法律从业人员处理问题的基础之一是遵循既有的标准或案例,所以法律专业学生首先需要通过了解和学习这些可以通过书面材料表达的规则与案例。而过程型认知专业的母学科侧重于问题导向,更加强调在实践过程中掌握知识、习得技能,因此更需要从实践过程、真实的工作场景中习得知识。托尼·比彻(1999)将其称为"从工作中习得(learning on the job)"。例如,工程师这一职业涉及了很多设计类工作,而大多数设计——即使是简单的技术——都涉及非常复杂且常常相互冲突的需求,必须进行协商和澄清。每一个出现的问题都是开放式的,不能简化为遵循简单的规则。它需要知识的整合,需要在实际应用过程中真正习得协商、整合、判断的办法。

另一方面,不同于传统学术学位研究生培养项目,专业学位研究生教育目标具有很强的职业特质、以职业人才培养为导向,因此,专业学位人才培养必须面向社会职业需要,与市场、行业的人才需求紧密结合。不同专业学位人才培养项目对应的职业类型不一,职业的技能专业化程度也有所不同。所谓技能专业化,主要由职业所需的知识领域、使用的工具设备与工作材料,以及所生产的商品与服务种类所决定[①],它体现了职业提供专门性社会服务的能力,是衡量职业发展水平、制定职业标准的重要指标,也是影响专业学位人才培养目标与途径的重要因素。通常随着技能专业化的不断发展,职业所需的知识范畴会更加独立聚焦,

---

① International Labour Organization: International Standard Classification of Occupations,(2004 – 09 – 15)[2015 – 02 – 27]. http://www.ilo.org/public/english/bureau/stat/isco/isco88/publ2.htm.

使用的工具设备与资料更加复杂，因此从业人员必须受过高层次的、系统的专业教育才能获得职业资格。这类职业往往已经实现或者正在探索职业资格与对应专业的学历教育的有效衔接，具有具体的从业人员标准和岗位胜任力要求。

根据已有研究和专业学位人才培养项目对应的职业领域的实际发展状况，不难发现，一些专业学位人才培养项目具有明确的职业指向，工作领域独立性强，该专业的学历教育对于从事对应职业具有重要意义，其人才培养方案也以岗位胜任能力为导向。这类专业学位有如临床医学、建筑、法律等。另外一些专业学位人才培养项目则没有明确的职业指向，或虽有明确的职业指向，但该专业学位对于其任职资格不具有决定性意义，同时往往要求具备多领域交叉性的知识技能，这类专业学位项目有如公共管理、教育等。因此，从专业学位人才培养项目对应的职业技能专业化程度来看，我们又把专业学位人才培养项目划分为职业技能专业化"高"和"低"两类（见表4-12）。

表4-12　专业学位人才培养项目职业技能专业化分类及标准

标准	技能专业化程度高	技能专业化程度低
职业指向性	明确，领域相对独立	不够明确，领域交叉性强
职业资格准入	严格，与学历教育衔接	不严格，与学历教育不衔接
岗位胜任力程度	从业标准要求明确，与人才培养方案衔接紧密	从业标准不明确，与人才培养方案衔接不紧密
专业学位举例	临床医学、法律、药学	公共管理、教育、翻译

（二）专业学位人才培养项目类型及其培养模式特征

所谓人才培养模式，实际上就是人才的培养目标、培养规格和基本培养方式，它决定着高等学校所培养人才的根本特征，集中体现了高等教育的教育思想和教育观念（周远清，1998）。狭义的培养模式问题，涉及人才培养中"培养什么样的人（目标导向）、怎么培养人（培养方式）"的问题。毫无疑问，专业学位人才培养模式有其共同的特征，这包括人才培养目标是以高度专门化职业能力导向为主、要求具有很强的职业素养（职业道德与精神）、培养过程突出实践环节等。但由于各类专业学位人才培养项目本身母学科及对应的职业技能专业化程度不同，因此，各自的人才培养项目又具有自身的特征。因专业学位品种较多，无法一一论述，有必要对其进行分类探讨。

基于以上认知，我们拟将专业学位人才培养项目划分为Ⅰ、Ⅱ、Ⅲ、Ⅳ四种类型，受克利夫顿·康拉德的硕士项目类型划分的启示，我们也针对不同类型的专业学位人才培养项目对应的培养模式特征进行了讨论（见表4-13）。

表4-13　　　　　　　　专业学位人才培养项目分类

项目		认知方式	
		过程型	程序型
职业技能专业化程度	高	Ⅰ型：高度专业化过程认知型（如临床医学、兽医、口腔医学、工程）	Ⅱ型：高度专业化程序认知型（如法律、金融）
	低	Ⅲ型：初步专业化过程认知型（如教育、公共管理、社会工作、出版、国际商务、旅游管理）	Ⅳ型：初步专业化程序认知型（如应用心理、应用统计）

Ⅰ型专业学位人才培养项目对应的职业技能专业化程度较高，其母学科的认知方式以过程型认知为主，因此，我们称此类专业学位人才培养项目为"高度专业化过程认知型"。目前，在我国已经设立的专业学位人才培养项目中，此类项目较多，其典型代表如临床医学、兽医、工程等专业学位项目。这一类型的专业学位人才培养的特点是专业训练时间长、成本高、专业化条件的要求严格，因此，其培养方式应以岗位胜任力为标准、职业任职资格为导向来制定培养计划，加强与业界的联系，促进协同培养。由于在认知方面其母学科研究对象多为具体的人、事、物，具有明显的问题导向特征，其人才培养过程应突出实践环节力度，加强公共实验室、校企（或产学）联合实践基地建设，打破以往将理论学习与实践学习先后安排在两个不同阶段的做法，采取螺旋上升的方式交替进行课堂教学和实践环节，避免理论与实践的脱节。

Ⅱ型专业学位人才培养项目同样技能专业化程度较高，但在认知方式上则体现出程序型认知的特点，我们称此类专业学位人才培养项目为"高度专业化程序认知型"，其典型代表如法律、金融等专业学位项目。同Ⅰ型一样，它也强调与业界的联系，取得职业的任职资格通常需要专业教育背景。同时，因其母学科有着相对明晰的理论体系，研究对象多为抽象的符号材料，这类专业学位人才培养还需强调系统的理论学习。因此，这类专业学位人才培养拟大量采用案例教学，加强案例库和模拟实验室建设。通过大量丰富、真实的案例模拟与再现实际工作情境，以开放互动的体验参与式学习帮助学生加深对理论概念的理解，从而掌握实际工作所需的专业知识和技能。

Ⅲ型专业学位人才培养项目在认知方式上与Ⅰ型专业学位人才培养项目类似，其母学科缺少相对明确的理论知识体系，具有较强的交叉性和问题导向特点，且其职业技能专业化程度不高，我们称此类专业学位人才培养项目为"初步专业化过程认知型"。目前，在我国设置的专业硕士学位人才培养项目中，这一类型最多，其典型代表如教育专业学位项目。这类专业学位人才培养特点是目标难以清晰描述，对应职业的技能专业化程度明显低于Ⅰ型和Ⅱ型专业学位项目，没有建立起严格的从业标准和高度专门化的职业准入机制。

基于这类专业学位人才培养中存在的问题和过程型认知的特点，拟加大理论知识的跨学科课程学习，大力发展实践教学环节，保证实习实践的数量与质量，使学生在实践过程中不断感受和领悟，从而掌握知识、习得技能。同时，还应大力推进这类专业学位培养单位与行业主管部门建立紧密的协作关系，帮助解决其专业学位研究生参与社会实践的长效机制，并鼓励行业机构积极参与专业学位人才培养，共同研制岗位胜任力标准，建立起职业与对应专业的学历教育之间的联系，逐步引导专业学位人才培养与从业标准相匹配，与职业资格相衔接。

Ⅳ型专业学位人才培养项目的母学科在认知方式上与Ⅱ型专业学位项目的母学科一样有着比较明晰的理论体系，研究对象也多为抽象的符号材料，因此同样需要经过系统的理论学习和案例教学训练等来掌握知识技能和行为规则。但这类专业学位对应的职业技能专业化程度与Ⅲ型相似，因此，我们称此类专业学位人才培养项目为"初步专业化程序认知型"，其典型代表如应用心理专业学位项目。

这类专业学位人才适应面较广，毕业生可以进入多个领域从事相关工作，对应的职业也缺少严格的准入标准，即便有职业资格认证，其资格考试也是以水平性考试取得的等级证书作为从业的参考标准，而非像Ⅱ型专业学位对应的职业领域那样，具有以资格性考试作为从业门槛的严格准入制度。因此这类专业学位人才培养需要系统、深入地掌握相关的理论知识，同时，要极力为其创造相应的实践环境，不断熟悉相关理论在实际中的运用。

以上根据每种专业学位人才培养项目母学科的认知特点及其相应的职业技能的专业化程度，对专业学位人才培养项目进行了初步的类型划分，并考察分析了各类型专业学位人才的培养特征。值得注意的是，以上的分类和特征概括只是初步的、相对的，我们还需要在实践中加深对各类专业学位人才培养特点和规律的认知，针对不同类型人才培养项目的认知特点和职业发展背景，设计更有适切性的人才培养模式，从而促进专业学位人才培养质量的不断提升。

第二节 基于分类视角的专业学位培养方案目标与路径分析

专业学位的大力发展引发了学界的持续关注与研究。其中，对专业学位培养模式的研究已成为近些年来的研究热点。然而，已有对培养模式的研究要么过于粗糙，要么过于细致。一方面，很多研究将所有专业学位一概而论，忽略了它们的内部差异，得出了一些大而空的结论；另一方面，不少研究仅关注某几个院校的某几类专业学位，得出了一些以偏概全的结论。究其原因，一是缺乏专业学位分类理论的指导，二是经验材料不够典型，积累不够。

如何解决这一问题？一方面，需要引入一种全新的专业学位分类框架。另一方面，需要找到某种能够反映培养模式的，具有典型意义的经验材料，并对其进行分析。

专业学位分类框架可以为解决这一问题提供理论指导，而专业学位人才培养方案作为人才培养的纲领性文件，则能反映培养模式的基本状况。人才培养方案一般包含培养目标、培养年限、培养方式、课程设置、实践要求、论文要求等内容。对培养方案中的培养目标与培养路径展开详尽分析，可以非常直观地反映当前我国不同类别专业学位培养模式的整体情况。

因此，本书根据专业学位分类框架，对不同类型专业学位的培养目标与培养路径的特点做了理论探讨，勾勒出其理想状态。再通过对典型培养方案的内容分析，把握当前不同类型专业学位培养目标与培养路径的现实状况与特点。通过对比现状与理想状态之间的差距，为专业学位人才培养的改革提出建议。

一、分类视角下的专业学位人才培养方案内容分析

基于上述分析，选取Ⅰ型专业学位中的机械工程领域工程硕士、Ⅱ型专业学位中的法律硕士、Ⅲ型专业学位中的工商管理硕士、Ⅳ型专业学位中的应用统计硕士作为典型代表，对这四种专业学位的人才培养方案进行内容分析。通过查阅国内各院校的官方网站，共得到最新版全日制专业学位人才培养方案225份。其中，机械工程领域工程硕士培养方案70份，法律硕士（非法学）培养方案41份，工商管理硕士培养方案80份，应用统计硕士培养方案34份。通过对这225份专业学位人才培养方案的内容进行分析，试图回答以下问题：这四项专业学位人才培养项目的培养目标与培养路径是什么？它们有何特点？与前文所探讨的培养目标与培养路径的理想状态有何差距？

（一）Ⅰ型专业学位的培养目标与培养路径：以机械工程领域工程硕士为例

对70份机械工程领域工程硕士人才培养方案中的"培养目标"部分进行内容分析，发现培养总体目标一般被描述为"为工业部门与企业培养高层次、复合型、应用型工程技术与工程管理人才"。进一步对具体培养目标按"知识—能

力—素质"做划分并进行词频分析(见表 4-14)。

表 4-14　机械工程领域专业学位具体培养目标的词频分析

知识	词频	能力	词频	素质	词频
机械工程领域基础理论	70	机械工程先进技术方法与手段	70	工程伦理与职业道德	70
机械工程领域专业知识	70	产品设计能力	70		
		产品开发能力	70		
		产品工艺实施能力	70		
		产品使用维修能力	70		
		工程管理能力	52		

知识层面,机械工程领域工程硕士专业学位主要要求具有坚实的"基础理论"与宽广的"专业知识"。能力层面,所有培养方案都要求"机械工程先进技术方法与手段"、产品的"设计""开发""工艺实施""使用维修"能力。此外,74%(52份)的培养方案对"工程管理能力"具有明确要求。素质层面,所有培养方案都要求具有良好的工程伦理与职业道德。

通过对机械工程领域工程硕士具体培养目标的词频进行分析,结果表明其培养目标具有非常明确的职业导向与部门指向。相较于专业知识与综合素质,它更强调对专业能力的培养(能力类目标所占有的个数最多,词频之和最高)。这与我们对Ⅰ型专业学位人才培养目标特征的分析基本一致。但是,其培养目标缺乏对职业资格的明确表述,与岗位胜任力联系不紧密,这是需要改进的地方。

对 70 份机械工程领域专业学位人才培养方案的培养路径做内容分析,结果见表 4-15。

表 4-15　机械工程领域专业学位培养路径的内容分析

总体路径	以课程学习为主,与综合实践、论文工作相结合
课程设置	工程技术、方法类课程为主,与工程基础理论课相结合
教学方式	传统教学法
指导方式	校内导师主要负责,行业导师共同参与的双导师制度为主
实践形式	专业实践与工程实验相结合
论文要求	来源于工程实践,理论联系实际的多样化形式论文
课程—实践—论文连接方式	"课程学习—综合实践—学位论文"的线性模式
与业界联系	联系不紧密

从总体路径来看，全部70份培养方案均采取"以课程学习为主，与专业实践、论文工作相结合"的培养模式。学位论文一般不占学分。课程学习、专业实践的平均学分占比约为75%、25%。相对其他类型专业学位而言，专业实践学分所占比例较高。

具体而言：

课程设置方面，以工程技术、方法类课程为主。工程技术、方法课约占所有课程学分的60%左右。工程基础理论课占比约20%。技术方法课与基础理论课的比重约为3:1。除此之外，80%（56份）的培养方案还开设了1~2门管理类课程以及1门工程伦理与道德类课程。但交叉性课程、综合性课程、实务型课程的比例很小。

教学方式方面，以传统教学方法为主。未有培养方案提及"以问题为中心"的教学方式。

导师指导方式方面，以双导师制为主。90%（63份）的培养方案采取双导师制。在采取双导师制的培养方案中，全部采取"以校内导师为主，校外导师参与"的模式。校内导师全面负责学生的课程学习，论文指导；而校外导师一般只参与专题讲座以及实习实践指导。

实践形式方面，专业实习与工程实验相结合的方式。93%（65份）的培养方案都要求到工程部门或企业参与不少于半年的专业实习。51%（36份）的培养方案设置了工程实验课程。

论文要求方面，全部70份培养方案都强调论文需来源于工程实践，理论联系实际。除了2份培养方案外，其余68份培养方案都鼓励开展多种形式的工程学位论文，例如工业设计、实验报告等。

课程—实践—论文连接方式方面，所有培养方案都采用"课程学习—综合实践—学位论文"的线性模式。课程学习一般在前两个学期内完成，专业实践与论文工作分别安排在第三、第四学期。

与业界联系方面，行业人员参与到课程教学、论文指导、论文评审中的比例分别为65%、38%、70%。但仅有1/3的培养方案明确提到了与相关单位建立联合实践基地。

内容分析结果表明，我国机械工程领域工程硕士的培养路径与Ⅰ型专业学位的理论路径存在差距：虽然它强调对专业技术与分析方法的学习，但缺乏跨学科课程与整合性模块，会使工程实践能力的培养受到阻碍；虽然它较为突出实践环节，专业实践时间相对较长，但力度还是远远不够，并未明确实践在Ⅰ型专业学位培养过程中所处的核心地位；课程学习与专业实践被安排在先后两个阶段，而非螺旋上升式；校内外导师的指导方式缺乏有机结合，这很容易造成理论与实践的脱节；教学方式仍以传统式为主，并未开展以"问题为中心"的学习，将会大大影响对Ⅰ型专业学位的认知过程；与业界联系不够紧密，专业实践基地建设滞后，会对培养目标的实现以及人才培养质量造成不良影响。此外，通过开设1门职业伦理选修课无法满足"具有良好的职业道德与伦理"这一目标，应将这门课程设为必修课，且融入平时的课程学习、专业实践以及学位论文的过程中。

（二）Ⅱ型专业学位的培养目标与培养路径：以法律硕士（非法学）为例

对41份法律硕士（非法学）专业学位人才培养方案中的"培养目标"部分进行内容分析，培养总体目标一般被描述为"为法律部门培养具有社会主义法治理念、德才兼备、高层次、复合型、实务型法律专门人才"。进一步对具体培养目标按"知识—能力—素质"作划分并进行词频分析，结果见表4-16。

表4-16 法律硕士（非法学）专业学位具体培养目标的词频分析

知识	词频	能力	词频	素质	词频
法学基本原理与知识	41	法律职业能力	41	职业伦理与道德	41
法律实务知识	41	组织管理能力	36		
综合知识	34				

知识层面，法律硕士专业学位主要具有三个具体培养目标：一是法学基础理论与知识。所有培养方案都要求掌握"比较坚实的法学基本原理与知识"。二是法律实务知识。所有培养方案都要求掌握"比较宽广的法律实务知识"。三是"综合知识"。83%（34份）的培养方案对"综合知识"提出了明确要求。

能力层面，法律硕士专业学位主要具有两个具体培养目标：一是法律职业能力。法律职业能力被界定为"法律知识、法律术语、思维习惯、法律方法和职业技术。"① 所有培养方案都要求"具有独立从事法律工作的职业能力"，并要"达到有关部门相应的任职要求"。二是组织管理能力。87%的（36份）的培养方案都对法律工作的组织管理能力提出了明确要求。

素质层面，所有培养方案均高度一致，提出了一个具体培养目标，即具有"良好的职业伦理与职业道德"。

法律硕士具体培养目标的词频分析结果表明，其培养目标具有非常明确的职业导向与部门指向。相较于专业技能与素质，它更强调对专业知识以及综合知识

---

① 全国法律硕士专业学位教育指导委员会：《法律硕士专业学位研究生指导性培养方案》。

的学习与理解（知识类目标所占有的个数最多，词频之和最高）。这与前文我们对Ⅱ型专业学位人才培养目标特征的分析基本一致。但是，与Ⅰ型专业学位一样，其培养目标中缺乏明确的对任职资格的表述。

对 41 份法学硕士（非法学）专业学位人才培养方案的培养路径做内容分析，结果如表 4 – 17 所示。

表 4 – 17　法律硕士（非法学）专业学位培养路径的内容分析

总体路径	以课程学习为主，与综合实践、论文工作相结合
课程设置	以法学领域内课程为主，辅以少量的跨领域综合性课程；以理论课为主，辅以少量的实务型课程；以知识性课程为主，辅以少量的技能方法类课程以及素质拓展类课程
教学方式	课程教学为主，重视和加强实践形式的教学
指导方式	学术导师主要负责，行业导师共同参与的双导师或导师组制度
实践形式	以模拟训练课程为主，与法律实践相结合
论文要求	着眼实际问题、面向法律实务、深入法学理论的多样化论文形式
课程—实践—论文连接方式	先进行课程学习，再进行综合实践训练，最后再进行论文写作的线性模式
与业界联系	有一定联系

从总体路径来看，除了 1 份特例，其余 40 份培养方案均采取"以课程学习为主，与综合实践、论文工作相结合"的培养模式，课程学习、综合实践、学位论文学分的平均占比分别为 71%、16%、13%。其中综合实践、学位论文的占比较低。

具体而言：

课程设置方面，以法学领域内课程为主（如法理学、商法、民法）。全部 41 份培养方案都设置有 16 门以上学科内课程。而仅有 34%（14 份）培养方案设置了跨领域综合课程，且跨领域综合课程设置的门数不超过 2 门。理论课程同样占主导地位，85%（36 份）的培养方案设置了 16 门以上的理论课程，必修课中平均 80% 以上的学分都来自理论类课程。37%（15 份）的培养方案设置了实务型课程，且设置的门数一般在 6 门以下。其中只有 12%（5 份）培养方案将实务型课程作为必修课设置。知识性课程占主导地位，平均设置 22 门知识理论课，必修课中平均 80% 以上的学分来自此类课程。73%（30 份）的培养方案设置了专业技术、方法课，但平均设置门数刚超过 1 门，仅有不到 20%（8 份）的培养方案将专业技术、方法课作为必修课设置。73%（30 份）的培养方案设置了 1 门素质拓展课，即"法律职业伦理与道德"，但将这门课作为必修课的培养方案仅占7%（3份）。

教学方式方面，95%（39份）的培养方案都提出"以课程教学为主，重视和加强实践形式的教学"，但仅有2份培养方案明确提出了要"加强案例教学"。

导师指导方式方面，95%（39份）的培养方案都采用"学术导师主要负责，行业导师共同参与的双导师或导师组制度"。其中学术导师主要负责课程学习、论文指导；行业导师主要负责专业实践、职业咨询。

实践形式方面，98%（40份）的培养方案都采用"模拟训练课程"的形式，同时93%（38份）的培养方案设置了"法律实践"环节。"模拟训练课程"一般由"法律文书起草""模拟法庭""法律谈判"等内容构成，往往占据综合实践环节学分的3/4；"法律实践"环节一般要求学员在法院、检察院或律师事务所参与2~3周的实习实践，但往往只占该环节的1/4学分。

论文要求方面，所有的培养方案都强调论文选题需着眼于实际问题、面向法律实务、深入法学理论；除了1份特例外，其余40份培养方案都允许学位论文以学术论文、专题报告、案例分析等多种形式展开。

"课程—实践—论文"连接方式方面，所有培养方案都实行先进行课程学习，再进行综合实践，最后撰写论文的线性模式。

与业界联系方面，90%（37份）培养方案都要求行业人员参与到论文评审的过程中，但只有51%（21份）的培养方案要求行业人员参与到课程教学中，更是仅有5%（2份）的培养方案要求行业人员参与到论文指导中。这说明培养过程与业界有一定联系，但联系并不紧密。

内容分析结果表明，我国现行法律硕士的培养路径与Ⅱ型专业学位的理想培养路径存在差距：虽然它强调以基础理论与专业知识的广泛、深入学习为主，并以模拟训练作为综合实践的主要形式，强调其主体地位，与理想状态相吻合。但在课程设置上，需进一步加强实务型课程与技术方法类课程的建设；教学方式上需进一步强化"案例教学"以及开放互动的体验参与式教学，进一步加强案例库、模式实验室建设。要大力加强与业界的联系，吸纳更多的行业人士参与到培养过程中，改变校内外导师的指导方式，使二者的指导能有机融合，以此来全面提升学生的职业能力与综合质量。且职业伦理教育需要进一步强化。

（三）Ⅲ型专业学位的培养目标与培养路径：以工商管理硕士为例

对80份工商管理硕士人才培养方案中的"培养目标"进行内容分析，发现培养总体目标一般被描述为"适应社会主义市场经济需要、高层次、复合型人才"，但只有约一半的培养方案明确提出要培养"企业管理人才"，还有一半的培养方案提出要培养"综合管理人才"。这种不同的培养取向,反映出我国 MBA 教育在培养目标上存在一定的冲突,即究竟是培养专门人才还是综合人才? 这种取向上的冲突同样也反映了Ⅲ型专业学位在行业或部门指向上的不明确性。进一步对具体培养目标按"知识—能力—素质"作划分并进行词频分析,结果见表 4 – 18。

表 4 – 18　　工商管理硕士专业学位具体培养目标的词频分析

知识	词频	能力	词频	素质	词频
现代管理知识与理论	80	组织领导能力	80	商业伦理与道德	80
经济发展以及管理理论发展新形势	76	应变、判断、决策能力	78	开拓创新精神	80
				社会责任感	80
		人际沟通能力	72	国际视野	74
				人文素养	72
		创新能力	70	合作精神	65
				吃苦精神	58

知识层面,工商管理专业学位主要具有两个具体培养目标:一是现代管理知识与理论。所有培养方案都要求掌握"宽广的现代管理知识与理论"。二是经济发展以及管理理论发展新形势。95%(76 份)的培养方案要求掌握"中国经济建设与社会发展的新形势和现代管理理论发展的新趋势"。

能力层面,工商管理专业学位主要具有四个具体培养目标:一是组织领导能力。所有培养方案都要求具有组织领导能力。二是应变、判断、决策能力。97.5%(78 份)的培养方案要求该项能力。三是人际沟通能力。90%(72 份)的培养方案都要求具有该项能力。四是创新能力。87.5%(70 份)的培养方案要求具有该项能力。

素质层面主要具有 7 个具体培养目标。所有培养方案都要求具有"商业伦理与道德""开拓创新精神""社会责任感"。92.5%(74 份)的培养方案要求具有国际视野,90%(72 份)的培养方案要求具有人文素养,81%(65 份)培养方案要求具有合作精神,72.5%(58 份)的培养方案要求具有吃苦精神。

工商管理硕士具体培养目标的词频分析结果表明,与Ⅰ型、Ⅱ型专业学位相比,其培养目标并不具有非常明确的职业导向;相较于专业知识与专业技能,它更强调对综合能力、综合素质的培养(素质类目标所占有的个数最多,词频之和最高)。这与前文我们对Ⅲ型专业学位人才培养目标特征的分析基本一致。

通过对 80 份工商管理硕士专业学位人才培养方案的培养路径进行内容分析，结果见表 4-19。

表 4-19　工商管理硕士专业学位培养路径的内容分析

总体路径	以课程学习为主，与综合实践、论文工作相结合
课程设置	模块化课程，以按职能分科的课程为主
教学方式	案例教学
指导方式	学术导师主要负责，行业导师共同参与的双导师或导师组制度
实践形式	以专题调研、第二课堂为主，与管理实践相结合
论文要求	根据企业实际管理工作的需要，理论联系实际，并重视对实际问题的研究的多样化论文形式
"课程—实践—论文"连接方式	"课程学习—综合实践—课程学习—学位论文"的半螺旋上升式
与业界联系	联系不太紧密

从总体路径来看，全部 80 份培养方案均采取"以课程学习为主，与综合实践、论文工作相结合"的培养模式，课程学习、综合实践、学位论文学分的平均占比分别为 93%、7%、0。其中，综合实践、学位论文的学分占比很低。

具体而言：

课程设置方面，90%（72 份）的培养方案都将课程模块化。"专业基础模块 + 专业核心模块 + 方向选修模块 + 综合实践模块"是模块化课程的主要形式。以按职能划分的分科课程（如会计学、营销管理、财务管理）为主，每所院校平均开设近 25 门分科课程。80%（64 份）的培养方案设置了综合课程，但综合课程与分科课程的比值只有约为 1∶8。所有培养方案都开设有一定量的具有不同形式的应用型课程，理论课程与应用型课程的开设门数的平均比例约为 3∶1。此外，所有培养方案都开设了商业道德与伦理课程，但仅有 10%（8 份）将其作为必修课。

教学方式方面，对案例教学的广泛应用是 MBA 教学方式的特色。全部培养方案都明确提出了对案例教学的使用。

导师指导方式方面，双导师制被广泛应用。95%（76 份）的培养方案都采用"校内导师负责课程学习、论文指导，社会导师负责综合实践，职业发展规划指导"的模式。

实践形式方面，排在前两位的是"企业调研"和"第二课堂"，二者占比分别为 91%（73 份）与 86%（69 份）。65%（52 份）的培养方案设置了"沙盘模拟""企业经营模拟"等模拟训练来增强实践能力培养；只有约 60%（48 份）

的培养方案提出要开展"深入企业的管理实践"。

论文要求方面，所有的培养方案都强调论文选题需根据企业实际管理工作的需要，理论联系实际，并重视对实际问题的研究。所有培养方案都鼓励开展多种形式的学位论文。

"课程—实践—论文"连接方式方面，75%（60份）的培养方案采用"课程学习—综合实践—课程学习—学位论文"的半螺旋上升式连接方式。相比起一般的"课程学习—综合实践—学位论文"的线性模式，这种方式使理论与实践更加有效地结合起来。但相对于"课程学习—综合实践—课程学习—综合实践—课程学习—综合实践与论文撰写"的螺旋上升式，现有方式就显得理论与实践的结合不够紧凑。

与业界联系方面，虽然95%（76份）的培养方案都要求聘请行业人员作为社会导师，但这些导师参与到课程教学、论文指导中的比例仅为43%（34份）。社会导师往往只会以实践辅导、职业发展规划辅导、论坛讲座发言或作专题报告的形式参与到培养过程中。特别值得注意的是，只有38%（30份）的培养方案明确提到与企业建立联合实践基地。

内容分析结果表明，我国现行工商管理硕士的培养路径与Ⅲ型专业学位培养的理论培养路径存在一定差距。主要表现在：对分科课程的学习过多，跨学科综合性课程远远不够；需探索、拓展除案例分析之外的"以问题为中心"的学习新模式；实践环节力度远远不够，深入企业进行社会实践的机会有限；课程与实践的结合方式需进一步改善，从而进一步加强理论与实践的联系；与业界的联系不够紧密，实践基地建设有待增加。并且职业伦理教育有待加强。

（四）Ⅳ型专业学位的培养目标与培养路径：以应用统计硕士为例

对34份应用统计硕士人才培养方案中的"培养目标"进行内容分析，发现培养总体目标一般被描述为"高层次、复合型、应用型统计专门人才"。进一步对具体培养目标按"知识—能力—素质"作划分并进行词频分析，结果见表4-20。

表4-20　应用统计硕士专业学位具体培养目标的词频分析

知识	词频	能力	词频	素质	词频
统计学基本理论与方法	34	应用统计分析软件能力	34	职业伦理与道德	34
		统计数据收集、整理、分析、预测和应用的基本技能	34		
		独立从事相关行业应用统计工作能力	25		

知识层面，应用统计硕士专业学位主要要求具有"统计学基本理论与方法"。

能力层面，所有培养方案都要求"应用统计分析软件能力"以及"统计数据收集、整理、分析、预测和应用的基本技能"。74%（25份）的培养方案要求具有"独立从事相关行业的应用统计工作能力"。

素质层面，所有培养方案都要求具有良好的统计职业伦理与道德。

应用统计硕士具体培养目标的词频分析结果表明，与Ⅰ型、Ⅱ型专业学位相比，其培养目标并不具有非常明确的职业导向与部门指向；相较于专业知识与综合素质，它更强调对专业技能的培养（技能类目标所占有的个数最多，词频之和最高）。这与前文我们对Ⅳ型专业学位人才培养目标特征的分析基本一致。

通过对34份应用统计硕士专业学位人才培养方案的培养路径进行内容分析，结果见表4-21。

表4-21　　应用统计硕士专业学位培养路径的内容分析

总体路径	以课程学习为主，与综合实践、论文工作相结合
课程设置	统计专业理论课为主，统计专业技能方法课与跨学科课程相结合
教学方式	传统教学法
指导方式	校内导师主要负责，行业导师共同参与的双导师制度为主
实践形式	专业实习与案例实务课相结合
论文要求	与实际问题、实际数据和实践案例紧密结合的多样化论文形式
"课程—实践—论文"连接方式	"课程学习—综合实践—学位论文"的线性模式
与业界联系	联系不紧密

从总体路径来看，全部34份培养方案均采取"以课程学习为主，与综合实践、论文工作相结合"的培养模式，课程学习、综合实践、学位论文学分的平均占比分别为84%、16%、0。

具体而言：

课程设置方面，以统计专业理论课为主，但统计专业技能与方法类课程也占有不小的比例。理论课与技术方法课之比约为2:1。除此之外，97%（33份）的培养方案设置了一定数量的经济学类的课程。88%（29份）的培养方案设置了一定数量的跨学科交叉性课程。实务型课程比例很小。仅有1份培养方案设立了职业伦理课。

教学方式方面，以传统教学方法为主。对案例教学、模拟训练不够重视。仅有47%（16份）培养方案提到了案例教学法；仅1份培养方案提到了模拟训练。

导师指导方式方面，以双导师制为主。68%（23 份）的培养方案采取双导师制，32%（11 份）的培养方案采取单导师制。在采取双导师制的培养方案中，绝大多都采取"以校内导师为主，校外导师参与培养过程"的模式。校内导师全面负责学生的课程学习、论文指导；而校外导师一般只参与专题讲座以及实习实践指导。

实践形式方面，采取专业实习与案例实务课相结合的形式。全部培养方案都要求到相关单位参与不少于半年的专业实习。53%（18 份）的培养方案设置了"案例实务分析课"。此外，还有 15%（5 份）培养方案以参与调研课题作为综合实践的形式。

论文要求方面，除了 4 份培养方案未注明具体要求，其余 30 份培养方案都强调论文选题需与实际问题、实际数据和实践案例紧密结合。82%（28 份）的培养方案都鼓励开展多种形式的学位论文。

"课程—实践—论文"连接方式方面，所有培养方案都采用"课程学习—综合实践—学位论文"的线性模式。课程学习一般在前两个学期内完成，专业实践与论文工作分别安排在第三、第四学期。

与业界联系方面，行业人员参与到课程教学、论文指导、论文评审中的比例仅分别为 29%（10 份）、15%（5 份）、29%（10 份）。仅有 1 份培养方案明确提到了与相关单位建立联合实践基地。

内容分析结果表明，我国现行应用统计硕士的培养路径与Ⅳ型专业学位培养的理想培养路径仍存在一定差距：虽然其课程设置较为合理，突出对专业能力的训练和实践环节，保证了实践的数量与质量，但教学方式仍然单一，案例教学应被大力突出与加强；校内外指导老师之间缺乏有机联系，容易造成理论与实践的脱节。

二、总结与建议

基于专业学位分类理论设想，本章节对不同类型专业学位人才培养目标与培养路径做了理论分析，勾勒出理想状态。通过对四类 225 份专业学位人才培养方案的内容分析，描述了人才培养目标与培养路径的现实状况，并找到了它们与理想状况的差距。

分析结果表明：无论是哪种专业学位，其培养目标与培养路径都与理想状况存在一定的差距。现有的培养路径并不能完全达成培养目标的实现。总体而言，对于职业成熟度较高的专业学位，其培养目标与职业任职资格的衔接不紧密；综合性课程、实践性课程的缺乏，会使学生的实践能力、综合解决问题能力受阻；

教学方式仍然单一落后，无法满足不同类型专业学位的认知需求与学生的能力培养；实践环节仍然相对薄弱，其重要地位未被凸显，严重影响了对学生实践能力的培养；课程与实践环节的连接方式不合理，校内外导师指导缺乏有机沟通，容易造成理论与实践的剥离；与业界联系不紧密，造成人才培养脱离实践与市场；对职业伦理与道德的培养流于形式，不够重视。

基于此，我们提出如下建议：

第一，进一步完善、修订专业学位人才培养目标。对于Ⅰ型、Ⅱ型专业学位，加强其人才培养目标与职业任职资格之间的衔接，使岗位胜任力在培养目标中更加明确。对于Ⅲ型、Ⅳ型专业学位，在培养目标中进一步凸显对综合能力与综合素质的要求。

第二，加强课程建设。大力建设系统、高质量的综合性课程（或模块）以及紧密联系实际的实务型课程，以此加大对专业学位研究生实践能力与综合解决问题能力的培养；将职业伦理课程作为必修课纳入人才培养方案，并将职业伦理教育贯穿课堂教学、专业实践以及论文训练中，使其不流于形式。

第三，大力改革教学方法与导师指导方式。大力推进"以问题为中心"的学习模式以及互动式、参与式的学习模式。进一步加强案例教学以及模拟训练，增强专业学位研究生的知识水平与综合实践能力。改变校内外导师指导"两张皮"的局面，使行业导师与学术导师的指导有机结合。

第四，大力推进综合实践模块建设。为专业学位研究生提供长期、稳定的专业实践机会，着力强调实践教学在专业学位人才培养中的重要地位，进一步增强综合实践模块所占的学时与学分。改良课程与实践的连接方式，使理论与实际有机结合。

第五，大力加强与行业的合作。吸纳行业人员深度参与专业学位人才培养的过程，使行业人员全面参与到人才培养方案制定、课程教授、论文指导的过程中，大力推进实践基地的建设。

第五章

全国专业学位研究生培养模式现状分析

基于构建的专业学位研究生培养模式核心要素体系,课题组设计开发了面向全日制非定向专业学位应届毕业生的问卷并开展调查。调查共回收有效问卷10 268份,涉及专业学位种类达38种,其中样本量超过200份的专业学位有10种,分别是:工商管理硕士(448份)、建筑学硕士(233份)、法律硕士(608份)、教育硕士(430份)、工程硕士(4 344份)、临床医学硕士(997份)、会计硕士(558份)、艺术硕士(268份)、翻译硕士(269份)、金融硕士(204份)。基于对专业学位分类的视角,在分析全国专业学位应届毕业生样本情况之后,本章进一步选取工程硕士、法律硕士、工商管理硕士、应用统计硕士样本,分别作为Ⅰ型、Ⅱ型、Ⅲ型、Ⅳ型的代表进行重点分析。

第一节 培养模式核心要素分析

一、培养目标

(一)专业学位满足社会需求的程度

67.54%的学生认为当前自己所在的专业学位满足社会需求的程度高(比较

高+非常高），26.01%的学生认为满足社会需求的程度一般，6.45%的学生认为满足社会需求的程度低（见图5-1）。

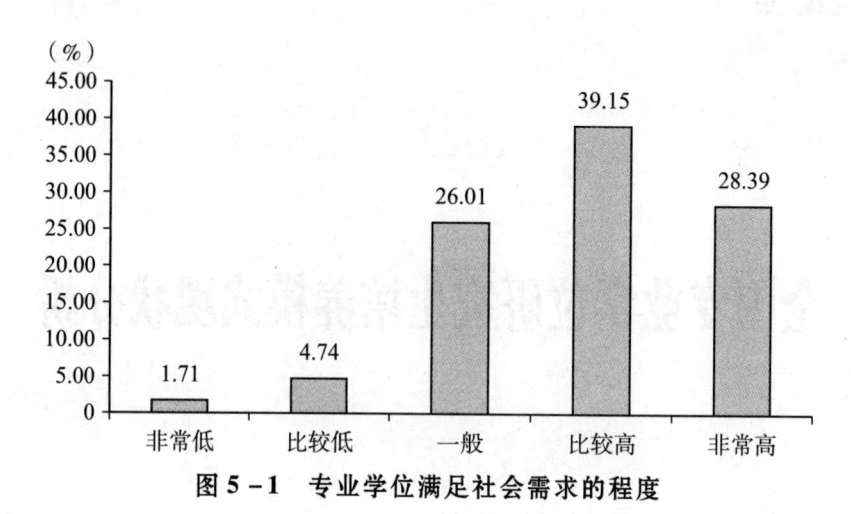

图5-1 专业学位满足社会需求的程度

（二）当前专业学位研究生教育在培养导向方面的特性

38.37%的学生认为当前专业学位研究生教育在培养导向方面的特性是理论与实践并重，45%的学生认为当前专业学位研究生教育培养更加侧重实践性。但值得注意的是，也有16.62%的学生认为当前专业学位研究生教育培养偏向理论性，实践性相对薄弱（见图5-2）。

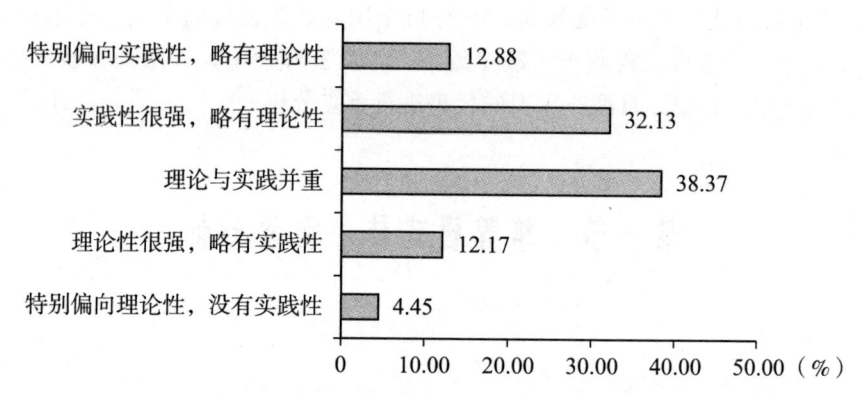

图5-2 当前专业学位研究生教育在培养导向方面的特性

（三）当前的专业学位研究生教育在知识结构方面的特性

在对专业学位研究生教育知识结构特性的认识方面，认为知识与技能并重的学生比例最高，占40.51%，40.32%的学生认为专业学位研究生教育的知识结构更加侧重技能性，19.17%的学生认为专业学位研究生教育的知识结构更偏向知识性（见图5-3）。

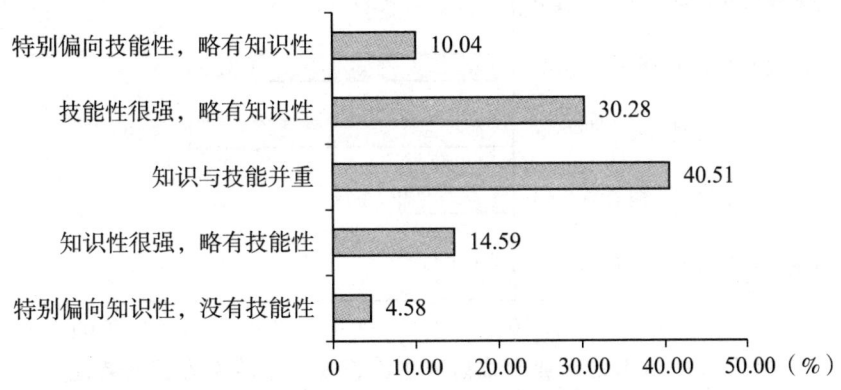

```
特别偏向技能性，略有知识性    10.04
技能性很强，略有知识性        30.28
知识与技能并重               40.51
知识性很强，略有技能性        14.59
特别偏向知识性，没有技能性     4.58
                     0   10.00   20.00   30.00   40.00   50.00（%）
```

图5-3　当前的专业学位研究生教育在知识结构方面的特性

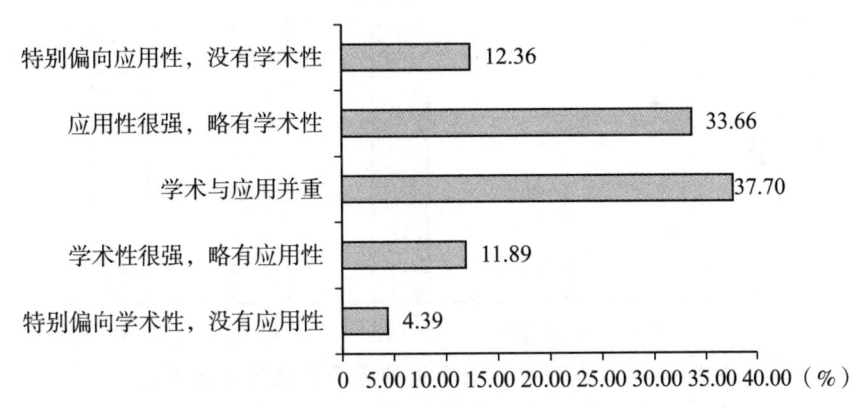

（四）当前的专业学位研究生教育在服务导向方面的特性

37.7%的学生认为专业学位研究生教育在服务导向方面实现了学术与应用并重，46.02%的学生认为专业学位研究生教育应用性很强或特别偏向应用性，略有学术性或没有学术性。16.28%的学生则认为专业学位研究生教育学术性很强或特别偏向学术性，没有应用性或略有应用性（见图5-4）。

```
特别偏向应用性，没有学术性    12.36
应用性很强，略有学术性        33.66
学术与应用并重               37.70
学术性很强，略有应用性        11.89
特别偏向学术性，没有应用性     4.39
                     0  5.00 10.00 15.00 20.00 25.00 30.00 35.00 40.00（%）
```

图5-4　当前的专业学位研究生教育在服务导向方面的特性

（五）当前的专业学位研究生教育在人才培养方面的特性

38.99%的学生认为当前的专业学位研究生教育属于专门型与复合型并重，42.69%的学生认为当前的专业学位研究生教育在人才培养方面更侧重于复合型，18.32%的学生认为当前的专业学位研究生教育在人才培养方面更侧重于专门型

(见图 5-5)。

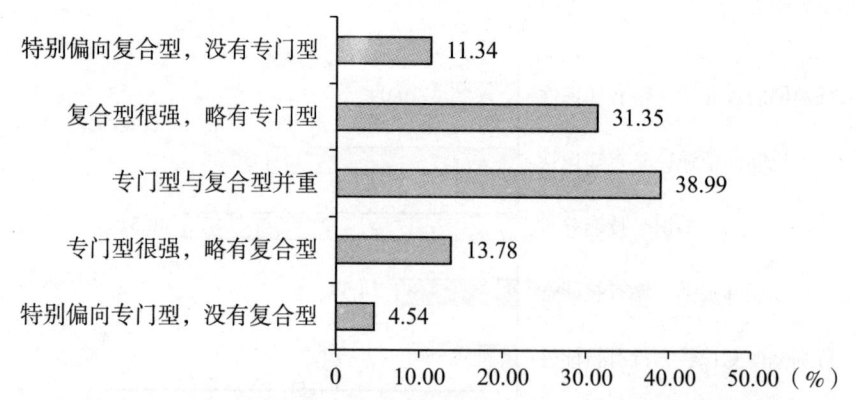

图 5-5 当前的专业学位研究生教育在人才培养方面的特性

- 特别偏向复合型，没有专门型：11.34
- 复合型很强，略有专门型：31.35
- 专门型与复合型并重：38.99
- 专门型很强，略有复合型：13.78
- 特别偏向专门型，没有复合型：4.54

（六）本校本专业学位的各项管理制度

56.65%的学生认为本校自己所在的专业学位管理制度比较合理或非常合理，43.35%的学生认为本学校的专业学位管理制度存在让学生不太满意的地方，需要改进（见图5-6）。

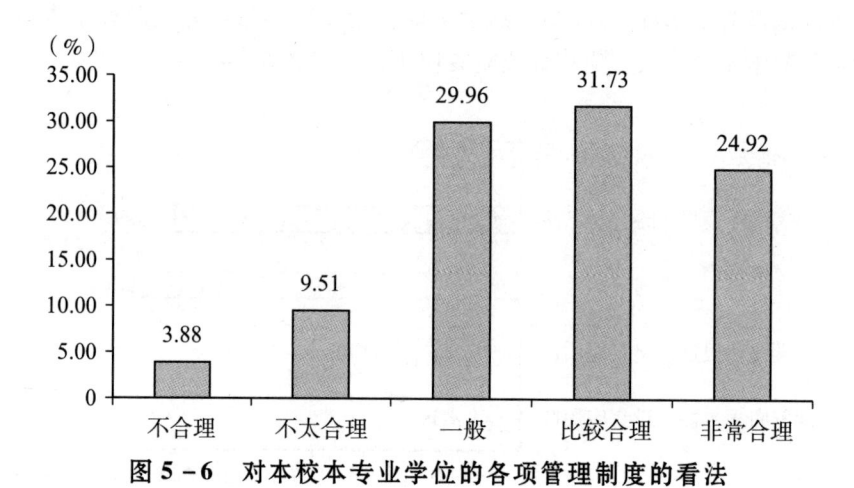

图 5-6 对本校本专业学位的各项管理制度的看法

- 不合理：3.88
- 不太合理：9.51
- 一般：29.96
- 比较合理：31.73
- 非常合理：24.92

（七）能力提升

被调查者经过专业学位培养项目学习后，对其能力提升程度进行描述时，这里将能力提升程度"比较大""非常大"定义为能力获得提升。整体来看，经过专业学位学习后，超过60%的学生认为自身能力得到了提升。专业学位培养普遍提升了学生的团队协作能力、职业素养、沟通能力、信息感知和采集能力、反思和批判性思维、分析能力、适应和反应能力（74.28%～76.92%）；也提升了部分学生的职业发展潜力、知识迁移能力、动手能力、职业实践能力、专业知识、人文素养、组织领导力（69.19%～73.20%）；相比之下，能力提升最大的是团队协作能力（76.92%），只有少部分学生的国际视野（61.62%）和创新能力（67.02%）得到了提升（见图5-7）。

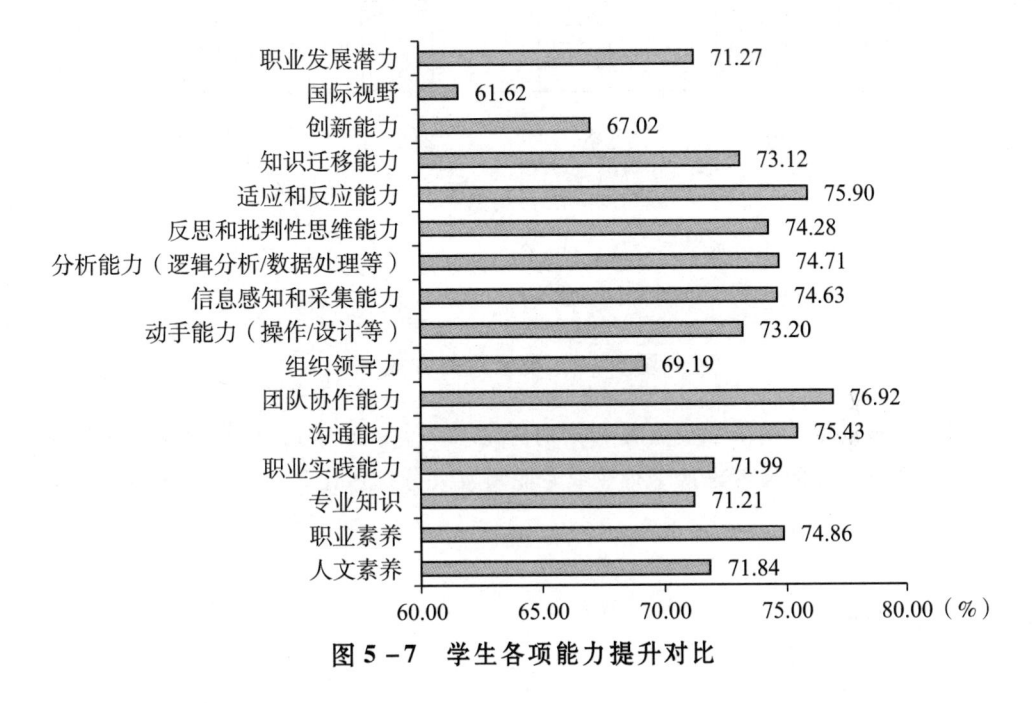

图5-7 学生各项能力提升对比

二、招生录取模式

（一）被录取的方式

在被调查学生的录取方式中，回答占比最高的是第一志愿报考统考或联考，达48.83%；其次是免试推荐占19.52%，接近1/5；调剂录取共计占31.65%（包括从学术型和专业学位调剂），其中，从学术型调剂比从专业学位调剂高约11个百分点（见图5-8）。

（二）当初愿意报考或调剂入学本校攻读本专业学位的首要原因

31.51%的学生因为人生目标和兴趣追求选择就读专业学位，也有三成左右学生为将来就业考虑选择就读专业学位（28.93%），其他主要的入学动机还

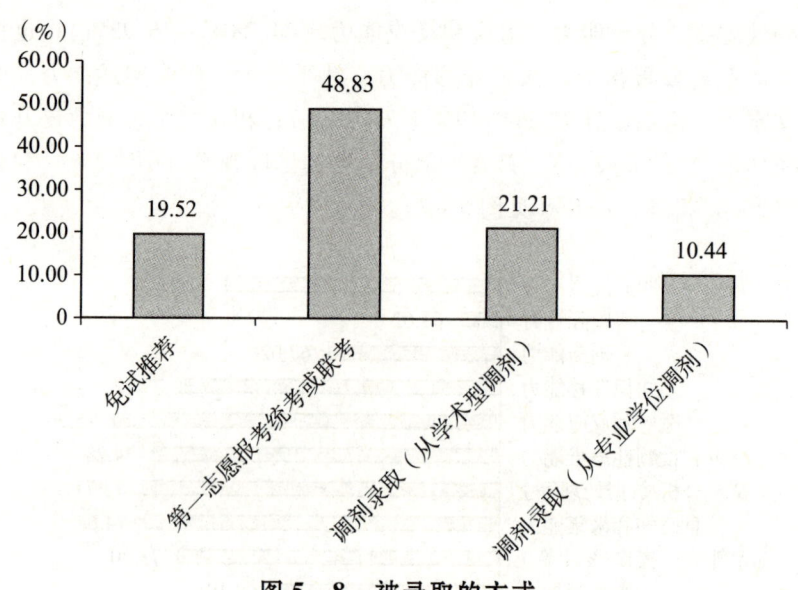

图 5-8 被录取的方式

包括容易被录取、追求学校品牌（分别占比 12%、9.50%），也有很少量学生为了职业晋升的目的或考虑换个行业或专业领域（分别占比 7.60%、6.50%）（见图 5-9）。

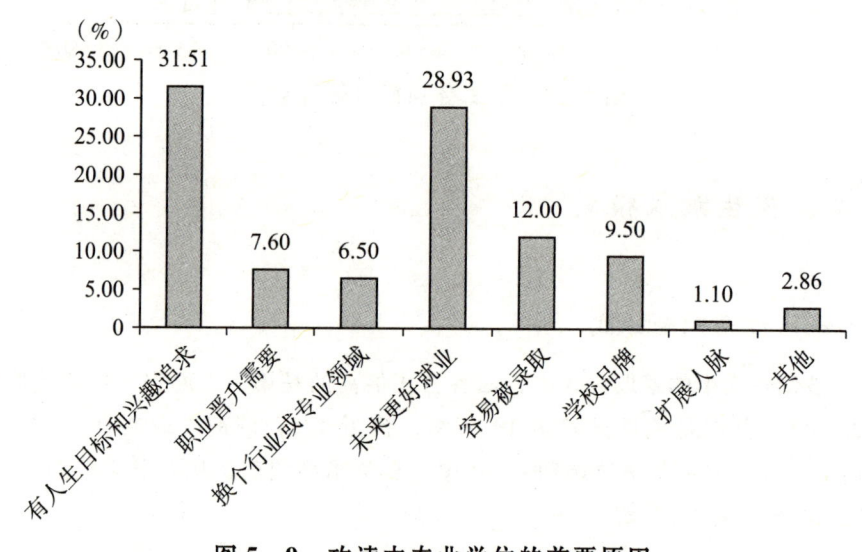

图 5-9 攻读本专业学位的首要原因

（三）硕士研究生入学前从事的工作与本专业学位的相关程度

48.34% 入学前的学生的工作与就读的专业学位相关，其余过半数学生入学前的工作与其就读的专业学位相关性较小或没有关系（见图5-10）。

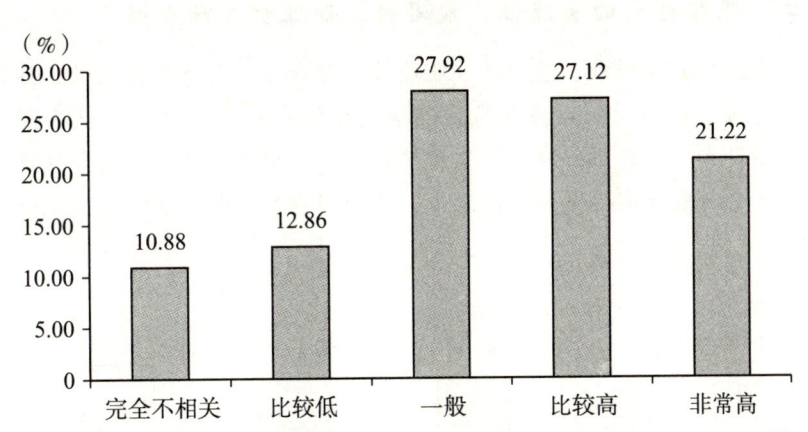

图 5-10 硕士研究生入学前从事的工作与本专业学位的相关程度

三、课程体系与授课方式

（一）本校本专业学位整体课程结构体系

对于整体课程结构体系的设置，71.27%的学生认为比较合理（比较合理＋非常合理），比例较高，可见学生对所就读专业学位的课程结构体系是比较认可的（见图5-11）。

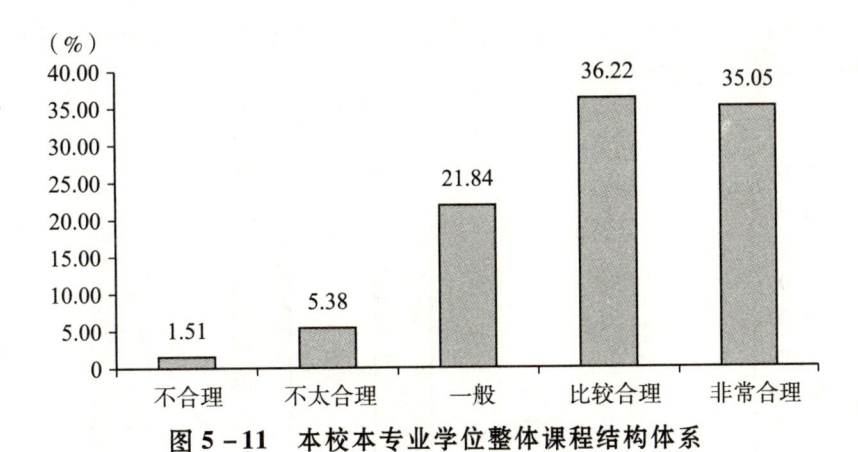

图 5-11 本校本专业学位整体课程结构体系

（二）课程内容的实践性、前沿性、职业性、综合性

在课程内容的实践性、前沿性、职业性、综合性（与多学科交叉，涉及多学科知识）方面，认为比较强或非常强的学生比例在60%~70%，认为课程的实践性、前沿性和职业性都不高的学生比例在61%~65%，未来专业学位课程内容设计在这3个方面还需提升。相比之下，认为课程综合性强的学生比例略高，为66.09%（见图5-12）。

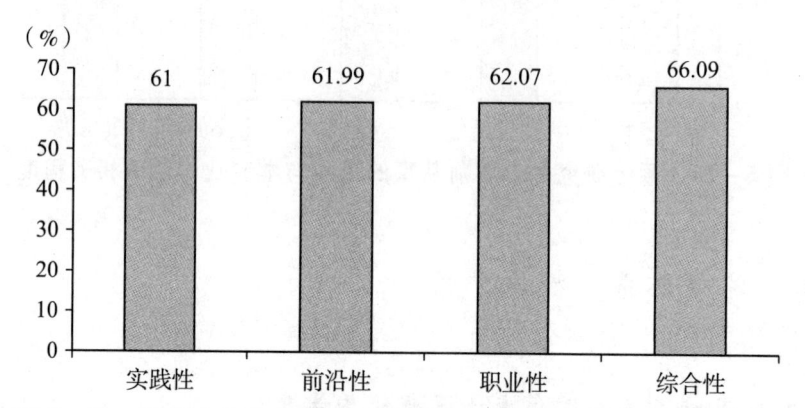

图5-12 课程内容的实践性、前沿性、职业性、综合性强的比较

（三）课程教学方式（讲授、案例、项目、讨论等）

课程教学方式方面，37.65%学生认为课程教学方式比较多，28.89%的学生认为丰富多样，认为单一和比较少的仅占7.12%，可见多数学校积极采用了多元化的教学方式（见图5-13）。

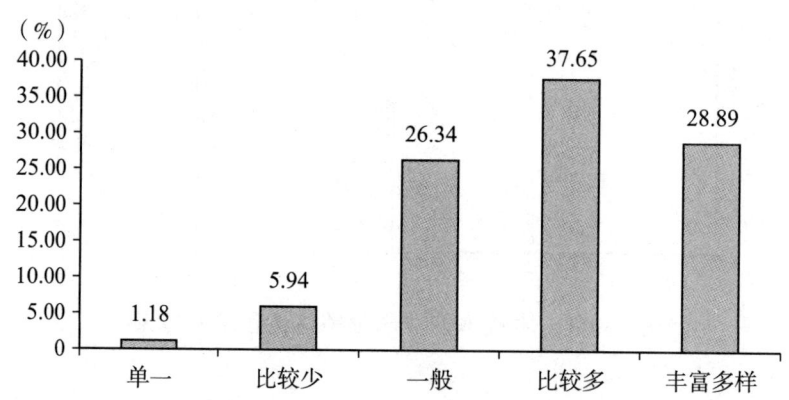

图5-13 课程教学方式（讲授、案例、项目、讨论等）

(四) 案例库建设

有 57.12% 的学生认为所在专业学位的案例库建设在比较好及非常好，也有 12.96% 的学生所在专业学位案例库建设情况属于"没有"或"很少"，表明专业学位案例库建设还需加强（见图 5-14）。

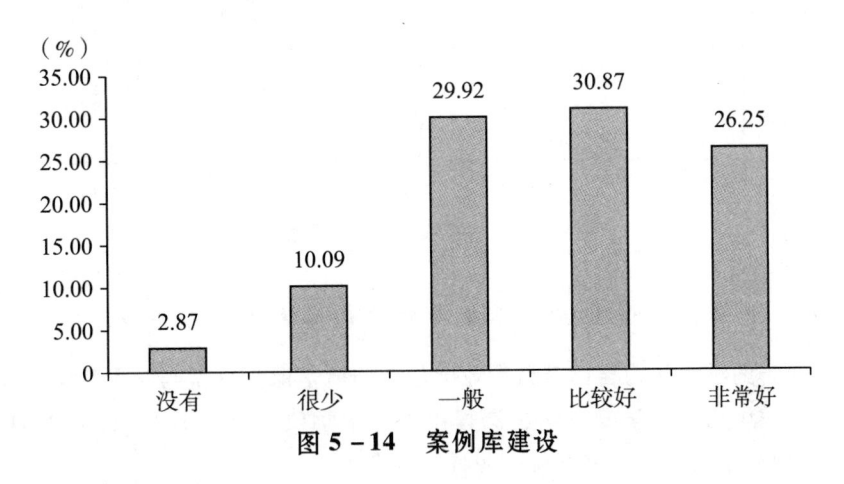

图 5-14　案例库建设

(五) 实践教学质量

在对所在专业学位实践教学环节质量进行评价时，选择比较高和非常高的学生占比 66.25%，8.60% 的学生认为实践教学质量非常低或比较低（见图 5-15）。

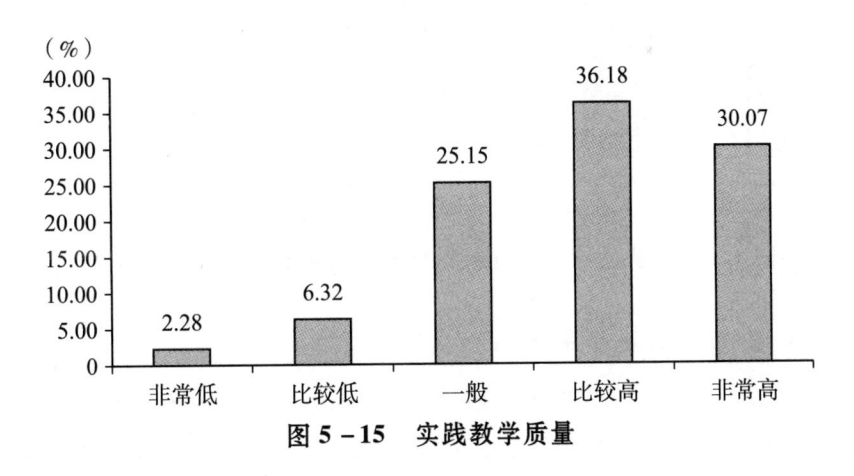

图 5-15　实践教学质量

(六) 实践教学校内条件

在实践教学校内条件方面，认为所在专业学位实践教学校内条件比较好或非常好的学生占 61.03%，认为非常差或比较差的学生占 10.58%（见图 5-16）。

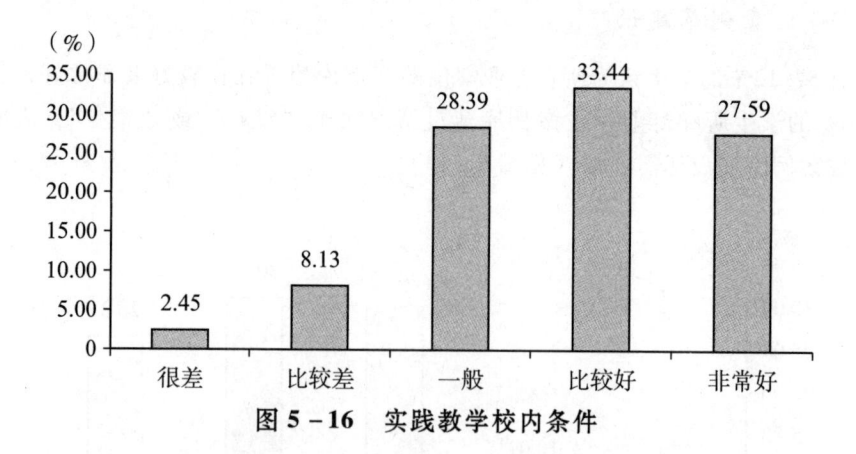

图 5-16　实践教学校内条件

（七）就读专业学位课程总量与相应的学术型学位相比

57.66% 的学生认为自己就读专业学位期间所学课程总量与学术型学生相当；32.50% 的学生认为所学专业学位课程小于学术学位，约占 1/3；其余 9.84% 的学生认为课程量大于学术型学位（见图 5-17）。

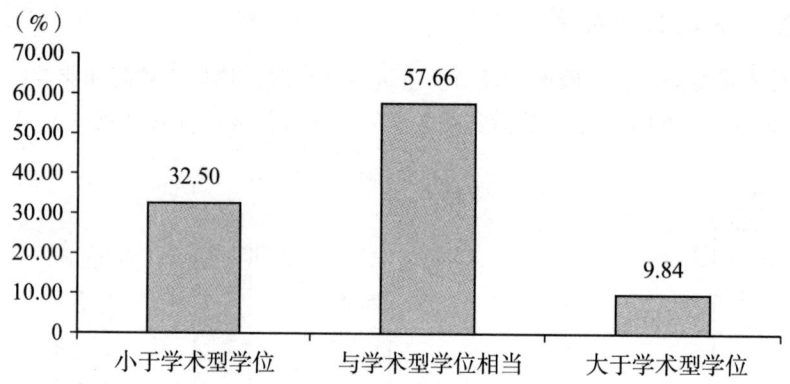

图 5-17　就读专业学位课程总量与相应的学术型学位相比

（八）最喜欢的教学方式

从教学方式来看，最受学生喜欢的是实验教学，占比 28.92%；其次是案例教学，占 27.38%；然后是团队合作项目训练，占 20.89%。这三者占比接近 80%，充分说明学生喜欢多元化的授课方式。而纯课程讲授和讲授加研讨分别占比 3.75% 和 19.06%，说明传统的授课为主的教学方式难以满足学生的需要（见图 5-18）。

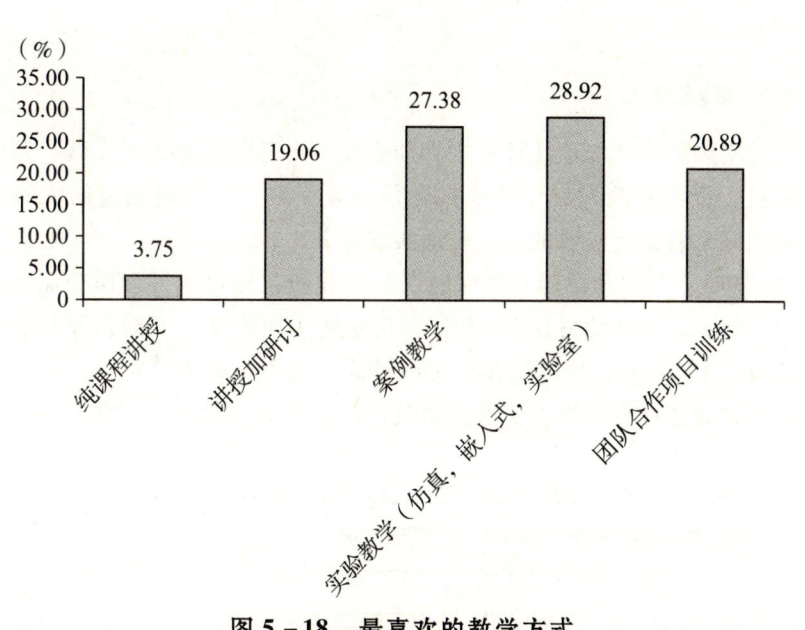

图 5-18　最喜欢的教学方式

图中数据：
- 纯课程讲授：3.75
- 讲授加研讨：19.06
- 案例教学：27.38
- 实验教学（仿真，嵌入式，实验室）：28.92
- 团队合作项目训练：20.89

（九）课程学习中采取的主要实践教学方式的情况

从实践教学的方式来看，实践教学的比例最高，为 31.58%。除此以外，利用校内综合试验平台、案例教学也是主要的实践教学方式。另外，有 19.73% 的学生认为实践教学环节很少，教学方式比较单一（见图 5-19）。

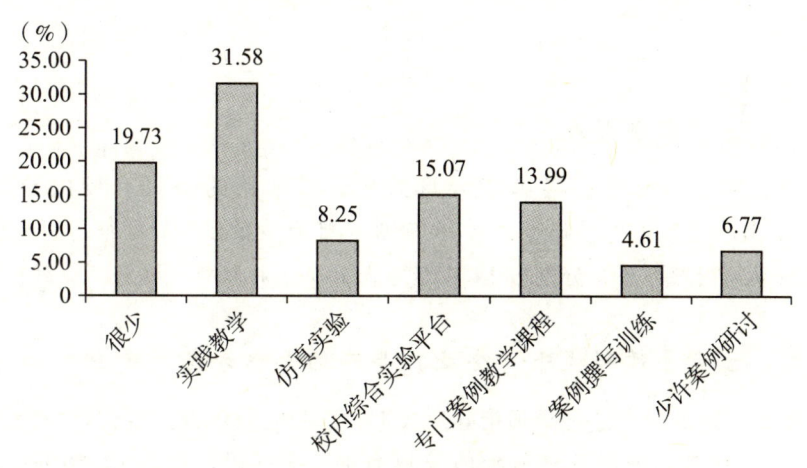

图 5-19　主要实践教学方式

图中数据：
- 很少：19.73
- 实践教学：31.58
- 仿真实验：8.25
- 校内综合实验平台：15.07
- 专门案例教学课程：13.99
- 案例撰写训练：4.61
- 少许案例研讨：6.77

（十）实践形式

学生的实践形式有以下几种：未参加实践、自己联系的实习实践、跟随导师课题在实验室视作实践、在导师项目合作企业实践、去校内固定的实践基地实践、去学校联系或指定安排的实践基地实践。其中，自己联系的实习实践比例最大，为35.90%；其次为跟随导师课题视为实践和在导师项目合作企业实践，二者都跟导师有关，合计约占比26.79%，说明约1/4的学生实践跟导师相关；去校外实践占比12.35%；校内实践的比例最低，仅为6.41%。可见，目前校内外实践基地的建设还有待加强，实践基地数量还需提高（见图5-20）。

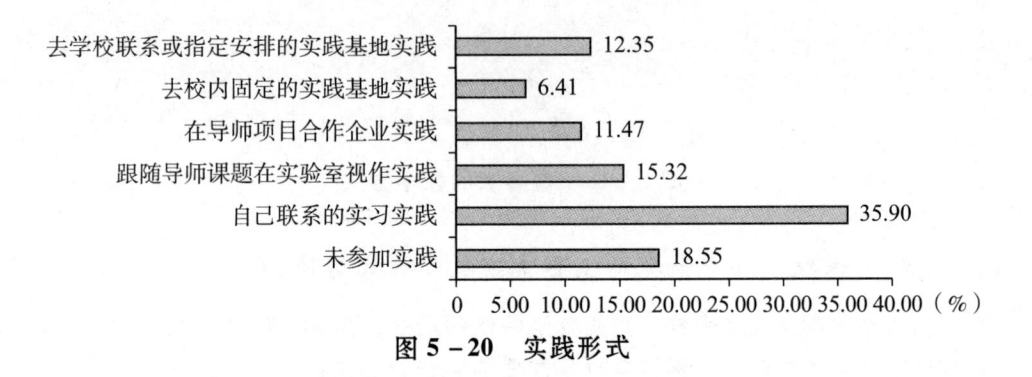

实践形式	比例(%)
去学校联系或指定安排的实践基地实践	12.35
去校内固定的实践基地实践	6.41
在导师项目合作企业实践	11.47
跟随导师课题在实验室视作实践	15.32
自己联系的实习实践	35.90
未参加实践	18.55

图5-20 实践形式

四、师资队伍

（一）导师指导形式

在专业学位研究生的导师指导形式中，最常见的是只有校内导师，占51.66%；其次是校内外导师组，占29.98%；还有少量校内导师组、只有校外导师和其他导师指导形式，分别占14.05%、3.15%、1.16%（见图5-21）。

（二）校内导师和校外（企业）导师的合作方式

在校内外双导师组这种导师指导形式下，导师的合作方式多数以校内导师为主，占比63.07%；分段分环节校内导师为主，全过程合作占12.56%；约3/4的学生主要由校内导师指导，以校外导师为主的仅占3.84%（见图5-22）。

```
(%)
60.00  51.66
50.00
40.00                              29.98
30.00
20.00            14.05
10.00     3.15                              1.16
 0.00
      只有校内导师 只有校外导师 校内导师组 校内外导师组 其他
```

图 5-21　导师指导形式

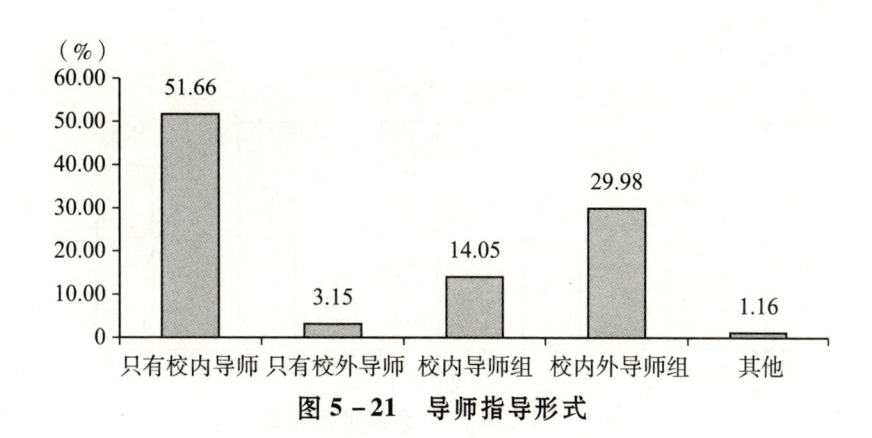

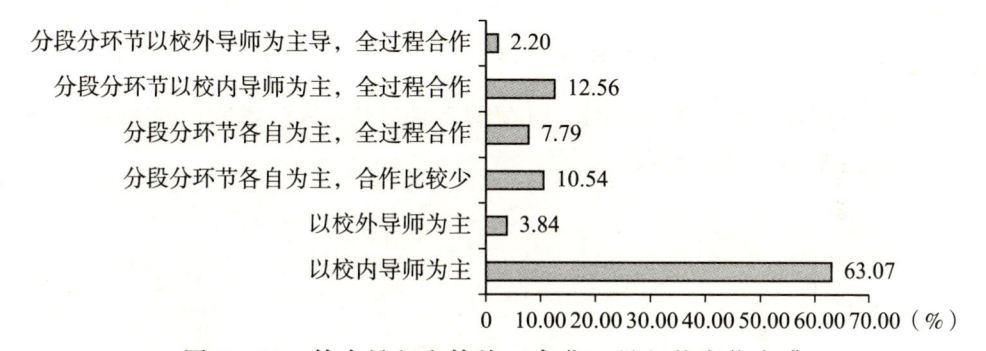

```
分段分环节以校外导师为主导，全过程合作   2.20
分段分环节以校内导师为主，全过程合作    12.56
分段分环节各自为主，全过程合作       7.79
分段分环节各自为主，合作比较少       10.54
以校外导师为主                3.84
以校内导师为主               63.07
            0  10.00 20.00 30.00 40.00 50.00 60.00 70.00 (%)
```

图 5-22　校内导师和校外（企业）导师的合作方式

（三）与校内外导师的见面频率

与导师见面频率方面，校内导师明显高于校外导师。与校内导师一周一次见面占比 51.57%，与校外导师见面仅为 16.46%。与校外导师见面半年一次和一年一次的比例达到 45.27%，说明接近半数的学生很少接受到校外导师面对面的指导，见面频率非常低（见图 5-23、图 5-24）。

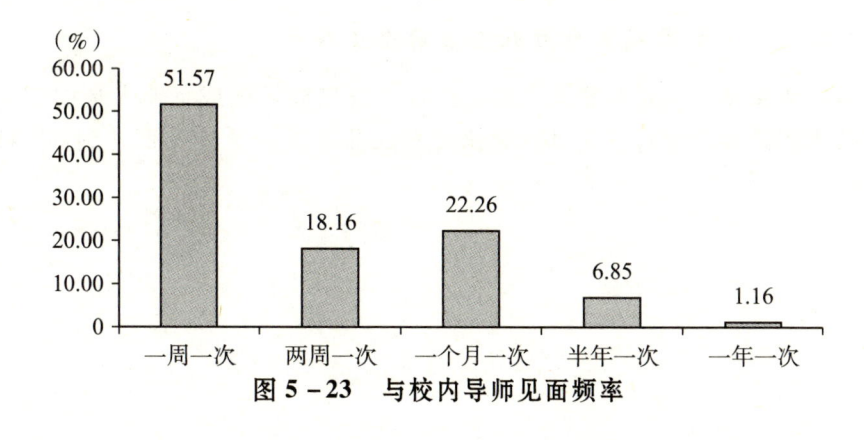

```
(%)
60.00  51.57
50.00
40.00
30.00
20.00           18.16  22.26
10.00                         6.85
                                    1.16
 0.00
      一周一次 两周一次 一个月一次 半年一次 一年一次
```

图 5-23　与校内导师见面频率

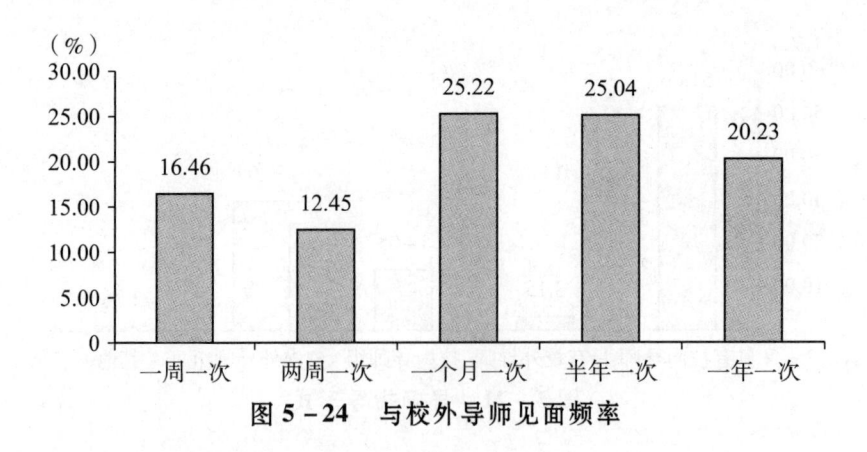

```
                    (%)
                  30.00
                                                    25.22   25.04
                  25.00
                                                                      20.23
                  20.00
                           16.46
                  15.00            12.45
                  10.00
                   5.00
                      0
                         一周一次  两周一次  一个月一次  半年一次  一年一次
```

图 5-24　与校外导师见面频率

（四）校内导师的论文指导水平

学生对校内导师的指导水平还是相当认可的，认为导师指导水平比较高或非常高的约占 80%（见图 5-25）。

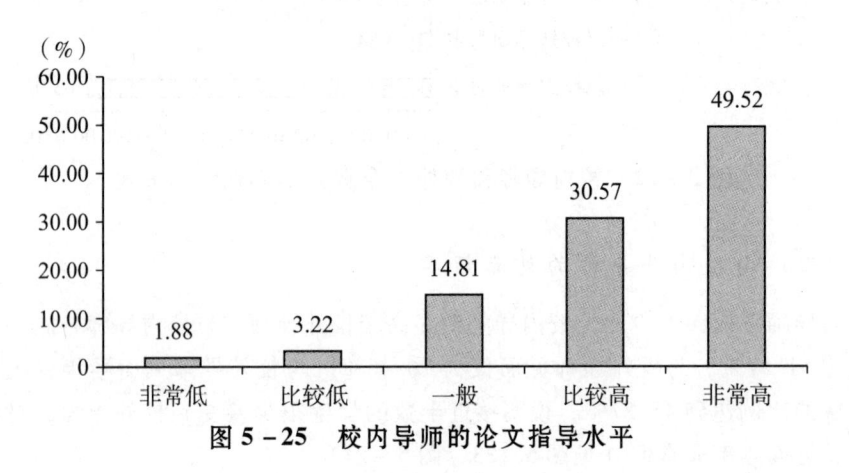

```
        (%)
      60.00
                                                          49.52
      50.00
      40.00
                                                30.57
      30.00
      20.00                            14.81
      10.00           3.22
               1.88
          0
            非常低   比较低   一般    比较高   非常高
```

图 5-25　校内导师的论文指导水平

（五）校外导师或来自行业人员的论文指导

调查结果显示，大多数学生能够获得来自校外导师或行业人员的论文指导，认为校外导师或行业人员指导比较多或非常多的学生比例达到 63.41%（见图 5-26）。

图 5-26　校外导师或来自行业人员的论文指导

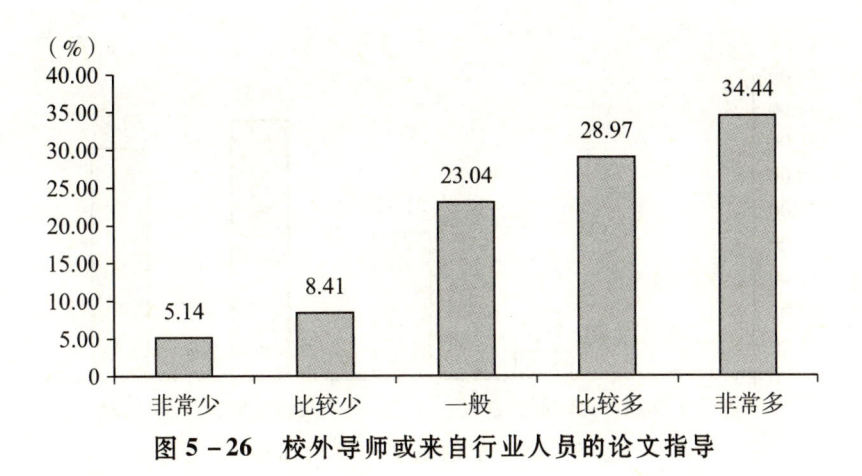

五、考核评价机制

（一）课程的考核方式满意度

对课程考核方式满意的学生占比约为 67.87%，仍有约 1/3 的学生对课程考核不太满意，值得关注（见图 5-27）。

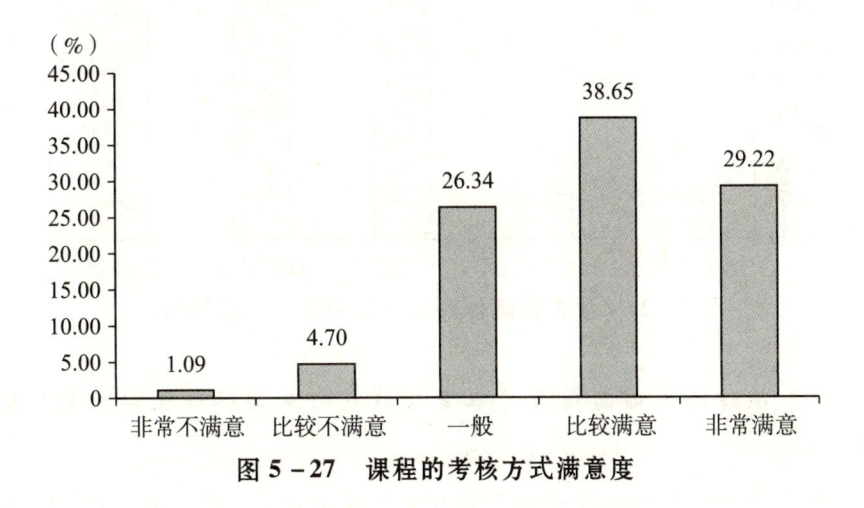

图 5-27　课程的考核方式满意度

（二）学位论文的评价标准

约 72.88% 的学生对学位论文的评价标准感到比较满意或非常满意，满意度高于对于课程的评价（见图 5-28）。

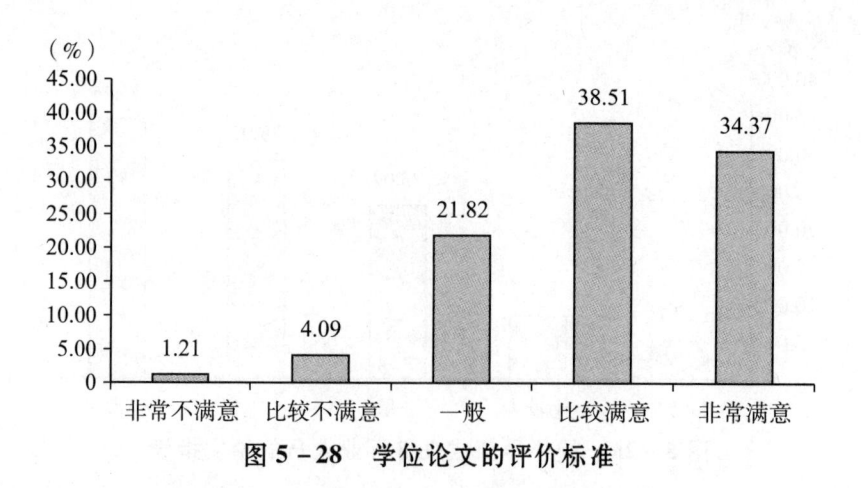

图 5-28 学位论文的评价标准

(三) 质量保障体系（教学评估、认证评估）

约65%的学生对质量保障体系满意，仍有1/3的学生不是很满意，与课程满意度调查结果相近（见图5-29）。

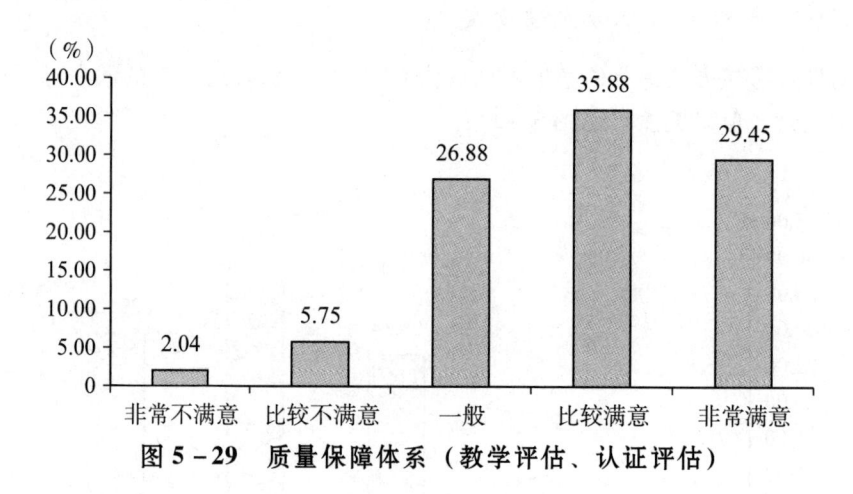

图 5-29 质量保障体系（教学评估、认证评估）

(四) 学位论文的选题与"社会实践或行业实际的现实问题"的相关性

约59%的学生学位论文与现实问题相关性比较大、非常大，约14%的学生学位论文与现实问题不相关或相关性不大。极少数学生不做学位论文（见图5-30）。

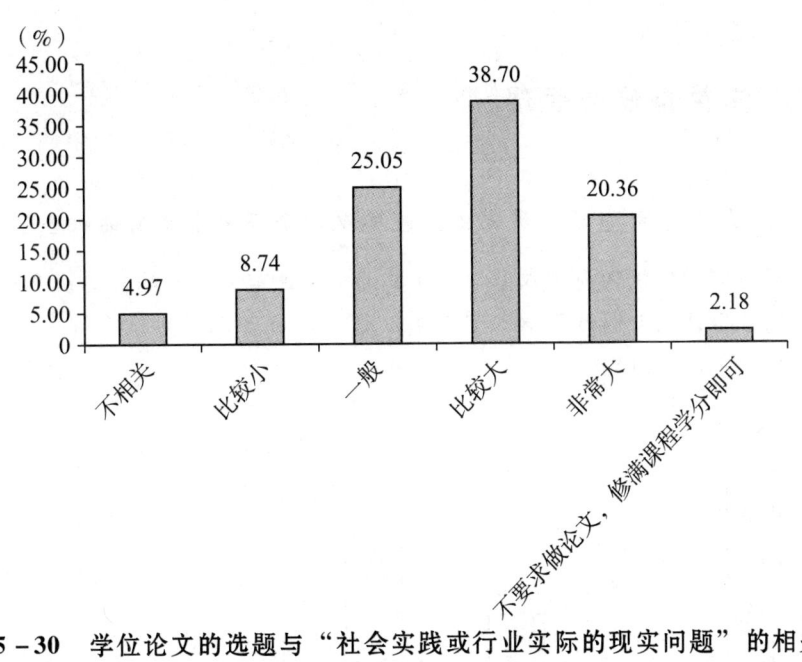

图 5-30 学位论文的选题与"社会实践或行业实际的现实问题"的相关性

（五）毕业考核以何种形式

毕业考核形式仍以学位论文为主，包括基础研究、应用基础研究、技术开发研究在内的学位论文考核方式占 88.11%。其他如调研报告、案例撰写、产品制作或技术说明书等考核方式也有一些，但没有成为主流形式（见图 5-31）。

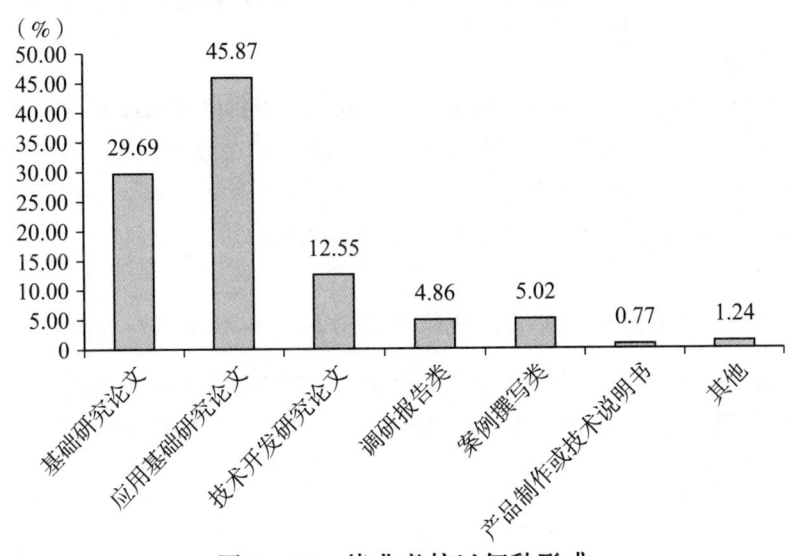

图 5-31 毕业考核以何种形式

六、支撑条件与管理

（一）较之学术型硕士研究生，在奖助学金评定中享有的机会和待遇

56.33%的学生认为与学术型学生在奖助学金评定中享有同样的机会和待遇，37.21%的学生认为待遇低于学术型学生，另有6.46%的学生认为待遇高于学术型学生（见图5-32）。

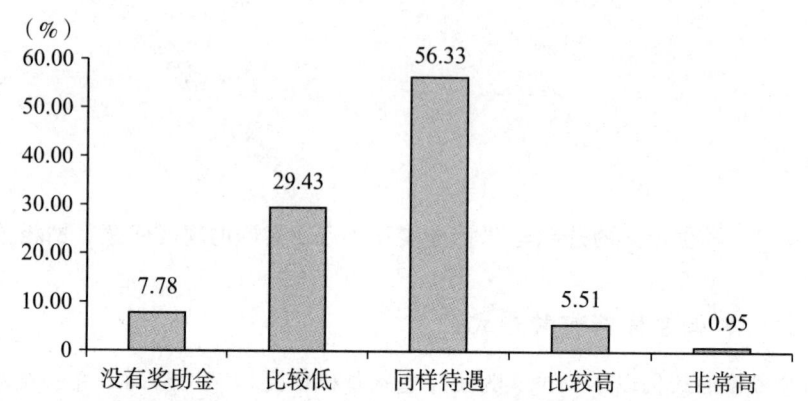

图5-32 较之学术型硕士研究生，在奖助学金评定中享有的机会和待遇

（二）学校是否设有专门经费用于专业学位学生的实习补贴或实践项目研究

认为学校用于专业学位学生的实习补贴或实践项目研究的经费比较多及非常多的仅占比8.46%，说明这些学校非常重视专业学位的发展。但有39.10%的学生选择有一些专门经费，其余过半数学生认为用于专业学位学生的实习补贴或实践项目研究的专门经费比较少或没有（见图5-33）。

（三）针对专业学位特点，学校开展的就业和职业规划的课程和训练

总体来看，针对专业学位学生的就业和职业规划训练不多，选择没有和比较少的学生比例分别是14.55%和39.50%。选择比较多及非常多的学生比例仅为11.46%（见图5-34）。

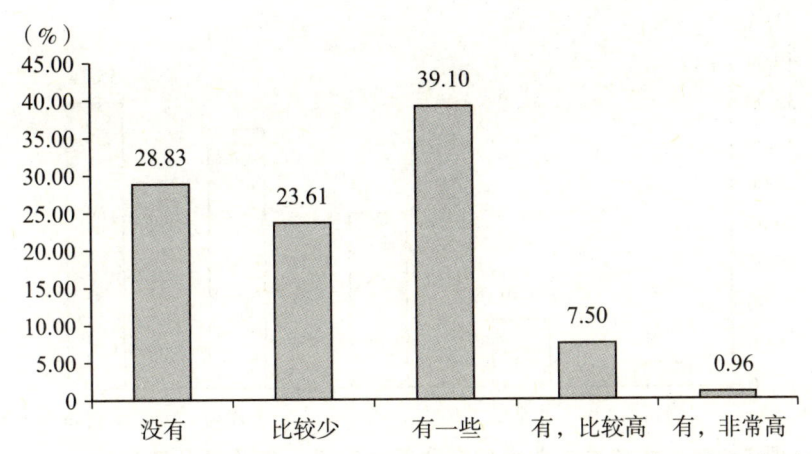

图 5-33 学校是否设有专门经费用于专业学位学生的实习补贴或实践项目研究

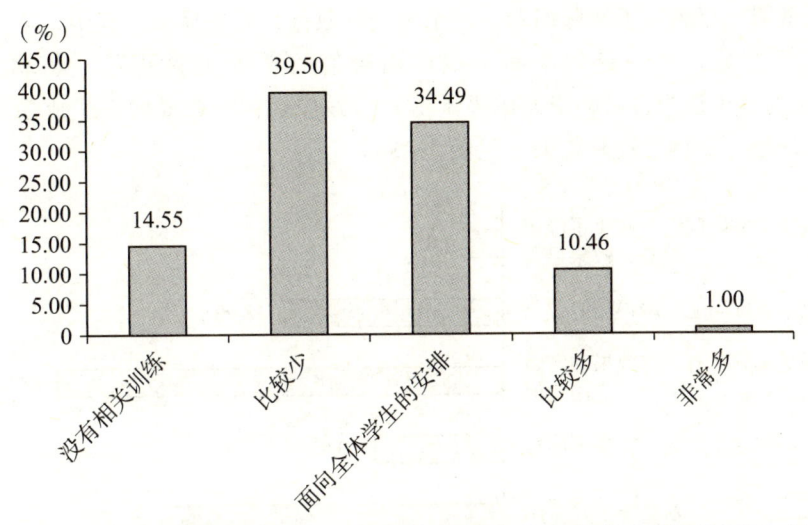

图 5-34 针对专业学位特点，学校开展的就业和职业规划的课程和训练

（四）本校本专业学位实践基地建设、实验平台建设的水平

31.99%和35.24%的学生认为实践基地、实验平台建设水平比较高和非常高，其余约1/3的学生对本校本专业学位实践基地建设、实验平台建设的水平不太满意（见图5-35）。

（五）毕业成果（论文、设计、报告、产品等）的实际应用情况

将毕业成果的实际应用情况分为五种：不适合实践应用；已在现场实施，效果不明显；已在现场实施，有一定效果和实践应用价值；已解决了实际问题，取

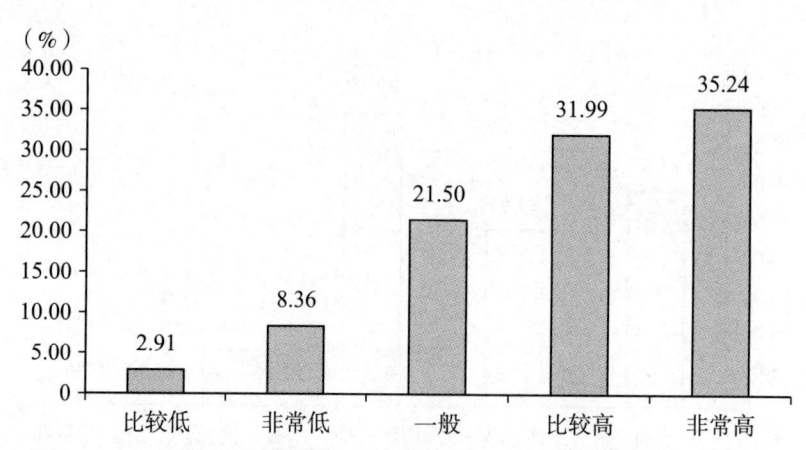

图 5-35 本校本专业学位实践基地建设、实验平台建设的水平

得较好效果；已解决了实际问题，产生了经济效益，效果显著。其中，毕业成果已在现场实施，有一定效果和实践应用价值的学生比例最高，为 38.04%；29.28% 的学生认为自己的毕业成果不适合实践应用；有 2 成的学生成果已解决了实际问题，取得了较好效果（见图 5-36）。

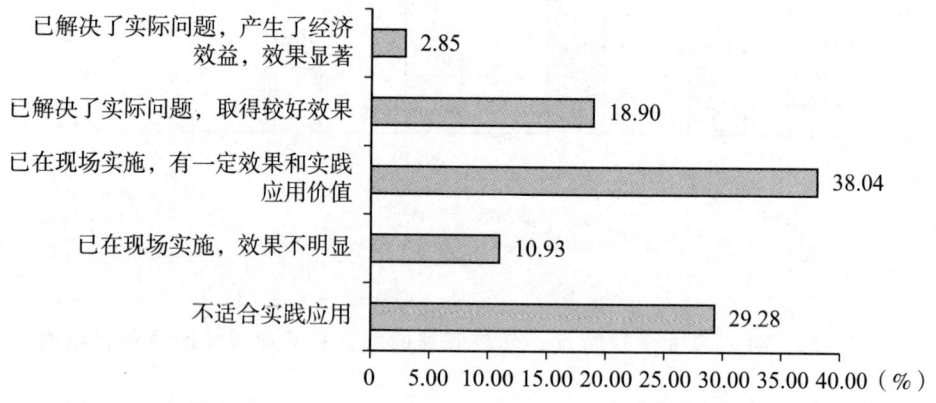

图 5-36 毕业成果（论文、设计、报告、产品等）的实际应用情况

（六）在校期间发表论文情况

将专业硕士在校期间发表论文情况分为 5 种：未发表过论文、在普通期刊发表过论文 1~2 篇、在普通期刊发表过论文 3 篇及以上、在（SCI、SSCI、CSSCI）等核心期刊上发表过论文 1~2 篇、在（SCI、SSCI、CSSCI）等核心期刊上发表过论文 3 篇及以上。从发表文章来看，45% 的学生未发表论文；在普通期刊发表过论文 1~2 篇，接近 4 成。发表文章数量多且质量高的学生占比不到 15%（见图 5-37）。

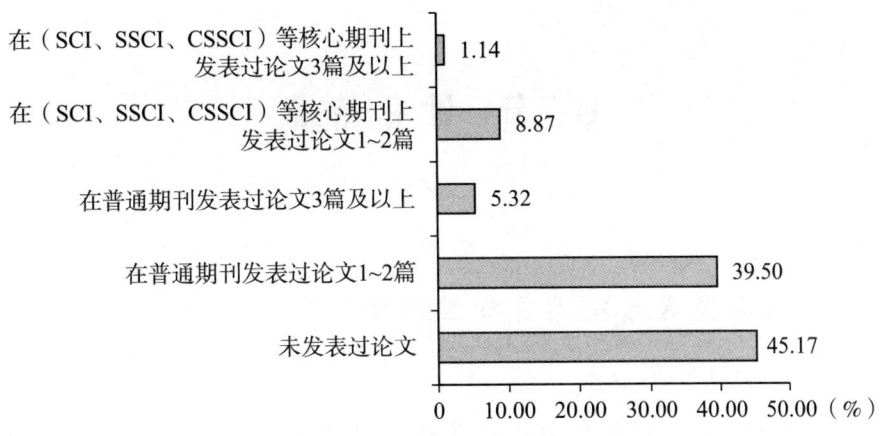

图 5-37 硕士在校期间发表论文情况

- 在（SCI、SSCI、CSSCI）等核心期刊上发表过论文3篇及以上：1.14
- 在（SCI、SSCI、CSSCI）等核心期刊上发表过论文1~2篇：8.87
- 在普通期刊发表过论文3篇及以上：5.32
- 在普通期刊发表过论文1~2篇：39.50
- 未发表过论文：45.17

七、外部环境

合作培养单位或校外行业人员参与培养过程

67.16% 的学生认为合作培养单位或校外行业人员参与培养比较多及非常多，其余约 1/3 的学生认为参与少（见图 5-38）。

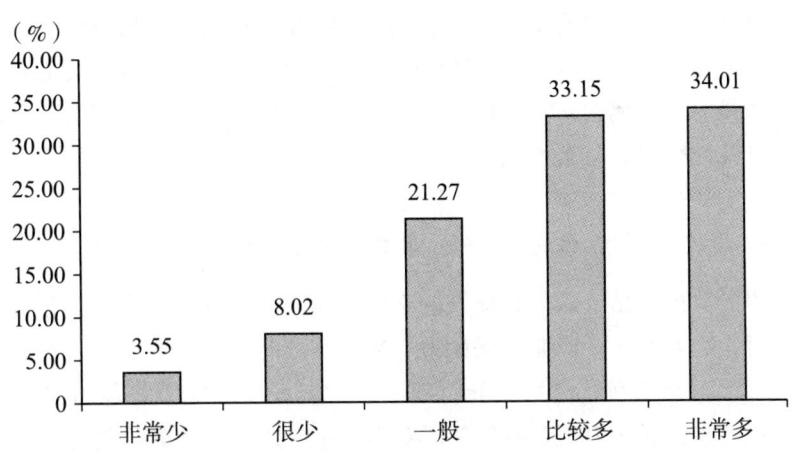

图 5-38 合作培养单位或校外行业人员参与培养过程

- 非常少：3.55
- 很少：8.02
- 一般：21.27
- 比较多：33.15
- 非常多：34.01

第二节 研究结论

一、培养现状与培养目标匹配程度分析

(一) 全国全日制非定向专业学位研究生的培养现状基本符合我国专业学位的培养目标

根据调研情况，接受专业学位教育后，学生在专业学位培养特性方面体现出了一致性。培养导向方面，38.37%学生认为理论与实践并重；知识结构方面，40.51%认为知识与技能并重；服务导向方面，37.70%认为学术与应用并重；人才特性方面，38.99%认为专门与复合并重。即有四成左右的学生认为理论与实践并重、知识与技能并重、学术与应用并重、专门与复合并重。其余六成左右学生认为培养特性存在明显偏重。其中，培养导向方面，认为实践性强（包括实践性很强或特别偏向实践性），理论性略有或没有的比例为45%；服务导向方面，认为应用性强，学术性没有或很少的比例为46.02%；知识结构方面，认为技能性强、知识性很少或没有的比例为40.32%，；人才特性方面，认为复合性强，专门性很少或没有的比例为42.69%。即四成以上的学生认为专业学位的实践性强、应用性强、技能性强、复合性强。

(二) 经过专业学位的学习，学生普遍认为各项能力都得到了提高

从全国的数据可见，认为有提升的学生在60%~80%。能力提升最大的是团队协作能力，职业素养、职业发展潜力、职业实践能力、沟通能力、信息感知和采集能力、反思和批判性思维、分析能力、适应和反应能力等能力也有较大提升，国际视野和创新能力提升得较低。对本校本专业学位培养质量总体评价高的学生比例为78.16%；67.54%的学生认为所学专业学位能够满足社会需求；考察对本专业学位忠诚度的题目"如果再给你一次机会，再次选择本专业学位就读的可能性大"的学生比例为65.47%；即将从事的工作与所学专业学位的相关度大的比例为69.25%；即将从事的工作与期望寻求职业的匹配度大的比例为69.81%。以上题目说明从学生的角度，对专业发展的前景还是比较认可，认为

所学专业学位有用武之地，学有所用。综上所述，大体与2010年《硕士、博士专业学位研究生教育发展总体方案》中提出培养具有较强的专业能力和职业素养、能够创造性地从事实际工作的高层次应用型专门人才的目标一致。

二、培养模式核心要素特征分析

（一）报考专业学位研究生教育多为学生的主动选择，入学动机和学习需求呈现多样化特征

专业学位研究生的录取方式中，第一志愿报考或联考占比最高，接近50%。调剂录取（包括从学术型和专业学位调剂）的比例约占三成，其余两成是通过免试推荐录取，表明报考就读专业学位研究生教育更多出于学生主动的选择。另外，学生的入学动机多种多样，反映了学生多元化的学习需求。31.51%的学生因为有人生目标和兴趣追求选择就读专业学位研究生教育，28.93%的学生为将来就业考虑选择就读专业学位研究生教育，其他主要的入学动机还包括"容易被录取"和"追求学校品牌"（分别占比12%、9.50%），也有少量学生为了职业晋升的目的或考虑换个行业或专业领域而选择就读专业学位研究生教育（分别占比7.60%、6.50%）。

（二）专业学位研究生教育授课方式多样，但课程内容还需优化

调查结果显示，当前专业学位研究生教育采取了丰富多样的授课方式。实验教学、案例教学、团队合作项目训练等授课方式深受学生欢迎。但在课程内容方面，学生比较认可课程综合性，即多学科知识交叉，而课程内容的实践性、前沿性、职业性还有待优化提升。

（三）实习实践环节未能完全落实，专业学位实践基地建设亟待加强

调查发现，当前专业学位研究生教育实践形式中，学生自己联系实习实践的比例高达35.90%，未参加过实习实践的学生比例达到18.55%，15%左右的学生只得将跟随导师在实验室做课题作为实践，前往学校合作的实践基地或校内实践基地的学生比例合计不足20%。可见专业学位研究生教育中的实习实践环节尚未得到很好落实，亟须加强专业学位实践基地建设，确保学生专业实践的质量。

（四）专业学位研究生导师指导仍以校内导师为主

调查结果显示，导师指导形式中，一半以上的学生表示自己只有校内导师，拥有校内外导师联合指导的学生比例不足 1/3。而在校内外导师联合指导的形式下，同样以校内导师为主是最常见的形式（63.07%），能够实现校内外导师全过程合作指导的比例仅为 22.55%。

（五）专业学位考核评价以学位论文为主，学生对学位论文的评价标准比较认同

根据调查，当前专业学位研究生教育的毕业考核仍以学位论文为主，占比 88.11%，其余考核形式如调研报告、案例、产品制作或技术说明书比例合计约为 10%。可见，未来还可继续探索多样化的考核评价方式。另外，学生对学位论文的评价标准比较认可，表示比较满意或非常满意的学生比例约为 72%。

（六）职业规划与就业培训指导还属薄弱，外部参与力度尚需加强

总体来看，针对专业学位特点的学生职业方面的规划指导等训练还比较薄弱，一半以上的学生表示缺少以上指导和训练。另外，针对合作培养单位或校外行业人员参与培养过程的情况，约 1/3 的学生认为参与度一般或很少，表明专业学位研究生教育还需加强有针对性的职业规划与就业指导培训，加强外部力量参与人才培养力度，切实加强对专业学位研究生教育的支撑和服务。

第六章

Ⅰ型专业学位培养模式现状分析——以工程硕士为例

以全日制非定向工程硕士为对象进行的问卷调查,共回收有效问卷 4 344 份。调查对象来自 97 所高校,其中,部委高校占比 48.26%,非部委高校占比 51.74%;调查对象中男生占比 65.08%,女生占比 34.92%。其他问卷分布情况如下(见表 6-1、表 6-2、表 6-3)。

表 6-1　　　　　　　　问卷回收数量大于 50 的学校

学校	频率	百分比(%)
安徽工业大学	50	1.15
安徽理工大学	73	1.68
北京大学	53	1.22
北京信息科技大学	59	1.36
常州大学	52	1.20
东南大学	99	2.28
哈尔滨工业大学	57	1.31
哈尔滨工程大学	122	2.81
华北电力大学	87	2.00
江南大学	136	3.13
江苏大学	166	3.82

续表

学校	频率	百分比（%）
江苏科技大学	60	1.38
南京林业大学	117	2.69
上海大学	71	1.63
上海电机学院	63	1.45
上海交通大学	108	2.49
上海理工大学	54	1.24
太原理工大学	87	2.01
天津城建大学	127	2.92
天津大学	142	3.27
天津工业大学	178	4.10
天津科技大学	226	5.20
同济大学	98	2.26
西安电子科技大学	119	2.74
西安交通大学	50	1.15
西安邮电大学	64	1.47
中国民航大学	74	1.7
中国石油大学（北京）	266	6.1
中国石油大学（华东）	114	2.6
重庆大学	171	3.9
长安大学	110	2.6

表 6-2   问卷回收数量集中的省、自治区、直辖市

省、自治区、直辖市	频率	百分比（%）
北京市	646	14.88
天津市	814	18.76
陕西省	142	3.27
黑龙江省	286	6.59
上海市	525	12.10
江苏省	749	17.26
浙江省	166	3.82

续表

省、自治区、直辖市	频率	百分比（%）
山东省	146	3.36
重庆市	221	5.09
陕西省	531	12.24

表6-3　　问卷在"985工程"高校、"211工程"高校、普通高校的分布情况

高校类型	频率	百分比（%）
普通高校	2 109	48.82
"211工程"高校	1 229	28.17
"985工程"高校	1 006	23.01
合计	4 344	100

第一节　培养模式关键要素分析

一、培养目标

（一）专业学位满足社会需求的程度

63.08%的学生认为当前自己所在的专业学位满足社会需求程度高（比较高+非常高），29.20%的学生认为满足社会需求程度一般，7.72%的学生认为满足社会需求程度低（见图6-1）。

（二）当前专业学位研究生教育在培养导向方面的特性

37.91%的学生认为当前专业学位研究生教育在培养导向方面是理论与实践并重；39.53%的学生认为当前专业学位研究生教育培养实践性强，理论性弱；22.56%的学生认为培养偏向理论性，实践性很少或没有，说明这部分学校在专业学位研究生培养定位上可能存在偏差，应引起重视（见图6-2）。

图 6-1　专业学位满足社会需求的程度

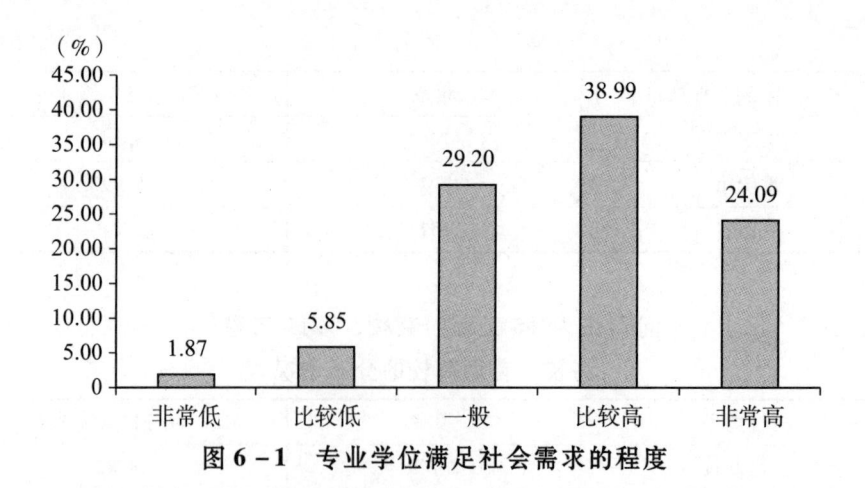

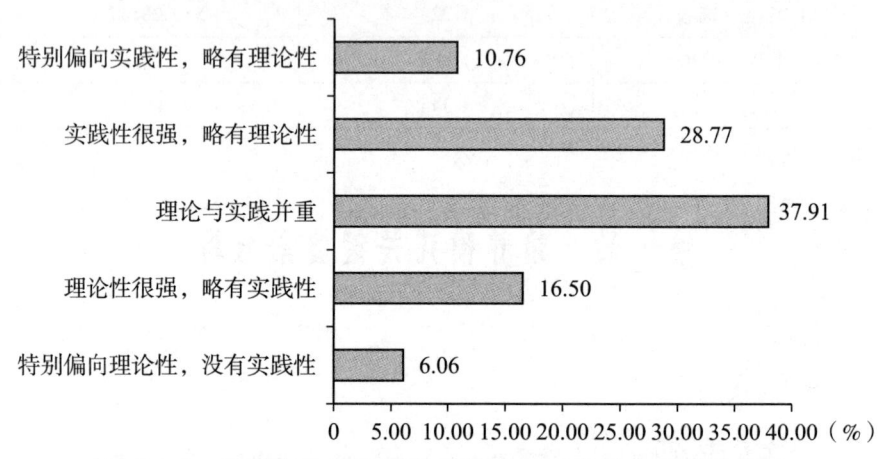

图 6-2　当前专业学位研究生教育在培养导向方面的特性

(三) 当前的专业学位研究生教育在知识结构方面的特性

在对专业学位研究生教育知识结构特性的认识方面,选择知识与技能并重的学生比例最大,占 41.99%;34.28% 的学生认为技能性很强或特别强,略有知识性;23.73% 的学生认为知识性强,略有或没有技能性(见图 6-3)。

(四) 当前的专业学位研究生教育在服务导向方面的特性

38.12% 的学生认为专业学位研究生教育在服务导向方面实现了学术与应用并重;40.24% 的学生认为应用性很强或特别偏向应用性,略有学术性或没有学术性;21.64% 的学生认为学术性很强或特别偏向学术性,没有应用性或略有应用性(见图 6-4)。

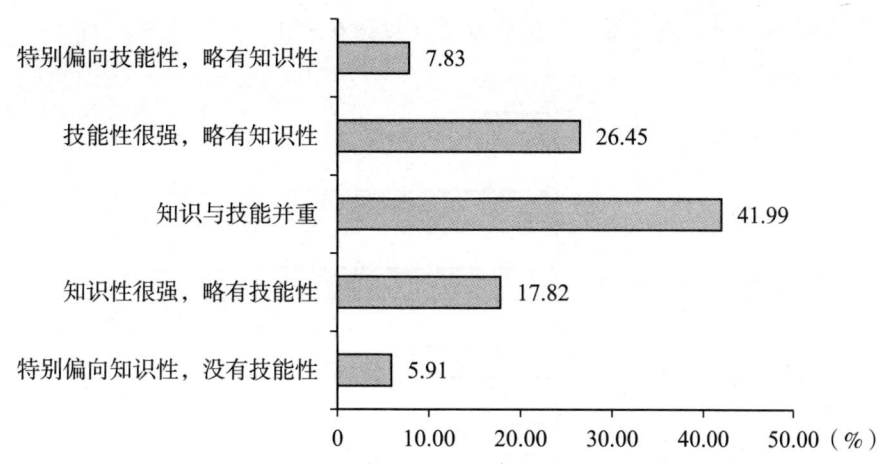

特别偏向技能性，略有知识性	7.83
技能性很强，略有知识性	26.45
知识与技能并重	41.99
知识性很强，略有技能性	17.82
特别偏向知识性，没有技能性	5.91

图 6-3　当前的专业学位研究生教育在知识结构方面的特性

特别偏向应用性，没有学术性	9.44
应用性很强，略有学术性	30.80
学术与应用并重	38.12
学术性很强，略有应用性	15.53
特别偏向学术性，没有应用性	6.11

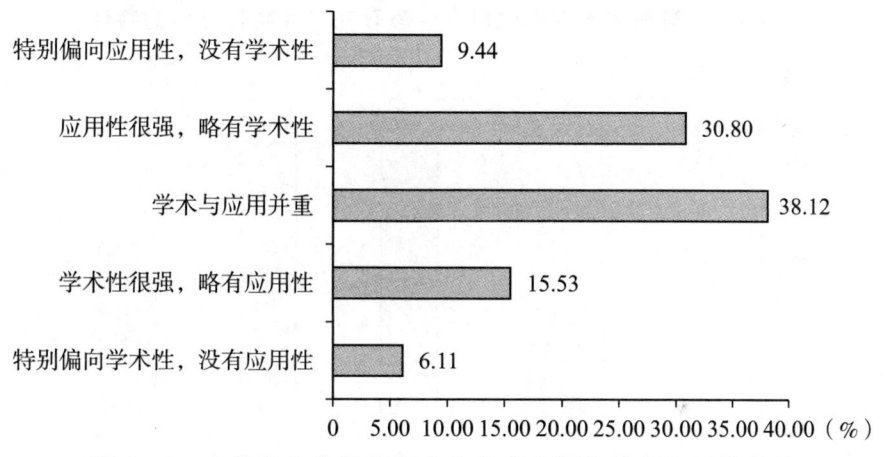

图 6-4　当前的专业学位研究生教育在服务导向方面的特性

（五）当前的专业学位研究生教育在人才特性方面的特性

39.97%的学生认为当前的专业学位研究生教育属于专门型与复合型并重；38.85%的学生认为复合型很强或特别偏向复合型，没有或略有专门型；21.18%的学生认为专门型很强或特别偏向专门型（见图6-5）。

（六）本校本专业学位的各项管理制度

53.28%的学生认为自己所在的专业学位管理制度合理（比较合理 + 非常合理），约32.07%的学生给出了一般的评价，另有约15%的学生认为自己所在的专业学位管理制度不太合理或不合理，说明存在部分高校专业学位管理制度不够完善，需要进一步改进以提升学生满意度（见图 6-6）。

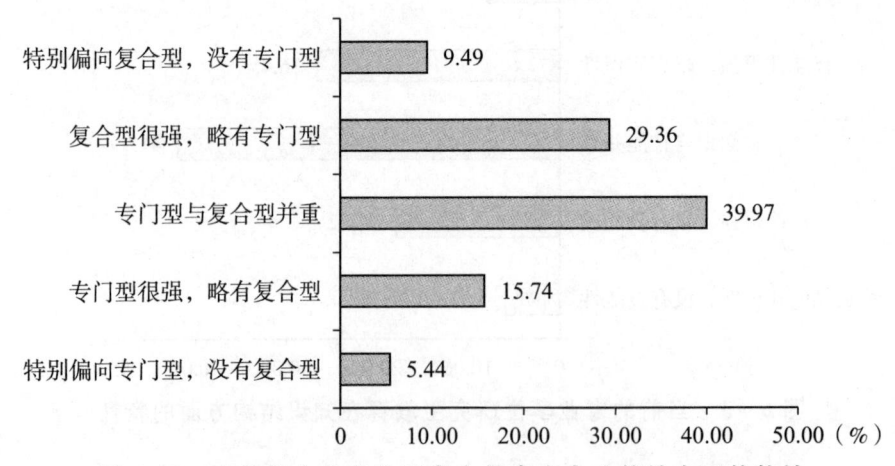

图 6-5 当前的专业学位研究生教育在人才特性方面的特性
- 特别偏向复合型，没有专门型：9.49
- 复合型很强，略有专门型：29.36
- 专门型与复合型并重：39.97
- 专门型很强，略有复合型：15.74
- 特别偏向专门型，没有复合型：5.44

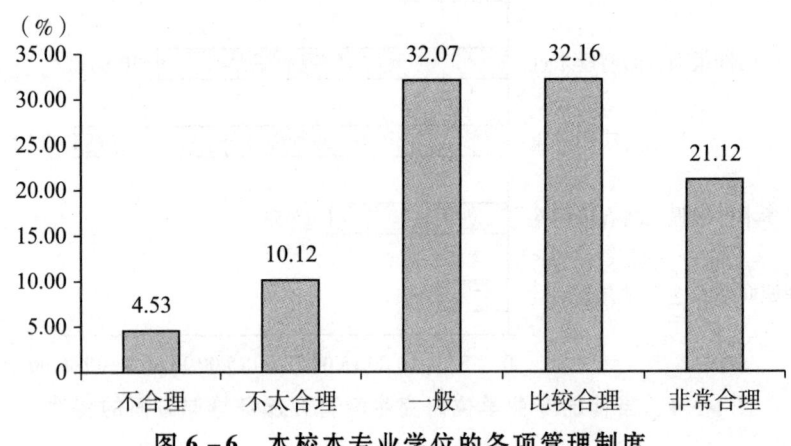

图 6-6 本校本专业学位的各项管理制度
- 不合理：4.53
- 不太合理：10.12
- 一般：32.07
- 比较合理：32.16
- 非常合理：21.12

（七）能力提升

同样将学生经过专业学位培养项目学习后的能力提升程度进行 5 点描述，将能力提升程度"比较大""非常大"定义为能力获得提升。整体来看，经过专业学位学习后，14 种能力提升程度超过 60%。各项能力中，专业学位培养普遍提升了学生的适应和反应能力、信息感知和采集能力、反思和批判性思维、分析能力、团队协作能力、职业素养、沟通能力、动手能力，均在 70% 以上，提升幅度比较大；也提升了部分学生的职业发展潜力、职业实践能力、专业知识、人文素养、组织领导力、创新能力（64%～70%）；相较之下，能力提升最大的是团队协作能力，73.74%；学生的国际视野和知识迁移能力提升较小（57.82% 和

39.32%）（见图 6-7）。

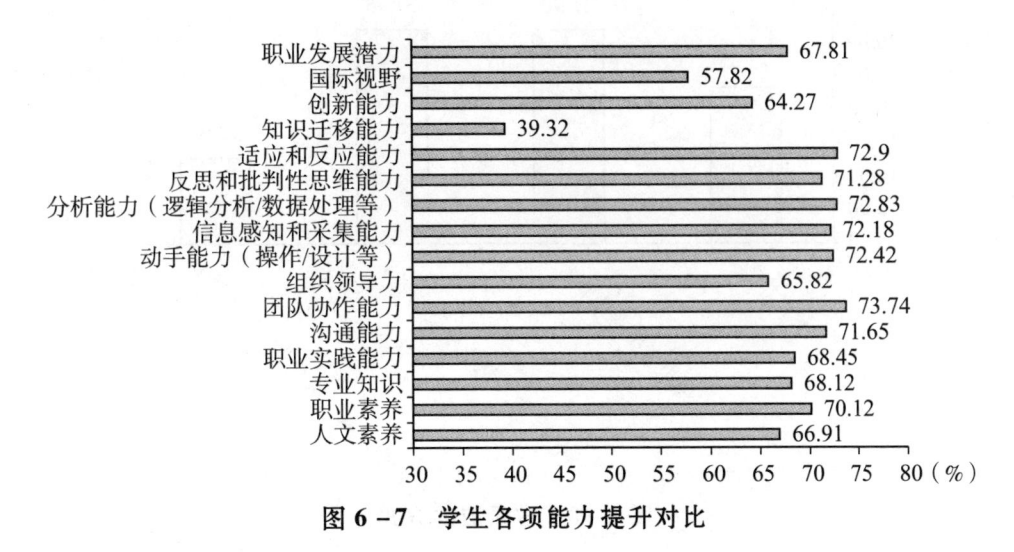

```
职业发展潜力    67.81
国际视野       57.82
创新能力       64.27
知识迁移能力    39.32
适应和反应能力   72.9
反思和批判性思维能力 71.28
分析能力（逻辑分析/数据处理等） 72.83
信息感知和采集能力 72.18
动手能力（操作/设计等） 72.42
组织领导力     65.82
团队协作能力    73.74
沟通能力       71.65
职业实践能力    68.45
专业知识       68.12
职业素养       70.12
人文素养       66.91
```

图 6-7　学生各项能力提升对比

二、招生录取模式

（一）被录取的方式

在学生的录取方式中，第一志愿报考统考和联考和从学术型研究生调剂录取的比例基本相同，各占比约 1/3；免试推荐占 23.25%，接近 1/4。值得注意的是，调剂录取（包括从学术型和专业学位调剂）的总体比例较高，占 44.85%，说明调剂录取是目前工程硕士的主要录取方式（见图 6-8）。

（二）当初愿意报考或调剂入学本校攻读本专业学位的首要原因

23.64% 的学生因为有人生目标和兴趣追求选择就读专业学位，也有四成左右学生为将来就业考虑而选择就读（38.55%），其他主要的入学动机还包括容易被录取、追求学校品牌（分别占比 14.84%、8.61%），也有很少量学生为了职业晋升的目的或考虑换个行业或专业领域（分别占比 6.14%、5.02%）（见图 6-9）。

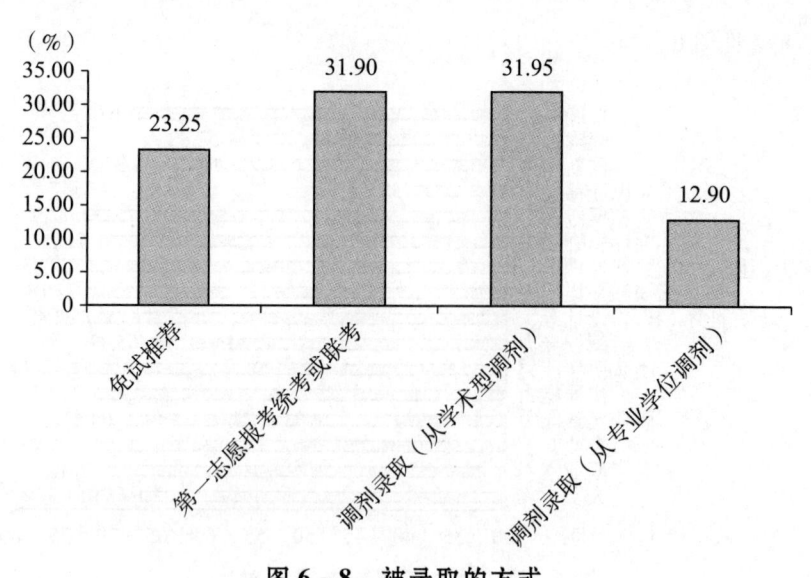

图 6-8　被录取的方式

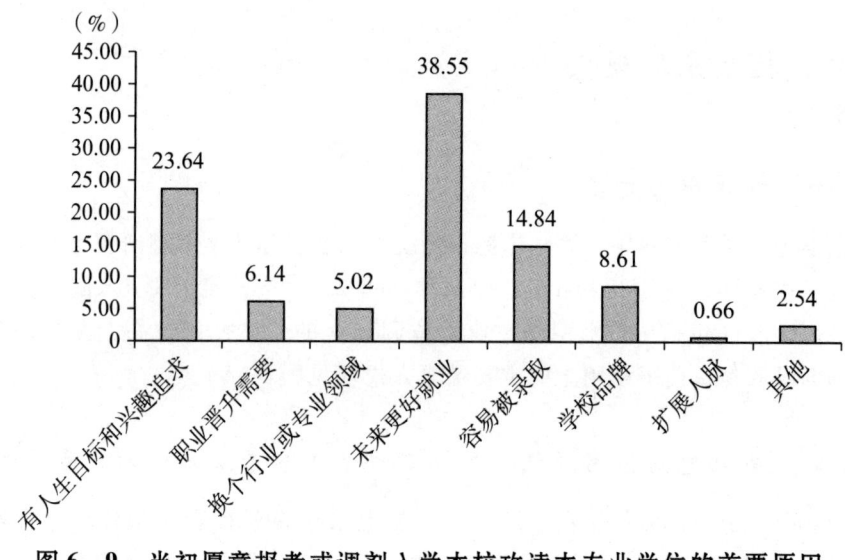

图 6-9　当初愿意报考或调剂入学本校攻读本专业学位的首要原因

(三) 硕士研究生入学前从事的工作与本专业学位的相关程度

入学前 46.86% 学生的工作与就读的专业学位相关，其余超过半数的学生入学前的工作与其就读的专业学位相关性较小或没有关系（见图 6-10）。

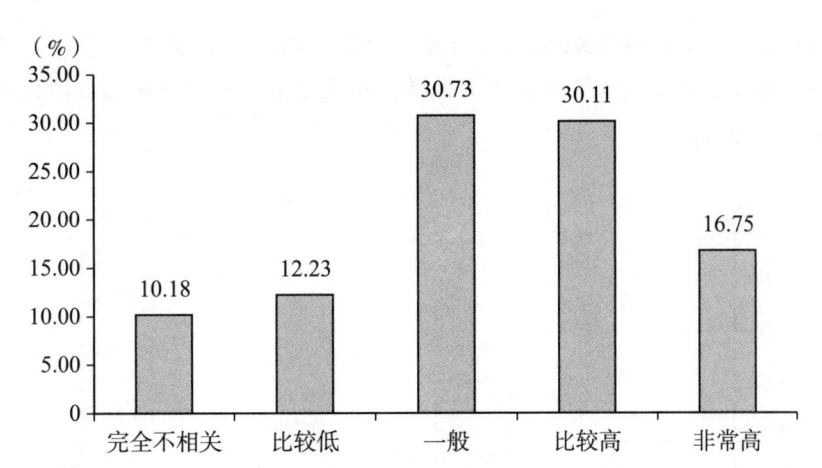

图 6-10 硕士研究生入学前从事的工作与本专业学位的相关程度

三、课程体系与授课方式

（一）本校本专业学位整体课程结构体系

对于整体课程结构体系的设置，67.83%的学生认为比较合理（比较合理 + 非常合理），还有约 1/3 的学生认为一般或不是很合理（见图 6-11）。

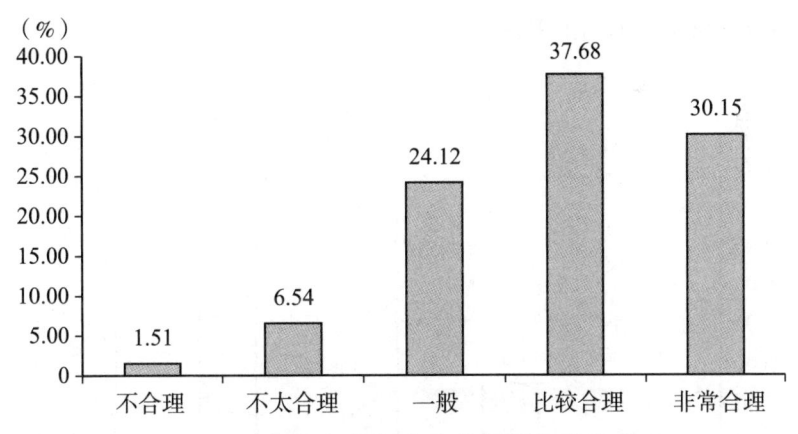

图 6-11 本校本专业学位整体课程结构体系

（二）课程内容的实践性、前沿性、职业性、综合性

在课程内容的实践性、前沿性、职业性、综合性（与多学科交叉，涉及多学科知识）方面，认为强（比较强 + 非常强）的学生比例在 55% ~ 65%。学生对

课程的实践性、前沿性和职业性方面的评价都不高,均在 60% 以下,未来专业学位课程内容设计在这 3 个方面还需提升。相比之下,认为课程综合性强的学生比例略高,为 63.28%(见图 6-12)。

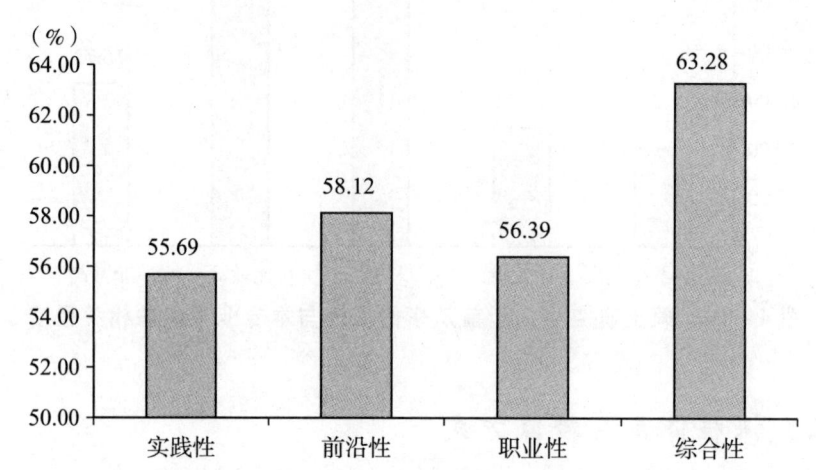

图 6-12 课程内容的实践性、前沿性、职业性、综合性强的比较

(三)课程教学方式(讲授、案例、项目、讨论等)

课程教学方式方面,37.75% 的学生认为方式比较多,23.34% 的学生认为丰富多样,认为单一和比较少的学生仅占 9.08%,另有近 30% 的学生认为一般。这表明多数学校积极采用了多种课程教学方式(见图 6-13)。

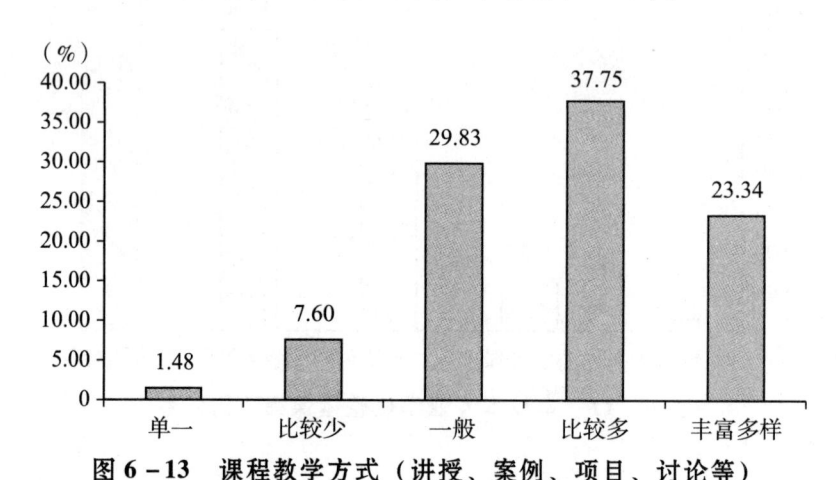

图 6-13 课程教学方式(讲授、案例、项目、讨论等)

(四) 案例库建设

有 52.61% 的学生认为案例库建设情况比较好及以上，也有 14.52% 的学生所在专业学位案例库的建设情况属于"没有"或"很少"，工程硕士教学环节中的案例库建设还需加强（见图 6-14）。

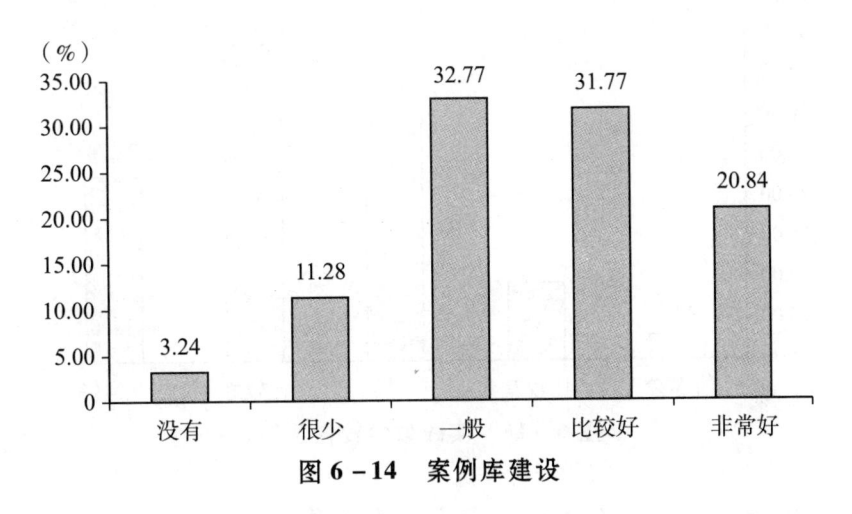

图 6-14 案例库建设

(五) 实践教学质量

实践教学质量方面，60.47% 的学生选择比较高和非常高，10.71% 的学生认为实践教学质量非常低和比较低（见图 6-15）。

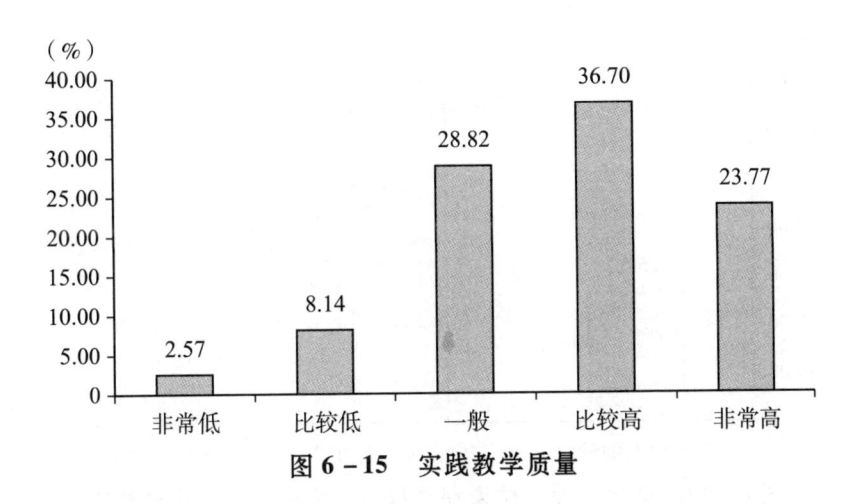

图 6-15 实践教学质量

（六）实践教学校内条件

认为所在专业学位实践教学校内条件比较好和非常好的学生比例占58.02%，认为非常差和比较差的学生比例占12.47%（见图6-16）。

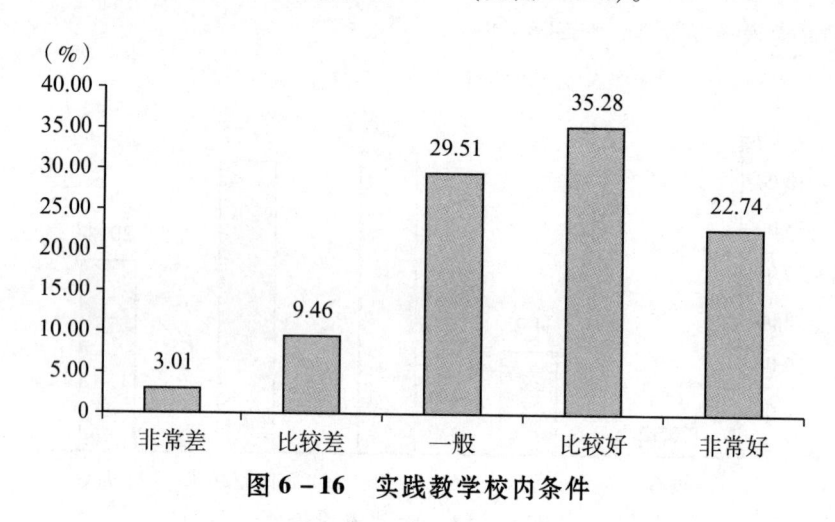

图6-16 实践教学校内条件

（七）就读专业学位课程总量与相应的学术型学位相比

65.45%的学生认为所学课程总量与学术型学生相同，26.52%的学生所学专业学位课程量小于学术学位，约占1/3，其余8.03%的学生认为课程量大于学术型学位（见图6-17）。

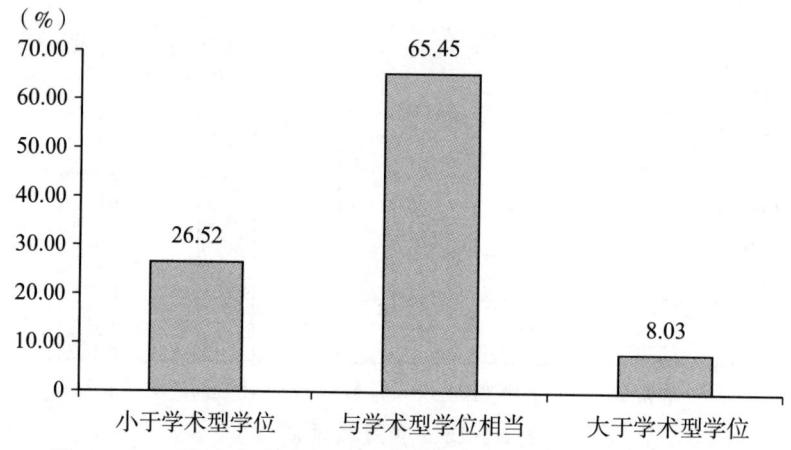

图6-17 就读专业学位课程总量与相应的学术型学位相比

（八）最喜欢的教学方式

从教学方式来看，最受学生喜欢的是实验教学，占比 37.88%。其次是团队合作项目训练，占比 24.21%，第三是案例教学，占比 20.09%，充分说明学生喜欢多元化的授课方式。纯课程讲授和讲授加研讨分别占比 2.96% 和 14.86%，说明传统的授课为主的教学方式难以满足学生的需要（见图 6-18）。

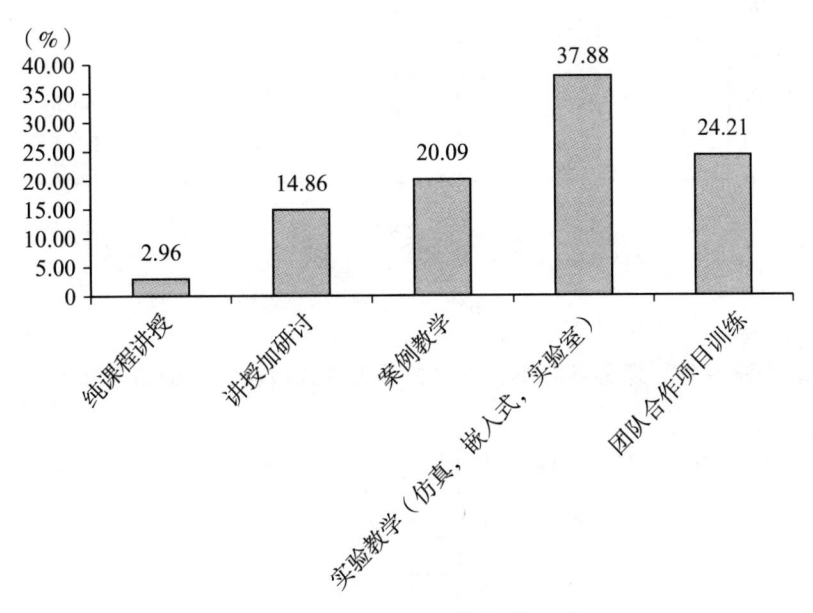

图 6-18　最喜欢的教学方式

（九）课程学习中，采取的主要实践教学方式的情况如何

实践教学的方式来看，25.25% 的学生认为实践教学的方式很少，教学方式比较单一。此外，校内综合实践平台作为主要实践教学方式的比例最高，为 23.22%（见图 6-19）。

（十）实践形式

学生的实践形式有以下几种：未参加实践、自己联系的实习实践、跟随导师课题在实验室视作实践、在导师项目合作企业实践、去校内固定的实践基地实践、去学校联系或指定安排的实践基地实践。其中，跟随导师课题在实验室，视作实践，在导师项目合作企业实践，二者都跟导师有关，合计占比最大，约 41.46%，说明超过四成的学生实践跟导师相关；其次为未参加实践，为

24.24%；自己联系的实习实践占比 19.83%。在实践基地方面，去校外实践占比 11.26%，校内实践为 3.21%，合计不足 15%，可见工程硕士培养过程中的校内外实践基地的数量还需提高（见图 6-20）。

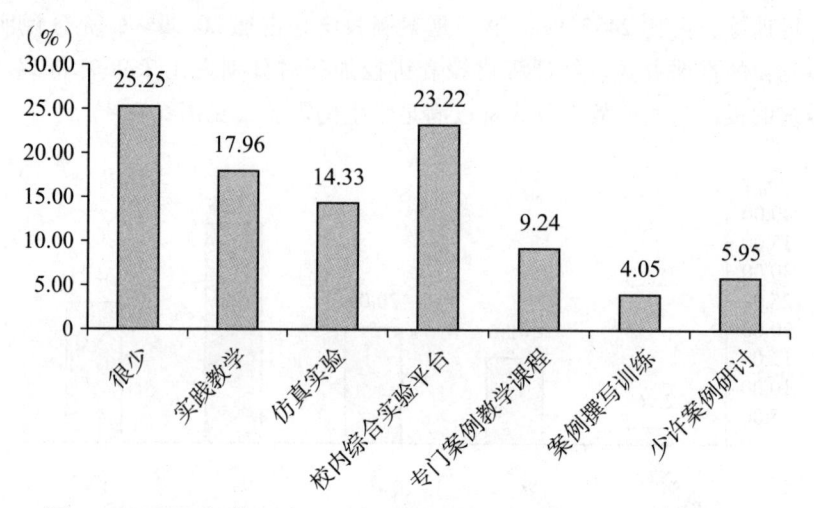

图 6-19 课程学习中，采取的主要实践教学方式的情况如何

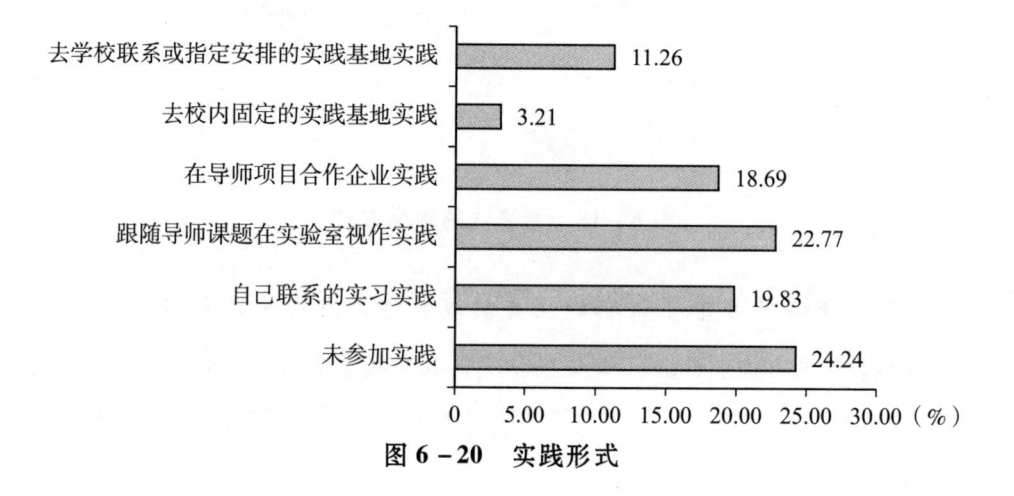

图 6-20 实践形式

四、师资队伍

（一）导师指导形式

在专业学位研究生的导师指导形式中，最常见的是只有校内导师，占 49.38%；其次是校内外导师组，占 33.93%；还有少量校内导师组、只有校外导

师和其他导师指导形式（分别占 12.94%、2.51%、1.24%）（见图 6-21）。

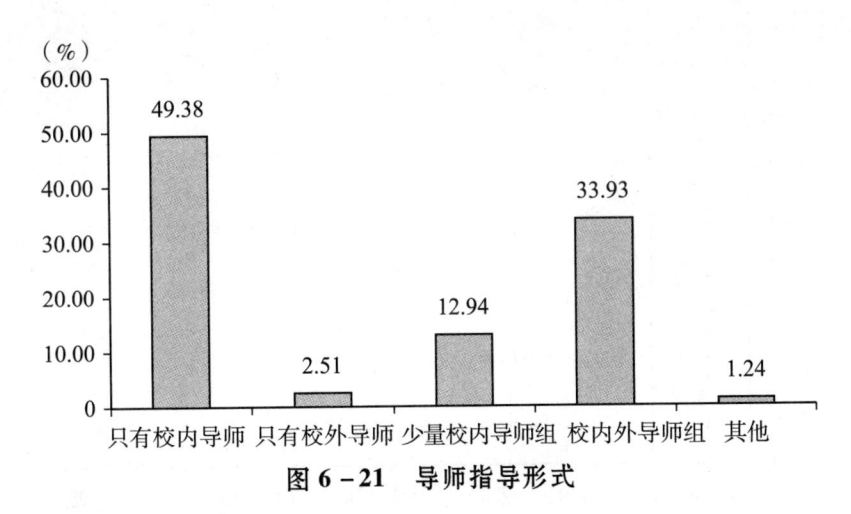

图 6-21　导师指导形式

（二）校内导师和校外（企业）导师的合作方式

在校内外双导师组这种导师指导形式下，两位导师的合作方式多数以校内导师为主，占比 62.32%；分段分环节校内导师为主，全过程合作占 13.47%；超过 3/4 的学生主要由校内导师指导；以校外导师为主的仅占 5.09%（见图 6-22）。

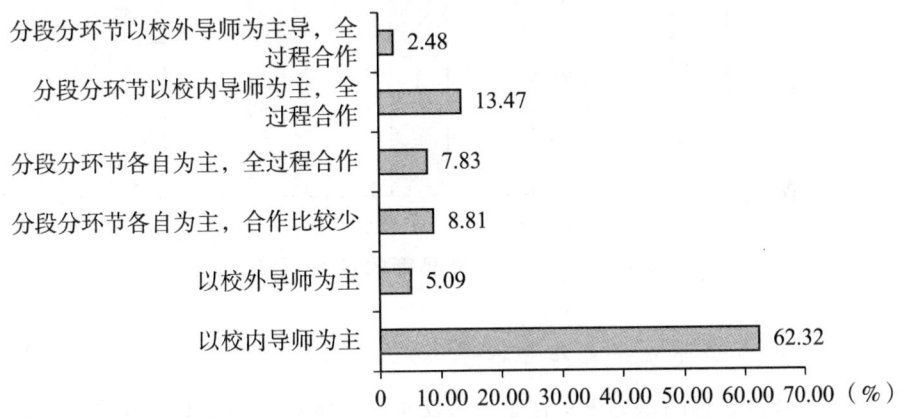

图 6-22　校内导师和校外（企业）导师的合作方式

（三）与校内外导师的见面频率

总体来看，学生与校内导师见面的频率明显高于与校外导师见面的频率。与校内导师见面频率达到一周一次的学生占比 65.76%，校外导师仅为 22.65%；与校外导师见面频率约为半年一次和一年一次的比例达到 37.63%，说明超过

1/3 的学生很少接受到校外导师面对面的指导，见面频率非常低（见图 6-23、图 6-24）。

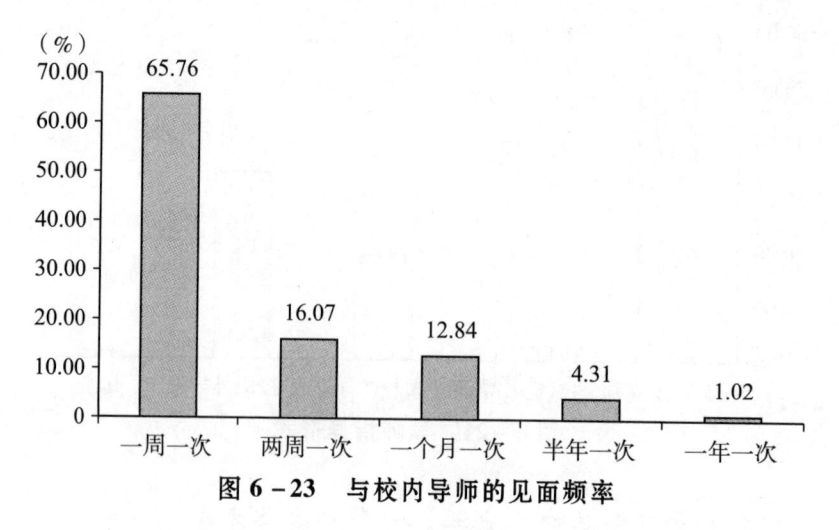

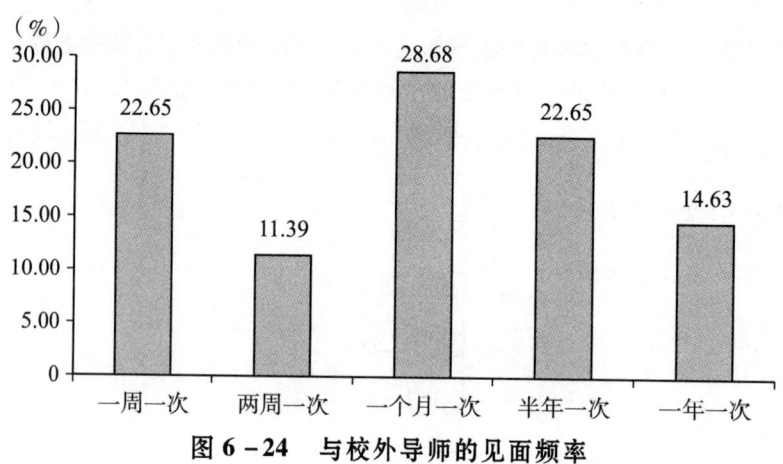

图 6-23　与校内导师的见面频率

图 6-24　与校外导师的见面频率

（四）校内导师的论文指导水平

学生对校内导师的指导水平还是比较认可的，选择高（比较高+非常高）的学生约占 77.79%（见图 6-25）。

（五）校外导师或来自行业人员的论文指导

大多数学生能够获得来自校外导师或行业人员的论文指导，认为校外导师或行业人员论文指导比较多和非常多的学生达到 60.43%（见图 6-26）。

(%)
50.00
45.00   44.83
40.00
35.00   32.96
30.00
25.00
20.00   16.87
15.00
10.00
 5.00   1.99   3.35
 0.00
            非常低   比较低   一般   比较高   非常高

图 6-25　校内导师的论文指导水平

(%)
35.00
30.00   30.33   30.10
25.00   25.69
20.00
15.00
10.00   8.52
 5.00   5.36
 0.00
            非常少   比较少   一般   比较多   非常多

图 6-26　校外导师或来自行业人员的论文指导

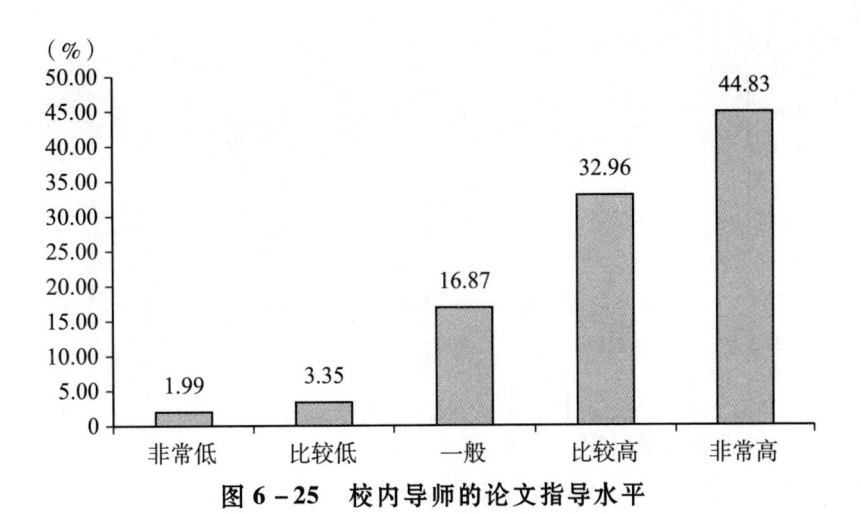

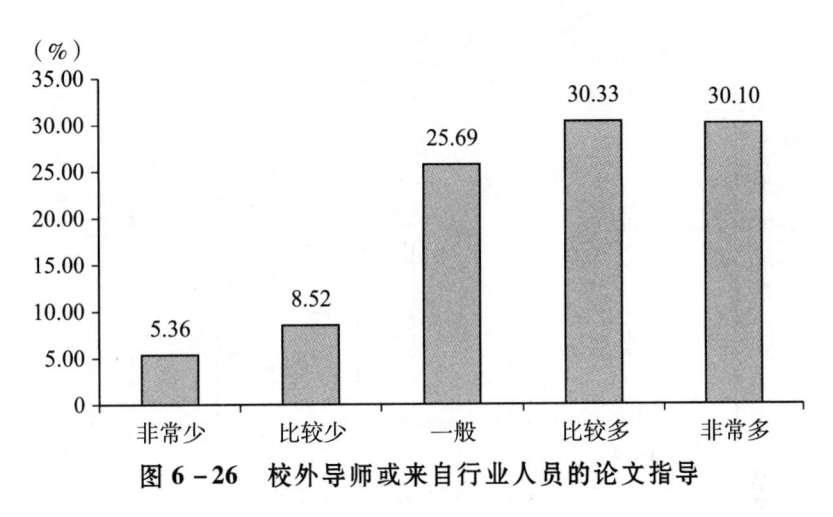

五、考核评价机制

(一) 课程的考核方式满意度

对课程考核方式满意的学生占比约为 63.68%，仍有超过 1/3 的学生对课程考核不太满意，值得关注（见图 6-27）。

(二) 学位论文的评价标准

70.78% 的学生对学位论文的评价标准表示满意（比较满意 + 非常满意），满意度高于对于课程评价（见图 6-28）。

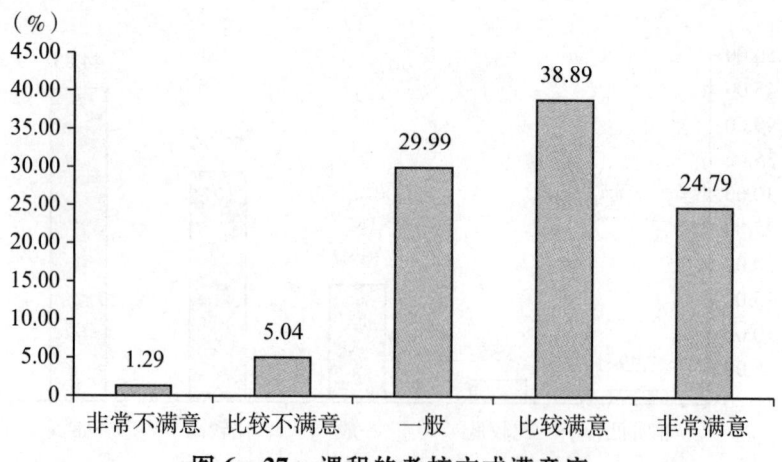

图 6-27 课程的考核方式满意度

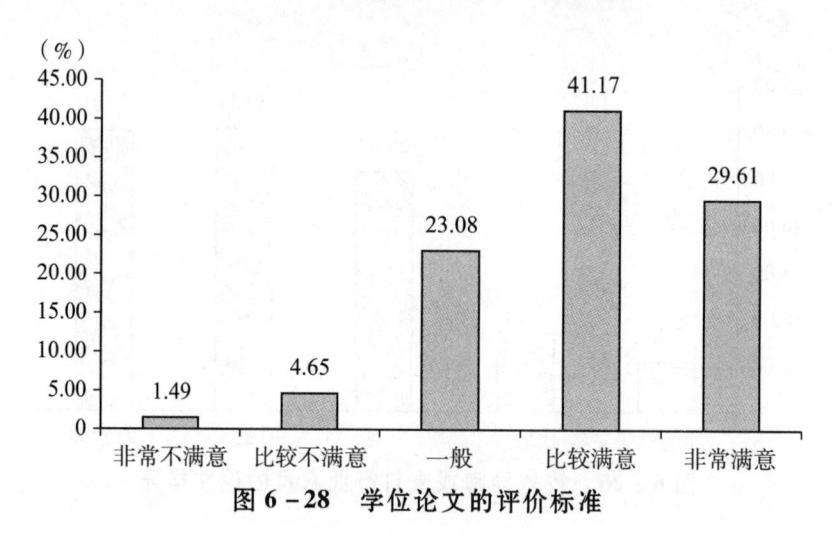

图 6-28 学位论文的评价标准

(三) 质量保障体系 (教学评估、认证评估)

62.14%的学生对所在专业学位的质量保障体系表示满意（比较满意+非常满意），仍有超过1/3的学生不是很满意（见图6-29）。

(四) 学位论文的选题与"社会实践或行业实际的现实问题"的相关性

57.51%的学生学位论文与现实问题相关性在比较大以上，约14%的学生学位论文与现实问题不相关或相关性不大。极少数学生不做学位论文（见图6-30）。

图 6-29　质量保障体系（教学评估、认证评估）

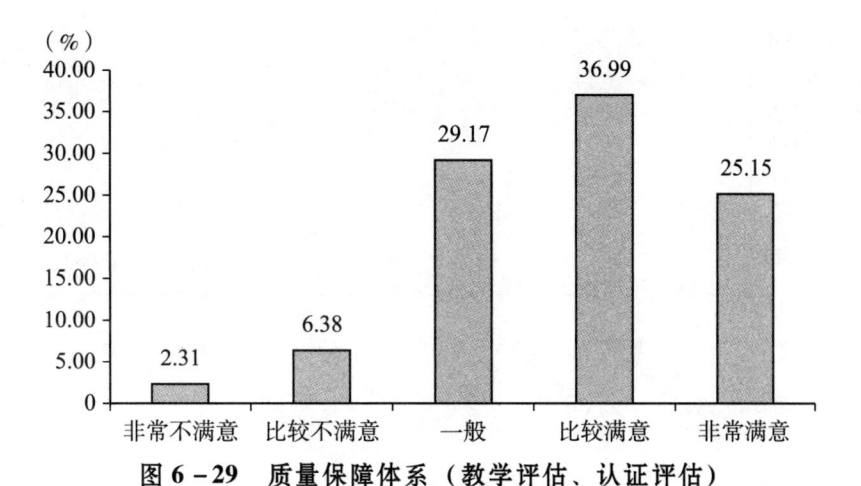

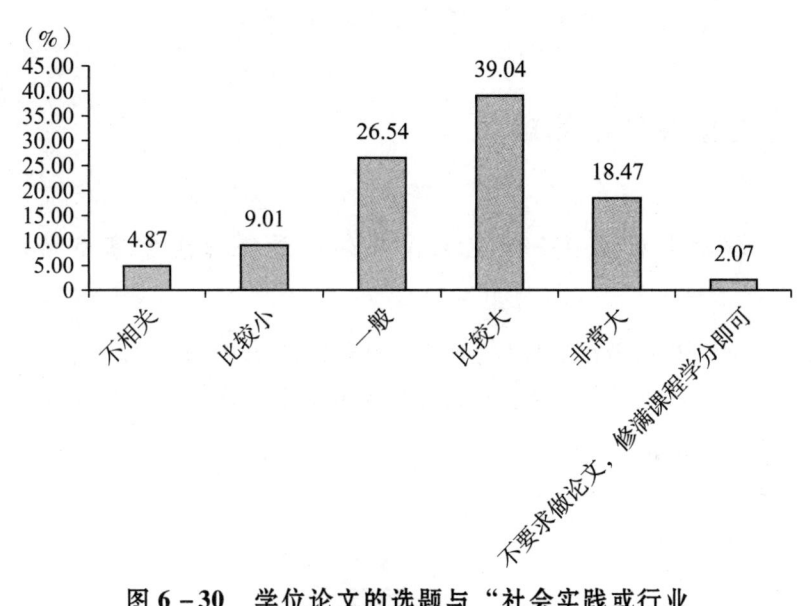

图 6-30　学位论文的选题与"社会实践或行业实际的现实问题"的相关性

（五）毕业考核以何种形式

工程硕士毕业考核以学位论文为最主要考核形式，占比达到 96.15%。工程硕士专业学位项目在探索多元化的、适合的毕业考核方式方面还可以进行更多的尝试（见图 6-31）。

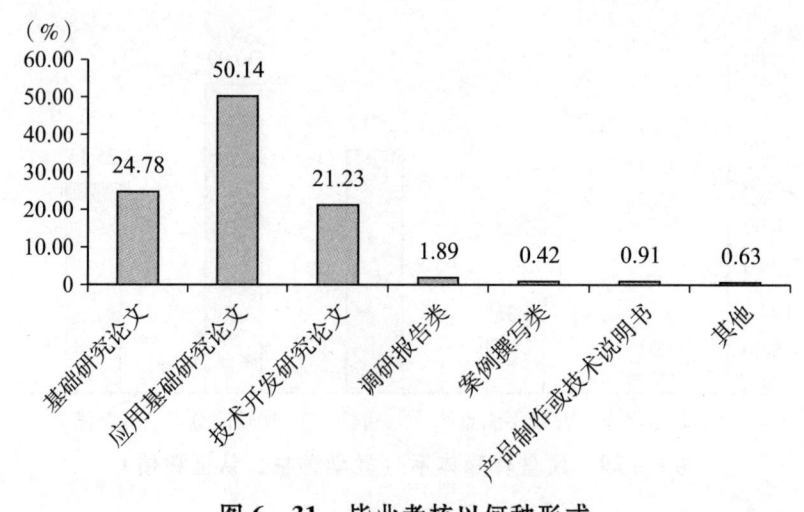

图 6-31 毕业考核以何种形式

六、支撑条件与管理

(一) 较之学术型硕士研究生，在奖助学金评定中享有的机会和待遇

68.35%的学生认为在奖助学金评定中享有的机会和待遇与学术型学生相同，25.14%的学生认为这些机会和待遇低于学术型学生，另有6.51%的学生认为待遇高于学术型学生（见图6-32）。

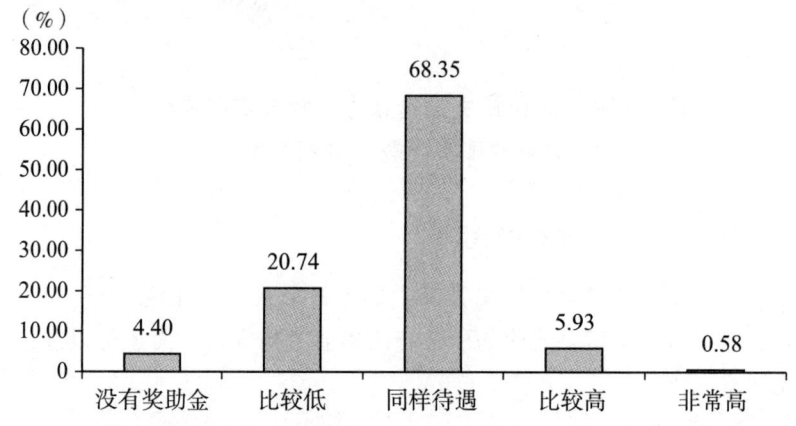

图 6-32 较之学术型硕士研究生，在奖助学金评定中享有的机会和待遇

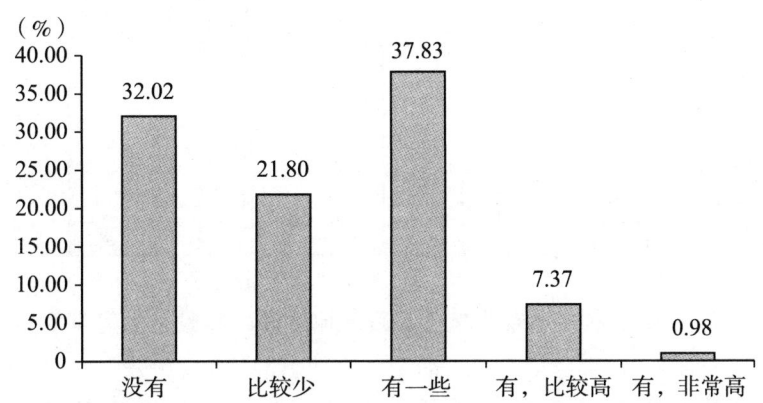

（二）学校是否设有专门经费用于专业学位学生的实习补贴或实践项目研究

认为学校用于专业学位学生的实习补贴或实践项目研究的经费比较多及以上的学生仅占比 8.35%；37.83% 的学生认为有一些专门经费用于专业学位学生的实习补贴或实践项目研究；其余半数以上学生认为用于专业学位学生的实习补贴或实践项目研究的专门经费比较少或没有（见图 6-33）。

图 6-33 学校是否设有专门经费用于专业学位学生的实习补贴或实践项目研究

（三）针对专业学位特点，学校开展的就业和职业规划的课程和训练

总体来看，针对专业学位学生的就业和职业规划训练不多，选择没有和比较少的分别是 19.22% 和 40.29%。选择比较多以上的仅为 9.29%（见图 6-34）。

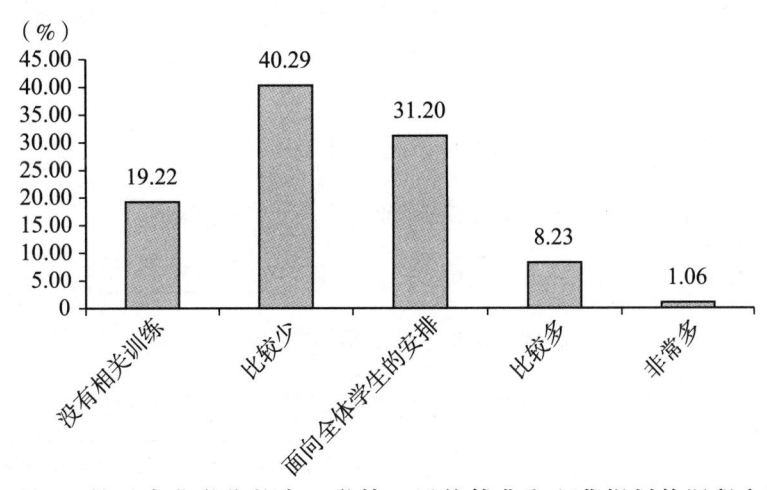

图 6-34 针对专业学位特点，学校开展的就业和职业规划的课程和训练

（四）关于本校本专业学位实践基地建设、实验平台建设的水平

学生认为实践基地、平台的建设水平比较高和非常高的比重分别为 31.62% 和 30.55%，其余超过 1/3 的学生对本专业学位实践基地建设、实验平台建设的水平不太满意（见图 6-35）。

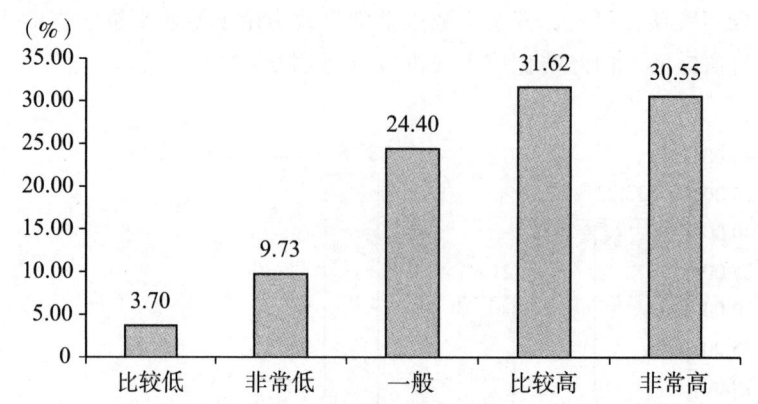

图 6-35　关于本校本专业学位实践基地建设、实验平台建设的水平

（五）毕业成果（论文、设计、报告、产品等）的实际应用情况

将毕业成果的实际应用情况分为 5 种：不适合实践应用；已在现场实施，效果不明显；已在现场实施，有一定效果和实践应用价值；已解决了实际问题，取得较好效果；已解决了实际问题，产生了经济效益，效果显著。其中，毕业成果已在现场实施，有一定效果和实践应用价值的学生比例最高，为 38.82%；27.69% 的学生认为自己的毕业成果不适合实践应用；有 23.79% 的学生成果已解决了实际问题，取得了较好效果或经济效益等（见图 6-36）。

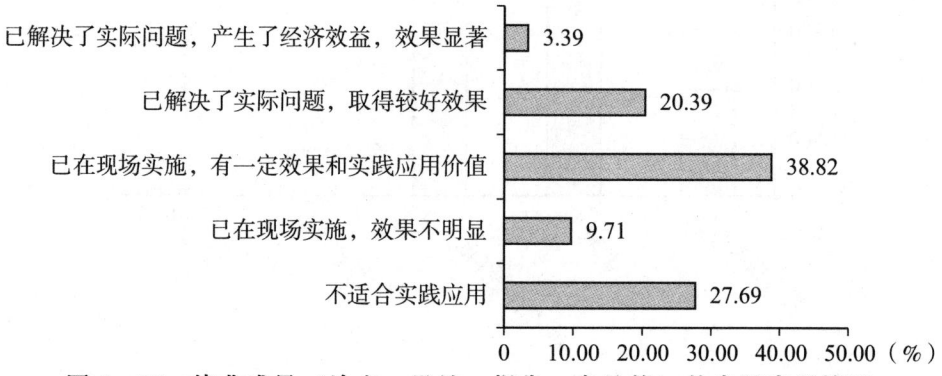

图 6-36　毕业成果（论文、设计、报告、产品等）的实际应用情况

(六) 硕士在校期间发表论文情况

硕士在校期间发表论文分为5种情况：未发表过论文；在普通期刊发表过论文1～2篇；在普通期刊发表过论文3篇及以上；在（SCI、SSCI、CSSCI）等核心期刊上发表过论文1～2篇；在（SCI、SSCI、CSSCI）等核心期刊上发表过论文3篇及以上。从发表文章来看，约35%的工程硕士未发表论文；在普通期刊发表过1～2篇论文的工程硕士占比44.20%，其余发表文章数量更多或水平更高的工程硕士占比为20%左右（见图6-37）。

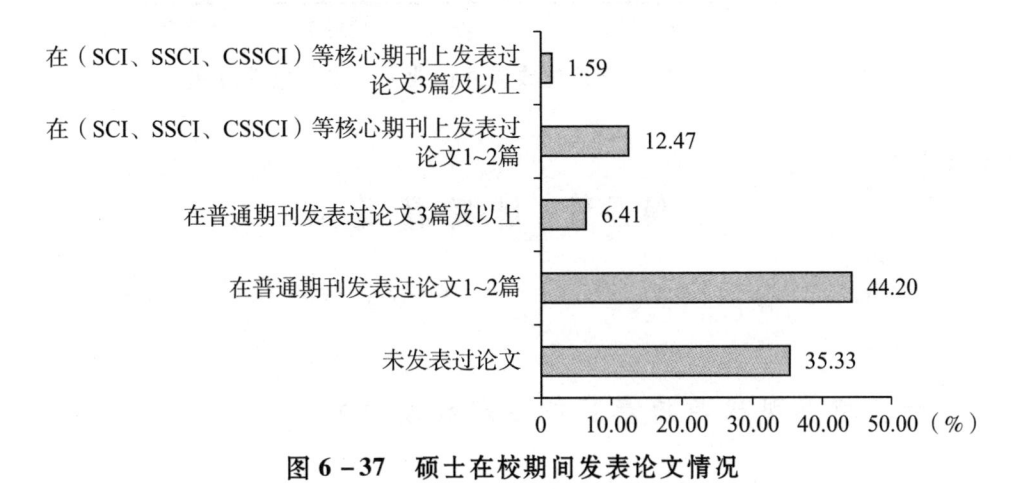

类别	百分比(%)
在（SCI、SSCI、CSSCI）等核心期刊上发表过论文3篇及以上	1.59
在（SCI、SSCI、CSSCI）等核心期刊上发表过论文1~2篇	12.47
在普通期刊发表过论文3篇及以上	6.41
在普通期刊发表过论文1~2篇	44.20
未发表过论文	35.33

图6-37 硕士在校期间发表论文情况

七、外部环境

合作培养单位或校外行业人员参与培养过程

在培养过程方面，64.99%的学生认为合作培养单位或校外行业人员参与培养比较多及以上，其余约1/3的学生认为来自合作培养单位或校外行业的人员参与少（见图6-38）。

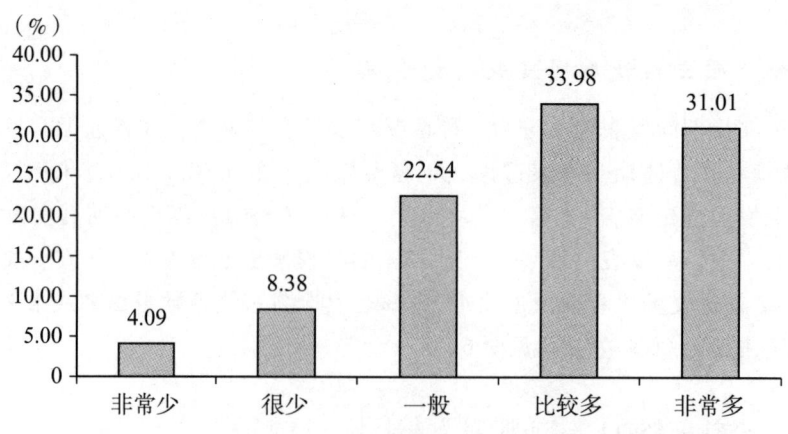

图 6-38　合作培养单位或校外行业人员参与培养过程

第二节　研究结论

一、培养现状与培养目标匹配程度分析

（一）工程硕士培养现状基本符合我国专业学位的培养目标

根据调研结果，在培养导向、知识结构、服务导向、人才特性等专业学位培养特性方面，均有四成左右的学生认为当前的专业学位研究生教育理论与实践并重、知识与技能并重、学术与应用并重、专门与复合并重。其余六成左右学生认为培养特性存在明显偏重。比如培养导向方面，39.53%的学生认为实践性强；知识结构方面，34.28%的学生认为技能性很强或特别强；服务导向方面，40.24%的学生认为应用性很强或特别偏向应用性。四成左右的学生认为实践性强、技能性强、应用性强，说明在这些学生身上比较明显地体现出了专业学位的培养特点。

（二）受调查的工程硕士普遍认为各项能力都得到了提高，能力提升最大的是团队协作能力，国际视野和知识迁移能力提升较小

受调查的工程硕士认为经过专业学位的学习，各项能力都得到了提高。其中，能力提升最大的是团队协作能力；而适应和反应能力、信息感知和采集能力、反思和批判性思维、分析能力、职业素养、职业实践能力、沟通能力、动手能力也有较大提升；国际视野和知识迁移能力提升较小。对本校本专业学位培养质量总体评价高的学生比例为75.66%；63.07%的学生认为所学专业学位能够满足社会需求；考察对本专业学位忠诚度的题目"如果再给你一次机会，再次选择本专业学位就读的可能性大"的学生比例为60.13%；即将从事的工作与所学专业学位的相关度大的比例为65.93%；即将从事的工作与期望寻求职业的匹配度大的比例为65.03%。以上各项题目的比例均低于全国平均水平。综上，调查结果大体与2010年《硕士、博士专业学位研究生教育发展总体方案》中提出培养具有较强的专业能力和职业素养、能够创造性地从事实际工作的高层次应用型专门人才的目标一致。

二、培养模式核心要素特征分析

（一）调剂录取是当前工程硕士的主要录取方式

调查发现，通过从学术学位调剂录取的工程硕士比例和通过第一志愿报考统考或联考的工程硕士比例基本相当，二者分别为31.95%和31.90%；通过免试推荐被录取的工程硕士比例为23.25%；另有12.90%的工程硕士是通过从其他专业学位调剂录取。可以看出，经过调剂录取的工程硕士比例合计约占45%，高于全国水平（32%），需要努力加强工程硕士专业学位的内涵建设，吸引更多考生报考。学生入学动机多种多样，反映了学生多元化的需求，其中为满足未来就业需求的学生比例接近四成，其次是兴趣追求（23.64%）、高学历追求（14.84%）、名校吸引力（8.61%）。

（二）专业学位课程教学方式多样，课程内容适切性尚待提高

同全国的数据类似，工程硕士也有丰富多样的课程教学方式。实验教学、案例教学、团队合作项目训练等形式深受学生欢迎。但在课程内容方面，除了课程综合性（涉及多学科知识）方面获得63.28%的满意度之外，课程内容的实践性、前沿性、职业性方面的满意度都没有达到60%，三者分别为55.69%、58.12%、56.39%。针对专业学位特征开设具有适切性的课程方面尚待提高。

（三）专业实践多与导师项目课题相关，实践基地建设亟待加强

调查发现，工程硕士专业实践与导师有关的比例最高。包括在导师项目合作

企业实践和跟随导师课题，共占比 41%；其次是未参加实践的学生比例约为 24%；再次是学生自己联系实践，比例约为 20%；最后才是前往校内外实践基地，这部分学生占比仅约为 14%，且低于全国平均水平（19%）。从实践环节来看，工程硕士的实践仍然主要依据导师的安排，实践内容多与导师的项目课题相关；未参加实践或自己联系实践的学生比例高达 40% 以上，表明存在不少专业实践未能真正落实的情况；而赴校内外实践基地的学生比例明显偏低的现象也说明了专业学位研究生教育实践基地建设亟需加强。

（四）工程硕士导师指导以校内导师为主，对校内外导师的论文指导比较认可

同全国的数据类似，约有一半的学生表示导师指导以校内导师为主，约三成的学生有校内外双导师指导，双导师的学生也是校内导师指导为主。接近八成学生对校内导师的论文指导水平表示认可，60% 以上的学生认为获得了较多或非常多的来自校外导师的论文指导。

（五）工程硕士学位论文选题与行业实际问题相关性较高，不断探索多元化的考核评价方式

65% 以上的学生的学位论文与社会实际问题或社会实践相关性较高或非常高。并且考核评价方式不再拘泥于学位论文，出现了调研报告，案例撰写，产品技术说明书等多种形式。工程硕士专业学位考核评价处于不断探索中。

（六）六成以上工程硕士的毕业成果已应用于现场且发挥效果

调查结果显示，近 1/4 的工程硕士毕业成果已解决了实际问题，产生了显著或较好的效果，近 40% 的工程硕士毕业成果已在现场应用且产生了一定效果。表明我国工程硕士专业学位研究生的培养确实具有成效。但需注意的是，也有 27.69% 的工程硕士认为自己的毕业成果不适合实践应用。

第七章

Ⅱ型专业学位培养模式现状分析——以法律硕士为例

全日制非定向法律硕士共回收有效问卷 608 份。问卷来自 41 所高校,其中,部委高校占比 27.8%,非部委高校占比 72.2%。调查对象中,男生占比 44.4%,女生占比 55.6%,其他问卷回收分布情况如下(见表 7-1、表 7-2、表 7-3)。

表 7-1　　　　问卷回收数量大于 30 份的学校

项目	频率	比例（%）
北京大学	41	6.74
上海财经大学	49	8.06
华东政法大学	249	40.95
南京师范大学	75	12.34
西南政法大学	30	4.93

表 7-2　　　　问卷回收数量集中的省、自治区、直辖市

项目	频率	比例（%）
北京市	64	10.53
天津市	20	3.29
上海市	344	56.58

续表

项目	频率	比例（%）
江苏省	86	14.14
重庆市	42	6.91
陕西省	17	2.80

表7-3 问卷在"985工程"高校、"211工程"高校、普通高校的分布情况

项目	频率	比例（%）
普通高校	338	55.6
"211工程"高校	179	29.4
"985工程"高校	91	15.0
合计	608	100.0

第一节 培养模式关键要素分析

一、培养目标

（一）专业学位满足社会需求的程度

73.15%的学生认为当前自己所在的专业学位满足社会需求程度高（比较高+非常高），22.89%的学生认为满足社会需求程度一般，3.96%的学生认为满足社会需求程度低（见图7-1）。

（二）当前专业学位研究生教育在培养导向方面的特性

44.91%的学生认为当前专业学位研究生教育在培养导向方面是理论与实践并重，44.07%的学生认为专业学位研究生培养实践性强，略有理论性，说明接近半数高校偏重学生的实践，并在实际中落实。但也有11.02%的学生认为培养偏向理论性，实践性很少或没有（见图7-2）。

图 7-1 专业学位满足社会需求的程度

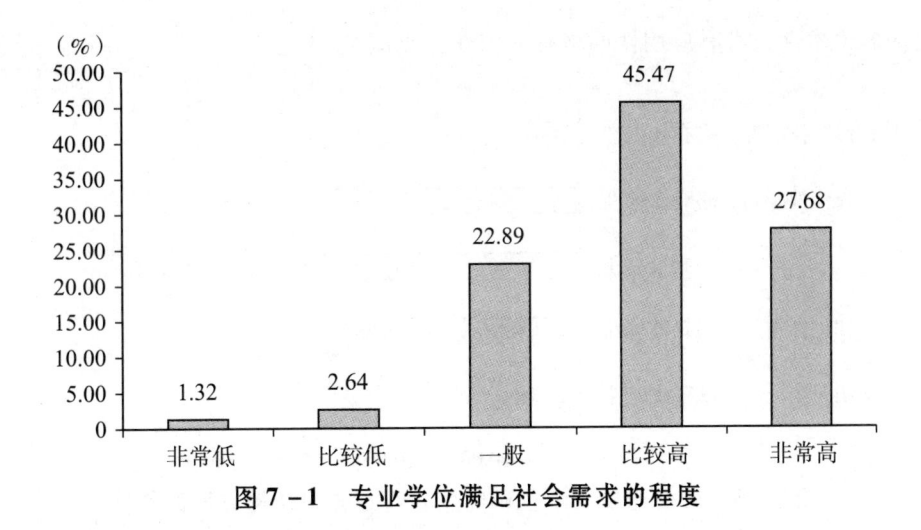

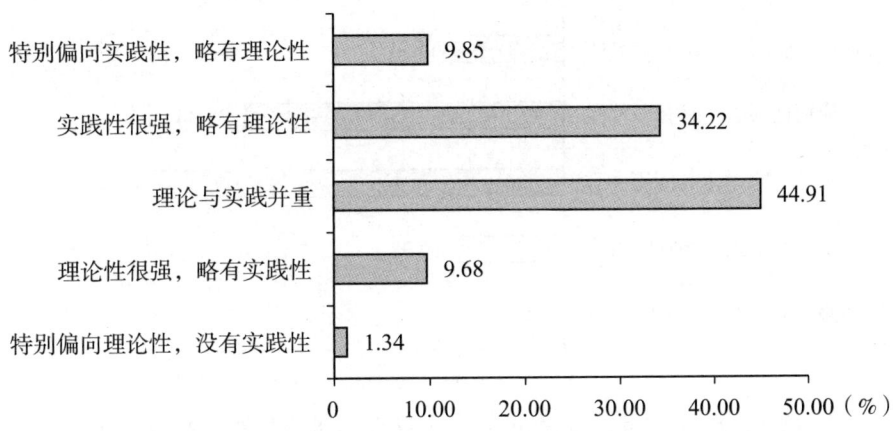

图 7-2 当前专业学位研究生教育在培养导向方面的特性

（三）当前的专业学位研究生教育在知识结构方面的特性

在对专业学位研究生教育知识结构特性的认识方面，认为知识与技能并重的学生比例最大，占 41.22%；38.58% 的学生认为专业学位研究生教育知识结构中的技能性很强或特别强，略有知识性；20.2% 的学生认为专业学位研究生教育知识结构中的知识性强，略有或没有技能性（见图 7-3）。

（四）当前的专业学位研究生教育在服务导向方面的特性

42.94% 的学生认为专业学位研究生教育的服务导向是学术与应用并重；44.75% 的学生认为专业学位研究生教育应用性很强或特别偏向应用性，略有学术性或没有学术性；12.31% 的学生则认为专业学位研究生教育学术性很强或特别偏向学术性，没有应用性或略有应用性（见图 7-4）。

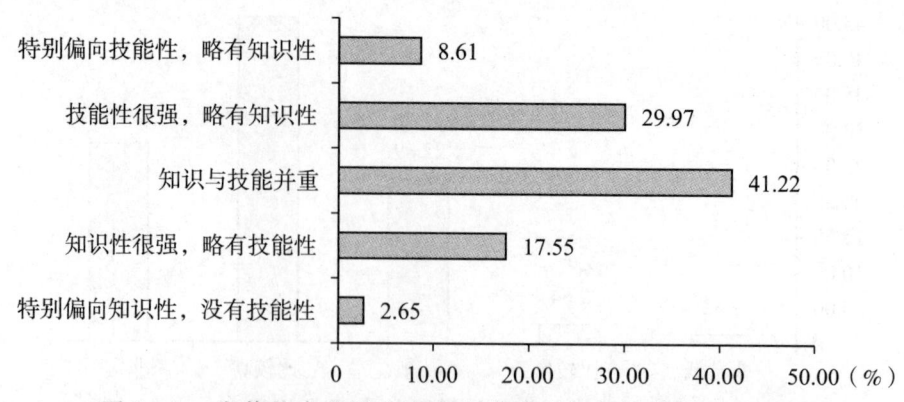

特别偏向技能性，略有知识性　8.61
技能性很强，略有知识性　29.97
知识与技能并重　41.22
知识性很强，略有技能性　17.55
特别偏向知识性，没有技能性　2.65

0　10.00　20.00　30.00　40.00　50.00（%）

图 7-3　当前的专业学位研究生教育在知识结构方面的特性

特别偏向应用性，没有学术性　11.31
应用性很强，略有学术性　33.44
学术与应用并重　42.94
学术性很强，略有应用性　10.98
特别偏向学术性，没有应用性　1.33

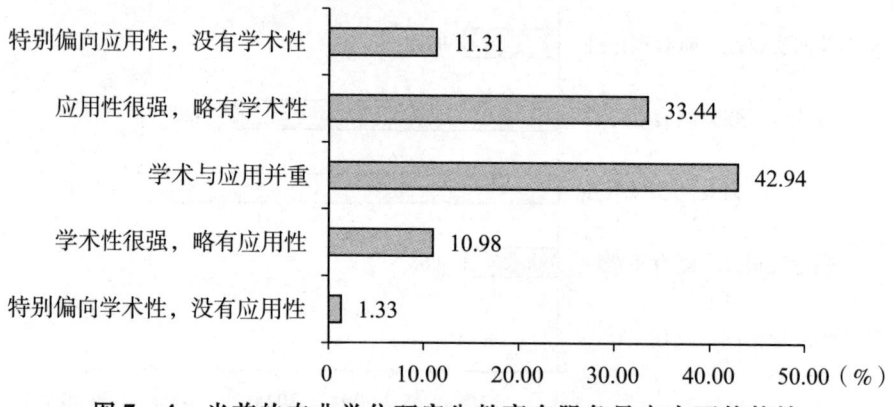

0　10.00　20.00　30.00　40.00　50.00（%）

图 7-4　当前的专业学位研究生教育在服务导向方面的特性

（五）当前的专业学位研究生教育在人才特性方面的特性

36.69% 的学生认为当前的专业学位人才培养实现了专门型与复合型并重；47.27% 的学生认为复合型很强或特别偏向复合型，略有专门型或没有专门型；15.04% 的学生认为专门型很强或特别偏向专门型，略有复合型或没有复合型（见图 7-5）。

（六）本校本专业学位的各项管理制度

61.11% 的学生认为本校本专业学位管理制度合理（比较合理+非常合理），其余接近 4 成学生认为一般、不太合理或不合理。这部分学校的法律硕士项目管理制度需要重点改进（见图 7-6）。

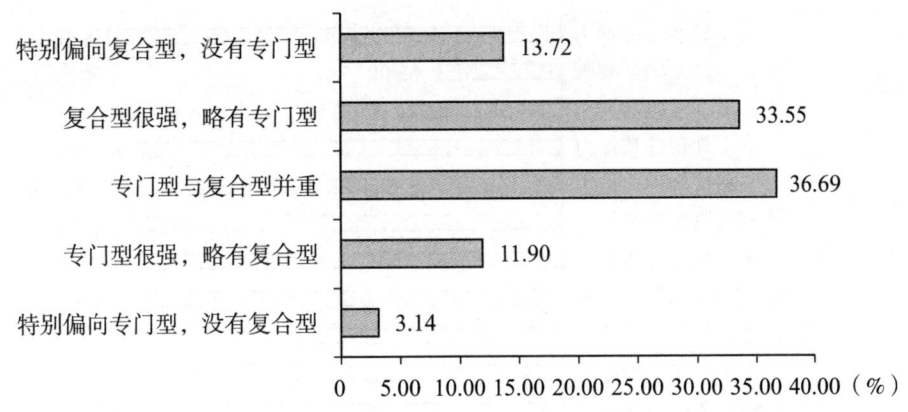

图 7-5　当前的专业学位研究生教育在人才特性方面的特性

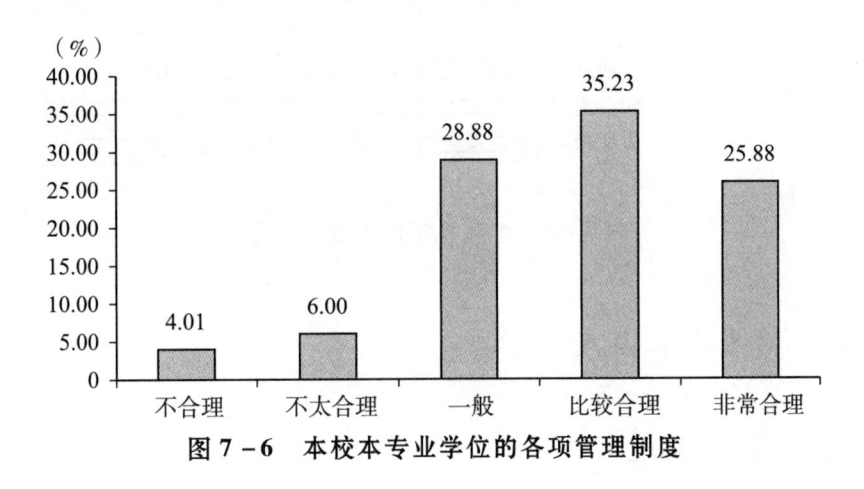

图 7-6　本校本专业学位的各项管理制度

（七）能力提升

整体来看，经过专业学位学习后，认为自己各项能力提升的学生均大于等于 65%。各项能力中，提升幅度比较大的是学生职业发展潜力、知识迁移能力、适应和反应能力、反思和批判性思维、分析能力、信息感知和采集能力、团队协作能力、沟通能力、职业素养、人文素养，均超过 75%；相较之下，能力提升最大的是职业素养，为 79.71%；学生的国际视野和创新能力提升较小，分别是 65% 和 67.5%（见图 7-7）。

职业发展潜力　78.32
国际视野　65.00
创新能力　67.50
知识迁移能力　77.85
适应和反应能力　79.45
反思和批判性思维能力　77.93
分析能力（逻辑分析/数据处理等）　77.12
信息感知和采集能力　76.84
动手能力（操作/设计等）　70.75
组织领导力　72.83
团队协作能力　78.92
沟通能力　79.72
职业实践能力　73.30
专业知识　73.00
职业素养　79.71
人文素养　78.52

图 7-7　学生各项能力提升对比

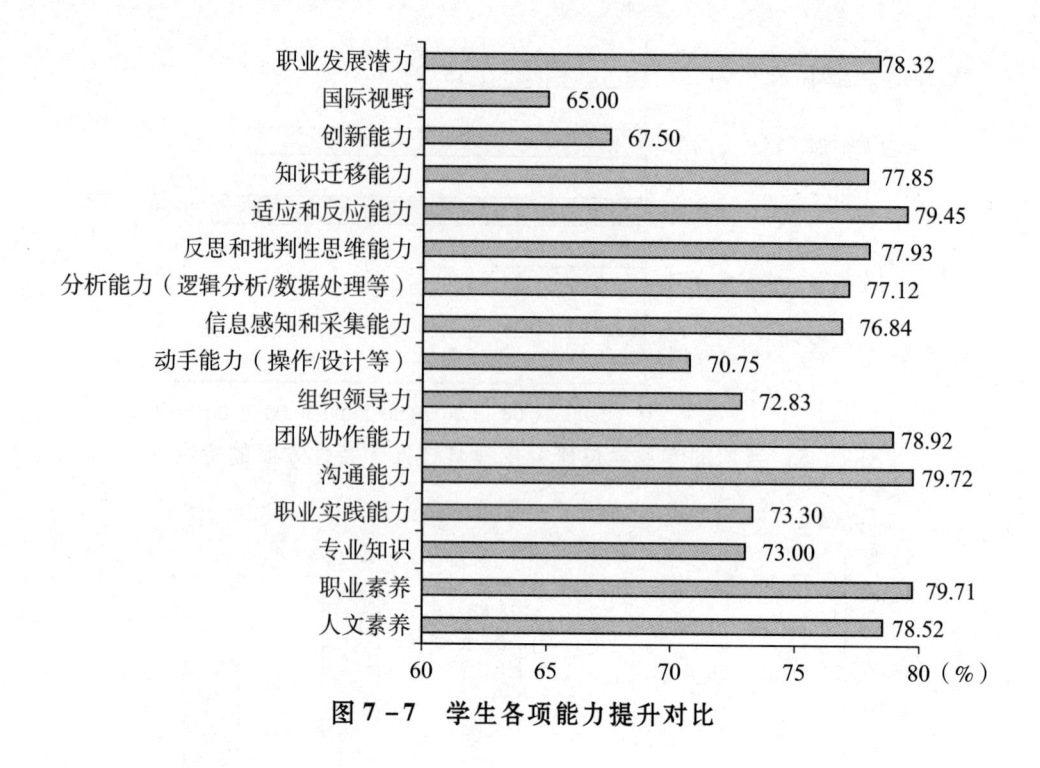

二、招生录取模式

（一）被录取的方式

在学生录取方式当中，占比最高的是第一志愿报考统考或联考（57.92%），经免试推荐录取的学生占17%，调剂录取（包括从学术型和专业学位调剂）共占约1/4的比例（25.08%）。可见法律硕士项目录取更多是出自学生的主动选择（见图7-8）。

（二）当初愿意报考或调剂入学本校攻读本专业学位的首要原因

39.26%的学生因为有人生目标和兴趣追求选择就读专业学位，有两成左右学生为将来就业考虑选择就读（21.14%），其他主要的入学动机还包括追求学校品牌、考虑换个行业或专业领域以及容易被录取（分别占比12.25%、12.08%、9.23%），也有很少量学生为了职业晋升（占比3.69%）（见图7-9）。

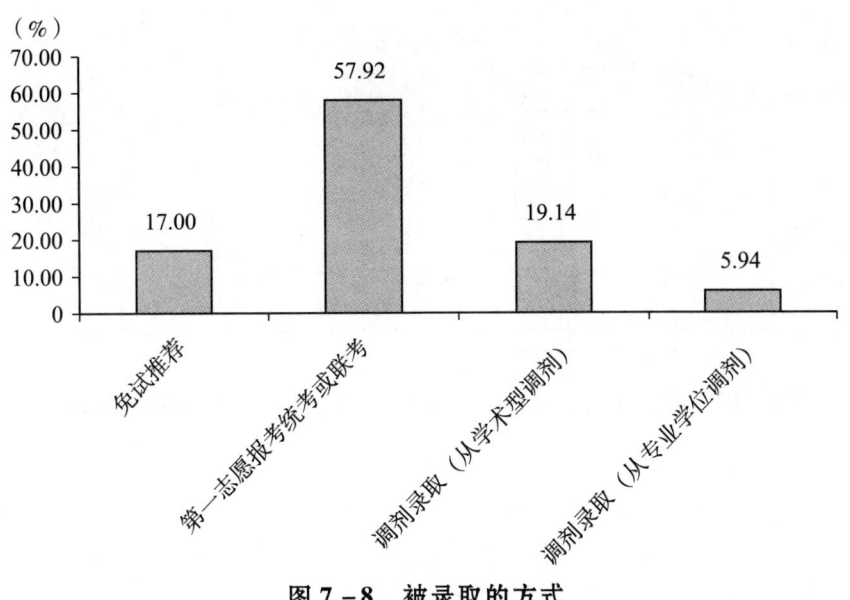

图7-8 被录取的方式

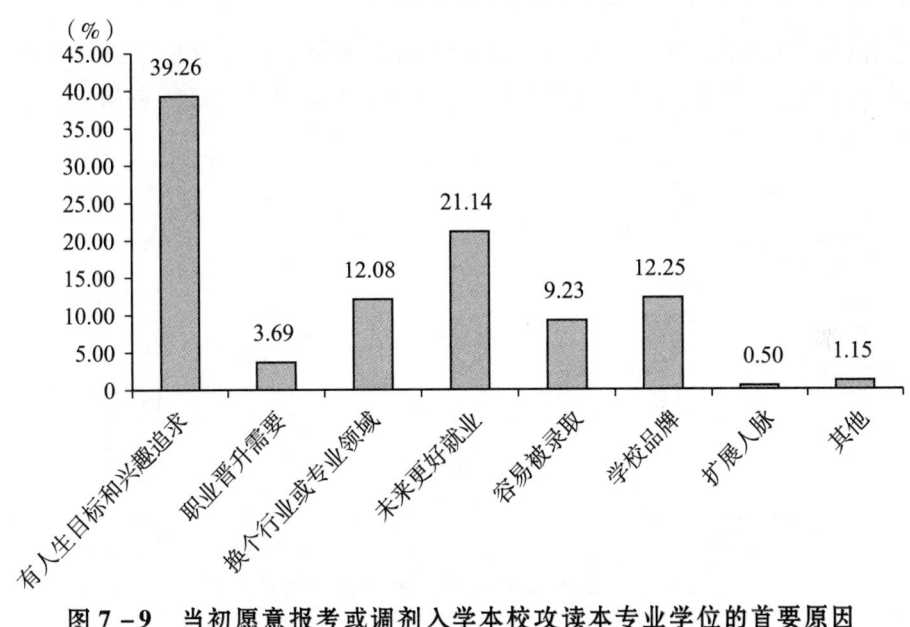

(图中数据：免试推荐 17.00；第一志愿报考统考或联考 57.92；调剂录取（从学术型调剂）19.14；调剂录取（从专业学位调剂）5.94)

图7-9 当初愿意报考或调剂入学本校攻读本专业学位的首要原因

(图中数据：有人生目标和兴趣追求 39.26；职业晋升需要 3.69；换个行业或专业领域 12.08；未来更好就业 21.14；容易被录取 9.23；学校品牌 12.25；扩展人脉 0.50；其他 1.15)

(三) 硕士研究生入学前从事的工作与本专业学位的相关程度

入学前23.76%学生的工作与就读的专业学位相关性比较高和非常高，其余3/4学生入学前从事的工作与本专业学位相关性不大或没有关系（见图7-10）。

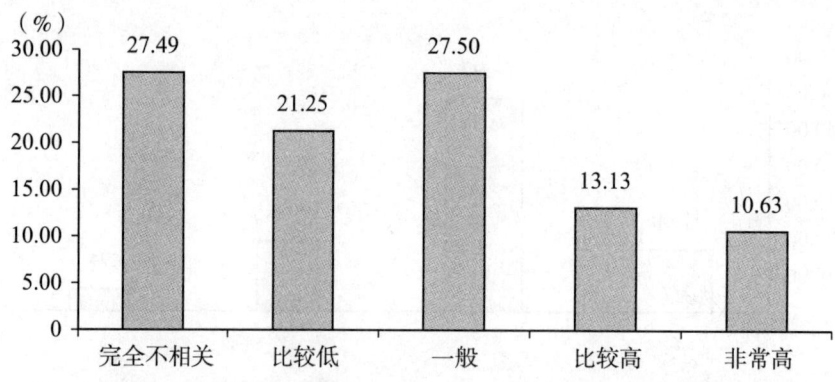

图 7-10　硕士研究生入学前从事的工作与本专业学位的相关程度

（完全不相关 27.49；比较低 21.25；一般 27.50；比较高 13.13；非常高 10.63）

三、课程体系与授课方式

（一）本校本专业学位整体课程结构体系

在整体课程结构体系的设置方面，77.06%的学生认为比较合理（比较合理+非常合理），比例较高。可见大部分学生对本校法律硕士的课程结构体系是比较认可的（见图 7-11）。

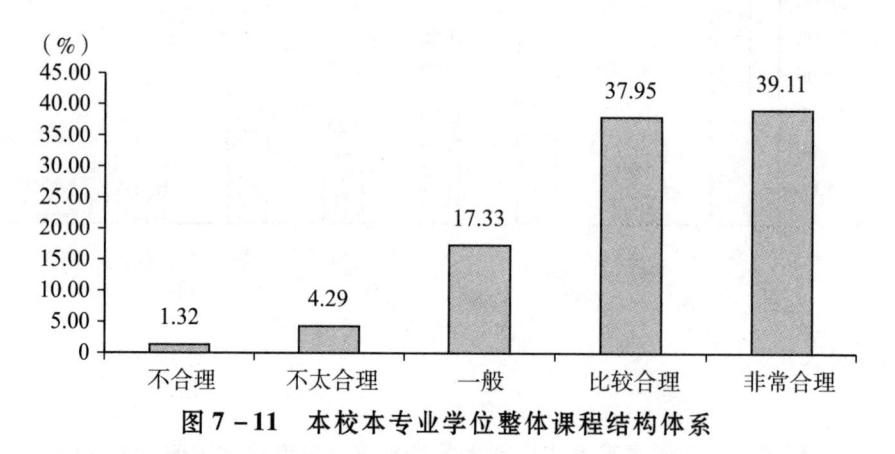

图 7-11　本校本专业学位整体课程结构体系

（不合理 1.32；不太合理 4.29；一般 17.33；比较合理 37.95；非常合理 39.11）

（二）在课程内容的实践性、前沿性、职业性、综合性

在课程内容的实践性、前沿性、职业性、综合性（与多学科交叉，涉及多学科知识）方面，认为强（比较强+非常强）的比例在60%~70%。相较之下，课程内容的实践性得到的评价略低，为62.81%，课程内容的前沿性、职业性和

综合性得到的评价略高,接近70%(见图7-12)。

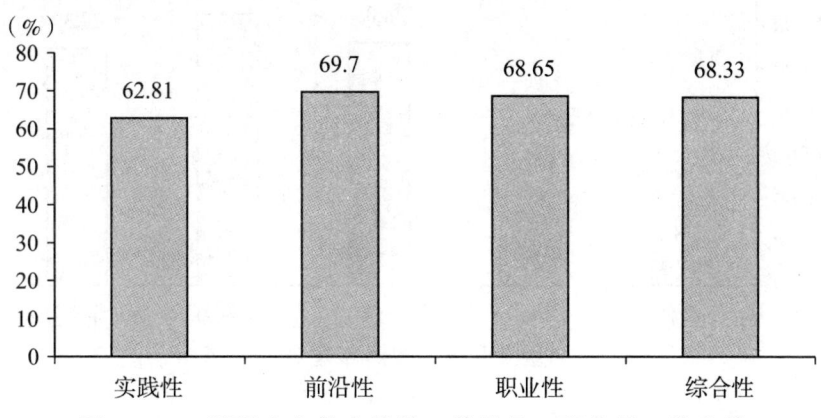

图7-12 课程内容的实践性、前沿性、职业性、综合性

- 实践性：62.81
- 前沿性：69.7
- 职业性：68.65
- 综合性：68.33

(三) 课程教学方式(讲授、案例、项目、讨论等)

在课程教学方式方面,41.75%的学生认为所在的法律硕士项目课程教学方式比较多,32.01%的学生认为课程教学方式实现了丰富多样,认为单一和比较少的仅占3.47%(见图7-13)。

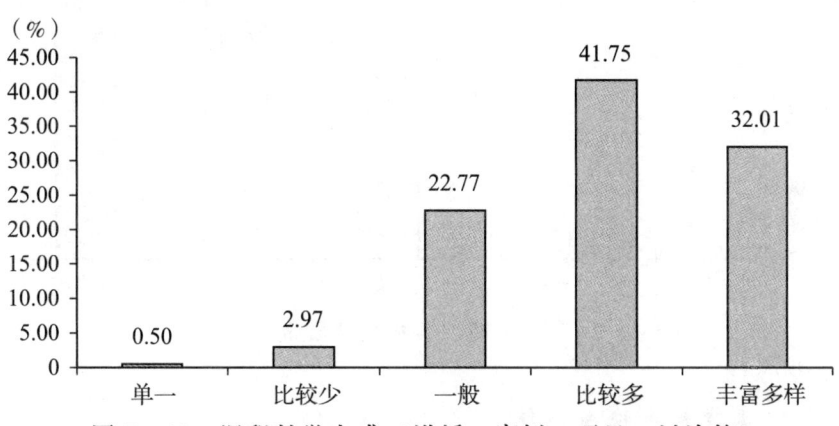

图7-13 课程教学方式(讲授、案例、项目、讨论等)

- 单一：0.50
- 比较少：2.97
- 一般：22.77
- 比较多：41.75
- 丰富多样：32.01

(四) 案例库建设

有58.74%的学生认为案例库建设在比较好及以上,也有13.21%的学生所在专业学位案例库建设没有和很少,案例库建设还需加强(见图7-14)。

图 7-14 案例库建设

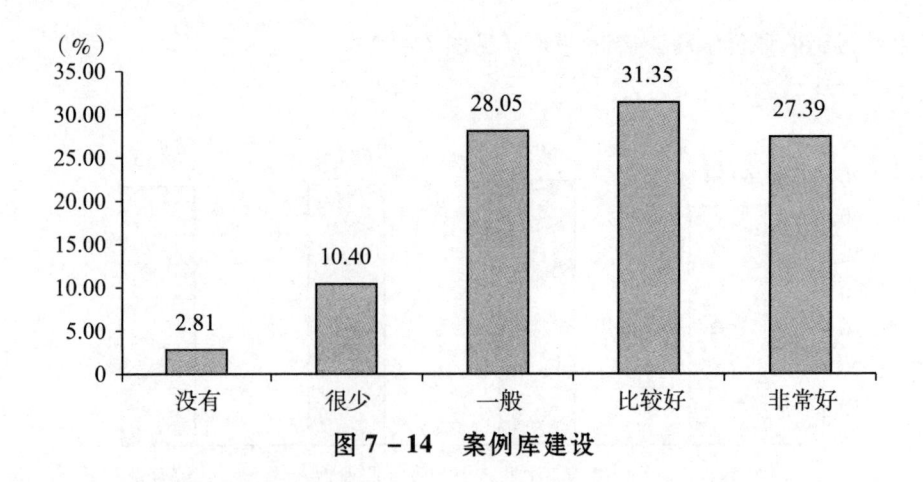

（五）实践教学质量

在对所在专业学位实践教学环节质量的评价方面，认为实践教学质量比较高和非常高的学生占比 71.94%，5.78% 的学生认为非常低和比较低（见图 7-15）。

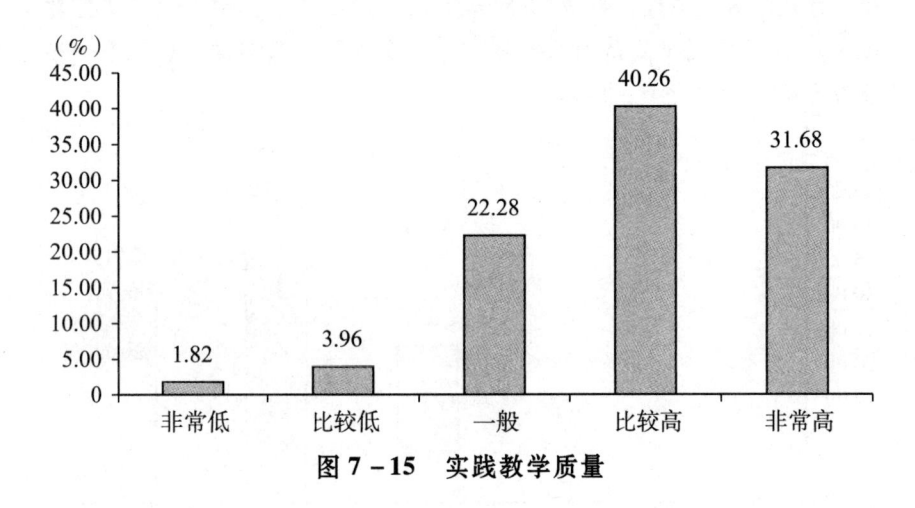

图 7-15 实践教学质量

（六）实践教学校内条件

认为本校法律硕士项目实践教学校内条件比较好和非常好的学生占 66.33%，认为非常差和比较差的学生占 8.09%，其余认为一般的学生占 25.58%（见图 7-16）。

（七）就读专业学位课程总量与相应的学术型学位相比

43.10% 的学生认为所学课程总量与学术型学生相同；32.71% 的学生所学专

业学位课程小于学术型学位，约占 1/3；其余 24.19% 的学生认为课程量大于学术型学位（见图 7-17）。

图 7-16 实践教学校内条件

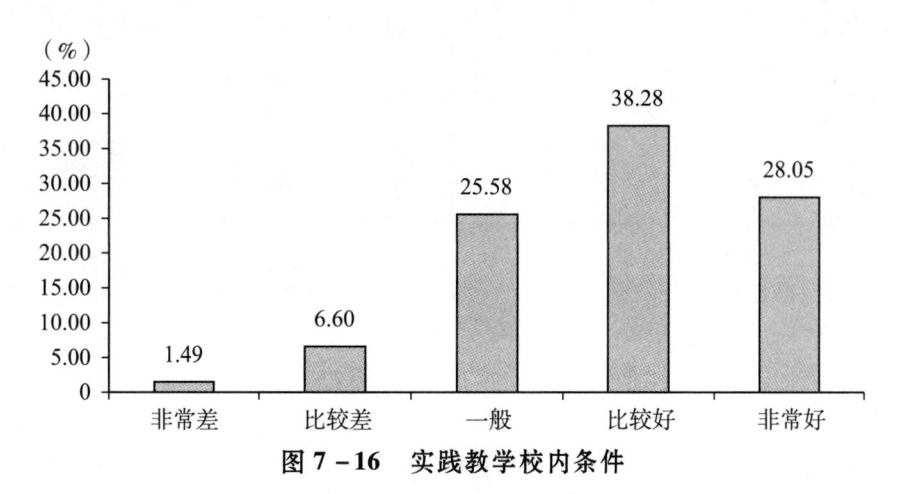

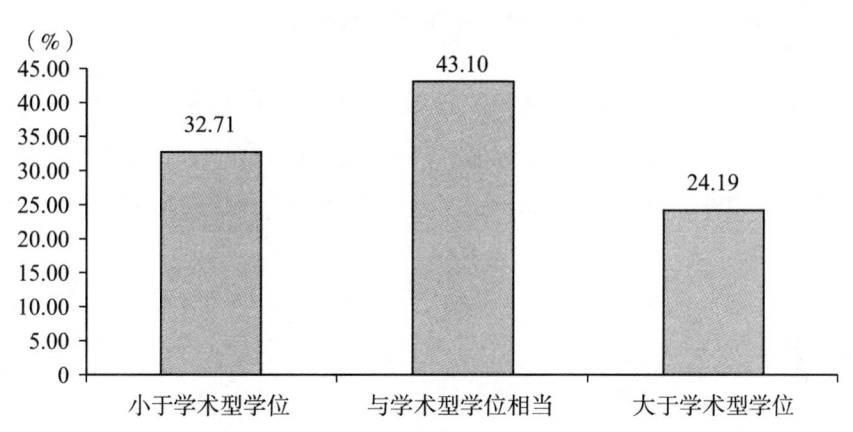

图 7-17 就读专业学位课程总量与相应的学术型学位相比

（八）最喜欢的教学方式

从教学方式来看，最受学生喜欢的是案例教学，占比 37.18%；其次是讲授加研讨，26.32%；第三是实验教学，17.15%；团队合作项目训练也占 12.56%。充分说明学生喜欢多元化的授课方式，而纯课程讲授仅占据 6.79%，说明传统的纯授课教学方式难以满足学生的需要（见图 7-18）。

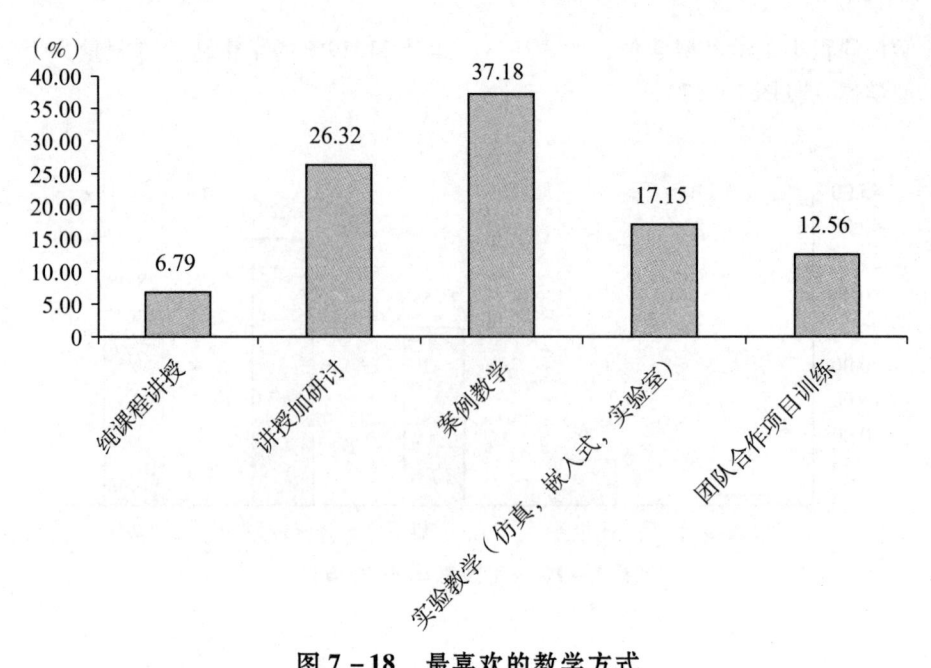

图 7-18 最喜欢的教学方式

（九）课程学习中，采取的主要实践教学方式的情况如何

从实践教学的方式来看，实践教学的比例最高，为 50%；其次是专门教学案例课程 17.12%；也有 16.44% 的学生认为实践教学方式很少（见图 7-19）。

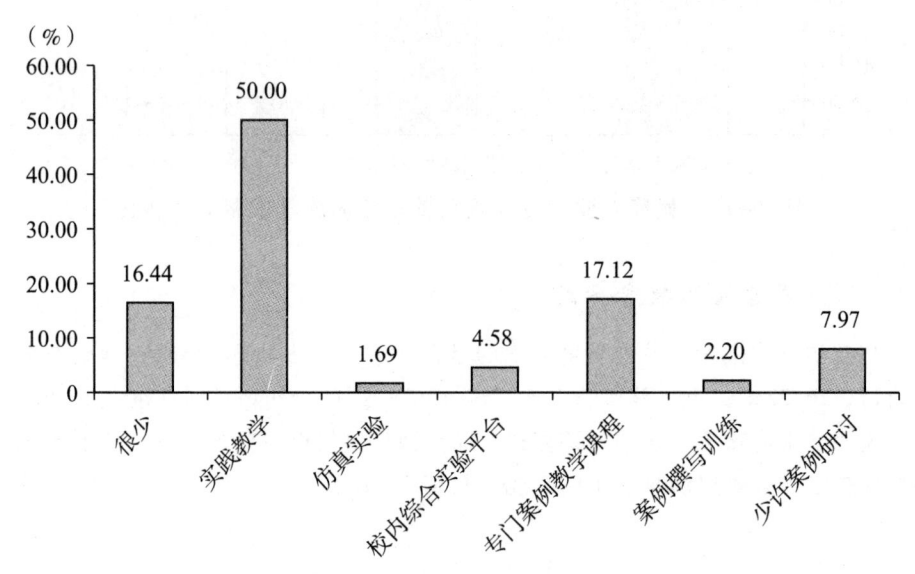

图 7-19 课程学习中，采取的主要实践教学方式的情况如何

（十）实践形式

在实践形式方面，由学生自己联系的实习实践比例最大，为 70.90%；其次为校外实践基地、校内实践基地（分别占比 10.07%、8.53%）。此外，跟随导师课题视为实践和在导师项目合作企业实践，二者都跟导师有关，合计约占比 6.35%（见图 7-20）。

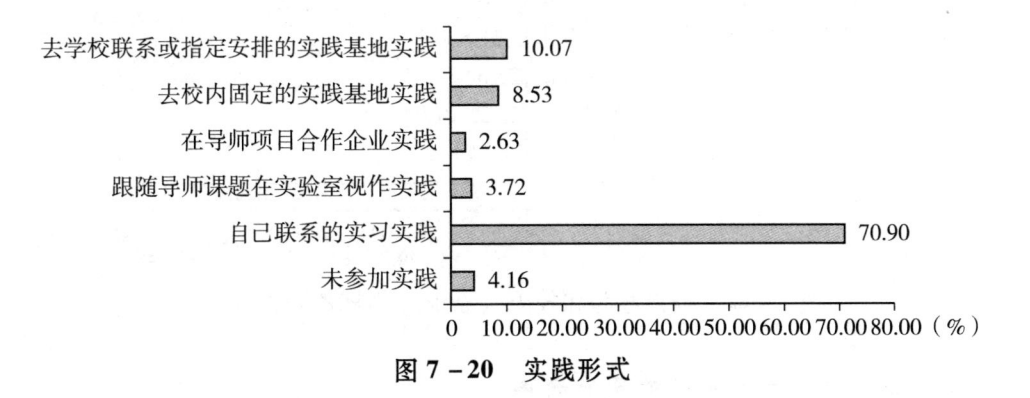

实践形式	占比(%)
去学校联系或指定安排的实践基地实践	10.07
去校内固定的实践基地实践	8.53
在导师项目合作企业实践	2.63
跟随导师课题在实验室视作实践	3.72
自己联系的实习实践	70.90
未参加实践	4.16

图 7-20 实践形式

四、师资队伍

（一）导师指导形式

在专业学位研究生的导师指导形式中，最常见的是只有校内导师指导，占 67.63%；其次是校内外导师组联合指导，占 23%；还有少量校内导师组、只有校外导师指导形式（分别占 4.77%、3.80%）（见图 7-21）。

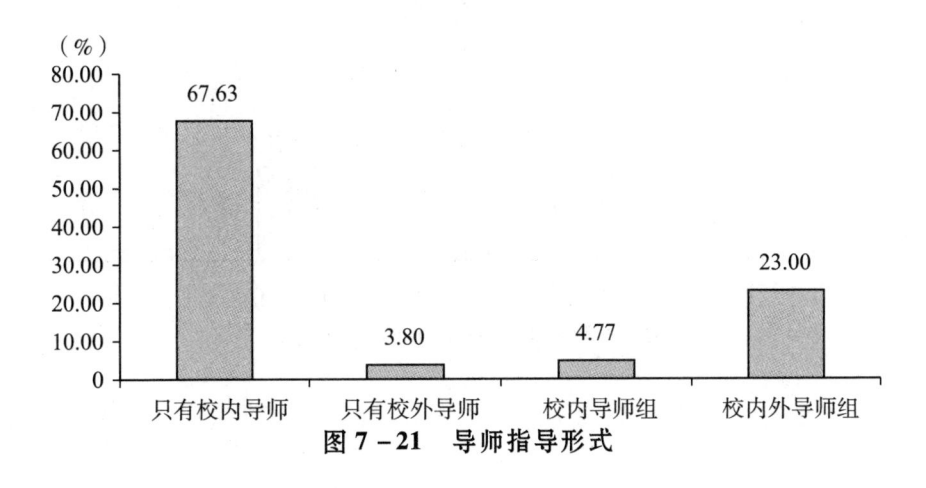

导师指导形式	占比(%)
只有校内导师	67.63
只有校外导师	3.80
校内导师组	4.77
校内外导师组	23.00

图 7-21 导师指导形式

（二）校内导师和校外（企业）导师的合作方式

在校内外双导师组这种导师指导形式下，两位导师的合作方式多数以校内导师为主，占比 71.33%；分段分环节校内导师为主，全过程合作占 8.11%。约八成的学生主要由校内导师指导；以校外导师为主的仅占 3.94%（见图 7-22）。

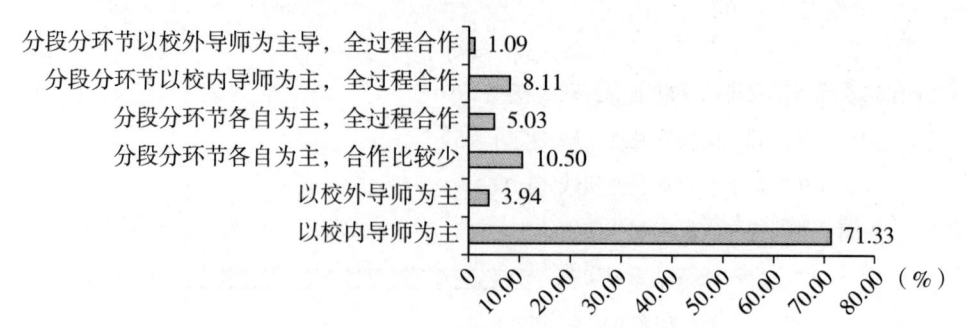

合作方式	比例(%)
分段分环节以校外导师为主导，全过程合作	1.09
分段分环节以校内导师为主，全过程合作	8.11
分段分环节各自为主，全过程合作	5.03
分段分环节各自为主，合作比较少	10.50
以校外导师为主	3.94
以校内导师为主	71.33

图 7-22　校内导师和校外（企业）导师的合作方式

（三）与校内外导师的见面频率

总体来看，见面频率校内导师明显高于校外导师。与校内导师见面频率达到一周一次占比 14.46%，与校外导师见面频率达到一周一次仅为 4.29%。与校内导师见面频率为一个月一次以内的比例 80.66%，与校外导师见面频率为一个月一次以内的比例为 36.67%（见图 7-23、图 7-24）。

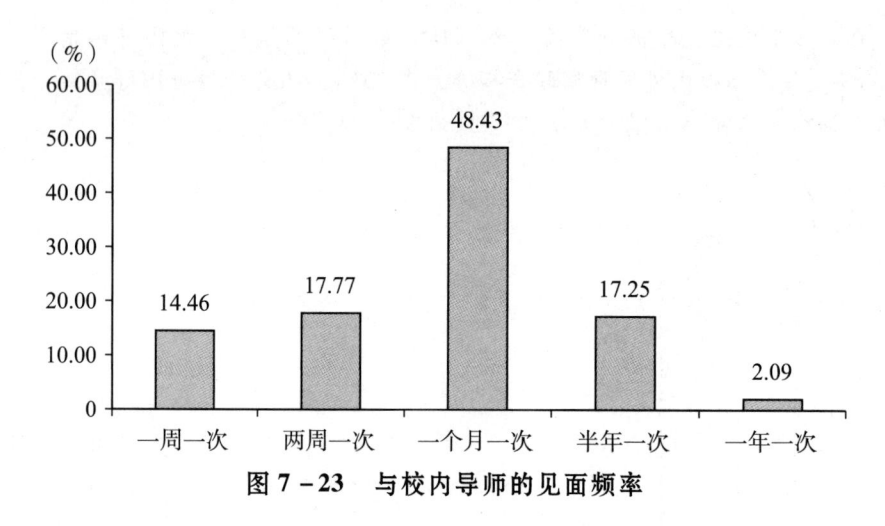

频率	比例(%)
一周一次	14.46
两周一次	17.77
一个月一次	48.43
半年一次	17.25
一年一次	2.09

图 7-23　与校内导师的见面频率

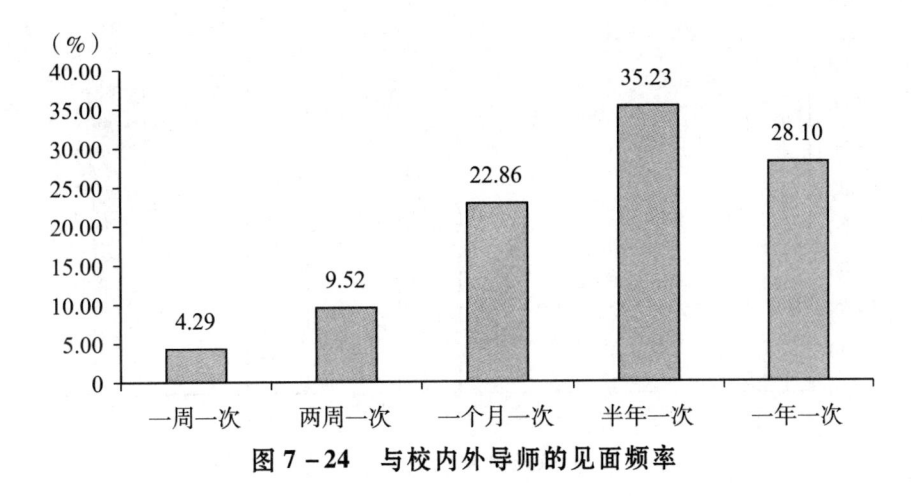

图 7-24　与校内外导师的见面频率

(四) 校内导师的论文指导水平

学生对校内导师的论文指导水平还是相当认可的，选择高（比较高 + 非常高）的约占 81.56%（见图 7-25）。

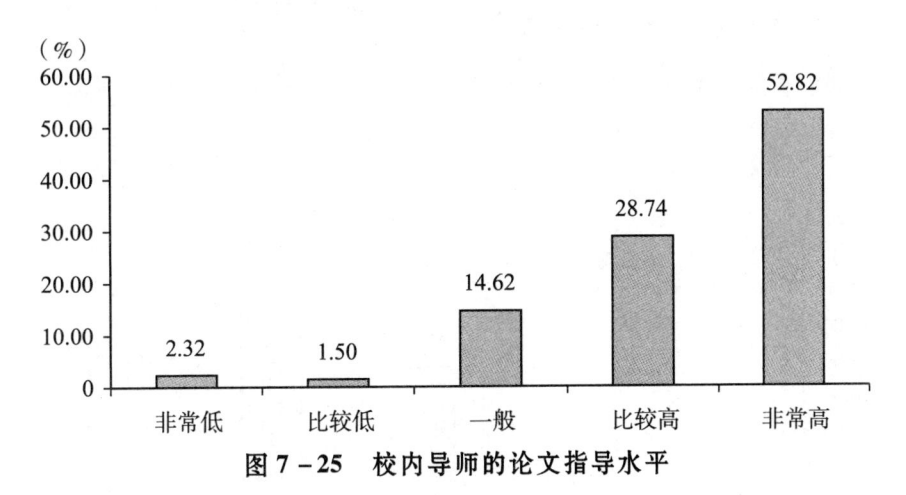

图 7-25　校内导师的论文指导水平

(五) 校外导师或来自行业人员的论文指导

认为校外导师或行业人员指导比较多或非常多的学生比例达到 59.28%（见图 7-26）。

图 7-26 校外导师或来自行业人员的论文指导

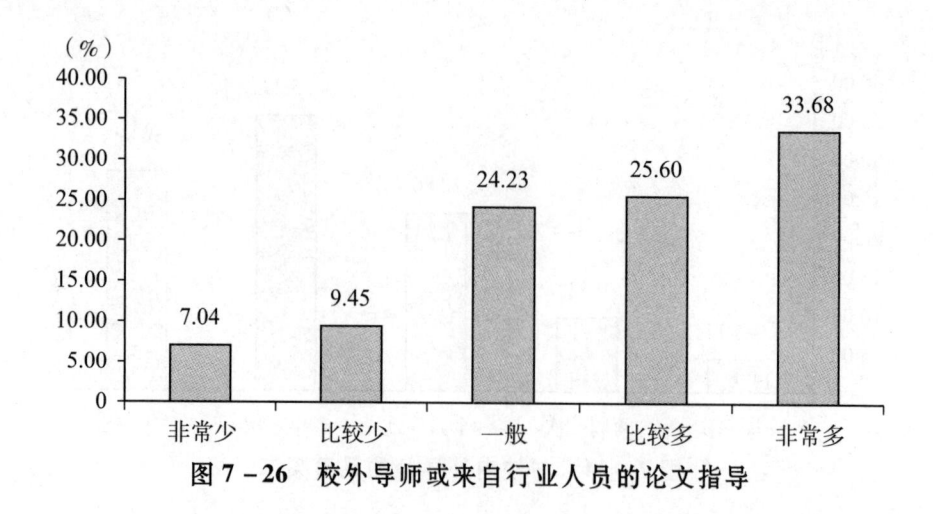

五、考核评价机制

(一) 课程的考核方式满意度

对课程考核方式满意的学生占比约为 71.24%，仍有约三成的学生对课程考核感到一般或不太满意（见图 7-27）。

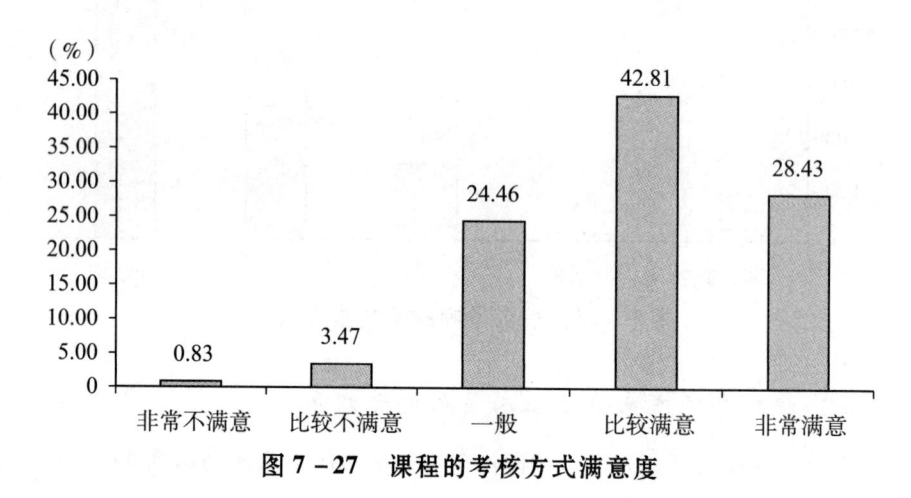

图 7-27 课程的考核方式满意度

(二) 学位论文的评价标准

约 75.16% 的学生对学位论文的评价标准满意（比较满意＋非常满意），还有约 1/4 的学生不太满意（见图 7-28）。

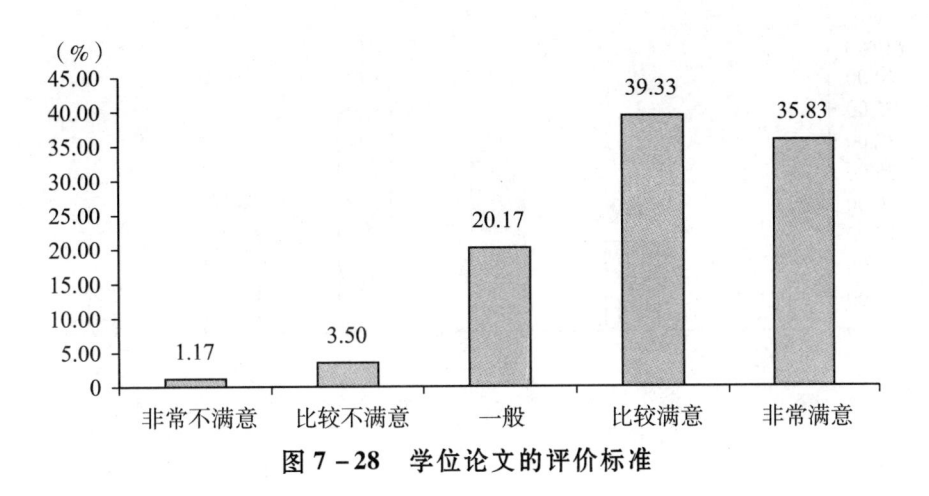

图 7-28　学位论文的评价标准

(三) 质量保障体系 (教学评估、认证评估)

66.45%的学生对质量保障体系满意，仍有1/3的学生不是很满意 (见图 7-29)。

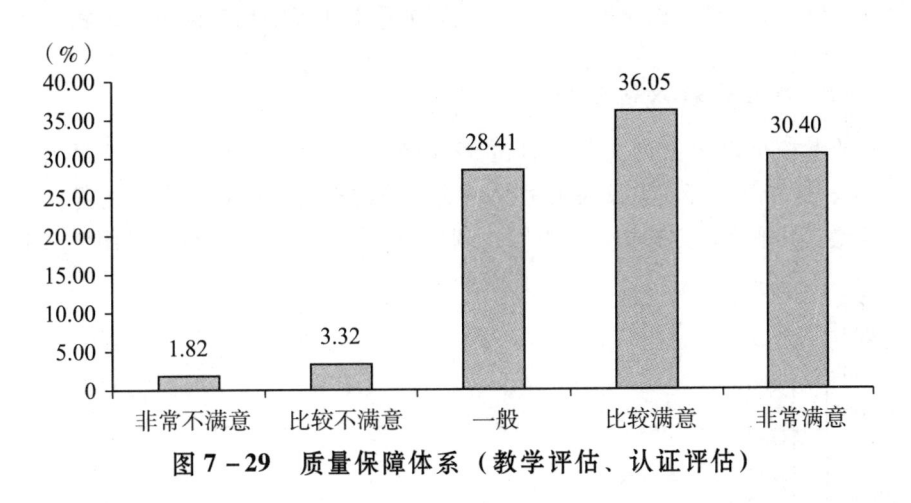

图 7-29　质量保障体系 (教学评估、认证评估)

(四) 学位论文的选题与"社会实践或行业实际的现实问题"的相关性

51.22%的学生学位论文与现实问题相关性在比较大以上，约20%的学生学位论文与现实问题不相关或相关性不大。极少数学生不做学位论文 (见图 7-30)。

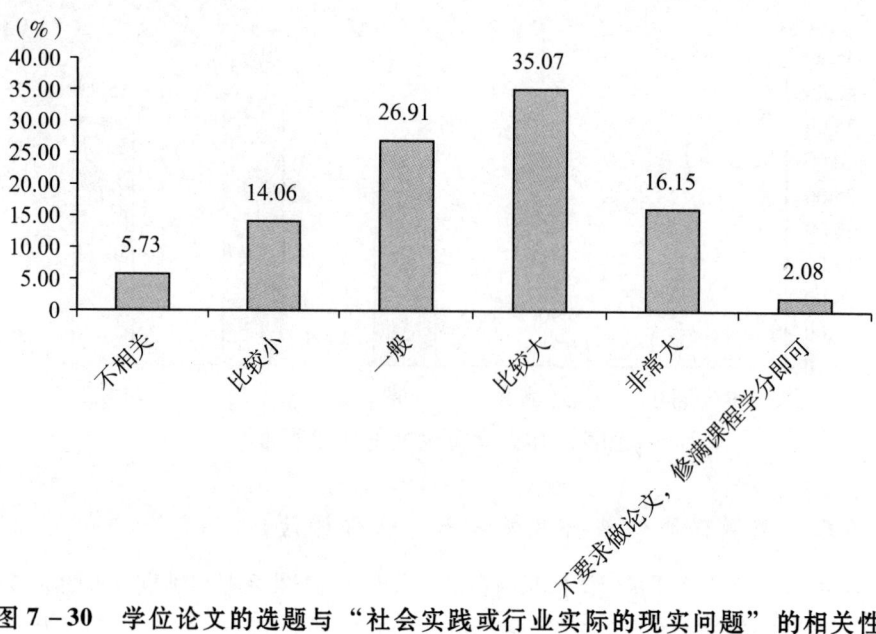

图 7-30 学位论文的选题与"社会实践或行业实际的现实问题"的相关性

(五) 毕业考核以何种形式

毕业考核仍以学位论文为主，占 92.61%。其中，基础研究比例最大，为 67.73%。这在某种程度上反映出法律硕士培养的毕业考核重点内容的导向可能存在偏差。其他考核方式如案例撰写、调研报告等也有少量存在（见图 7-31）。

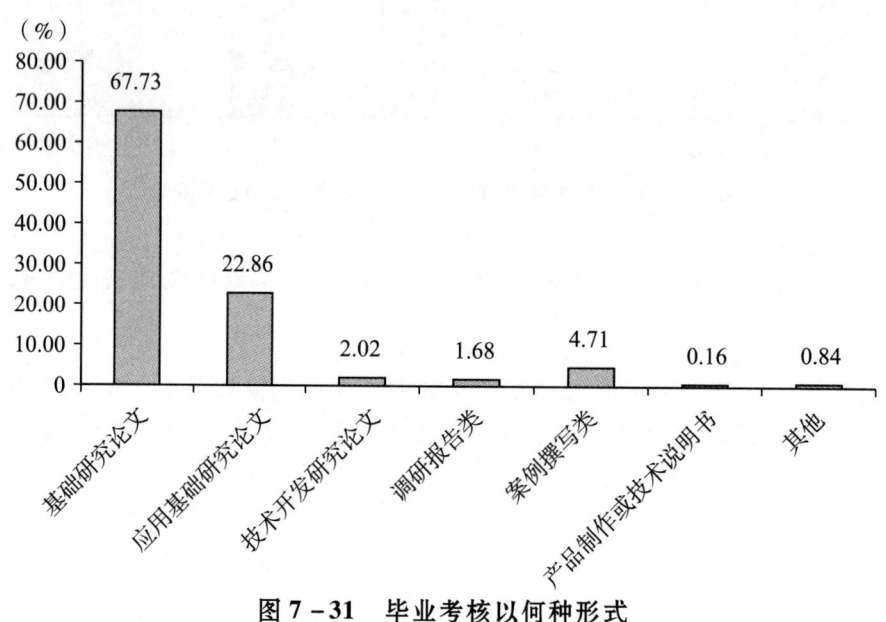

图 7-31 毕业考核以何种形式

六、支撑条件与管理

(一) 较之学术型硕士研究生，在奖助学金评定中享有的机会和待遇

35.41%的学生认为与学术型学生待遇相同，53.69%的学生认为待遇低于学术型学生，如此高的比例可能会使学生有"不公平"待遇的感受和矮化专业学位的认识，另有10.9%的学生认为待遇高于学术型学生（见图7-32）。

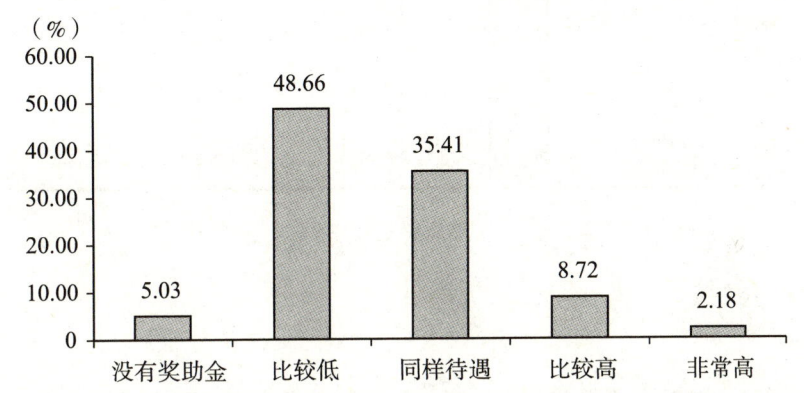

图7-32 较之学术型硕士研究生，在奖助学金评定中享有的机会和待遇

- 没有奖助金：5.03%
- 比较低：48.66%
- 同样待遇：35.41%
- 比较高：8.72%
- 非常高：2.18%

(二) 学校是否设有专门经费用于专业学位学生的实习补贴或实践项目研究

学校投入经费比较多及以上的仅占比13.38%，43.98%的学生选择有一些，其余四成的学生认为比较少或没有（见图7-33）。

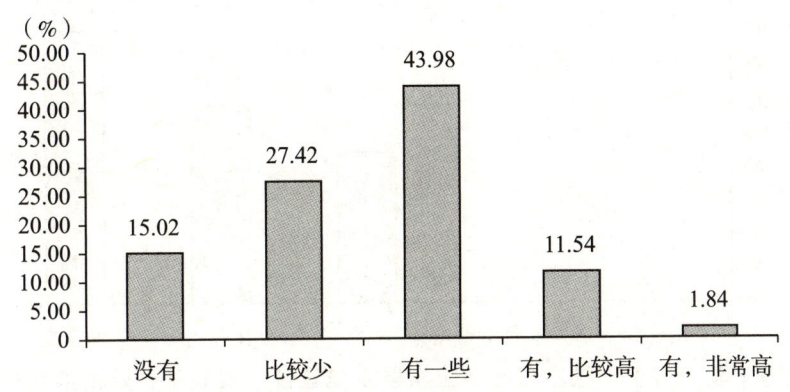

图7-33 学校是否设有专门经费用于专业学位学生的实习补贴或实践项目研究

- 没有：15.02%
- 比较少：27.42%
- 有一些：43.98%
- 有，比较高：11.54%
- 有，非常高：1.84%

(三) 针对专业学位特点，学校开展的就业和职业规划的课程和训练

总体来看，针对专业学位学生的就业和职业规划训练不多，选择没有和比较少的分别是 7.28% 和 38.75%，选择比较多以上的仅为 14.38%（见图 7-34）。

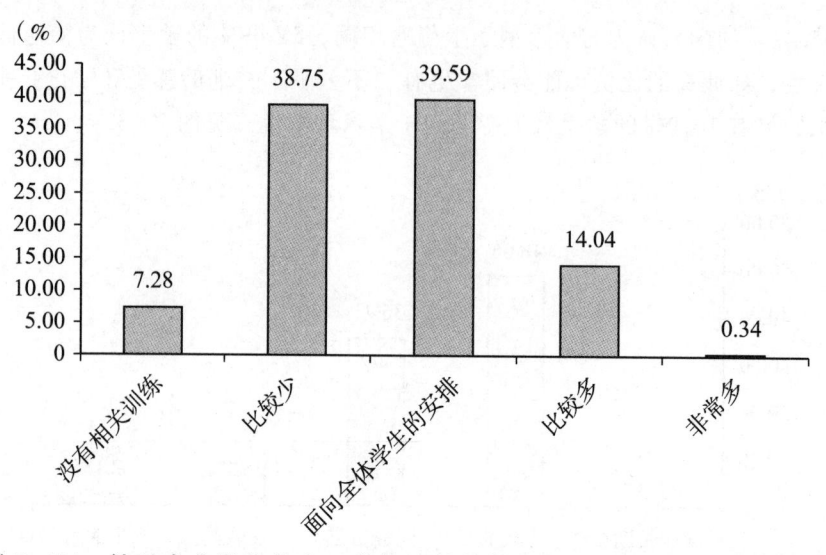

图 7-34　针对专业学位特点，学校开展的就业和职业规划的课程和训练

(四) 关于本校本专业学位实践基地建设、实验平台建设的水平

学生认为实践基地、平台的建设水平比较高和非常高的比重分别为 29.37% 和 40.59%，其余约三成的学生对实践基地、平台的建设水平不太满意（见图 7-35）。

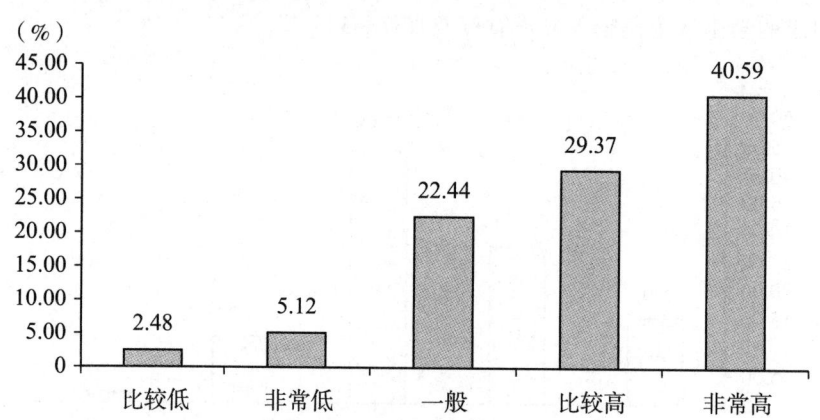

图 7-35　关于本校本专业学位实践基地建设、实验平台建设的水平

（五）毕业成果（论文、设计、报告、产品等）的实际应用情况

毕业成果的实际应用情况分为 5 种：不适合实践应用；已在现场实施，效果不明显；已在现场实施，有一定效果和实践应用价值；已解决了实际问题，取得较好效果；已解决了实际问题，产生了经济效益，效果显著。其中，半数以上的学生认为自己的毕业成果不适合实践应用。结合图 7-31 中毕业考核以基础研究类论文占据主要方式的结果来看，法律硕士培养在应用性方面还有待加强（见图 7-36）。

已解决了实际问题，产生了经济效益，效果显著 1.58
已解决了实际问题，取得较好效果 12.13
已在现场实施，有一定效果和实践应用价值 24.25
已在现场实施，效果不明显 11.25
不适合实践应用 50.79

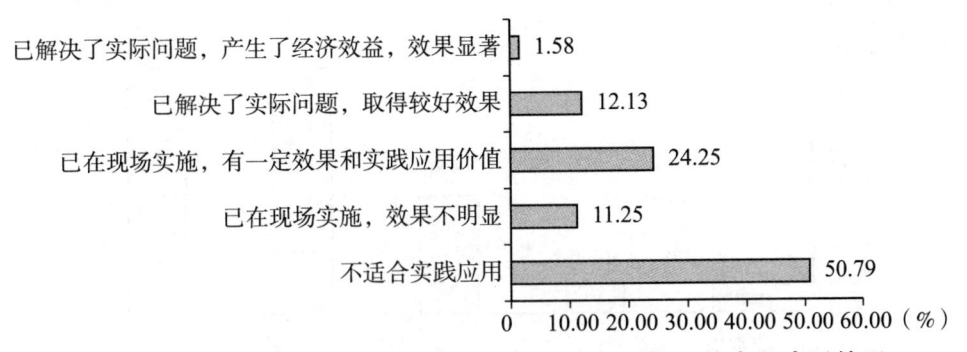

图 7-36 毕业成果（论文、设计、报告、产品等）的实际应用情况

（六）硕士在校期间发表论文情况

硕士在校期间发表论文情况分为 5 种：未发表过论文；在普通期刊发表过论文 1~2 篇；在普通期刊发表过论文 3 篇及以上；在（SCI、SSCI、CSSCI）等核心期刊上发表过 1~2 篇论文；在（SCI、SSCI、CSSCI）等核心期刊上发表过 3 篇及以上论文。从发表文章来看，约 69% 的学生未发表论文；在普通期刊发表过 1~2 篇论文的学生占比约 25%，其余发表期刊数量多或者更高水平文章的学生占比接近 7%（见图 7-37）。

在（SCI、SSCI、CSSCI）等核心期刊上发表过论文1~2篇 1.67
在普通期刊发表过论文3篇及以上 4.67
在普通期刊发表过论文1~2篇 24.54
未发表过论文 69.12

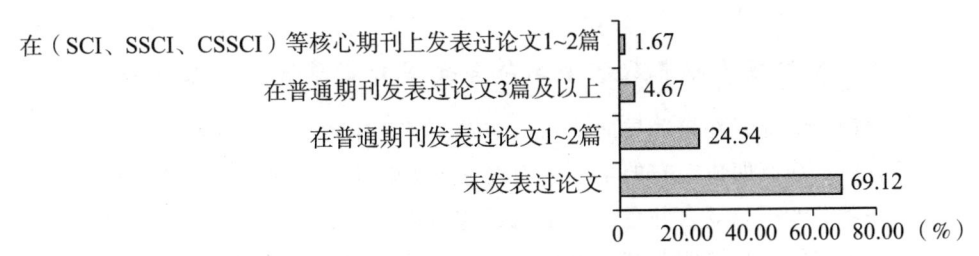

图 7-37 硕士在校期间发表论文情况

七、外部环境

合作培养单位或校外行业人员参与培养过程

74.12%的学生认为合作培养单位或校外行业人员参与培养比较多及以上,其余1/4的学生认为参与少(见图7-38)。

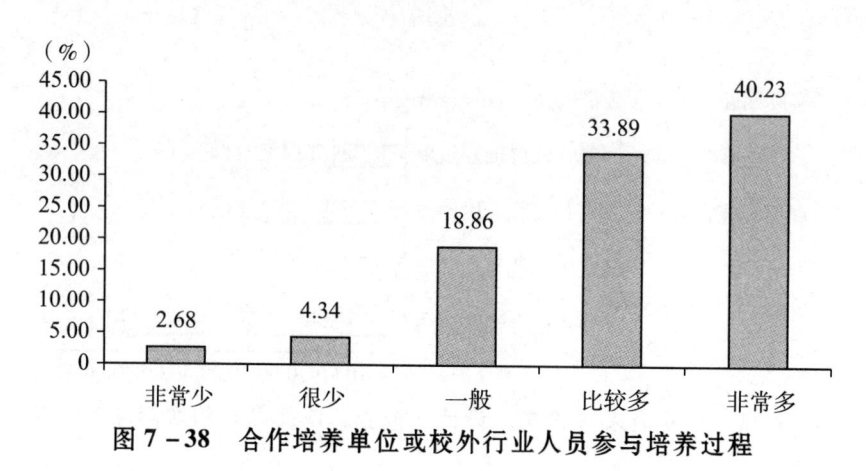

图7-38 合作培养单位或校外行业人员参与培养过程

第二节 研究结论

一、培养现状与培养目标匹配程度分析

(一)法律硕士培养现状基本符合我国专业学位的培养目标

根据调研情况,在培养导向、知识结构、服务导向、人才特性等专业学位培养特性方面,均有四成左右的学生认为理论与实践并重、知识与技能并重、学术与应用并重、专门与复合并重。其余六成左右学生认为培养特性存在明显偏重。其中,认为实践性强(很强或特别偏向)占比44.07%,技能性强占比38.58%,应用性强占比44.76%,专门性强占比15.04%。认为复合型强的占比47.27%。

（二）经过专业学位的学习，学生普遍认为各项能力都得到了提高

调查发现，认为有提升的学生在 60%~80%。能力提升最大的是沟通能力、职业素养、适应和反应能力，约 80%；其他职业发展潜力、知识迁移能力、反思和批判性思维、团队协作能力等也有较大提升；国际视野和创新能力提升得最低，分别为 65% 和 67.5%。综上，大体与 2010 年《硕士、博士专业学位研究生教育发展总体方案》中提出培养具有较强的专业能力和职业素养、能够创造性地从事实际工作的高层次应用型专门人才的目标一致。

二、培养模式核心要素特征分析

（一）法律硕士以第一志愿录取比例最高，转行需求相对旺盛

调查发现，以第一志愿报考或联考被录取的法律硕士比例最高，为 57.92%；通过调剂录取（包括从学术型和专业学位调剂）的法律硕士比例为 25%，略低于全国数据。入学动机方面，人生目标和兴趣追求依然是最主要的动机（39.26%）；其次是就业需求（21.14%）、追求学校品牌（12.25%）等动机。值得注意的是，被调查的学生中，出于换个行业或职业领域的想法而选择报考法律硕士的比例占到 12.08%，结合入学前只有四分之一的学生的工作与就读专业学位相关性比较高和非常高，而 3/4 学生的工作与法律专业相关性不大或没有关系这一情况来看，希望通过就读法律硕士实现转行的需求比较旺盛。

（二）法律硕士专业学位课程体系比较合理，学生认可程度较高

调查显示，学生对整体课程结构设置的满意度达到 77% 以上，学生对于课程内容的前沿性、职业性、综合性的评价也接近 70%，近 74% 的学生认为课程授课方式多样化，近 60% 的学生认为案例库建设情况较好或非常好。案例教学、讲授加研讨、实验教学是法律硕士最喜爱的授课方式。

（三）法律硕士专业实践以学生自己联系为主要渠道

在专业实践形式方面，调查发现，自己联系实习实践的学生比例最高，达到了 70.9%（全国数据为 35.90%）；其次是去校内外实践基地实践，学生比例为 18.6%。与全国数据不同的是，法律硕士的专业实践与导师项目或课题的相关度不高，仅约为 6%。

（四）校内导师指导依旧占主导地位，校外导师参与程度有待加强

校内导师指导同样是法律硕士导师指导的最主要形式，在校内外导师组合作指导形式下，也同样呈现以校内导师为主的情况。并且值得注意的是，有2/3的法律硕士表示自己只有校内导师。因此，校外导师在法律硕士培养过程中的参与度还需提高。

（五）法律硕士毕业考核评价以学位论文为主，论文选题与实际问题相关性呈中度水平，超过一半的学生认为自己的毕业成果不适合实践应用

以学位论文作为考核评价手段仍旧是最常见的做法，占总体考核评价方式的92%以上。但论文选题方面，认为与社会实际问题或社会实践相关性比较大或非常大的学生比例刚刚过半，为51.22%，且超过一半的学生认为自己的毕业成果不适合实践应用。表明法律硕士的毕业考核环节还需进一步加强与现实问题的联系，提高实际应用价值。

第八章

Ⅲ型专业学位培养模式现状分析——以工商管理硕士为例

课题组对全日制非定向 MBA 进行了问卷调查，共回收有效问卷 448 份。调查对象来自 58 个学校，其中，部委高校占比 61.52%，非部委高校占比 38.48%。调查对象中，男生占比 56.05%，女生占比 43.95%。调查问卷的其他分布情况如下（见表 8-1、表 8-2、表 8-3）。

表 8-1　　　　　　问卷回收数量大于 20 份的学校

项目	频率	比例（%）
对外经济贸易大学	21	4.69
太原理工大学	20	4.46
华东理工大学	112	25.00
华东师范大学	21	4.69
上海财经大学	29	6.47

表 8-2　　　　问卷回收数量集中的省、自治区、直辖市

项目	频率	比例（%）
北京市	57	12.72
山西省	39	8.71
黑龙江省	18	4.02

续表

项目	频率	比例（%）
上海市	202	45.09
江苏省	23	5.13
安徽省	16	3.57
福建省	19	4.24
广东省	15	3.35
陕西省	45	10.04

表8-3　问卷在"985工程"高校、"211工程"高校、普通高校的分布情况

项目	频率	比例（%）
普通高校	117	26.11
"211工程"高校	239	53.35
"985工程"高校	92	20.54
合计	448	100

第一节　培养模式关键要素分析

一、培养目标

（一）专业学位满足社会需求的程度

85%的学生认为当前自己所在的MBA专业学位满足社会需求程度高（比较高+非常高），13%的学生认为满足社会需求程度一般，仅有2%的学生认为满足社会需求程度低（见图8-1）。

图 8-1 专业学位满足社会需求的程度

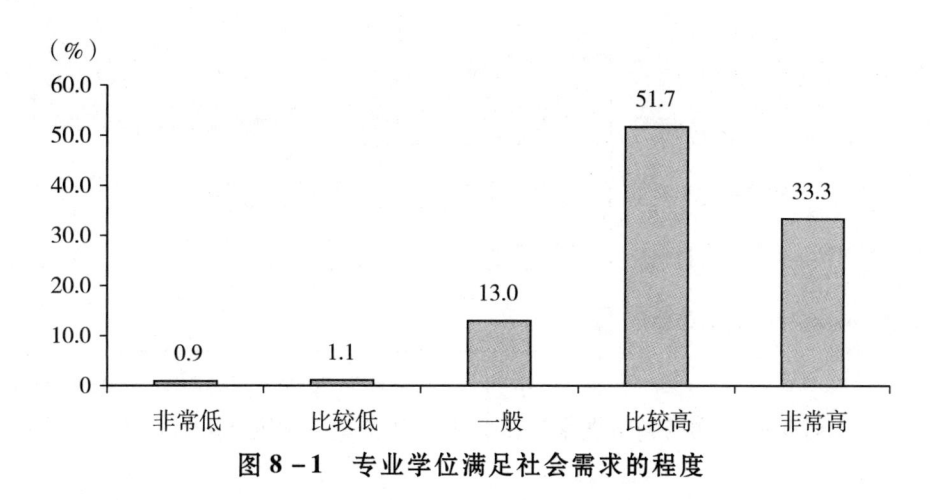

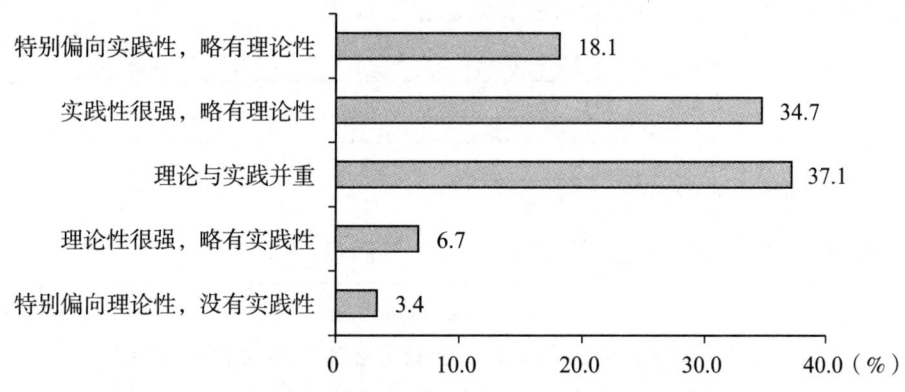

横轴:非常低 0.9, 比较低 1.1, 一般 13.0, 比较高 51.7, 非常高 33.3

（二）当前专业学位研究生教育在培养导向方面的特性

37.1%的学生认为当前专业学位研究生教育在培养导向方面是理论与实践并重，52.8%的学生认为当前专业学位研究生教育培养实践性强，理论性弱，说明半数以上高校偏重学生的实践，并在实际中落实。值得注意的是10.1%的学生认为当前专业学位研究生教育培养偏向理论性，实践性很少或没有（见图8-2）。

图 8-2 当前专业学位研究生教育在培养导向方面的特性

- 特别偏向实践性，略有理论性：18.1
- 实践性很强，略有理论性：34.7
- 理论与实践并重：37.1
- 理论性很强，略有实践性：6.7
- 特别偏向理论性，没有实践性：3.4

（三）当前的专业学位研究生教育在知识结构方面的特性

在对专业学位研究生教育知识结构特性的认识方面，半数学生认为技能性很强或特别强，略有知识性。其次为知识与技能并重，占35.49%。14.51%的学生认为知识性强，略有或没有技能性（见图8-3）。

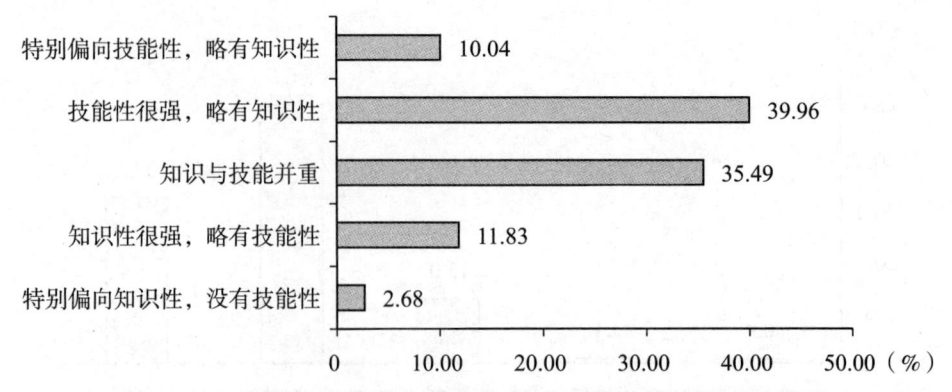

特别偏向技能性，略有知识性	10.04
技能性很强，略有知识性	39.96
知识与技能并重	35.49
知识性很强，略有技能性	11.83
特别偏向知识性，没有技能性	2.68

图 8-3　当前的专业学位研究生教育在知识结构方面的特性

（四）当前的专业学位研究生教育在服务导向方面的特性

35.80% 的学生认为专业学位研究生教育在服务导向方面实现了学术与应用并重；54.58% 的学生认为应用性很强或特别偏向应用性，略有学术性或没有学术性；9.62% 的学生认为学术性很强或特别偏向学术性，没有应用性或略有应用性（见图 8-4）。

特别偏向应用性，没有学术性	18.34
应用性很强，略有学术性	36.24
学术与应用并重	35.80
学术性很强，略有应用性	7.83
特别偏向学术性，没有应用性	1.79

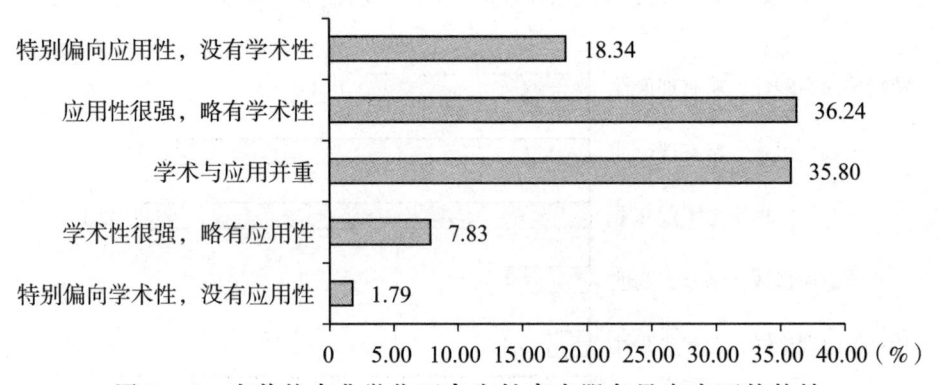

图 8-4　当前的专业学位研究生教育在服务导向方面的特性

（五）当前的专业学位研究生教育在人才特性方面的特性

32.44% 的学生认为当前的专业学位研究生教育属于专门型与复合型并重，62.64% 的学生认为当前的专业学位研究生培养复合型很强或特别偏向复合型，仅有 4.92% 的学生认为专门型很强或特别偏向专门型（见图 8-5）。

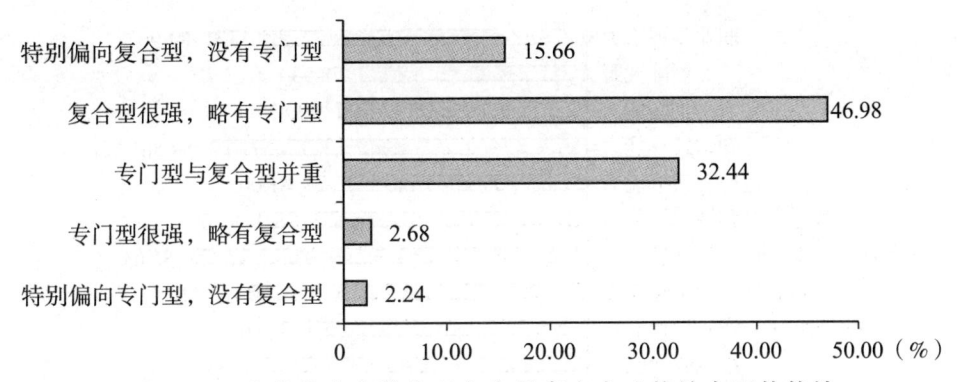

特别偏向复合型，没有专门型	15.66
复合型很强，略有专门型	46.98
专门型与复合型并重	32.44
专门型很强，略有复合型	2.68
特别偏向专门型，没有复合型	2.24

图 8-5 当前的专业学位研究生教育在人才特性方面的特性

（六）本校本专业学位的各项管理制度

65.69% 的学生认为自己所在的 MBA 项目管理制度合理（比较合理+非常合理），还有约 1/3 的学生认为自己所在的 MBA 项目管理制度一般或不太满意，需要改进（见图 8-6）。

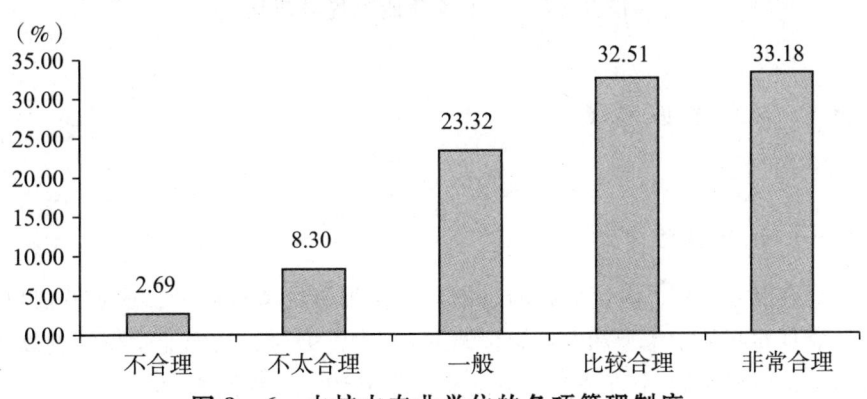

不合理	2.69
不太合理	8.30
一般	23.32
比较合理	32.51
非常合理	33.18

图 8-6 本校本专业学位的各项管理制度

（七）学生能力提升对比

整体来看，经过专业学位学习后，认为自己各项能力提升的学生均大于 75%。各项能力中，提升幅度比较大的是学生职业发展潜力、知识迁移能力、适应和反应能力、反思和批判性思维能力、分析能力、信息感知和采集能力、动手能力、组织领导能力、团队协作能力、沟通能力、职业素养，认为这几项能力得到提升的学生均超过 80%。相较之下，提升最大的是团队协作能力（87%）；学生的职业实践能力和专业知识提升较小，分别是 76.64% 和 76.38%（见图 8-7）。

```
职业发展潜力         84.96
国际视野             78.93
创新能力             79.83
知识迁移能力         84.88
适应和反应能力       81.00
反思和批判性思维能力 83.00
分析能力（逻辑分析/数据处理等） 85.63
信息感知和采集能力   83.41
动手能力（操作/设计等） 81.00
组织领导能力         83.52
团队协作能力         87.00
沟通能力             85.00
职业实践能力         76.64
专业知识             76.38
职业素养             81.18
人文素养             79.63
```

图 8-7　学生各项能力提升对比

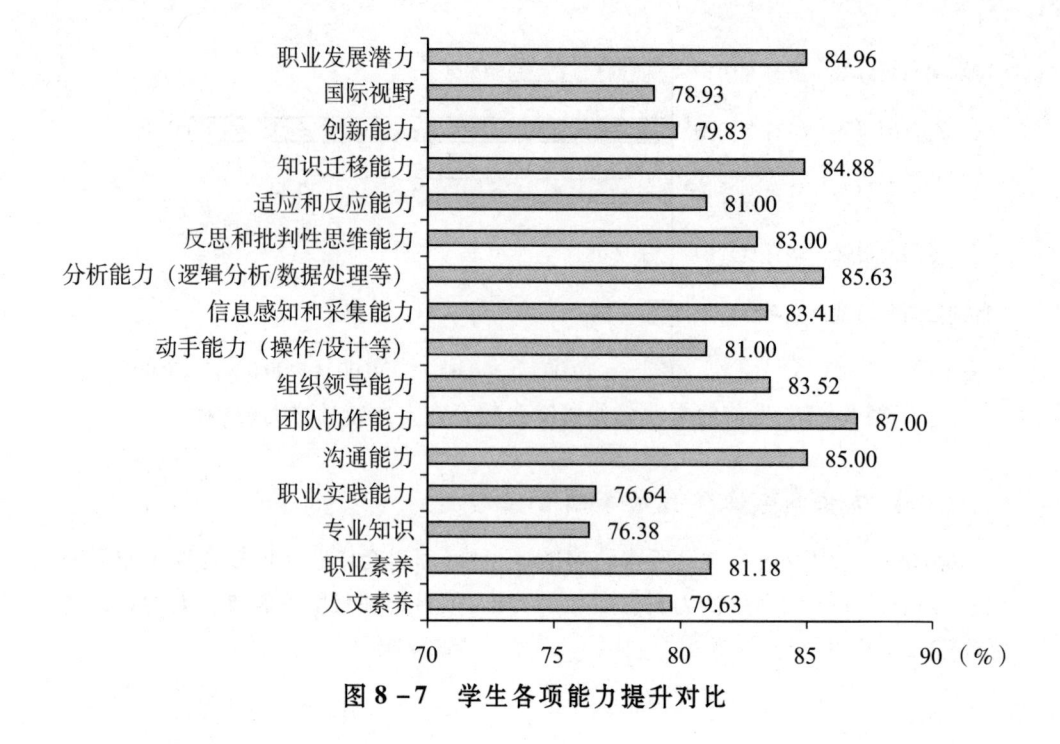

二、招生录取模式

（一）被录取的方式

学生录取方式中，占比最高的是第一志愿报考统考或联考，达到八成以上。调剂录取（包括从学术型和专业学位调剂）占 12.97%，从专业学位调剂高于从学术型学位调剂 6.71 个百分点。免试推荐占 5.59%（见图 8-8）。

（二）当初愿意报考或调剂入学本校攻读本专业学位的首要原因

35.52% 的学生因为有人生目标和兴趣追求选择就读专业学位，其他主要的入学动机还包括职业晋升需要、追求学校品牌、考虑换个行业或专业领域（分别占比 17.87%、15.16%、11.99%），也有很少量学生为了将来就业考虑选择就读、扩展人脉、容易被录取的目的就读（分别占比 9.05%、6.33%、2.26%）（见图 8-9）。

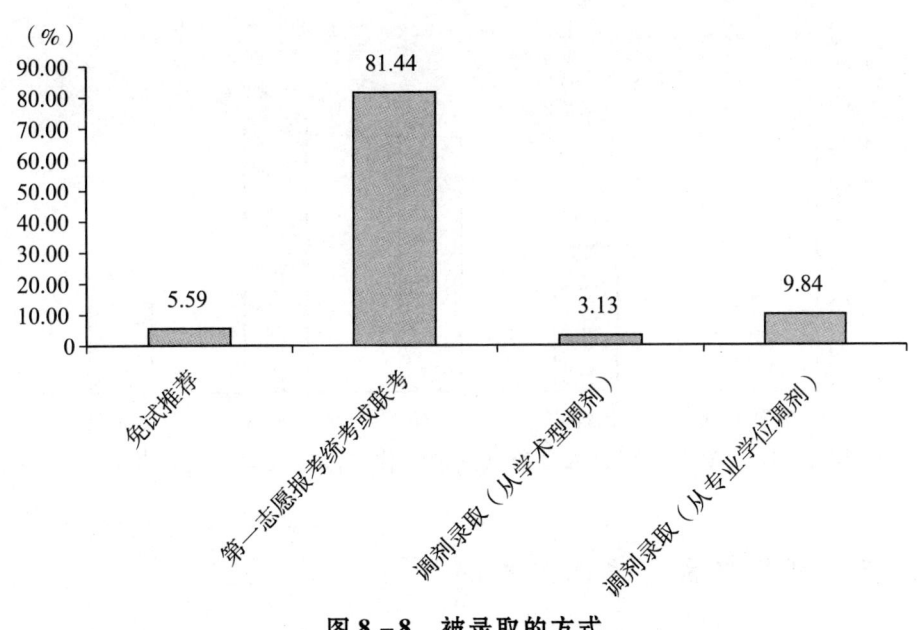

图 8-8 被录取的方式

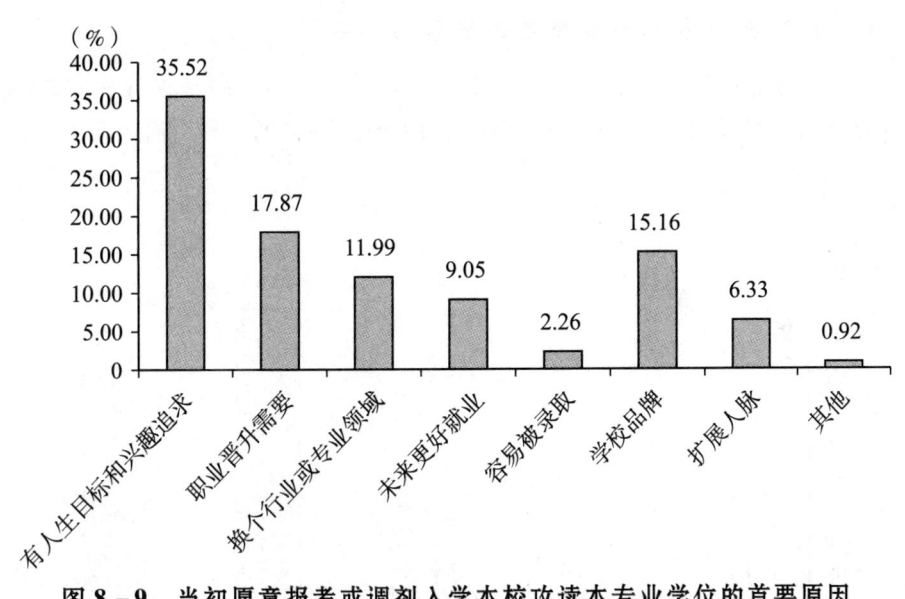

- 免试推荐：5.59
- 第一志愿报考统考或联考：81.44
- 调剂录取（从学术型调剂）：3.13
- 调剂录取（从专业学位调剂）：9.84

图 8-9 当初愿意报考或调剂入学本校攻读本专业学位的首要原因

- 有人生目标和兴趣追求：35.52
- 职业晋升需要：17.87
- 换个行业或专业领域：11.99
- 未来更好就业：9.05
- 容易被录取：2.26
- 学校品牌：15.16
- 扩展人脉：6.33
- 其他：0.92

（三）硕士研究生入学前从事的工作与本专业学位的相关程度

入学前 44.35% 学生的工作与就读的专业学位相关，更多的学生入学前的工作与其就读的专业学位相关性不大或没有关系（见图 8-10）。

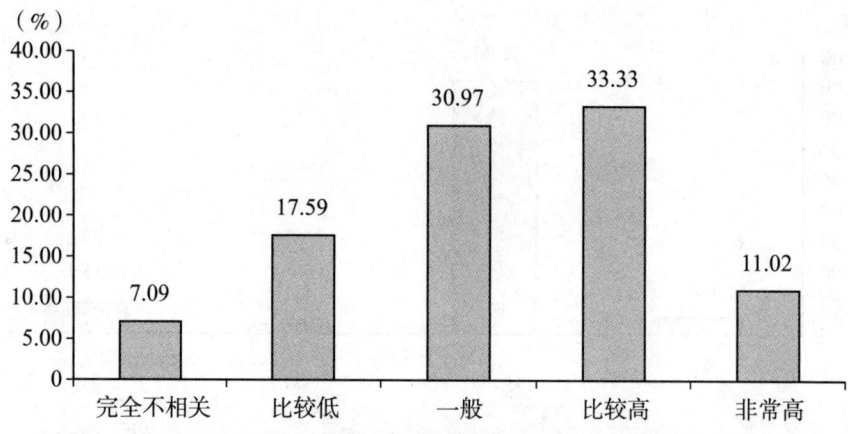

图 8-10 硕士研究生入学前从事的工作与本专业学位的相关程度

三、课程体系与授课方式

（一）本校本专业学位整体课程结构体系

关于整体课程结构体系的设置，82.36%的学生认为比较合理（比较合理＋非常合理），比例较高。可见学生对所就读的 MBA 项目的课程结构体系是比较认可的（见图 8-11）。

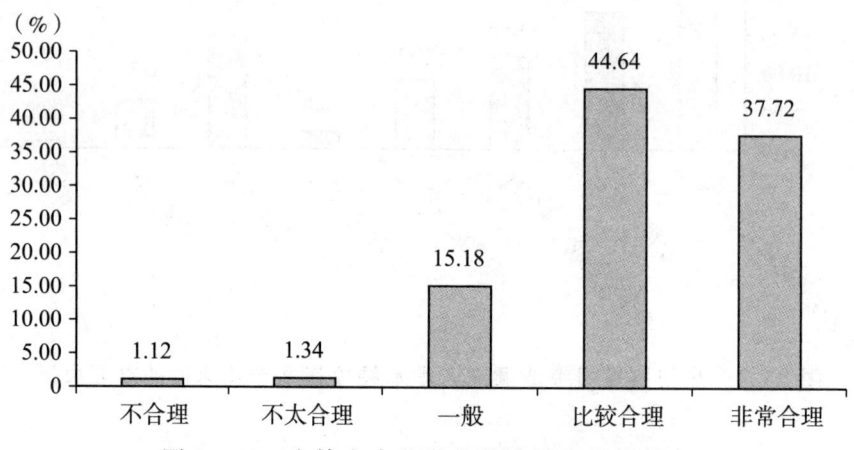

图 8-11 本校本专业学位整体课程结构体系

（二）在课程内容的实践性、前沿性、职业性、综合性

在课程内容的实践性、前沿性、职业性、综合性（与多学科交叉，涉及多学

科知识）方面，学生认为强（比较强+非常强）的比例在 69%~82%。相比之下，课程内容的前沿性得分最低（69.73%），课程内容的综合性得分最高（81.84%），二者相差约 12 个百分点（见图 8-12）。

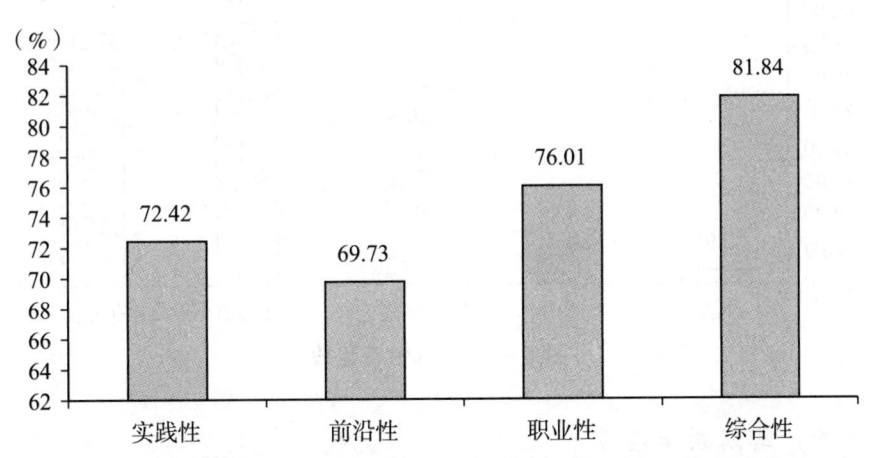

图 8-12 在课程内容的实践性、前沿性、职业性、综合性比较

（三）课程教学方式（讲授、案例、项目、讨论等）

课程教学方式方面，40.59%的学生认为教学方式比较多，41.7%的学生认为丰富多样，认为单一和比较少的仅占 2.24%，说明工商管理硕士专业采用了多种教学方式（见图 8-13）。

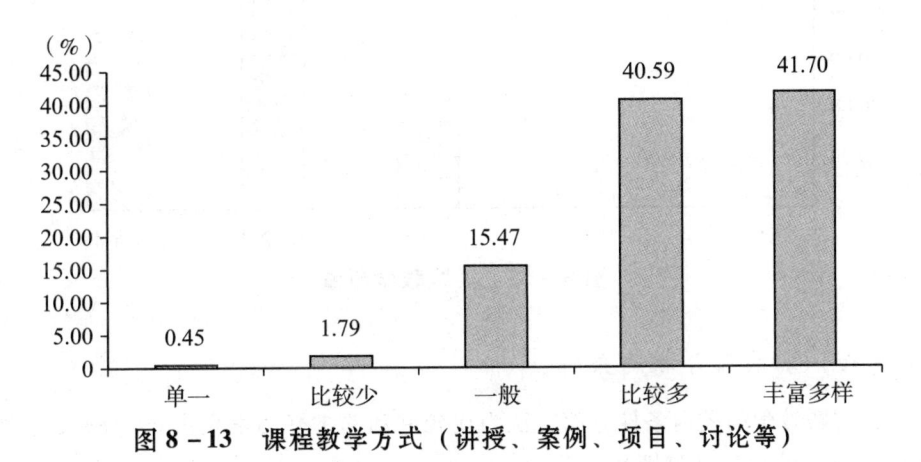

图 8-13 课程教学方式（讲授、案例、项目、讨论等）

（四）案例库建设

有 71.36%的学生认为案例库建设情况在比较好及以上，也有 7.83%的学生

认为所在专业学位案例库建设没有和很少（见图8-14）。

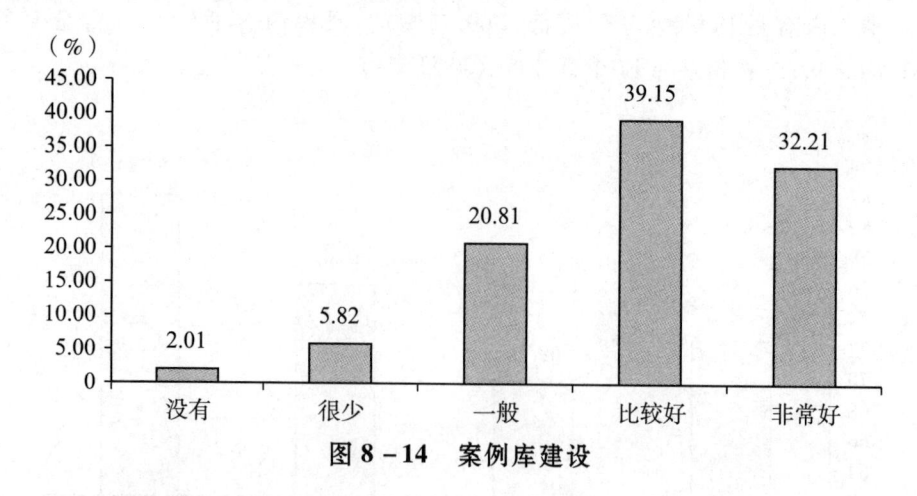

图8-14 案例库建设

（没有 2.01，很少 5.82，一般 20.81，比较好 39.15，非常好 32.21）

（五）实践教学质量

在实践教学质量方面，选择比较高和非常高的学生占比77.85%，只有4.69%的学生认为非常低和比较低（见图8-15）。

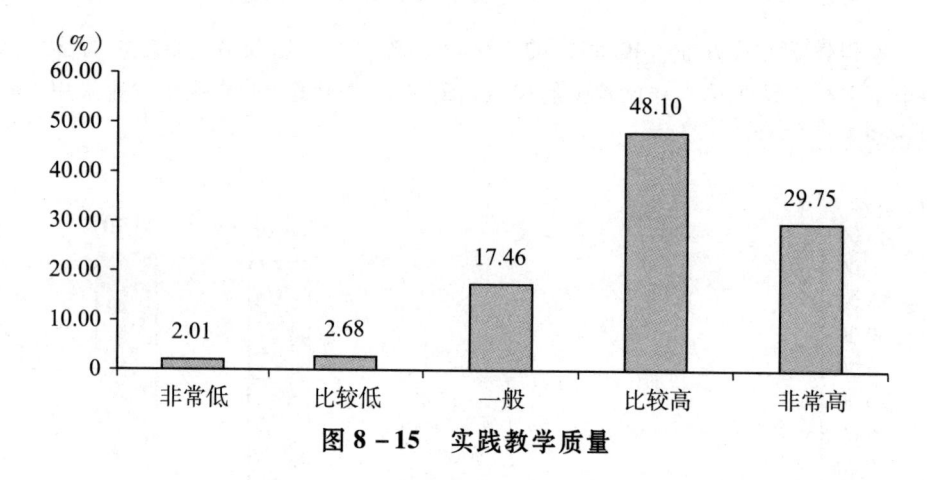

图8-15 实践教学质量

（非常低 2.01，比较低 2.68，一般 17.46，比较高 48.10，非常高 29.75）

（六）实践教学校内条件

在实践教学的校内条件方面，认为比较好和非常好的学生占69.35%，很差和比较差占6.49%（见图8-16）。

图 8－16　实践教学校内条件

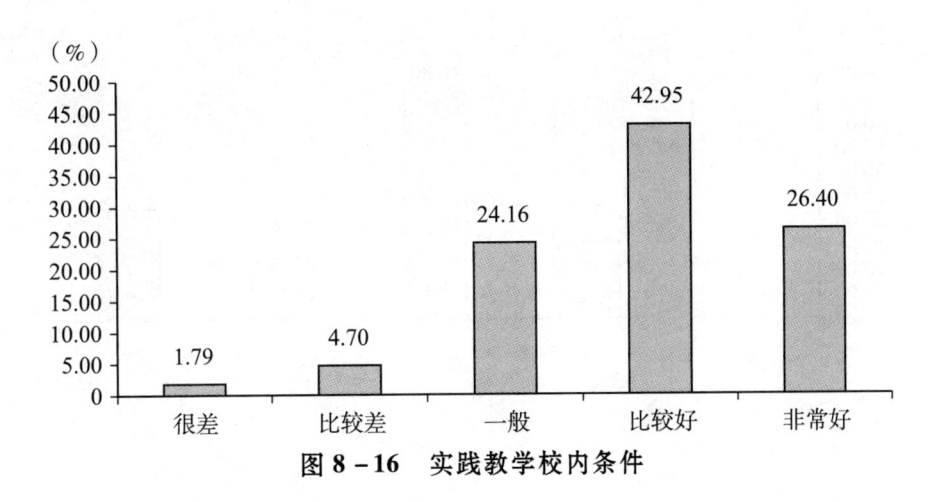

（七）就读专业学位课程总量与相应的学术型学位相比

52.26％的学生认为所学课程总量与学术型学生相同，34.39％的学生所学专业学位课程小于学术型学位，其余13.35％的学生认为课程量大于学术型学位（见图8－17）。

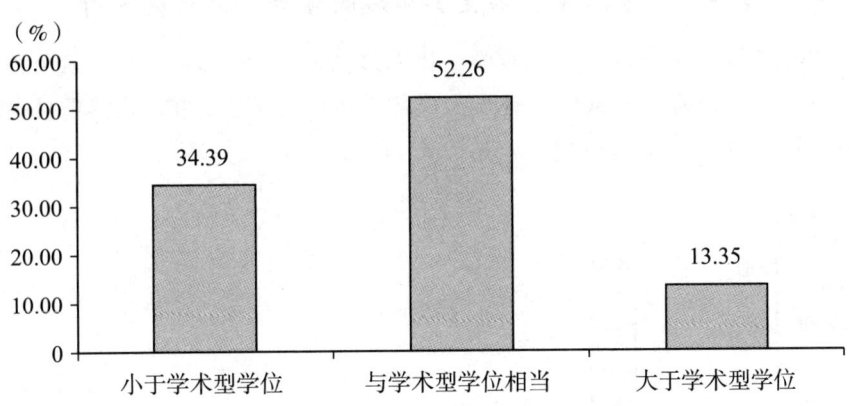

图 8－17　就读专业学位课程总量与相应的学术型学位相比

（八）最喜欢的教学方式

从教学方式来看，最受学生喜欢的是案例教学46.80％；其次是团队合作项目训练22.92％；第三是讲授加研讨15.93％；第四是实验教学12.73％。这四种方式合计占比98％以上，充分说明学生喜欢多元化的授课方式，而纯课程讲授仅占比1.62％，微乎其微（见图8－18）。

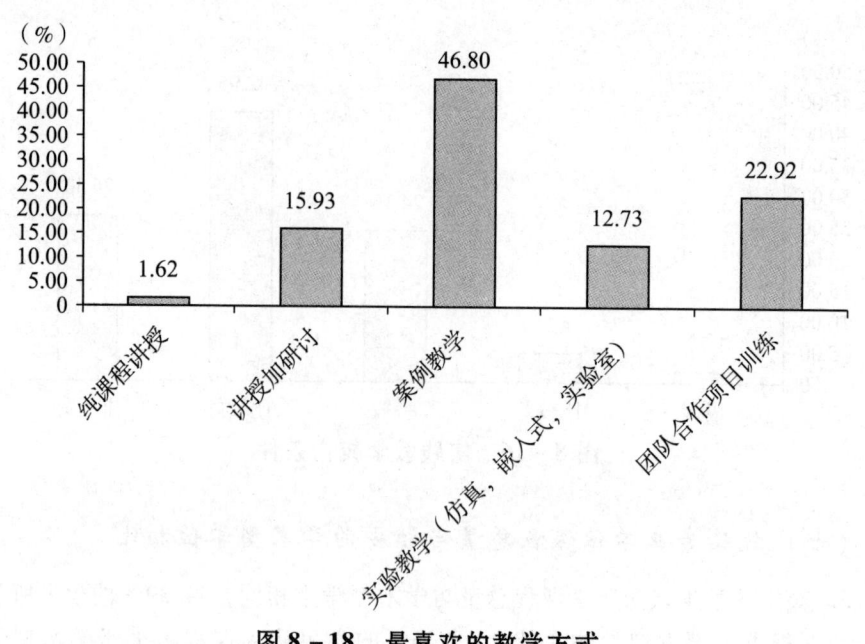

图 8-18　最喜欢的教学方式

（九）课程学习中，采取的主要实践教学方式的情况如何

实践教学的方式来看，实践教学的比例最高，为 58.62%；专门案例教学课程 16.78%；案例研讨 7.36%。有 8.51% 的学生认为自己所在的培养项目实践教学方式很少，教学方式比较单一（见图 8-19）。

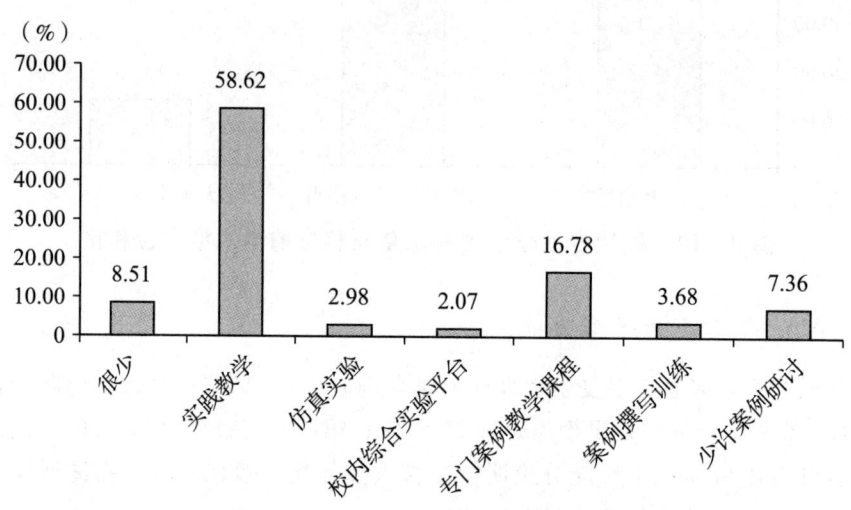

图 8-19　课程学习中，采取的主要实践教学方式的情况如何

（十）实践形式

学生的实践形式有以下几种：未参加实践、自己联系的实习实践、跟随导师课题在实验室视作实践、在导师项目合作企业实践、去校内固定的实践基地实践、去学校联系或指定安排的实践基地实践。其中，自己联系的实习实践比例最大，为43.12%；其次为未参加实践的比例为41.66%；跟随导师课题视为实践和在导师项目合作企业实践，二者都跟导师有关，合计约占比8.7%；去校外实践基地占比3.62%和校内实践基地占比2.9%，二者比例很低（见图8-20）。

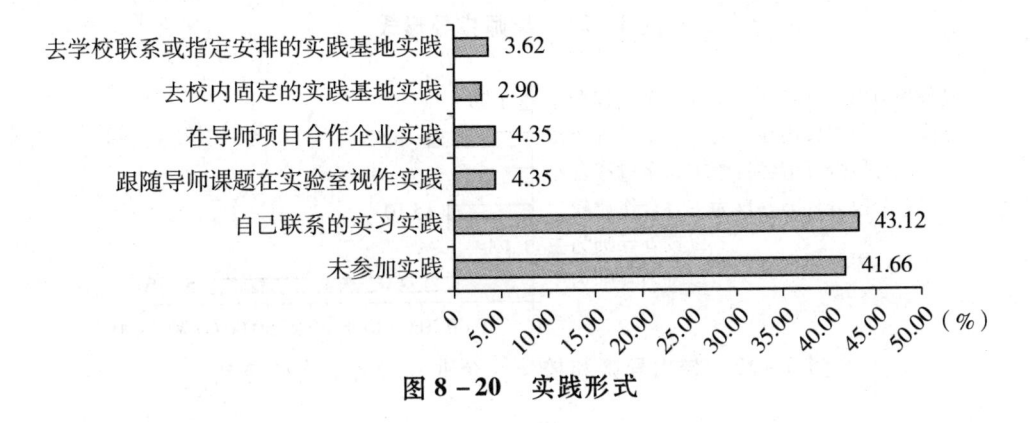

实践形式	比例(%)
去学校联系或指定安排的实践基地实践	3.62
去校内固定的实践基地实践	2.90
在导师项目合作企业实践	4.35
跟随导师课题在实验室视作实践	4.35
自己联系的实习实践	43.12
未参加实践	41.66

图8-20 实践形式

四、师资队伍

（一）导师指导形式

在专业学位研究生的导师指导形式中，最常见的是只有校内导师，占60.09%；其次是校内外导师组，占31.88%；还有少量校内导师组、只有校外导师（分别占6.95%、1.08%）（见图8-21）。

（二）校内导师和校外（企业）导师的合作方式

在校内外双导师组这种导师指导形式下，以校内导师为主的占比58.12%。不管以哪一方为主，校内外导师全过程合作的总计占25.64%（见图8-22）。

```
(%)
70.00
60.00    60.09
50.00
40.00
30.00                              31.88
20.00
10.00           1.08       6.95
 0.00
      只有校内导师  只有校外导师  校内导师组  校内外导师组
```

图 8-21　导师指导形式

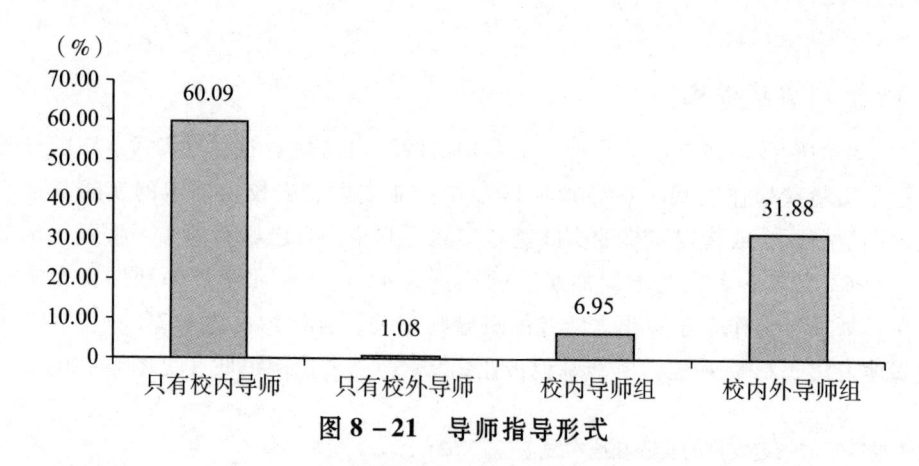

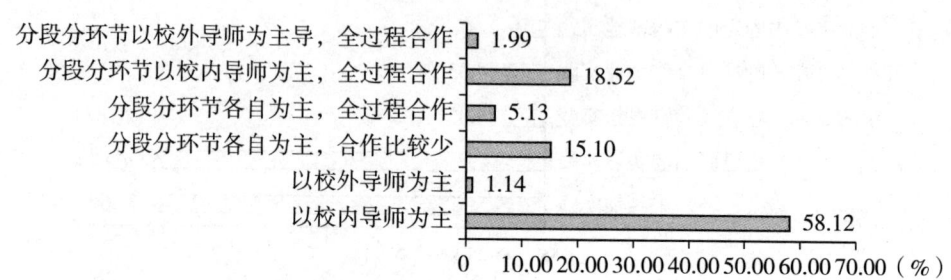

```
分段分环节以校外导师为主导,全过程合作  1.99
分段分环节以校内导师为主,全过程合作    18.52
分段分环节各自为主,全过程合作         5.13
分段分环节各自为主,合作比较少         15.10
以校外导师为主                      1.14
以校内导师为主                              58.12
          0  10.00 20.00 30.00 40.00 50.00 60.00 70.00 (%)
```

图 8-22　校内导师和校外（企业）导师的合作方式

（三）与校内外导师的见面频率

总体来看，见面频率校内导师明显高于校外导师。与校内导师见面频率达到一个月一次的比例最高，为 46.40%；与校外导师见面频率一年一次的比例最高，为 32.57%。校内导师一个月以内的见面频率为 84.45%；校外导师 1 个月以内的见面频率为 38.53%（见图 8-23、图 8-24）。

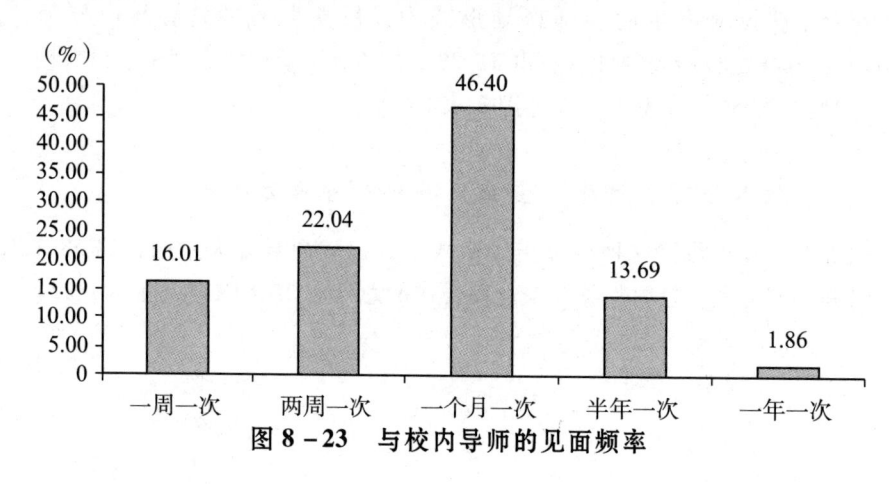

```
(%)
50.00
45.00                    46.40
40.00
35.00
30.00
25.00           22.04
20.00
15.00   16.01                    13.69
10.00
 5.00                                    1.86
 0.00
       一周一次  两周一次  一个月一次  半年一次  一年一次
```

图 8-23　与校内导师的见面频率

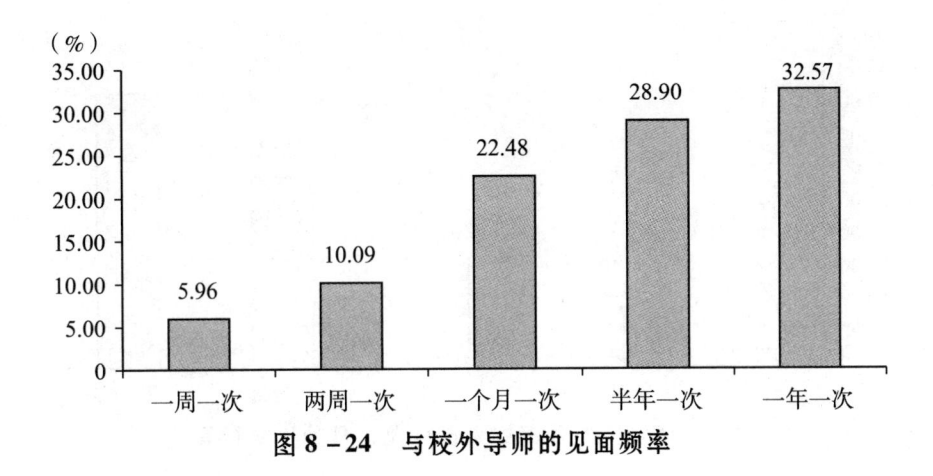

图 8-24 与校外导师的见面频率

（一周一次 5.96；两周一次 10.09；一个月一次 22.48；半年一次 28.90；一年一次 32.57）

（四）校内导师的论文指导水平

学生对校内导师的论文指导水平还是相当认可的，选择高（比较高+非常高）的占 83.82%（见图 8-25）。

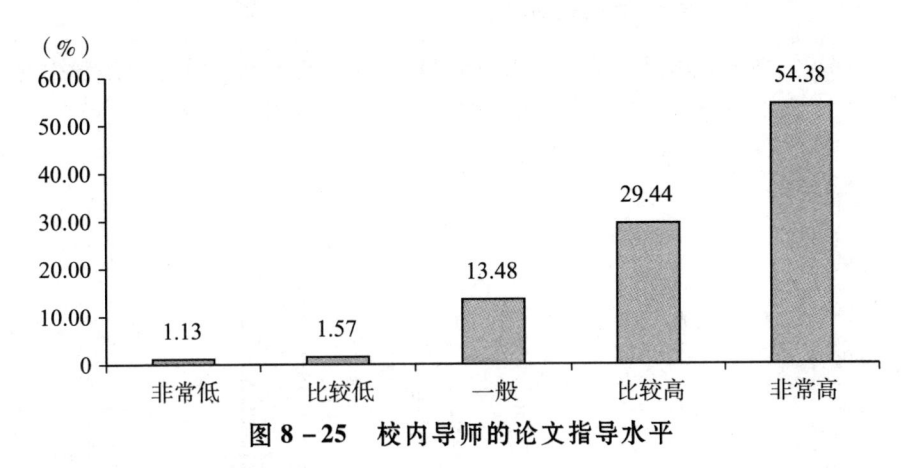

图 8-25 校内导师的论文指导水平

（非常低 1.13；比较低 1.57；一般 13.48；比较高 29.44；非常高 54.38）

（五）校外导师或来自行业人员的论文指导

认为校外导师或行业人员指导多（比较多+非常多）的学生比例达到 70.48%（见图 8-26）。

图 8-26　校外导师或来自行业人员的论文指导

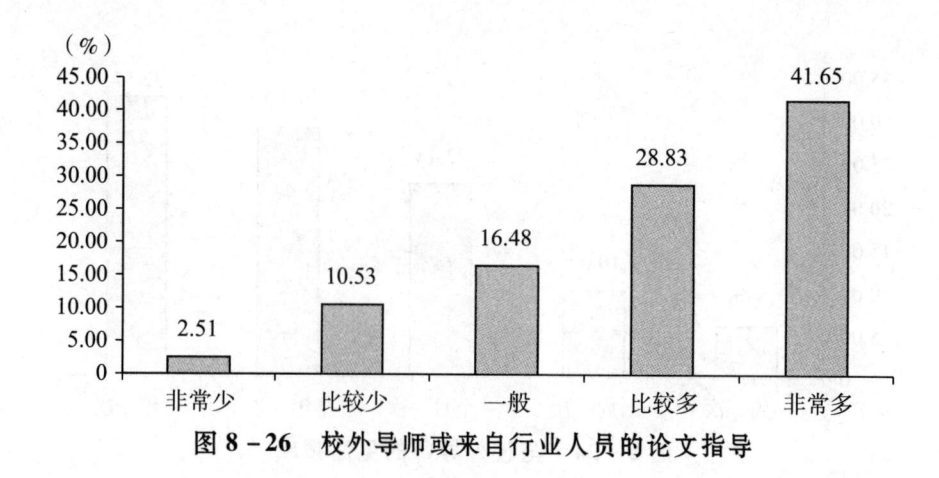

五、考核评价机制

（一）课程的考核方式满意度

对课程考核方式满意的学生占比约为 78.42%，仍有约五分之一的学生对课程考核不太满意，值得关注（见图 8-27）。

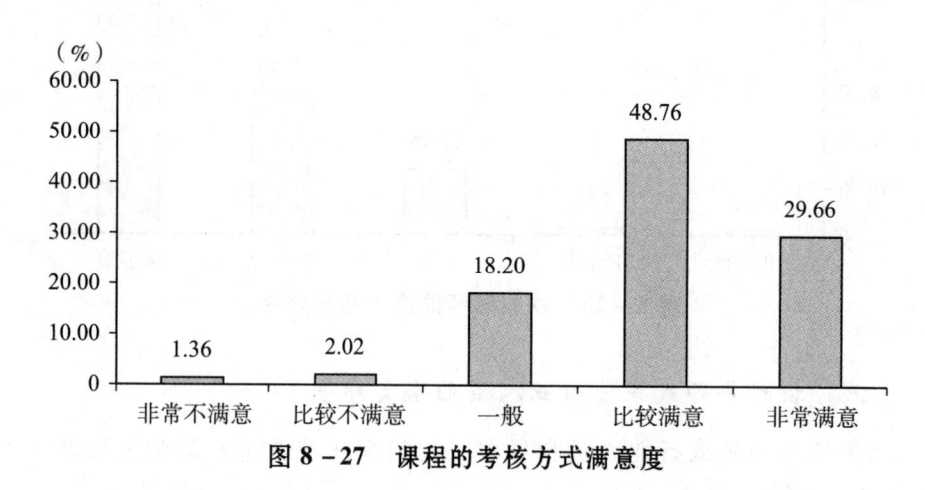

图 8-27　课程的考核方式满意度

（二）学位论文的评价标准

约 79% 的学生对学位论文的评价标准满意（比较满意+非常满意），仍有约 1/5 的学生不太满意（见图 8-28）。

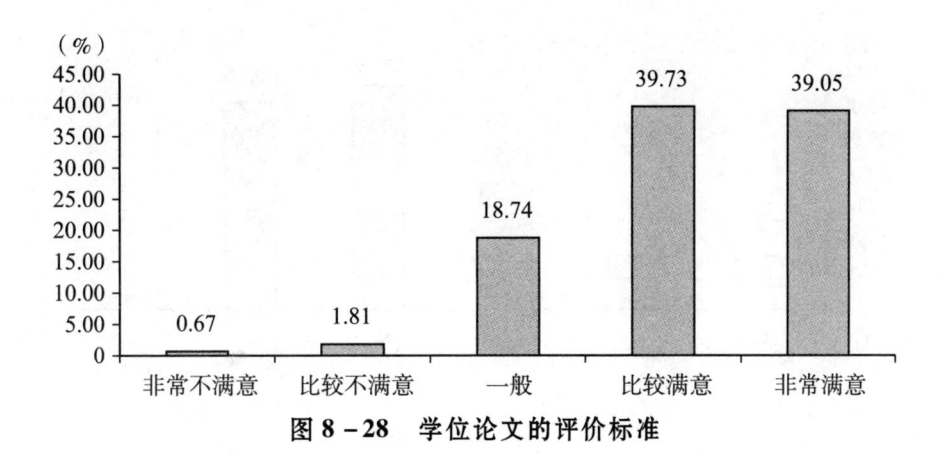

图 8-28 学位论文的评价标准

(三) 质量保障体系（教学评估、认证评估）

74% 的学生对所在 MBA 项目的质量保障体系满意，26.01% 的学生感到一般或不是很满意（见图 8-29）。

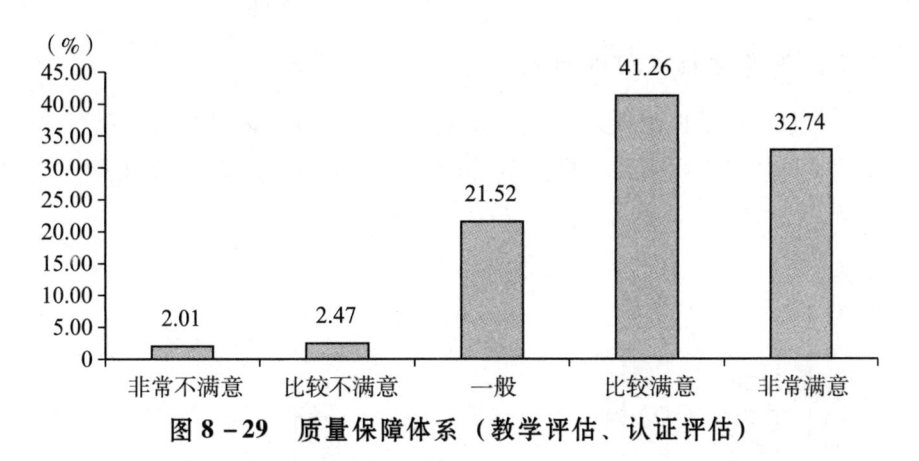

图 8-29 质量保障体系（教学评估、认证评估）

(四) 学位论文的选题与"社会实践或行业实际的现实问题"的相关性

63.66% 的学生学位论文与现实问题相关性在比较大以上，15.74% 的学生学位论文与现实问题不相关或相关性不大，2.08% 的学生不做学位论文（见图 8-30）。

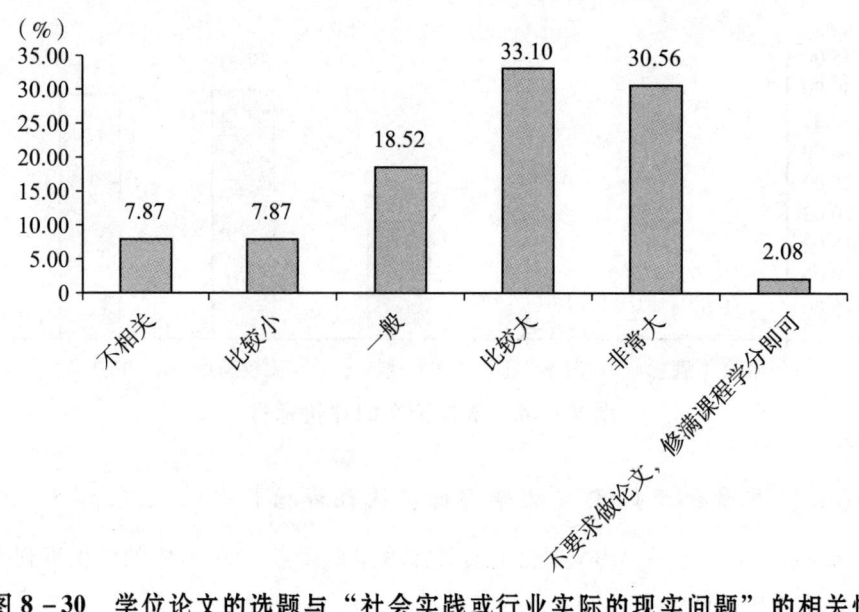

图 8-30　学位论文的选题与"社会实践或行业实际的现实问题"的相关性

(五) 毕业考核以何种形式

毕业考核仍以学位论文为主，占 65.68%。值得注意的是，案例撰写作为毕业考核方式的比例也较高，达到了 21.14%，成为仅次于学位论文的又一大考核方式（见图 8-31）。

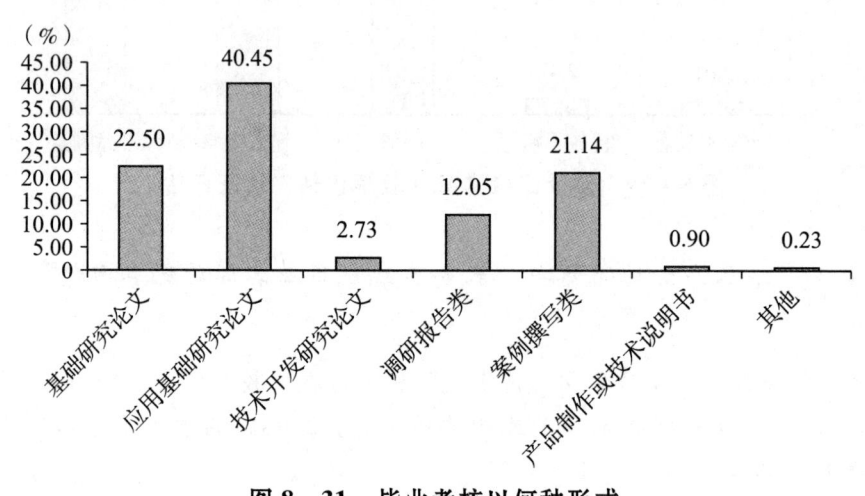

图 8-31　毕业考核以何种形式

六、支撑条件与管理

（一）较之学术型硕士研究生，在奖助学金评定中享有的机会和待遇

仅有22.02%的学生认为与学术型学生在奖助学金评定中享有的机会和待遇相同，68.31%的学生认为待遇低于学术型学生，另有9.67%的学生认为待遇高于学术型学生（见图8-32）。

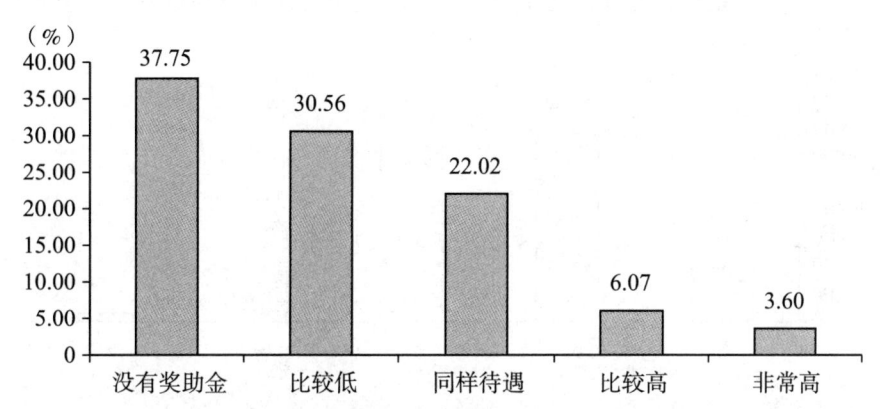

图8-32 较之学术型硕士研究生，在奖助学金评定中享有的机会和待遇

（二）学校是否设有专门经费用于专业学位学生的实习补贴或实践项目研究

认为学校用于专业学位学生的实习补贴或实践项目研究的经费比较高及以上的仅占比6.34%，26.47%的学生认为有一些专门经费，其余2/3的学生认为用于专业学位学生的实习补贴或实践项目研究的专门经费比较少或没有（见图8-33）。

（三）针对专业学位特点，学校开展的就业和职业规划的课程和训练

总体来看，针对专业学位学生的就业和职业规划训练不多，选择没有和比较少的分别是9.77%和33.64%。选择比较多及以上的仅为19.54%（见图8-34）。

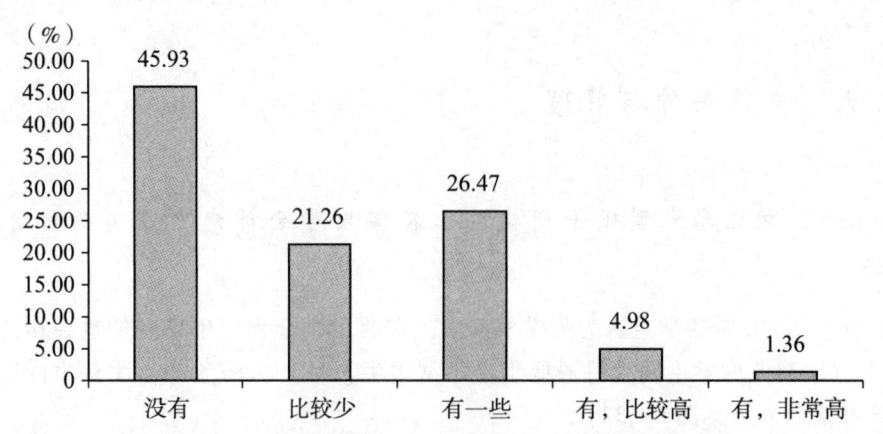

图 8-33 学校是否设有专门经费用于专业学位学生的实习补贴或实践项目研究

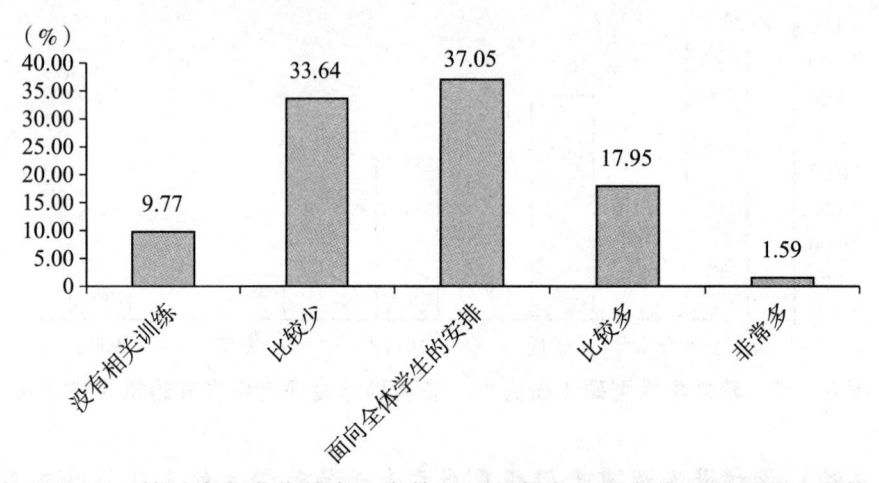

图 8-34 针对专业学位特点，学校开展的就业和职业规划的课程和训练

（四）关于本校本专业学位实践基地建设、实验平台建设的水平

学生认为实践基地、平台的建设水平比较高和非常高的比重为 39.24% 和 31.39%，其余约三成的学生对建设水平不太满意（见图 8-35）。

（五）毕业成果（论文、设计、报告、产品等）的实际应用情况

毕业成果的实际应用分为 5 种情况：不适合实践应用；已在现场实施，效果不明显；已在现场实施，有一定效果和实践应用价值；已解决了实际问题，取得较好效果；已解决了实际问题，产生了经济效益，效果显著。调查结果显示，1/5 左右的学生认为自己的毕业成果不适合实践应用或应用效果不明显，4/5 左右的学生的毕业成果具有一定的应用价值甚至取得了很好的效果（见图 8-36）。

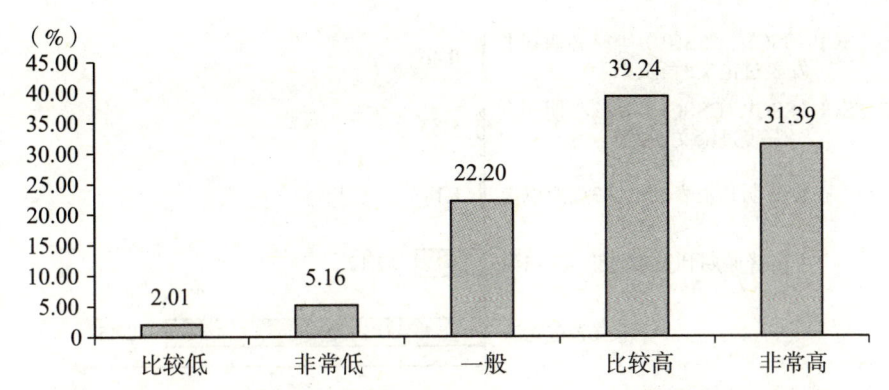

图 8-35　关于本校本专业学位实践基地建设、实验平台建设的水平

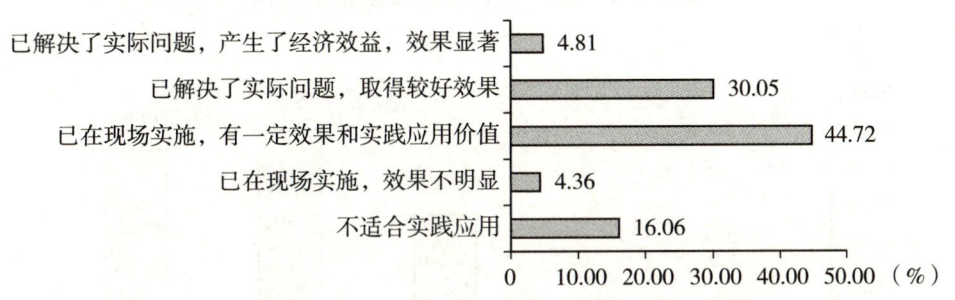

（柱状图数据：比较低 2.01，非常低 5.16，一般 22.20，比较高 39.24，非常高 31.39）

图 8-36　毕业成果（论文、设计、报告、产品等）的实际应用情况

（条形图数据：已解决了实际问题，产生了经济效益，效果显著 4.81；已解决了实际问题，取得较好效果 30.05；已在现场实施，有一定效果和实践应用价值 44.72；已在现场实施，效果不明显 4.36；不适合实践应用 16.06）

（六）硕士在校期间发表论文情况

硕士在校期间发表论文情况分为 5 种：未发表过论文、在普通期刊发表过论文 1~2 篇、在普通期刊发表过论文 3 篇及以上、在（SCI、SSCI、CSSCI）等核心期刊上发表过 1~2 篇论文、在（SCI、SSCI、CSSCI）等核心期刊上发表过 3 篇及以上论文。从发表文章来看，79.45% 的学生未发表论文；在普通期刊发表过 1~2 篇论文的学生占比 17.12%（见图 8-37）。

七、外部环境

合作培养单位或校外行业人员参与培养过程

68.08% 的学生认为合作培养单位或校外行业人员参与培养比较多及以上，其余三成的学生认为来自合作培养单位或校外行业的人员参与一般及较少（见图 8-38）。

图 8-37　硕士在校期间发表论文情况

在（SCI、SSCI、CSSCI）等核心期刊上发表过论文3篇及以上　0.46
在（SCI、SSCI、CSSCI）等核心期刊上发表过论文1~2篇　1.83
在普通期刊发表过论文3篇及以上　1.14
在普通期刊发表过论文1~2篇　17.12
未发表过论文　79.45

图 8-38　合作培养单位或校外行业人员参与培养过程

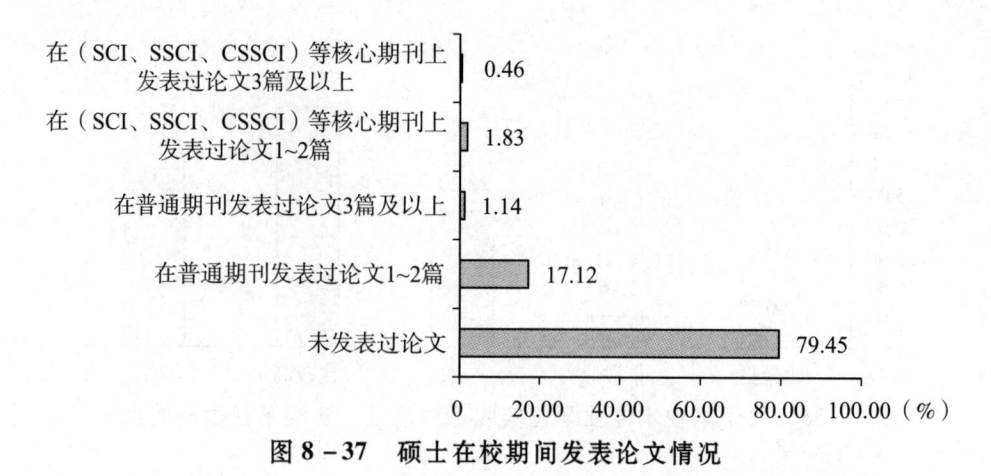

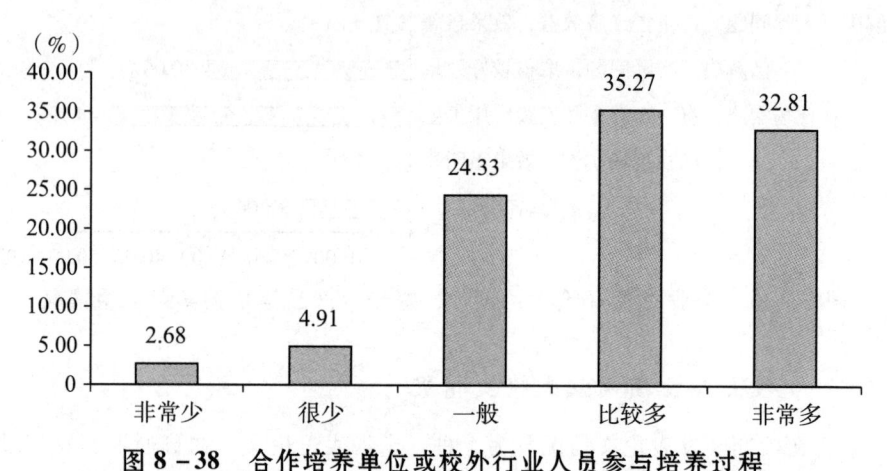

非常少 2.68；很少 4.91；一般 24.33；比较多 35.27；非常多 32.81

第二节　研究结论

一、培养现状与培养目标匹配程度分析

（一）工商管理硕士培养现状比较符合我国专业学位的培养目标

根据调研，在专业学位培养特性方面，培养导向、知识结构、服务导向、人才特性，30%~40%的学生认为理论与实践并重、知识与技能并重、学术与应用

并重、专门与复合并重。其余超过六成学生认为培养特性存在明显偏重。比如培养导向方面，52.80%的学生认为实践性强；知识结构方面，50%的学生认为技能性很强或特别强；服务导向方面，54.58%的学生认为应用性很强或特别偏向应用性；即半数或以上的学生认为实践性强、技能性强、应用性强，均高于全国平均水平。不同的是 62.54%的学生认为复合型很强或特别偏向复合型，仅有 5%的学生认为专门型很强或特别偏向专门型。这与培养目标中的专门型出入较大。

（二）学生普遍认为各项能力都得到了提高，能力提升最大的是团队协作能力

经过专业学位的学习，认为自己各项能力提升的学生均大于 75%。其中，能力提升最大的是团队协作能力；职业素养、职业发展潜力、沟通能力、组织领导力、动手能力、信息感知和采集能力、分析能力、反思和批判性思维、适应和反应能力、知识迁移能力等也有较大提升的学生超过 80%；国际视野和创新能力提升得较低；最低的是专业知识和职业实践能力，约为 76%。85%的学生认为所学专业学位能够满足社会需求（高于全国水平 68%），说明从学生的角度，对本专业学位和专业发展的前景非常认可。MBA 生源需要有三年工作经验，所以与其他专业学位学生在某些方面不同。但是大体与 2010 年《硕士、博士专业学位研究生教育发展总体方案》中提出培养具有较强的专业能力和职业素养、能够创造性地从事实际工作的高层次应用型专门人才的目标一致。

二、培养模式核心要素特征分析

（一）MBA 第一志愿录取比例达到 80%以上

与全国总体情况相比，MBA 以第一志愿被录取的学生比例非常高，达到了81.44%。学生报考 MBA 的主要动机除了人生目标和兴趣追求（35.52%）之外，职业晋升需要（17.87%）、学校品牌的吸引（15.16%）和行业或领域转换（11.99%）也占了较大比重。

（二）课程结构体系设置比较合理，案例库建设效果突出

整体来看，学生比较认同本专业学位的课程结构，认为合理的达到82.36%。认为课程的实践性、前沿性和职业性、综合性比较强或非常强的学生比例达到七

成以上，远远高于全国平均水平（61%~65%）。MBA 项目采取了丰富多样的教学方式，案例教学、团队合作项目训练、讲授加研讨是最受学生欢迎的授课方式。MBA 项目的案例库建设情况也得到了学生的认可，71.36% 的学生认为案例库建设较好或非常好，同样远远高于全国平均情况（57.12%）。

（三）校内外导师合作指导的比例不高

导师指导形式上，只有校内导师的学生比例约有六成，以校内外双导师指导的学生比例仅约三成，且在双导师指导模式下同样也是以校内导师指导为主。但学生对校内外导师的论文指导水平均表示认可，八成学生认为校内导师的论文指导水平比较高或非常高，近七成的学生认为来自校外导师或行业人员的论文指导比较多或非常多。

（四）自己联系专业实践与未参加专业实践的学生比例均为 40% 以上

MBA 专业实践形式基本以学生自己联系为主，占比 43.12%。没有参加实践的学生比例为 41.66%。赴校内外实践基地实践的学生比例仅为 6.52%。

（五）案例撰写成为继学位论文之后的第二大主要毕业考核方式

MBA 毕业考核方式仍以学位论文为主（65.68%），但案例撰写形式在毕业考核方式中占到 21.14% 的比重，另外调研报告作为毕业考核方式的比重也达到 12.05%。相比其他种类的专业学位，MBA 采取的毕业考核评价方式更趋多样化。

（六）奖助学金评定机会和就业指导规划训练均评价一般，支撑服务工作尚需加强

高达 68.31% 的学生认为在 MBA 项目中没有奖助金或奖助金比较低，43.41% 的学生认为针对专业学位学生的就业和职业指导训练缺乏。虽然 MBA 学生就读前可能具备工作经历，但由于调查针对的是全日制学生，且 MBA 项目通常要求较高的学费，因此加强经济方面的支持，适当设立一定比例的奖助学金可能能够有效提高学生的学习积极性。

（七）4/5 左右的学生的毕业成果具有一定的应用价值，取得了较好的实施效果

调查结果显示，有 1/5 左右的学生认为自己的毕业成果不适合实践应用或应用效果不明显，其余 4/5 左右的学生的毕业成果具有一定的应用价值，并且从已在现场实施的情况来看，取得了很好甚至显著的效果。结合图 8-30 中，学生学位论文选题与社会实践或行业实际的现实问题相关性比较大和非常大的比例超过 60%，以及图 8-31 毕业考核形式中，案例撰写和调研报告合计达到 33% 左右的比例来看，可以从某种程度上解释毕业成果应用价值较高的原因。

第九章

Ⅳ型专业学位培养模式现状分析——以应用统计硕士为例

由于应用统计硕士培养规模非常有限,因此全日制非定向应用统计硕士回收的有效问卷数仅43份。调查对象中,男生占比32.56%,女生占比67.44%。调查问卷在各类高校的分布情况如表9-1所示。

表9-1 问卷在"985工程"高校、"211工程"高校、普通高校的分布情况

高校类型	频率	比例(%)
普通高校	16	37.21
"211工程"高校	3	6.98
"985工程"高校	24	55.81
合计	43	100

第一节 培养模式关键要素分析

一、培养目标

(一)专业学位满足社会需求的程度

76.19%的学生认为当前自己所在的专业学位满足社会需求程度高(比较

高+非常高），23.81%的学生则认为满足社会需求程度一般（见图9-1）。

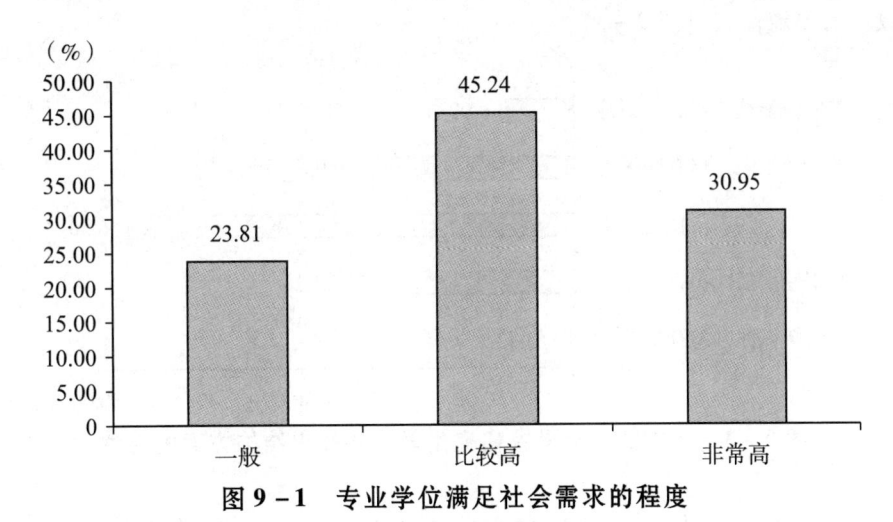

图9-1 专业学位满足社会需求的程度

（二）当前专业学位研究生教育在培养导向方面的特性

34.89%的学生认为当前专业学位研究生教育在培养导向方面是理论与实践并重，41.86%的学生认为当前专业学位研究生教育培养实践性强，理论性弱，说明四成学生认为当前专业学位研究生教育偏重学生的实践。23.25%的学生认为当前专业学位人才培养偏向理论性，实践性很少或没有（见图9-2）。

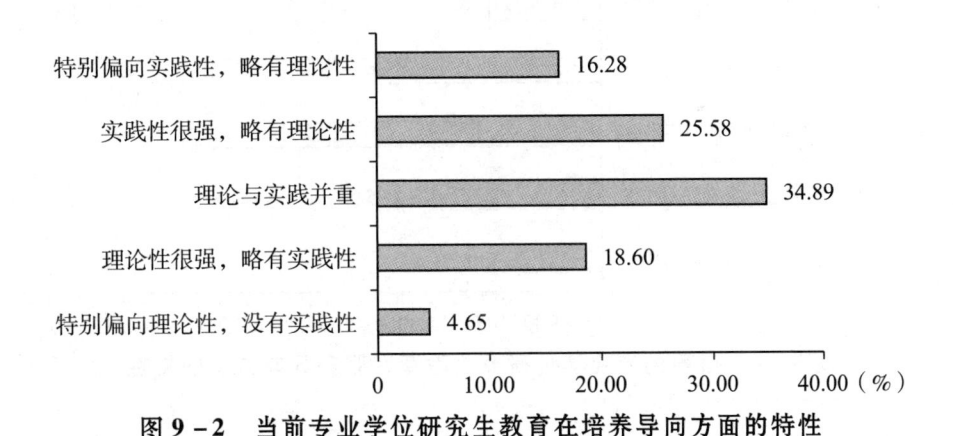

特别偏向实践性，略有理论性　16.28
实践性很强，略有理论性　25.58
理论与实践并重　34.89
理论性很强，略有实践性　18.60
特别偏向理论性，没有实践性　4.65

图9-2 当前专业学位研究生教育在培养导向方面的特性

（三）当前的专业学位研究生教育在知识结构方面的特性

在对专业学位研究生教育知识结构特性的认识方面，选择知识与技能并重的比例最大，占46.50%。另外，有27.91%的学生认为专业学位研究生教育知识结构中的技能性很强或特别强,略有知识性。25.59%的学生认为知识性强,略有或没有技能性(见图9-3)。

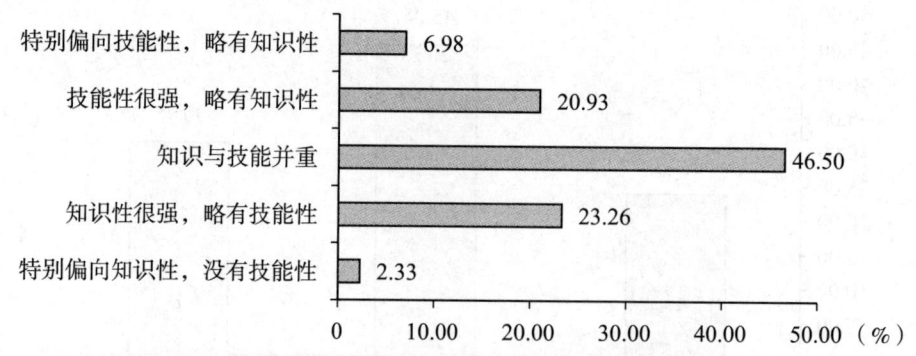

特别偏向技能性,略有知识性　6.98
技能性很强,略有知识性　20.93
知识与技能并重　46.50
知识性很强,略有技能性　23.26
特别偏向知识性,没有技能性　2.33

图9-3　当前的专业学位研究生教育在知识结构方面的特性

(四)当前的专业学位研究生教育在服务导向方面的特性

34.89%的学生认为专业学位研究生教育在服务导向方面实现了学术与应用并重,44.18%的学生认为应用性很强或特别偏向应用性,略有学术性或没有学术性,20.93%的学生认为学术性很强或特别偏向学术性,没有应用性或略有应用性(见图9-4)。

特别偏向应用性,没有学术性　9.30
应用性很强,略有学术性　34.88
学术与应用并重　34.89
学术性很强,略有应用性　13.95
特别偏向学术性,没有应用性　6.98

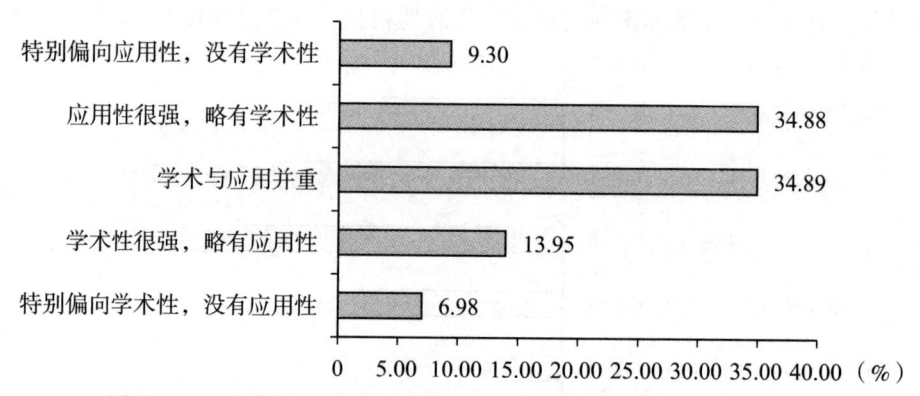

图9-4　当前的专业学位研究生教育在服务导向方面的特性

(五)当前的专业学位研究生教育在人才特性方面的特性

39.54%的学生认为当前的专业学位研究生教育专门型与复合型并重,46.51%的学生认为复合型很强或特别偏向复合型,13.95%的学生认为专门型很强或特别偏向专门型(见图9-5)。

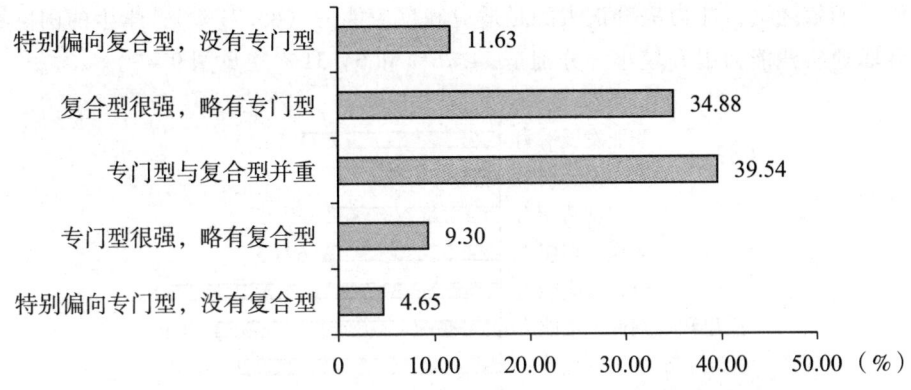

图 9-5 当前的专业学位研究生教育在人才特性方面的特性

- 特别偏向复合型，没有专门型：11.63
- 复合型很强，略有专门型：34.88
- 专门型与复合型并重：39.54
- 专门型很强，略有复合型：9.30
- 特别偏向专门型，没有复合型：4.65

（六）本校本专业学位的各项管理制度

38.09%的学生认为本校自己所在的专业学位项目管理制度合理（比较合理+非常合理），其余超过6成的学生感到一般或不太满意，说明这部分应用统计硕士项目管理制度还需要改进（见图9-6）。

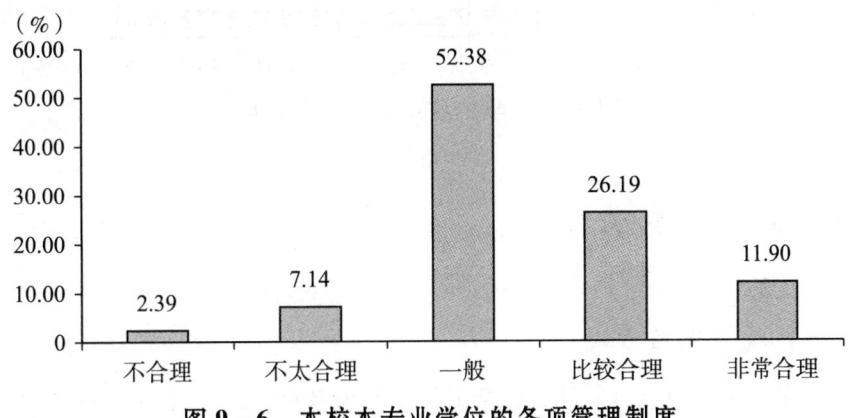

图 9-6 本校本专业学位的各项管理制度

- 不合理：2.39
- 不太合理：7.14
- 一般：52.38
- 比较合理：26.19
- 非常合理：11.90

（七）学生各项能力提升对比

如果将回答能力提升程度"比较大"和"非常大"定义为能力提升的标准的话，整体来看，经过专业学位学习后，除了认为国际视野方面得到了提升的学生比例较低之外（54.76%），其余认为自己各项能力提升的学生均大于60%。各项能力中，提升幅度比较大的是学生职业发展潜力、适应和反应能力、反思和批判性思维能力、分析能力、信息感知和采集能力、动手能力、团队协作能力、专业知识、职业素养、人文素养等，这些能力得到了提升的学生比例均超过

70%。相较之下,能力提升最大的是适应和反应能力(85.71%);学生的国际视野和职业实践能力提升较小,分别是54.76%和64.31%(见图9-7)。

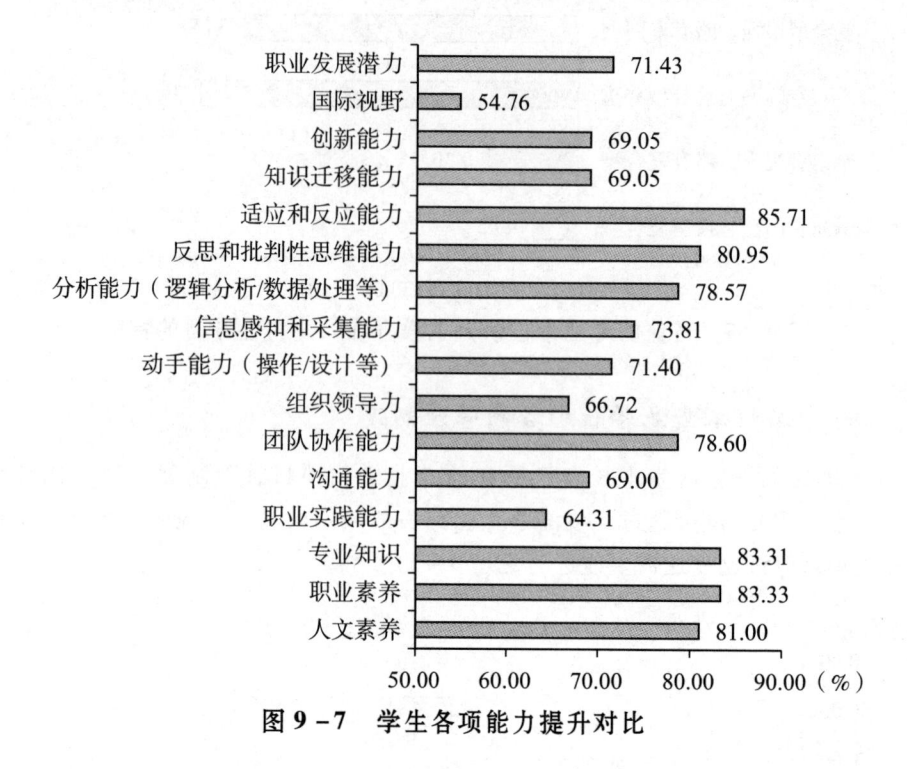

能力项	百分比
职业发展潜力	71.43
国际视野	54.76
创新能力	69.05
知识迁移能力	69.05
适应和反应能力	85.71
反思和批判性思维能力	80.95
分析能力(逻辑分析/数据处理等)	78.57
信息感知和采集能力	73.81
动手能力(操作/设计等)	71.40
组织领导力	66.72
团队协作能力	78.60
沟通能力	69.00
职业实践能力	64.31
专业知识	83.31
职业素养	83.33
人文素养	81.00

图9-7 学生各项能力提升对比

二、招生录取模式

(一)被录取的方式

学生录取方式中,占比最高的是第一志愿报考统考或联考,为53.50%;其次是免试推荐占18.60%;调剂录取(包括从学术型和从专业学位调剂)合计占27.90%(见图9-8)。

(二)当初愿意报考或调剂入学本校攻读本专业学位的首要原因

37.5%的学生为将来就业考虑选择就读专业学位;因人生目标和兴趣追求、换个行业/专业领域、追求学校品牌而选择就读专业学位的各占比15%;其他的入学动机还包括容易被录取,占比12.5%;也有很少量学生为了职业晋升的目的(占比5%)(见图9-9)。

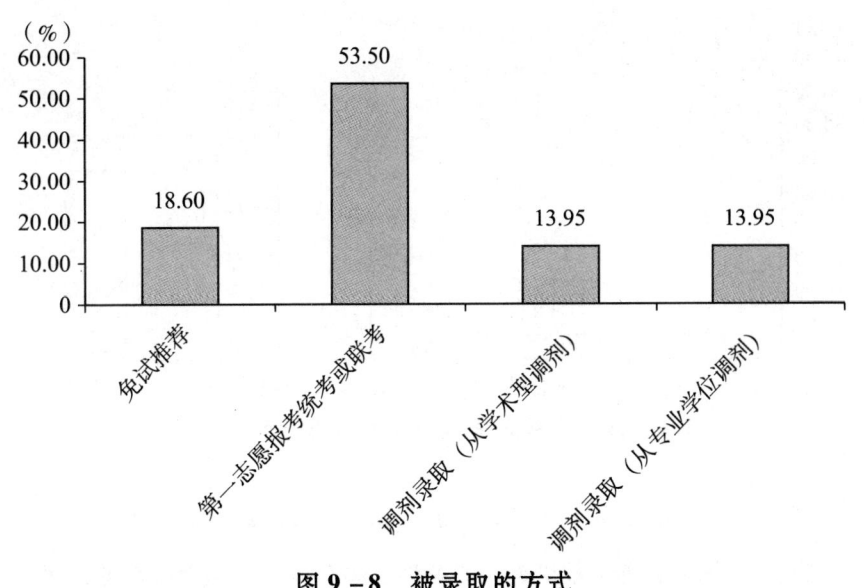

图 9 – 8 被录取的方式

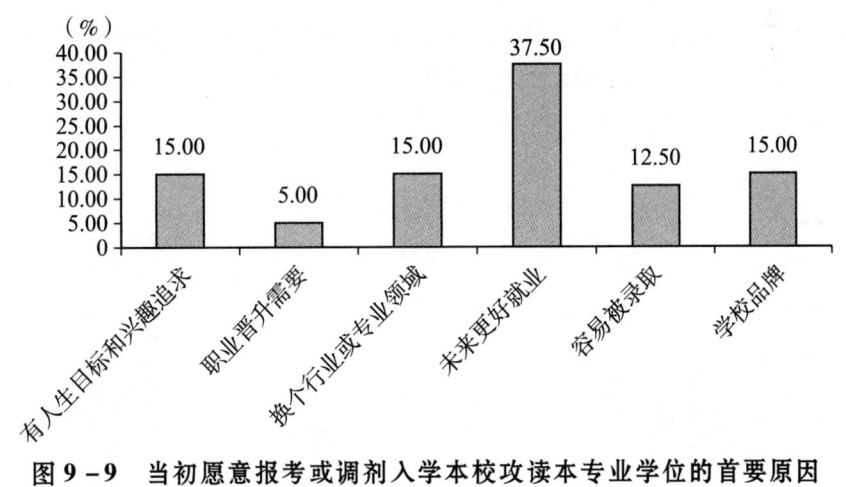

图 9 – 9 当初愿意报考或调剂入学本校攻读本专业学位的首要原因

三、课程体系与授课方式

（一）本校本专业学位整体课程结构体系

整体课程结构体系的设置方面，71.43% 的学生认为比较合理（比较合理 + 非常合理），比例较高。可见学生对所就读专业学位的课程结构体系是比较认可的（见图 9 – 10）。

图9-10　本校本专业学位整体课程结构体系

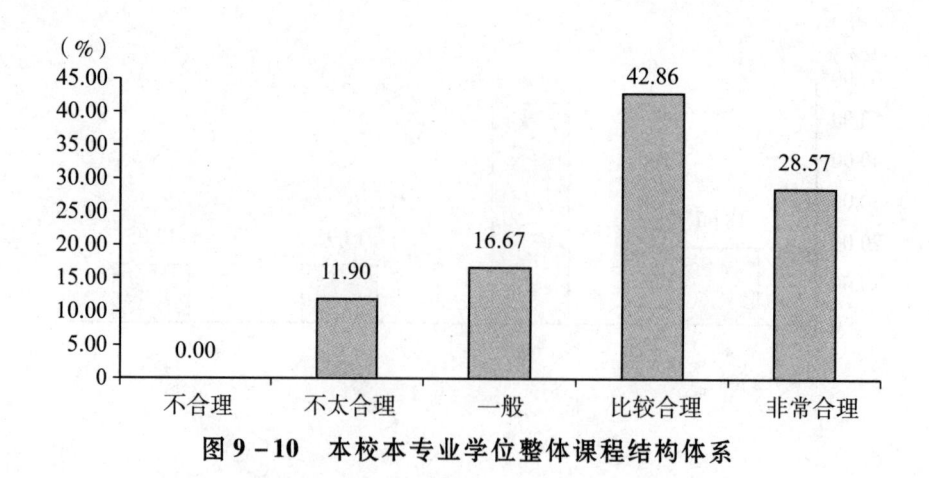

（二）在课程内容的实践性、前沿性、职业性、综合性

在课程内容的实践性、前沿性、职业性、综合性（与多学科交叉，涉及多学科知识）方面，认为这四项强（比较强+非常强）的比例在54%~62%，略低于全国的数据。其中，认为课程内容的实践性、前沿性和职业性高的学生比例在54%~58%，这3个方面还需提升。相比之下，认为课程内容的综合性强的学生比例略高，为61.9%（见图9-11）。

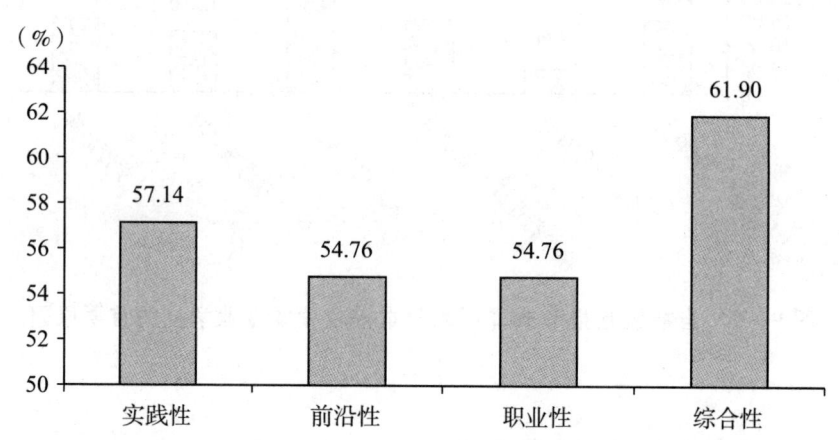

图9-11　在课程内容的实践性、前沿性、职业性、综合性

（三）课程教学方式（讲授、案例、项目、讨论等）

在课程教学方式方面，38%的学生认为教学方式比较多，26.19%的学生认为教学方式丰富多样，认为一般和比较少的学生占35.72%（见图9-12）。

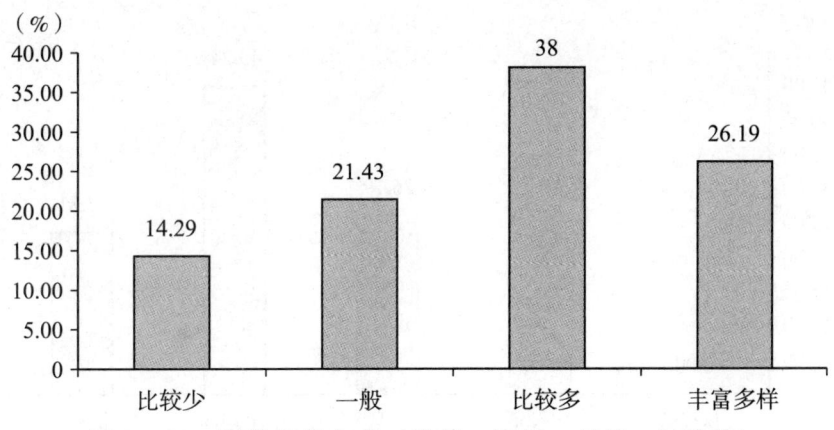

图 9-12 课程教学方式（讲授、案例、项目、讨论等）

（四）案例库建设

50%的学生认为案例库建设情况在比较好及以上，也有21.43%的学生认为案例库建设很少，案例库建设还需加强（见图9-13）。

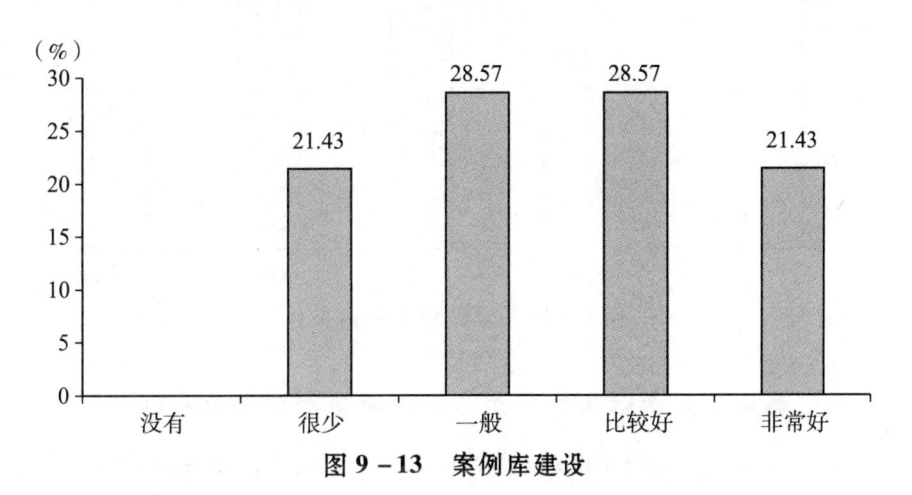

图 9-13 案例库建设

（五）实践教学质量

认为实践教学质量比较高和非常高的学生占比69.05%，仅有4.76%的学生认为实践教学质量比较低（见图9-14）。

（六）实践教学校内条件

认为所在专业学位实践教学校内条件比较好和非常好的学生占52.38%，认为实践教学校内条件比较差的学生占19.05%（见图9-15）。

图 9-14　实践教学质量

图 9-15　实践教学校内条件

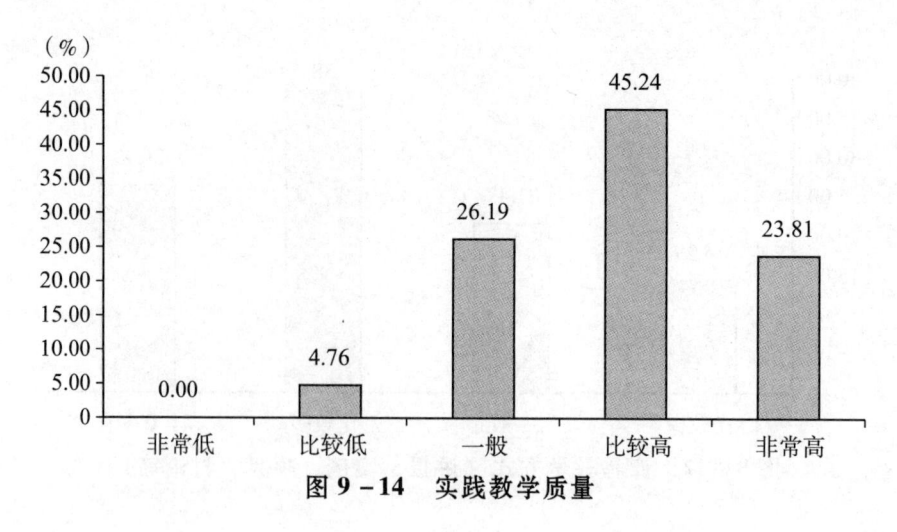

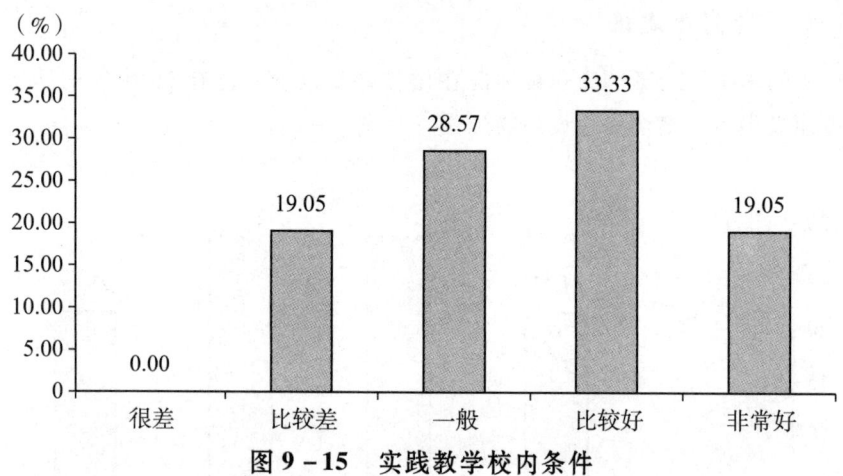

（七）就读专业学位课程总量与相应的学术型学位相比

41.86%的学生认为所学课程总量与学术型学生相同，48.84%的学生所学专业学位课程小于学术型学位，其余9.3%的学生认为课程量大于学术型学位（见图9-16）。

（八）最喜欢的教学方式

从教学方式来看，最受学生喜欢的是案例教学，占比37.5%；其次是实验教学和讲授加研讨教学方式，均为22.5%；第三是团队合作项目训练，为15%；纯课程讲授仅占2.5%（见图9-17）。

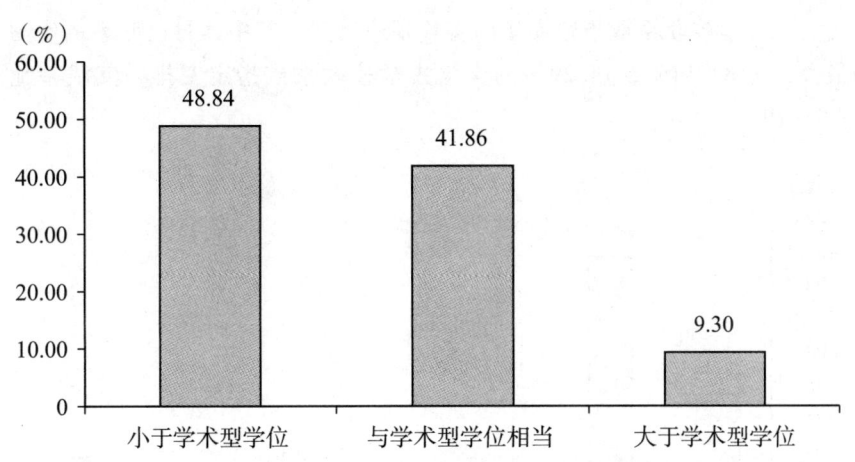

图 9–16　就读专业学位课程总量与相应的学术型学位相比

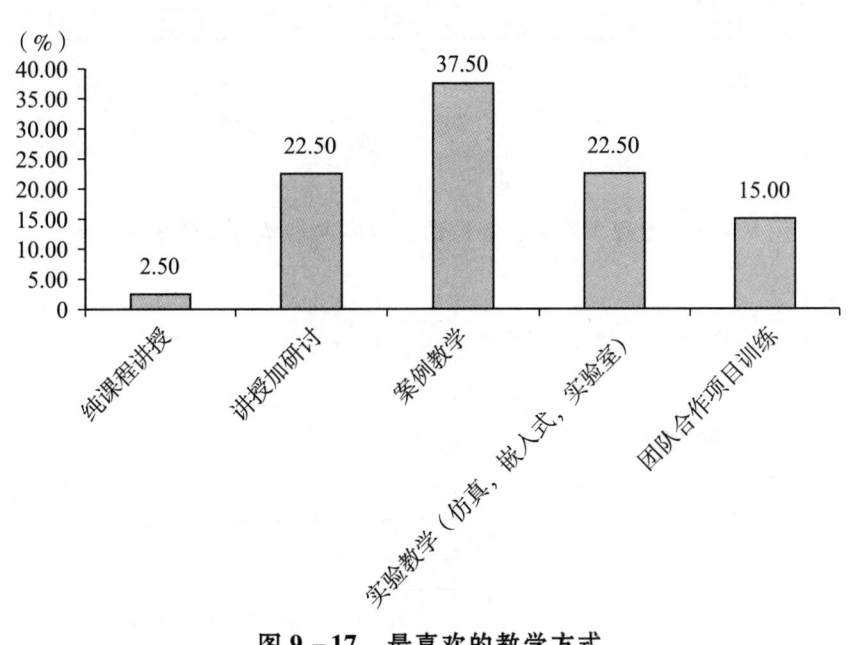

图 9–17　最喜欢的教学方式

(九) 课程学习中，采取的主要实践教学方式的情况如何

实践教学的方式来看，实践教学的比例最高，为 44.19%；也有 23.26% 的学生认为教学方式比较单一（见图 9–18）。

(十) 实践形式

学生的实践形式有以下三种：自己联系的实习实践、跟随导师课题在实验室视作实践、去学校联系或指定安排的实践基地实践。其中，自己联系的实习实践比例最大，为82.14%；14.29%的学生去学校联系或指定安排的实践基地实践（见图9-19）。

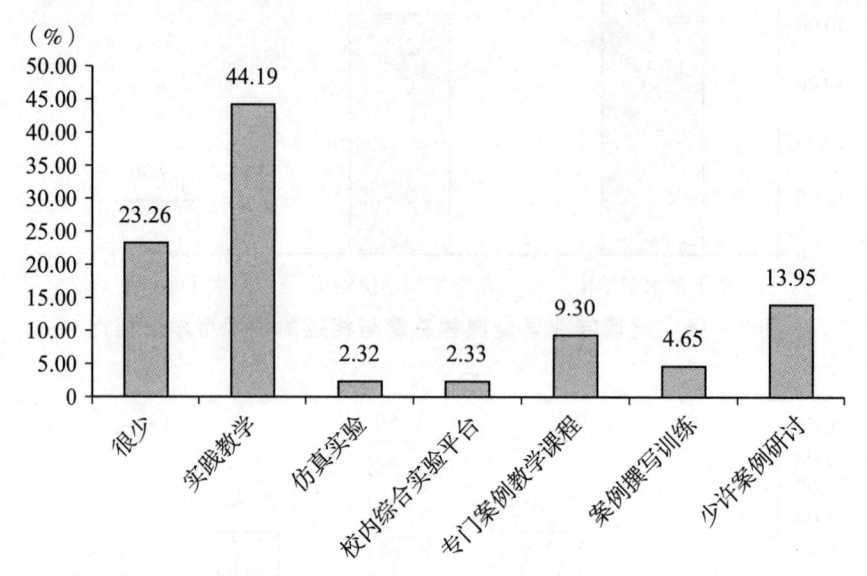

图 9-18 课程学习中，采取的主要实践教学方式的情况如何

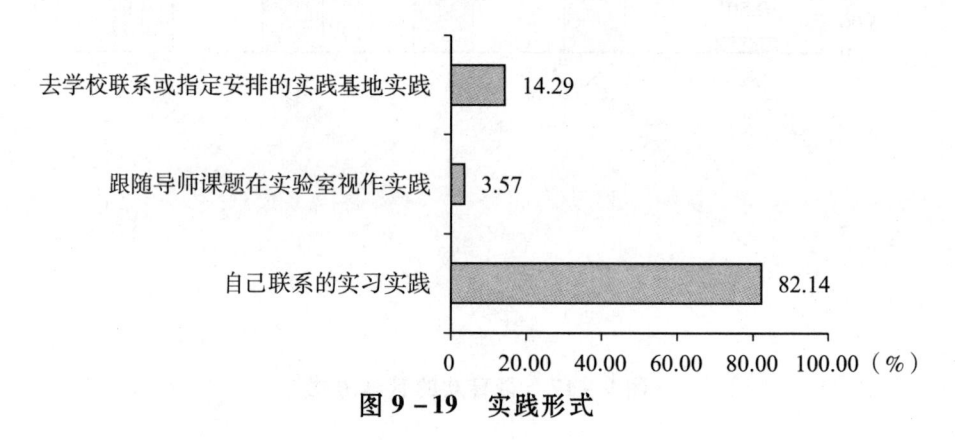

图 9-19 实践形式

四、师资队伍

（一）导师指导形式

在导师指导形式中，最常见的是只有校内导师指导，占72.09%；其次是校

内外导师组联合指导，占 23.26%；还有少量是校内导师组指导的形式，占 4.65%（见图 9-20）。

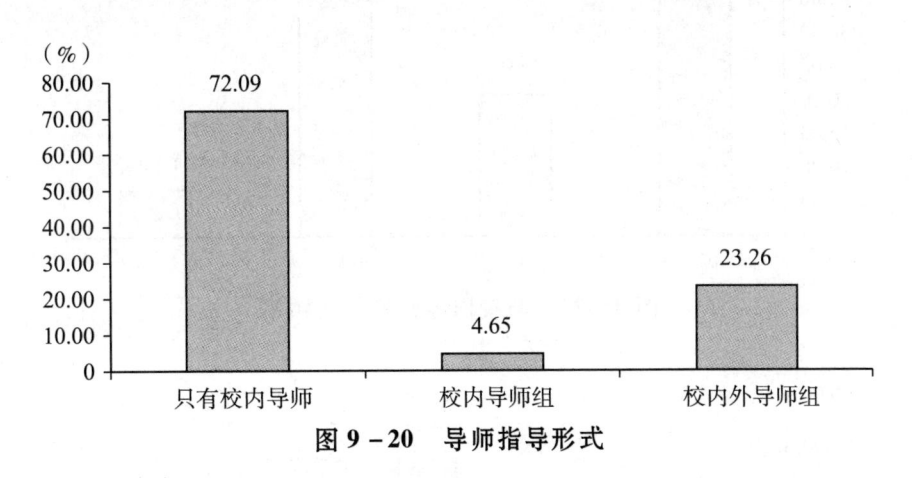

图 9-20 导师指导形式

（二）校内导师和校外（企业）导师的合作方式

在校内外双导师组这种导师指导形式下，两位导师的合作方式多数以校内导师为主，占比 53.33%；分段分环节校内导师为主，全过程合作占 26.67%；可见约八成的学生主要由校内导师指导（见图 9-21）。

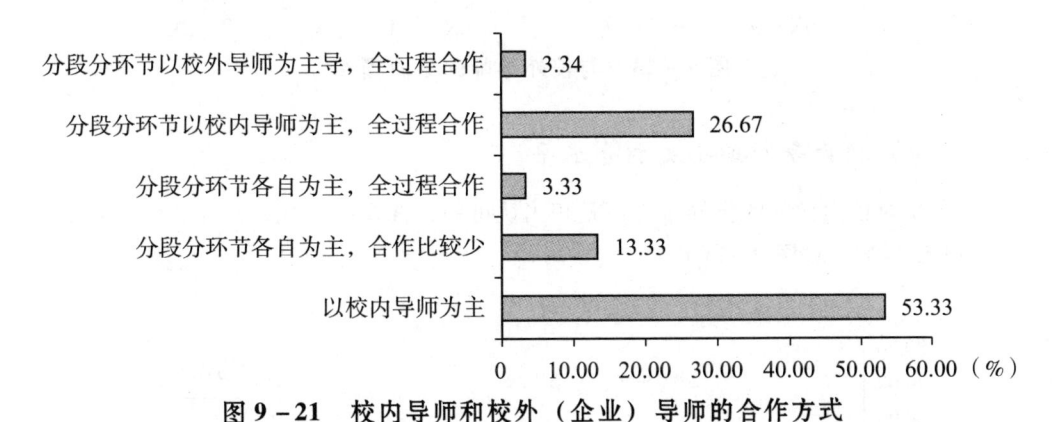

图 9-21 校内导师和校外（企业）导师的合作方式

（三）与校内外导师的见面频率

总体来看，与校内导师见面的频率明显高于校外导师。与校内导师一周一次见面的学生占比 34.88%，在这一点上，校外导师仅为 7.69%。校内导师一个月内的见面频率为 93.02%，校外导师一个月内的见面频率为 69.23%（见图 9-22、图 9-23）。

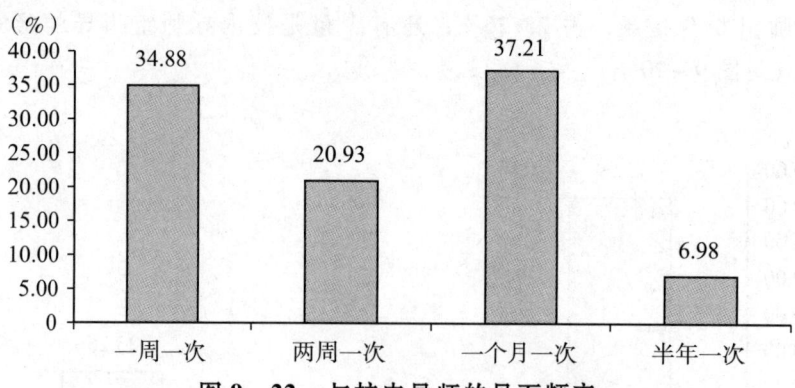

图 9－22　与校内导师的见面频率

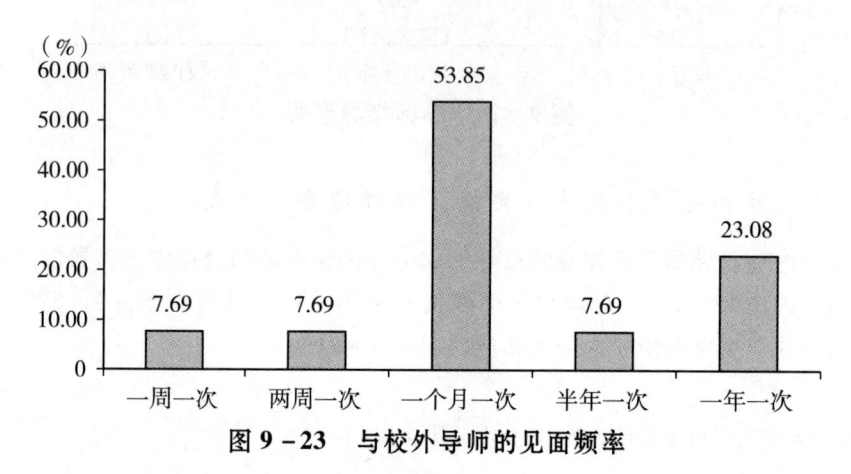

图 9－23　与校外导师的见面频率

（四）校内导师的论文指导水平

学生对校内导师的指导水平还是相当认可的，选择高（比较高＋非常高）的约占 95.24%（见图 9－24）。

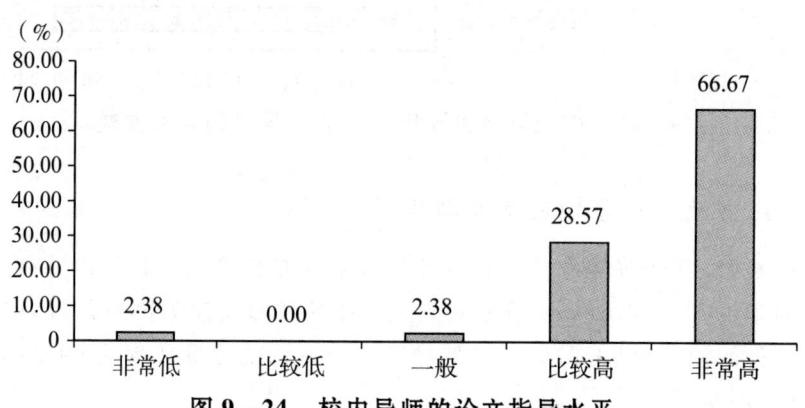

图 9－24　校内导师的论文指导水平

(五) 校外导师或来自行业人员的论文指导

认为校外导师或行业人员指导多（比较多+非常多）的学生比例约为 60%（见图 9-25）。

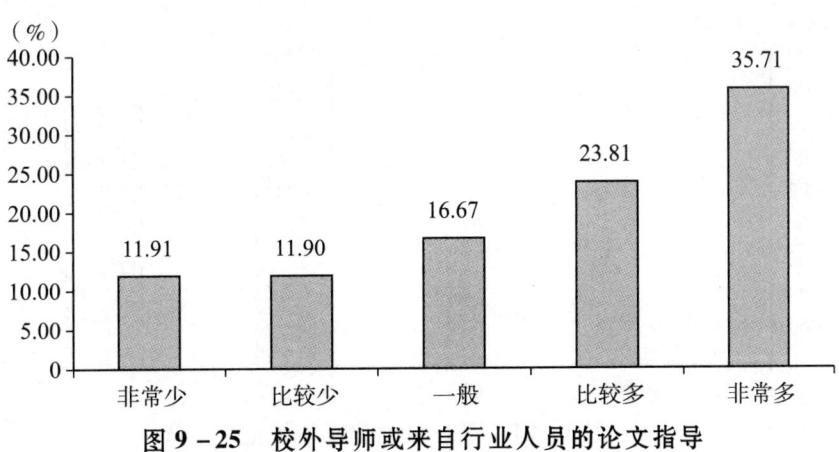

图 9-25 校外导师或来自行业人员的论文指导

非常少	比较少	一般	比较多	非常多
11.91	11.90	16.67	23.81	35.71

五、考核评价机制

(一) 课程的考核方式满意度

对课程考核方式比较满意和非常满意的学生占比约为 69.04%，仍有三成的学生对课程考核感到一般或比较不满意（见图 9-26）。

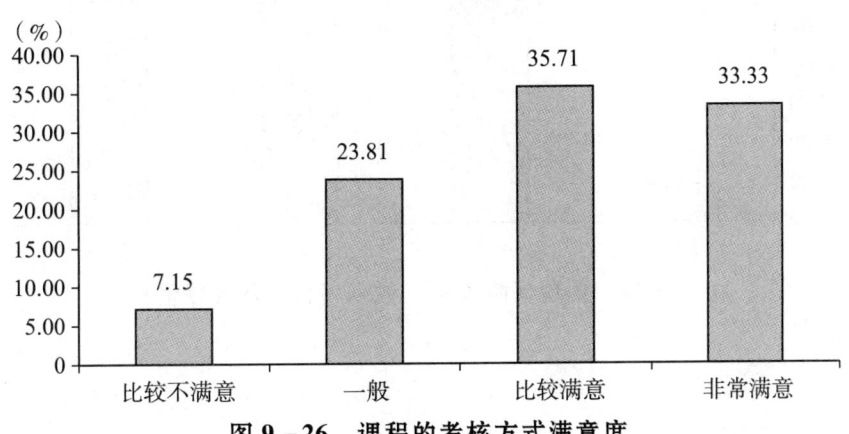

图 9-26 课程的考核方式满意度

比较不满意	一般	比较满意	非常满意
7.15	23.81	35.71	33.33

（二）学位论文的评价标准

80.96%的学生对学位论文的评价标准表示满意（比较满意+非常满意）（见图9-27）。

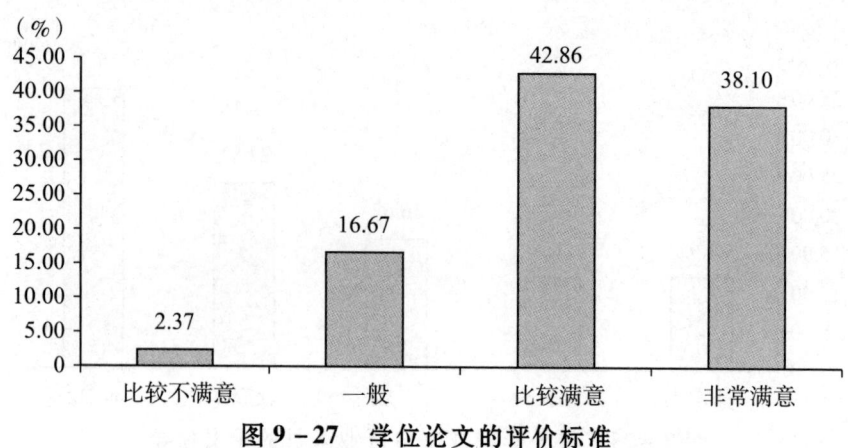

图9-27 学位论文的评价标准

（三）质量保障体系（教学评估、认证评估）

66.67%的学生对其所在专业学位项目的质量保障体系满意，仍有1/3的学生不是很满意（见图9-28）。

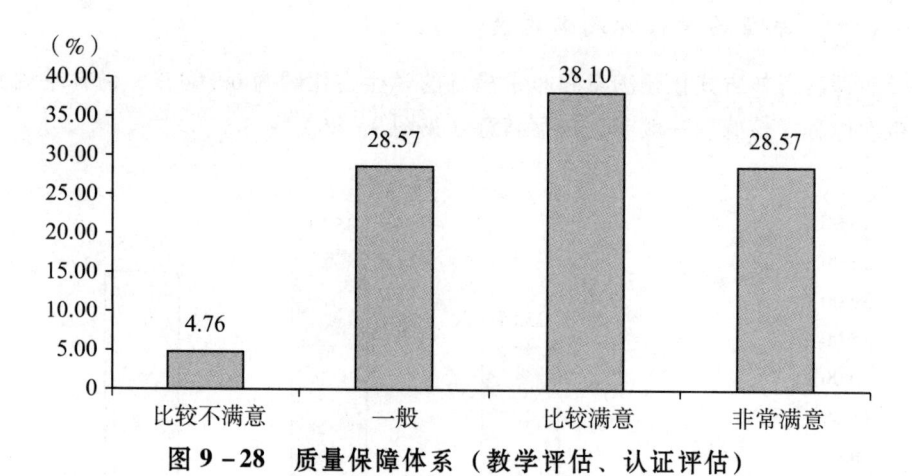

图9-28 质量保障体系（教学评估、认证评估）

(四) 学位论文的选题与"社会实践或行业实际的现实问题"的相关性

62.79%的学生学位论文与现实问题相关性比较大和非常大，16.28%的学生学位论文与现实问题不相关或相关性比较小（见图9-29）。

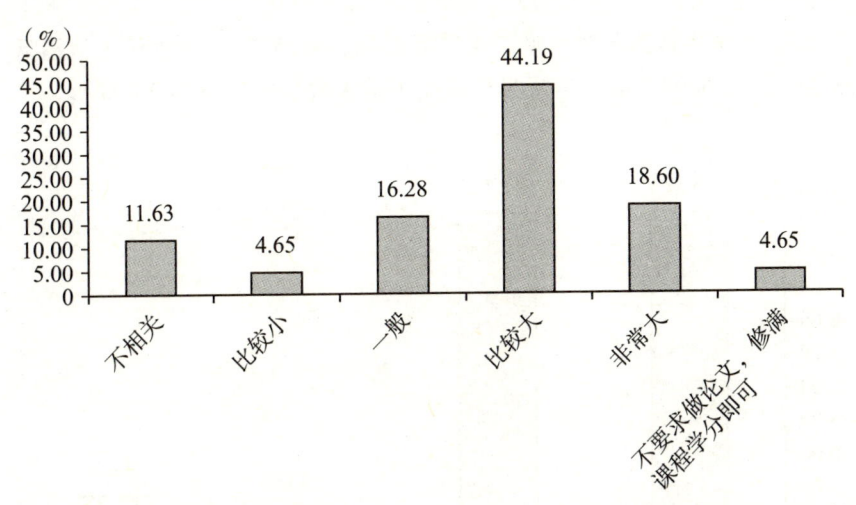

图9-29 学位论文的选题与"社会实践或行业实际的现实问题"的相关性

(五) 毕业考核以何种形式

毕业考核仍以学位论文为主，基础研究论文和应用基础研究论文分别占比20.93%和72.09%。调研报告类考核方式也有一部分，占比6.98%（见图9-30）。

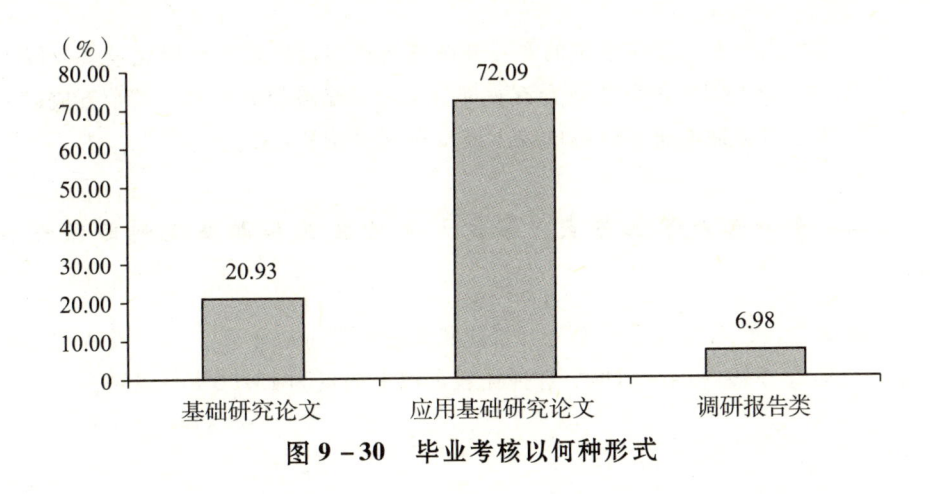

图9-30 毕业考核以何种形式

六、支撑条件与管理

(一) 奖助学金评定中享有的机会和待遇(与学术型硕士研究生比较)

46.51%的学生认为与学术型学生待遇相同,46.51%的学生认为待遇低于学术型学生,另有6.98%的学生认为待遇高于学术型学生(见图9-31)。

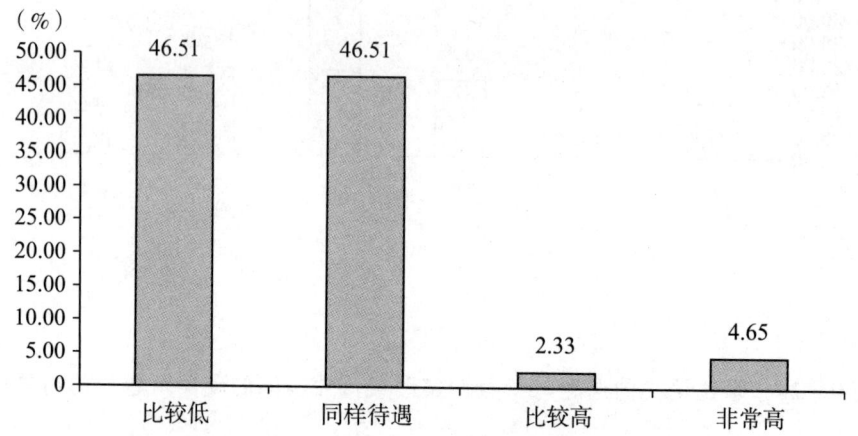

图9-31 较之学术型硕士研究生,在奖助学金评定中享有的机会和待遇

(二) 学校是否设有专门经费用于专业学位学生的实习补贴或实践项目研究

认为学校用于专业学位学生的实习补贴或实践项目研究的经费比较多及以上的仅占9.3%,37.21%的学生选择有一部分实习补贴或研究经费,其余五成以上的学生认为实习补贴或研究经费比较少或没有(见图9-32)。

(三) 针对专业学位特点,学校开展的就业和职业规划的课程和训练

总体来看,针对专业学位学生的就业和职业规划训练不多,选择没有和比较少的分别是13.95%和46.51%。选择比较多以上的仅为13.96%(见图9-33)。

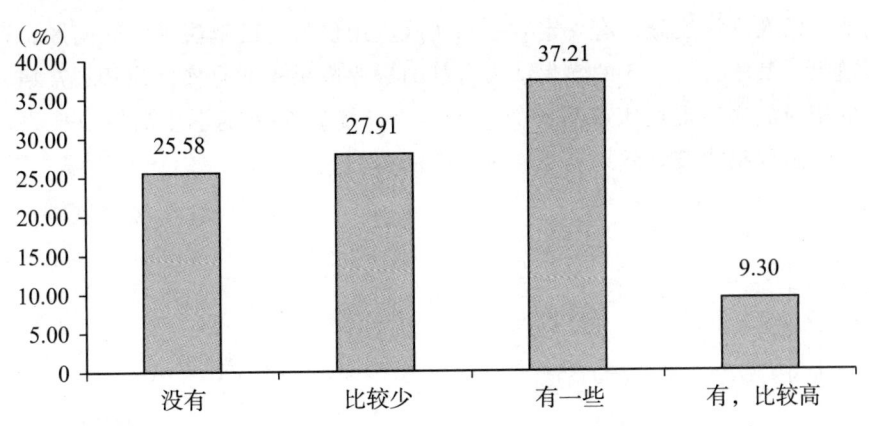

图 9-32 学校是否设有专门经费用于专业学位学生的
实习补贴或实践项目研究

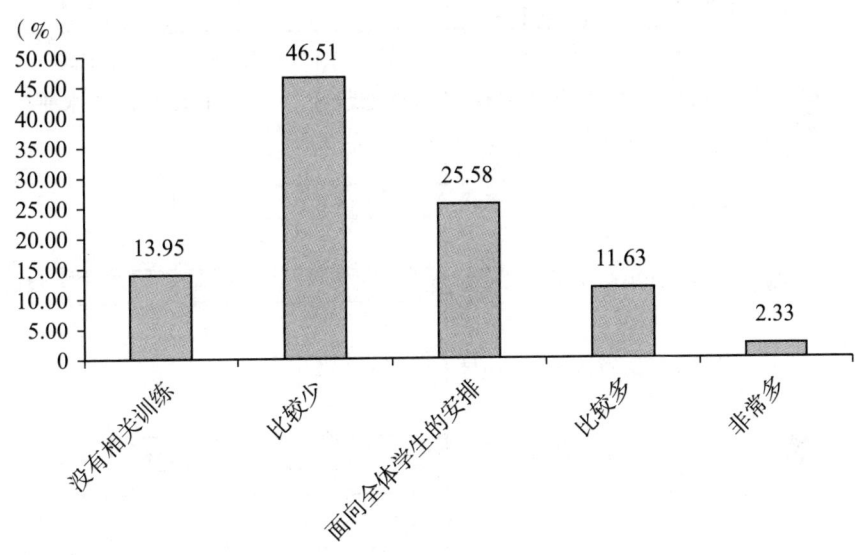

图 9-33 针对专业学位特点，学校开展的就业和
职业规划的课程和训练

（四）关于本校本专业学位实践基地建设、实验平台建设的水平

学生认为实践基地、平台的建设水平比较高和非常高的比重分别为 47.62%
和 23.81%，其余约三成的学生不太满意（见图 9-34）。

（五）毕业成果（论文、设计、报告、产品等）的实际应用情况

毕业成果的实际应用情况分为 5 种：不适合实践应用；已在现场实施，效果

不明显;已在现场实施,有一定效果和实践应用价值;已解决了实际问题,取得较好效果;其中,约1/3的学生认为自己的毕业成果不适合实践应用;7.14%的学生的毕业成果在现场实施后的效果不明显;接近60%的学生的毕业成果应用后取得一定效果或较好效果(见图9-35)。

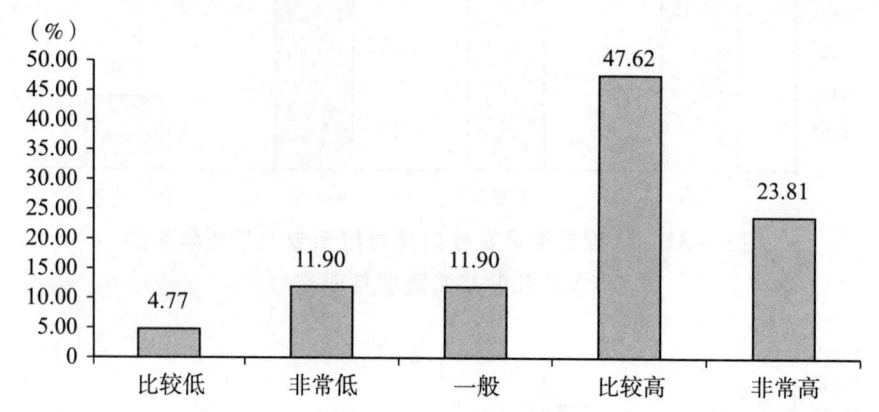

图9-34 关于本校本专业学位实践基地建设、实验平台建设的水平

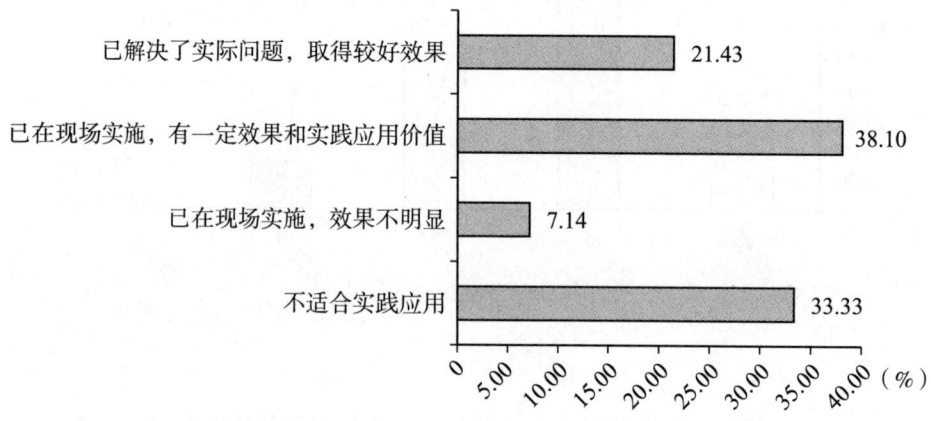

图9-35 毕业成果(论文、设计、报告、产品等)的实际应用情况

(六)硕士研究生在校期间发表论文情况

硕士研究生在校期间发表论文情况分为两种情况:未发表过论文、在普通期刊发表过1~2篇论文。调查中,就读期间未发表过论文的学生约占3/4,在普通期刊发表过1~2篇论文的学生约占1/4(见图9-36)。

图 9-36 硕士生在校期间发表论文情况

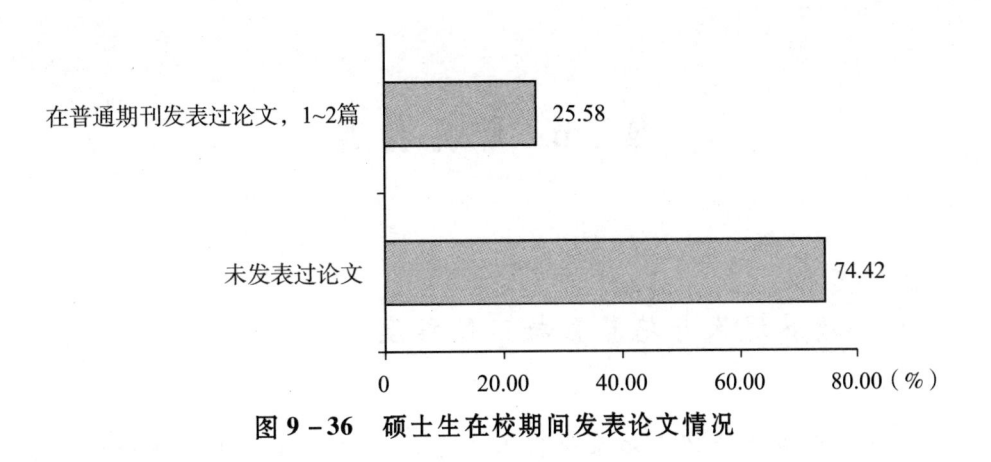

七、外部环境

合作培养单位或校外行业人员参与培养过程

76.19%的学生认为合作培养单位或校外行业人员参与培养比较多及以上，其余约1/4的学生认为参与少（见图9-37）。

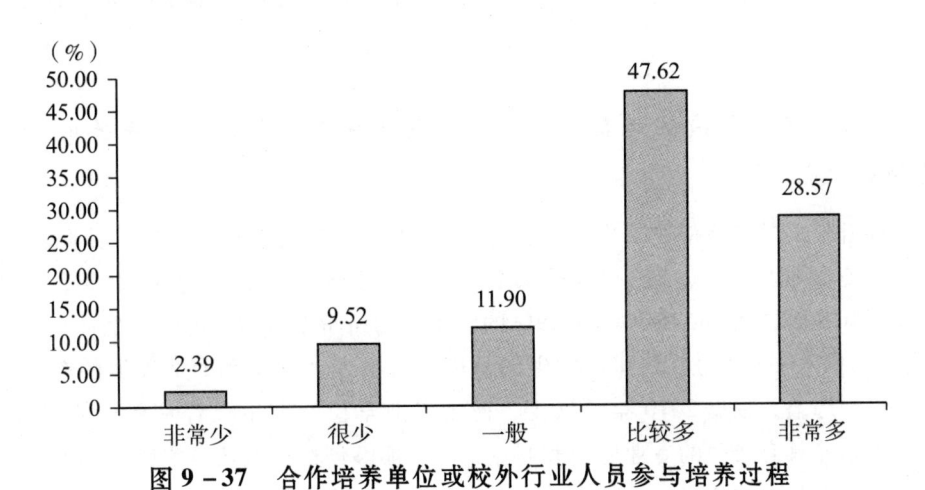

图 9-37 合作培养单位或校外行业人员参与培养过程

第二节 研究结论

一、培养现状与培养目标匹配程度分析

（一）应用统计硕士培养现状不完全符合我国设置专业学位的培养目标

根据调研情况，在专业学位培养特性方面，培养导向、知识结构、服务导向、人才特性中有四成左右的学生认为理论与实践并重、知识与技能并重、学术与应用并重、专门与复合并重。其余六成左右学生认为培养特性存在明显偏重。比如培养导向方面，41.86%的学生认为实践性强；知识结构方面，27.91%的学生认为技能性很强或特别强；服务导向方面，44.18%的学生认为应用性很强或特别偏向应用性；人才特性方面，13.95%的学生认为专门型很强或特别偏向专门型。

（二）学生普遍认为各项能力都得到了提高，但是能力提升的程度差距较大

提升最多的是适应和反应能力，达到85.71%；其次是专业知识、职业素养、人文素养在80%以上。较少的是创新能力和知识迁移能力，均为69.05%；最低的是国际视野，为54.76%。76.19%的学生认为所学专业学位能够满足社会需求（高于全国水平68%），说明从学生的角度，对本专业学位和专业发展的前景非常认可。综上，依据2010年《硕士、博士专业学位研究生教育发展总体方案》中提出培养具有较强的专业能力和职业素养、能够创造性地从事实际工作的高层次应用型专门人才的目标，学生认为实践性和应用型得到了体现，但是技能型和专门型并不明显。

二、培养模式核心要素特征分析

（一）应用统计硕士以第一志愿录取的学生比例约为半数，报考动机以就业需求为主

以第一志愿报考并录取的学生占比最高，为 53.5%。在入学动机方面，学生报考应用统计硕士最主要的动机是出于就业需求（37.5%），其次才是人生目标和兴趣追求、换个行业/专业领域、追求学校品牌，选择这三项的学生比例各为 15%。

（二）课程内容的实践性、前沿性、职业性以及授课方式的多样性有待提升

虽然学生比较认同本专业学位的整体课程结构安排，认为合理的达到 71.43%。但对于课程内容的实践性、前沿性和职业性认为较强或非常强的学生比例均不足 60%，略低于全国平均水平（61%~65%）。在教学方式方面，虽然案例教学、讲授加研讨、团队合作项目训练等方式受到学生欢迎，但实际上有 1/4 学生认为实践教学比例很少，1/3 的学生认为授课方式一般或比较少。

（三）双导师学生的比例不高

导师指导形式上，只有校内导师的学生比例达到 72.9%，仅有 23.26% 学生有校内外双导师指导，且双导师的学生也是校内导师指导为主。学生与校内导师见面频率明显高于校外导师，95.24% 的学生对校内导师的论文指导水平非常认可，高于其他专业学位。

（四）专业实践以学生自主联系为主

被调查的学生全部参加了专业实践，实践主要依靠学生自己联系，占比 82.14%；赴校外实践基地的比例为 14.29%；跟随导师课题视作实践的比例为 3.57%。应用统计硕士培养规模较小，这类小规模的培养项目在建立实践基地方面的确存在明显劣势，未来需要明确需求，集中力量，创建精准的行业（企业）合作关系。

（五）毕业考核评价方式以学位论文为主

应用统计硕士毕业考核评价方式仍以学位论文为主，占 93.02%。80% 以上

的学生对学位论文的评价标准表示比较满意或非常满意。

（六）学位论文选题的实践价值和毕业成果应用价值尚可

调查发现，学生认为学位论文选题与社会实际问题或社会实践比较相关或非常相关的比例为 62.79%。对于毕业成果的实际应用情况，1/3 的学生认为自己的成果不适合实践应用，但也有近六成学生评价自己的成果已应用于解决实际问题且取得了效果。

第十章

专业学位培养模式现状对比分析及建议

第一节 专业学位对比分析

一、培养目标及相关对比

从培养目标来看，全国数据和四类专业学位数据表现出了一定的共性。接受专业学位教育后，全国及工程硕士、法律硕士、工商管理硕士、应用统计硕士学生认为当前专业学位教育体现了理论与实践并重；知识与技能并重；学术与应用并重；专门型与复合型并重的比例在 30%～50%，其中多数集中在 40% 左右（见图 10-1）。

其余六成左右学生认为培养特性存在明显的偏向。全国及 4 类专业学位普遍认为偏向应用性（学术型很少或没有）和偏向实践性（理论性很少或没有）的比例，在 40% 以上。

各专业学位对于偏向技能性（知识性很少或没有）的选择比例差异最大，全国平均水平为 40.32%。MBA 最高，达到 50%，工程硕士和法律硕士分别为 34.28% 和 38.58%，最低的是应用统计硕士，仅为 27.91%。MBA 比应用统计硕士高了约 22 个百分点。

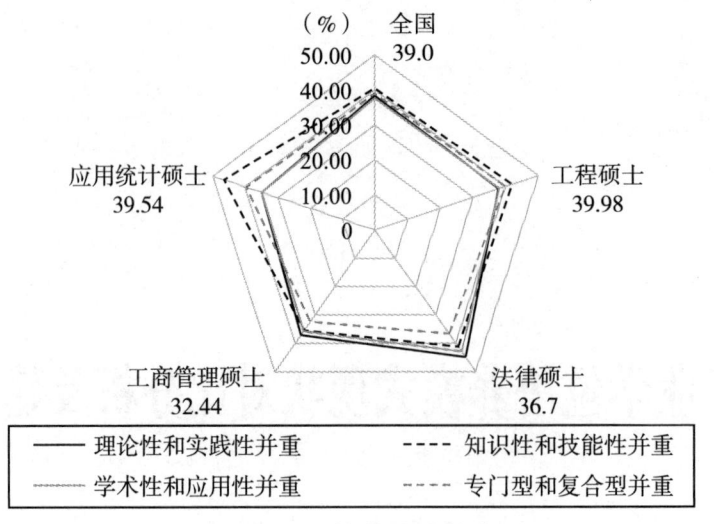

图 10-1 培养特性对比

各专业学位认为偏向专门型（复合型很少或没有）的比例普遍最低，在20%左右。差异也非常明显，最高的是工程硕士21.14%，最低的是工商管理硕士仅为4.92%（见图10-2）。

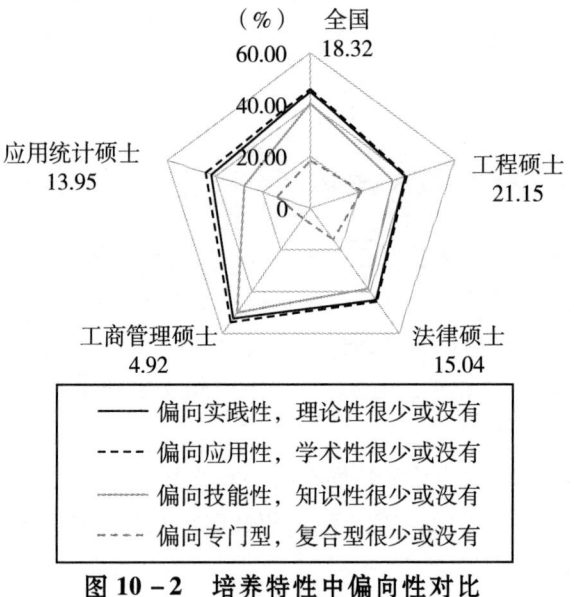

图 10-2 培养特性中偏向性对比

各专业学位学生对专业学位培养质量的总体评价较高的比例，工商管理硕士评价最高，为90.38%，其次是法律硕士和应用统计硕士，最低的是工程硕士，为75.66%（见图10-3）。

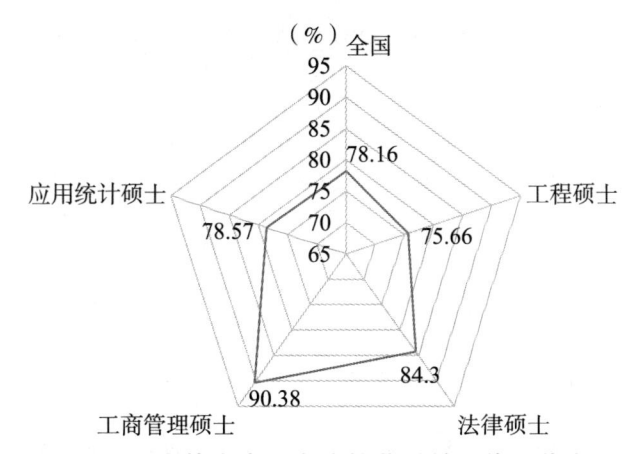

图 10-3 对本校本专业学位培养质量总体评价高对比

各专业学位学生认为满足社会需求程度高的比例，工商管理硕士依然最高，为 85.01%，其次是应用统计硕士和法律硕士，最后是工程硕士，为 63.07%（见图 10-4）。

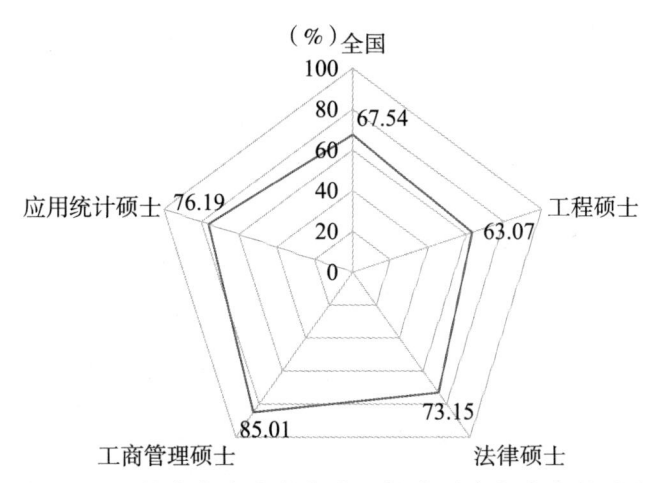

图 10-4 认为本专业学位满足社会需求程度高的对比

如果再给你一次机会，再次选择本专业学位就读的可能性大的专业学位，最高的是工商管理硕士，为 81.84%，其他三类专业学位都在 60%～70% 之间（见图 10-5）。

即将从事的工作与所学专业学位的相关度大的比例，工商管理硕士和法律硕士稍高，分别为 76.23% 和 75.21%，稍低的是工程硕士，65.93%，最低的是应用统计硕士，为 60.98%（见图 10-6）。

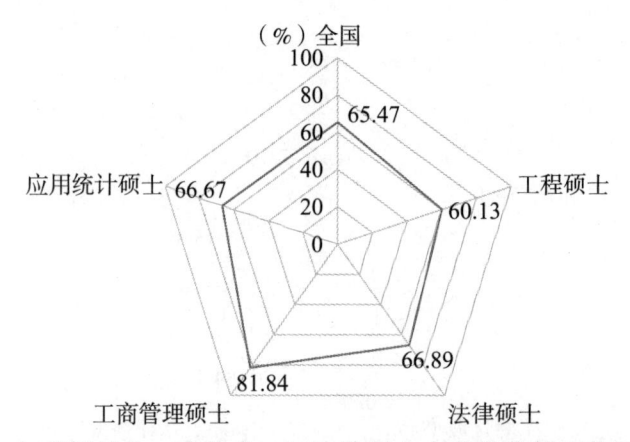

```
              （%）全国
                100
                 80   65.47
                 60
  应用统计硕士    40        工程硕士
     66.67      20        60.13
                  0

           81.84        66.89
         工商管理硕士    法律硕士
```

图 10-5　如果再给你一次机会，再次选择本专业学位就读的可能性对比

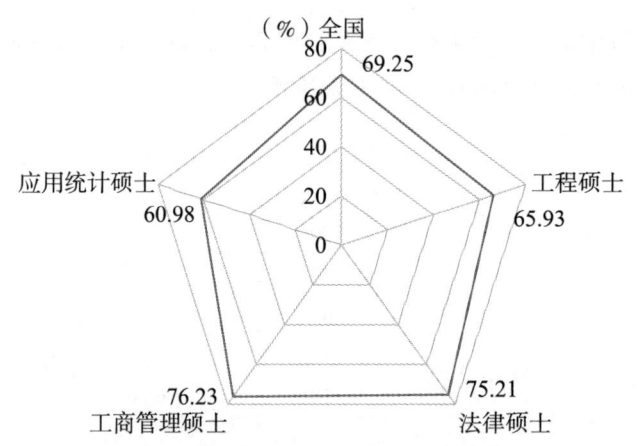

```
              （%）全国
                80   69.25
                60
                40
  应用统计硕士   20        工程硕士
     60.98       0         65.93


           76.23        75.21
         工商管理硕士   法律硕士
```

图 10-6　即将从事的工作与所学专业学位的相关度对比

即将从事的工作与期望寻求职业的匹配度大的比例，工商管理硕士最大，为 78.7%，其次是法律硕士、应用统计硕士，工程硕士最低（见图 10-7）。

二、各项能力对比

总体看来，根据全国的数据，经过专业学位的学习，学生普遍认为各项能力都得到了提高，认为有提升的学生在 60% ~ 80% 之间（见表 10-1）。

通过对各项能力整体进行比较，工商管理硕士提升最高，认为自己各项能力都得到提升的学生比例大于 75%；法律硕士集中在 70% ~ 80% 之间，比例也较高；应用统计硕士两极分化严重，5 种能力提升大于 80%，6 种能力提升低于 70%；工程硕士集中在 60% ~ 75% 之间，比例较低。

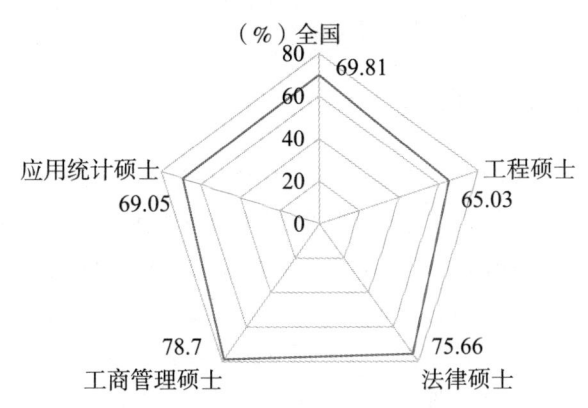

图 10-7 即将从事的工作与期望寻求职业的匹配度对比

各个专业学位学生均认为提升高的能力有职业素养、反思和批判性思维能力、适应和反应能力。提升普遍低的是创新能力和国际视野。其他能力的提升情况在各个专业学位中并无明显的一致性。

表 10-1　　　　　　　各项能力对比

项目	全国	工程硕士	法律硕士	工商管理	应用统计
人文素养	71.84	66.91	78.52	79.63	81.00
职业素养	74.86	70.12	79.71	81.18	83.33
专业知识	71.21	68.12	73.00	76.38	83.31
职业实践能力	71.99	68.45	73.30	76.64	64.31
沟通能力	75.43	71.65	79.72	85.00	69.00
团队协作能力	76.92	73.74	78.92	87.00	78.60
组织领导力	69.19	65.82	72.83	83.52	66.72
动手能力（操作/设计等）	73.20	72.42	70.75	81.00	71.40
信息感知和采集能力	74.63	72.18	76.84	83.41	73.81
分析能力（逻辑分析/数据处理等）	74.71	72.83	77.12	85.63	78.57
反思和批判性思维能力	74.28	71.28	77.93	83.00	80.95
适应和反应能力	75.90	72.90	79.45	81.00	85.71
知识迁移能力	73.12	39.32	77.85	84.88	69.05
创新能力	67.02	64.27	67.50	79.83	69.05
国际视野	61.62	57.82	65.00	78.93	54.76
职业发展潜力	71.27	67.81	78.32	84.96	71.43

三、入学动机对比

各专业学位学生入学动机主要是有人生目标和兴趣追求和为了更好的就业，但是各专业学位也存在一定差异。工商管理硕士和法律硕士主要是因为有人生目标和兴趣追求（35%~40%），应用统计硕士和工程硕士则主要是为了更好的就业（35%~40%）。从其他动机来看，比较高的是工商管理硕士对职业晋升的需求和学校的品牌的需求；工程硕士认为该专业更容易被录取；法律硕士是为了换个行业或职业领域、学校品牌；应用统计硕士的其他动机比例较为平均（见图10-8）。

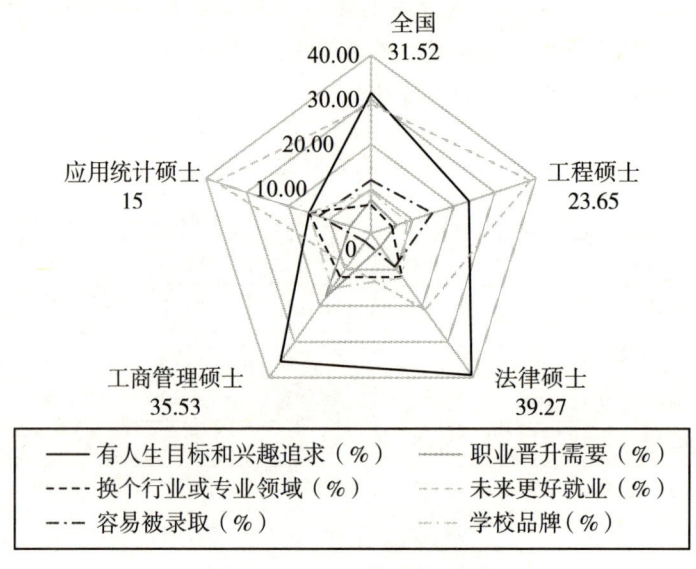

图 10-8　入学动机对比

四、课程环节对比

在课程环节方面，各个专业学位在课程实践性强（等于比较强和非常强之和）、前沿性强、职业性强和综合性强方面进行对比，总体来看，每个专业学位在各自的课程的实践性、前沿性、职业性和综合性强的比例大致接近。差异体现在：从各个专业学位总体来看，工商管理硕士课程内容各项评价最高，均为70%左右，且综合性达到81.84%。相比之下，工程硕士和应用统计硕士课程内容各项评价相对较低，约为60%（见图10-9）。

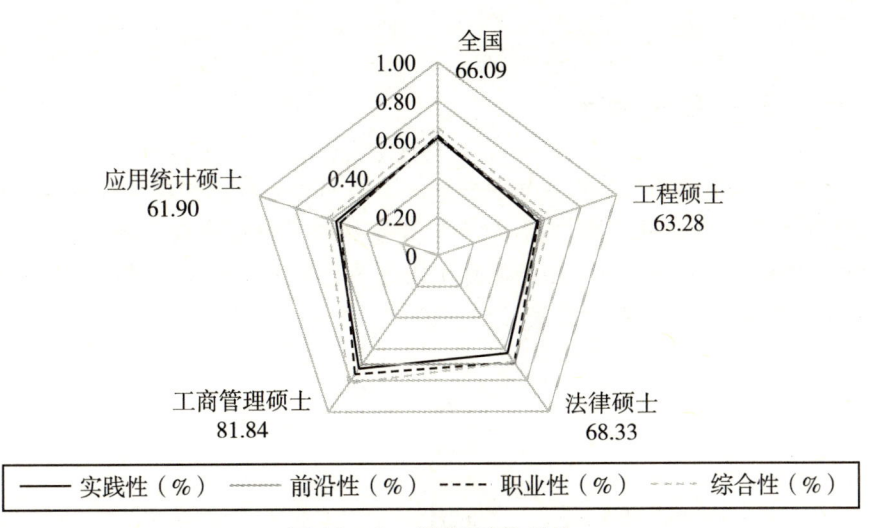

图 10-9 课程环节对比

五、导师指导形式对比

在导师指导形式方面，只有校内导师的学生，比例最高的是应用统计硕士（72.09%）；其次是法律硕士（67.63%）。最后是工商管理硕士（59.59%）和工程硕士（49.38%）。有校内外双导师的学生，最高的是工程硕士（33.93%）；其次是工商管理硕士（31.74%）。最后是应用统计硕士（23.26%）和法律硕士（23%）（见图 10-10）。

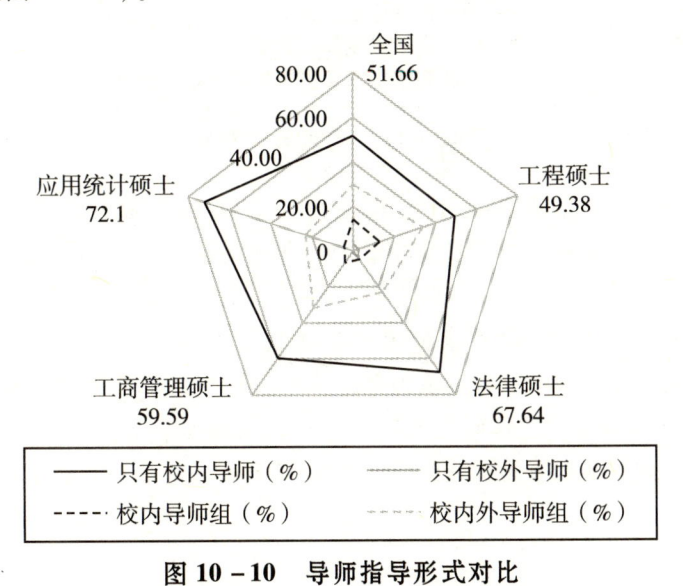

图 10-10 导师指导形式对比

六、实践形式对比

4种专业学位的实践形式差异非常大。工程硕士实践主要跟导师相关,包括跟随导师课题在实验室实践(22.77%)和导师项目合作企业实践(18.69%),共占41.45%。说明导师在学生的实践中发挥了比较大的作用。其次是未参加实践(24.24%)、自己联系的实践(19.83%)(见图10-11)。

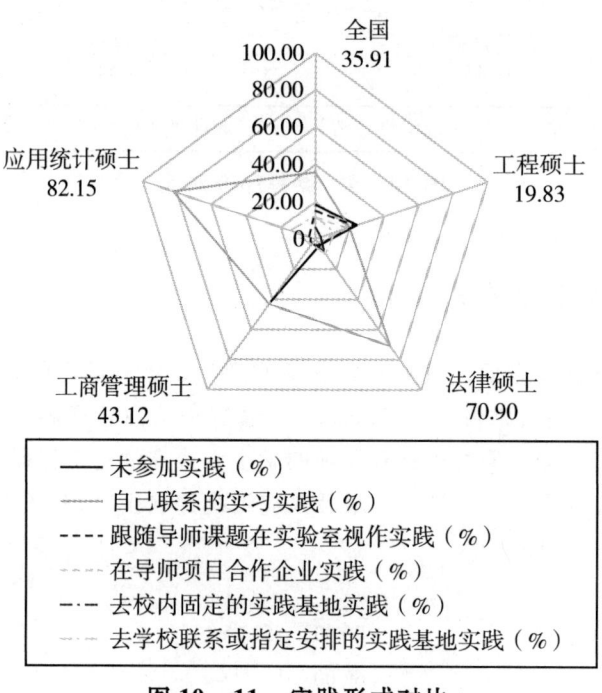

图10-11 实践形式对比

法律硕士和应用统计硕士主要是自己联系的实践,分别占70.9%和82.14%。工商管理硕士的主要实践形式是自己联系实践(43.12%)和未参加实践。

总体来看,各个专业学位去校内实践基地比例均最低,都不到10%。其中应用统计专业的学生没有去校内实践基地实践。校外实践基地比校内实践比例略高,大体在10%以上。法律硕士去校内外实践基地比例最高,占18.6%。工商管理硕士去校内外实践基地比例最低,占6.52%。

七、考核评价机制对比

对专业学位学生的考核评价仍以学位论文为主。其中，基础研究论文法律硕士比例最高，为67.73%，其他专业学位不到30%；应用基础研究论文工程硕士比例最高，为50.14%；技术开发研究论文工程硕士比例最高，为21.23%。其他考核方式中，调研报告类和案例撰写类都是工商管理硕士比例最高，分别为12.05%和21.14%（见图10-12）。

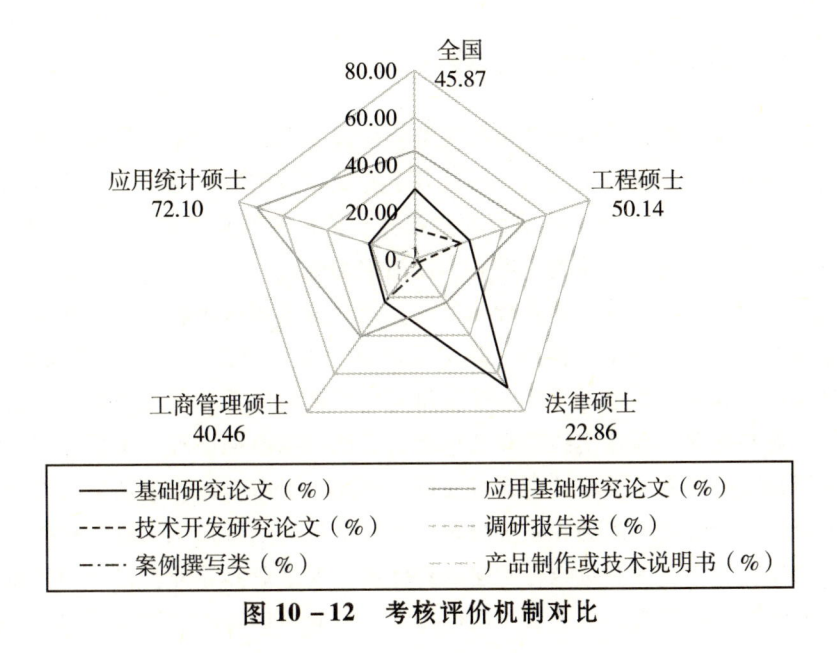

图 10-12 考核评价机制对比

第二节 问题及建议

一、全国的数据来看，在培养特性上，调研的结果反映出与现行的培养目标存在一定的偏差

在培养导向方面，16.61%的学生认为培养偏向理论性，实践性很少或没有。在服务导向方面，16.28%的学生认为学术性很强或特别偏向学术性，没有应用性或略有应用性。说明培养目标没有得到很好的落实，未能按照预期的方案进行培养，应重视培养目标的引导和落实。在知识结构方面，40.32%的学生认为技

能性强、知识性很少或没有,而19.17%的学生认为知识性强,略有或没有技能性。在人才特性上,42.69%的学生认为复合型很强或特别偏向复合型,没有或略有专门型,而18.32%的学生认为专门型很强或特别偏向专门型。可见,在知识结构和人才特性方面出现了两极分化。

因此,需要培养目标对此方面有更加明确的定义,也可能各个专业学位在此方面无法表现出比较统一的特征,需要进行更加深入的研究,进而进行培养目标的调整,比如对专业学位进行分类,不同类型的专业学位对应不同的培养目标。

二、加强课程体系改革的深度和力度

从课程总量来看,学术型学位与专业学位差距不大。学生比较认同本专业学位的整体课程体系安排,但是从全国及各个专业学位来看,除了工商管理硕士较高,基本大于70%,其他专业课程的实践性、前沿性和职业性、综合性都不高,课程改革目标不明确,改革的深度和力度尚需加强。

课程教学是研究生教育的基础环节。要想充分发挥课程教学在专业学位研究生知识建构和能力培养中的作用,就必须凸显专业学位研究生教育的课程特征。一是修订培养方案,构建适合专业学位研究生的课程体系。课程类型分为公共基础课、专业基础课、专业实践课和选修课,其他包括案例课程、工作坊课程、行业嵌入课程在内的专业学位特色课程建设。例如,上海交通大学加强对专业学位研究生课程建设的长远规划和系统规划,实现从按照学科知识构建课程体系到按照学科知识与社会需求有机结合构建课程体系,促进业界导师参与课程体系与课程内容的改革,把资格证书考试、岗位需求、行业培训等内容纳入课程体系的考虑范围。二是加强案例库建设,推广案例教学。例如,中国人民大学设立了处级建制的中国社会科学案例中心,目前入库社会科学案例已达2 000个;实施教学案例支持计划,每年投入180万元,重点支持60个专业学位研究生教学案例的编写;改革科研评价体系,将优秀案例教学成果纳入学校整体科研评价;加强案例教室建设,设计专业学位研究生案例教学专用教室,为案例教学的成功开展提供了优越的条件。三是加强在线课程建设,创新教学方法。例如,北京师范大学为满足在职专业学位研究生远程学习的需要,搭建了教育硕士研究生远程学习平台,将基于网络的远程学习和授课有机结合起来,同时投入专项经费,录制政治、英语等公共课及专业课优质课程全程视频,并积极推进翻转课堂、混合式教学等基于在线课程的教学方法改革。清华大学推出国内首个混合式教育项目——"数据科学与工程专业学位项目",该项目整合了多院系以及校外的优质教学资源,采用基于MOOC的翻转课堂模式,使学生能够随时、随地、随心地自主学习。

三、加强双师型队伍建设，提高校内外导师指导水平

根据全国 796 份专业学位点负责人的问卷数据，本专业学位有双师型教师的比例较低（见图 10-13）。

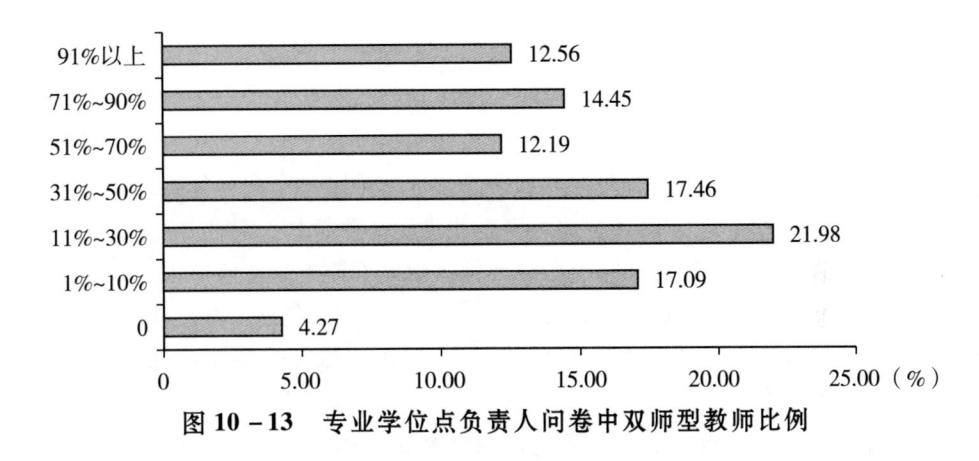

区间	百分比
91%以上	12.56
71%~90%	14.45
51%~70%	12.19
31%~50%	17.46
11%~30%	21.98
1%~10%	17.09
0	4.27

图 10-13 专业学位点负责人问卷中双师型教师比例

导师是影响专业学位研究生教育质量的关键因素。专业学位研究生教育的职业性和实践性特征，对专业学位研究生导师队伍的结构和能力提出了特殊的要求。在专业学位研究生导师队伍建设方面，一是根据专业学位研究生培养的需要，建立导师分类评聘制度，构建双师型导师队伍，鼓励学术型教师、年轻教师进入设计院、企业、校外实践基地挂职锻炼，提升其职业素养。建设组织化、结构化的专业学位研究生导师团队，发挥不同领域教师间的优势互补和新老教师间的传帮带作用，提升专业学位研究生导师的指导水平。二是加强校内外导师培训，提高导师指导水平。目前对校外导师的遴选注重工程实践，不强制要求学历，而多数校外导师对研究生教育是比较陌生的，不了解研究生培养规律，缺乏指导经验，只是学生的项目指导教师或现场师傅。为弥补部分校外导师理论知识的不足，对校外导师定期举办学术研讨会，建立校外导师与校内导师进行学术交流的机会和平台，加强对校外导师的培训，明确校外导师的职责，熟悉工程硕士研究生培养过程中各个阶段的要求和标准，有计划、有步骤地培养工程硕士，共建导师考评机制。对于责任心不强、工作繁忙无暇培养学生的校外导师，应取消其指导研究生的资格。

四、加强校内外实践基地建设

目前，校内外实践基地形成一定规模，但是未能成为主要的实践形式。

一是改革培养模式，吸引行业企业专家全程、深度参与专业学位研究生的培养。例如，中国人民大学法学院聘用检察院和律师事务所的专家，根据法律职业特定工作的具体要求，共同制定法律硕士研究生培养方案，参与人才培养的各个环节。二是加大产学研合作力度，创新实践基地建设。例如，中国人民大学联合北京大学、中国科学院大学、中央财经大学等单位，依托统计硕士专业学位的授权点，组建了北京大数据分析硕士研究生培养协同创新平台，人民日报社、新华社等多家单位成为该平台的实践培养和研发基地，中国科学院计算机网络信息中心、中国中医科学院等11家单位成为平台建设的协作单位，聘用26名实际部门专家为大数据分析方向硕士研究生指导教师。中国农业大学按照"以科学研究为纽带""以互利合作为基础""以社会服务为支撑"的建设思路，在科技小院、现代农业产业体系综合实验站、教授工作站、国内一流宠物医院中选取了37个与产业发展密切结合、技术先进、基础设施齐全、导师队伍齐备、管理制度健全的实践基地为示范实践基地。三是通过制度建设，加强对实践基地的管理。例如，中国石油大学制定了研究生联合培养基地建设与管理办法，明确了校、院两级基地建设的标准和要求，建立了联合基地的退出机制，对于培养效果不佳、连续几年招生很少或停招的联合培养基地按照退出机制予以清理（目前在国内外建有215个研究生联合培养基地）。西南交通大学加强研究生培养基地的制度化建设，在培养基地确定了负责开展日常工作的机构与人员，建立起稳定、高效的工作机制，形成了以"四有"（有共建计划、有导师指导、有项目支撑、有经费保障）为特色的研究生联合培养基地。

五、推动考核方式的改革

目前，专业学位学生的毕业考核仍以学位论文为主，其他考核方式比例很低。专业学位学生考核评价机制应对应高层次应用型人才的培养目标，以解决问题的能力为核心，注重应用型和创新性，考虑每个学生的实际情况和研究成果，如能否现场实施、能否解决实际问题、效果显著与否、经济效益大小等均可作为考核的要素。成果形式不拘一格，论文、专利、报告、设计、说明书、产品等会使专业硕士研究生发挥出更大的活力。推动考核方式的改革涉及学生、导师、学校等多方群体，任重道远。此外，积极邀请行业人士参与评价体系，建立涵盖高校、企业、研究所的支持联盟或系统，将培养人才与振兴行业相结合，为专业学位学生的就业创造更好的市场前景。

六、改进支撑条件与提升管理水平

接近四成的专业学位学生认为待遇低于学术型学生，五成的学生认为学校没有或有比较少的专门经费投入专业学位学生实习补贴和研究，半数以上的学生认为针对专业学位学生的就业和职业规划训练没有或较少，1/3 的学生对质量保障体系不是很满意，说明在管理制度和支撑体系方面，还远没有让学生满意，容易让学生产生专业学位地位低于学术型学位的心理。应切实改进这些方面，从制度上保障专业学位的吸引力。

理顺专业学位研究生教育管理体制，是优化专业学位研究生教育资源配置、提高专业学位研究生教育质量的基础，也是深化专业学位研究生教育综合改革的重要方面。试点高校针对专业学位研究生教育管理体制机制方面存在的一些不利于专业学位研究生教育发展的问题，需从机构设置、组织形式、运行机制等方面入手，创造性地推进专业学位研究生管理体制机制改革。一是完善专业学位研究生教育管理机构设置，设立校、院两级专业学位办公室或专门机构，专门负责专业学位研究生教育的相关管理工作。例如，中国人民大学加强专业学位培养与管理办公室建设，实现对专业学位研究生教务管理的数字化、标准化、平台化，各学院根据办学需要，大多成立了教学指导委员会、项目办公室等机构，配备专职教务管理人员，为专业学位研究生教育管理工作提供了坚实的人员保障。北京师范大学强化了各专业学位教育中心的运作主体地位，工商管理、公共管理、应用心理硕士等专业学位均设有教育中心和专门的办公室，对促进专业学位研究生教育的发展起到了重要作用。其中工商管理教育中心下设 5 个部门，共有 11 名工作人员，每周召开例会，全面推进工商管理硕士研究生教育各项工作。二是创新专业学位研究生教育管理机制，促进校内资源整合。例如，清华大学突破传统的"院系制"培养，探索"项目制"管理运行机制。该校工程管理硕士教育中心整合 11 个培养院系，设 3 个委员会和 1 个全职运营团队，通过跨院系整合资源、设置高质量课程、构建高水平校内外师资团队、开展产业高层论坛及论文研讨等措施，为打造工程管理硕士精品项目奠定了坚实的基础。

第三部分

专业学位研究生培养模式案例分析

第十一章

临床医学硕士培养模式实例分析

第一节 我国临床医学专业学位的起源、发展与研究现状

改革开放以来，随着我国临床医疗卫生事业的快速发展，急需大批高层次临床医学实用型人才。部分医学院校从20世纪80年代开始对临床医学研究生试行学术型与应用型研究生的分轨培养，旨在分别培养临床科研人员与临床医生。1998年，国务院学位委员会正式颁发《关于调整医学学位类型和设置医学专业学位的几点意见》及《临床医学专业学位试行办法》，正式设置临床医学专业学位，标志着我国临床医学专业学位教育工作正式开展。2015年学位授权点调整后，总计有110所医学院校获批为临床医学硕士专业学位研究生培养单位。2014年，全国共招收了2.5万名临床医学硕士专业学位研究生。临床医学专业学位制度的实施，适应了社会、经济发展对高等专门医学人才培养所提出的新要求，对推动中国医疗卫生事业改革中的医学教育改革起到重要作用。

一、临床医学专业学位在中国的发展

（一）提出问题阶段

早在20世纪80年代初，临床医学学位就遇到两个突出问题：一是中国的临床医学研究生的培养侧重于实验研究和科研能力训练，对临床能力的培养比较薄弱，出现了已毕业的临床医学博士、硕士不能胜任相应的临床医疗工作的问题；二是医学门类学位类型单一，科研型和应用型均授予医学博士、医学硕士学位，这就出现了科研型医学博士不会看病的现象。针对这种状况，许多临床医学专家呼吁改革临床医学研究生的培养模式，建立职业学位（专业学位）制度，但由于当时中国学位制度建立不久，住院医师规范化培训制度尚未建立，医学界内部对设置临床医学专业学位的认识也不尽一致，因此，设置临床医学专业学位的时机尚不成熟。

（二）培养应用型研究生阶段

针对上述问题，从1984年起，国务院学位委员会、国家教育委员会和卫生部对临床医学研究生的培养模式和学位设置进行了反复的调查研究，对临床医学研究生的培养方法采取了一些改革措施，适当增加了临床能力的培养。国务院学位委员会、国家教育委员会和卫生部于1986年11月联合颁发了《培养医学博士（临床医学）研究生试行办法》，决定把医学门类博士研究生的培养规格分成两类：一类以培养科学研究能力为主，达到博士水平授予医学博士学位；一类以培养临床实际工作能力为主，达到博士水平授予医学博士（临床医学）学位。但由于此《试行办法》受到招生人数的限制，培养数量太少，远远满足不了社会需求，而且在培养过程中难以把握科研能力与临床能力的培养，因此，没有从根本上解决上述两个突出问题。

1993年卫生部颁发了《临床住院医师规范化培训试行办法》，这是一项全面培养和提高临床住院医师素质和临床医疗工作水平的培训制度，为设置临床医学专业学位提供了有利条件。1996年国务院学位委员会颁发了《关于专业学位设置审批暂行办法》，为设置临床医学专业学位提供了重要依据。至此，设置临床医学专业学位的内部条件和外部环境已趋成熟。

（三）设置专业学位阶段

1996年4月，国务院学位委员会第十四次会议提出对临床医学专业学位设置方案进行研究，国务院学位委员会办公室与卫生部科教司组织专家进行了大量的调研和论证工作，草拟了《关于调整医学学位类型和设置医学专业学位的几点意见》及《临床医学专业学位试行方案》，1997年4月获国务院学位委员会第十五次会议审议通过。该《意见》解决了不同学科均授予医学学位名实不符和学位类型单一的问题，明确了调整医学学位类型及设置医学专业学位的基本思路、框架和基本内容：硕士、博士这两级学位分为"医学科学学位"和"医学专业学位"两种类型；该《意见》界定了"医学科学学位"和"医学专业学位"的授予标准和学科范围。1998年2月，国务院学位委员会正式颁发《关于调整医学学位类型和设置医学专业学位的几点意见》及《临床医学专业学位试行办法》。1998年6月，国务院学位委员会和教育部联合颁发《七年制高等医学教育基本培养要求及授予临床医学硕士专业学位试行办法》，标志着中国临床医学专业学位试点工作进入实施阶段。

（四）临床医学硕士专业学位发展的新时期

1998年试点工作开展以来，临床医学硕士专业学位发展仍然遇到了棘手的困难和问题：第一，临床医学专业学位制度涉及临床医学研究生、住院医师、七年制临床医学生、八年制临床医学生等多种培养对象，难以把握临床医学专业学位的授予标准；第二，实施临床医学专业学位涉及的管理部门多，培养渠道多，协调的难度较大；第三，缺乏一套科学、客观、公正、可行的临床能力考核办法；第四，根据《中华人民共和国执业医师法》的规定，应届本科直接考取临床医学专业学位研究生在入学时及在读期间皆不可能具备执业医师资格，不能以医师的身份从事临床工作，不能进行系统而规范的临床技能训练。

为解决这些问题，教育部、国家卫生和计划生育委员会等相关部门进行了多次理论与实践的探讨。2013年5月，教育部、国家卫生和计划生育委员会联合发文批准了第一批64所临床医学硕士专业学位研究生培养模式改革试点高校，正式开展临床医学硕士专业学位研究生教育和住院医师规范化培训的并轨工作。为了解决在读临床医学硕士专业学位研究生在读期间作为住院医师行医的法律问题，《医师资格考试报名资格规定2014版》中规定允许临床医学硕士专业学位研究生一年级时便可报名参加执业医师资格考试。同时2015年6月，教育部制定的《临床医学硕士专业学位研究生指导性培养方案》中规定，取得《医师资格证书》是申请学位的必备条件。招生和学位授予这一进一出两个关键环节的把关，保证了临床医学硕士专业学位与《执业医师法》衔接的问题。

2014年11月，教育部、国家卫生计生委、国家中医药管理局在京联合召开医教协同深化临床医学人才培养改革工作推进会。会上发布了《教育部等六部门关于医教协同深化临床医学人才培养改革的意见》，明确"加快构建以'5+3'（5年临床医学本科教育+3年住院医师规范化培训或3年临床医学硕士专业学位研究生教育）为主体、以'3+2'（3年临床医学专科教育+2年助理全科医生培训）为补充的临床医学人才培养体系"。

2015年5月，国务院学位委员会出台的《临床医学硕士专业学位研究生指导性培养方案》中明确其培养目标：一是培养热爱医疗卫生事业，具有良好职业道德、人文素养和专业素质的临床医师；二是掌握坚实的医学基础理论、基本知识和基本技能，具备较强的临床分析和实践能力，以及良好的表达能力和与医患沟通的能力，能独立、规范地承担本专业和相关专业的常见多发病诊治工作；三是掌握临床科学研究的基本方法，并有一定的临床研究能力和临床教学能力；四是具有较熟练阅读本专业外文资料的能力和较好的外语交流能力。规定招生对象为符合医师资格考试报考条件规定专业的应届或往届本科毕业生。学位授予标准方面，并轨的研究生须按规定达到培养方案的各项要求，且具有执业医师资格证书和住院医师规范化培训合格证书，并通过学校组织的临床技能毕业考核和学位论文答辩后，方授予其毕业证书和学位证书。临床医学硕士专业学位研究生培养进入到"5+3"标准化、规范化培养体系发展的新时期。

二、临床医学硕士专业学位的研究进展

（一）课程

中国自1991年开展专业学位教育以来，教育部关于专业学位研究生培养的专门文件《关于做好全日制硕士专业学位研究生培养工作的若干意见》中指出，"专业学位研究生课程设置以实际应用为导向，以职业需求为目标，以综合素养和应用知识与能力的提高为核心。"教学内容强调理论性与应用性课程的有机结合，突出案例分析和实践研究；教学过程重视运用团队学习、案例分析、现场研究、模拟训练等方法；注重培养学生研究实际问题的意识和能力；注重培养实践研究和创新能力，增长实际工作经验，缩短就业适应期限，提高专业素养及就业、创业能力。21世纪医学教育改革展望报告《新世纪医学卫生人才培养：在相互依存的世界为加强卫生系统而改革医学教育》中提出，第一代医学教育改革是在20世纪初把医学教育纳入以科学为基础的课程体系，第二代医学教育改革是20世纪中期以问题为基础的教学创新。传统的以学科为中心的课程设置优点在于能够把握学科内容和内在逻辑，便于实施和教学管理，但随着医学模式的转变，传统的以学科为中心的课程设置模式逐渐暴露出课程门数增多、体系膨胀、

课程设计缺乏整体优化、学科界限明显及更新不及时等缺点。

在课程目标和授课时间上，有学者认为，中国临床医学硕士专业学位研究生的课程目标不明确，过度借鉴学术学位课程体系，针对性不强，重视学习与科研能力，忽视临床技能和职业态度的培养；大部分高校集中安排课程学习的时间，挤占了专业学位研究生临床能力训练的时间。为了不影响临床训练、保证训练时间，公共课程及基础理论课程的学习应该尽量安排在专业学位研究生的业余时间进行。

从课程设置和课程内容看，有调查结果显示，国内大多数高校一般能够遵循《临床医学专业学位试行办法》规定的按照公共必修课程、专业基础课程和选修课程设置临床医学硕士专业学位课程。但是，专业必修课程和选修课程比例相对较低。此外，有关研究显示，临床医学硕士专业学位研究生的课程内容设置过于标准化，研究生课程选择主动权较少。大多数院校课程设置基本上以学科为中心，课程效果不佳。过度借鉴学术学位课程体系，在课程实施过程中出现和学术学位研究生培养共用师资和学科资源、教学方法仍旧以教师讲授为主，缺乏师生交流互动等现象，导致教学效果反馈不好。研究方法的课程偏少，影响了研究生后续的论文选题、设计、执行与撰写。总体来说，现有的临床医学硕士专业学位研究生的课程体系改革速度较慢，仅有少数学校实现了从传统的课堂教学转为以"网络化课程"为主体的教学，所有课程教学都必须在临床轮转过程中完成。

（二）实践

实践环节最能体现临床医学硕士专业学位教育与住院医师规范化培训相结合的特点，临床实践能力的训练一直以来都是依托住院医师规范化培训的良好运行。住院医师规范化培训是医学生成长为合格临床医师的必由之路。中国住院医师规范化培训可追溯到 1921 年，由北京协和医学院首次实行，并提出了严格的"24 小时住院医师负责制和总住院医师负责制度"。2010 年，上海市临床医学硕士专业学位教育与住院医师规范化培训结合的改革试验提出了以临床实践能力培养为核心的临床医学"5＋3"人才培养模式，即 5 年临床医学本科教育加 3 年住院医师规范化培训，在国内首次构建了将医学院校教育、毕业后教育和继续教育有机衔接的临床医学人才培养体系。以往的传统型临床专业学位研究生由于没有参加住院医师规范化培训，没有处方权，不可独立处置病人和进行手术，无法独立担任住院医师工作。有研究调查显示，传统型研究生调查问卷中，没有参加住院医师规范化培训是导致无法单独管床和参加诊疗操作的首要原因，但在"四证合一"学生（参加了住院医师规范化培训的研究生）的问卷中这一原因则排在其他原因之后。可见，与住院医师规范化培训相结合的培养能够从制度上保证在医院内的临床参与度。

在导师临床指导方面，由于研究生要参加各科的临床轮转，导师直接指导的时间较少，研究生为导师分担临床工作及科研任务的时间和力量有限，导师带教的积极性不足。有研究表明，研究生在临床科室轮转期间，很难跟在导师身边接受言传身教，导师对研究生的教育和管理也很容易处于失控状态。临床医学硕士专业学位研究生培养的重点和特点就是主要从事临床工作，要到其他临床科室轮转。而部分导师对专业学位的认识不够清晰，往往要求研究生要完全投入到科研工作中，耽误了各科室的轮转时间与效果。

临床能力考核是临床医学专业学位研究生培养的核心要素，出科考核尤其重要。部分院校对出科考核严格把关，不合格则延长该科临床训练时间，补考成绩仍不合格者则不能进入下一阶段的临床训练。有学校鼓励临床能力毕业考核与毕业论文答辩同时进行，由各临床学院（附属医院）统一组织，考核内容包含思想品德素质、理论知识水平和临床能力，其中临床能力由临床操作技能、病历质量评估、临床病例答辩、相关知识问答组成。毕业考核未通过者，不予毕业与授予学位。严格而规范的出科考核和毕业考核对学生在实习轮转中的学习与训练可以起到鞭策和促进的作用。

（三）科研

科研训练是研究生教育中的一个重要环节，尽管专业学位研究生教育与住院医师规范化培训并轨的新模式实现了专业学位研究生教育与职业标准、职业准入的紧密衔接，但并不意味着他们不需要临床研究训练。新时期对临床医生的要求，不仅仅是会看病，还要懂得分析数据，能联系症状、体征、药物进行对比研究，能进行病因学研究和预后分析等。学位论文撰写对于提高专业学位研究生科学的分析、归纳、综合和逻辑推理能力具有重要作用。学术论文从选题到文献检索、收集资料、数据分析、撰写、修改、投稿、修回直至发表，本身就是一个系统的、完整的科研训练过程。如果缺失，不仅难以体现研究生与住院医师培训的区别，而且无法从机制上保证研究生（住院医师）培养出来的医学人才真正具备解决临床问题的能力。

论文选题方面，有学者调查显示，学位论文选题存在着专业学位论文与科学学位论文的趋同、专业学位论文选题"科学化"现象。专业学位研究生在研究生培养阶段主要完成临床训练，论文选题以及临床实际工作中遇到的实际问题为研究对象，采用科学的研究方法，将其研究结果直接用于指导临床实践。专业学位研究生培养应当根据所在医院的特点，推进选题类型的多样化，学位论文可以是研究报告、临床经验总结、临床疗效评价、专业文献循证研究、文献综述、针对临床问题的实验研究等。

在学术论文撰写与答辩环节，不同高校的要求高低不一。有研究显示，大部分临床医学专业学位研究生都按照导师要求，在业余时间进行科学实验。毕业前，他们和科学学位研究生同堂答辩，答辩委员常常对他们提出与科学学位研究生相同要求的学术问题，这使得专业学位研究生不得不大量减少临床轮转时间做科研，做出与科学学位研究生相当水平的学位论文，才能顺利通过毕业答辩，而并不在意科研是否与临床实践紧密结合。同时，虽然国内大多数高校对研究生撰写专业学位论文都有要求，但是在发表上无具体规定。有培养院校只要求临床医学硕士专业学位研究生在申请学位前公开发表 1 篇综述或者病例分析报告，允许他们用综述或病例报告进行答辩，答辩时要求专家仅就研究生所作的病例报告中的临床问题进行提问，避免提出有关科研方法的问题，答辩委员同时填写论文评阅书，不需另请论文评阅人。

导师科研指导方面，由于学术型人才培养被公认为是体现学校水平和导师水平的指标，因此学校和导师在培养专业学位研究生的重视程度和投入力度上的原动力远远小于培养科学学位研究生。有研究显示，部分高校以导师组的形式指导研究生，而论文指导导师在第四学期才与学生接洽，在实际操作中因未明确研究生如何从集体指导中确定研究方向和选定导师，造成学生在大部分培训时间里缺乏和导师接触的机会。另外，有学者认为，临床医学硕士专业学位研究生没有进实验室进行科研训练的环节，且无需发表文章即可毕业，导师对其认可度低，不愿意花费过多的精力指导他们的科研设计，因而使临床医学硕士专业学位研究生的临床研究能力训练流于形式，研究生教育与住院医师规范化培训的二合一教育变成了纯粹的住院医师规范化培训。学生在临床科研方面缺乏导师指导，不仅造成论文质量的滑坡，而且使临床医学硕士专业学位研究生临床科研能力的培养目标落空。

（四）过程管理

保证临床医学专业学位研究生的培养质量，关键在于过程的管理与评价。考核和答辩贯穿临床医学专业学位研究生培养的全过程。临床能力是临床医学专业学位的核心，如何客观有效地对研究生的临床能力进行考核是保证临床医学专业学位授予质量的关键。临床医学专业研究生同时又是住院医师的双重身份很难保证临床轮转训练的充分与完整。有研究显示，此类研究生对于轮转科室的考评以及参与临床科研及学术活动的满意度较低，并反映科室并没有定期举行临床教学活动。目前，国家尚缺乏一套对临床能力评价系统量化的指标体系，各单位根据自身特点制定了种类繁多的考核指标体系，其水平参差不齐，造成临床医学专业学位毕业研究生的临床能力良莠不一。

临床医学专业学位研究生在完成每一个临床科室轮转培训时要进行出科考核，在住院医师规范化培训证书获得过程中要进行阶段考核，在完成临床专科培训时要进行临床能力毕业考核。只有通过临床能力毕业考核、科研论文撰写与答辩的研究生，方可申请学位论文答辩。把每一段考核精细化、规范化、标准严、执行严才能保证培养过程的质量。有学者认为，应发挥全国医学高等教育学术组织的作用，对医学高等教育问题进行咨询和指导，研究制定医学高等教育的质量保证体系，包括对办学单位的评估认可、教学及学位授予质量的评估等。

第二节 临床医学硕士专业学位培养模式分析

一、研究对象与方法

（一）研究对象

本节选取 2014 年前获批临床医学硕士专业学位授权点的 76 所院校培养的临床医学硕士专业学位研究生和招收临床医学硕士专业学位研究生的导师为总体。问卷的样本按照地域分布，采用分层抽样的方法对 50% 的培养院校进行问卷调查，总计 43 所院校学生和导师填写了调查问卷，院校分布如表 11-1 所示。问卷分为学生问卷和导师问卷，样本院校在校临床医学硕士专业学位研究生抽样比例为 20%，导师抽样比例不低于 10%。访谈包括导师访谈和学生访谈，导师要求具有指导临床医学硕士专业学位研究生的经验，同时具有副教授和副主任医师以上职称。学生要求为研究生二年级以上学生，并且熟悉培养流程工作。管理人员要求具有 5 年以上临床医学硕士专业学位研究生培养经验。本研究生最终访谈导师 20 位、学生 37 位、管理者 5 位。

表 11-1　　　　　　　　　　调查学校的分布情况

985 高校（8 所）	非 985 高校（35 所）
北京大学、复旦大学、吉林大学、四川大学、同济大学、东南大学、中南大学、中山大学	安徽医科大学、蚌埠医学院、包头医学院、北华大学、滨州医学院、大理大学、大连医科大学、福建医科大学、广西医科大学、广州医科大学、哈尔滨医科大学、河南科技大学、华北理工大学、华中科技大学、济南大学、济宁医学院、暨南大学、昆明医科大学、辽宁医学院、泸州医学院、南昌大学、宁夏医科大学、青岛大学、山西医科大学、石河子大学、首都医科大学、天津医科大学、皖南医学院、温州医科大学、西安医学院、新疆医科大学、延安大学、郑州大学、重庆医科大学、遵义医学院

样本院校排除军队院校的原因是军医大学的部分临床医学硕士专业学位研究生的培养全程由军队系统保障，且对获得军衔的研究生有特殊要求。此外，样本学生排除中医专业、中西医结合专业的专业学位研究生的原因是后两者采取与西医不同的指导性培养方案。同时，考虑到一年级研究生进校时间短，科研及实践经验不足，不能全面反映培养情况，因此学生样本选取的是二年级和三年级临床医学硕士专业学位研究生。

1. 样本学生基本情况

问卷调查的学生基本情况如下：临床医学硕士专业学位研究生 3 832 名，来自全国的 34 个省、自治区或直辖市。按照区域进行划分，来自东北、华北、西北、华东、华中、华南、西南的比例分别为 11.8%、20.7%、18.6%、19.1%、9.3%、9.6%、11.0%。其中 985 高校学生 668 名，占全部被调查学生的 17.4%，非 985 高校学生 3 164 名，占比 82.6%。绝大多数（96.3%）学生在三级医院实习，在二级医院、社区医院以及其他医院实习的比例分别为 3.0%、0.1% 和 0.5%，如表 11-2 所示。

表 11-2　　　　　　　　　　调查学生的分布情况

项目	类别	频数（%）
医院所在区域	东北	451（11.8）
	华北	792（20.7）
	西北	713（18.6）
	华东	730（19.1）
	华中	357（9.3）
	华南	366（9.6）
	西南	423（11.0）

续表

项目	类别	频数（%）
高校类别	985	668（17.4）
	非985	3 164（82.6）
医院等级	三级	3 690（96.3）
	二级	116（3.0）
	社区医院	5（0.1）
	其他	21（0.6）
合计		3 832（100）

被调查的3 832名临床医学硕士专业学位研究生中，男性占43.6%，女性占56.4%。学生的平均年龄为27.2±2.4岁，男生的平均年龄27.8±2.7岁，高于女生（26.8±2.1岁）。研究生二年级占47.7%，三年级占52.3%。绝大多数学生是统招考试录取入学（88.9%），少部分学生是通过推免录取（7.9%）或是长学制（3.2%）进入研究生阶段，详细情况如表11-3所示。

表11-3   调查学生的一般情况

项目	类别	频数（%）
性别	男	1 670（43.6）
	女	2 162（56.4）
年龄（岁）	27岁及以下	2 619（68.3）
	27岁以上	1 213（31.7）
年级	研究生二年级	1 829（47.7）
	研究生三年级	2 003（52.3）
录取方式	统考	3 408（88.9）
	推免	303（7.9）
	长学制	121（3.2）
合计		3 832（100.0）

2. 样本导师基本情况

问卷调查的导师基本情况如下：被调查的1 189名临床医学硕士专业学位研究生导师中，男性占59.4%，女性占40.6%。导师年龄多集中于35~54岁，平均47.6岁，男性导师的平均年龄（48.1±5.7岁）高于女性导师（46.8±5.7岁）。1 189名导师中76.0%来自非985高校，24.0%来自985高校。导师所在医院为学校直属医院、学校教学医院的比例分别为 53.3%、46.7%。被调查导师主要来自内科（22.9%）和外科（20.5%），来自妇产科、儿科、口腔/耳鼻喉科、影像/超声/实验室检查、麻醉科、肿瘤科及其他科室（中医、康复、感染或行政科室等）的比例分别为 5.8%、4.0%、7.3%、8.6%、4.4%、7.4%、19.2%。几乎所有导师的职称都在副高及以上，中级和初级职称的比例非常低，分别为 0.8% 和 0.5%。导师最高学历为博士、硕士、学士的比例分别为 52.0%、33.5%、14.6%。临床医学学位类型为学术学位（科学型）、学术学位（临床技能型）、专业学位的比例分别为 40.3%、20.3%、39.4%。被调查导师中，担任临床医学硕士专业学位研究生导师时间小于 5 年、5~9 年、10~14 年、大于等于 15 年的比例分别为 40.5%、33.2%、17.1%、9.3%；正在指导的研究生人数为 0 人、1~3 人、4~6 人、大于等于 7 人的比例分别为 5.9%、46.1%、29.3%、18.8%；正在指导的临床医学硕士专业学位研究生被调查导师人数为 0 人、1~3 人、4~6 人、大于等于 7 人的比例分别为 10.1%、56.9%、23.1%、9.9%（见表 11-4）。

表 11-4　　　　　研究对象导师的基本情况

项目	类别	频数占比（%）
性别	男	706 (59.4)
	女	483 (40.6)
年龄（岁）	40 岁以下	81 (6.8)
	41~45 岁	306 (25.7)
	46~50 岁	311 (26.2)
	51~55 岁	365 (30.7)
	56~60 岁	107 (9.0)
	61 岁及以上	19 (1.6)
所在学校等级	"985"	285 (24.0)
	非"985"	904 (76.0)
附属或教学医院	附属医院	110 (9.3)
	教学医院	555 (46.7)
科室	内科	272 (22.9)
	外科	244 (20.5)
	妇产	69 (5.8)
	儿科	47 (4.0)

续表

项目	类别	频数占比（%）
科室	口腔/耳鼻喉科	87（7.3）
	影像/超生/实验室检查	102（8.6）
	麻醉	52（4.4）
	肿瘤	88（7.4）
	其他	228（19.2）
职称	正高	847（71.2）
	副高	326（27.4）
	中级及初级	16（1.3）
最高学位	博士	618（52.0）
	硕士	398（33.5）
	学士	173（14.6）
临床医学学位类型	学术学位（科学型）	479（40.3）
	学术学位（临床技能型）	241（20.3）
	专业学位	469（39.4）
带教时间年限	小于5年	481（40.5）
	5~9年	395（33.2）
	10~14年	203（17.1）
	15年及以上	110（9.3）
带教人数	0人	70（5.9）
	1~3人	548（46.1）
	4~6人	348（29.3）
	7人及以上	223（18.8）
指导临床医学硕士专业学位研究生人数	0人	120（10.1）
	1~3人	676（56.9）
	4~6人	275（23.1）
	7人及以上	118（9.9）

（二）资料收集

1. 文献与专业网站资料

通过中国学术期刊网络出版总库（中国知网）、万方数据库、PubMed等权威数据库，以"专业学位"及"临床医学硕士研究生"为检索词检索查阅相关临床医学硕士专业学位研究生培养现况等文献资料，并对其进行归纳分析，系统了解国内临床医学硕士专业学位研究生培养的研究情况。以"住院医师"及"规范化培训"为检索词检索查阅相关住院医师规范化培训开展的情况，以"graduate medical education"及"resident training"等为检索词查阅国外医学研究生毕业后教育及住院医师规范化培训研究的情况。查阅教育部、国家卫生与计划生育委员会、国务院学位委员会、全国医学专业学位教育指导委员会等官方网站了解住院医师规范化培训及专业学位研究生教育等相关政策。

2. 临床医学硕士专业学位研究生的培养模式改革问卷调查

在全国范围抽样调查 2012 级、2013 级临床医学硕士专业学位研究生，对每一项培养情况进行描述性分析，涵盖招生、课程、实践、科研论文、导师指导和教育评价等信息。研究生的问卷调查主要了解临床医学硕士专业学位研究生教育各环节的客观现实情况和学生自身对一些关键问题的看法，如对参加住院医师规范化培训的看法，问卷也包含学生对自身各方面能力培养的认可度和满意度等。通过研究生的问卷调查获取的信息见表 11-5，具体问卷见附录。

表 11-5　　临床医学硕士专业学位培养模式改革问卷信息

课程	事实	授课方式、授课时间等
	看法	课程特点、学时安排、岗位培训课程等
临床实践	住院医师规范化培训情况	是否参加、是否支持、原因、住院医师规范化培训方案
	轮转时间	本科室、其他科室
	轮转效果	临床参与程度、工作强度、解决实际问题的能力、考核等
	津贴收入	年收入、各类奖金、同年资住院医师收入
科研	事实	科研时间、科研工作类型、论文发表要求
	看法	科研能力
教育评价	事实	自身水平位置、已达到的能力水平
	看法	住院医师规范化培训、考核程序、导师指导等

3. 临床带教导师培养模式改革的问卷调查

在全国范围抽样调查带教临床医学硕士专业学位研究生的导师，主要了解导师对于临床医学硕士专业学位研究生的培养理念、带教意愿与方式等，问卷也包含导师对临床医学硕士专业学位研究生、临床医学硕士科学学位研究生及住院医师规范化培训学员的认识。通过导师的问卷调查获取的信息见表 11-6，具体问卷见附录。

表11-6　临床医学硕士专业学位培养模式改革问卷信息（导师版）

课程	看法	课程特点
临床实践	住院医师规范化培训情况	是否并轨、是否支持、原因
	轮转时间	本科室、其他科室
	轮转效果	临床工作能力的重要性、考核形式、应用型人才目标等
	津贴收入	带教津贴、医教研三类活动精力、收入分配情况
科研	事实	科研时间、科研工作类型、论文发表要求
	看法	科研能力等
教育评价	事实	毕业生各项能力的整体平均评价
	看法	科室对研究生的考评标准、过程质量把控、临床医学硕士专业学位研究生发展趋势等

4. 深度访谈

对部分培养院校的临床医学硕士专业学位研究生、导师和管理者进行定性访谈，详细了解培养院校临床医学硕士专业学位研究生的具体培养现状、存在的问题并提供建议。根据文献、政策研究以及问卷得到的初步结果，对重点问题如课程的安排、实习轮转的质量把控等问题进行深度访谈，同时在访谈中涵盖与临床医学硕士学术学位研究生、住院医师规范化培训学员、申请临床医学硕士专业学位的在职人员在培养过程、考核与学位授予标准等方面的区别。

（三）资料分析方法

数据在 SPSS 19.0 和 Excel 2007 软件中进行整理和统计分析。具体统计方法如下：

1. 描述性分析

计量资料采用均数、中位数等指标，如：年龄、临床轮转时间、年收入等；计数资料采用构成比等指标，如：性别构成、年级构成、专业构成、理想职业构成等。

2. 统计推断分析

对影响学生临床能力获得、培养认可度、满意度的影响因素进行卡方检验。

3. logistic 回归分析

logistic 回归分析主要用于研究因变量各种状态发生的概率与自变量取值之间的关系，它不要求自变量服从协方差矩阵相等，也不要求残差项服从正态分布，因而在医学科研与实践领域中的应用已经非常广泛，是进行病因分析、生存分析的常用多元分析方法。本书应用 logistic 回归分析探索影响学生临床能力获得和教育体验的有关因素。

利用 SPSS 19.0 统计软件对各个指标进行单因素分析，对变量进行初步筛选，得到统计学差异的指标。对各变量进行单因素分析，其目的是了解单个因素对学生的影响大小，从所有指标中进行筛选，并作为初筛变量代入 logistic 回归方程。针对分类型变量采用交叉表的卡方检验法，得到 x^2 值、P 值。针对数值型变量，采用独立样本 T 检验，得到 t 值、P 值，$P<0.05$ 为差异，有统计学意义。通过单因素分析后，初步筛选出具有统计学差异的变量。参考单因素分析的结果，将无统计学意义的指标剔除掉。将有统计学意义的指标作为入选变量代入 logistic 回归方程，利用 SPSS 19.0 软件，运用 logistic 回归分析，以学生独立管理床位能力自我评价、学生单独诊疗能力自我评价、学生综合水平自我评价分别作为因变量，有统计学意义的指标全部作为协变量，选用 Wald 法，通过逐步运算，建立诊断模型，得到最终建模指标、B 值、P 值及模型的诊断准确率、特异度。模型公式为：

$$\log \frac{P}{1-P} = \beta_0 + \beta_1 x_1 + \beta_2 x_2 + \cdots + \beta_m x_m$$

$P = P(y=1 \mid x)$，为概率。0 为常数项，1，2，…，m 分别为 m 个自变量的回归系数。

学生独立管理床位能力自我评价中，自变量分别为性别、年级、录取方式、本科毕业学校、现就读学校、实习医院等级、是否第一志愿、课程总体满意度、入学自评水平、是否参加住院医师规范化培训、临床轮转时间、执业医师资格考试。

学生单独诊疗能力自我评价中，自变量分别为性别、年级、录取方式、本科毕业学校、现就读学校、职业理想、课程总体满意度、入学自评水平、实习医院等级、所在单位开展住院医师规范化培训情况、是否住院医师规范化培训人员、总轮转时间、学生综合水平自我评价。

学生综合水平自我评价中，自变量分别为性别、年级、录取方式、本科毕业学校、现就读学校、是否第一志愿、课程总体满意度、入学自评水平、实习医院等级、所在单位开展住院医师规范化培训情况、是否为住院医师规范化培训人员、总轮转时间。

（四）质量控制

1. 准备阶段

查阅大量文献和最新出台的政策，与课题组专家讨论修改问卷内容并形成初稿,请业内有关专家审阅论证,以保证问卷的内容效度,在某大学临床医学硕士专业学位研究生和导师中进行预调查,检验问卷的可信度,参考反馈意见并反复修改。访谈提纲根据政策变化不断修改完善,培训访谈人员,正式访谈前模拟训练一到两次,保证访谈效果。

2. 调查阶段

主要采用问卷星网络问卷的方式,将问卷填写说明和二维码发送给各培养单位,由各培养单位通知学生和导师填写问卷,部分培养单位填写纸质版问卷,网络问卷设置必答题及逻辑跳转,保证关键问题无遗漏项,答题不完全者不能提交,后台看到潦草应付式的答卷,可作为无效答卷剔除。纸质版问卷填写后由工作人员统一录入问卷星系统。

访谈者向访谈对象说明研究背景、目的等,并且强调回答没有对错之分,访谈只为科研所用,访谈时,在取得访谈对象同意的前提下进行录音,同时进行文字记录。访谈选在相对独立、安静的空间进行。

3. 资料整理阶段

对调查问卷统一编码,将问卷星调查平台数据直接导出建立数据库。访谈完成后,及时将访谈录音转录成 Word 文档,并统一编号命名。

二、研究结果

(一) 课程情况

1. 授课方式

被调查的 3 832 名学生中,接受脱产式集中授课(脱离临床,占用工作日白天时间上课)、分散式授课(周末或工作日晚上等业余时间上课)和两者相结合的比例分别为 45.2%、28.3% 和 22.2%。统招/推免学生中集中授课的比例(45.8%)高于长学制学生(26.4%),长学制学生的授课方式比较均衡,可能与长学制学生在校时间长,可以灵活安排授课方式有关。在三级医院实习的学生中集中授课的比例(44.5%)低于其他医院实习的学生(62.0%)。"985"高校分散授课(45.1%)比例高于非"985"高校(24.8%),集中授课比例则相对较低。显然,"985"高校、三级医院的授课方式中分散式授课比例更高,也即越好的培养单位越少采用脱产式集中授课,见表 11-7。

表 11-7　　　　　学生反映的课程授课方式

项目	类别	集中授课	分散式授课	两者结合	其他
录取方式	统招/推免	1 699 (45.8%)	1 043 (28.1%)	829 (22.3%)	140 (3.8%)
	长学制	32 (26.4%)	42 (34.7%)	21 (17.4%)	26 (21.5)
医院级别	三级	1 643 (44.5%)	1 063 (28.8%)	820 (22.2%)	164 (4.4%)
	其他	88 (62.0%)	22 (15.5%)	30 (21.1%)	2 (1.4%)
高校类别	"985"	207 (31.0%)	301 (45.1%)	138 (20.7%)	22 (3.3%)
	非"985"	1 524 (48.2%)	784 (24.8%)	712 (22.5%)	144 (4.6%)
合计		1 731 (45.2%)	1 085 (28.3%)	850 (22.2%)	166 (4.3%)

进一步分析发现，授课方式为分散式授课或与两者结合的 1 935 名被调查学生中，60.6% 表示在周一到周五的晚上进行课程学习，51.8% 表示在周末进行课程学习，也有 19.5% 表示会进行不限时间的网络课程学习。

2. 课程特点

从表 11-8 可以看出，48.6% 的学生表示对课程总体印象比较满意。近一半的被调查学生认为其所在单位临床医学硕士专业学位研究生的课程设置有针对性、考核方式合理、课程内容前沿、课程内容实用、课程内容综合、教学方法多样，与科研结合紧密。

表 11-8　　　　　学生认为课程特点的符合程度

项目	完全不符合	不太符合	一般	较符合	完全符合
课程设置的针对性	178 (4.7%)	385 (10.1%)	1 412 (36.8%)	1 467 (38.3%)	390 (10.2%)
考核方式的合理性	138 (3.6%)	303 (7.9%)	1 495 (39.0%)	1 519 (39.6%)	377 (9.8%)

续表

项目	完全不符合	不太符合	一般	较符合	完全符合
课程内容的前沿性	154 (4.0%)	308 (8.0%)	1 506 (39.3%)	1 446 (37.7%)	418 (10.9%)
课程内容的实用性	152 (4.0%)	295 (7.7%)	1 334 (34.8%)	1 546 (40.3%)	505 (13.2%)
课程内容的综合性	142 (3.7%)	284 (7.4%)	1 415 (36.9%)	1 505 (39.3%)	486 (12.7%)
教学方法的多样性	167 (4.4%)	369 (9.6%)	1 447 (37.8%)	1 372 (35.8%)	477 (12.4%)
与科研结合紧密	153 (4.0%)	374 (9.8%)	1 487 (38.8%)	1 387 (36.2%)	431 (11.3%)
课程总体印象很满意	157 (4.1%)	292 (7.6%)	1 520 (39.7%)	1 460 (38.1%)	403 (10.5%)

如表11-9所示，被调查导师中，超过70%认为其所在科室临床医学硕士专业学位研究生的课程内容符合针对性、前沿性、综合性、实用性、教学方法多样性、考核方式合理。导师对各项课程特点符合程度的反馈要明显高于学生（48.6%），学生对于课程质量有更高的期待。

表11-9　　　　　　　　导师认为课程特点的符合程度

课程特点	很不符合	不符合	一般	符合	很符合
课程内容的针对性	4 (0.3%)	14 (1.2%)	238 (20.0%)	777 (65.3%)	156 (13.1%)
课程内容的前沿性	6 (0.5%)	20 (1.7%)	254 (21.4%)	744 (62.6%)	165 (13.9%)
课程内容的综合性	6 (0.5%)	28 (2.4%)	261 (22.0%)	728 (61.2%)	166 (14.0%)
课程内容的实用性	5 (0.4%)	21 (1.8%)	221 (18.6%)	727 (61.1%)	215 (18.1%)
教学方法的多样性	5 (0.4%)	36 (3.0%)	271 (22.8%)	685 (57.6%)	192 (16.1%)

续表

课程特点	很不符合	不符合	一般	符合	很符合
考核方式的合理性	5 (0.4%)	19 (1.6%)	234 (19.7%)	746 (62.7%)	185 (15.6%)
某些课程与科研结合紧密	5 (0.4%)	33 (2.8%)	335 (28.2%)	646 (54.3%)	170 (14.3%)

3. 课程学时

从表 11-10 可以看出，一半左右的被调查学生认为目前各类课程学时合适；也有近 40% 的学生认为这些课程的学时偏少，有 47.4% 的学生认为法律法规类课时偏少，38.9% 的学生认为人文素养类课偏少，38.3% 的学生认为临床科研方法类课偏少。

表 11-10　　　　学生反映课程设置的学时安排

课程类别	太少	较少	合适	较多	太多
临床专业课	396 (10.3%)	937 (24.4%)	2 122 (55.4%)	332 (8.7%)	45 (1.2%)
人文素养类课	369 (9.6%)	1 121 (29.3%)	1 955 (51.0%)	294 (7.7%)	93 (2.4%)
临床科研方法类课	288 (7.5%)	1 181 (30.8%)	2 035 (53.1%)	279 (7.3%)	49 (1.3%)
公共卫生类课	225 (5.9%)	895 (23.4%)	2 239 (58.4%)	382 (10.0%)	91 (2.4%)
法律法规类课	526 (13.7%)	1 292 (33.7%)	1 687 (44.0%)	240 (6.3%)	87 (2.3%)

4. 课程效果

从表 11-11 可以看出，几乎一半的被调查学生认为通过课程学习不能提升或提升较少的能力有操作能力、科研能力、医患沟通能力和资源调度指挥能力，36.8% 的学生表示不能提高诊断能力。

表 11-11　学生认为通过课程学习不能提升或提升较少的能力

能力类别	频数	比例（%）
操作能力	2 279	59.5
诊断能力	1 412	36.8
医患沟通能力	1 922	50.2
资源调度指挥能力	1 890	49.3
科研能力	1 973	51.5
其他	26	0.7

5. 获取医学新知识、新进展的途径

被调查学生中，多数表示会通过查房或临床病例讨论（81.6%）、上级医师教学讲课（76.4%）、参加学术活动（69.4%）、医学专著或期刊（66.5%）学习医学新知识、新技能；也有学生会通过同事间的讨论（51.3%）、视听材料（39.2%）进行学习，详见表 11-12。

表 11-12　学生获取医学新知识、新进展的主要途径

项目	频数	比例（%）
上级医师教学讲课	2 929	76.4
查房或临床病例讨论	3 126	81.6
参加学术活动	2 661	69.4
医学专著或期刊	2 550	66.5
同事间的讨论	1 967	51.3
视听材料	1 501	39.2
其他	58	1.5

6. 医学新知识、新进展的应用阻力

阻碍学生运用医学新知识、新进展解决临床问题的主要原因是医患关系紧张（39.5%）、自身水平有限（35.3%）以及患者的担忧（11.1%）；少部分来自上级医师的保守（7.7%）和团队的保守（5.5%）。

（二）临床实践情况

1. 轮转时间

被调查学生临床轮转的总时间小于12个月、12~23个月、24~32个月、大

于等于 33 个月的比例分别为 26.3%、29.8%、29.1%、14.7%；在本专业科室轮转的时间小于 6 个月、6～11 个月、12～17 个月、大于等于 18 个月的比例分别为 12.3、27.7%、32.6%、27.4%。

从表 11-13 可以看出，总轮转时间上，长学制显著少于统招和推免学生，可能是因为其读研的时间本身就较为紧张。不同级别医院和高校总轮转时间也有所不同。三级以下医院有 33.8% 的学生总轮转时间少于 12 个月，而在三级医院中该比例为 26.0%。相应地，三级医院临床医学硕士专业学位研究生轮转时间超过 32 个月的学生比例（15.0%）大于三级以下医院（5.6%）。总轮转时间少于 12 个月的比例在"985"高校和非"985"高校被调查学生中的比例分别为 12.4% 和 29.3%，前者显著低于后者。非"985"高校学生总轮转时间大于 32 个月的比例（12.2%）也显著小于"985"高校（26.5%）。可以看出培养单位水平越高排名越靠前，总轮转时间越长。超过半数的学生在本科室轮转时间超过 12 个月，非"985"高校学生在本科室轮转超过 12 个月的有 62.2%。

表 11-13 不同实习医院、学校级别和录取方式学生的临床实践时间 单位：%

项目	类别	总轮转时间（月）				本科室轮转时间（月）			
		<12	12～23	24～32	≥33	<6	6～11	12～17	≥18
实习医院	三级	26.0	29.8	29.1	15.0	12.3	27.6	49.9	10.2
	三级以下	33.8	29.6	31.0	5.6	11.3	32.4	48.6	7.7
学校级别	"985"	12.4	34.6	26.5	26.5	21.4	29.5	35.9	13.2
	非"985"	29.3	28.8	29.7	12.2	10.4	27.4	52.7	9.5
录取方式	统招	26.1	29.7	30.0	14.2	11.9	26.6	51.0	10.6
	推免	19.8	31.4	24.1	24.8	17.2	36.0	37.6	9.2
	长学制	50.4	29.8	17.4	2.5	12.4	38.8	47.9	0.8

进一步调查发现，被调查导师反映其指导的临床医学硕士专业学位研究生平均总轮转时间为 23 个月，平均本专业科室轮转时间为 12 个月。总轮转时间中位数为 24 个月，本专业轮转时间中值为 12 个月，中值与平均值大致相同，可见从导师角度认知学生的轮转时间情况是：本专业轮转时间为总轮转时间的一半。

2. 住院医师规范化培训参与情况

表 11-14 显示，被调查学生中，仅 27.1% 参加了住院医师规范化培训，这与绝大多数学生（90% 左右）反映的所在医院已经开展住院医师规范化培训的事实看似矛盾，实则反映了医院的住院医师规范化培训制度没有落到实处，至少没

有落到每一位临床医学硕士专业学位研究生的实际培养中。不同年级的学生参与住院医师规范化培训的比例大致相同；推免的学生中参与住院医师规范化培训的比例（40.3%）高于统招生（26.8%）与长学制学生（2.5%），97.5%的长学制（绝大多数为七年制临床医学生）学生没参与住院医师规范化培训的可能原因是学习年限不允许；在三级医院实习的学生中参与住院医师规范化培训的比例（27.7%）高于在其他医院实习的学生（12.7%）；985高校学生参加住院医师规范化培训的比例（44.2%）比非"985"高校（23.5%）明显高。

表11-14　　被调查学生参与住院医师规范化培训情况

项目	类别	是	否
年级	研二	512（28.0%）	1 317（72.0%）
	研三	527（26.3%）	1 476（73.7%）
录取方式	统招	914（26.8%）	2 494（73.2%）
	推免	122（40.3%）	181（59.7%）
	长学制	3（2.5%）	118（97.5%）
医院级别	三级	1 021（27.7%）	2 669（72.3%）
	其他	18（12.7%）	124（87.3%）
高校类别	"985"	295（44.2%）	373（55.8%）
	非"985"	744（23.5%）	2 420（76.5%）
合计		1 039（27.1%）	2 793（72.9%）

3. 临床科室轮转

表11-15显示，24.7%的被调查学生表示，并不执行住院医师规范化培训方案，导师全权安排自己的培养方案。40.0%的学生表示导师会部分执行住院医师规范化培训方案并根据情况进行调整。亦有35.3%的学生表示导师完全按照住院医师规范化培训方案，实施各科临床轮转。统招、推免、长学制学生中完全执行住院医师规范化培训方案的比例逐渐上升（34.2%、40.9%、51.2%），完全不执行住院医师规范化培训方案的比例逐渐下降（25.4%、19.5%、15.7%），前文提到，长学制学生中参与住院医师规范化培训的只有2.5%，却有51.2%完全执行住院医师规范化培训方案，结果有些矛盾；在三级医院实习的学生中完全执行住院医师规范化培训方案的比例（35.7%）高于在其他医院实习的学生（26.1%）。

住院医师规范化培训方案执行情况跟医院住院医师规范化培训开展情况密切相关，医院住院医师规范化培训开展运行得越好，导师执行住院医师规范化培训方案培养学生的比例就越高。

表11-15 被调查学生轮转期间执行住院医师规范化培训方案的情况

项目	类别	不执行	部分执行	完全执行
录取方式	统招	867（25.4%）	1 374（40.3%）	1 167（34.2%）
	推免	59（19.5%）	120（39.6%）	124（40.9%）
	长学制	19（15.7%）	40（33.1%）	62（51.2%）
医院级别	三级	892（24.2%）	1 482（40.2%）	1 316（35.7%）
	其他	53（37.3%）	52（36.6%）	37（26.1%）
住院医师规范化培训开展情况	未开展	303（55.0%）	174（31.6%）	74（13.4%）
	刚开展尚不完善	422（26.0%）	790（48.6%）	412（25.4%）
	已开展且运行良好	159（10.8%）	490（33.4%）	819（55.8%）
	不清楚	61（32.3%）	80（42.3%）	48（25.4%）
合计		945（24.7%）	1 534（40.0%）	1 353（35.3%）

4. 临床轮转考核

表11-16显示，被调查导师认为，最能反映临床轮转效果的考核方式依次为技能操作考试（79.5%）、OSCE—客观结构化多站式临床考试（50.2%）、临床诊治突击检查（41.4%）、临床研究论文（36.9%）、书面考试（23.6%）、口头测试（12.6%）、科研成果（11.7%）。与导师结果相似，71.3%的学生认为技能操作考试最能反映临床轮转的效果；也有41.1%和38.7%的学生认为临床诊治突击检查、OSCE—客观结构化多站式临床考试能反映临床轮转的效果。稍微不同的是，导师选择临床研究论文和OSCE的比例相比于学生，明显更多。

表11-16 学生和导师认为最能反映临床轮转效果的考核方法

项目	导师频数（%）	学生频数（%）
书面考试	281（23.6）	796（20.8）
临床研究论文	439（36.9）	432（11.3）
口头测试	144（12.6）	574（15.0）
科研成果	140（11.7）	248（6.5）
技能操作考试	1 495（79.5）	2 731（71.3）
临床诊治突击检查	492（41.4）	1 573（41.1）
OSCE（客观结构化多站式临床考试）	597（50.2）	1 482（38.7）
其他	17（1.4）	39（1.0）

5. 单独诊疗能力

64.0%的被调查学生表示能独立进行本专业或相关专业常见病、多发病的诊治，25.2%的被调查学生表示能独立诊疗部分常见病和多发病，10.8%的被调查学生表示自己没有能力独立诊疗，详见表11-17。在不能独立进行本专业或相关专业常见病、多发病诊治的415名学生中进行的调查表明，临床能力不过关（42.4%）、医患关系紧张（40.7%）、尚未取得执业医师资格（34.9%）是学生认为自己不能独立进行常见病、多发病诊治的主要原因。

表11-17 学生认为自己单独进行常见病、多发病诊治的能力

项目	类别	是	否	部分可以
性别	男	1 212（72.6%）	163（9.8%）	295（17.7%）
	女	1 241（57.4%）	252（11.7%）	669（30.9%）
年级	研二	1 003（54.8%）	240（13.1%）	586（32.0%）
	研三	1 450（72.4%）	175（8.7%）	378（18.9%）
录取方式	统招	2 209（64.8%）	357（10.5%）	842（24.7%）
	推免	184（60.7%）	32（10.6%）	87（28.7%）
	长学制	60（49.6%）	26（21.5%）	35（28.9%）
医院级别	三级	2 379（64.5%）	386（10.5%）	925（25.1%）
	其他	74（52.1%）	29（20.4%）	39（27.5%）
合计		2 453（64.0%）	415（10.8%）	964（25.2%）

（三）科研情况

1. 是否参与科研

82.2%的被调查导师表示，其所指导的临床医学硕士专业学位研究生参与其科研工作。分地区来看，在华东地区，43.4%的被调查导师表示自己所指导的临床医学硕士专业学位研究生不参与科研，而在其他地区，80%以上的导师都回答自己指导的临床医学硕士专业学位研究生参与科研。985高校导师表示临床医学硕士专业学位研究生参与科研的比例要高于非985高校。就科室层面看，儿科临床医学硕士专业学位研究生参与科研的比例最低，仅68.1%，可能与儿科医生紧缺、工作量相对大有关，其他科室该比例分布在78.3%~87.3%，但这一差别没有统计学意义。所指导临床医学硕士专业学位研究生参与科研的比例随着导师学历的升高而显著增高。科学学位的导师所带的临床医学硕士专业学位研究生参与科研的比例（77.7%）稍低于临床技能型（86.3%）、专业学位（84.6%）的导师。

2. 参与科研类型

总体来讲,67.0%的被调查学生参与过导师的临床研究(病例随访观察、病例综述等),少部分学生参与过导师的基础研究(从细胞、分子和基因等水平上探索疾病的本质,阐明某一机制)(29.6%)和应用基础研究(29.0%)(应用于临床的新诊断、新技术、新方法的研究)。

3. 导师的科研指导

从表11-18可以看出,87.8%被调查导师表示自己对临床医学硕士专业学位研究生毕业论文的选题有很好的指导,77.3%的导师认为通过科研训练能让临床医学硕士专业学位研究生更好地从事临床工作。

表 11-18　　　临床医学硕士专业学位研究生导师
科研指导及对科研认同情况

项目	完全不认同	不太认同	一般	较认同	完全认同
您对临床医学硕士专业学位研究生毕业论文的选题有很好的指导	5 (0.4%)	10 (0.8%)	129 (10.8%)	689 (57.9%)	356 (29.9%)
通过科研训练能让临床医学硕士专业学位研究生更好地从事临床工作	11 (0.9%)	29 (2.4%)	230 (19.3%)	635 (53.4%)	284 (23.9%)

4. 科研素质

表11-19显示,92.9%的被调查导师认为,科研训练后临床医学硕士专业学位研究生应具备文献查阅和处理能力;约80%的被调查导师认为,临床医学硕士专业学位研究生应具备论文撰写、数据统计处理能力;约70%的被调查导师认为,临床医学硕士专业学位研究生应具备归纳综述、实验设计能力;约60%的被调查导师认为,临床医学硕士专业学位研究生应具备获取有效信息、实验总结、实验操作的能力。

表 11-19　导师认为临床医学硕士专业学位研究生经过科研训练后应该具备的能力和最缺乏的能力

项目	导师认为应该具备	导师认为最缺乏
文献查阅和处理能力	1 104（92.9%）	212（17.8%）
论文撰写能力	995（83.7%）	421（35.4%）
数据统计处理能力	956（80.4%）	432（36.3%）
归纳综述能力	883（74.3%）	319（26.8%）
实验设计能力	813（68.4%）	734（61.7%）
获取有效信息能力	729（61.3%）	261（22.0%）
实验总结能力	668（56.2%）	343（28.8%）
实验操作能力	626（52.6%）	344（28.9%）

被调查导师认为，临床医学硕士专业学位研究生最缺乏的能力是实验设计能力（61.7%），其他依次是数据统计处理能力（36.3%）、论文撰写能力（35.4%）、实验操作能力（28.9%）、试验总结能力（28.8%）、归纳综述能力（26.8%）、获取有效信息能力（22.0%）、文献查阅和处理（17.8%）。与导师结果相似，学生也认为自己最缺乏的是实验设计能力（61.4%）和数据统计处理能力（55.5%）。

5. 论文要求

77.4% 的被调查学生表示导师对其有发表论文的要求。在三级医院实习的学生中被导师要求发表论文的比例（77.7%）稍高于在其他医院实习的学生（71.1%）。另外，研二学生中被导师要求发表论文的比例（82.0%）高于研三学生（73.2%），原因可能是多方面带来的科研压力，近年来导师对研究生的科研要求越来越高。

（四）过程质量评价情况

1. 学生对临床医学硕士专业学位与住院医师规范化培训并轨的认同情况（见表 11-20）

表 11-20　学生对临床医学硕士专业学位与住院医师规范化培训并轨的认同情况

项目	类别	支持	反对	无所谓	χ^2	P
性别	男	1 240（74.3%）	305（18.3%）	125（7.5%）		

续表

项目	类别	支持	反对	无所谓	χ^2	P
性别	女	1 708 (79.0%)	295 (13.6%)	159 (7.4%)	15.621	<0.001
录取方式	统招	2 626 (77.1%)	535 (15.7%)	247 (7.2%)	10.509	0.033
	推免	242 (79.9%)	39 (12.9%)	22 (7.3%)		
	长学制	80 (66.1%)	26 (21.5%)	15 (12.4%)		
年级	研二	80 (66.1%)	26 (21.5%)	15 (12.4%)	10.509	0.033
	研三	1 521 (75.9%)	319 (15.9%)	163 (8.1%)		
学校级别	非985	2 453 (77.5%)	468 (14.8%)	243 (7.7%)	11.31	0.003
	985	495 (74.1%)	132 (19.8%)	41 (6.1%)		
实习医院	三级	2 839 (76.9%)	576 (15.6%)	275 (7.5%)	0.375	0.829
	其他	109 (76.8%)	24 (16.9%)	9 (6.3%)		
职业理想	临床医疗	2 657 (77.6%)	524 (15.3%)	242 (7.1%)	15.013	0.059
	临床教育	102 (72.9%)	23 (16.4%)	15 (10.7%)		
	临床管理	101 (72.1%)	24 (17.1%)	15 (10.7%)		
	临床科研	47 (62.7%)	20 (26.7%)	8 (10.7%)		
	其他	41 (75.9%)	9 (16.7%)	4 (7.4%)		

续表

项目	类别	支持	反对	无所谓	χ^2	P
开展住院医师规范化培训情况	未开展	2 057 (73.6%)	505 (18.1%)	231 (8.3%)	63.329	<0.001
	尚不完善	1 237 (76.2%)	270 (16.6%)	117 (7.2%)		
	运行良好	1 154 (78.6%)	207 (14.1%)	107 (7.3%)		
	不清楚	121 (64.0%)	35 (18.5%)	33 (17.5%)		
是否是住院医师规范化培训人员	是	109 (76.8%)	24 (16.9%)	9 (6.3%)	0.375	0.829
	否	2 057 (73.6%)	505 (18.1%)	231 (8.3%)		
合计		2 948 (76.9%)	600 (15.7%)	284 (7.4%)		

76.9%的被调查学生支持临床医学硕士专业学位与住院医师规范化培训并轨，15.7%的学生反对，另有7.4%的学生认为无所谓。医院住院医师规范化培训开展情况影响学生对临床医学硕士专业学位与住院医师规范化培训并轨的支持程度，住院医师规范化培训开展越成熟，学生支持率越高。学生职业理想也是学生是否支持并轨的影响因素之一，显然，较之欲从事临床教育、管理和科研的学生，想要未来从事临床医疗的学生更加支持并轨，在培养临床医学硕士专业学位研究生过程中也许可以因材施教，灵活制定培养方案，不拘泥于住院医师规范化培训方案，引入适当的分流机制。统招、推免学生中支持临床医学硕士专业学位与住院医师规范化培训并轨的比例（77.1%、79.9%）高于长学制学生（66.1%）。

在学生支持并轨的原因分析中，对支持临床医学硕士专业学位与住院医师规范化培训并轨的2 948名学生进行调查，结果表明，多数学生认为并轨可以减少毕业后再住院医师规范化培训的麻烦（83.2%）、利于提高研究生的临床医疗水平（78.5%）、规范专业学位研究生的培养（76.9%）、增加今后就业的机会（63.8%）。学生反对并轨的原因分析中，对反对临床医学硕士专业学位与住院医师规范化培训并轨的600名学生进行调查，结果表明，并轨后培养质量难以保证（78.3%）、轮转多而不专（70.7%）、没时间做科研（51.2%）是他们反对并轨的主要原因；也有学生认为并轨会增加个人学习压力、待遇低、晋升待遇与未参加住院医师规范化培训人员没有差别等。

2. 导师对临床医学硕士专业学位与住院医师规范化培训并轨的认同情况

调查结果显示，71.7%的导师认为学生在轮转中临床能力得到了充分锻炼，否定临床轮转对临床能力积极作用的仅占6.3%。63.0%的被调查导师表示支持临床医学硕士专业学位研究生按照住院医师规范化培训要求完成33个月的临床轮转。值得思考的是，住院医师规范化培训开展良好且已完成并轨的导师比例最高的西南地区中，49.7%被调查导师们反对临床医学硕士专业学位研究生按住院医师规范化培训要求轮转33个月。50.5%的985高校导师反对该培养方案，这一比例高于非985高校（32.7%）。科室中反对率最高的是内科和检验影像科，约40%。

3. 能力评价

从表11-21可以看出，约75%的被调查学生认为自己在研究生期间遵守职业道德的能力，与同事的团队协作能力培养达标；约55%的被调查学生认为自己沟通与磋商的技能，资料收集、分析和解释的能力，学习和教学能力、整体行医胜任力，临床诊断和决策能力，临床管理能力培养达标。仅约35%的学生认为自己在研究生期间初级卫生保健管理和风险管理能力，科研能力，处理复杂医疗状况能力培养达标。

表11-21 被调查学生认为自己在研究生期间各项能力培养的情况

项目	完全达不到	达不到	一般	达到	完全达到
整体行医胜任力	72 (1.9%)	187 (4.9%)	1 457 (38.0%)	1 787 (46.63%)	329 (8.6%)
沟通与磋商的技能	48 (1.3%)	110 (2.9%)	1 293 (33.7%)	1 966 (51.3%)	415 (10.8%)
资料收集、分析和解释的能力	46 (1.2%)	101 (2.6%)	1 386 (36.2%)	1 923 (50.2%)	376 (9.8%)
临床诊断和决策能力	48 (1.3%)	165 (4.3%)	1 546 (40.3%)	1 756 (45.8%)	317 (8.3%)
临床管理能力	48 (1.3%)	191 (5%)	1 557 (40.6%)	1 719 (44.9%)	317 (8.3%)
处理复杂医疗状况能力	84 (2.2%)	658 (17.2%)	1 926 (50.3%)	984 (25.7%)	180 (4.7%)

续表

项目	完全达不到	达不到	一般	达到	完全达到
初级卫生保健管理和风险管理能力	62 (1.6%)	350 (9.1%)	1 757 (45.9%)	1 406 (36.7%)	257 (6.7%)
团队协作能力	44 (1.2%)	52 (1.4%)	992 (25.9%)	2 164 (56.5%)	579 (15.1%)
学习和教学能力	44 (1.2%)	141 (3.7%)	1 493 (39%)	1 806 (47.1%)	347 (9.1%)
遵守职业道德的能力	43 (1.1%)	37 (1.0%)	709 (18.5%)	1 929 (50.4%)	1 113 (29.1%)
科研能力	62 (1.6%)	350 (9.1%)	1 757 (45.9%)	1 406 (36.7%)	257 (6.7%)

将上述11项能力评价分5个等级从1~5赋分，然后加和所得分数作为综合能力得分，以33分为界，低于33分为不合格，大于等于33分为合格。以综合能力评价（合格/不合格）为因变量，以性别、年级等12个变量为自变量，建立logistic回归模型，详见表11-22。

表11-22　　　　　　logistic回归模型自变量及其赋值

变量	赋值
性别	1=男，2=女
年级	2=研二，3=研三
录取方式	1=统招，2=推免，3=长学制
本科毕业学校	0=非985学校，1=985学校，3=未知
现就读学校	0=非985学校，1=985学校
是否第一志愿	1=是，0=否
课程总体满意度	1=完全不符，2=比较不符，3=一般，4=基本符合，5=完全符合
入学自评水平	数值变量
实习医院等级	1=三级，2=三级以下
所在单位开展住院医师规范化培训情况	1=开展良好，2=开展未成熟，3=未开展，4=不清楚

续表

变量	赋值
是否住院医师规范化培训人员	1 = 是，0 = 否
总轮转时间	1 ≤ 12 个月，2 = 12 ~ 23 个月，3 = 24 ~ 32 个月，4 ≥ 32 个月

以综合能力评价（合格/不合格）为因变量，性别、年级、录取方式、本科毕业学校、现就读学校、是否第一志愿、课程总体满意度、入学自评水平、实习医院等级、所在单位开展住院医师规范化培训情况和是否住院医师规范化培训人员为自变量建立 logistic 回归模型，用后退法似然比统计量筛选变量，选入标准为 0.05，剔除标准为 0.10。结果如表 11 - 23 所示。

表 11 - 23　综合能力评价与可能影响因素的 logistic 回归模型 1

自变量	B	S. E.	Wald	df	Sig.	OR	95% CI for OR	
							Lower	Upper
年级（1）	0.671	0.120	31.476	1	<0.001	1.957	1.548	2.474
课程总体满意度	0.744	0.219	11.532	1	0.001	2.105		
课程总体满意度（1）	0.432	0.233	3.445	1	0.063	1.541	0.976	2.432
课程总体满意度（2）	1.304	0.202	41.617	1	<0.001	3.685	2.479	5.477
课程总体满意度（3）	1.844	0.216	72.835	1	<0.001	6.321	4.139	9.655
课程总体满意度（4）	2.536	0.371	46.605	1	<0.001	12.626	6.097	26.148
开展住院医师规范化培训情况	0.178	0.053	11.330	1	0.001	1.195	1.077	1.325
开展住院医师规范化培训情况（1）	-0.401	0.138	8.413	1	0.004	0.669	0.510	0.878
开展住院医师规范化培训情况（2）	-0.289	0.181	2.565	1	0.109	0.749	0.525	1.067
开展住院医师规范化培训情况（3）	-0.287	0.270	1.131	1	0.287	0.751	0.443	1.273

注：最初进入模型的变量有性别、在读高校、年级、录取方式、实习医院、本科毕业学校、是否第一志愿、课程总体满意度、所在单位开展住院医师规范化培训情况、是否是住院医师规范化培训人员、入学自评水平。

结果显示，综合能力是否合格与年级、课程设置和开展住院医师规范化培训情况相关。研三学生相对于研二学生的 OR 值为 1.957，说明综合能力是否合格随年级增加而提高。同样的，课程设置合理和住院医师规范化培训开展良好也是综合能力合格的保障因素。

在模型中增加总轮转时间为自变量，得到表 11-24 中结果。年级和课程设置依然是综合能力合格的保障因素，随着总轮转时间增加，综合能力合格率也在增加。

表 11-24　综合能力评价与可能影响因素的 logistic 回归模型

自变量	B	S. E.	Wald	df	Sig.	OR	95% C. I. for OR	
							Lower	Upper
年级（1）	0.638	0.120	28.053	1	<0.001	1.893	1.495	2.397
课程总体满意度	0.220	0.203	1.174	1	0.279	1.246		
课程总体满意度（1）	0.380	0.233	2.667	1	0.102	1.462	0.927	2.308
课程总体满意度（2）	1.276	0.202	39.864	1	<0.001	3.583	2.411	5.325
课程总体满意度（3）	1.846	0.215	73.510	1	<0.001	6.334	4.154	9.659
课程总体满意度（4）	2.561	0.370	47.875	1	<0.001	12.954	6.270	26.761
入学自评水平	0.174	0.053	10.710	1	0.001	1.190	1.072	1.320
总轮转时间			14.559	3	0.002			
总轮转时间（1）	0.483	0.148	10.571	1	0.001	1.620	1.211	2.167
总轮转时间（2）	0.403	0.150	7.188	1	0.007	1.497	1.115	2.010
总轮转时间（3）	0.487	0.187	6.797	1	0.009	1.628	1.129	2.348

注：最初进入模型的变量有：性别、在读高校、年级、录取方式、实习医院、本科毕业学校、是否第一志愿、课程总体满意度、所在单位开展住院医师规范化培训情况、是否是住院医师规范化培训人员、入学自评水平、总轮转时间。

从表 11-25 可以看出，超过 90% 的被调查导师认为，临床医学硕士专业学位研究生应重点培养整体行医胜任力、沟通与磋商能力、资料收集、分析和解释能力、临床诊断和决策的能力、与同事的团队协作能力、学习和教学能力和遵守职业道德的能力。约 80% 的导师认为应重点培养临床管理能力、处理复杂医疗状况能力和科研能力，相比之下认为应该重点培养初级卫生保健管理和风险管理能力的比例较低，为 70.5%。

表 11-25　被调查导师认为临床医学硕士专业学位研究生各方面能力培养的重要程度

能力	很不重要	不重要	一般	重要	很重要
整体行医胜任力	4（0.3%）	6（0.5%）	51（4.3%）	661（55.6%）	467（39.3%）
沟通与磋商能力	5（0.4%）	2（0.2%）	44（3.7%）	676（56.9%）	462（38.9%）
资料收集、分析和解释能力	2（0.2%）	5（0.4%）	72（6.1%）	736（61.9%）	374（31.5%）
临床诊断和决策的能力	2（0.2%）	5（0.4%）	53（4.5%）	641（53.9%）	488（41.0%）
临床管理能力	5（0.4%）	11（0.9%）	198（16.7%）	688（57.9%）	287（24.1%）
处理复杂医疗状况能力	0（0.0%）	13（1.1%）	182（15.3%）	715（60.1%）	279（23.5%）
初级卫生保健管理和风险管理能力	2（0.2%）	26（2.2%）	322（27.1%）	659（55.4%）	180（15.1%）
与同事的团队协作能力	5（0.4%）	3（0.3%）	59（5.0%）	694（58.4%）	428（36.0%）
学习和教学能力	3（0.3%）	6（0.5%）	113（9.5%）	766（64.4%）	301（25.3%）
遵守职业道德的能力	4（0.3%）	2（0.2%）	52（4.4%）	605（50.9%）	526（44.2%）
科研能力	1（0.1%）	12（1.0%）	218（18.3%）	702（59.0%）	256（21.5%）

从表 11-26 可以看出，约 80% 的被调查导师对自己指导的临床医学硕士专业学位研究生的遵守职业道德能力、与同事的团队协作能力满意度；约 70% 的被调查导师对临床医学硕士专业学位研究生的学习和教学能力、资料收集、分析和解释能力，沟通与磋商能力，整体行医胜任力、临床诊断和决策能力满意；将近一半的导师对临床医学硕士专业学位研究生的临床管理能力、科研能力、初级卫生保健管理和风险管理能力以及处理复杂医疗状况能力满意度。

表 11-26　导师对临床医学硕士专业学位毕业生的能力评价

项目	不满意	一般	满意
整体行医胜任力	20（1.6%）	296（24.9%）	873（73.5%）
沟通与磋商能力	22（1.9%）	327（27.5%）	840（70.6%）

续表

项目	不满意	一般	满意
资料收集、分析和解释能力	24（2.1%）	360（30.3%）	805（67.7%）
临床诊断和决策能力	24（2.0%）	399（33.6%）	766（64.5%）
临床管理能力	34（2.8%）	491（41.3%）	664（55.8%）
处理复杂医疗状况能力	85（7.1%）	590（49.6%）	514（43.3%）
初级卫生保健管理和风险管理能力	59（4.9%）	545（45.8%）	585（49.2%）
团队协作能力	16（1.4%）	196（16.5%）	977（82.2%）
学习和教学能力	22（1.9%）	334（28.1%）	833（70.0%）
遵守职业道德的能力	8（0.7%）	125（10.5%）	1056（88.8%）
科研能力	53（4.4%）	498（41.9%）	638（53.7%）

在上述11项能力中，被调查导师认为自己所指导的临床医学硕士专业学位研究生最缺少的五项能力依次是处理复杂医疗状况能力、科研能力、临床诊断和决策能力、沟通与磋商能力、整体行医胜任力。可见导师对研究生的临床能力和科研能力都有更高的要求。"985"高校和非"985"高校导师对临床医学硕士专业学位研究生能力评价基本一致。具体结果见表11-27。

表11-27 导师认为临床医学硕士专业学位研究生最缺乏的能力

类别	频数占比（%）
整体行医胜任力	297（25.0）
沟通与磋商能力	319（26.8）
资料收集、分析和解释的能力	251（21.1）
临床诊断和决策能力	384（32.3）
临床管理能力	282（23.7）
处理复杂医疗状况能力	617（51.9）
初级卫生保健管理和风险管理能力	199（16.7）
与同事的团队协作能力	100（8.4）
学习和教学能力	178（15.0）
遵守职业道德的能力	30（2.5）
科研能力	453（38.1）

4. 临床医学专业学位研究生与学术学位研究生、住院医师能力的差别

从学生视角出发，研究调查了学生眼中临床医学硕士专业学位研究生与临床医学学术学位研究生、住院医师能力培养的差别。超过一半的被调查学生认为，临床医学硕士专业学位研究生需要在临床诊断和决策能力、整体行医胜任力、沟通与磋商能力、处理复杂医疗状况能力、临床管理能力方面高于临床医学学术学位研究生。超过一半的被调查学生认为，临床医学硕士专业学位研究生在资料收集、分析和解释能力、学习和教学能力、科研能力方面应高于住院医师。详见表11-28。

表11-28　学生视角下临床医学硕士专业学位能力比较情况

项目	和学术学位比较		和住院医师比较	
	频数	比例（%）	频数	比例（%）
临床诊断和决策能力	3 222	84.1	2 493	65.1
整体行医胜任力	2 960	77.2	2 337	61.0
沟通与磋商能力	2 611	68.1	2 299	60.0
处理复杂医疗状况能力	2 493	65.1	1 781	46.5
临床管理能力	2 489	65.0	1 464	38.2
与同事的团队协作能力	1 379	36.0	1 329	34.7
资料收集、分析和解释能力	1 067	27.8	1 262	32.9
遵守职业道德能力	1 033	27.0	958	25.0
初级卫生保健管理和风险管理能力	944	24.6	767	20.0
学习和教学能力	731	19.1	672	17.5

从导师视角出发，研究调查了导师眼中临床医学硕士专业学位研究生与临床医学学术学位研究生、住院医师能力培养的差别。约60%以上的被调查导师认为，临床医学硕士专业学位研究生在整体行医胜任力、沟通与磋商能力、临床诊断和决策能力、临床管理能力、处理复杂医疗状况能力方面应高于临床医学学术学位研究生。超过一半的被调查导师认为，临床医学硕士专业学位研究生在资料收集、分析和解释能力、临床诊断和决策能力、学习和教学能力、科研能力方面应高于住院医师（见表11-29）。

表 11-29 导师认为临床医学硕士专业学位研究生应高于临床医学学术学位研究生的能力

项目	和学术学位比较		和住院医比较	
	频数	比例（%）	频数	比例（%）
整体行医胜任力	1 006	84.6	495	41.6
沟通与磋商能力	859	72.2	325	27.3
资料收集、分析和解释的能力	403	33.9	873	73.4
临床诊断和决策能力	1 038	87.2	597	50.2
临床管理能力	710	59.7	399	33.5
处理复杂医疗状况能力	772	64.9	424	35.6
初级卫生保健管理和风险管理能力	316	26.6	161	13.5
与同事的团队协作能力	537	45.1	300	25.2
学习和教学能力	289	24.3	763	64.1
遵守职业道德的能力	501	42.1	226	19.0

5. 对临床医学硕士专业学位研究生培养的整体认知与评价

如表 11-30 显示，只有 21.6% 的学生对住院医师规范化培训十分了解，也仅有 38.6% 的被调查学生认同临床医学硕士专业学位研究生目前在国内发展趋势很好的说法。即使如此，也有约 60% 被调查学生表示，入学前对临床医学硕士专业学位研究生教育的总体期望很高；入学后，导师与其互动密切且有效，对毕业论文的选题有很好的指导，重视临床带教并按照专业学位特点进行指导，总体来说对导师的指导也非常满意。约 50% 被调查学生认为，各科轮转指导教师提供的专业指导频率和质量能得到保证，临床轮转使其临床能力得到充分锻炼，也能达到同年资住院医师能力培训的要求；导师安排的科研训练能使其更好地从事临床工作。

表 11-30 被调查学生对临床医学硕士专业学位研究生的整体认知与评价

项目	完全不认同	不太认同	一般	较认同	完全认同
您对住院医师规范化培训十分了解	323 (8.4%)	769 (20.1%)	1 912 (49.9%)	688 (18.0%)	139 (3.6%)

续表

项目	完全不认同	不太认同	一般	较认同	完全认同
临床医学硕士专业学位研究生目前在国内的发展趋势很好	193 (5.0%)	456 (11.9%)	1 703 (44.5%)	1 234 (32.2%)	245 (6.4%)
入学前，您对临床医学硕士专业学位研究生教育的总体期望很高	58 (1.5%)	127 (3.3%)	1 314 (34.3%)	1 779 (46.4%)	553 (14.4%)
您的导师重视临床带教，按照专业学位的特点进行指导	120 (3.1%)	274 (7.2%)	1 230 (32.1%)	1 544 (40.3%)	663 (17.3%)
导师和您的互动密切且有效	106 (2.8%)	267 (7.0%)	1 240 (32.4%)	1 527 (39.9%)	691 (18.0%)
您的导师对毕业论文的选题有很好的指导性	108 (2.8%)	204 (5.3%)	1 143 (29.8%)	1 587 (41.4%)	789 (20.6%)
各科轮转指导教师提供的专业指导频率和质量能得到保证	139 (3.6%)	315 (8.2%)	1 512 (39.5%)	1 403 (36.6%)	462 (12.1%)
您对导师的指导非常满意	91 (2.4%)	173 (4.5%)	1 088 (28.4%)	1 533 (40.0%)	946 (24.7%)
您通过科研训练能更好地从事临床工作	144 (3.8%)	305 (8.0%)	1 385 (36.2%)	1 464 (38.2%)	533 (13.9%)

如表 11-31 显示，约 80% 被调查导师认为，临床医学硕士专业学位研究生在国内的发展趋势更好。64.1% 导师认为各科室带教老师提供的专业指导频率和质量能得到保证，74.1% 导师认为所指导的临床医学硕士专业学位研究生的临床能力达到同年资住院医师的水平。

表 11-31　　被调查导师对临床医学硕士专业学位研究生的整体认知与评价

项目	完全不认同	不太认同	一般	较认同	完全认同
临床医学硕士专业学位研究生在国内发展趋势很好	18 (1.5%)	87 (7.3%)	319 (26.8%)	580 (48.8%)	185 (15.6%)

续表

项目	完全不认同	不太认同	一般	较认同	完全认同
各科室带教老师提供的专业指导频率和质量能得到保证	10（0.8%）	54（4.5%）	363（30.5%）	581（48.9%）	181（15.2%）
您指导的临床医学硕士专业学位研究生的临床能力能达到同年资住院医师的水平	7（0.6%）	61（5.1%）	241（20.3%）	650（54.7%）	230（19.3%）

（五）导师对培养现况的看法

1. 导师认为保障轮转效果的重要因素

80.7%被调查导师认为有效评估学生训练内容是保证临床医学硕士专业学位研究生临床轮转效果的重要因素。另外，约60%的被调查导师认为定量规定学生的训练内容（66.6%）、上级指导医师的责任意识（64.8%）和培训期间的学生激励机制（59.8%）也很重要。

2. 临床带教对导师自身发展的影响

53.5%的导师表示临床工作对其自身发展的影响最大，42.9%的导师表示科研工作对其自身发展的影响最大，只有3.6%的导师表示教学工作对其自身发展的影响最大。将导师按照性别、学历、学位、职称等进行分层后发现，男性导师中认为临床工作对自身发展的影响最大的比例高于女性导师，男性导师中认为科研工作对自身发展影响最大的比例低于女性导师；随着导师学历的升高，越来越小比例的导师认为临床工作对自身发展影响最大，越来越大比例的导师认为科研工作对自身发展影响最大；正高级导师中认为临床工作对自身发展影响最大的比例高于其他职称的导师，认为科研工作对自身发展影响最大的比例低于其他职称的导师；带教人数越多的导师，认为临床工作对自身发展影响最大的比例越低，同时科研、教学对其自身发展影响最大的比例越高。

3. 导师认为培养目标达成的程度

被调查导师中，所在单位对临床医学硕士专业学位研究生的培养完全未达到、大部分未达到、基本达到、大部分达到、完全达到应用型人才培养目标的比例分别为2.4%、9.7%、35.6%、38.2%、14.1%。

4. 导师认为培养中存在的问题

被调查导师认为，目前临床医学硕士专业学位研究生培养中存在的主要问题依次是投入经费不足（56.3%）、生源质量不高（48.3%）、住院医师规范化培训制度不完善（40.9%）、培养定位不明（31.1%）、教学内容与课程设置存在问题（25.6%）、师资队伍水平局限（17.9%）、学校重视程度不足（17.0%）、导师缺乏带教意愿（16.2%）。

第三节 临床医学硕士专业学位培养体系建设的难点与对策

临床医学是研究疾病的病因、诊断、治疗和预后，提高临床治疗水平，促进人体健康的科学，是实践性很强的应用学科。临床医学教育包含三个阶段：本科医学教育、研究生（毕业后）医学教育和继续医学教育。目前，临床医学专业学位研究生教育和住院医师规范化培训是目前实施的毕业后医学教育的两条途径，对培养高层次医学人才、连接医学终身教育具有重要作用。

一、临床医学专业学位教育的特征

（一）临床医学专业学位教育的社会性

卫生事业与人民群众的生命健康息息相关。从培养数量上讲，临床医学专业学位研究生的教育规模要根据社会卫生事业发展的需要和医药卫生教育资源的数量来确定（梁栋，2009）。从培养质量上看，由于临床医学专业学位教育所培养的人才在进入医学实践领域后承担的是维护生命和促进健康的职责，所以，人民群众的期望对临床医学专业教育的质量和水平提出了更高的要求。

（二）临床医学专业学位培养过程的实践性

临床医学服务的对象是人，最终目的是维护生命、促进健康，这要求医学教育不仅要重视理论基础教育，更要注重对医学临床技能、实践能力的培养，对临床医学专业学位研究生的实践精细化程度提出更高的要求。临床医学专业学位研究生需要在具有临床医学专业知识的基础上，经过临床实践逐步积累临床工作经验，逐渐掌握技术操作技能，解决在诊疗过程中的实际问题。培养的最终成果是临床医学专业学位毕业生具备可以直接应用于临床实践、为保持和促进人群健康而服务的能力。

(三) 临床医学专业学位教育模式的连续性

医学教育要伴随临床医师的整个工作生涯，临床医学专业学位作为毕业后教育起到了承上启下的作用，这一阶段的重点是将院校教育学到的理论知识转化为实际临床的工作能力，是培养发现、分析和解决临床问题的实际能力，逐步积累临床经验，掌握技术操作技能。这一阶段又与继续医学教育相连，对专业技术的知识、技能进行补充，使其跟上或适应科学技术日新月异的发展变化。三者既是一个分段的过程，又是一个连续性的过程，具有较长周期。

(四) 教育结果的高期望性

临床医学专业学位教育培养出来的是未来高水平的医师，是未来守卫人群健康的使者。其高期望性表现在两个方面：一方面，每个进入临床医学学习的临床医学专业学位研究生都为了满足自我发展的目标，通过学习来锻炼个人的临床实践能力，以便日后能够胜任医疗岗位对高素质人才的要求；另一方面，社会和人民群众对临床医学专业学位研究生有较高的期望，能够满足日益增长的多样化医疗服务的需要。

二、发展临床医学专业学位研究生教育的必要性

(一) 高等教育大众化的必然选择

高等教育的大众化已经成为我国教育发展不争的事实，我国医学本科毕业生从 2001 年的 4.15 万人增至 2011 年的 16.86 万人。但是，相关医学院校和科研院所对科研型人才的需求更加倾向于临床医学博士学术学位研究生，而医疗行业的实际应用型人才的缺口仍然很大。按照《医药卫生中长期人才发展规划（2011～2020 年）》，2020 年我国从事医药卫生的工作人员总量需达到 1 255 万人，每千人口执业（助理）医师达到 2.10 人，而 2011 年，我国卫生人员总量仅为 862 万人。临床医学研究生教育势必要在高等教育大众化中重新定位，调整研究生培养结构，扩大应用型人才的培养比例，满足行业岗位的人才缺口。

(二) 人民健康与医疗卫生事业发展的需要

医药卫生事业关系亿万人民的健康，是重大的民生问题。《世界卫生统计年鉴 2012》显示，2011 年底，我国每千人口拥有的临床医师人数为 1.42 人，已接

近世界中高等收入国家的平均水平。然而,当前我国临床医师队伍学历层次不高,临床执业医师中具有研究生学历的仅占7.5%。医疗行业技术含量高,以本、专科为主的人力资源结构难以适应我国社会和医疗卫生事业的发展。医学教育规模、结构有待优化,医学生职业素质及实践能力亟须提高。临床医学专业学位的设立解决了高水平医师学历、学位的需求,也为临床医院培养了具有一定科研能力的临床医生。为此,大力发展以职业能力为导向的临床医学专业学位教育,为医疗行业培养具有较高实践能力和临床水平的医生的需求愈发迫切。

(三) 高等学校发展的内在要求

医学院校跨越卫生与教育两大领域,对于解决社会医疗卫生的需求与挑战具有举足轻重的地位,其承担着教学、研究、服务三大功能,肩负着创造知识、培养人才、服务社会的使命。教育部已明确要扩大应用型、复合型人才的培养规模,加大硕士研究生结构调整力度,争取2015年专业学位研究生占整个硕士生招生比例提高到50%以上。因此,医学院校要积极变革,紧紧围绕"培养高质量的医疗卫生人才,最大限度地服务于民众的健康需求"的宗旨,客观分析社会行业对高层次应用型临床医学人才的需求,积极开展临床医学专业学位研究生的培养工作。

(四) 满足学生未来职业发展的需要

临床医学专业本科毕业生大部分都将从事临床医疗工作,其中很大一部分学生有意愿继续深造,取得研究生学位以便在未来的工作岗位中获得更好的职业发展(贾金忠等,2016)。同时,按照医学教育的学习过程来讲,本科阶段更多的是注重知识的传授,学习方式上侧重于记忆式学习。而临床医学专业学位研究生的培养则侧重于转化式学习方式,即通过严格的临床实践训练,将学生已学习的基础知识与临床实践相结合,将知识转化为实际应用的能力。

三、合格的临床医学专业学位研究生的能力要求

(一) 良好的职业道德和职业精神

从事医学职业是在承担着一项相当复杂而又神圣的科学工作。行业的特殊性要求临床医学专业学位研究生要热爱临床工作。在学习和未来工作中,具有人道主义同情心和良好医德医风,具有为临床事业奉献的崇高精神。能够遵守医疗相

关法律法规和伦理道德，把解除人民大众的疾苦作为自己的责任，尊重患者，努力构建健康和谐的医患关系，肩负起人民健康卫士的职责。

（二）专业化的知识体系

临床医学专业学位研究生要掌握医学知识，包括基础医学、临床医学、医学伦理和医学法律，以及这些知识在医疗实践中的应用。掌握所在学科的各种疾病的发病机理、临床表现、诊断、鉴别诊断和处理以及常用药物分类、作用特点和临床应用的知识。掌握循证医学的理论和方法力，了解卫生保健服务和卫生法规体系，掌握公共卫生及医学相关知识，包括影响健康的心理、文化、经济、社会等非生物学因素以及临床流行病学的知识。

（三）完备的临床实践能力

临床实践技能是临床医学专业学位研究生应具备的核心专业素质。这要求临床医学专业学位研究生能够系统熟练地掌握从事临床工作和教学工作的基本方法，把所学的知识和理论应用于临床实践。掌握本专业常见病诊断处理的临床基本技能，具有对本专业急、难、危、重症的处理能力，能不断有效地改善医疗服务质量，促进病人健康。能对下级医师进行业务指导。

（四）科学的临床思维能力

临床思维能力是临床医学专业学位研究生将所学知识和技能转化为临床实际诊疗能力的关键。临床思维是分析、归纳、总结、推理、判断等一系列的认识过程。科学的临床思维不仅要求临床医学专业学位研究生通过问诊和相应的检查手段，判断得出正确的诊断结果，还要求其在诊断疾病中在原发疾病的诊断基础上全面考虑伴发症、继发病，综合检查结果和临床表现，根据疾病的发生、发展和转归的规律，提供科学合理的治疗方案。

（五）科学研究的能力

科学研究能力是临床医学专业学位研究生应具备的基本素养。临床医学专业学位研究生要接受必要的科研训练，使其能够结合临床实践，如疾病的发病机制、临床表现、诊断或治疗过程等，发现并提出有价值的研究问题，在综合现有知识的基础上提出假说，在临床实践中寻找科学证据，分析研究结果，通过规范的研究验证得出科学结论，将其研究成果运用于医疗服务的实践中。

（六）自我学习和获取知识能力

临床医学专业学位研究生应能通过各种方式独立获取、掌握与应用本专业的知识，包括研读与研究方向有关的主要经典著作和专业学术期刊上的文章，学习导师指定的相关领域的基础理论和专业知识，借助网络、期刊、书籍等手段检索、阅读、分析、理解各种专著、论文、资料、专利及网络资源等，熟悉并能够恰当分析学科前沿状况。具有自我更新知识、整合各门学科知识的能力。同时，应具有从临床实践中获取和总结本学科知识的能力。

四、临床医学硕士专业学位"5+3"培养模式改革的必要性

（一）提高专业学位临床技能水平的根本途径

深化医药卫生体制改革对医学教育改革发展提出了新要求。建立住院医师规范化培训制度的目的就是提高住院医师的临床能力，这与培养临床医学专业学位研究生的培养目标不谋而合（陈旻敏，2011）。临床医学"5+3"培养模式通过严格的住院医师规范化培训，使专业学位研究生的临床技能得到充分锻炼和提高，能够胜任常见病、多发病及部分疑难病症的诊断和治疗工作，临床医学"5+3"培养模式能够培养大批高水平、高素质的临床医师。

（二）统一临床实践标准的需要

基于全国的调查显示，临床医学硕士专业学位研究生临床能力训练时间要求12~30个月不等。在轮转培训侧重点上也各有不同。由于临床培训要求不同，各校临床医学专业学位研究生的临床能力差别很大。与住院医师规范化培训并轨后，临床医学硕士专业学位研究生只能在认证的基地进行，按照分科制定的培训细则执行临床轮转；其需要完成的工作内容、临床能力考核都有明确的要求。保证了参与培训的临床医学硕士专业学位研究生具有的统一培养标准和临床技能要求。

（三）医学教育国际化和与国际医学教育接轨的需要

目前，全球都在呼吁第三代医学教育改革，这项改革以系统为中心（systems based），结合全球经验，有针对性地确立岗位胜任能力要求，从而改进整个卫生系统的绩效（孙晓云、吴玉章，2012）。西方发达国家早已构建了完善的院校教

育和住院医师培训体系，当前正着力进行基于临床医师胜任力的教育改革，实现院校教育与毕业后教育的结合，以提高临床医师的临床实践诊疗能力，增强临床医师的医学、人文知识的实际应用能力。临床医学硕士专业学位研究生医学专业学位"5+3"培养模式改革以系统为中心，教育系统和卫生系统联动，以岗位胜任力为导向，实现临床医学人才的培养从注重知识型人才的培养向注重能力型人才的培养转变，有助于实现与国际临床医学教育培养模式的接轨和可能的相互认证。

（四）医疗行业准入的需要

《执业医师法》规定临床医学硕士专业学位研究生在学习期间有相当于大学本科一年的生产实习和一年以上严格的临床实践训练，可在毕业当年参加医师资格考试。这样的规定使得临床医学专业学位研究生在读期间不能考取执业医师资格。临床医学硕士专业学位"5+3"培养模式改革后，专业学位研究生具有住院医师的身份，经过硕士阶段第一年的严格临床能力训练，这也解决了执业资格的问题。同时，临床医学硕士专业学位研究生在经过严格的住院医师规范化培训后，经过考核合格者能够获得由行业部门颁发的住院医师规范化合格证书。

（五）节约医疗教育资源的需要

临床医学硕士专业学位研究生培养和住院医师规范化培训在课程学习、临床培训、科研训练方面有很大的一致性。如果双方不能互认，这种重复培养无疑是人力、物力、财力、时间的浪费。临床医学硕士专业学位研究生医学专业学位"5+3"培养模式改革即可避免重复性的培训。

五、临床医学硕士专业学位培养模式改革的难度与对策

（一）加强对临床医学硕士专业学位研究生培养模式改革定位的认识

培养目标与定位是构建标准化、规范化的临床医学硕士专业学位研究生培养体系的基础。培养目标与定位确立了人才培养的标准，引导培养的全过程，是课程设置、实践训练、考核评价与分流淘汰的重要依据。《临床医学硕士专业学位研究生指导性培养方案》中提到专业学位研究生教育的首要目标是培养热爱医疗卫生事业，具有良好职业道德、人文素养和专业素质的临床医师。然而，前期调

研发现，部分研究生导师以及管理人员对"5+3"标准化、规范化的临床医学硕士专业学位研究生培养的定位存在理解上的误区：一类是认为与住院医师规范化培训衔接后，临床医学硕士专业学位研究生培养与住院医师规范化培训区别不大，住院医师规范化培训可以替代专业学位研究生教育；另一类是认为培养模式改革后，临床医学硕士专业学位研究生按照住院医师规范化培训的要求进行各科临床轮转，在指导教师所在的三级科室（亚专科）临床轮转时间较短，个人的临床能力得不到充分的训练，难以胜任三级学科（亚专科）的疑难病的诊疗工作。

造成这两类认识误区的原因是没有充分认识到医教协同背景下临床医学硕士专业学位研究生培养模式改革的本质和定位。临床医学硕士专业学位研究生培养模式改革就是要建立适应行业特点的人才培养制度，更好地服务医药卫生体制改革和卫生计生事业发展。首先，临床医学硕士专业学位研究生培养与住院医生规范化培训紧密衔接，解决了原有培养中临床实践过程欠规范、学术化培养倾向较严重、培养出的人才不能胜任临床实际工作等问题；其次，临床医学硕士专业学位研究生培养的特色是建立在临床能力训练标准化基础上的特色，相对于住院医师规范化培训，临床医学硕士专业学位研究生的选拔方式更规范、课程设置更丰富、导师负责制下的科研训练也更系统。培养院校可以根据本校的优势方面办出特色，特色化与实践标准化两者不存在矛盾和对立的关系；最后，临床人才培养目标是具有层次性的，硕士、博士专业学位教育层次的本质特征不同，培养目标也不尽相同。临床医学硕士专业学位研究生临床能力的要求为本学科及相关学科常见病的诊疗工作，基本定位是培养合格的临床医师而非优秀的专科医师。处理复杂、疑难专科问题还需要进一步参加专科医师培训，或者在博士专业学位完成。过早分化到三级学科（亚专科）的培养并不利于临床医学硕士专业学位研究生的职业发展。

（二）严控临床医学硕士专业学位研究生招生条件，确保生源质量

生源质量是培养质量的前提。近几年，部分学校在招生中对临床医学硕士专业学位研究生的生源背景未作严格限制，导致录取了不少医学相关专业甚至非医学专业背景的跨专业考生，执业过程中的法律问题更加凸显。为严格医师资格准入条件，国家卫生计生委等三部门下发了《医师资格考试报名资格规定（2014版）》，文件明确规定"临床医学专业学位研究生，在符合条件的医疗、预防、保健机构进行临床实践，至当次医学综合笔试时累计实践时间满1年的，以符合条件的本科学历和专业，于在学期间报考相应类别医师资格"。医教协同后，《指导性培养方案》首次明确了临床医学硕士专业学位研究生报考条件为符合医师资格考试报考条件规定专业的应届或往届本科毕业生。基础医学、公共卫生、中医

学、护理等专业的本科毕业生因为政策限制，不能参加执业医师考试或者进入住院医师规范化培训渠道，因此将不能攻读临床医学硕士专业学位研究生。但是，相关文件出台后，有部分考生和管理人员认为这样的政策限制了考生报考的选择权，甚至跨专业报考的问题依然存在。

针对招生生源专业限制的问题，要看到的是住院医师招录的对象为"拟从事临床医疗工作的高等院校医学类专业本科及以上学历毕业生，或已从事临床医疗工作并取得执业医师资格证书，需要接受培训的人员"。"5+3"标准化、规范化的临床医学硕士专业学位研究生培养体系的建立解决了临床医学硕士专业学位研究生执业资格的问题，专业学位研究生具有研究生和住院医师的双重身份。否则，不符合招生背景要求的临床医学硕士专业学位研究生将不能参加住院医师规范化培训。

对于跨专业报考的问题，欧美发达国家均规定参加住院医师培训的人员必须获得临床医学学位（如英国需要获得临床医学学士学位、美国需要获得临床医学博士学位）。为此，限定临床医学硕士专业学位研究生的招生背景，有利于规范临床人才培养和办学，有利于避免临床医学硕士专业学位研究生在临床医疗过程中因执业资格产生的法律纠纷。从招生考试改革的角度来讲，随着临床医学研究生入学考试分类改革的推进，学术学位研究生考试将由学校自主命题，学校可以根据学生的背景及特长进行筛选，选拔范围更加宽广，更能吸引基础医学、公共卫生、中医学、护理、生物等相关或者交叉学科的学生，也为学校的办学特色提供前提条件。

（三）完善临床医学硕士专业学位研究生课程体系建设，改革课程教学方式

课程是承接教育者和被教育者的重要载体。培养单位普遍反映原有的高校集中安排课程学习的方式，不可避免地挤占了临床医学硕士专业学位研究生的临床训练时间。传统的以学科为中心的课程设置方式导致课程设置门数逐渐增多，课程设计缺乏整体优化。过度借鉴学术学位课程体系，使得临床医学硕士专业学位研究生的课程目标不明确，在课程实施过程中出现和学术型研究生共用师资和学科资源的现象。教学方法仍旧以教师讲授为主，导致教学效果不佳。研究方法课程偏少，影响到临床医学硕士专业学位研究生后续论文选题、资料的收集和分析、论文撰写（吴珂等，2016）。医教协同之后临床医学硕士专业学位研究生要接受33个月的临床轮转，原有的课程设置、教学方式已经不能满足新形势的要求。

课程设置是一项系统工程。就保证临床实践时间方面而言，学校可以考虑授

课主体的重心下移，由原有学校组织集中统一授课，改为由研究生所在临床医院结合规范化培训的理论学习要求组织授课。还可以采用提前开学授课以及晚上、周末授课的方式，对英语等部分课程可采用免修的方式；在增强课程可及性方面，可以构建网络化课程学习平台，对于公共必修课，学生可以通过网络课程平台随时获取课程进行学习；在教学方式上，将课程学习、学分的获得同临床病例讨论、教学查房相结合，运用专题讲座、病例分析报告等方式；在教学方法上，可以加强案例教学，增强学生学习的主动性。加强课程学习计划管理、沟通和辅导管理与及时的教学评估反馈及自主学习管理，确保学生的课程学习质量。

（四）健全临床医学硕士专业学位研究生临床考核体系，加强实践过程管理

保证临床医学硕士专业学位研究生的培养质量，关键在于过程的管理与评价。由于我国的住院医师规范化培训尚处于起步阶段，尚未建立普遍适用的结业综合考核评价体系，缺乏科学、规范、统一的临床能力的评价标准，使得各地区的住院医师规范化培训质量缺乏可比性。院校反馈的情况显示在过程考核方面，部分培养院校根据自身特点制定了种类繁多的考核指标体系，其水平参差不齐，造成研究生毕业时的临床能力良莠不一。临床医学硕士专业学位研究生按照住院医师培训的要求，要到其他临床科室轮转，各医院各科室出科考核难度不一致，不同专家对学生考核的标准不一致，部分科室的出科考核也流于形式（吴珂等，2016）。

完善的临床考核体系是构建标准化、规范化的临床医学硕士专业学位研究生培养体系的重要组成部分。就上述情况而言：第一，建议国家卫计委或卫生行业学会/协会建立全国统一的住院医师结业综合考试标准体系，明确各科住院医师结业时应达到的临床能力和水平，据此设计包括公共科目、专业理论知识及实践技能的考核内容。分别评价临床医学硕士专业学位研究生是否具备医疗卫生行业从业者的基本素质、本专业临床诊疗工作所必需的基本知识和临床经验、临床操作技能和独立处理本专业常见病的能力以及进行安全有效的临床诊疗活动的能力。第二，建议建立规范化、标准化、精细化的临床医学硕士专业学位研究生的过程考核体系，以加强实践过程的管理。培训过程考核应在每个轮转科室出科前进行。考核内容包括医德医风、出勤情况、临床操作技能、病历质量评估、临床病例答辩、培训指标完成情况和参加业务学习情况等。第三，建立考核督导制度，学校对培训医院培训质量及出科考核、年度考核情况进行检查。医院的教育管理部门要对各科的教学查房、培训讲课、培训轮转、出科考核、教学记录材料等内容进行抽查。

（五）强化临床科研训练，保证临床医学硕士专业学位研究生培养特色

科研训练是研究生教育中的一个重要环节。在论文选题方面，有研究显示，临床医学硕士专业学位研究生学位论文选题存在着与学术学位研究生的选题趋同现象（吴珂等，2016）。尽管临床医学硕士专业学位研究生培养与住院医师衔接的培养模式实现了专业学位研究生教育与职业标准、职业准入的紧密衔接。但并不意味着临床医学硕士专业学位研究生不需要科研训练。新时期对临床医生的要求，不仅仅是会看病，还需要结合病人的症状、体征、药物作对比研究，能作病因学研究和预后分析等（吴珂等，2016）。学术论文从选题到文献检索、收集资料、数据分析、撰写、修改、投稿、修回直至发表，本身就是一个科研训练的过程，对于提高研究生的分析、归纳、综合和逻辑推理能力具有重要作用。如果培养院校不能做好临床医学硕士专业学位研究生的科研训练，就难以体现研究生与住院医师培训的区别。

适宜的科研训练是构建标准化、规范化的临床医学硕士专业学位研究生培养体系的特色体现。所以，临床医学硕士专业学位研究生的培养不是反对科研，而是反对脱离临床实际工作的养细胞、测基因、搞生化的基础性科研，反对与学术学位研究生趋同的科研。首先，应注重临床医学硕士专业学位研究生在临床实践过程中科研思维的培养，尤其是临床流行病学和临床统计学等科研基本方法的掌握和训练。其次，临床医学硕士专业学位研究生结合临床遇到的病例通过文献阅读、课程学习、导师指导等方式，将其提升为规律性的认识。再次，在论文选题上，临床医学硕士专业学位论文应选取临床实践中的主要问题加以总结和研究分析，选取的问题应具有潜在的学术价值和临床意义。毕业论文的选题可以是病例分析报告、临床研究或荟萃分析等形式。最后，在管理与评价体系上，应当制定与学术学位研究生相区别的论文答辩评价体系。

（六）重视淘汰与分流机制建设，提高培养质量

淘汰和分流机制可以及时准确地反映临床医学硕士专业学位研究生在培养过程中存在的问题以及需要改进的地方，是检验临床医学硕士专业学位研究生培养单位和硕士研究生导师教育质量的一个重要依据。制度方面，我国从政府到学校，制定了一系列政策和管理制度，适时调整淘汰制的实践形式，以期提高研究生教育质量。然而，令人遗憾的是，研究生淘汰制在实践中大多止于书面，流于形式。对于临床医学硕士专业学位研究生来讲，原有的临床考核形式由于多种因素的影响，培养院校和医院很难统一标准并有效的执行（张良、丛杭青，2015）。为此，《临床医学硕士专业学位研究生指导性培养方案》中创新性地增加了分流淘汰内容。结合行业的执业资格准入制度和行业规范化培训制度的考核，对于未通过医师资格考试、不能完成住院医师规范化培训或者不适宜继续攻读的专业学位研究生要分流到学术学位研究生培养渠道。国务院学位委员会的政策以文件形式明确了分流淘汰机制，解决了分流机制中学籍管理制度的障碍，为培养院校推进淘汰和分流机制的建立提供了政策保障。

分流淘汰机制是构建标准化、规范化的临床医学硕士专业学位研究生培养体系的创新点和重要的质量保障措施。一方面，培养单位首先应该明确淘汰机制建立的根本目的并不是淘汰学生，而是促进人才竞争，鼓励临床医学硕士专业学位研究生专心于临床实践，成为能够胜任临床工作的合格医生，有助于标准化、规范化培养体系的构建。在淘汰机制的基础上建立分流机制将不适合继续攻读专业学位的研究生分流到学术学位，也尊重了研究生的多元化发展的需要。另一方面，培养院校通过淘汰制来规范临床医学硕士专业学位研究生的实践过程，对临床带教和过程管理形成质量倒逼机制，促使导师和带教老师履行自身职责。有助于学习过程的规范化管理，确保临床实践的质量。

第四节　利益相关者视角下临床医学硕士专业学位培养模式改革

2014年，教育部等六部门下发了《关于医教协同深化临床医学人才培养改革的意见》，并召开了医教协同深化临床医学教育改革工作会议，明确构建以"5＋3"（5年临床医学本科教育＋3年住院医师规范化培训或3年临床医学硕士专业学位研究生教育）为主体的临床医学人才培养体系。加强医教协同，深化临床医学人才培养改革，既是早日实现医改目标、从根本上解决群众看病就医问题、长久惠及人民健康的根本要求，也是深化教育体制改革、提高教育现代化水平和建设人力资源强国的应有之义。而加快构建硕士研究生培养与住院医生规范化培训紧密衔接的教育制度，是此次改革重要的着力点（袁贵仁，2014）。现对医教协同、深化临床医学硕士专业学位研究生培养模式改革的利益相关群体及存在的问题进行初步的探讨。

一、临床医学硕士专业学位研究生培养模式改革的利益相关群体

临床医学硕士专业学位培养模式改革是一项系统工程,政府、行业部门、高校、导师、学生作为改革的主体或者是政策影响的客体都将参与到培养模式改革当中,成为改革过程中的利益相关群体。从协同合作的视角来讲,推进临床医学硕士专业学位研究生培养模式改革就要形成利益相关者之间良好的互动关系,妥善处理利益冲突,解决在改革过程中遇到的突出问题。

(一)宏观层面

一是社会与人民群众。人民群众是临床医学硕士专业学位研究生毕业后服务的对象,他们主要关注培养出的人才是否能提供满意的医疗服务;二是各级政府。政府承担着发展临床医学专业学位教育、开展住院医师规范化培训的主要职责。各级政府通过立法、规划、拨款等手段,影响着卫生和教育政策的走向;三是医疗行业。临床医学硕士专业学位研究生培养教育与住院医师规范化培训相衔接,医疗行业或卫生部门参与专业学位研究生临床培养的全过程。医疗行业中的用人单位作为毕业生的最终接收者,用人单位的需求决定了临床医学硕士专业学位研究生的培养规模和质量要求。

(二)中观层面

一是医学院校。医学院校是医学教育的场所,其对医教协同改革的认识决定了临床医学硕士专业学位研究生培养模式改革可持续发展的能力,也决定了临床医学硕士专业学位研究生的培养导向和质量;二是高校附属医院及临床实践基地(以下统称"医院")。高校附属医院及临床实践基地是临床医学硕士教学,尤其是实践体系中重要的组成部分。附属医院以及临床实践基地要为临床医学硕士专业学位研究生提供充足的床位、临床病例、教学师资,以供学生开展相应的临床实践。

(三)微观层面

一是临床医学硕士专业学位研究生。临床医学硕士专业学位研究生是医学教育的直接受益者,也是消费者和出资人,他们接受专业学位教育的目的是获得知识和技能的提升,促进个人的发展,增强在就业市场中的竞争力;二是导师及带

教老师(以下统称"导师")。导师是医学教育服务的直接提供者,也是临床医学硕士专业学位研究生培养模式改革的最小执行单位(见表11-32)。

表11-32　　　临床医学硕士培养模式改革利益相关群体的责任、作用及影响

层面	利益相关群体	责任	作用及影响
宏观	各级政府	高等医学教育举办者,承担着发展临床医学专业学位教育的主要职责	立法、规划、拨款等是政府影响临床医学专业学位教育的重要手段,其制定的政策和规划决定了临床医学专业学位研究生教育的发展方向和发展规模
	医疗行业	专业学位教育主要影响者,参与制定行业人才标准的责任和准入政策	临床医学专业学位研究生要按照医疗行业标准培养执行,行业需求决定了临床医学专业学位研究生的培养规模、素质要求和培养质量
中观	医学院校	临床医学硕士专业学位研究生培养模式改革的主要执行者	医学院校的认识决定临床医学硕士专业学位研究生的培养质量和改革可持续发展的能力,其学科基础、师资数量等培养能力决定了临床医学硕士专业学位研究生的招生规模和培养质量
	高校附属医院及临床实践基地	临床医学专业学位研究生开展实践的主要场所	为临床医学硕士专业学位研究生提供临床实践条件,以便开展临床诊疗活动,对研究生的住院培训的轮转承担着监管、考核的责任
微观	导师	临床医学专业学位研究生培养的第一责任人	导师的有效指导是提高临床医学硕士专业学位研究生培养质量的基础保证,其职责包括:理论知识的传授、临床带教和学位论文指导
	学生	临床医学硕士专业学位研究生培养模式改革的直接受体	在导师的指导下,按照学校的培养方案完成课程学习、临床实践和学位论文,获得从业能力

二、临床医学硕士专业学位研究生培养模式改革利益相关群体间的关系

(一) 政府与高校的关系

政府是高等教育的举办者,而高校是高等院校教育的执行者或落实者。高校能在人才培养中保持与政府的教育方针、教育发展战略及人才培养目标任务的一致性。目前,各级政府对临床医学硕士专业学位研究生培养模式改革的重视程度不一,给予试点高校的自主权也不尽相同,这也形成政策执行的地域差距。此外,培养模式改革更多由省级行政部门具体管理执行,中央政府下拨有关经费等也由省级行政部门拨付,因此部属高校有时很难享受到地方行政部门给予的政策支持。

(二) 行业机构与高校的关系

临床医学专业研究生培养要和住院医师规范化培训相并轨,这就需要行业间的深度参与。医疗市场的占领是靠掌握先进医疗技术的优秀人才来实现的,因此,高水平的医院离不开高水平的临床医师,也需要临床医学硕士专业学位研究生。对于行业中的医院个体来讲,为了追求最大的经济利益,其更希望能够直接吸纳能够胜任医疗工作岗位的人才,而不想投入过多资源在开展住院医师规范化培训上,这形成了人才使用和培养脱节。此外,医疗行业还影响着人才的准入政策。这既包括呼吁多年的临床医学硕士专业学位研究生在临床实践一年后报考执业医师的问题,也包括临床医学学术学位研究生执业准入的问题。

(三) 附属医院与高校的关系

附属医院与医学院存在着相互依存的关系,附属医院的发展能为医学院校提供更好的临床实践条件和师资条件,可以安排更多的专业学位研究完成住院医师规范化培训工作。与之对应的是,附属医院要提高医疗服务水平、增强综合实力,必须依靠大学的科研优势、大力进行学科建设。但是,一部分高校对附属医院教学管理缺乏相应的约束力,附属医院对专业学位研究生的监督和培训工作不够重视,不能严格执行学校制定的培养方案,直接影响了培养质量(贾金忠等,2014)。

（四）培养院校、附属医院同指导教师间的关系

临床教师肩负着医疗与育人的双重职能，其既是医院里的临床医生也是高校临床学科里的科研工作者，还是培养人才过程的指导教师，具有三重身份。一方面，高校和医院在职称晋升和评定的过程中，更加看重科研项目数量和科研成果，导致导师更加注重科研和学术人才的培养，忽视了专业学位研究生培养工作。另一方面，高校和附属医院在绩效考评等方面对导师的临床教学工作量和质量缺乏有效评估和监督，专业学位导师的工作没有得到应有的认可，影响了临床导师的带教积极性和带教质量（贾金忠等，2014）。

（五）导师与学生的关系

首先，部分导师对专业学位的认识不清的现象依然存在，要求临床医学硕士专业学位研究生要完全投入到科研工作中（贾金忠等，2014）。其次，医疗与教学相比，医疗活动带来的经济利益更丰厚，导致导师难免出现"重医轻教"的现象。再次，由于学生要参加各科的临床轮转，导师直接指导的时间较少，为自己分担临床工作及科研任务的时间和力量有限，导师带教积极性不足（谢锦等，2014）。最后，虽然学生在专业学位培养过程中愿意接受住院医师规范化培养以提高临床诊疗水平并获得行业的资格。但是，学生在学习、临床实践以及学位论文工作中更多是属于从属地位，多数情况下要服从导师的安排。

三、临床医学硕士专业学位研究生培养模式改革存在的问题和矛盾

（一）多重管理及部门间的关系

医学教育是在教育和卫生系统下共享一个子系统。从管理体制上来讲，高校隶属于教育系统，附属医院及基层实践基地隶属于卫生系统。住院医师规范化培训、行业准入等政策由卫生行政部门负责。而涉及高校管理以及学位制度改革等由教育部门负责。具体到学校层面上讲，研究生教育由研究生院管理，住院医师规范化培训归口于继续医学教育处管理，长学制属于教务处管理（贾金忠等，2014）。在医院层面，临床训练和轮转考核由附属医院的教学科负责，具体实施则必须落实到各相关科室（何明娥等，2004）。临床医学硕士专业学位培养模式改革势必涉及多重管理体制，牵扯的部门广，难免涉及沟通协调的问题。

（二）投入不足与筹资关系

临床医学硕士专业学位研究生培养模式改革的顺利开展离不开资金、教学设施和学生宿舍等教育资源，而这些取决于教育经费和住院医师规范化培训的经费投入。在教育经费投入方面，政府对医学教育的投入水平不断加大，临床医学硕士专业学位研究生生均拨款达到了2.4万元/年。但支出涉及学生生活补助、奖助学金、教师带教费用、软硬件设施使用费用、水电费等，总量仍然不足。在住院医师规范化培训经费投入方面，各地住院医师规范化培训筹资渠道不尽相同，一些地区以医院自筹经费为主，部分地区以政府资助为主。总体上讲，住院医师培训缺乏经费支持，难以突破资金瓶颈。由于住院医师规范化培训缺乏有效的经费保证，基本上以行政分配工作的形式进行，医院、培训基地及带教师资对住院医师规范化培训缺乏积极性，影响了培训的稳定性、可持续性（贾金忠等，2014）。

（三）临床医学专业学位教育与学科建设导向之间的矛盾

临床学科水平的高低包括临床诊疗水平和临床科研水平两部分。但是，研究型大学具有典型的学术性、研究性和学科性特征。现有的学科评价方式无论是申报国家级（或省部级）重点学科还是申报博士授权点，主要是看重学校及医院承担的课题项目、科研成果、发表高质量论文的数量。这种导向无疑使高校和医院产生了重科研、轻临床的现象（贾金忠等，2014）。临床医学专业学位研究生无论是在培养机制上还是在学位授予上，形成了以研究成果为导向趋同于学术性学位研究生的趋势。同时，临床医学硕士专业学位培养模式改革也不意味着彻底取消专业学位研究生的科研训练，而是将原来的临床基础性研究生转变为结合临床应用性研究，即从临床实践中发现问题，并转化为可探寻的科学问题，在临床实践中寻找科学证据，其研究成果可运用于医疗服务的实践中。随着临床医学硕士专业学位培养模式改革工作的开展，如何将专业学位培养目标和学科建设有机结合，如何处理专业学位研究生的临床实践和科学研究的关系，是摆在高校面前的重大课题。

（四）统一人才临床能力培养标准和政策执行的矛盾

目前，国家卫生计生委正在制定的《住院医师规范化培养要求》对住院医师标准作了明确规定。各省级卫生行政部门也在着手制定适合本地实际情况的住院医师规范化培养标准。但是，我国医学教育地域间、校际间的差异依然存在。不同地区、不同高校在医疗教学资源等方面存在很大差异,对临床医学硕士专业学位改革的重视程度和管理水平也参差不齐。在执行住院医师规范化培养标准上必定也有差异,这些差异的存在将直接影响临床医学硕士专业学位研究生实践能力的培养质量。培养能力强、教学水平高的院校必定要在本地的住院医师规范化培养要求基础上进一步优化,提高标准。这就要求省级行政部门给予高水平的医学院校更大的自主权,而对一般高校则要求严格执行《住院医师规范化培养要求》。

(五)培养数量与培养质量的矛盾

2001～2011 年,我国医学本科生招生数从 9.8 万人增至 21.7 万人,同期,"211"工程院校临床医学专业平均招生人数呈下降趋势,非"211"工程院校招生人数呈明显上升趋势。普通院校过度扩招但基础教学设施、师资队伍和教学基地建设等未能同步跟上,生均教育资源大幅度下降,教学质量滑坡严重(贾金忠等,2014)。在高等教育大众化以及医学教育精英化的背景下,短时间内,进入临床医学硕士专业学位培养渠道的学生快速增加,这对培养院校尤其是非"211"工程院校的师资、临床床位等培养的条件提出了更高的要求。目前,培养院校的直属医院大部分为三级以上医疗机构,而非直属医院,其临床床位数、科室设置、临床带教师资水平以及教学管理水平相较直属医院有一定差距。这些软硬件条件和培养能力一定程度上决定了临床医学硕士专业学位研究生的招生数量和培养质量。

四、利益相关群体的关系、利益诉求及利益核心的转变

(一)利益相关者由"一元"关系转变为"多元化"关系

传统的临床医学硕士专业学位研究生培养中,各利益相关者之间是相对简单的"一对一"的互动关系过程,医学院校是临床医学硕士专业学位研究生培养关系的主体和核心。在临床医学硕士专业学位研究生培养模式改革之后,原有的由教育行政部门指导临床医学硕士专业学位研究生培养,将转变为教育、卫生行政部门的双重指导。卫生行业深度参与临床医学硕士专业学位研究生培养全过程,从原来的使用者身份转变为培养者和使用者的双重身份。临床医学硕士专业学位研究生所在的实践基地同时是高校的附属医院和卫生行政部门批准的住院医师规范化培训基地,要接受高校和卫生行政部门的双重管理。临床医学硕士专业学位

研究生在医教协同的背景下，同时具有研究生和住院医师的双重身份。临床医学硕士专业学位研究生导师则具有三重身份，其既是医学院校聘任的导师，又是高校附属医院的医生，同时也可能是一名医学科研工作者。可以看到，医教协同后，利益相关者同时具有多重的角色，在原有的层级结构基础上，多重身份重叠，相互关系呈现复杂的多元关系。

（二）利益相关者的核心由学校转变为医院

医院是住院医师接受规范化培训的主要场所和执行者。医教协同背景下，临床医学硕士专业学位研究生要参加为期33个月的住院医师规范化培训，其培养的重心也从医学院校转向医院。为了完成规范化培训工作，医院要具备相应的师资队伍、诊疗规模、病种病例、病床规模、基础设备、教学设施等培训条件，要选拔临床经验丰富、具有带教能力和经验的临床医师作为带教师资，要为临床医学硕士专业学位研究生提供必要的学习、生活条件和必要的工资待遇。可以说，培养人才的消耗主要发生在医院。临床医学硕士专业学位研究生的过程管理重心也从医学院校下沉到医院。为了保证培养质量，医院必须制订和落实确保培训质量的管理制度和各项具体措施，制订科学、严谨的培训方案。医院内的教育培训管理职能部门和各科室也要建立严格的培训管理制度并规范地实施，在完成某专业科室轮转培训后进行过程考核，建立动态综合评价体系。因此，临床医学硕士专业学位研究生培养模式改革后，利益相关者的核心由原来的培养院校转移到了培养医院。

（三）管理机构呈现多部门化

医学教育涉及教育和卫生两个管理体系。临床医学硕士专业学位研究生培养模式改革之后，高校管理、学位授予、同等学历人员申请学位等由教育行政部门负责，属于教育管理体系；而住院医师规范化培训、行业准入等政策，由卫生行政部门负责。具体到中观层面上，在学校内部，研究生教育由研究生院/处管理，住院医师规范化培训一般由继续医学教育处管理。在医院层面，教育处/科统筹管理临床医学硕士专业学位研究生的临床教学实践，而具体的临床训练和轮转考核，均需由临床科室具体负责。医教协同后，临床医学硕士专业学位研究生的培养势必涉及多重管理体制，牵扯的部门广，沟通协调问题将更加突出。利益相关者之间的关系更加复杂，利益相关者内部间的部门管理也呈现复杂化关系。

五、利益相关者多重角色下的多样化利益诉求与博弈

(一) 多重角色下的多样化利益诉求

临床医学硕士专业学位研究生培养模式改革涉及多方利益相关者，政府、社会、高校、医院、导师和学生是培养模式改革的切身利益相关者，是追求不同利益的独立主体。临床医学硕士专业学位研究生攻读专业学位的目的是提升学历层次。学生有提升学历层次的利益诉求，也有提高能力的利益诉求。在这两个需求之外，还有基本的生活和福利待遇需求。指导教师主要有稳定的工作、舒适的工作环境、获得晋升机会以及自我价值实现的利益诉求。在激烈的医疗市场竞争中，医院离不开高水平的临床医师。但从医院个体来讲，为了追求最大的经济利益，其更希望能直接吸纳可胜任医疗工作岗位的人才，而不想投入过多的资源培养人才。同时，医院还要看重行业的影响力，加强学科水平建设。对于医学院校来讲，其具有科学研究、服务社会和培养人才三项主要职能，在这三方面均有具体的利益诉求。政府部门包括教育和卫生两个系统，其既有促进医学教育发展的诉求，也有促进医药卫生事业发展的利益诉求。

(二) 多重角色下的博弈

不同的利益相关者有着不同的且多样化的利益诉求，而在培养模式改革过程中，不可避免地会触动到原有利益相关者间的利益格局。培养模式改革就其本质而言，是政府、社会、高校、附属医院、导师和学生为了实现其各自的利益诉求而进行的价值选择和价值博弈过程。利益诉求的博弈包括两个方面：一是利益相关者之间资源或利益诉求的博弈，如教育和卫生行政部门都希望在既定的情况下按照标准培养出尽可能多的高水平人才，但部分地区由于培训基地有限，规范化培训名额少于研究生名额，在这种培养能力下，每多招收一名临床医学硕士专业学位研究生，则相应要减少招收一名住院医师。二是利益相关者自身多样化利益诉求间的统筹，以导师为例，医疗是导师的工作基础，也是其收入的主要来源；科研工作能为导师带来较高的学术知名度，同时高校和医院在职称晋升和评定过程中，相对看重科研产出。因此，导师在医疗、科研和教学工作中，会更加重视医疗和科研工作而忽视教学工作。

(三) 利益博弈的关键点：筹资与经费投入

经费投入是开展住院医师规范化培训以及临床医学硕士专业学位研究生培养

模式改革的必要前提，也是提高培养质量的物质保证和基础。从成本角度讲，研究生培养的经费主要由奖学金、助学金和生活补贴等组成，住院医师需要有工资、奖金等经费支出；而且，教师带教费用、软硬件设施管理及损耗费用、水电费等间接费用支出，临床医学硕士专业学位研究生培养和住院医师培训都是一致的，需要由培训的医院进行支出。从人才培养的角度讲，医院承担了人才培养的主要工作，面临巨大的成本压力，如果没有额外的补助和收入，医院开展临床医学硕士专业学位研究生和住院医师规范化培训工作的积极性势必受到影响。

从筹资渠道上看，临床医学硕士专业学位研究生和住院医师培养经费主要通过教育和卫生行政部门下拨，行政部门只关心各自管辖范围内投入的效用问题。一方面，对于省、市这一级行政部门，由于地方财政的情况不同，对教育和卫生的投入方向和投入力度也不尽相同。因此，目前临床医学硕士专业学位研究生很难做到和住院医师同等待遇的要求，造成两类人群收入方面存在差异。另一方面，对住院医师规范化培训来讲，由于各地筹资渠道不尽相同，一些地区以医院自筹经费为主，一些地区以政府资助为主，故各地住院医师待遇也会存在差异。因此，在投入方向上，政府承担的筹资部分应该是培养项目中最基本的部分，其一是向供方投入，即向医院增加投入用于改善教学条件；二是向需方投入，即用于临床医学硕士专业学位研究生和住院医师的生活保障，使得住院医师安心于工作和学习。

六、临床医学硕士专业学位研究生培养模式改革的路径

（一）统筹宏观层面各利益相关方责任，稳步推进培养模式改革

中央政府在临床医学专业学位培养模式改革过程中发挥着主要的宏观调控职能，希望教育、卫生及相关行政部门要进一步加强合作，进一步加强与财政及人事部门的沟通协调，完善规范化培养制度。行业部门则要积极调整行业准入制度、完善人事改革制度、完善投入保障机制。地方教育、卫生行政部门要加强合作，结合区域卫生发展规划，共同研究推动临床医学硕士专业学位培养模式改革的政策措施，给予高校更大的自主权，帮助高校解决在改革过程的重难点问题，为临床医学硕士专业学位培养模式改革营造良好的政策环境与改革条件。在投入方面，也要统筹各方责任，医学教育投入严重不足的情况下，应强调政府在医学教育投入的主体地位，教育、卫生行政主管部门要整合资源共同加大对临床医学硕士专业学位培养模式改革的投入。此外，根据成本分担理论，附属医院或实践基地、参与住院医师规范化培训的硕士专业学位研究生本着受益的原则，承担一

定额度的规范化培训费用。

（二）统筹医学院校及其附属医院在科学研究、服务社会和培养人才方面的职能

医学院校要充分认识临床医学硕士专业学位研究生教育改革的重要性和紧迫性，扎实推进各项改革试点工作。理顺科学研究、服务社会和培养人才的关系，高等医学院校要高度重视附属医院的发展，把附属医院教学纳入临床医学硕士专业学位研究生培养的整体规划中，完善学校与附属医院之间的管理体制和运行机制，明确医院的发展根本在于提高临床诊疗水平，为人民群众提供高质量的医疗服务。临床医学专业学位研究生的实践能力是人才培养过程中的核心要素，因此培养院校及附属医院要严格落实培养方案，完善培养过程和质量监督体系，保证培养质量。

（三）统筹各利益相关方的利益诉求，彻底实现临床医学硕士研究生分轨培养

医学院校需要科学研究和为行业培养医学人才，附属医院需要学科发展和提高临床诊疗水平。导师需要科学研究，以满足其学术发展的需要。这些都需进一步实施临床医学硕士研究生分轨培养制度。为此，临床医学硕士学术学位研究生是培养未来学术研究人才，满足高校及附属医院科研以及学科发展的需要，满足导师学术研究的需要；而临床医学硕士专业学位研究生以实际应用为导向，以职业需求为目标，在培养目标、课程设置、教学理念、培养模式、质量标准和师资队伍建设等方面要突出实践性、应用性的特色，满足学校服务社会的需要，满足医疗行业人才的需要。

（四）结合实际需求，统筹临床医学硕士研究生教育规模和质量

在临床医学高等教育由精英模式向大众模式转变的背景下，要统筹临床医学硕士研究生教育的规模、结构和质量。一方面，随着临床医学本科毕业生的快速增长，研究生的招生规模必定要扩大。鉴于行业对高层次临床应用型人才具有较高的需求，高校、医院、导师对临床科学研究的需要，招生规模的调整应在不影响临床医学学术学位研究生招生名额的情况下，逐步扩大临床医学专业学位研究生招生规模，以免增加临床医学专业学位培养模式改革的阻力。另一方面，临床医学硕士专业学位研究生招生规模的增加对培养院校的培养能力提出了更高的要求。因此，培养院校要完善培养条件，加强对附属医院及导师的管理和培训，加

强临床医学硕士专业学位研究生培养过程的管理和考核，保证培养质量。

（五）统筹考虑临床医学专业学位特点，建立科学的培养标准和评估制度

评估和监督机制对于人才培养具有明显的导向性作用。教育行政部门、卫生行政部门及行业学会应该发挥对临床医学硕士专业学位研究生专业学位培养模式改革的指导、督导和评估作用。一方面，要制定规范的人才培养和考核标准，提高临床医学硕士专业学位研究生培养的科学规范性。另一方面，政府和行业部门要转变以往注重科研和学术人才培养的评价方式，引导高校培养临床应用型人才。在培养院校和高校附属医院层面，要建立和完善临床医学专业学位导师的聘任、评价和激励制度。在临床医学硕士专业学位研究生参与奖学金与各种奖励的评定过程中，根据专业学位的特点制定适宜的考核评优体系。

（六）把握利益相关主体的核心医院的利益

首先，应确立医院在临床医学硕士专业学位研究生培养过程中的主体地位，明确其在提供培训条件、临床轮转管理、过程考核等方面的责任。其次，要将临床医学硕士专业学位研究生培养医院纳入卫生行业的人才培养体系规划当中，制定科学规范的人才培养规划和保障措施，结合医院的培养能力，科学核算各科临床医学硕士专业学位研究生和住院医师培养规模。再次，医学院校要高度重视附属医院的发展，共同加强临床医学学科建设，完善学校与医院在教学、科研、医疗等工作之间的管理体制和运行机制，共同创造良好的人才培养环境。最后，医院自身要积极探索、准确把握临床医学硕士专业学位研究生培养规律，加强过程管理，完善质量监督体系，保证临床医学硕士专业学位研究生培养质量。

（七）确保培养过程质量第一负责人的利益

导师是临床医学硕士专业学位研究生培养质量的第一负责人，导师的有效指导是提高临床医学硕士专业学位研究生培养质量的基础保证。在医教协同的背景下，导师承担的临床带教、医疗服务、科学研究、人才培养等任务，既面临医疗、科研、教学工作的压力，又关系到个人发展的多样化利益诉求。因此，为了保证带教质量，对导师的激励机制不可或缺。这就要求医院将住院医师培训工作和临床医学硕士专业学位研究生培养工作作为考核导师及带教医师的重要指标，对于优秀的带教师资，要在绩效工资和职称晋升等方面予以优先考虑，吸引优秀的临床医师从事带教和研究生指导工作。

（八）解决利益博弈关键问题，加大投入

总体上讲，无论是与国外相比，还是从住院医师培训和临床医学硕士专业学位研究生培养的实际情况来看，培训经费都相对匮乏。因此，要加大医学教育的投入，统筹各方责任。在投入严重不足的情况下，应强调政府在医学人才培养投入的主体地位，结合公立医院改革，各级政府要对供方的投入，对医院基本建设和设备购置、重点学科发展、人才培养等予以经费支持。教育和卫生行政主管部门也要整合资源，共同加大对临床医学硕士专业学位研究生培养模式改革的投入。此外，从某种程度上讲，临床医学硕士专业学位研究生和住院医师是医院人力资源的一部分，在医院接受培训的过程中，承担了部分诊疗工作，这部分工作也为医院带来了经济效益。因此，根据成本分担理论，临床医学硕士专业学位研究生和住院医师作为医院的劳动力，应当享受劳动报酬。因此，医院本着受益的原则，也应当给予临床医学硕士专业学位研究生和住院医师相应的工资待遇和薪酬。

综上，医教协同深化临床医学硕士专业学位研究生培养模式改革后，临床医学硕士专业学位研究生培养所涉及的利益相关者呈现出多元化网络关系，具有多样化的利益诉求，各利益相关者都有使其利益最大化的倾向，但培养模式改革又不能同时满足所有利益相关者的期望和利益诉求。因此，保证改革的顺利实施亦不是利益相关的某一方可以独自实现的，改革需要政府、行业、高校、医院、导师、学生等多方的协同合作。否则，不平等的博弈结果虽然看似满足了某一主体利益最大化的需求，但也可能带来利益主体之间冲突与矛盾的激化，阻碍临床医学硕士专业学位研究生培养模式改革的顺利开展。

第十二章

工商管理硕士培养模式实例分析

自1991年开始试办的工商管理硕士（MBA）学位创造了我国研究生教育领域中的诸多"第一"：第一个按照专业学位类型授予学位、第一个针对特殊群体开办教育、第一个成立全国专业学位教育指导委员会、第一个实行入学联考、第一个开展专项教学合格评估工作等。中国MBA招生院校从最初试点的9所，经过20余年的发展至2014年底已有10批、233所大学开办了MBA学位教育，覆盖了全国30个省市自治区。MBA的毕业生们活跃在国民经济的各行各业，他们当中的绝大多数都成了我国国企、民企或外企的管理骨干，其中一部分人已担任起了我国大型企业的高层领导职务。MBA教育在社会上受关注的程度位列专业学位之首。在MBA教育发展的历程中，前十年的快速发展使得在2002年时出现过一次MBA报考人数的峰值（熊建，2008）。而随着大众对MBA的认知逐步回归MBA教育的本意，加上开设EMBA起到的分流作用，2003年MBA报考热开始明显降温，全国报考人数连续两年下降，连人气极高的清华大学也出现了2004年报考MBA的考生仅为2002年一半左右的现象（姜澎，2003）。但是从2005年起，MBA的报考人数又开始缓慢回升。随着我国大陆地区MBA办学单位的不断增多，发展至2013年，MBA报考人数突破了百万，社会开始注意到中国MBA教育"大跃进"式发展的隐忧[①]。事实上，针对提升MBA人才培养质量、完善MBA人才培养方式在学界早有讨论。早在1996年MBA教育的起步阶段，

---

① 北京商报："中国MBA现'大跃进'式发展". http://www.bbtnews.com.cn/news/2014-11/04000000110221.shtml.

就有学者提出应改革 MBA 入学考试等相关的建议。其后近 20 年来，围绕 MBA 招生、课程、师资、教学等各方面进行改革的讨论至今从未中断。

随着我国经济社会改革的不断深化，对高层次工商管理人才的需求越发迫切且具有了更多的时代特色。包括欧美在内的全球 MBA 教育也在不断与时俱进，这些外部环境的变化也考验着我国 MBA 人才培养模式和具体方法、MBA 教育质量能否满足国家、行业以及企业对 MBA 人才的需求。现如今，在各类媒体中能看到形形色色的 MBA 项目宣传，在学术界也有越来越多对本校 MBA 培养模式的经验总结与介绍。但对于究竟什么是 MBA 培养模式却没有形成一个统一的概念界定，大量的个案介绍充斥视野使得对我国 MBA 培养模式现状的认识越来越碎片化。

2013 年 9 月，全国专业学位研究生培养模式改革推进会召开。同年 11 月，教育部与人力资源和社会保障部联合公布《关于深入推进专业学位研究生培养模式改革的意见》，在全国范围内推进专业学位研究生的培养模式改革。在这样一个专业学位培养模式改革的大背景下，MBA 人才培养模式的改革与创新也将为学界、办学单位以及社会大众所瞩目。以顶层设计的视角审视我国 MBA 培养模式的发展现状，才能看到整体中客观存在的共性与个性，让改革的步伐更加稳健、决策更加科学。

第一节 国内外研究现状分析

一、国外研究现状

国外有关 MBA 教育的研究主要集中在对培养模式中的某一要素或环节进行研究，如教学手段、培养质量、课程设置等方面。例如，B. 阿博·J.（B. Arbaugh J.，2005）讨论了 MBA 教育教学中在线课程的有效性，提出对在线课程软件平台的选择应当着重考量该平台是否对于学生而言是既有用又好用的、平台可应用媒体的多样性、能否提升网络学习随时随地的优势，以及能否有效地鼓励参与者进行互动。康纳利·M.（Connolly M.，2003）针对 MBA 毕业生就业形势不好、教育回报率偏低的问题进行了实证研究，得出结论认为 MBA 教育回报率的预期依然乐观，虽然受经济萧条的影响就业率下降，但 MBA 的机会成本也随之下降，在经济恢复后，市场对于 MBA 的需求也会恢复。

MBA 的课程体系与内容设计也是国外相关研究的焦点之一。罗宾·R. S. 和迪多夫·E. C. （Rubin R. S. and Dierdorff E. C., 2013）对最近十年间发表在 Academy of Management Learning and Education 上关注 MBA 教育的文章进行了统计分析，发现最大的研究热点是与 MBA 项目课程体系（curriculum）相关的研究，占到了全部文章总数的 59%。课程内容中的全球化意识与跨学科意识亟待提升、核心课程内容需与管理实践需求相匹配是较为集中的两种观点。杰恩·S. C. 和斯托福德·J. （Jain S. C. and Stopford J., 2011）检验了世界范围内重塑商业教育的总趋势，提出 MBA 的课程设计需要提升学生的全球化意识，以使学生在全球竞争中更具备竞争力。纳瓦罗·P. （Navarro P., 2008）对美国顶尖商学院的 MBA 核心课程进行了基于互联网的调查研究，发现在"强调必须的多学科整合"与"经验性科目"的缺乏、教育产品差异化的缺乏。罗宾·R. S. 和迪多夫·E. C. （Rubin R. S. and Dierdorff E. C., 2009）通过对横跨 52 个管理岗位的 8 633 个在职管理者的调查，发现管理者所体现出的最重要的行为方面的胜任力，恰好是 MBA 必修课程中最没有得到体现的。研究还发现，机构因素，如媒体排名、战略方向等，不会影响 MBA 培养课程与管理者胜任力之间的相关性。他们在其 2011 年的研究中继续揭示了 MBA 教育相关的利益各方在人力资本胜任力问题上的广泛共识——在 MBA 教育中，人力资本胜任力是最重要也是最需要进行训练的内容。作者提出，管理者们要开展基于现实的运动，使此共识表面化，推动 MBA 项目进行课程体系的改革与管理实践的实际相符合。

此外，也有少量的研究从更为宏观的角度对 MBA 教育进行综合的顶层设计。例如，费德曼·D. C（Feldman D. C., 2005）详细介绍了亨利·明茨伯格（Henry Mintzberg）对 MBA 教育的批判及重建设想，指出了商学院的功能失调问题，分析了明茨伯格所提供的 IMPM（international masters in practicing management）高级管理人才培养模式的优点及其吸引力所在，同时也指出了其学习成本过高、教师时间成本过高的问题。邓尼·D. 等（Dunne D. et al., 2006）介绍了设计思维（design thinking）在认识论、态度、人际关系方面的核心思想，并分析了将设计思维引入 MBA 教育能更加强调以思考方法为中心而并非以价值观为中心的教育，其开放的态度和对合作的提倡能有效加强教学与现实的联系。

二、国内研究现状

近十年来，我国国内关于 MBA 培养模式的研究根据研究内容可大致分为三类：（1）根据作者所在教学单位的 MBA 教育实践，介绍其最新的培养模式。通常为基于某个新教学理论、理念或国外已有经验提出的某种新培养模式，并且多聚焦于培养模式中的个别要素。(2) 对国外或中外优秀的 MBA 培养模式案例进行比较研究。国际比较研究中涉及的国家与地区包括美国、英国、捷克、日本、中国香港、西班牙、瑞士等。其中研究最多的是美国的几所著名商学院，尤其是对哈佛商学院的研究最多，而对于其他国家的案例研究都不算深入。进行比较研究的中国国内案例，涉及的培养单位包括清华大学经管学院、北理工大学经管学院、中欧国际工商学院、郑州大学商学院、华北电力大学 MBA 项目。(3) 通过总结与反思的方式，分析当下中国 MBA 教育存在的问题，提出改进建议。此类文章综述性较强，所表达的观点近年来没有出现明显的变化和突破。

在介绍最新培养模式的论文中，有涉及课程体系的，如孙超平和张昌华 (2012) 介绍了安徽工商管理学院基于"知识学习—交流分享—全面提升"的理念（studying-communicating-promoting, SCP）提出的体验式 MBA 教育，包含了"交流分享机制、案例采编与研讨、决策模拟实训、本土化教材编著、文化氛围营造"等内容；有讨论教学方法的，如庄晖、高松、叶青 (2012) 基于行动学习理论，提出教师的角色应该从传统的"教书者"转变为"过程控制者"，由传统的"知识传授者"转变为适时为学员补充专业知识的"知识专家"，由传统的"考核者"转向关注学员知识、能力与品格提升的"学习教练"；也有对培养模式进行较为全面的介绍的，如傅利平、张志刚、刘一方 (2012) 从培养目标、申请条件、申请流程、学制、特色课程的多方面，较为系统地介绍了哈佛大学 MBA/MPA–ID 联合培养计划的培养模式。在此类文章中独树一帜的是焦胜利 (2009) 基于服务质量差距模型对清华大学 MBA 教育创新的分析。作者借鉴了营销学中的服务质量差距模型，以此为理论视角和分析模型对清华大学 MBA 教育创新的原因与过程进行了分析。在原因分析中，作者提出 MBA 教育存在认知差距、教学设计差距、一致性差距、学员沟通差距、服务期望与服务感知差距，其中的第五点是质量差距模型的核心，也是前四项差距产生的结果；在过程分析中，作者认为整个改革与创新的过程就是使前四项差距持续处于弥合状态的过程。作者把 MBA 教育视为一种服务商品，引入新的分析工具是此文的一大亮点。然而，全文没有对服务质量差距模型的理论进行任何介绍，完全套用营销学理论的分析思路，也使得培养模式改革措施中蕴含的教育学意义无法得到体现。

中外案例比较研究，往往从培养模式中的人才培养目标或宗旨、入学条件与考核、学制、课程体系、教学方式方法、学员就业与社会评价或质量评估等方面进行总结与对比。内容上多为事实的罗列对比，无论是个案分析还是比较分析均欠缺深度与理论视角。

对当下 MBA 教育培养模式存在问题进行分析，主要的批评集中在师资队伍质量参差、生源质量差、培养目标脱离社会需求、教学效果不佳、课程设置与内容缺乏中国特色、地区发展不均衡等。这些现存问题的提出，虽然有些是基于作者实际教学与管理的经验，也在论述过程中提供了零碎的事实依据，但往往缺乏严谨的实证依据与论证过程。

总结以上文献综述可以看出，国外对于 MBA 培养模式的研究更多集中在针对某一环节或要素的深入微观研究，国内则更倾向于对培养单位的教学模式或培养体系进行案例研究或较为宏观的中外对比。整体而言，在我国还较为缺乏对 MBA 培养模式概念内涵的理论研究，缺乏对我国 MBA 培养模式发展现状的全面把握，案例分析浅尝辄止者、培养模式创新成果罗列者、改进建议缺乏事实或理论根据者居多。由此可见，在我国 MBA 培养模式研究的领域，无论是理论研究还是实证研究均有很大的研究空间。

第二节　MBA 培养模式的概念内涵及特征

一、MBA 教育的特点

根据逻辑学中概念的定义研究公式"被定义概念 = 邻近属概念 + 种差"[①]，要探讨 MBA 培养模式的概念内涵，需要在厘清了"模式""培养模式"概念（邻近属概念）的基础上，进一步梳理 MBA 这一专业学位教育所独有的属性（种差）。工商管理硕士（MBA）对中国而言是一件舶来品，英文的全称是 Master of Business Administration，起源于 19 世纪末的美国，是其专业学位（professional degree）的一种，主要培养商业领域的管理人才，主要的教育内容如图 12 - 1 所示。

可以看出，作为 MBA 教育起源地的美国，其 MBA 教育的内容围绕着"管理"和"商业"两个关键词开展，整合了与商业活动、企业管理相关的不同学科（如经济学、管理学、法学）的知识，具有很强的跨学科、综合性特征，这是 MBA 人才培养与其他专业在教育内容上的本质区别。

我国为适应改革开放和市场经济建设发展的人才需要，于 1991 年 3 月国务院学位委员会第九次会议上通过了《关于设置和试办工商管理硕士学位的几点意

[①] 中国人民大学哲学院逻辑学研究室：《逻辑学》，中国人民大学出版社 2014 年版。

见》，开始推动 MBA 教育试点工作。该意见明确了 MBA 属于我国的一种专业学位，对 MBA 人才培养的特点做了如下表述：

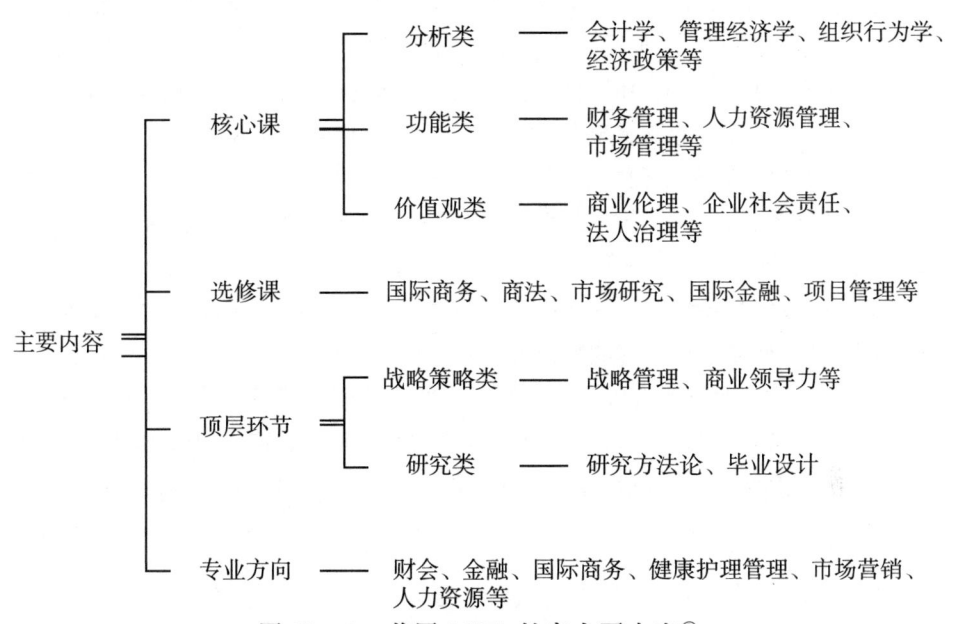

```
                         ┌── 分析类 ────── 会计学、管理经济学、组织行为学、
                         │                 经济政策等
               ┌ 核心课 ──┼── 功能类 ────── 财务管理、人力资源管理、
               │         │                 市场管理等
               │         └── 价值观类 ──── 商业伦理、企业社会责任、
               │                           法人治理等
               │
               ├ 选修课 ─── 国际商务、商法、市场研究、国际金融、项目管理等
               │
    主要内容 ──┤         ┌── 战略策略类 ── 战略管理、商业领导力等
               ├ 顶层环节─┤
               │         └── 研究类 ────── 研究方法论、毕业设计
               │
               └ 专业方向── 财会、金融、国际商务、健康护理管理、市场营销、
                           人力资源等
```

图 12-1　美国 MBA 教育主要内容[①]

"其特点是：第一，工商管理硕士是务实型的管理人才，招生来源主要是在企业或其主管部门有几年工作实践经验的现职人员，课程内容密切结合实际，加强实践环节，采用培养过程与企业密切联系或与企业联合培养，毕业后回到企业中去的培养模式。这与主要从应届毕业本科生中招收缺乏实践经验的人才完全不同。第二，工商管理硕士既要有坚定正确的政治方向，又要求具备广博而全面的知识，结合企业管理的各种职能（如生产管理、财务管理、营销管理、人事管理、决策管理、经营战略等），学习多门课程，形成广博知识与较强能力的综合水平。这与理论研究型人才明显不同。第三，工商管理硕士要有战略眼光，有勇于开拓、艰苦创业的事业心与责任感，能联系群众，有组织指挥生产的应变、判断、决策的能力。因此，在培养过程中要强调能力的培养训练。第四，工商管理硕士可以招收有各种专业背景并有实践经验的大学毕业生，便于培养综合全面而又复型的人才。经过研究生阶段系统、科学的培养教育，使他们毕业后能够胜任工商企业和经济管理部门中高级职务所担负的工作。"[②]

---

① 根据美国哈佛大学、斯坦福大学、MIT 等知名商学院 MBA 项目介绍汇总整理。
② 中国学位与研究生教育信息网. 关于设置和试办工商管理硕士学位的几点意见 [EB/OL]. [2015-02-03]. http：//www.cdgdc.edu.cn/xwyyjsjyxx/gjjl/szfa/gsglss/263539.shtml.

我国的 MBA 专业学位教育是基于此文件的指导逐步开展，因此在设置之初具有务实性、综合性、职业性和高层次的特点。"务实性"是指，要求生源有工作实践经验的积累，所学内容来自对生产实践的总结，培养过程与实践紧密结合，培养结果要接受生产实践的检验。"综合性"是指，对生源的学科背景不设限制，培养在知识方面广博、复合的人才，同时强调价值塑造的综合性培养。"职业性"是指，在内容方面更加注重与管理职能相关的工作能力而非理论研究能力的培养，以培养职业化的工商企业和经济部门管理人才为目标。"高层次"则强调的是培养目标指向位于企业或经济管理部门的中、高级管理层，这也是 MBA 教育与普通的职业导向管理学教育的最大区别之一。

通过以上对 MBA 教育的核心内容与我国本土对 MBA 人才培养的需求考察可以总结出 MBA 专业学位教育的特点如下：

以培养工商企业或经济管理部门高层次的职业型管理类人才为目标，强调生源的工作经验和实践能力，以商业活动和管理工作为核心整合相关学科作为其特有的复合型知识体系，强调教育内容的实用性、综合性和职业导向性。

二、MBA 培养模式的概念内涵

基于上文对"模式""培养模式"概念的分析，结合 MBA 这一专业学位教育所具有的特点，得出 MBA 的培养模式指的是，为满足我国经济建设和社会发展的人才需求，在培养工商企业或经济管理部门高层次的职业型管理类人才的过程中，各要素及其相互关系构成的一种系统性的表达形式。这一概念包括以下几层内涵：

第一，MBA 培养模式是人才培养模式的一种特殊类别，必然具备着"培养模式"这一概念的基本属性。MBA 培养模式同样由培养过程中的各种要素构成，且要素之间遵循着一定的规律，有着动态的联系，是一种系统性的表达形式，具有典范性和可模仿性。

第二，MBA 培养模式有区别于其他专业人才培养模式的特殊性。最核心的区别在于其培养目标是工商企业或经济管理部门高层次的职业型管理类人才，并且培养过程中的各个要素所包含的内容与要求有其专业自身的特点。如，培养内容围绕商业与管理进行跨学科的知识整合，培养方法强调将知识学习与管理工作实践紧密结合等。

第三，MBA 培养模式的指导依据是我国经济建设和社会发展的人才需求，这源于我国引入设置 MBA 学位的出发点。这与以创造知识、探索未知世界为目的的科学学科不同，工商管理并非传统意义上的一门学科，而是源于商业实践、服务于商业实践的一种职业导向的专业。在我国的 MBA 教育情境下，其人才培养模式应该是我国社会主义市场经济建设需求的反映和具体化，这一需求渗透在 MBA 培养模式的各要素之中。

三、MBA 培养模式的构成要素

现有关于 MBA 培养模式的研究以案例介绍和国际比较为主，虽然在案例介绍和国际比较的框架中体现出了笔者对于 MBA 培养模式构成要素的理解，但少有研究对 MBA 培养模式的构成要素进行全面、系统的界定，在部分学位论文中能看到沿用一般性培养模式要素划分的概念界定。笔者检索了中国知网数据库中主题为"MBA 培养模式"的文献，去除了混淆培养模式与教学模式、办学模式等相关概念的文章后，直接研究 MBA 培养模式的文章总计 19 篇。所涉及的要素内容及其在不同文章中的出现篇次①统计如表 12-1 所示。

表 12-1　　　　　　MBA 培养目标要素的文献统计

要素	出现篇次	要素	出现篇次
培养目标	12	培养过程	2
课程设置/体系	12	理念	2
招生与入学	12	实践环节	2
教学方式/方法/模式	11	校友资源	1
师资/导师	10	管理机构	1
质量评价与认证	7	第二课堂	1
培养方式	4	品牌经营	1
就业与职业发展指导/服务	3	培养特色	1
国际合作/交流	2	学位授予	1
条件保障	2	人才规格	1

通过表 12-1 的统计可以看出，在 MBA 培养模式研究中相对更受到研究者关注的要素包括培养目标、课程、招生、教学、师资、质量评价、培养方式等。然而，上表中列出的各个要素并非处于同一维度下的概念。比如，培养方式包含了除培养目标之外的各种涉及培养行为的要素，包括教学方式、国际合作等；就

---

① 某要素在一篇论文中出现过即统计为 1 篇次，不重复计算在同一篇论文中的出现次数。

业与职业发展指导、校友资源均属于条件保障的范畴；第二课堂是整个课程体系中的组成部分之一；招生与入学和学位授予属于整个培养过程中的环节，在本质上是一个"阶段"，品牌经营是一种办学策略，培养特色是在课程体系等各要素综合作用下产生的结果，这些都与其他要素的划分维度不同。

为保证本研究中涉及的 MBA 培养模式要素之间的概念不发生重叠，需要以一种统一的维度来进行要素划分，结合文献研究中学者大多数采用的划分维度，本书认为，MBA 培养模式的构成要素包括培养目标、课程系统、培养方法、质量保障、资源支撑。

培养目标包含抽象的培养理念以及对培养对象在知识、能力、素质等方面的要求与标准，是培养行为的出发点和最终目的，培养模式中的其他要素均由培养目标决定。

课程系统包括了课程体系结构、课程内容、课程系统运行指向的专业发展方向，以及将这些系统要素有机结合起来的相关机制。课程系统是实现培养目标的核心内容载体，决定了采用怎样的培养方式，并且与培养方式等其他要素共同作用，实现培养目标。

培养方式是实现培养目标、落实课程系统的操作层面内容，包括了培养形式、导师指导等相关机制，以及教学方法、学习途径等具体方法或形式。培养方式由课程系统直接决定，与课程系统等其他要素共同作用，实现培养目标。

质量保障是对整个培养过程进行质量控制、对培养结果进行质量检验的制度体系。质量保障贯穿了整个人才培养过程，如学习年限规定、生源选拔与录取制度、毕业学分要求与考核标准等，同时还包括培养单位获得的评估认证等质量评价内容。

资源支撑是培养模式中其他各个要素存在和发展的保证，有物质类资源和非物质类资源两种体现形式，既包括面向学习主体的设施设备、师资力量、管理服务等，也包括面向办学主体的学费、政策支持等方面。

以上各要素之间的关系如图 12-2 所示。

如图 12-2 所示，在 MBA 培养模式中，课程体系、培养方式、质量保障和资源支撑的具体内容都是由培养目标决定的；课程体系决定了培养方式的内容和形式，培养方式是课程体系的具体实现方式；质量保障对课程体系和培养方式的全过程进行质量控制；资源支撑为课程体系、培养方式以及质量保障提供必要的或者更优的资源；在课程体系、培养方式、质量保障和资源支持要素的互相作用、互相影响下，完成整个培养过程，最终实现培养目标。

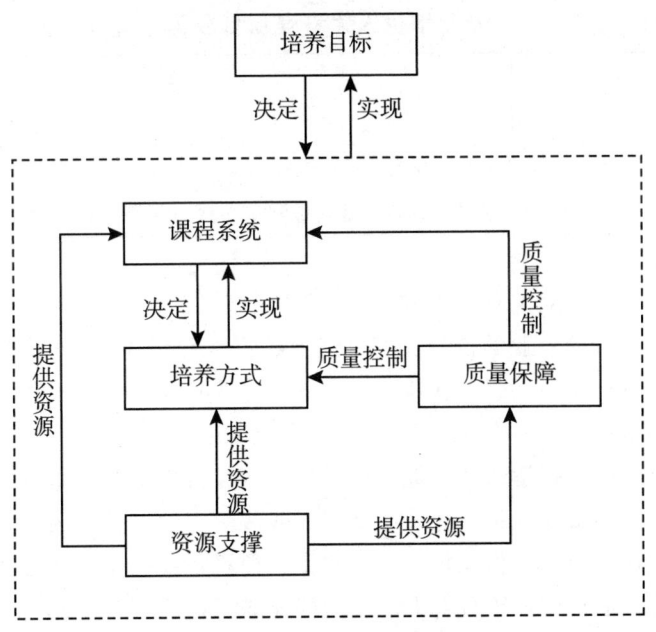

图 12-2　MBA 培养模式构成要素关系示意图

四、MBA 培养模式的特征

MBA 研究生教育在我国属于专业学位研究生教育的一种，既具有专业学位人才培养模式的共性特征，也有其区别于其他专业学位的特征。根据以认知方式和职业技能专业化程度为分类维度的专业学位人才培养项目分类标准（见表 12-2），结合 MBA 专业的学习内容、毕业后从事职业的特点可以看出，MBA 专业学位项目的学习属于过程型认知，其对应的工商管理工作专业化程度较低，即 MBA 专业学位项目的人才培养模式应被划分为初步专业化过程认知型的Ⅲ型专业学位。Ⅲ型专业学位的人才培养应在其培养过程中加大跨学科课程的学习，大力发展实践教学，保证实习实践的数量与质量。同时还应大力推进Ⅲ型专业学位培养单位与行业主管部门建立密切的协作关系，帮助解决研究生参与社会实践的长效机制，并鼓励行业机构参与培养过程，共同研制岗位胜任力标准，建立起职业与学历教育之间的联系，逐步将此类型的专业学位人才培养与从业标准相匹配、与职业资格相衔接。

表 12-2　　　　　　　专业学位人才培养项目分类

项目		认知方式	
		过程型	程序型
职业技能专业化程度	高	Ⅰ型：高度专业化过程认知型	Ⅱ型：高度专业化程序认知型
	低	Ⅲ型：初步专业化过程认知型	Ⅳ型：初步专业化程序认知型

综合以上概念研究中对 MBA 教育特点的考察以及将 MBA 作为Ⅲ型专业学位的代表性项目进行的专业学位分类特征考察，可以看出 MBA 培养模式在理论层面应当具有的特征包括：强调 MBA 人才以商业领域为核心的知识储备和管理能力要求，能够承担工商企业或经济管理部门的高层次综合管理工作；突出 MBA 学习内容知识层面的跨学科性、能力层面的实践性与应用性，体系结构设计时应突出实践类内容的重要地位；应较多采用实践教学等更加灵活的学习方式，通过加强与相关行业企业的合作来扩宽获取知识、积累经验的途径和方法；在质量保障和资源支持方面也应该重视对实习实践的保障与支持，增加相关行业和企业的参与，让 MBA 人才的培养与工商管理人才职业专业化程度的提高互相促进。

第三节　研究对象与方法

一、研究对象

中国研究生招生信息网提供的 2015 年硕士专业目录查询信息显示，2015 年计划招收 MBA 专业硕士的高校共计 233 所（不含长江商学院等独立商学院），其中，北京地区的招生单位共计 31 所，占到了全国的 13.3%，总数位居首位，且数量远大于位于第二的江苏省。全国各省市 2015 年 MBA 招生高校数量汇总对比如表 12-3 所示。

表 12-3　　　2015 年全国各省市 MBA 专业招生高校数量

地区	招生单位总数（所）	地区	招生单位总数（所）	地区	招生单位总数（所）
北京市	31	四川省	9	云南省	5
江苏省	17	天津市	8	山西省	4

续表

地区	招生单位总数（所）	地区	招生单位总数（所）	地区	招生单位总数（所）
湖北省	15	浙江省	8	广西壮族自治区	4
陕西省	15	湖南省	8	甘肃省	4
上海市	12	黑龙江省	7	内蒙古自治区	3
辽宁省	11	福建省	6	新疆维吾尔自治区	3
山东省	10	吉林省	5	贵州省	2
河南省	10	安徽省	5	海南省	1
河北省	9	江西省	5	青海省	1
广东省	9	重庆市	5	宁夏回族自治区	1

根据从全国 MBA 教育指导委员会秘书处获得的最新统计数据，2013 年北京地区 31 所高校录取 MBA 专业学生人数合计 5 451 人，占全国 MBA 专业录取总人数（32 625 人）的 1/3；截至 2013 年底，北京地区高校累计授予 MBA 学位 44 687 人，占全国总数（226 997 人）近 20%（不含 EMBA）。

可见，无论是在高校数量上还是人才培养规模上，北京地区高校 MBA 教育在全国范围内都有着举足轻重的地位，把握北京地区高校 MBA 培养模式发展的现状对于探讨我国 MBA 培养模式的现状及未来发展有着重要意义。因此，本节将以北京地区的 31 所 MBA 培养院校为样本，对我国 MBA 培养模式的发展现状进行考察。

根据内容分析法的要求，数据来源需为在媒体中公开传播的文本或图像信息。基于本书的研究问题，综合考虑了研究的可行性与信息的全面性，笔者选择了北京地区 31 所 MBA 招生高校公开在互联网上发布的文本材料作为内容分析的信息来源，具体包括以下四种类型的文本材料：

第一类：各招生单位公开发布的 2015 年工商管理硕士（MBA）招生简章

通过在互联网上的检索，北京地区 31 所高校除中国矿业大学（北京）将 MBA 与其他专业的招生合并在专业学位招生简章内进行介绍外，其余 30 所高校全部公开发布了针对 MBA 专业的招生简章。各学校招生简章在内容上各有侧重，但基本都对 MBA 专业的招生政策、报考条件、基本学制、培养形式、学位授予、学费等方面做出了说明，也有在招生简章内对本校 MBA 项目培养目标、资源匹配、特色课程等方面进行介绍的。该类文本材料的特点是正式，可信度高，语言严肃官方，便于提取核心词，因此将招生简章列入培养模式相关信息的文本材料之一。该类文本材料获取数共计 31 份，占高校总数的 100%。

第二类：各招生单位公开发布的本单位 MBA 项目介绍

MBA 项目介绍主要包括两种形式：一是独立发布的项目宣传手册；二是项

目官方网站上的介绍专栏。内容较为丰富的项目介绍涵盖了该校 MBA 项目在人才培养方面的培养目标、课程设置、培养方式、质量评估与认证、配套资源等有关培养模式的全方位信息。内容较为贫乏的项目介绍也基本涵盖了培养目标、配套资源等方面的内容。该类文本材料的特点是综合性强、包含具体细节，虽然由于承载了宣传目的会在一定程度上对客观事实进行美化，但考虑到是由高校公开发布的信息，官方层面需对虚假信息负责，因此具备较高的可信度，列入文本材料之一。该类文本材料获取数总计 30 份，占高校总数的 96.8%，中国矿业大学（北京）虽然没有 MBA 专业的专门网站，但在其管理学院的官网上对 MBA 项目进行了专栏介绍，北京建筑大学由于既没有开设专门的项目网站，也没有其他官方平台上的项目介绍而缺失。

第三类：各招生单位公开可获取的 MBA 专业培养方案

培养方案中对于培养形式、课程设置、学分要求、培养环节、毕业考核方式等涉及培养过程的内容均做出了介绍和说明，不同院校培养模式的详细程度有所不同，但基本能够涵盖培养模式中课程体系和培养方式两大要素的基础内容，质量保障体系方面也会从毕业论文的要求中有所体现。该类文本材料的特点是结构性、规范性强，可信度高，但是由于部分院校没有将培养方案公开发布，因此获取率较低。该类文本材料获取数总计 20 份，占高校总数的 64.5%。培养方案缺失的 11 所高校中，6 所为非 985/211 高校，4 所为"985"高校，1 所为非"985"的"211"高校（为表述方便，以下称非"985"的"211"高校为"211"高校，即在提到"211"高校时，不包括"985"高校）。

第四类：各招生单位 MBA 项目官方网站上的其他相关信息

随着国内高等教育培养单位信息公开工作的深入推进，各高校基本都开办了官方网站，在网站上公开发布各类新闻和教育信息。由于 MBA 教育的特殊性，大部分高校都专门设立了 MBA 教育中心并开设专门的网站进行信息公开和信息发布；没有 MBA 教育中心的高校也大都制作了 MBA 专业或 MBA 学院的官方网站以发布各类的信息和宣传。官方网站已经成为广大考生在报考前了解招生单位 MBA 培养模式等教育信息的最便捷、最直接也是相对全面的渠道之一。对已有文本材料进行初步的有效信息提取后发现，上述三类文本材料并不能完全覆盖各培养单位在 MBA 培养模式方面的各类情况。比如，职业发展指导与服务、校外实训基地的建设情况等与培养模式相关的信息，有些院校并没有将其作为宣传重点内容放入项目介绍或招生简章中，并且又不属于培养方案体现的内容，但是通过官方网站上特设的栏目信息可以获取。因此，将官方网站上出现但在前三类文本材料中没有体现的信息纳入数据获取的范围，作为以上三类文本材料的补充。此类文本材料的特点是碎片化、补充性，获取总数为 29 份，占高校总数的

93.5%，中国矿业大学（北京）和北京建筑大学没有专门的项目官方网站。

通过在互联网上的阅览与检索，以上四类文本材料的获取情况汇总如表 12-4 所示。

表 12-4　　　　　　　四类文本材料获取情况汇总

文本类型	招生简章	项目介绍	培养方案	官方网站
实际获取数/应获取数	31/31	30/31	20/31	29/31
文本特点	正式性、易获得	综合性、具体性、易获得	规范性、较难获得	碎片化、补充性、较易获得
材料总份数	共 110 份			

二、数据处理

按照内容分析法对数据分析信度的要求，本研究由两名研究人员对以上文本材料分别进行数据处理。属性归类与核心词提取工作是相对专业化的过程，要求执行操作的人员对于研究内容有充分的了解，对相关概念的认识非常清晰，对于培养目标各要素中常见的核心词具有良好的敏感度，对于属性归类和核心词提取的工作流程与相关规则非常熟悉。因此，两名研究人员均来自教育部哲学社会科学研究重大课题攻关项目"创新专业学位研究生培养模式研究"课题组，均阅读过与 MBA 培养模式相关的文献，对于培养模式的概念内涵及要素的理解一致，共同进行了文本材料的获取工作，并制定了符合本研究目的的属性归类与核心词提取规则。

（一）属性归类

将 MBA 培养模式的五大要素——培养目标、课程系统、培养方式、质量保障和资源支撑设为对文本材料进行属性归类的五大类目，由两位研究员共同对以上文本材料进行逐一阅读、提取有效文本、归入对应类目。研究员 A（笔者）为主要操作者，研究员 B 进行同步复核，当归类意见产生分歧时以讨论后的一致意见为准。

对有效文本进行属性归类的规则包括：

第一，根据明确指示词划分。例如，北京科技大学在 MBA 项目介绍中写明："北科大 MBA 目标：培养目光远大，知识广博，富有创新精神，善于沟通与合作，能够胜任工商企业中高层管理工作的综合型与复合型人才。①"

因为出现了明确的"目标"字样，将其归入"培养目标"类目。其他常见的明确指示词包括："致力于培养……的人才""项目定位""课程设置""培养方式""师资力量"等。一旦出现了明确的指示词，将指示词后内容全部划入相关类目。

第二，根据具体内容划分。例如，北京工业大学的 MBA 培养方案中写明：

"北京工业大学招收的 MBA 学生有个人自筹经费和单位委托培养两种。全日制工商管理硕士学制为 2 年，学习年限 2～3 年，原则上最长修业年限（含休学）为 3 学年。"

结合培养模式中各要素的概念内涵，可以看出以上文段中第一句是在介绍学生培养的形式，而第二句介绍的是对学习年限的要求，因此把第一句归入"培养方式"类目，把第二句归入"质量保障"类目。

属性归类后各类目下的文本量汇总如表 12-5 所示。

表 12-5　　　　　　　　　　属性归类结果汇总

类目名称	培养目标	课程系统	培养方式	质量保障	资源支撑
有效文本量	2 897 字	13 687 字	15 306 字	15 079 字	15 126 字
合计	62 095 字				

（二）核心词提取

由于中文具有语义丰富、同义词多等特点，现有的文本分析软件在技术层面尚不能完全满足对中文文本分析的需求，文本材料中存在的大量语义有在机械分词的过程中流失的可能，归并词群数据库不完善等缺陷也会制约词频统计分析的准确性。为防止完全的程序化操作带来的语义流失问题，本研究的文本分析主要以人工判断为基础，结合计算机软件中的检索功能，将文本材料按照培养模式五大要素进行属性归类后，对每所学校的每个要素下的文本进行逐一阅读，提取文句或文段中的核心词并逐一列出。核心词提取工作由两名研究人员分别独立进行操作后计算互相同意度。

核心词的提取遵循以下规则：

第一，直接提取文句或文段中具备核心意义的实词。例如，若文句或文段中直接出现"创新意识""领导能力""案例教学"等直接指向该类目内涵意义的

---

① MBA 院校库. 北京科技大学 MBA 项目介绍［EB/OL］.［2015-02-01］. http：//mba. mbachina. com/index/prodetail/48. html.

实词，则直接记录为核心词。

第二，对无明确核心词的文句或文段，以及有多重含义的文句或文段进行语义概括，结合通过直接提取的方式提取的核心词，以及在相关文献中常见的、成熟的词汇和专业术语的表达，间接提取出核心词。例如，"我校将会为每位 MBA 学生配备一名理论导师和一名企业导师联合指导，从而形成一种开放互补的培养机制"的表述，结合其他院校直接提出的"双导师制"的核心词，间接提取出"双导师制"的核心词。

第三，在同一个类目下出现的某个核心词遵循"一词一校"提取规则，即在提取核心词时，同一所学校被归入在某个类目下的文句或文段中出现的核心词只提取1次，不做重复提取。

以下是对文句和文段进行核心词提取的举例说明（见表 12-6、表 12-7）。

表 12-6　　　　　　　　　　文句核心词提取示例

原文	核心词
致力于培养具有领导能力、创新意识、创业精神和国际化视野的掌握系统管理知识和专业技能的高层次工商管理人才	领导能力、创新意识、创业精神、国际化视野、管理知识、专业技能、高层次、工商管理人才

表 12-7　　　　　　　　　　文段核心词提取示例

原文	核心词
中国石油大学（北京）拥有 40 名从事 MBA 教育的高水平教师，并且聘请了兼职教师与学校教师形成互补。兼职教师的来源主要有三个方面：国内一流商学院的知名教授；具有博士学位或较高理论水平的公司高管；国外具有终身教职资格的高水平教师。学校长期坚持产学研相结合的办学模式，与国内外石油公司建立了广泛的战略合作，在全国各石油企业设立了 40 多个研究生工作站。为了培养出一流的 MBA，学校还将拓展中国石油企业海外 MBA 实践教学基地和北京市昌平区能源科技产业实践教学基地等。学校将通过扩大与国家四大石油公司、国内外能源工程技术服务企业、能源装备制造企业和民营能源企业的长期合作关系来拓宽 MBA 毕业生的就业渠道；学校也将积极利用校友会的网络，为 MBA 研究生与各类企业和组织的沟通搭建平台①	师资力量、行业资源、企业合作、实践机会、就业资源、校友资源

---

① 中国石油大学（北京）MBA 教育中心．项目介绍［EB/OL］．［2015-02-01］．http：//mba.cup.edu.cn/pages/index/3.

由于本书使用的是通过核心词词频统计的方式进行内容分析，不涉及变量赋值等更深层次的分析内容，因此采用最基本的信度检验方式——计算一致性百分比，使用公式 K = 2M/(N1 + N2) 计算两名研究员核心词提取结果的互相同意度，即一致性百分比。其中，M 为两名研究员都同意的核心词条目数，N1 为研究员 A（主研究员）所提取的核心词条总数，N2 为研究员 B 所提取的核心词条总数。

各类目下核心词提取的互相同意度计算如表 12-8 所示。

表 12-8　　　　　　　　核心词提取信度检验结果

类目名称	培养目标	课程系统	培养方式	质量保障	资源支撑
研究员 A 词条数（词）	278	345	348	108	207
研究员 B 词条数（词）	283	331	352	115	211
同意词条数（词）	254	320	316	106	204
互相同意度（％）	90.55	94.67	90.29	95.07	97.61
总一致性百分比（％）	93.10				

全部类目的核心词提取总一致性百分比为 93.1%，五大类目下的核心词提取互相同意度均在 90% 以上，其中互相同意度最高的类目为资源支撑，最低的类目为培养方式。这是由于资源支撑类目下的核心词提取是以内容概括为主要方式，存在认同度较高的常见核心词（如师资力量、奖学金、设施设备等），因此容易出现较高的同意度；而培养方式类目中对学习方法或学习途径的表述种类多样，存在较多不规范的表述，两位研究员在提取核心词时会在一定程度上对极不规范的表述进行较多概括式的间接提取，从而增加了不一致的情况。整体而言，核心词提取的一致性百分比超过了 90%，根据内容分析的信度要求，信度达到 0.9 以上即可将主研究员的判断作为数据处理结果进行下一步的统计分析。

（三）词频统计

词频统计法是内容分析的基础分析方法之一，通过对核心词出现频次的统计，既可以通过高频词对体现出的特征进行描述分析，又可以通过低频词在类目中的比重考察某一类目中个性化内容的多少。

具体到本研究中，各个培养模式要素类目中出现次数较多词即为在北京地区各高校 MBA 培养模式中相对普遍的共性；若某一要素的高频词偏多，说明各高校在此要素方面的共同点较多；若某一要素中低频词数偏多，则说明各高校在此要素方面相对个性，各具特点。

词频统计的步骤如下：

第一，对已提取出的核心词进行同义词归并。例如，"国际视野""全球视野""国际化视野""全球化视野"均表述为"国际视野"。

第二，使用 Microsoft Excel 软件对归并后的核心词进行词频统计。

第三，以词频为条件对核心词进行排序，呈现出全部核心词及其词频，形成统计结果。

本节将分别对培养目标、课程系统、培养方式、质量保障和资源支撑五个类目的词频统计结果进行逐一分析，总结出北京地区 31 所院校 MBA 培养模式五大要素的特征。

对统计结果进行分析时主要使用的统计量如下：

1. 高频词/低频词

根据前文数据处理时同一类目下"一词一校"的提取规则，本研究中的核心词词频有了双重内涵：一是该词出现的频次，二是内容涉及该词的院校数量。词频越高，说明该核心词在取样院校中具有越高的普遍性。本研究界定词频大于等于 3 的核心词为高频核心词，即涉及该核心词的院校数量大于等于 3，而词频小于 3 的核心词为低频核心词。

2. 院校占比（简称"占比"）

在统计中出现的"院校占比"或"占比"指的是提及该核心词的院校数（即词频）占获得了有效数据的院校样本数的比重，计算方式为：

$$院校占比 = 词频/院校样本数$$

院校样本数为做统计结果分析时该类目或类目下子分类中获得了有效数据的院校数。

3. 低频词比重

指的是该类目或类目下子分类中，低频核心词的数量占总核心词数量的比值，计算方式为：

$$低频词比重 = 低频核心词数/核心词总数$$

该数值越接近 100%，说明该类目或子分类在内容上的共同之处越少；反之，若低频词比重越低，说明该类目或子分类在内容上的共同之处越多。

三、统计结果

（一）培养目标

通过对北京地区 31 所高校 MBA 培养模式相关资料的文本进行核心词提取，

发现 31 所院校中有 29 所院校对于培养目标有相应表述,获取率为 94%。对核心词进行同义归并后,不重复的核心词总数为 94 词,低频词占核心词的比重为 70%。对培养目标类目中的核心词进行分类,可分为价值与精神层面、知识与能力素质层面、人才类型、人才特征四个方面。培养目标类目及各子分类下的样本量统计与核心词统计如表 12-9 所示。

表 12-9　　　　　　　　培养目标类目统计结果

培养目标类目		
有效样本院校数(所)	占北京地区高校比重(%)	低频核心词比重(%)
29	94	70

培养目标类目子分类						
子分类	样本量统计		核心词统计			
	子分类有效样本院校数(所)	占类目有效样本比重(%)	核心词总数	高频词数	低频词数	低频词比重(%)
价值与精神	23	79	19	5	14	74
知识与能力素质	25	86	39	15	24	62
人才类型	29	100	14	5	9	63
人才特征	28	97	22	3	19	86

培养目标类目各个子分类中,"人才类型"与"人才特征"被提及的比重最高,29 所对培养目标有明确表述的院校基本均对这两个层面做了表述;"知识与能力素质"层面有 25 所院校提及;被提及最少的层面是价值与精神层面。这说明北京地区 31 所高校在公开传播的文本资料中对 MBA 人才培养目标普遍提出了相应的表述,被提及最多的是人才类型定位与人才特征层面的内容,其次是对 MBA 人才需要具备的知识与能力素质层面提出要求,相对而言在人才的价值与精神层面提出的目标较少。

从低频词比重上看,整体而言培养目标类目的低频词占比超过了 50%,说明大部分的院校在 MBA 人才培养目标上提出了相对个性的内容。各个子分类中,低频词比重最高的是人才特征层面,超过了 80%,说明各个院校对于 MBA 人才应该具有怎样的特征这一问题提出了较多的个性化表述。低频词比重相对较低的是知识与能力素质层面和人才类型层面,说明相较于其他子分类而言,北京地区高校对于 MBA 人才培养的这两个层面所设定的目标中个性化的内容相对较少。

对四个子分类中涉及的高频核心词内容进行逐一考察,以找到北京地区高校在培养目标类目中体现出的特征(见表 12-10)。

表 12-10　　　　　　　价值与精神子分类统计结果

	高频核心词	词频（次）	院校占比（%）
价值与精神 （有效样本院校 23 所）	创新精神	20	87
	社会责任感	10	43
	职业道德	6	26
	务实精神	4	17
	团队精神	3	13

在提及价值与精神层面内容的 23 所院校中，有 87% 的院校都提及了"创新精神"，有超过 40% 的院校提及了"社会责任感"，其次被较多院校提及的核心词分别为"职业道德""务实精神"以及"团队精神"。

在提及知识与能力素质的 25 所院校中，有超过 70% 的院校提及了"国际视野"，其次是有 60% 的院校提及了"经济管理知识"，有 32% 的院校提及了"管理能力"，其他核心词的占比均没有超过 30%。在高频词中，属于能力素质层面的词汇有 12 词，而属于知识层面的词汇仅有 3 词，其中还包括了"专业知识"这样笼统的词汇。这说明各高校对于 MBA 人才培养在进行目标设定时，相较于对 MBA 人才应掌握的知识水平提出要求，普遍更加倾向于对能力和素质提出目标要求，尤其是国际视野、管理能力、领导能力、战略眼光等综合性较强的能力，同时也相对强调除综合能力之外的专业技能（见表 12-11）。

表 12-11　　　　　　　知识与能力素质子分类统计结果

	高频核心词	词频	院校占比（%）
知识与能力素质 （有效样本院校 25 所）	国际视野	18	72
	经济管理知识	15	60
	管理能力	8	32
	领导能力	6	24
	战略眼光	6	24
	专业技能	6	24
	分析能力	5	20
	决策能力	5	20
	沟通能力	4	16
	德智体全面发展	3	12

续表

	高频核心词	词频	院校占比（%）
知识与能力素质 （有效样本院校 25 所）	高素质	3	12
	合作能力	3	12
	解决问题能力	3	12
	金融知识	3	12
	专业知识	3	12

对 MBA 人才培养目标作出明确表述的 29 所院校均提及了 MBA 人才属于何种类型的人才。从高频词上看，超过 60% 的院校使用的是"管理人才"这样相对笼统的说法，其次被提及较多的较为具体的说法有"工商管理人才""职业经理人""经营管理人才"以及"商业精英"。这几种不同的说法在内容实质上的指向基本都是同一种类型的人才，说明北京地区高校对于 MBA 人才类型基本达成了共识（见表 12-12、表 12-13）。

表 12-12　　　　　　　　人才类型子分类统计结果

	高频核心词	词频	院校占比（%）
人才类型 （有效样本院校 29 所）	管理人才	18	62
	工商管理人才	6	21
	职业经理人	5	17
	经营管理人才	4	13
	商业精英	3	10

表 12-13　　　　　　　　人才特征子分类统计结果

	高频核心词	词频	院校占比（%）
人才特征 （有效样本院校 28 所）	高层次	16	57
	复合型	11	39
	中高层	6	21

提及 MBA 人才特征的 28 所高校中，近 60% 的高校提及了 MBA 人才应具有"高层次"的特征；其次近 40% 的院校提及了 MBA 人才属于"复合型"人才；21% 的院校提及 MBA 人才的职位居于"中高层"的管理岗位。北京地区高校在

MBA 人才特征方面的共识基本集中在了以上 3 词，更多的则是院校提出的个性化内容，如创新型人才、具备工科背景的人才、就职于某个特定领域的人才等等。不同类型院校之间存在较大的差异，对于差异性结果的分析与讨论将在第十三章进行。

通过以上统计结果可以看出，北京地区高校 MBA 人才培养目标中，在价值与精神层面对于"创新精神"的强调非常普遍，在能力与素质层面相对更看重"国际视野"和"经济管理知识"，在人才类型方面大部分院校较为笼统地将 MBA 人才界定为"管理人才"，普遍提出 MBA 人才是"高层次""复合型"的人才。

各高校在 MBA 人才培养的目标设定上既存在占比高达 87% 的具有很强普遍性的核心词，又存在占核心词总数比例较高的低频词群，这说明在 MBA 人才培养目标的问题上，北京地区不同高校之间存在一定的共识性、普遍性的目标理解与设定，同时又具有较强的异质性，尤其是对于 MBA 人才应该具有怎样的特征、精神与价值追求，各院校有着较为个性化的理解和定位。

（二）课程系统

MBA 培养模式中的课程系统包括了系统结构、课程内容以及将内容与结构统一起来的相关机制等多个要素，是一个有机运行的系统，并且具有方向性。北京地区 31 所高校的四类文本材料中，能获取到有效的课程系统类目数据的高校共 29 所，获取率为 94%，对核心词进行同义归并后，不重复的核心词总数为 157 词，低频词占核心词的比重为 74%。涉及课程系统的文本材料主要包括以下五个子分类：(1) 对 MBA 专业的课程体系与环节设置的介绍，如课程的类型与属性、被纳入课程系统的培养环节等，即"课程系统结构"子分类；(2) 对课程或培养环节中的具体内容进行介绍（不含仅将课程名称列出的情况），即"课程内容"子分类；(3) 对本校课程系统或课程设置的特征、特点进行宏观描述，即"课程系统特征"子分类；(4) 基于课程系统的设计提出了可供 MBA 学生选择的发展方向，如发展某个专业特长、主要针对某个专业领域或行业进行具有方向性的学习，即"系统运行方向"子分类；(5) 就课程系统中的其他内容，如课程设置的依据等进行说明，即"其他"子分类。

课程系统类目及各子分类下的样本量统计与核心词统计如表 12 - 14 所示。

表 12-14 课程系统类目统计结果

课程系统类目		
有效样本院校数（所）	占北京地区高校比重（%）	低频核心词比重（%）
29	94	74

课程系统类目子分类					
子分类	样本量统计		核心词统计		
	子分类有效样本院校数（所）	占类目有效样本比重（%）	核心词总数	高频词数	低频词数	低频词比重（%）
课程系统结构	29	100	20	11	9	45
课程内容	24	83	56	16	40	71
课程系统特征	15	52	18	6	12	67
系统运行方向	21	72	52	6	46	88
其他	12	41	11	2	9	82

课程系统类目各个子分类中，系统结构层面被提及的比重最高，达到了100%；其次是课程系统的内容层面和系统运行方向，分别被83%和72%的院校明确提及；除去其他方面，被提及最少的子分类是课程系统特征，刚刚超过50%。说明北京地区高校在公开传播的文本资料中对 MBA 培养模式中的课程系统要素普遍会进行相应的介绍与描述，更重视对课程与培养环节本身的介绍，比较忽略从顶层设计的高度对课程系统特征特点进行定性描述。

从低频词比重上看，整体而言课程系统类目的低频词占比接近75%，说明北京地区的院校在 MBA 专业的课程设置方面也有相对较多的个性化内容。除去其他方面，各子分类中低频词比重最高的是"系统运行方向"，低频词占比接近90%，说明各院校在课程系统专业方向的设置方面颇具个性化特色。低频词比重最低的是"课程系统结构"，尚不足50%，这说明各院校在 MBA 专业课程系统的结构方面趋向类似，开设的课程类型、培养环节等方面有较少的个性内容。

对五个子分类中涉及的高频核心词内容进行逐一考察，以找到北京地区高校在课程系统类目中体现出的特征（见表 12-15）。

表 12-15　　　　　课程系统结构子分类统计结果

	高频核心词	词频	院校占比（%）
课程系统结构 （有效样本院校 29 所）	必修课	29	100
	选修课	29	100
	第二课堂	25	86
	实践实习环节	24	83
	专业方向课	21	72
	公共课	14	48
	毕业论文环节	12	41
	核心课	11	38
	入学引导及导学	9	31
	整合实践类课程	7	24
	基础课	5	17

通过占比较高的高频核心词可以看出，在提及课程系统结构的 29 所院校中，最具普遍性的课程类型或环节为必修课、选修课、第二课堂以及实践实习环节；有超过 70% 的学校明确提及开设了专业方向课，有 41% 的学校将毕业论文纳入了课程系统，设置了文献综述与开题报告等毕业论文相关的环节，或者开设了研究方法与论文撰写等课程；有近 1/3 的学校在课程体系中加入了新生正式开学前的入学引导或导学环节；有近 1/4 的院校开设了整合实践环节或相关项目类型的课程，区别于普通的社会实践和企业实习。在措辞和表述上，出现了"公共课""核心课"以及"基础课"的不同说法，这三类课程都涉及了必修与选修课，属于对课程属性划分的不同维度。使用"公共课"说法的学校突出强调的是国家要求的硕士研究生必修的政治课、英语课等，与其相对的是院系自己开设的 MBA 专业课程；而"核心课"则侧重于强调课程的内容属于 MBA 专业最核心的知识，也是全国 MBA 教指委所要求的必修核心课，与其相对的通常是另外开设的方向选修课；"基础课"强调的是课程内容的基础性，一般指的是经济学基础、管理学基础等课程，与其相对的多为深造方向的专业类课程。可见该子分类中的核心词存在一定程度上的交叉含义，进一步说明了北京地区高校在 MBA 课程系统的结构设计上相似性较强，个性化的内容较少。

课程系统内容子分类中提取的核心词主要针对的是除课程名称之外的对课程内容进行的表述，比如课程所涉及的知识、能力、信息等。通过词频统计可以看出，院校占比最高的核心词是"管理基础"，但其比重尚未超过 50%；其次是"经济学基础"和"真实管理问题"，比重均不足 20%。值得注意的是，在 15 个高频词中，词频为3的"准低频词"多达12词，结合该子分类71%的低频核心词比重可以发现，在课程内容方面，虽然各院校实际开设的课程在名称上可能会有较多的相同之处，但由于MBA人才培养课程系统的内容层面承载的信息非常丰富，各院校在四类公开传播的文本材料中进行专门的介绍和宣传时会结合本校人才培养的目标、本校特色等方面进行各有侧重的表述。从该子分类的统计结果可以看出，北京地区高校的MBA课程系统的内容层面相较于结构层面而言有着更多的个性化内容（见表12-16）。

表12-16　　　　　课程内容子分类统计结果

	高频核心词	词频	院校占比（%）
课程内容 （有效样本院校24所）	管理基础	8	33
	经济学基础	4	17
	真实管理问题	4	17
	产业与行业	3	13
	创新能力	3	13
	分析基础	3	13
	管理理念	3	13
	基础知识	3	13
	领导力	3	13
	人文社会科学	3	13
	软实力	3	13
	自我认知	3	13
	综合素养	3	13
	国际经历	3	13
	管理案例	3	13

在课程系统特征子分类中，最具普遍性的核心词是"模块化"，在提及该子分类的15所院校中占了2/3；其次是占比不足30%的"创新性"和"实践性"。从统计结果可以看出，大部分院校的课程系统具有模块化的特征，较为突出强调课程设置方面的创新性和专业性、内容上的实践性与整合性，并且会提及课程系统具有本校特色。但是整体而言，提及该子分类的院校数量相对较少，因此统计结果的可推广性较差（见表12-17）。

表 12-17　　　　　　　　课程系统特征子分类统计结果

	高频核心词	词频	院校占比（%）
课程系统特征 （有效样本院校 15 所）	模块化	10	67
	创新性	4	27
	实践性	4	27
	院校特色	3	20
	整合性	3	20
	专业性	3	20

在提及课程系统运行方向的 21 所院校中，有三种类型的运行方向：第一种是针对某一专业或领域开设的专业型方向，如高频词中的"人力资源管理""金融与投资管理""会计与财务管理""市场营销管理"和"物流管理"。据统计，21 所院校中有 14 所院校提及了一种或一种以上的专业型方向；第二种是由 2 个及以上的专业组合而成的复合型方向，如高频词中的"战略与营销管理"等。据统计，21 所院校中的 15 所院校提及了一种或一种以上的复合型方向；第三种是具有院校自身特点与独特优势行业的特色方向，如北京航空航天大学的民航管理方向、北京师范大学的教育运营管理方向、中国政法大学的公司法务管理方向、北京化工大学的生物医药创新管理、北京物资学院的采购和供应链管理方向等。21 所院校中的 12 所院校开设了此类院校特色方向。该子分类中没有占比超过 50% 的高频词，再结合其高达 88% 的低频词比重可以看出，各院校在课程系统运行方向方面有着相对较多的个性化内容，具有较强的多样性（见表 12-18）。

表 12-18　　　　　　　　课程系统运行方向子分类统计结果

	高频核心词	词频	院校占比（%）
系统运行方向 （有效样本院校 21 所）	人力资源管理	7	33
	金融与投资管理	7	33
	会计与财务管理	7	33
	战略与营销管理	3	14
	市场营销管理	3	14
	物流管理	3	14

在其他子分类中，出现次数最多的核心词是表明本校课程系统的设置依据是全国 MBA 教指委的要求，以及为了满足国际化的需要（见表 12-19）。

表 12 – 19　　　　　　课程系统其他子分类统计结果

其他 （有效样本院校 12 所）	高频核心词	词频	院校占比（%）
	教指委要求	3	25
	国际化需求	3	25

通过以上统计结果可以看出，北京地区高校 MBA 培养模式的课程系统基本上由必修课、选修课、第二课堂、实习实践环节以及专业方向课构成，在内容方面对于管理学基础、经济学基础以及企业中真实存在的问题相对更加看重，大部分院校的课程设置采取了模块化的形式，会开设各具特色的学习方向。相对而言，各院校的课程系统结构比较类似，在突出强调的课程内容和专业发展方向上具有较多的院校个性。

（三）培养方式

MBA 培养模式中的培养方式要素主要指的是培养形式、教学方式、学习方式等人才培养的方式方法。北京地区 31 所高校在四类文本材料中明确提及了培养方式的有 30 所，获取率为 97%，对核心词进行同义归并后，不重复的核心词总数为 62 词，低频词占核心词的比重为 37%。培养方式类目下的核心词主要分为两个子分类：有些人才培养的方式或形式已经成为某种制度，如全日制、双导师制、联合培养等，即"制度"子分类；有些内容则是对培养方法或过程的呈现、概括或定义，如案例教学、讨论式学习、企业参访调研、讲座报告等，即"方法"子分类。培养方式类目及各子分类下的样本量统计与核心词统计如表 12 – 20 所示。

表 12 – 20　　　　　　培养方式类目统计结果

培养方式类目		
有效样本院校数（所）	占北京地区高校比重（%）	低频核心词比重（%）
30	97	37

培养方式类目子分类						
子分类	样本量统计		核心词统计			
	子分类有效样本院校数（所）	占类目有效样本比重（%）	核心词总数	高频词数	低频词数	低频词比重（%）
制度类	28	93	20	13	7	35
方法类	29	97	41	26	15	37

通过样本获取率可以看出，无论是制度类还是方法类的样本获取率都接近100%，这说明北京地区高校在公开传播的文本资料中基本都会对 MBA 人才培养方式要素进行相应的介绍。从低频核心词的比重可以看出，培养方式类目的低频词占比还不足 40%，这与培养目标和课程系统相比明显偏低，说明，北京地区高校对 MBA 培养方式的描述相对趋同，缺乏个性化的内容。

通过高频词可以看出，在培养方式的制度形式上，大部分院校将"全日制""在职学习""脱产学习""非全日制""定向委培"等概念在使用上没有进行严格的对应和区分，有的高校将"全日制"视为一种学习形式，等同于"脱产学习"，与之对应地提及了"在职学习"这一核心词；而有的高校则将"全日制"视为一种学历形式，与之对应提及的核心词是"非全日制 MBA"；有的学校只采用"集中授课"或"周末授课"的形式，便只单独提及了"全日制"的学历或"在职学习"的方式；还有的学校则是按照是否为定向委托培养来进行的培养形式制度层面的划分，没有提及具体的上课与学习形式。可以看出在人才培养的制度形式上存在不同维度概念混用的问题（见表 12-21）。

表 12-21　　　　　培养方式制度类子分类统计结果

	高频核心词	词频	院校占比（%）
制度类 （有效样本院校 28 所）	全日制	15	54
	在职学习	14	50
	双导师制	12	43
	脱产学习	10	36
	周末授课	10	36
	集中授课	8	29
	国际双学位	6	21
	国际 MBA	6	21
	非全日制	5	18
	校外导师	4	14
	导师制	3	11
	定向委培	3	11

在制度子分类中，有一些高频词存在意义上的交叉，如"周末授课"和"集中授课"，通常来说在集中授课的形式中包含了周一~周五的夜间授课和周末授课，但也有院校提出集中授课指的是在一些月份集中上课，因此这两个概念并不能完全进行同义归并，在此处进行了分别统计。类似的还有"双导师制""导

师制"和"校外导师",这里仅将明确提及本校的学生指导采用双导师制的学校提取了"双导师制"核心词;对于仅提及给学生配校外导师,而没有提及校内导师的院校,由于可能存在没有校内导师的情况,因此仅提取出"校外导师"核心词;对于仅提及了给学员配备导师,但没有明确说明是校内还是校外导师的院校,仅提取了"导师制"核心词。这5个核心词即使没有进行同义归并,分开统计也依然是高频词,可见绝大部分院校都采取了周末授课或者集中授课形式,并且聘用了校内或校外导师。

此外,以国际双学位的方式进行MBA人才培养的院校和专门开设了国际MBA项目的院校分别占比21%,这说明北京地区高校在MBA人才培养的方式上具备了一定的国际化水平。

在方法子分类下,占比超过50%的常见培养方法包括"企业参访调研""讲座报告""案例教学""管理咨询实践"以及"论坛会议活动"。仅"案例教学"属于教学方法的范畴,其他的核心词基本均为某种具体的学习途径。"管理咨询实践"相对特殊,主要指的是通过让学生实际参与企业管理的过程,为现实中的企业提供咨询服务,包括诊断企业问题、提出解决方案等,虽然是一种实践形式,但是各院校基本都将其视为一种整合了理论与实践的具备较强综合性的学习方式。占比在30%以上但小于50%的核心词有"模拟训练""讨论式学习""海外学习""校外专家授课""课堂学习"和"课外活动",除了"海外学习"之外,基本都是教学或学习的具体方法。其中,"模拟训练"包括企业经营模拟、沙盘模拟、模拟演练等表述不同但核心内容一致的教学方法,通过模拟现实中的企业经营管理职能,让学生通过实际参与、对抗演练、讲师评析等环节,体验仿真的管理过程,提升管理能力。"讨论式学习"即让学生们通过开放的课堂讨论或小组讨论,进行头脑风暴、交流思想,将理论知识内化为自己的观点并学会表达。"海外学习"指的是交换留学、短期海外访学、海外游学等在国外进行学习体验的方法,开阔视野,汲取海外MBA教育的先进内容,提升跨文化交流的能力。"校外专家授课"指的是在院系开设的课程授课期间,特别要求相关领域的校外专业人士,如企业高管、创业者、国内外知名学者等,前来授课讲学,属于人员开放的授课方式,以便将最新的行业资讯、成功的管理经验、鲜活的企业案例等引入知识性较强的课堂,从而丰富课堂内容。而所谓的"课堂学习"是一些院校对通过课堂授课方式进行学习的统称,相对于企业参访、论坛会议活动等通过具体实践和活动进行学习的方式。"课外活动"主要包括一些社团活动,部分院校将其纳入培养方式进行了介绍,强调课外活动能够提升学生的人际交往能力,扩展人脉(见表12-22)。

表12-22 培养方式方法类子分类统计结果

	高频核心词	词频	院校占比（%）
方法类 （有效样本院校29所）	企业参访调研	25	86
	讲座报告	22	76
	案例教学	18	62
	管理咨询实践	16	55
	论坛会议活动	15	52
	模拟训练	12	41
	讨论式学习	11	38
	海外学习	10	34
	校外专家授课	10	34
	课堂学习	9	31
	课外活动	9	31
	拓展训练	7	24
	实践教学	6	21
	国际交流	6	21
	实习训练	5	17
	本土案例	4	14
	实践类比赛	4	14
	小组学习	4	14
	英文授课	4	14
	自主学习	4	14
	参与式学习	3	10
	创业训练	3	10
	角色扮演	3	10
	实战学习	3	10
	体验式学习	3	10
	在线学习	3	10

从高频核心词的总量可以看出，MBA人才培养的具体方法非常丰富。其中，有相当多的核心词描述的是课堂之外的学习途径，并且普遍比描述教学方法的核心词有着更高的院校占比。这说明北京地区高校在公开传播的文本材料中相对注重对MBA人才培养方式的介绍，提供了较为丰富的内容，且更多的是在描述课

堂学习之外的培养方式，以体现其人才培养方式方法的多样性。从较低的低频词比重可以看出，虽然该子分类的核心词内容非常丰富，但各院校多采用高度类似的表述。

无论是制度类还是方法类的培养方式，北京地区各院校所采用的表述具有较强的同质性。MBA 的培养形式按照是否离开工作岗位的标准可划分为脱产学习和在职学习，按照上课的时间可分为全日制学习和集中授课形式学习。但是各院校在培养形式方面的表述存在混用，尤其是对于全日制的解释不尽相同；在MBA 人才培养过程中多采用双导师制的指导方式，校内导师的学术指导与校外导师的实践指导相结合；一定比例的院校开设了国际 MBA 项目和国际双学位项目；在具体的培养方法上较多的院校均采用了案例教学的方法，并且较为普遍地通过企业参访调研、管理咨询实践、讲座与论坛会议活动等多种课外途径进行人才培养。整体而言，北京地区各院校采用的培养方式较为类似，个性化的培养方式相对缺乏。

（四）质量保障

MBA 培养模式中的质量保障要素主要指的是为了保障 MBA 人才培养质量而设定的相关制度、规则或要求，以及外部主体对 MBA 教育质量做出的评估与认证。在质量保障的类目中有相当一部分的内容是教育部的相关规定或 MBA 教指委的规定，这部分属于 MBA 办学的硬性要求。原则上如果违背了硬性规定则会有受到撤销学位点、停止招生等相关处罚，因此在本研究中默认此 31 所 2015 年开展招生的院校均满足了国家对硕士研究生教育相关的各项规定，对此部分内容不再做专门的考察，仅针对院校具有一定自主权的部分以及有个性化内容的部分进行考察。

通过对已获取的有效数据进行归类，总结出在四类材料中被院校提及的、与MBA 教育质量保障相关的内容包括学制规定、学分要求、招生政策、获得的质量认证或评估以及对毕业论文提出的要求五个方面。与前面三个类目不同的是，质量保障类目下提取出的核心词多为"两年制""提前面试""国际认证"等具有概括性的表述，只适合对其进行进一步的归类统计，并不具有进行意义提取和内容挖掘的条件。这与该类目的制度属性有一定的关系，也受到了作为数据来源的文本材料所具有的局限性的影响，未能获取到制度的操作层面的相关信息。各子分类下的样本获取率汇总统计见表 12 – 23。

表12-23　　　　　　　　　　　质量保障类目统计结果

质量保障类目	
有效样本院校数（所）	占北京地区高校比重（%）
30	97

质量保障类目子分类		
子分类	样本量统计	
	子分类有效样本院校数（所）	占类目有效样本比重（%）
学制	30	100
学分要求	19	63
招生政策	30	100
认证与评估	15	50
论文要求	16	53

在学制规定方面，北京地区31所高校在四类公开可获取的材料中对MBA专业学制做出了明确说明的有30所。其中，对于在职与脱产MBA的学制做出了不同规定的院校有12所；以区间形式规定学习年限或明确提出弹性学制的院校有12所，其中有6所院校采用的是区间式与固定式并行的方式，对脱产学习的MBA采取固定学制，对在职MBA采取区间式弹性学制。采取差别学制的院校和采用了区间式学制的院校占样本院校的比重均为40%。固定学制和区间式学制对于在职与脱产学习的时间要求均存在一定差异。从平均值可以看出，无论是哪种学制形式，在职MBA均比脱产MBA的学习时限要求更长（见表12-24）。

表12-24　　　　　　　　　　　MBA项目学制统计结果

项目	固定学制		区间式学制			
	在职	脱产	在职		脱产	
			下限	下限	上限	下限
2年	11	23	7	0	5	0
2.5年	3	0	3	1	1	0
3年	4	1	0	4	0	3
3.5年	0	0	0	0	0	1
4年	0	0	0	4	0	2
5年	0	0	0	1	0	0
平均值	2.31年	2.04年	2.15年	3.55年	2.08年	3.42年

学分要求方面。为保证 MBA 学员完成基本的学习内容，各院校在学生获取学位的条件中基本都规定了必须取得相应的学分才能申请毕业。不同院校对于需要获得学分的规定有一定的差异。北京地区 31 所院校在四类公开可查的文本材料中，明确提出了学分要求的院校有 19 所，毕业要求总学分的院校数量分布如图 12-3 所示。可以看出，获取到数据的全部院校都按照 MBA 教指委的规定，将总学分要求设置为大于等于 45 学分。19 所院校中的 14 所（74%）都将学分要求定在了 45 学分以上，其中有 8 所院校将学分要求定在了大于等于 50 学分，最高的达到了 56 学分，远高于 45 学分的基本要求。

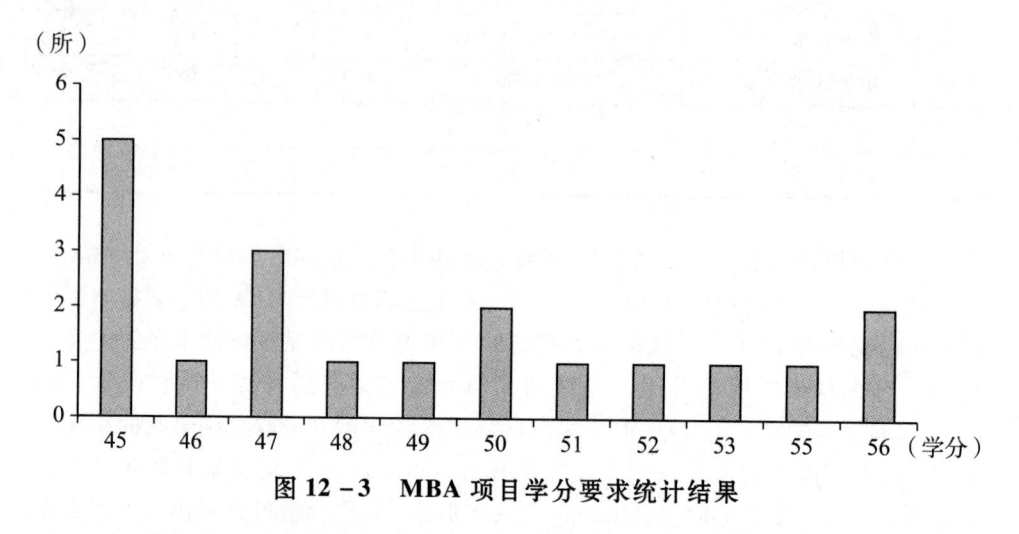

图 12-3　MBA 项目学分要求统计结果

在招生政策方面，招生考试是 MBA 教育过程开始前进行质量控制的主要手段，能否筛选出合适的培养对象，对于教育质量、培养效果而言至关重要。并且由于培养对象的不同，所选择的培养方式也会有所不同。目前我国 MBA 专业的招生政策要求考生需要参加全国统一的入学考试，但是在面试方面已经开始进行试点改革，推出了提前面试的招考政策，让高校享有更多的招生自主权。所谓的提前面试，是指招生单位在考生参加全国统一考试之前组织面试进行综合素质考察，通过面试的考生能够得到条件录取，再去参加全国统考，只要通过了国家线，即可得到录取，部分院校还将条件录取的时效放宽，若第一年没有通过国家统考，可保留一年的录取资格于第二年再次参加考试。这样的招生方式相较于先参加统考再进行复试的方式，避免了由于统一考试考察的内容与 MBA 培养目标相脱节造成的进入复试的人员在面试中表现水平普遍较低的问题，让高校能够优先选出合适的培养对象。但同时也存在部分面试表现优秀的人员没能通过统一考试，造成面试资源和录取名额浪费等问题。通过对北京地区 31 所 MBA 招生单位的四类公开文本材料进行相关信息的提取，其中有 14 所院校采用了提前面试的招生政策，占全地区招生高校总数的 45%。

质量认证与评估方面。北京地区 31 所高校在四类文本材料中提及本校 MBA 教育获得的质量认证或者相关评估的院校总计 15 所，占比不足 50%。对各个院校提及质量认证与评估方面时表述的内容进行分类，可分为：

（1）通过了某个国际认证，如 AACSB、EQIS。15 所院校中有 4 所提及了国际认证。

（2）参与了国内某个质量评估或权威认证，如全国 MBA 教指委开展的合格评估、中国高质量 MBA 教育认证。15 所院校中有 4 所提及了国内评估与认证。

（3）在国内外各类排行榜中获得的排名或者奖项，如《金融时报》全球百强 MBA 排名、中国最具影响力的 MBA 排行榜。15 所院校中 9 所提及了各类排行榜的排名与获奖情况。

（4）在社会上的口碑评价，如"MBA 毕业生得到企业界的充分肯定""得到了全国 MBA 教指委、北京市政府和社会考生的广泛认可"等表述。15 所院校中 6 所提及了口碑。

（5）列举其他证据证明本院校 MBA 教育质量高，如"为自主划定 MBA 联考录取分数线的首批院校之一""就业率连年达到 100%"等。提及此类信息的院校有 3 所。

整体而言，各院校更多地采用了列举所获得的国内外各类排行榜排名和奖项来证明自身的教育质量，其次是表述本校具有良好的社会口碑评价，再次才是国内外相关的认证与评估。

毕业论文要求方面。根据我国学位条例，学生需通过硕士学位的课程考试和论文答辩，成绩合格后，方有资格被授予硕士学位。因此为了达到国家提出的基本要求，各院校都会对 MBA 专业研究生毕业论文提出相应的要求。但北京地区 31 所高校在四类文本材料中对于 MBA 专业学生毕业论文环节提出了明确要求的仅有 16 所，获取率刚刚超过 50%。没有明确提及 MBA 的毕业论文质量要求的院校中，有些是将 MBA 专业毕业论文的质量管理与其他专业的硕士研究生一并在研究生院的层面进行统一管理和要求，没有对其进行专门的区分；有些院校则是没有公开传播此类文件，因此有效数据的获取率十分有限。对已获得的有效数据进行分析发现，其中大部分的内容在院校之间高度类似，基本为对教指委相关文件的简单复制，如"工商管理硕士学位论文的选题应理论联系实际，重视对实际问题的研究""工商管理硕士研究生按期完成全部课程学习计划，并修满规定学分后，经导师同意，方可申请答辩"等表述。院校之间存在一定的程度上的差异则主要体现在毕业论文形式、论文工作时间、论文字数要求三个方面。

在 16 所提及毕业论文要求的院校中，有 12 所院校对 MBA 毕业论文的形式提出了明确的要求,通过直接提取核心词的方式汇总统计出所有被提及的毕业论文形式如表 12-25 所示。

表 12-25　　MBA 项目毕业论文形式要求统计结果

论文形式	词频
调查研究报告	10
企业诊断报告	9
案例研究报告	8
专题研究报告	7
编写案例	3
学术论文	3
行业专题分析	1
企业专题分析	1
商业模式策划	1

整体而言,每所学校都提出了两种以上的可选毕业论文形式,学术论文的提及次数仅 3 次,最为常见的论文形式是调查研究报告、企业诊断报告、案例研究报告以及专题研究报告,此外还有编写高质量的案例、行业专题分析、企业专题分析、商业模式策划的形式。

对于论文的工作时间与字数要求,提及的院校相对较少。在 16 所提及毕业论文要求的院校中,有 8 所院校对 MBA 毕业论文的工作时间提出了明确的要求。其中有 4 所院校的要求为论文写作时间"不少于半年",另外 3 所院校的要求分别是"一个学期""不少于 8 个月""不少于 10 个月"以及"1~1.5 年"。在 16 所提及毕业论文要求的院校中,有 6 所院校对 MBA 毕业论文的字数提出了明确的要求。其中 2 所院校要求论文字数"不少于 3 万字",1 所院校要求论文字数"3 万字左右",2 所院校要求论文字数"不少于 2 万字",1 所院校要求论文字数在"2 万~5 万字"。

可以看出,在毕业论文要求方面,MBA 毕业论文的主要形式是应用性较强的分析报告而非学术论文,且具有一定的灵活性,这与 MBA 专业学位的人才定位基本吻合。公开明确地对毕业论文的工作时间和字数提出要求的院校较少,较为普遍的要求是论文撰写不少于半年,论文下限的字数为 2 万~3 万字。

(五) 资源支撑

培养模式中的资源支撑要素包含的内容多种多样,北京地区 31 所高校中有

30 所院校均对其 MBA 人才培养模式中的资源支撑要素做了不同程度的提及以及不同内容的介绍。以高校提供了何种类型的资源支持为信息提取目标进行核心词提取，提取出的核心词及其词频统计如表 12-26 所示。

表 12-26　　　　　　　　资源支撑类目统计结果

核心词	词频	占比（%）
师资力量	30	100
职业发展与就业服务	22	73
国际合作	17	57
奖学金	16	53
大学资源	15	50
校友资源	15	50
企业合作	14	47
实践资源	14	47
活动资源	11	37
设备与设施	11	37
实习资源	11	37
行业资源	9	30
助学金	7	23
管理服务	5	17
文化氛围	5	17
学习资源	4	13
毕业后服务	3	10
区位优势	3	10
免除教材费	1	3
医疗保险	1	3
住宿补贴	1	3

通过该统计可以看出，整体而言，北京地区对 MBA 人才培养资源支撑进行了明确介绍的 30 所院校提及的内容共性较强。可以从中看出，各高校在 MBA 人才培养中十分重视教师的作用、学生的职业发展，在宣传中会有意识地突出本校的国际化水平、奖学金力度，强调大学的品牌和毕业生网络，这些资源对于 MBA 培养模式中的课程系统、培养方式、培养目标等其他要素均起到了支撑作用。

除了以上列出的核心词之外，对于 MBA 教育而言，其高额的学费也是其资源支撑要素不可或缺的内容之一。北京地区 31 所 MBA 招生院校在其 2015 年招生简章中对于学费全部作出了明确的介绍说明,将相关数据提取汇总统计可得到北京地区 MBA 教育的平均学费水平。通过信息提取发现,大部分院校是按照学习形式的不同,对脱产学习(全日制学习)的在职学习(周末授课、集中授课等)项目施行差别学费;开设了国际 MBA 项目的院校也对国际 MBA 项目单独做出了区别收费;个别院校则是按照不同的专业方向进行区别定价,或在普通 MBA 之外开设专门定价的专业方向,如北京交通大学的房地产班、中国农业大学的证券期货班。

对不同学费定价形式的院校数量及各类型项目的学费平均值进行统计,仅开设一种 MBA 项目的院校被归入差别学费中的对应项目类别中进行统计(见表 12-27)。

表 12-27　　　　　　MBA 项目学费统计结果

	项目	学校数量(所)	学费平均值(万元)
	不同类型统一学费	9	7.14
差别学费	脱产/全日制学习项目	18	10.53
	在职/周末/集中学习项目	19	12.73
	国际项目	6	15.8
	专业方向	4	10.6
	北京地区 MBA 学费平均值		11.28

可以看出,平均学费最高的是国际 MBA 项目,其次是在职 MBA,脱产学习的 MBA 项目平均学费低于在职项目,针对某一专业定价的 MBA 项目学费均值略高于脱产 MBA 项目,而未对不同 MBA 项目收费进行区分、进行统一定价的 MBA 项目的学费平均值远低于其他项目类型,甚至还不足国际 MBA 项目的 50%,不同类型的 MBA 项目在学费上的平均差异达到了 2 万~3 万元。

第四节　不同层次院校 MBA 培养模式的共性与个性

通过对"985"院校、"211"院校以及一般院校的 MBA 培养模式五个核心要素的相关文本内容进行考察分析,发现了不同层次院校之间人才培养模式存在的共性与个性特征(见表 12-28)。

表 12-28　基于院校层次的 MBA 培养模式文本分析主要结果汇总

培养模式要素		"985"院校	"211"院校	一般院校
培养目标	共性	创新精神、社会责任感、国际视野、经济管理知识、管理能力、高层次、复合型、中高层、管理人才		
	个性	更重视价值观层面内容；综合性的人才定位	行业或领域指向性明确	更强调务实精神
课程系统	共性	模块化的课程系统；实践与实习环节地位重要、强调第二课堂		
	个性	整合实践类课程、强调软实力、知识面宽	较重视毕业论文环节	较丰富的分专业培养方向
培养方式	共性	在职学习与脱产学习、工作日授课与集中授课、推行双导师制、实践性学习方式、丰富的学习活动、案例教学法、模拟训练、讨论式学习、开放式课堂		
	个性	开设国际 MBA 项目、国际双学位项目、利用在线教育技术	课外类活动丰富、多样性强	较重视本土元素
质量保障	共性	2 年及以上的固定学制、学分要求在 46~50 分区间、招生政策规范		
	个性	开展提前面试、积极参与国内外认证与评估	多采用弹性学制和不同项目差别学制	—
资源支撑	共性	师资队伍、就业指导与职业发展服务		
	个性	奖助学金丰富、国际合作资源、毕业后终身服务	行业资源和企业合作资源丰富	强调硬件设施和区位优势

一、培养目标

在培养目标要素中，三类院校均最为重视对 MBA 人才的类型与特征进行明确的界定和要求，而对于 MBA 人才应当具备的价值观层面要求的重视程度均有待提高。

在价值观层面，三类院校都较为普遍地认为 MBA 人才应当具备"创新精神"和"社会责任感"。相对而言，"985"院校对价值观层面的内容更加重视，提出了另两类院校中没有出现的"人文精神""创业精神""历史使命感"等内容；"211"院校相对另两类院校更多地提到了"职业道德"；而一般院校则更多地强调了"务实精神"，还出现了"政治方向正确""企业家精神"等在另两类院校中没有被提及的核心词。

在知识与能力素质层面，三类院校都较为普遍地要求 MBA 人才应该具备"国际视野""经济管理知识"以及"管理能力"。对于"领导能力""决策能力""专业技能与知识"等较为常见的 MBA 核心能力和知识要求方面，三类院校中虽均有院校提及，但普遍性均较低；对于"人文素养"、与中国国情相关的知识经验等方面的内容则鲜有提及，仅有 1 所一般院校在培养目标中明确提出了要求 MBA 人才具有"本土经验"。

在人才类型与人才特征层面，三类院校都较为普遍地将 MBA 人才界定为"高层次""复合型"的"中高层"职位的"管理人才"。相对而言，"985"院校在人才定位方面比较综合；"211"院校中的大部分院校则个性鲜明地在培养目标中提出了 MBA 人才所服务的具体行业或领域，如电力行业、IT 行业、金融财务领域等；一般院校中也有个别提及了物流行业等具体的领域，但同时也出现了诸如"研究型人才""政府部门"等与常见的 MBA 人才定位和要求相偏离的内容。

整体而言，三类院校在 MBA 人才培养目标方面的共识性内容多于各自的独特性内容，但在个别较为核心的 MBA 人才培养要求上尚未呈现出共识，尤其对企业家精神、人文精神与人文素养、熟知中国国情等内容的强调都还有待提高。

二、课程系统

三类院校的共性内容主要表现在课程系统的结构及系统特征两个方面。在课程系统的结构上，三类院校均按照相关的政策要求突出强调了实践与实习环节的地位，并且均十分强调"第二课堂"在整个课程体系中的重要性。整体而言，各类院校的课程结构基本类似，极少出现词频为 1~2 次的核心词，同质性较强，尚未形成明显的院校特色。在课程系统特征方面，三类院校均强调了其课程系统的"模块化"特点。

与课程系统的结构方面形成鲜明对比的是课程内容方面。三类院校在表述课程内容（包括课程所涉及的知识与能力素质等）时采用的核心词在词汇总量上十分丰富，但是绝大多数是词频为 1~2 次的低频词。说明在内容层面，院校之间的共性特征并不明显，不同类型的院校、甚至每个院校都有其在公开文本中相对侧重体现的内容。

"985"院校较早、较多地开设了整合实践类的课程和项目，丰富了 MBA 课程中实践与实习环节的具体内容，在课程内容上相对更加强调"软实力"的概念，涉及的知识面较宽，也有个别院校专门开设了与国情相关的课程。"211"院校更加普遍地把毕业论文环节纳入了课程系统，甚至有院校专门开设了针对毕业论文撰写的课程。而一般院校在课程内容方面核心词相对贫乏，对实践与实习环节的强调也相对薄弱、内容相对传统，仅有1所院校明确提出开展了整合实践项目。

内容层面的个性化决定了整个课程系统的运行方向，即 MBA 人才分专业方向的培养方面同样表现出了较为明显的院校个性。一般院校在分专业方向培养 MBA 人才方面表现最为积极，明确开设了具体培养方向的院校占样本总数的 100%，远高于另两类院校。说明一般院校积极地对其教学资源进行了目标明确的分配。

由此可见，MBA 培养模式的课程系统要素中，不同层次的院校在课程体系的结构设计方面形成了较强的共识，除了基本的必修课、选修课框架，均突出强调了实习与实践环节的地位和第二课堂的作用，并且整个课程系统均普遍地采用了模块化的形式。三类院校在课程的内容和专业方向方面则存在较强的院校个性特征。

三、培养方式

在 MBA 人才培养方式要素中不同层次院校间呈现出了较明显的共性内容。

在以制度形式呈现的培养方式中，大部分院校都采用了在职学习和脱产学习两种学习形式，上课时间基本分为工作日授课（或叫"全日制学习"）和集中授课两种。"985"院校体现出明显优于另两类院校的国际化水平，开设了国际 MBA 项目、国际双学位项目的院校比重最高，更多地提到了"海外学习""国际交流"等内容。

在培养过程中，大部分院校都为 MBA 学生同时配备校内、校外两个导师，明确表明了推行"双导师制"；让学生通过企业参访、实地调研的方式进行实践性学习；通过举办讲座、会议等丰富多样的活动完成第二课堂的学习；部分院校会让学生进行管理咨询实践。"211"院校的 MBA 人才培养方式显得更加多样和灵活，较多地提到了沙龙活动、拓展训练、实践类比赛等课堂之外的学习方式，也有院校采取了"三导师制""半脱产"等在另两类院校中没有被提到的内容。

在教学方法中，提及最多的是案例教学法，其次是模拟训练和讨论式学习。值得指出的是，一般院校中明确提出案例教学的院校比重仅为 50%，这一比重在三类院校中最低，但它们在介绍案例教学方式时，则较多地强调了本土案例的内容。此外，在 MBA 教育中新教学技术（在线教育）的应用方面，"985"院校也走在了另两类院校的前面，已有部分院校结合外地学员的实际需求开展了在线授课与线下学习相结合的新方式。

通过对比全国 MBA 教育指导委员会发布的指导性文件可以发现，以上的共性内容与政策文件的要求高度吻合。这一方面说明了三类院校对于政策指导内容在其公开文本层面上进行了积极的落实，但也存在着缺乏基于本校教学实践的主动性、个性化探索而产生的问题。

四、质量保障

质量保障是人才培养的核心，主要内容涉及 MBA 项目的学制要求、学分要求、招生要求、学位论文要求以及质量认证与评估等方面。整体而言，三类院校均对学制和招生方面提出了较为明确的要求，但在学分、学位论文方面，受到公开文本材料所具有的局限性，获得的材料总量十分有限。主要的共性内容体现在学制、学分、报考资格和学位论文的要求方面，而在面试政策和质量认证与评估方面，不同层次院校间则存在较为明显的差异。

在学制要求方面，虽然早在 2002 年教育部便取消了对研究生培养年限的统一规定，实行了弹性学制的政策，但三类院校的 MBA 项目中采用弹性学制的院校比重均未超过 50%，大部分院校依旧采用 2 年及以上的固定学制。

在学分要求方面，有限的公开信息显示，三类院校均达到了全国教育指导委员会提出的 45 学分的基本要求，并且大部分院校的学分要求分布在 46～50 学分的区间。

在学位论文要求方面，可获取的信息基本都是对学位条例、全国教育指导委员会相关文件等政策文本的摘录或复制，鲜见院校个性的内容。

在招生政策方面，全部院校都严格按照教育部的规定，对 MBA 专业的考生提出了明确的报考资格限制。"985"院校在试点开展提前面试方面走在了另两类院校的前面，8 所"985"院校中的 7 所已经采用了提前面试的招生政策，而"211"院校中这一比重尚未过半，一般院校中开展提前面试的院校仅有 1 所。

在质量评估与专业认证方面，"985"院校同样最为积极。8 所"985"院校中的 7 所都明确提及了其参与的各项国内外认证与评估、各类排行榜获奖情况或者口碑评价。"211"院校和一般院校均提及较少，往往以各类排行榜获奖情况或者口碑评价居多，仅有极个别的院校提到了国内外的认证与评估。

整体而言，质量保障要素的信息公开程度普遍较低，三类院校在学分要求方面普遍提出了高于底线的标准，但是在学制方面实施弹性学制的积极性有限。在质量保障的其他方面，大都停留在遵循既有政策要求的水平之上，难以看到院校在质量保障方面建章立制的主动性，更少看到完善的质量保障体系。

五、资源支撑

资源是人才培养质量的保障，几乎所有院校都提及了对MBA人才培养所提供的资源支撑。各个院校提及的内容虽各有侧重，但也存在着一定的共性内容。

在师资力量方面，几乎所有院校都不遗余力地对自身的师资力量进行了较为充分的介绍，强调其师资队伍中既有学者也包含具有实践经验的专家。在就业指导和职业发展服务方面，三类院校也都非常重视，大部分院校都专门成立了指导学生进行职业规划、提供就业信息等服务的部门或机构。

"985"院校在资源支撑要素中对奖学金、助学金尤其是助学金的提及明显比另两类院校普遍，提及国际合作资源的院校数量占比也最高，还创造性地提出了毕业后服务、终身学习资源的概念。

"211"院校则比另两类院校有着更明显的行业资源优势和更丰富的企业合作资源，也较多地提到了其所依托的大学资源。

一般院校提及较多的则是硬件条件方面的设施以及地处北京的区位优势。而对于校友资源、毕业生网络关系的提及则明显少于"985"院校和"211"院校。

通过以上考察可以发现，不同层次院校的MBA培养模式既呈现出一定的共性特征和问题，也体现出了自身特色，并且能够看到不同层次的院校优化培养模式的改进方向。当然，本书所采用的内容分析法也具有一定的局限性，对各院校公开传播的文本考察只能在一定程度上反映培养模式的发展现状，若要了解MBA培养模式在实际操作层面的情况则还需要进行实地调查研究。基于以上考察与分析，主要的结论与建议如下。

首先，"985"院校的MBA培养模式发展现状体现出了较强的综合性、国际化和高水平的特点，并且在设定价值塑造目标、创新实践类课程内容、应用教学手段新技术、参与国内外高水平认证与评估、多元化的资源支撑等方面，为其他院校优化MBA培养模式提供了引领和方向。但"985"院校的MBA培养模式也存在一些问题有待改进。比如，在保持国际化水平的同时应进一步提升本土化内容的地位，实现本土化与国际化内容的有机融合，提升MBA学生扎根本土、放眼全球的意识与能力；质量保障方面应充分发挥主动性，在弹性学制、教学质量保障、毕业质量保障等方面积极探索有效的体制机制，在建立内外联动的质量保障体系等方面还有待进一步的探索。

其次，"211"院校的MBA培养模式体现出了较强的行业导向、多样性和个性化的特点，尤其在MBA人才定位、课程设置以及配套资源方面都明确反映出了不同院校所面向的行业或领域；在专业方向的设置、学习内容、教学方法以及学制设置等方面相对更加灵活多样；与具体行业的联系紧密，并且体现出鲜明的院校个性。"211"院校需要在个性化发展的同时，追求更高的人才培养质量，开发基于本校人才培养目标的入学选拔标准，以高水平的国内外认证和质量评估的标准要求自己，积极参与具有权威性的专业认证。同时，应充分发挥既有的行业资源优势，建立起 MBA 学生、学校教育以及用人单位之间的互动和反馈机制，让整个 MBA 培养模式形成有机的内外循环，从互动机制中获取自我修正的方向和能量。

最后，一般院校的 MBA 培养体现出较强的务实性和基础性的特点，较为重视对 MBA 人才分专业、分方向的培养，课程体系、内容、教学方法较为基础和传统，存在一定的文本规范性欠缺、信息公开程度较低以及对 MBA 人才培养定位偏差的问题。这些院校的 MBA 培养在客观上起步较晚、资源相对较少，对优质生源和教师的吸引力较有限，在市场化程度较高的 MBA 教育领域容易陷入"马太效应"的境地。因此需要在做好办学规范、确保教育质量的基础上，充分发挥院校自身的特色与优势，让 MBA 培养模式的优化和整个学校的发展结合起来，打开发展思路，大胆探索与企业合作、与外校合作、与校内其他专业合作等资源共享的双赢模式，积极争取所需的政策支持。

整体而言，不同层次院校在改进和优化 MBA 培养模式的同时，都需要更加重视 MBA 人才培养中价值观的塑造，探索符合 MBA 人才培养规律的培养方式，进一步做好质量保障方面的信息公开，建立起有效的质量保障体系，树立服务意识，为学生的成长成才营造有益的环境与氛围。

第五节 研究结论

一、理论研究结论

本书采用文献法考察并厘清了"模式"与"培养模式"的概念，结合 MBA 教育的本质内容界定了 MBA 培养模式的概念及其内涵，并且进一步将 MBA 专业置于我国专业学位研究生教育的大概念之下，以已有的分类研究为基础，提出了理论层面 MBA 培养模式应具备的特征。理论层面的研究结论如下：

第一，MBA 培养模式是在为满足我国经济建设和社会发展的人才需求而进行的工商企业或经济管理部门高层次的职业型管理类人才的培养过程中，各要素及其相互关系构成的一种系统性的表达形式，具有典范性与可模仿性。

第二，MBA培养模式的构成要素包括培养目标、课程系统、培养方式、质量保障、资源支撑五大要素。课程体系、培养方式、质量保障和资源支撑的具体内容都是由培养目标决定的；课程体系决定了培养方式的内容和形式，培养方式是课程体系的具体实现方式；质量保障对课程体系和培养方式的全过程进行质量控制；资源支撑为课程体系、培养方式以及质量保障提供必要的或者更优的资源；在课程体系、培养方式、质量保障和资源支持要素的互相作用、互相影响下，完成整个培养过程，最终实现培养目标。

第三，MBA专业作为我国专业学位研究生教育中Ⅲ型专业学位的代表性项目，从理论层面上看，应强调MBA人才以商业领域为核心的知识储备和管理能力要求，能够承担工商企业或经济管理部门的高层次综合管理工作；应突出MBA学习内容知识层面的跨学科性、能力层面的实践性与应用性，设计课程体系结构时应突出实践类内容的重要地位；应较多采用实践教学等更加灵活的学习方式，通过加强与相关行业企业的合作来扩宽获取知识、积累经验的途径和方法；在质量保障和资源支持方面也应该重视对实习实践的保障与支持，增加相关行业和企业的参与，让MBA人才的培养与工商管理人才职业专业化程度的提高互相促进。

二、现状研究结论

本书以北京地区为例，对31所高校公开发布的与MBA培养模式相关的文本材料进行了系统的内容分析，以核心词的形式提炼出了北京地区高校MBA人才培养模式的发展现状，在此基础上，对照既有的指导性政策文件并结合理论研究部分提出的MBA人才培养模式应然特征，对北京地区高校MBA人才培养模式的现状进行了分析。

通过调查分析发现，MBA人才培养的五大要素中，发展现状相对较好的是培养目标、课程系统以及资源支撑，相对薄弱的是质量保障，而培养方式要素则相对同质化，院校个性化程度和主动性相对较低。分别考察各要素的结论如下：

第一，培养目标要素。北京地区高校在MBA人才的培养目标上基本形成了一定的共识，在基础共识之上还较多地提出了具有院校特点的、个性化的培养目标内容。共识性较高的内容包括：MBA人才需要具备创新精神、国际视野以及经济管理知识；MBA人才的定位为高层次、复合型的管理人才。整体而言，政策层面的文本内容基本在院校层面的文本中得到了体现，但三类院校之间存在一定程度的差异："985"院校对于政策文本的体现相对充分，但是较为缺少院校层面提出的个性化内容;"211"院校在体现了相关政策基础之上还展现出了较强的个性,尤其在人才类型与人才特征层面有着明显比另两类院校更加丰富的个性化内容;非"985"/"211"院校在知识与能力素质层面对政策中的核心内容的体现相对薄弱,在个性化的内容中存在部分偏离应然层面的内容,也存在表述不准确、规范性欠佳的问题。

第二,课程系统要素。北京地区高校的 MBA 专业课程在结构设置上较为趋同,但各院校在公开文本中强调的课程内容则相对分散、各有侧重,并且有着个性化较强的系统运行方向。对比政策内容后发现,院校层面的文本材料在课程系统方面对于政策内容是有选择地进行了体现,尤其是对于既有政策中存在的局限性内容没有照搬照抄,而是结合人才培养的实际需求加入了符合 MBA 专业特征但是政策中没有提及的培养环节,在表述课程内容时加入价值精神类的内容,大部分院校都在政策的鼓励下设置了具有院校个性的课程系统专业方向,在表述本校课程系统特征时也采用了有别于政策文本的、更符合 MBA 教育特点的表述。即,在课程系统要素方面,北京地区高校对于 MBA 人才培养的核心内涵有着富有主动性的正确理解,并且充分利用了政策赋予的空间进行了有益于 MBA 教育发展的实践。但同时也存在着课程体系结构缺乏个性、对中国国情等本土化内容的强调不足、对能力培养方面描述较少、对课程系统特征描述的重视程度不够等问题。

第三,培养方式要素。北京地区高校无论是在制度类还是方法类的培养方式上均有着较强的共性,个性化内容较少。对比政策内容后发现,对于政策中提出的核心要求在院校文本中基本都有着相应的体现,尤其是双导师制、强调互动的多样化教学方法、实践性的教学方式、案例教学等,成为院校层面文本表现出的共性内容,但是有关 MBA 人才校企联合培养的内容在院校层面文本材料中没有得到积极的体现。院校基于办学者视角提出了非政策语言的、便于直观理解的培养形式表述,并基于一些产生于实践的培养形式提出了与之对应的、在政策中未被提及的培养方法,如"985"院校比另两类院校更多地开设了国际 MBA 项目,在培养方法上也相对更加强调出国学习、国际交流等政策未做要求的学习途径,"211"院校和非"985"/"211"院校则对与课外学习相关的培养方式提及得比"985"院校更多。即,在培养方式要素方面,北京地区高校在基本体现政策文本内容的基础上较为灵活地采用了与政策不完全一致的表达方式,也加入了一些源自实践的内容,但整体而言缺乏院校个性,院校层面的表述与政策语言无法实现完全的对应,从而导致概念混用、分类标准不一的问题,在培养方式尤其是教学方式上仅停留在遵循政策文本的层次,没有体现出足够的院校主动性。

第四,质量保障要素。北京地区高校在文本材料中基本均较为严格地遵循了政策中提出的对学分、报考资格等底线式的要求，部分具备资格的院校积极开展了提前面试的招生实践。但院校层面的文本材料中多以政策底线作为标准，少以人才培养实践中积累的经验进行补充性的、个性化的规定；院校对于政策赋予的弹性学制自主权没有积极使用；在质量评估方面各院校更加重视评估结果所承载的宣传作用而非以评促建的作用，相对更热衷于参与各类具有影响力的排行榜评选，但在文本中提及主动参加并获得正式的国内外认证的院校却寥寥无几；院校层面文本材料中对于学位论文质量、教学质量的要求相对忽视，基本没有体现出院校层面的主动性。在质量保障要素方面存在着极大的改善空间。

第五，资源支撑要素。北京地区高校在公开传播的文本中体现出了较高的重视程度，覆盖了政策文本中提及的相关内容，较为普遍地提及了师资力量、职业发展与就业服务、实践资源、实习资源、企业合作等内容，积极地满足了 MBA 人才培养应然层面上要重视对实习实践的保障与支持、增加企业参与人才培养过程的要求。并且各院校还富有主动性地提出了大学资源、校友资源等符合 MBA 申请者获取信息需求的相关内容。但是在资源支撑方面还存在忽视氛围环境对人才培养的影响、对面向学生的管理服务不够重视等问题，且不同类型的院校之间存在较大的差异："985"院校相对而言资源支撑最为丰富，学费水平也相对最高；"211"院校体现出了相对最为丰富的行业与企业资源；非"985"/"211"院校则在资源支撑方面相对薄弱，学费水平也相对最低。

综上所述，以北京地区高校为例可以看出，我国 MBA 人才培养模式的发展取得了一定的成效。在培养目标方面呈现出与应然层面基本吻合的共识性内容，同时也具有院校特色；在课程系统方面院校体现出了较强的主动性，在课程系统的结构与内容方面均做出了不局限于政策要求的实践；在资源支撑方面体现出了较强的院校积极性，主动满足学生的实际需求，并且与应然层面提出的需求基本吻合。

同时，在调查中也发现了一些客观存在的问题。比如，各院校在公开文本中对于质量保障方面的提及明显少于其他要素，即使提及了相关内容也基本为对国家政策文本的原文引用，几乎没有出现由院校主动提出的针对质量保障的措施或要求，对于质量评估的认识与理解也有待改善，整体来看，距离建成完善的质量保障系统还有相当长的一段路要走。再如，在培养方式上存在对现有政策语言和概念的混用问题，而在方法类培养方式方面，理应在广泛采用案例教学等 MBA 经典教学方法的基础上形成一定的院校特色或明确提出本校相对擅长的培养方式。但现状是几乎每所学校都会在文本中提及多种多样但趋同的培养方式，院校在文本中提及的各类学习方式、教学方法等如出一辙，基本都是对指导性政策的遵循，或是纷纷对时下教育界流行的教学方法新名词进行简单的拿来式引用，在文本中很难看到源自本校实践或体现本校教育理念的个性化内容。此外，在课程系统中还存在着体系结构缺乏个性、对中国国情等本土化内容的强调不足等问题；培养目标中存在着对整体对价值与精神层面提及较少、部分院校的个性化内容偏离应然层面的要求，以及表述不准确、规范性欠佳等问题；在资源支撑方面存在忽视氛围环境和管理服务的问题，以及在较高水平的院校之间学费攀比的隐忧。

三、我国 MBA 培养模式发展建议

在 MBA 人才的培养目标方面，应当更加重视对 MBA 人才在价值观、品德等精神层面提出明确的目标设定，以引导整个人才培养过程中的价值观教育方向。中国特色的社会主义市场经济发展到现阶段，出现了一系列由于诚信缺失、道德缺失而出现的生产与经营问题，严重损害了公众利益和社会利益。MBA 人才对我国经济建设与社会发展起着重要的作用，培养的是未来的企业家和业界领袖，应当如马凯同志在中国 MBA 教育二十周年纪念大会上的讲话中强调得那样，要"注重商业伦理的教育，加强 MBA 学生的社会责任感，树立良好的道德取向，使社会主义核心价值观贯穿于企业文化中"①。虽然北京地区大部分的院校都在 MBA 培养模式的各个要素中对于价值观教育有所提及，但在设定培养目标时就明确提出价值观层面内容的院校相对于提出知识能力等其他层面要求的院校仍然较少，需要进一步认识价值观层面的内容在设定 MBA 人才培养目标时的重要性。

在 MBA 培养模式中的课程设置与内容设计方面，应更加注重对本土化内容的强调以及本土化与国际化的融合。在基于文本的现状考察中看到，已经有个别院校开设了与中国国情相关的课程，也有个别院校在课程内容中专门加入了国学元素，但从整体来看，对本土化的强调并没有成为具有一定普遍性的内容，大部分院校在公开文本中都没有提及课程系统中的本土化内容，与之相对的是各院校对国际化内容的强调更加普遍。尽管在 MBA 教育开办之初，首任全国 MBA 教指委主任委员的袁宝华同志就提出了"以我为主，博采众长，融合提炼，自成一家"的中国特色 MBA 教育的十二字方针，但从院校最新公开的相关文本来看，对于本土化内容的重视程度远在国际化之下，明确提出采用本土案例的院校并非多数，在课程中对本土化元素的引入相对生硬，也难以起到引起 MBA 学生的兴趣与重视的效果。对于 MBA 人才而言，把握我国国情的特殊性、理解我国社会

---

① 马凯：《贴近实际 改革创新 构建中国特色工商管理硕士教育制度》，载于《学位与研究生教育》2011 年第 11 期，第 1~5 页。

的复杂性是他们做好工商管理工作所需要具备的基本素质。中国已经成为世界上举足轻重的经济体，欧美的MBA教育越来越强调对中国进行研究、了解中国市场，我国的MBA教育更应该认真审视脚下的这片土地，在积极融入世界的过程中不能忽视本土。院校在MBA的课程设置与内容设计中应更加有意识地突出本土化内容的重要性，以国际化为品牌特色的院校也应尝试将本土化的内容置于国际化大背景下进行融合性的引入，丰富国际化的内涵，让本土化内容成为我国MBA培养模式课程系统中的共识性内容。

在MBA人才的培养方式方面，要在规范涉及学位与学历相关表述的基础上，更加积极主动地完善并做实案例教学法，同时重视从院校教学实践中获取的实际经验。由于我国在职研究生单证项目在逐步减少，部分院校已经取消了单证MBA项目，即无论MBA采取何种学习形式，都为全日制硕士学位。站在学生与学校的视角上看，"全日制"的概念已经开始逐渐从"双证"的学历概念转变为"脱产学习"的学习方式概念，因此出现了对院校文本进行考察时发现的概念混用严重的问题。这是在我国学位管理、学历教育改革过程中出现的阶段性现象，但也需要在改革的过程中对院校层面的相关表述进行必要的规范，以免造成学生理解上的偏差。在具体的教学和培养方法上，院校应进一步将案例教学的方法做深、做实，积极编写本土案例，摆脱对英文原版案例的盲目推崇，要基于中国人的认知习惯探索适合我国MBA教育的案例教学方法。此外，还应该在教学方法上更加尊重教师的教学实践与特长，调动教师采用个性化的、有效的教学方法的积极性，鼓励教师主动开发基于教学实践的、可供推广的教学方式方法，避免教条主义式推广在国外MBA教育中流行的教学方法，为MBA的教学注入活力。

在MBA培养模式的质量保障方面，应进一步强化质量意识，建立起内外联动的质量保障体系，主动参与国内外的质量认证。在中国MBA教育二十周年纪念大会上，全国MBA教指委委员们讨论指出提高质量是未来十年中国MBA教育发展的核心问题，并在大会上宣布启动了中国高质量MBA教育项目认证试点工作，这是我国在MBA教育质量认证方面迈出的重要一步。在院校内部也应当建立起与外部质量评价形成反馈与联动的内部质量控制体系，确保MBA人才培养过程的高质量运转。从目前高校在质量保障方面的发展现状来看，质量意识还有待进一步加强，应更加主动地公开与质量保障相关的规章制度、举措等内容，以开放的心态接受舆论的监督，在招生考试、学制要求等方面充分发挥主动性，不断改进并完善现有体制。在做好过程控制的同时也要以国内外高水平的质量认证作为自我要求的标准，努力提升教育质量，主动参与国内外认证，提升我国MBA教育在国内外的认可度。

在MBA培养模式的资源支撑方面，学校应进一步加强与企业行业的合作，优化管理服务，重视营造有利于学生成长的环境氛围，相关部门应加强对各类资源提供的落实情况以及学费的收取和使用情况进行必要的监督。从现状来看，院校对资源的重视程度普遍较高，但对MBA人才培养而言极为重要的来自企业或行业的资源，提及率仅约1/2，因此有理由对学生在实际MBA人才培养过程中能够得到多少企业或行业资源的支持感到担忧。院校应在已有的基础上进一步推进与企业和行业的合作，为学生提供足够的实践资源和就业资源。同时，院校还应在日常管理中提升服务意识，切实为学生提供各类所需服务，并且看到环境因素、文化氛围对学生可能产生的影响，注重营造积极的、富有院校特色的校园氛围。在资源的落实上应当给予更多的政府监督和社会监督，尤其是在引起社会广泛关注的学费问题上，学校应做到公开透明地提出收费依据，相关部门应建立监管与协调机制，避免院校之间的互相攀比。

综上所述，我国的MBA培养模式在今后的发展中还有许多需要继续改进和完善的内容，要更加注重对MBA人才的价值观层面提出培养目标的要求，更加重视本土化的学习内容，完善并丰富培养方式，确保MBA教育质量，不断提高MBA培养的水平，落实各类资源支撑，让MBA培养模式在实践中不断优化，为我国培养出越来越多的优秀MBA人才。

第十三章

工程硕士培养模式实例分析

自1997年设置工程硕士专业学位、2011年设置工程博士专业学位以来，我国已累计培养工程硕士80余万人、工程博士总人数近千人。工程专业学位已成为培养规模全球最大、影响最为广泛且唯一按领域授权的专业学位类别，为国家培养了一大批高层次、应用型、复合型的工程科技人才，探索了工程科技人才培养的新模式，积极推进与国家重大科技发展战略相衔接，与职业发展要求相衔接，加强实践能力训练，探索有别于学术学位的工程科技人才培养的新路子。

第一节 工程硕士研究生教育整体情况

一、工程硕士学位授予数变化

图13-1反映了2007~2014年工程硕士整体学位授予人数的变化趋势，可看出工程硕士整体学位授予人数一直逐年稳步增加，从2007年的31 075人增长至2014年的109 568人，截至2014年，八年间工程硕士学位授予人数总计484 931人。

```
(人)
120 000                                                      109 568
100 000                                              87 788
 80 000                                      74 865
 60 000                              58 216
 40 000       31 075  35 926  43 340  44 153
 20 000
      0
         2007   2008   2009   2010   2011   2012   2013   2014（年份）
```

图 13-1　2007~2014 年工程硕士整体学位授予人数变化情况

图 13-2 列举了学位授予数量居于前 10 位的工程硕士领域的学位授予人数变化情况。可以看出，在当前工程硕士 40 个领域中，软件工程一直是最热门的领域，学位授予数量排在第一位，2007 年学位授予人数为 8 167 人，占当年学位授予总量的 26% 左右，并始终保持着明显领先优势，成为第一个也是唯一一个学位授予数量过万的领域。2014 年学位授予人数已增至 25 137 人，占当年学位授予总量的 23%（见图 13-2）。

学位授予数量居于第二位的是计算机技术，2007 年学位授予人数为 2 901 人，占当年学位授予总量的 9.3% 左右，学位授予数量持续稳步增长，2014 年学位授予人数为 8 221 人，占当年学位授予总量的 7.5%。

学位授予数量排在第三位的是电子与通信工程，2007 年学位授予人数为 3 330 人，占当年学位授予总量的 11% 左右，2008~2010 年间增速放缓甚至有所下降，自 2010 年后又持续增长，2014 年学位授予人数为 8 757 人，占当年学位授予总量的 8% 左右。

以上三个热门领域也反映了专业学位与社会行业发展密切相关，互联网与信息技术的迅猛发展使人们对于攻读软件工程、计算机技术、电子与通信工程专业学位的意愿持续走高。

而学位授予数量排在第四位的项目管理则呈现了先热后冷的趋势，经历了 2007~2010 年的快速增长时期，由 2007 年学位授予数量排名第九位跃至 2010 年的第二位，而后进入增长缓慢时期，2010 年起学位授予人数始终维持在五千多人左右，无明显增长趋势。

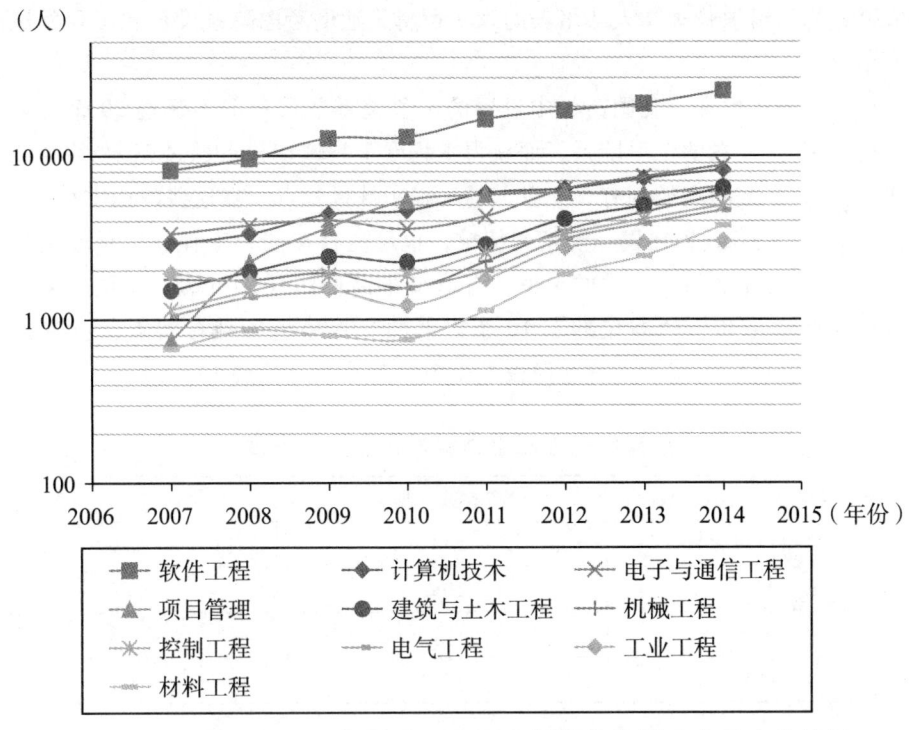

图 13-2　2007~2014 年部分工程硕士领域学位授予人数变化情况

综上所述，2010 年是一个关键的节点，无论是整体学位授予人数还是大多数分领域学位授予人数都有了显著增加，这是由于国家大力培养全日制专业型硕士以及新增硕士专业学位授权点所致。2009 年，为了积极促进学位与研究生教育结构的调整和优化，大力培养适应社会主义现代化需要的高层次应用型专门人才，发展具有中国特色的专业学位教育，教育部印发了《教育部关于做好全日制硕士专业学位研究生培养工作的若干意见》，允许各学校培养全日制专业型硕士。全国工程专业学位研究生教育指导委员会组织专家制定了《全日制工程硕士研究生指导性培养方案》。全日制工程硕士进行全日制的培养，毕业可以领学历证和学位证，从此全日制工程硕士与全日制工学硕士地位平等。2010 年，国务院学位委员会公布 2010 年新增硕士专业学位授权点名单，还同时批准了已有工程硕士专业学位授权点的专业学位培养单位新增工程领域 321 个，工程硕士专业学位进入快速发展时期。

二、工程专业学位授权点分布情况

学位授权点的招生与培养主要依托于高等院校中的院系等基层组织，领域优化应遵循高校组织管理与人才培养的现实逻辑,适度考虑院系设置和工程领域的分布情况。

课题组分析发现,我国高校中设置的工科院系数量一般不超过 20 个,多数高校设置 10 个左右的工科院系。而获得工程硕士领域授权点超过 20 个的高校就有 43 所,大多数的高校拥有 5 个以上的工程领域授权点。在这些院校中存在 2~3 个工程硕士领域设置在同一院校的情况,也可能存在同一工程硕士领域授权设置在 2~3 个院系的情况。总的来说,有 10% 的高校拥有 20 个及以上的工程硕士领域授权点,近 40% 的高校拥有 10 个以上的工程硕士领域授权点,也有超过 40% 的高校拥有的工程硕士领域授权点少于等于 4 个(见表 13-1)。

表 13-1 高校中工程硕士领域授权点的集中度

拥有工程领域授权点规模	高校数(所)	累计占比(%)
20 个以上(含)	43	10.6
10~19 个	108	37.3
5~9 个	81	57.3
1~4 个	173	100

从工程领域的授权分布情况来看,405 个工程硕士授权单位中,以下工程领域:计算机技术(有 231 所高校获得授权)、机械工程(201 所)、电子与通信(184 所)、控制工程(176 所)、化学工程(174 所)、材料工程(168 所)、建筑与土木(159 所)、环境工程(159 所)、软件工程(150 所)、项目管理(128 所)、物流工程(122 所)、电气工程(118 所)、生物工程(106 所)、动力工程(100 所)在全国一半左右的高校中都获得授权。

从工程硕士领域授权点的招生培养情况来看,课题组调查结果显示,2016 年有些工程硕士领域并未招生,其中,仪器仪表、化学、安全、农业、航天、制药、工业、工业设计、项目管理、物流工程等工程领域授权点处于未招生状态的比例在 20% 左右。

2016 年,42 个评估不合格的专业学位授权点中,含工程领域授权点 19 个。其中,评估不合格的硕士点 18 个,具体为:材料 1 个、化学 3 个、环境 6 个、电子与通信 1 个、计算机技术 4 个、项目管理 3 个。评估不合格的博士点 1 个,为中国科学院大学的电子与信息领域;39 个主动撤销的专业学位授权点中,含工程硕士领域 6 个,分别是材料 3 个、物流 1 个、项目管理 1 个、工业工程 1 个;76 个限期整改的专业学位授权点中,含工程硕士领域 7 个,分别是建筑与土木 2 个、电子与通信 2 个、农业 1 个、环境 1 个、计算机技术 1 个。

从工程博士领域授权点的招生情况来看,2011~2015年我国工程博士招生培养主要分布在24所高校。4个工程领域中,电子与信息录取275人,占比37.4%;其次是先进制造,录取240人,占比32.7%;能源与环保、生物与医药分别录取162人和58人,分别占比22.0%和7.9%(见表13-2)。

表13-2　　2011~2015年工程博士培养单位分领域招生情况

单位名称	领域名称	招生时间	录取合计(人)
北京大学	电子与信息	2012~2015年	40
	生物与医药	2013~2015年	15
清华大学	电子与信息	2012~2014年	3
	先进制造	2012~2014年	9
	能源与环保	2012~2014年	16
北京航空航天大学	电子与信息	2012~2014年	28
	先进制造	2012~2014年	24
北京理工大学	电子与信息	2012~2015年	26
	先进制造	2012~2015年	21
天津大学	先进制造	2012~2014年	21
	能源与环保	2012~2014年	29
吉林大学	先进制造	2013~2014年	5
	能源与环保	2013~2014年	2
哈尔滨工业大学	先进制造	2012~2015年	50
	能源与环保	2012~2015年	12
复旦大学	电子与信息	2012~2015年	13
	生物与医药	2012~2015年	15
同济大学	电子与信息	2012~2015年	10
	能源与环保	2012~2015年	10
上海交通大学	电子与信息	2012~2014年	10
	先进制造	2012~2014年	19
东南大学	电子与信息	2012~2015年	14
	先进制造	2012~2015年	25
浙江大学	电子与信息	2012~2015年	12
	能源与环保	2012~2015年	19

续表

单位名称	领域名称	招生时间	录取合计（人）
中国科学技术大学	电子与信息	2012~2014年	25
	能源与环保	2012~2014年	18
山东大学	先进制造	—	—
	生物与医药	2012~2014年	11
中国海洋大学	能源与环保	2012~2014年	16
华中科技大学	电子与信息	2012~2014年	1
	先进制造	2012~2014年	15
中南大学	先进制造	2012~2013年	10
	生物与医药	2012~2013年	2
华南理工大学	电子与信息	2012~2014年	21
	能源与环保	2014年	4
四川大学	电子与信息	2012~2015年	7
	生物与医药	2012~2015年	15
重庆大学	先进制造	2012~2015年	14
	能源与环保	2012~2014年	6
电子科技大学	电子与信息	2012~2015年	15
西安交通大学	电子与信息	2012~2015年	17
	先进制造	2012~2015年	14
西北工业大学	电子与信息	2012~2014年	10
	先进制造	2012~2014年	13
国防科学技术大学	电子与信息	2013~2015年	23
	能源与环保	2013~2015年	30

最后，课题组针对全国工程领域学位授权点的院系分布情况调查显示（N = 266所高校、2987个工程领域授权点，含特需项目），尽管还有一些学校的工程领域隶属在一些名称别致的院系（如科学岛）或者研究所、研究中心之中，现有的40个工程领域主要分布在高等学校的六大院系之中。如电子与通信工程、电气工程、计算机技术、软件工程、控制工程、集成电路工程、光学工程、仪器仪表工程大多设置在高校的电机学院或者光电学院、机电学院、电子学院、电气学院、通信学院、信息学院、自动化学院、计算机学院等院系之中。将40个工程领域对应的院系名称进行归类分析如下（见表13-3）。

表13-3　　工程领域学位授权点及院系分布情况分析

序号	院系名称	工程领域授权点
1	电机/机电/光电学院 电气/电子/微电子学院 计算机/信息/通信学院 数理/自动化学院	电子与通信工程、电气工程、计算机技术、软件工程、控制工程、集成电路工程、光学工程、仪器仪表工程
2	机械学院 制造学院 机电学院 航空航天学院	机械工程、仪器仪表工程、动力工程、电气工程、交通运输工程、车辆工程、控制工程、船舶与海洋工程、航空工程、航天工程、兵器工程、安全工程、农业工程、工业工程、工业设计、农业工程、材料工程
3	材料/高分子学院 化工/冶金/石油学院 环境学院/地球学院 能源/资源学院	材料工程、冶金工程、林业工程、化学工程、制药工程、生物工程、纺织工程、环境工程、矿业工程、地质工程、核能与核技术工程、石油与天然气工程、轻工技术与工程、安全工程、食品工程、动力工程
4	建筑/建工学院 土木/水土学院 地球学院 水利学院/海洋学院	建筑与土木工程、水利工程、测绘工程、交通运输工程、农业工程、船舶与海洋工程、项目管理
5	生命科学学院 生物学院/生医学院	生物工程、生物医药工程、轻工技术与工程、食品工程、农业工程
6	管理学院/商学院 经管学院/管工	项目管理、物流工程、工业工程

第二节　工程硕士专业学位培养情况

一、培养对象男女比例变化

表13-4直观反映了工程硕士培养对象男女比例的变化，可得知男性工程硕

士人数明显多于女性工程硕士,男性工程硕士占总人数的比例基本保持在 70% 左右,女性工程硕士在 30% 左右,双方差距较大。再以 2010 年和 2015 年进行比较,可得知虽然女性工程硕士占总人数的比例较小,但其比例处于上升状态,由 2010 年的 26.6% 升至 2015 年的 31.1%。

表 13 - 4　2010 年和 2015 年工程硕士培养对象男女比例变化情况

项目	男性（人）	女性（人）	男性占总人数的比例（%）	女性占总人数的比例（%）
2010 年	32 409	11 744	73.4	26.6
2015 年	89 270	40 208	68.9	31.1

二、培养对象年龄变化及攻读学位年限变化

如表 13 - 5 所示,工程硕士培养对象呈现出日趋年轻化的趋势,工程硕士培养对象的平均年龄由 2010 年的 33.7 岁降至 2015 年的 30.07 岁;同时,工程硕士学位获得者攻读学位年限也在减少,学位获得者平均攻读年限由 2010 年的 3.1 年减少至 2015 年的 2.9 年。

表 13 - 5　2010 年和 2015 年工程硕士培养对象年龄变化及攻读学位年限变化情况

项目	2010 年	2015 年
培养对象平均年龄（岁）	33.7	30.07
学位获得者平均攻读年限（年）	3.1	2.9

三、毕业论文类型

图 13 - 3、图 13 - 4 分别反映了 2010 年、2015 年工程硕士的毕业论文情况。工程硕士的毕业论文主要有四种类型:基础研究类、应用研究类、综合研究类和其他研究类。工程硕士最普遍的毕业论文类型是应用研究类,应用研究类毕业论文占总体的比例大致在 68%,契合了工程硕士专业学位培养方案中对于学位论文的要求。培养方案中提出的论文选题应来源于工程实际或具有明确的工程技术背景,可以是新技术、新工艺、新设备、新材料、新产品的研制与开发。论文的内容可以是工程设计与研究、技术研究或技术改造方案研究、工程软件或应用软

件开发、工程管理等。从 2010 年到 2015 年，毕业论文的主要变化在于，其他研究类逐渐减少，而基础研究类比重上升较快，表明工程硕士的毕业论文对基础研究的重视程度不断提高，有助于基础研究的健康发展和创新能力的提升，为技术进步不断开辟新的方向。

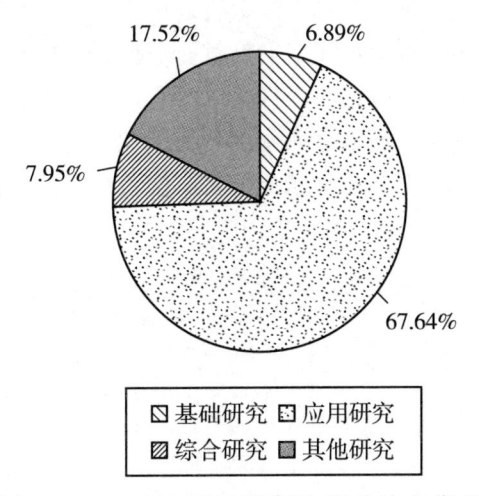

图 13 - 3　2010 年工程硕士毕业论文类型

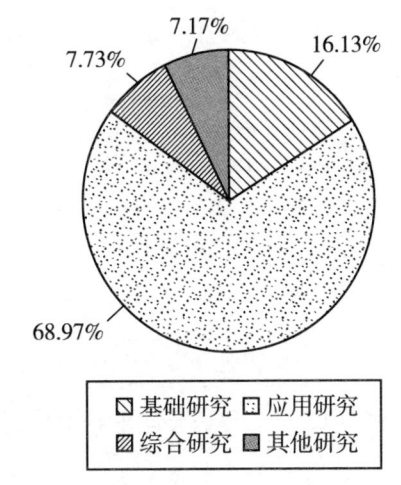

图 13 - 4　2015 年工程硕士毕业论文类型

四、论文是否有课题项目支持

图 13 - 5 展示了工程硕士毕业论文的各类课题项目数量，并将 2010 年和 2015 年的情况做了比较。可知，工程硕士毕业论文有课题项目支撑的比重很高，

保持在93%以上。2010年有课题项目支撑的为41 280篇,无项目的只有2 872篇;2015年有课题项目支撑的为121 469篇,无项目的只有8 008篇,即可知工程硕士毕业论文绝大多数都是有课题项目支撑的。课题项目的类型多样,有顶级项目("973""863"项目)、国家级项目、省部级项目、校级项目、国际项目、企事业委托项目以及其他项目,其中最多的是其他项目和企事业委托项目,明显多于国家级、省部级项目等,反映了工程硕士专业学位的培养与应用研究的联系较为紧密,学校与企事业单位之间项目合作频繁。2010年和2015年的情况相比,企事业委托项目和其他项目所占总课题项目数的比重有所减少,分别由15.9%、54.13%降至14.6%、46.56%,而顶级项目、国家级项目和省部级项目所占总课题项目数的比重有所提高。

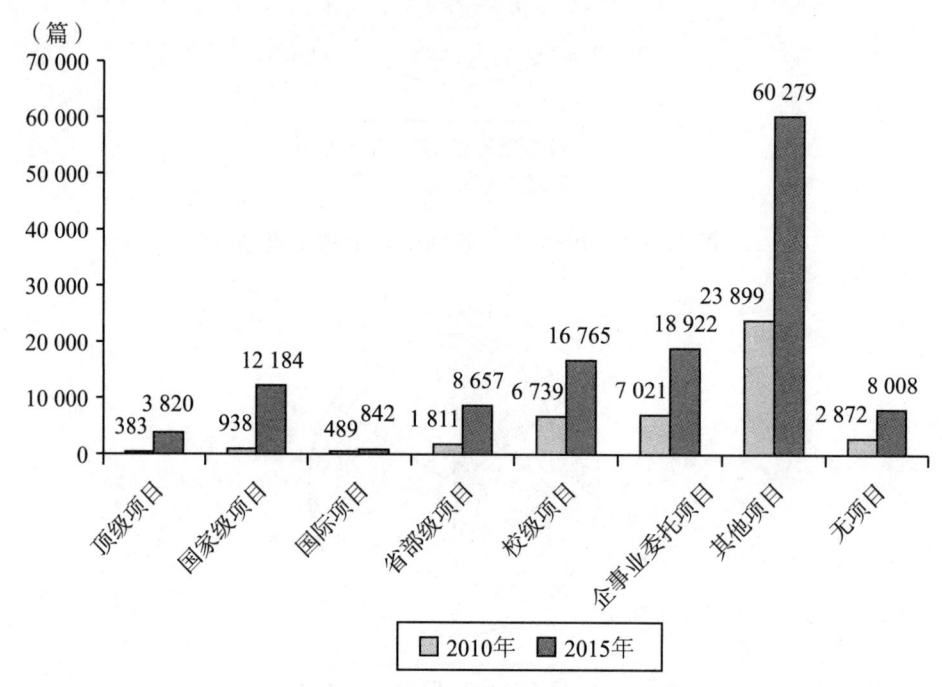

图13-5 2010年和2015年工程硕士毕业论文的课题项目支撑情况

五、就业去向

图13-6、图13-7为对2015年和2010年的工程硕士就业去向进行的统计。不难看出,由于工程硕士旨在培养应用型、复合型的高层次工程技术和工程管理人才,就业成了工程硕士毕业后的最主要选择,2010年工程硕士就业人数为32 383人,占总人数的73.34%,2015年工程硕士就业人数为103 160人,占总

人数的比重提高至 79.67%；而 2010 年继续求学和出国出境的人数较少，分别只占总人数的 0.85% 和 0.18%，2015 年继续求学和出国出境的比例有所上升，分别占总人数的 2.6% 和 0.69%；待业人数的比例也有较大增加，从 2010 年的 342 人上升至 2015 年的 5 857 人，占总人数的比重从 0.77% 增至 4.52%，工程硕士毕业后的待业问题也日益凸显，也与国内就业环境严峻、毕业生就业难的背景相关。

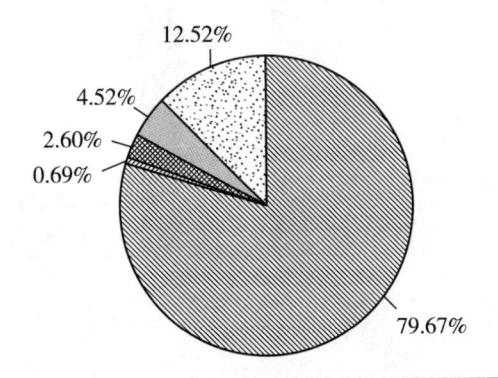

图 13-6　2015 年工程硕士就业去向统计

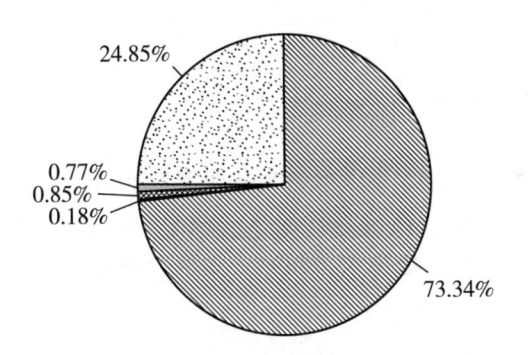

图 13-7　2010 年工程硕士就业去向统计

六、就业单位性质

图 13-8 统计了 2010 年和 2015 年工程硕士就业毕业生入职的单位性质情况。可看出，工程硕士毕业生选择的就业单位集中于企业单位、学校及科研单位和行政事业单位。2010 年有 16 396 人进入了企业单位，8 770 人进入了学校及科研单位，5 623 人进入了行政事业单位；2015 年进入企业单位工作的比例进一步增

加，有 66 439 人选择进入企业单位，16 645 人进入学校及科研单位，16 448 人进入行政事业单位。

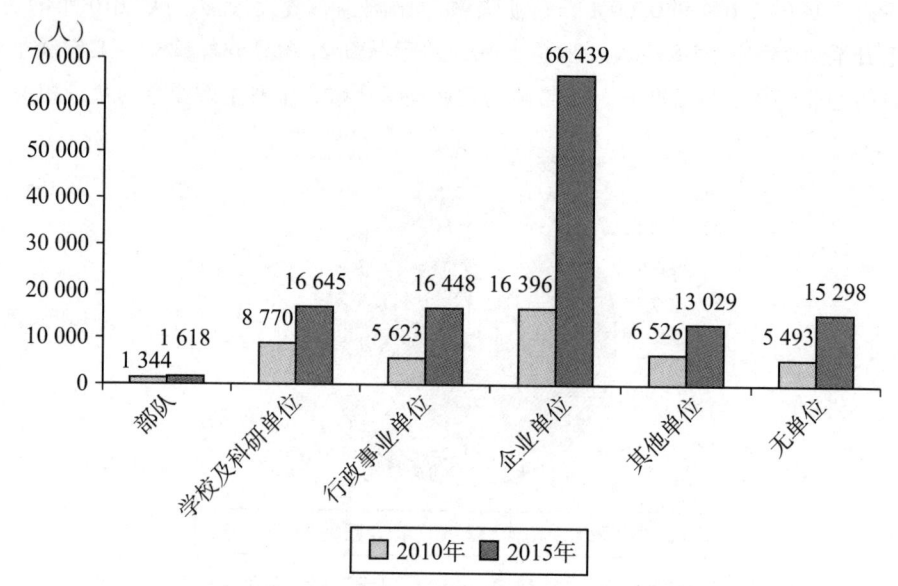

图 13-8　2010 年和 2015 年工程硕士就业岗位性质变化情况

七、就业岗位性质

图 13-9 对 2010 年和 2015 年工程硕士就业岗位性质进行了比较。可看出主要有三种就业岗位性质：管理岗位、教学与（或）科研岗位和其他岗位。2010 年有正式就业岗位统计的总人数为 38 740 人，其中，最主要的是从事于其他岗

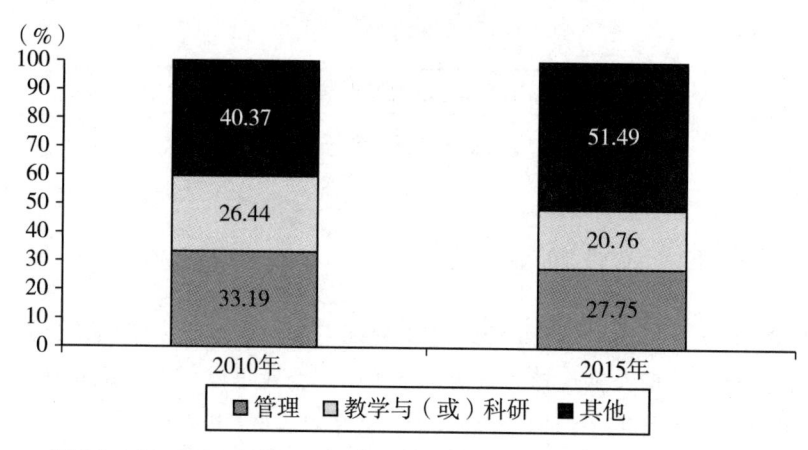

图 13-9　2010 年和 2015 年工程硕士就业单位性质情况统计

位，人数为 15 640 人，比例为 40.37%；其次是管理岗位，就业人数为 12 856 人，比例为 33.19%；最后是教学与（或）科研岗位，就业人数为 10 244 人，比例为 26.44%。到了 2015 年，有正式就业岗位统计的总人数为 113 263 人，从事于其他岗位的毕业生人数为 58 315 人，比例增至 51.49%；其次是从事管理岗位的毕业生，人数为 31 432 人，比例有所下降，为 27.75%；最后是教学与（或）科研岗位，比例也下降至 20.76%，人数为 23 516 人。

第三节 工程硕士联合培养实践基地状况

工程硕士是我国规模最大、涉及面最广的专业学位研究生教育，从其设置起国家就一直强调和激励开展建设校企联合实践基地。2009 年以前，工程硕士学生基本上是在职人员，学生已具有与拟攻读的专业学位强烈相关的实践岗位经历和学科或工程背景，多数是由企业整体选送来学习的，校企联合的实践基地主要就在合作的企业里，是学生及所在企业自我提供的实践基地，更多类似于一个师生相互学习交流的平台，且此时的实践基地不是强调对专业学位研究生如何进行实践训练，而更多关注指导学生学习完整学科体系及鼓励关注学科和工程领域的组合交叉，希望能引导、启发、激发学生从实践到理论的参悟和升华，并期待学生能自然迁移所学并主动应用落实到实际工作改进和新产品技术开发中。校企双方有效结合朝着培养工程技术的领军人物方向努力，提高我国工程技术人员和国家工业的国际竞争力。实践基地还具有良好的外部溢出性，如参与教学和论文指导的教师进入了工程实践，师生之间自然开展了更多校企科学研究和技术合作，学校其他各类学生也有了稳定的认识实习和专业实习的场所，校企联合良好互动关系不断扩展。

自 2009 年以来，我国开始了以应届本科毕业生为主体的全日制工程硕士专业学位教育，现有攻读全日制工程硕士专业学位的学生中 80%～90% 是应届毕业生，多数缺乏工程实践，本科期间的实习实践也较为薄弱，要实现我国政府提出的专业学位教育"学术性、实践性、职业导向"三位一体的定位，建立校企联合培养的实践基地就成了必然。校企联合的实践基地建设在专业学位教育质量中的重要性更为明显。实践基地内涵应该是指学生能够接触实践、理解实践、学习理论、需求突破、融合应用、解决问题的场所，是产学研用结合的重要平台和载体。在此平台上，学生将学到的理论知识内化为运用理论解决实际问题的能力，提升工程实践能力，培养职业素养和道德。联合培养实践基地的情境就是强调要使学校与产业界密切结合，校企导师合作指导下的科研中训练和培养学生，实现学术性和实践性有效融合。实践基地的建设不是孤立的，而是与整个培养模式密切联系的，是培养过程中重要的中心环节。实践基地建设的价值体现在推动了人才的培养理念、教学理念、培养模式、教学方式方法的创新。

围绕专业学位实践基地的建设，国家近年出台多项政策文件。2010年《硕士、博士专业学位研究生教育发展总体方案》中指出高校与实际部门建立长期、稳定、实质性的联合培养机制，积极构建专业学位研究生教育新的办学模式。建立多种形式的实践基地，确保实践训练质量。2015年5月《教育部关于加强专业学位研究生案例教学和联合培养基地建设的意见》中提出加强基地建设，推进产学结合。随即将来袭的第四次工业革命（工业4.0），全球正出现以工业互联网、智能制造为代表的新一轮技术创新浪潮，中国政府提出实施《中国制造2025》，文中提出深化相关领域工程硕士专业学位研究生招生和培养模式的改革，积极推进产学研结合。从这些政策出台可以看出，我国全日制工程硕士专业学位教育的联合培养实践基地是需要长期、稳定、实质性的基地，也是联合培养这个系统工程中一个重要的组织或网络，是联合培养机制形成中不可缺少的载体。这仅仅依靠高校或企业一方是无法完成的，其建设必须得到实际部门的积极参与和全方位支持。

在近几年的校企联合培养实践基地的建设过程中，对于高校来说，联合培养有很大难度，不是一蹴而就的，是需要各方努力、不断尝试和调整的历程。总体上高校在建立实践基地中经历过或正经历着四部曲：学产合作即学校主动出击，四处寻求企业方合作，解决学生短期实习；产学合作即高校有充分选择，企业主动需求合作，但易出现将学生视为廉价劳动力，与培养目标不符，易出现要求学生"纯顶岗"行为；产学研合作是以实际来源的课题为基点，全程实践且合作；产学研联盟合作是以某区域或某产业为中心，多个高校或企业合作，集聚形成"联合培养集群合作"。不同学校、不同专业学位或领域有很大差别，处于不同阶段。

示范基地在一定程度上代表了成功的校企联合培养实践基地，其人才培养的成果成为实践基地的合格示范和价值展现。全国工程专业学位教育指导委员会2014年评选了第一届"全国示范性工程专业学位研究生联合培养基地"。示范基地成效显著：科研成果丰硕多样，学生在申请专利、发表论文、获奖等方面均有优异表现，如中国科学技术大学实践基地研究生累计申请专利173项，其中部分科研成果转化为巨大经济效益；学生就业优势明显，接近100%，到与所学专业相关行业就业的学生比例高；学生解决实际工程问题的能力提高；实践基地形成一定影响力，成为行业内相关单位重要的科研交流平台，得到社会关注和认同。

本书拟通过对这些成功实践基地的特点、形成模式等进行分析和研究，以期对我国专业学位实践基地的建设提供有益经验和启示，让更多学生通过工程硕士专业学位校企联合实践基地而受益，促进高校与外界更为紧密的产学研合作，推进专业学位研究生教育的健康发展。

一、示范基地的特点

（一）示范基地高校层次多元

示范性联合培养基地包括28所高校。其中"985"工程高校11所，非"985"工程的"211"工程高校10所，其余高校7所。主要为综合性大学、理工类大学、行业特色大学。高校的多元化，说明各类学校都可以发挥优势，创造条件寻求突破。高校参加实践基地的学生来自25个工程领域，多数基地的学生来自2个以上工程领域。从参加实践的学生人数来看，动力工程（92人）、水利工程（85人）、机械工程（85人）专业人数较多。

（二）联合培养单位以企业和科研机构为主

联合培养单位共涉及38家企业等机构，主要为企业和科研机构，二者合计约占总数的95%。企业基本都为国家高新技术企业，其中国有企业16个、中外合资企业4个、民营企业3个。政府部门、事业单位也成了实践基地的联合培养单位。从联合培养单位所对应产业来看，以传统产业为主，包括汽车、机械、电力、石化、纺织、钢铁、水利、仪表、航空航天、核电等，也有新兴行业，如软件等。

（三）示范基地双方合作历史源远流长

多数高校与联合培养单位在建立实践基地之前就保持长期合作的密切关系。有始于本科生实践教育，有源自培养学术型研究生，有源自培养在职工程硕士。高校专业与行业对接较早，合作基础牢固，经验丰富。近年来合作协议的签订使原来"松散的、不稳定的合作"转变为"有组织的、稳定的合作"。双方合作有持续性，实现良性循环。超过1/3的高校和联合培养单位实现跨地域合作。

（四）示范基地充足的校外导师资源

校外导师主要由管理人员和工程技术人员担任，多数为高级工程师或以上职称,工程实践经验丰富。2013年,有54%的高校实践基地配备的校外导师多于20人,华北电力大学人数最多为69人,也有个别高校实践基地的校外导师只有几人,数量相差较为明显。从2013年实践基地的师生比统计来看,有82%的实践基地的师生比大于0.5,说明这些实践基地导师人均所带学生不超过2人,对于参加到实践基地的联合培养学生来说,基本上有足够数量的校外导师指导。校外导师指导形式有两种:一是实践基地指派1名企业导师指导全日制专业学位硕士研究生学生,26所学校的实践基地采取这种形式;其余两所学校(重庆大学和西南交通大学)的实践基地实施导师团队的指导模式,导师团队由不少于3名不同专业背景的成员组成。

(五)支撑实践活动的优越科研条件

示范基地全部都有可供学生参与实践的技术与工程类题目。2013年,23个实践基地可供学生参与实践的技术与工程类数与学生比大于等于1,两个基地比例接近1,二者约占90%。实践时间全部在半年以上,其中14个基地实践时间为1年及以上,实践时间长短不一,可能与各基地课题或项目的进展密切相关。

联合培养单位承担大量国家课题和省级课题,如"973"项目、"863"项目,多数单位是"国家技术创新示范企业""国家级企业技术中心""国家级工程教育实践中心",拥有国家重点实验室;三家公司拥有博士后工作站。雄厚的科研实力,重视科研人才的氛围,是实践基地成功的必要条件。联合培养单位分布集中在北京市、上海市、浙江省等发达地区。

(六)示范基地规章制度完备

多数基地管理规章制度涵盖校企联合招生选拔制度、培养方案制定、实践基地导师的遴选制度、教材编写与案例教学、现场专业实践和论文研究指导、学位论文开题、中期检查与答辩及毕业标准制定环节、毕业总结反馈制度、企业基地保障机制等。对于学生安全、知识产权、保密等问题也做出明确规定。示范基地为学生提供基本生活保障,实习补贴为500~2 000元不等。

二、示范基地的培养模式

(一)本硕贯通培养模式

本硕贯通培养模式即定制化培养模式。如北京交通大学、重庆大学"3+1+2"

联合培养项目:"3"指本科前三年学习本专业理论知识;"1"指第四年到企业实习并完成本科毕业设计的1年,"2"指研究生阶段的两年,双导师产学联合培养,其中第一学年完成学校理论课程,一年到企业进行实习实践并完成硕士学位论文,研究生毕业后到企业工作,实现人才的企业订单式培养。同济大学"4+2.5"本硕贯通培养,在预备工程师(本科阶段)基础上,拓展到联合培养汽车工程师(研究生阶段)。

此种模式使学生在本科阶段就对企业和行业有所了解,完成了认识实习,最后一年或1.5年进行专业实践。此培养模式类似于德国的应用型硕士。解决了学生就业和企业招聘问题,也省去了部分企业对新员工培训的成本。

(二)"理论+实践"分段式培养模式

将学生培养过程分为两段,前一阶段主要在校上课,学习理论知识,后一阶段的学生在基地实习并完成毕业论文。多数学校采取这种方式,如天津工业大学等"1.5+1"培养模式;河海大学等"1+1"培养模式,即在学校完成1年或1.5年学习计划后,后1年或1.5年内在企业完成实践,同时结合企业实际研究项目完成学位论文。

在实践环节,多数学校学生直接进入基地参与课题研究。如国家科技重大专项、"973"计划项目、"863"重大专项等国家级项目和企业各类项目,通过项目介入企业生产研发,解决技术难题。毕业论文都与实践项目密切结合,这也是各校对专业学位硕士研究生学位论文的要求。

中国民航大学将实践环节分段,实践活动分为行业认知实习和企业实习。企业实习又分为"蓝领实习""技术实习""毕业实习"。学生从熟悉项目到助理工程师,再到项目工程师角色。实践环节逐步深入,引入了法国工程师教育模式的一些有益经验。

(三)理论与实践并行培养模式

郑州大学"螺旋式"培养,第一学期包括为期2周的"企业见习";第二学期进行企业文化和教育培训;第二学年直接参与或承担工程项目。在各个环节都及时进行总结评价,带着实践中的问题和对理论知识的需求再进入更高层次的理论学习。此种模式在各个环节中分段解决了认知实习和专业实践,类似于法国工学交替。

(四)分段交替依大工程团队集成模式

北航大飞机班探索出一种以国家重大工程人才需求为牵引的全日制工程硕士

学位培养模式，注重学科之间的交叉融合，团队培训与团队创新，与美国大工程观理念相似。北航大飞机班以我国大飞机项目的人才需求为培养目标，借鉴国外航空航天团队训练经验，将培养流程分五个阶段的培训科目：前沿讲座（5%）、专项技术学习（25%）、认识实习（10%）、模拟设计（40%）与专项技术研究（20%）。学生最终可获得毕业证、硕士学位证和高级工程培训结业证。每个阶段都要提交相应的学习或研究报告。模拟设计实践是北航大飞机班的独特之处。

三、示范基地的探索

（一）学校专业学位人才培养理念向产学研合作转型趋势明显

吉本斯（2011）等学者认为，知识生产的新模式下，"知识的发现、应用和使用被紧密地整合在一起，知识生产则成为这一更大过程中的一部分。这主要归因于一个重要的机制：知识市场的扩张和科学（不仅仅是技术）的市场化程度越来越深。"美国一些高校在工程教育中很注重与企业的合作。如普渡大学和威斯康星大学STOUT校区等高校都有从学校层面安排的合作教育项目。从联合培养示范基地来看，高校的办学理念和方针正在或已经密切联系社会需求，分析和把握行业的发展方向和人才需求，面向工程实际，开放办学，走出象牙塔，探索和思考实践引发的科学和技术的前沿问题，从应用走上理论，与国家重大需求对接，与企业人才需求对接，坚持与企业优势互补，互利共赢，提高人才培养质量。从校企合作的四部曲来看，多数示范基地已唱响了第三部曲。从学产合作、产学合作，走进了产学研合作，未来可能走向产学研联盟集群合作。专业学位教育所培养的工程硕士也将有望引领工程技术的发展。

（二）实践基地的联合培养覆盖人才培养全过程各环节

示范基地各校最大限度地激发联合培养单位参与培养学生的积极性、主动性，拓展了合作的广度和深度。各校做法不一，企业以各种方式介入渗透，有以下几种形式：将生源的优先选择权给予企业，邀请企业直接参与到研究生招生，研究生入校之前，就已经确定了今后的实践单位；校外导师可以以第一导师的身份招生；邀请联培单位人员讲座或授课，基本是业界精英，课程的前沿性和应用型明显；高校部分选修课可以在实践基地教学，此举受到学生欢迎；邀请企业为学校提供毕业生质量评价等。

（三）学生人力资本养成和对教师外在溢出效应的并行

在联合培养学生的同时，高校注重对于教师外在溢出效应，培养既有深厚扎实的理论基础，又有丰富工程实际经验的"双师型"导师。有些示范基地高校通过选派青年骨干教师到基地挂职锻炼、工程素养培训等方式以提升教师的实践能力和工程素养。绩效成果考核方面有学校在做出转变，如对基地带队的青年教师不考核其校内科研和教学等工作。示范基地中学生科研项目的选题、学生的桥梁作用、双方导师的持续合作指导进而相互的沟通合作科研，已形成良性循环，持续的师生之间、师师之间的合作，加速了校企人力资本的相互渗透和发展。

（四）开拓工程硕士国际化的视野，提高未来工程师的国际竞争力

工程硕士专业学位研究生教育也是培养全球化需要的工程技术人员的重要途径，是促进高层次工程师国际流动的重要教育基础。高级应用型技术人才走向国家经济建设第一线后，势必要与国际同类企业开展技术交流、产业合作甚至品牌竞争，因此，具备国际视野、具有国际技术交流沟通的能力已经是必不可少的基本技能，有利于专业学位获得者的未来发展和职业资格的国际认可。示范基地高校已在培养学生国际视野方面做出尝试。主要举措有：安排学生参与企业海外项目研究；指导学生获得国际职业证书；选派留学生与国外大学开展联合培养，毕业后互认学历；按照华盛顿认证标准的要求，构建工程师教育质量监控体系和人才培养机制改革；举办工作站开展国际技术交流等。

（五）示范基地双方保持密切沟通交流

示范基地双方对学生培养始终保持密切合作，最大限度地保证学生实践成效。学生集中时间在基地实习，时间比较长；校外导师级别高、工作繁忙，为避免出现"离岛效应"，学生处于失控状态，校企双方组织多种沟通方式，从学习、心理健康和安全教育等多方面管理、关心学生，及时发现和解决学生学习和生活中的问题。在制度上的举措主要有：联合签订培养协议、研究生培养细则、安全管理规定、保密协议等文件；基地为学生购买人身伤害保险；举办文体活动，丰富学生的业余生活；高校定期邀请校外导师与校内导师会商；向有条件的基地派驻指导员教师或临时班主任等。组织制度规范执行对于学生也是一种职场训练和体验。

（六）学生实践能力考核的不同方式

学生实践能力水平的提高是实践基地成功建设的关键，如何考核学生实践能

力,示范基地正在探索之中。具体做法有:给实践1年以上且完成实践任务的学生颁发实习证书;积极开展调研工作,形成调研分析报告,改进实践质量评价体系;工作站对学生的考核覆盖进站全过程,由周报、月报、中期汇报、出站汇报四项阶段性考核及出站考核构成等。

四、对示范基地建设的建议

(一)联合培养实践基地急需政府支持

由于专业学位研究生教育的开放性和跨界性,要实现学术性、实践性和职业导向性的三合一,仅仅依靠教育机构本身是无法完成这样的教育目标的。如何使企业或其他类型单位积极参与到专业学位研究生培养中,校企合作的驱动力是实践基地建设的难题,且近年专硕招生数量扩大,安排大量学生去企业实习将会是更加突出的问题。目前,多数高校是自发地通过各种渠道建立的实践基地,更需要政府的积极推动,协调与引导,形成机制和制度上的保障。

为此,教育部门应与其他部门联合,为专业学位发展创造良好的社会环境。江苏省和上海市政府的做法值得借鉴,要求科技、财政、经贸等部门积极配合支持教育部门开展校企合作,包括组织指导实践基地的建设,提供相应的经费支持,加大舆论宣传和表彰奖励力度,鼓励展示校企合作的成果,积极服务当地经济社会发展,从制度上保障实践基地的发展和运行。此外,考虑给予高校合作培养学生的企业减税,给企业设立省级重点实验室或企业技术中心等名称或头衔,从而调动企业的积极性。

(二)以市场需求为导向,建立互利共赢的校企合作联合培养实践基地

专业学位的设置是为了培养能够解决经济生产和社会发展现实问题的高级应用型人才,是以市场需求为导向的。企业最了解行业状况和发展趋势,清楚市场行业的需求和对人才的要求,企业可以吸收高校科研成果和人力资源并转化为经济效益。高校利用实践基地实现和行业的全方位、多层次融合,将行业特色转化为学科特色和人才培养优势,有效增强了学科竞争力,促进了培养模式改革,培养高层次应用型人才。学生在实践基地将理论与实践密切结合,提升了实践能力和职业技能。面对未来社会的发展,市场的风险与挑战,双方应以信任为基础,建立合作、竞争、动态的合作培养基地,使不同层次水平的学校以及企业共同形成联盟。

（三）提高校内外导师的指导水平和能力

我国高校开展全日制专业学位研究生教育，对于学生培养过程如实践、学位论文撰写等不同于学术型学位研究生，这种差别实现的源头在于师资队伍的建设。由于学校在师资评聘和晋升等方面基本上还是以传统的学术科研要求为导向，大量引进的海归教师和青年教师（如工科教师）未能具有相应的工程实践经历。而教育机构的主体性地位不能削弱，因此，急需加强校内导师的工程实践能力，建设"双师型"师资队伍。改革校内教师考核方式，如薪资、职称评聘方面出台相关的支持政策。鼓励学术型教师、年轻教师进入设计院、企业、校外实践基地挂职锻炼，提升工程素养，采取教师职称和工程师职称双轨制互评等方式，引导优秀教师向工程领域拓展。鼓励教师兼职，拓宽社会服务范围和渠道，接受实践检验，进一步提升应用型导师队伍实力和影响力。选派中青年骨干教师到国外大学和企业学习和访问，作为国际化教师队伍的储备人才进行培养。

提升校外导师的培养指导能力。目前对校外导师的遴选注重工程实践，对学历不强制要求，而多数校外导师对研究生教育是比较陌生的，不了解研究生培养规律，缺乏指导经验，只是学生的项目指导教师或现场师傅。为弥补部分校外导师理论知识的不足，可以为校外导师定期举办学术研讨会，建立校外导师与校内导师进行学术交流的机会和平台，加强对校外导师的培训，明确校外导师的职责，熟悉工程硕士研究生培养过程中各个阶段的要求和标准，有计划、有步骤地培养工程硕士。建立健全导师考评机制，对于责任心不强、工作繁忙无暇培养学生的校外导师，取消其指导研究生资格。

（四）设立合理的学生实践能力考核体系

学生实践能力的提高是考察实践基地成功建设的关键。实践能力考核难以量化，专业领域不同，评价标准也不同。本书认为，对于工程硕士考核评价机制应以解决工程问题能力为核心，注重应用型和创新性，考虑每个学生实际情况和研究成果，对在不同企业、不同工程实践岗位承担不同类型实习工作的学生分别进行评价。成果的实际运用情况，如能否现场实施；能否解决实际问题；效果显著与否；经济效益大小等均可作为实践能力考核的要素。成果形式不拘一格，论文、专利、报告、设计、说明书、产品等会使专业硕士研究生发挥出更大的活力。这种产学研联盟集群的培养理念的转变尚需时日。积极邀请行业参与评价体系，建立涵盖高校、企业、研究所的支持联盟或系统。例如示范基地中长客股份公司组建了"城市轨道客车产业技术创新战略联盟"，长安汽车—重庆大学联合其他单位，共建自主品牌汽车协同创新中心，这些举措凝聚资源，提升产业竞争力，将培养人才与振兴行业结合，为工程硕士就业创造更好的市场前景。

第四节 工科博士生培养模式改革及其效果

工科博士生教育肩负着培养高层次创新型科技人才的重任，因此，关注我国工科博士的培养质量具有十分重要的意义，而培养模式是影响培养质量的关键因素。自20世纪末以来，随着我国高等教育的快速发展，工科博士的培养规模逐步扩大，质量不断提升。但值得关注的是，我国工科博士生的培养模式仍面临着诸多挑战，特别是创新型国家和制造业强国建设对工科博士生的跨学科知识、创新能力、应用转化能力、国际交流能力和工程实践能力等都提出了更高要求，进而也呼唤着相应的培养模式改革。

一、传统培养模式的比较：高校与工程院所博士生的独立培养

我国工科博士生的培养单位主要有高校和工程院所两类，从培养规模上看，高校占据了主体地位。由于在科研分工和组织定位上的差异，高校和工程院所的培养资源形成了实质上的优势互补关系，这也塑造了二者各具特色的工科博士生培养模式（见表13-6）。

表13-6 高校和工程院所工科博士生培养模式的比较

项目	高校	工程院所
培养目标	以基础研究为主的高层次学术研究型人才	行业领域所需高层次工程技术人才；多数研究生毕业后留在院内或进入行业内相关大型企业工作
课程体系	学科门类齐全、师资力量雄厚，构建起了以理论知识为基础的课程体系	学科领域较窄，基础课教学师资欠缺，多借助大学师资完成教学工作
导师指导	导师理论基础深厚，前沿探索能力强；依托"课题组"开展科研工作和博士生培养，形成了团队指导方式	导师工程实践经验丰富；由于博士生数量少，学生之间、师生之间项目相互独立，以及注重任务导向的培养氛围，形成了相对松散的导师指导方式

续表

项目	高校	工程院所
科研训练	主要依托基础研究和应用基础研究项目开展，重点培养博士生的理论水平，对科研前沿的把握和探索，独立从事学术研究的能力	主要依托应用研究项目开展，重点培养博士生的工程实践和应用转化能力，独立从事工程项目工作的能力
评价标准	注重博士论文的理论创新和博士生发表高水平论文等指标	虽对发表论文有一定的要求，但更注重博士生的工程实践和动手能力，科研成果的性能指标、市场价值和应用前景

注：表格根据本书调研的5家高校和7家工程院所工科博士生培养模式情况汇总而成。

本书的调研结果发现，高校和工程院所的博士生培养模式虽各有优势和特色，但也都存在着一定的问题，与我国工科博士生培养面临的诸多挑战不相适应：

第一，培养目标和评价标准仍相对单一，无法充分满足社会对各类高层次工程科技人才更广泛的需求。由于工程博士的培养模式仍在摸索之中，因此一段时期内我国工科博士生将仍以工学博士为主体，培养目标主要是学术研究型人才。但随着我国工业化程度的不断提高，企业作为创新主体的地位日渐凸显，需要大量从事研发和设计工作的高层次科技人才；工业化和城镇化进程的不断加速，也需要众多从事工程建设和管理的高层次人才，这些工作的内容十分丰富，超出传统的学术研究工作范畴，对博士生知识和能力的要求也更加多元。

高校的工科博士生培养目标定位于高层次学术研究型人才，在评价标准上注重博士论文的理论深度和发表文章的层次、数量，对科研成果的应用前景和可转化性没有明确要求。工程院所的博士生培养目标定位则较为狭窄，主要是为了满足行业领域和自身单位对高层次工程技术人才的需求。部分受访工程院所导师和博士生反映，所在单位的博士生培养存在"跟着项目走"的特点，按照项目的标准来评价博士生的培养，将项目内容进行汇总提炼后就能形成一篇博士论文，不重视对博士生理论基础和科研思维的训练，创新性不足。

第二，课程学习的系统性和整体性存在欠缺。高校的课程教学集中于理论探讨，与真实的产业问题和需求距离较远，工程院所则缺乏完整的课程体系，借用高校的课程资源无法充分解决自身课程建设的需要。此外，目前工科博士生的课程体系缺少针对通用可迁移技能的培养环节，例如对博士生领导力、沟通能力、项目管理能力等的培养。

第三，科研训练的基础性与应用性结合不足。高校通过基础研究和应用基础研究带动理论研究型博士生的培养，学生的研究方法训练较为扎实，知识较为全面,发表论文的能力和水平较高,但工程实践和应用能力明显不足;工程院所通过工程项目和应用研究培养富于工程实践能力的博士生,但学生的理论基础和研究方法训练较为薄弱,研究深度和创新性以及发展后劲不足。

此外,高校和工程院所的导师都存在知识结构相对单一的问题,不利于博士生全面知识和能力的培养。

由于高校和工程院所之间存在的体制分割,双方的培养资源很难实现共享,无法形成人才培养的合力,更加剧了工科博士生培养模式中存在的理论与实践相脱节的问题,亟需开展深度合作和协同培养。

二、探索与实践:联合培养博士生的改革试点及效果分析

为应对上述挑战,解决目前工科博士生培养模式中存在的问题,近年来我国已开展了一些改革探索,其中 2010 年教育部与中国工程院共同推动的高校与工程院所联合培养博士生试点受到了广泛关注。

2010 年共招收联合培养博士生 88 人,此后规模逐年增长,合作范围不断扩大,至 2014 年共安排招生计划 674 人,参与的高校和工程院所分别达到 40 家和 45 家。经过数年试点,各单位已积累了一定的经验,联合培养在人才培养和科研协同上的成效正在逐步显现。

本书选取了参与联合培养试点的 12 名工科博士生导师和 10 名博士生进行深度访谈,受访人员共涉及 5 家高校和 7 家工程院所,采用质性研究方法,探讨联合培养模式的运行效果与存在的问题,并希望通过本书可以为未来开展更广泛的工科博士生培养模式改革提供一定的借鉴。

据"高等学校与工程院所联合培养博士生的模式与机制研究"课题组在 2013~2014 年进行的问卷调查显示,尽管当时试点仅实施了 3~4 年,但接受问卷调查的相关人员对联合培养效果总体较为满意,选择"非常满意"和"基本满意"的导师、博士生和管理人员分别达到所在群体总数的 89%、74% 和 60%;对本单位联合培养效果的评价均在 80 分左右(见表 13-7 和表 13-8)。

表 13-7 对联合培养的现状是否满意 单位:%

人员	非常满意	基本满意	一般	不太满意
导师	20	69	8	3
学生	22	52	21	4
管理人员	9	51	28	12

资料来源:"高等学校与工程院所联合培养博士生的模式与机制研究"课题报告(内部资料)。

结合访谈结果发现,由于联合培养项目是新生事物,相关管理制度和协调机制仍在摸索之中,管理人员在日常工作中遇到的操作性问题比其他群体更多,对困难的感受更突出,因此满意度也相对略低。

表 13-8 参与联合培养项目的效果评价

题目	导师	学生	管理人员
如何评价目前贵单位参与的联合培养项目的效果?如果满分是100分,您打多少分	82.8	78.8	78.7

资料来源:"高等学校与工程院所联合培养博士生的模式与机制研究"课题报告(内部资料)。

通过对访谈材料进行编码分析发现,受访的导师和博士生大都对联合培养模式运行的效果进行了积极评价。如表 13-9 所示,导师认为联合培养模式的运行效果集中体现在由于培养主体的多元化而实现的培养过程的优势互补上。例如,通过学分互认,联合培养模式初步构建起了科学与技术相结合的课程体系;借助双导师的分工合作,形成了理论与实践相结合的导师团队;通过支持博士生参与到双方的科研项目中或以导师之间的合作项目为依托平台,可以实现基础研究与应用研究相结合的科研训练。联合培养模式还促进了培养目标和就业去向的多元化,评价标准也更加多元、复合。

表 13-9 导师对联合培养模式运行效果的评价

主题类别(出现的频率)		开放式代码(出现的频次)
主题类别:导师对联合培养模式运行效果的评价	子类别1:实现了培养过程中的优势互补(44.3%)	吸收双方导师的知识(16) 基础研究与应用研究相结合的科研训练(15) 双方导师共同参与培养过程(15) 综合利用双方的设备经费和学术资源(15) 系统规范的课程训练(14) 通过团队之间的交流拓展研究视野(6) 感受高校氛围的熏陶(5)
	子类别2:博士生的知识和能力更加全面(17.5%)	理论水平与实践能力更加全面(13) 知识基础更扎实,眼界更宽广(6) 使用研究方法的能力得到加强(5) 对理论问题的思考和把握能力得到加强(5) 毕业生优秀、就业时受欢迎(3) 演讲能力得到加强(1) 学生有活力,表现好(1)

续表

主题类别（出现的频率）		开放式代码（出现的频次）
主题类别：导师对联合培养模式运行效果的评价	子类别 3：促进了导师间的科研交流合作（10.3%）	促进了导师间的沟通交流（14） 促进了导师间的项目合作（6）
	子类别 4：输送优秀人才（9.3%）	向工程院所输送优秀人才（10） 工程院所招收到更优秀的博士生（8）
	子类别 5：评价标准更加多元复合（8.2%）	完成工程院所的项目并达到高校对博士论文和发表文章的要求（7） 同时满足双方的毕业要求（5） 必须达到高校的学位要求（4）
	子类别 6：增加了招生名额（5.7%）	增加了招生名额（11）
	子类别 7：品牌效应显现（4.6%）	学生报考积极性高，生源更好（9）

资料来源：根据参与联合培养的 3 位高校导师和 9 位工程院所导师访谈稿编码计算所得。

（一）培养目标和就业去向多元化

联合培养进一步促进了工科博士生培养目标的多元化，开辟了一条向国家重点行业、企业和研究单位输送高层次人才的新渠道，为博士生到行业企业就业增加了便捷的路径，人才培养也更加贴近国家和行业的现实需求，这也是很多单位和导师参加联合培养项目的重要初衷。

从就业情况来看，多数高校导师认为，联合培养的毕业生在工程院所留院就业的考察中显示出了较强的竞争力和较高的综合素质，相应地，工程院所导师对联合培养的生源质量和人才素质也比较认可。

"近几年在就业上，我们很注意引导学生去研究院所和国家重点企业工作，博士生也很关心国家对钢铁行业人才的需求。第一个联合培养的毕业生，曾经送到国外联合培养了一年半，毕业后就留在 H 研究总院了，对方也觉得他的综合素质和能力都很好。第二个联合培养的毕业生去 S 钢（某大型国有钢铁企业集团）工作了，现在进 S 钢很难，但是这位同学的科研项目很受认可。"

在 10 位受访的联合培养博士生中，4 人认为拥有毕业后留在工程院所就业的潜在机会，为自己增加了一个不错的就业选择，4 人有未来在行业内就业的明确意向。并且多数受访博士生认为，相比于单独培养的模式来说，联合培养能够使博士生的视野更加开阔，知识和能力更加全面，特别是实践经验丰富，动手能力强，与企业接触广泛，因此在面向行业企业就业时具有较大的竞争优势。

联合培养模式结合了高校和工程院所双方的优势，能够培养出知识和能力更加全面的复合型工科博士生，可以借此加强工程院所的基础研究工作，解决研究型企业未来发展的根源问题，从而为企业甚至整个行业的发展带来一股新风。

受访博士生谈道："经过联合培养，能力得到提升，视野也更开阔了，在工程院所接触的项目类型多，相当于半步踏进了社会，将来去企业工作上手更快，这是就业上的一大优势。"

（二）科学与技术相结合的课程体系

在导师看来，联合培养博士生的课程训练主要依托高校开展。工程院所导师希望借助高校丰富的课程资源，严谨的学风和良好的学习氛围使学生受到系统规范的课程训练，打好相关学科的知识基础，进一步提升理论水平，熟练掌握相关的研究方法，并充分感受高校氛围的熏陶，不断提升综合素质。

从对博士生的访谈来看，通过双方的学分互认，联合培养模式已初步构建了科学与技术相结合的复合型课程体系。学生多数课程在高校选修，也可以在工程院所选修或旁听部分课程。工程院所导师有丰富的工程实践和技术创新经验，其开设的特色课程与高校以构建学科理论基础，探究科学前沿为主的众多课程相结合，为博士生构建丰富的知识体系，开阔眼界提供了更多的选择。

（三）理论与实践相结合的导师团队

联合培养采取"导师组集体指导、主管导师负责"的指导方式，博士生在高校和工程院所各有1位第一导师和第二导师，第一导师对培养过程负主要责任，第二导师则协助进行指导。虽然两位导师有正副之分，但通过合作共同对博士生的培养过程负责。

高校和工程院所的导师各有所长，高校导师理论水平较高，可以帮助把握博士论文的理论深度、前沿性、创新性和规范性，为博士生建立起更加系统的理论基础和知识体系，提高其探索科学前沿问题和写作学术论文的能力。工程院所导师有丰富的应用研究和工程实践经验，可以帮助博士生更加深刻地理解理论和实践的关系，指导论文选题和科研工作紧密结合国家、行业和社会的重大需求。双方通过合作共同组成了理论与实践相结合的导师团队。在本书访谈涉及的联合培养案例中，多数合作导师在研究方向上既存在相关性，也有一定的差异性，有利于博士生开展跨学科领域的研究。

例如，有受访者指出，"两位老师在研究方向上的互补性也比较强，对方导师在微观结构分析上很有优势，我的研究则主要集中在钢铁材料上，再加上双方有'973'课题的合作，学生相应收获也比较大，能从两位老师身上获得不同的知识。"

除了导师本人，博士生还可以通过课题组的研讨会接触到两位导师所在的研究团队，了解团队内其他师生的学术进展和最新发现，开展更广泛的交流和学习。博士生在访谈过程中都谈到了第二导师及其所在团队为自己提供的诸多启发、指导和帮助。在 10 位受访博士生中，有 8 位参与过第二导师团队的研讨会，并认为通过和第二导师及其团队开展学术交流讨论，启发了创新思维，提高了相关的科研能力。部分受访导师也很注重鼓励和引导博士生参与合作导师的研讨会，加强双方团队之间的交流和思想碰撞。

（四）基础研究和应用研究相结合的科研训练

工科博士生的培养与科研紧密结合、融为一体，科研项目作为支撑科研训练的平台在培养过程中具有重要作用。受访博士生都表示其博士论文的选题和发表论文所需的数据与科研项目相关，因此，高校和工程院所科研项目的不同特点也在很大程度上决定了二者博士生培养模式的特色。

从调研情况来看，比起课程共建、导师共同指导等层面的合作，高校和工程院所共同构建基础研究与应用研究相结合的科研训练体系所达到的合作层次更深，对发挥联合培养模式效果的影响更大，但也相应存在更多困难。

在调研案例中，双方主要有两种共建科研训练体系的方式。一种是依托两位导师的合作项目开展；另一种是博士生同时或先后参与双方的科研训练，例如在 B 大学和 H 研究总院联合培养的案例中，经过双方导师协商，博士生低年级时在 B 大学接受系统的课程和基础研究训练，高年级时大部分时间在 H 研究总院依托国家重大应用研究项目进行科研训练，每周定时回到 B 大学参加课题组的研讨会。这位 B 大学导师鼓励学生深度参与到工程院所的科研训练中，认为此举加强了博士生与工程实践、生产转化的联系，促进了理论水平和工程实践能力的全面发展，并且将这种人才培养的效果比喻为"顶天立地"，该导师称，"既摸得到天也踩得到地，我个人很看好联合培养这种模式。"

导师认为第二种方式更容易实现，由于合作申请项目受到科研体制和单位政策等多方约束，第一种方式虽然相对效果更好但可遇而不可求。博士生则更希望未来能够依托导师间的合作项目进行联合培养，因为第二种方式会给博士生的时间和精力带来相当大的挑战。

（五）多元、复合的评价标准

联合培养博士生具有双重学籍，采取高校和工程院所共同发放毕业证书、高校单方授予学位证书的方式。因此，博士生必须同时符合双方的毕业条件并达到高校的学位授予要求，评价标准呈现一定的多元性和复合性特征（贺克斌、郑娟，2016）。调研结果显示，这一特征在从事工程院所应用型项目研究的博士生，以及依托双方导师合作项目开展论文工作的博士生身上，表现得尤为突出。

在双方相同或相近的学科中，高校对博士论文和发表论文的理论性、科学性和创新性的要求都明显高于工程院所。在工程院所从事应用项目研究的博士生不仅要完成项目的任务和性能指标要求，更要进行思考和探索，进而从项目中提炼出科学问题并进行深入分析，才能找到合适的论文选题，发表高水平的学术论文。对这些博士生来说，多元、复合的评价标准意味着更大的挑战和更多的付出，但也会使其受到更加全面的训练，取得更丰富的收获。

如果博士生可以依托双方导师的合作项目开展论文工作，两位导师就能够共同对其进行详细的指导并提出相应的要求，合作项目通常既具有较强的科学性，也有明确的应用前景和实践价值，对博士生科研工作也将从基础研究和应用研究两种角度进行评价。

例如，某受访博士生谈道，"博士论文应阐述一个系统性问题，其中既有理论研究，又有实际构件开发，还有设计方法的总结。B大学导师对我提出理论创新的要求，工程院所副导师在构件开发上进行指导，例如提出新的构件性能目标。有时我觉得某个构件达到某个性能指标就很好了，但副导师可能会从实践经验的角度出发觉得指标还不理想；或者我想做到很高的性能指标，他会提示我没有可操作性，也不必要，从而在满足实际需求方面给博士论文提出标准并进行指导。"

在高校进行项目研究的博士生虽然达到学位标准的难度相对较小，但是想要获得实践锻炼的机会，取得在行业内就业的优势，也需要切实参与到工程院所的科研工作中，达到应用研究项目的相关要求。因此想要切实收获合作培养的效果，就必然在一定程度上面临着多元、复合的评价标准。

此外，联合培养还可以帮助博士生综合利用高校和工程院所的学术和生产资源；并且进一步促进了双方导师和学科之间的科研交流与合作，通过数年试点，联合培养的品牌效应已逐渐显现，相关制度初步建立。

三、问题与改进建议

虽然在试点中取得了初步成效,但从表 13-9 也可以看出,目前效果仍主要体现在优势互补的培养过程之中而非人才培养和科研合作的结果之上,说明联合培养有着较为理想的设计和良好的开局,但长期效果仍有待进一步追踪和检验。在访谈过程中,师生群体都谈到了联合培养模式目前仍存在着一些问题,影响了培养效果的充分发挥。

(一)存在"名义上"的联合培养现象,培养模式特色有待进一步凸显

作为一种"高层次拔尖创新人才"的培养模式,联合培养是"创新研究生培养机制和培养模式的重要举措",从制度设计上就有着一定的特殊性,但在实际运行中仍存在特色不够凸显的现象。调研发现,在少数项目中,除了上课和学位证书等环节,联合培养难以体现出与传统培养模式的本质差别,具有联合培养的"名",却缺乏联合培养的"实",预期中的优越性很难充分发挥。有两位受访导师坦言"实际上双方结合得不太好"、对联合培养"感觉比较模糊,(效果)不明显"。

造成这一问题的原因很复杂,在具体案例中表现也不尽相同,既与联合培养模式作为新生事物,各单位仍在摸索之中有关,也和相关配套支持政策的不完善有关。此外,联合培养作为一项国家自上而下推动的改革项目,虽然政策的出台是对基层"私下合作"经验的借鉴和提升,前期也开展了广泛调研,但在实际运行中,仍与部分师生的自发需求存在一定差距,出现"私下合作"进行实质性联合培养的没有招生名额,有联合培养招生名额的却是双方互不熟悉或研究方向差距过大的现象。

因此,在总结前期试点经验的基础上,应进一步认清联合培养模式的内涵,通过选取典型案例进行分析汇总,凝练联合培养模式的特色;鼓励培养单位根据双方特长发展特色的联合培养项目;鼓励培养单位之间加强沟通合作,更加尊重导师和单位之间的合作意向,支持导师开展实质性的联合培养;更加注重对培养方案的设计,根据培养目标和就业导向为学生量身打造特色课程体系和科研训练方式。

(二)第二导师作用发挥不够充分,导师间的合作机制有待进一步完善

导师对博士生的指导作用在科研训练环节中最为突出。如果双方导师在科研

训练上合作不够紧密，通常只能由第一导师负责全面指导，第二导师仅发挥咨询建议作用，合作培养出现脱节现象。

此外，在合作培养过程中，导师需要投入大量时间和精力进行沟通协调，应在制度上进行有效的激励和支持，但目前尚缺乏相应的机制。对导师之间责任和义务的规定也不够明确，可能使管理和培养过程中存在空白地带。

因此，受访师生建议今后能够进一步加强导师之间的合作指导以及团队之间的沟通交流。通过加强交流进而促成双方的科研合作，并将科研合作与人才培养相结合，将是联合培养模式未来发展的一条现实路径。还需进一步完善导师间合作机制的建设，将参与联合培养和跨机构科研项目合作的工作量以适当的方式计入导师的评价体系；并对导师如何开展合作培养提供规范性的指导意见，例如明确双方导师的责任分工、对博士生的支持义务和必须共同参与的培养环节等。

（三）达到多元复合评价标准的难度较大，科研项目平台建设有待进一步加强

博士生群体认为，目前联合培养模式中最突出的困难在于缺少导师间的合作项目作为科研训练和论文工作的依托平台，凭借学生自身的努力融合基础研究与应用研究，从而满足复合型评价标准的难度较大。特别是对于在从事工程院所进行应用项目研究的博士生来说，很多人都面临着博士论文要在一定程度上脱离日常科研工作的现实选择，如此一来提炼研究问题，获得资金和数据支持的难度将加大。

建议加强联合培养的合作项目平台建设，由此可以更好地发挥双方导师在科研训练上的合作力量，减少培养过程中的困难，提高培养效率和成才质量。在宏观层面上应充分发挥政策的导向作用，可将联合培养的发展重点向有合作项目或合作基础和意愿的导师之间倾斜，这样既尊重了参与者的自发合作需求，可以充分调动导师的积极性，也能为联合培养搭建科研训练和论文工作的依托平台，使培养效率和质量得到进一步提升。

（四）相关制度仍需完善，长效稳定的发展机制有待进一步明确

作为一项新生事物，目前联合培养的相关制度仍有待进一步完善，这关系到博士生的切身利益，也会对导师参与的积极性产生重要影响。因此，在宏观和校/所层面都需要进一步加强相关制度的建设，以降低合作成本，提升合作水平。例如在调研基础上，针对联合培养过程中的难点和重点，出台关于知识产权认

定、责任义务分担、博士生评价标准和评价方式多元化等一系列的指导性意见，为院系和导师更好地开展合作培养提供制度支持和保障。

教育事业需要长期的投入和培育，人才培养的效果也需要经过长期的检验方能显现，因此导师希望继续保持联合培养相关政策的长效性和稳定性。在当前加强协同创新的大背景下，经过近5年的试点，联合培养已积累了较为丰富的经验，可进一步加大对联合培养的支持力度，例如丰富参与机构的类型、扩大参与单位的范围、加强经费支持力度、增加博士生招生名额，以及根据未来科技发展的前沿和热点重点支持跨学科联合培养等。

第十四章

国外专业学位培养模式案例研究

第一节 美国普渡大学无论文硕士学位项目教育模式研究

从国际上看,硕士研究生教育模式十分多样。一些硕士项目不需要完成学位论文便可获得硕士学位,被称为"无论文(non-thesis)"硕士。以下以普渡大学西拉斐特校区(以下简称"普渡大学")的硕士学位项目为案例,对美国无论文硕士学位项目的教育模式进行介绍,并尝试对其性质及意义进行分析,以期为我国专业学位硕士研究生教育的发展提供借鉴和参考。

一、问题的提出

早期的美国大学效仿欧洲大学开展硕士生教育,硕士学位获得者是大学教师的主要来源。当时的硕士生在标准、学制等方面十分不统一,获取硕士学位并不一定要撰写论文并答辩。从19世纪50年代末开始,密西根大学、哈佛大学、耶鲁大学等为了规范硕士生质量开始设立"攻获"硕士学位(earned degree),对课程学习、论文撰写和学位答辩提出明确要求。这种硕士学位也就是一般意义上的学术学位。20世纪初,专业学位教育开始蓬勃发展,在美国硕士研究生教育体系中的比重逐渐增大。1940年,专业硕士学位授予量已经超过了硕士学位授予总量的一半，其中教育硕士又占到所有专业硕士的约 2/3（洪成文，2002）。与此同时，博士学位开始逐步成为应聘大学教师的基本条件。

发展至今，美国已形成极具多样性的专业学位研究生教育体系。大体来看，有诸如工商管理硕士 MBA（Master of Business Administration）、公共管理硕士 MPA（Master of Public Administration）、艺术硕士 MFA（Master of Fine Arts）等与从业工作领域紧密联系的专业学位，有诸如 JD（Doctor of Jurisprudence）、MD（Doctor of Medicine）等第一职业学位性质的专业学位，还有以应用为导向或为直接面向社会就业而设置的专业学位等多种类型（专业学位总体设计研究课题组，2010）。其中最后一种类型在学位名称上与学术学位并无差别，需综合其培养目的、培养模式来判断是否为专业学位。

与我国将硕士学位分为学术学位和专业学位两种类型不同，美国很多高校倾向于将硕士学位分为论文硕士和无论文硕士两类。那么，无论文硕士的培养有哪些特征？是否等同于专业学位研究生培养？本书在对普渡大学所有硕士学位项目进行分析的基础上，对美国无论文硕士学位项目的教育模式进行总结和思考。

二、普渡大学无论文硕士学位的教育模式

普渡大学是位于美国印第安纳州的一所公立研究型大学，设有理学院、文学院、工学院、农学院、健康和人类科学学院、药学院、兽医学院、教育学院、管理学院等。在硕士层次授予的学位主要有：Master of Arts（MA）、Master of Science（MS）、Master of Science in Engineering、Master of Science in 具体学科、MBA、MFA、MPH（Master of Public Health）、M. Agr.（Master of Agriculture）等。其中 MBA、MFA、MPH、M. Agr. 是比较常见的专业学位（本书称之为典型专业学位），Master of Arts（MA）、Master of Science（MS）、Master of Science in Engineering 等具体学位分论文硕士和无论文硕士两类。

对所有硕士项目进行梳理后，可以看出普渡大学的无论文硕士学位项目分四种情况：第一种是诸如 MBA、MFA、M. Agr. 等典型专业学位，一般不需要做论文；第二种是只设置无论文硕士的硕士学位，比如人力资源管理、会计、金融、营销、供应链管理等专业，所有的硕士生都不需要做论文，也不存在对应的论文硕士；第三种是将无论文硕士作为一种选项（option）的硕士学位，比如哲学、英语、物理、化学、电子与计算机工程、核工程、计算机科学等专业，这种情况比较普遍，学生要拿到硕士学位有做论文和不做论文两种选择；第四种是远程教育形式的无论文硕士，当学生以远程形式学习某专业时，一般不做论文。其中，后三种无论文硕士仅从学位名称上难以对其学位性质进行准确判断，是本书考察

的重点。

在对上述各种形式的无论文硕士进行分析后发现，无论文硕士的教育模式并不只有一种标准模式，不同专业之间表现出较大差异。无论文硕士的培养可能包含：课程讲授、体验式学习、项目式学习、实习、最终项目及答辩等所有或部分环节，根据所包含的环节，无论文硕士学位的教育模式可概括为如图 14-1 所示的三种。

模式1		
模式2		
模式3		
课程讲授	体验学习/项目学习/实习	最终项目

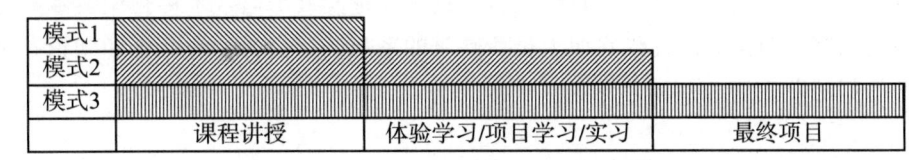

图 14-1 无论文硕士的三种教育模式

（一）课程型无论文硕士

课程讲授是所有硕士项目必然包含的教育环节，一些偏基础学科和远程教育形式的无论文硕士几乎全部采用课程讲授方式，即模式 1。

1. 偏基础学科的无论文硕士

历史、哲学、英语、化学、核工程等专业的无论文硕士可以看作是课程型的硕士学位。这些专业大多是基础学科，其无论文硕士定位于培养教师或类似的专业人员。比如化学专业明确指出，无论文硕士仅用于部分打算获取教师资格证书的学生。历史专业也指出，本专业主要培养博士生，硕士学位主要用于教师或相关专业人员提升技能和学历，或者那些希望扩展学术涉猎的学生。核工程专业直接将其无论文硕士称为课程选项（course—work option）硕士，并指出该选项适用于计划直接在行业就业的学生，而非有研究兴趣的学生。

在培养模式上，这些无论文硕士基本就是进行纯课程学习。以历史专业为例，论文硕士需要获取 24 个课程学分和 6 个论文学分，而无论文硕士需要获取 30 个课程学分，且不需要参加最终考查（final exam）。总体来看，课程型无论文硕士以获取教师资格证书或直接面向社会就业为培养定位，无需通过论文进行研究能力训练，具有比较明显的专业学位特征。

2. 面向在职人员的远程无论文硕士

随着网络技术的发展，以及对网络教育认同度的不断提升，越来越多的专业开始提供远程形式的硕士学位。在普渡大学，生物医学工程、航空航天、电子与计算机工程、机械工程、计算机科学、传播学等专业在开展传统校园项目的同时，陆续开始提供远程硕士学位。远程硕士学位有如下特点：其一是主要面向在职人员，学生不需要中断自己的工作，可以边工作边学习；其二主要是无论文硕士，远程硕士通常都不要求做论文；其三是以课程学习为主，由于在职人员已经具备良好的专业实践能力，因此往往舍弃项目学习或实习环节；其四是学习时间相对灵活，学生可根据自己的时间选修课程，完成学位的时间可长可短。

以航空航天专业为例，该专业有论文硕士、无论文硕士及远程硕士，其中论文硕士和无论文硕士采取传统的校园教育的形式。该专业从2006年开始提供远程硕士学位，面向在职工程人员，目的在于提升他们的职业能力，不需做论文，可看作是课程型无论文硕士。总体而言，远程无论文硕士通常不再强调实践能力的专门训练，而是通过提供在职人员所缺乏的系统、前沿的专业理论和知识，来提升他们的职业能力，具有专业学位特征。

（二）强调体验学习、项目学习或实习的无论文硕士

体验式学习、项目式学习是比较常见的教育方式，论文硕士和无论文硕士一般都会采用此种教育方式，而无论文硕士相对更加重视这类学习，甚至以专门的实习来强化这类学习，即模式2。

1. 重视体验式学习的管理类无论文硕士

普渡大学管理类专业的无论文硕士十分重视体验式学习，如管理学院的人力资源管理、会计、金融、营销、供应链管理等专业，以及典型的MBA。除MBA外，管理学院在硕士层次授予MS学位。除经济学专业有论文硕士外，其他专业的硕士都不需要做论文。管理类无论文硕士的培养定位十分明确，即面向职业岗位进行应用型专业人才的培养。这些专业大多职业性很强，对应比较明确的专业技能，将硕士学位设定为无论文硕士有其合理性。

在学制和学分方面，人力资源管理专业是一年半，48学分；而会计、金融、营销、供应链管理等专业的学制均为一年，要求30学分。在培养模式上，这些专业都十分注重通过体验式学习来进行职业素质和技能的培养。比如，人力资源管理专业在课程学习之外，还包含案例竞赛（case competitions）、咨询活动和体验学习（experiential learning）等环节，并在学分上要求学生通过国际体验项目或其他体验学习项目来获得5个学分。一些专业的硕士生与职业资格证书联系紧密，学生在获取硕士学位的同时或稍后也会获得相应的职业资格证书。比如会计专业的学生在学习过程中可寻求获得CMA认证证书，在毕业之后马上就可参加CPA考试。从培养定位、培养模式等方面综合来看，人力资源管理、会计、金融、营销等这些只有无论文硕士的硕士学位具有比较鲜明的专业学位特征。

2. 强调项目式学习的工程类无论文硕士

除了在日常课程中强调专业实践能力的培养外，普渡大学工程类专业的很多无论文硕士还设置了独立的项目课程，学生需要在教师的指导下独立完成特定项

目。比如，航空航天、电子与计算机工程、土木工程、机械工程、化学工程、工业工程、计算机科学等专业的无论文硕士特别强调通过参与项目来进行专业应用能力培养，学生可以或必须通过选修专门的项目课程来获取一定学分，一般要求不超过 6 学分。

在普渡大学，工程类专业通常授予三种学位。以机械工程专业为例，存在 Master of Science、Master of Science in Engineering、Master of Science in Mechanical Engineering 三种学位名称，但三种学位名称根据学生的本科教育背景来进行区分，如果本科背景就是机械工程专业，那么授予 Master of Science in Mechanical Engineering；如果本科为非机械工程的其他工程类专业，那么授予 Master of Science in Engineering；如果本科为物理、数学等非工程类专业则授予 Master of Science。因此无法从学位名称来判断其是否为专业学位。机械工程专业明确指出，这三种学位也仅在名称上有区别，在学位"含金量"上没有区别。这一点与其他大学有所不同，比如杜克大学的电子与计算机工程专业，其硕士层次的学位有 Master of Science 和 Master of Engineering（MEng）两种，很好从名称上对两者做出区分，即前者属于学术学位，后者属于专业学位。实际上也正是前者需要完成论文，而后者不做论文，强调应用和实践，对应于国内的工程硕士学位。

普渡大学没有设置 MEng 这样的专业学位，而是以无论文选项的形式开展工程类专业学位教育。在工程类无论文学位的课程设置中，通常包含有特定的项目课程，且以毕业后具有开展专业实践工作的能力为培养导向。项目课程不同于常规课程，学生需要在一名教授的带领下进行项目式学习。比如电子与计算机工程专业，无论文硕士可以通过"高级项目（advanced projects）"或"指导阅读（directed reading）"课程来获取学分，而论文硕士不能。总体来看，工程类无论文硕士虽然没有采用 MEng 这样的学位名称，但具有明显的专业学位特征。

3. 注重实习的医药类无论文硕士

普渡大学一些医药相关的专业，如比较病理学、兽医临床科学、实用药学等，通常有论文硕士、无论文硕士和无论文住院实习硕士三种，其中无论文住院实习硕士就属于强调实习的无论文硕士。前面所述重视体验学习和项目学习的无论文硕士虽然都强调培养学生的实践能力或就业能力，但都没有明确的实习要求，医药类无论文硕士则特别注重实习环节在专业能力培养中的不可替代的作用。医药类无论文住院实习硕士有明确对应的职业岗位，且专业化程度高，其教育与职业资格紧密联系，具有十分鲜明的专业学位特征。

（三）要求进行最终项目答辩的无论文硕士

模式 3 是指需要完成一个最终项目并进行答辩的无论文硕士。这种教育模式的无论文硕士与模式 2 十分相似，但不仅是设置体验学习、项目课程或实习环节，还要求学生完成一个最终项目（final project），并和论文硕士完成论文一样需要进行严格的答辩考查。

前面所述两种模式的无论文学位通常没有最后的答辩考查，比如课程型的历史专业不需要学生参加最终考查（final exam），含有项目课程的土木工程专业的最终考查也只是形式上的，即采取委员会会议审查相关材料的形式，学生无需到场。要求进行答辩考查的无论文硕士则将项目学习放至一个更高的地位，可以看作是用项目报告来替代论文硕士中的研究论文，学生不仅要完成相应的项目或技术报告，还要进行公开答辩。

以健康与运动学专业为例，其无论文硕士定位于职业实践倾向的学生，而非学术研究倾向的学生。其无论文硕士的学分要求为 30 个课程学分再加上最终项目的 3 个学分，共计 33 学分。学生完成项目报告后，要通过答辩才能获取相应的学分。对于消费者科学专业，其无论文硕士的定位明确，即满足人才市场需求，重在培养学生职业素养和解决实践问题的能力。为此，其无论文硕士在课程设置上更加强调实践性和应用性，且要求学生必须通过完成最终报告（final paper）获取一定学分。总体来看，进行答辩考查的无论文硕士在培养定位和课程设置上都体现出明显的专业学位特征。

三、对无论文硕士学位性质及意义的思考

（一）绝大部分无论文硕士学位具有专业学位特征

普渡大学倾向于将自己的硕士项目分为论文硕士和无论文硕士两类。除物理等少数专业允许无论文硕士可以继续攻读博士学位外，大部分专业要求继续攻读博士学位的硕士生先通过论文硕士进行一定的学术训练。很显然，做不做论文是论文硕士和无论文硕士最直接的区别，而这一区别也意味着两者在培养定位、课程设置和培养模式上有所不同。

是否可将无论文硕士看作是专业学位呢？依据我国对专业学位的基本界定，即针对社会特定职业需要，以培养具有较高职业素养和较强专业能力的高层次应用型专门人才为目标的一种学位类型（专业学位总体设计研究课题组，2010），通过分析普渡大学无论文硕士的人才定位、课程设置、培养模式等，认为尽管存在多样化的教育模式，大部分无论文硕士具有比较明显的专业学位特征，可以看作是专业学位。从另一角度来说，专业硕士是美国无论文硕士的主体（洪成文，2002）。

首先，在培养定位上，无论文硕士以培养专业应用与实践能力为重心，或直接面向就业，或提升在职专业人士的职业能力，与专业学位培养高层次应用型专门人才的定位相一致。其次，在课程设置上，无论文硕士重视课程的实践性和应用性，以促进学生毕业后能够胜任专业实践工作为重要导向，具有专业学位教育的特征。最后，在培养模式上，无论文硕士重视体验式或项目式学习，重视学生实践经验的获取，有些还与职业资格证书紧密结合，具有明显的专业学位教育特征。

（二）无论文硕士学位模糊了传统学术学位与典型专业学位的界限

将无论文硕士作为一种选项实际上在美国硕士层次教育中是普遍存在的，这些学位仍然沿用 Master of Arts、Master of Science 等传统学位名称。与此同时，美国还有 MBA、MFA、MPH、MEng 等典型的专业学位名称。无论文硕士的大量存在也说明了学术学位和专业学位之间并没有严格的界限（北京航空航天大学课题研究组，2012）。学术学位和专业学位在培养重点上存在区别的这一点可谓是确定无疑，但是否做项目、实习，甚至是否做论文都不能成为区分两者的可靠标准。

比如在项目方面，学术学位也同样重视项目式学习，基于项目的学习方法被很多专业所采用。对于实习，有些学术学位也会有实习要求，十分重视实践工作能力的培养；相反，一些专业学位也可能不把实习作为培养专业实践能力的必需环节，而用参与某种项目的经历来替代。以美国 MPA 教育为例，NASPAA（Network of Schools of Public Policy, Affairs, and Administration，美国主要的 MPA 教育认证组织之一）的认证不要求必须有实习安排，而是要求确保学生专业实践能力和职业素养得到必要的培养，包括提供各种体验式学习活动，比如参与项目、案例学习、模拟学习等，以及提供与实际工作者接触和交流的多种途径，比如专业实践人员授课、做讲座、与用人单位交流等（NASPAA，2009）。对于论文，也有个别专业学位要求在实习之外完成论文，比如普渡大学的 MPH（公共卫生硕士）。

普渡大学健康与运动学专业很好地体现了学术学位与专业学位之间界限的模糊。该专业授予 Master of Science（MS）和 MPH 两种学位，前者又有论文硕士和无论文硕士两种选项，即存在论文硕士、无论文硕士和典型专业硕士三者同存的情况，三者的主要区别如表 14-1 所示。

表 14 – 1　　健康与运动学专业的三种硕士学位

项目	MS（论文）	MS（无论文）	MPH
总学分	30	33	45
课程总学分	24	30	33
研究方法课学分	9	9	9
做论文还是项目	论文（6）	项目（3）	论文（6）
实习要求	无	无	实习（6）

从表 14 – 1 来看，论文硕士需要完成研究论文，无论文硕士需要完成项目报告，论文硕士在论文之外需要获取 24 个课程学分，而无论文硕士需要在项目之外获取 30 个课程学分。无论文硕士通常要比论文硕士获取更多的课程学分，这与一项针对美国工程硕士生的研究结果相一致（马永红、李汉邦、郑晓齐，2008）。不论是论文硕士还是无论文硕士，都要学习至少 9 学分的研究方法课。也就是说，尽管无论文硕士不进行论文研究，但研究方法方面的课程并没有减少，这种情况也有一定普遍性。虽然无论文硕士不进行论文研究，但作为高层次应用型专门人才，需要具备理解研究过程和与学术研究人员沟通的能力，这种能力对其创造性地开展应用实践工作十分重要。此外，无论文硕士也需要通过参加研讨会等形式进行学术训练。

有无实习要求是无论文硕士和 MPH 的主要区别之一。无论文硕士要求学生在课程学习之外，完成项目报告并进行答辩，并没有实习要求，而 MPH 明确规定了实习要求，并对应一定学分。MPH 对实习环节相当重视，要求学生在第二学期要提交实习计划书（internship proposal），该专业还特别重视实习基地（practicum sites）的建设，有完善的实习手册。实际上通过实习这种形式来进行专业实践能力训练和职业素养培养在典型专业学位教育中十分常见。一般而言，典型专业学位不要求做论文，而普渡大学的 MPH 有些特别，在实习之外，不是像无论文硕士那样完成项目报告，而是要求完成论文。该校 MPH 要求学生在第三学期完成论文开题报告（thesis proposal），并给论文赋予一定学分，不过这在典型专业学位中并不常见。

（三）无论文硕士学位具有现实适应性

既然无论文硕士已经具有明显的专业学位特征，那么为什么在此之外还存在诸多的典型专业学位？或者为什么不把无论文硕士完全转为典型专业学位？无论文硕士存在的意义何在？普渡大学无论文硕士与论文硕士（或学术硕士）的主要区别在于不做论文，与典型专业学位的主要区别是不强调实习。那么，是否可将无论文硕士看作是介于传统学术学位与典型专业学位之间的一种过渡学位呢？普渡大学动物科学专业明确指出，尽管现在设计为无论文选项，但这个学位常被当作"专业型"学位看待。也就是说，无论文硕士无专业学位之"名"，但有专业学位之"实"。它在本质上是一种专业学位教育，但因各种原因没有设计为典型专业学位，可能是传统和习惯使然，也可能是由于教育条件还不能完全胜任专业教育的要求。

大学不是职业培训场所，大学也不完全具备职业培训所需的条件和环境。大学教育不得不考虑学生的就业，对实践能力和职业素养的培养也不可缺少。大学教育对专业实践能力的训练和职业素养的培养究竟应做到何种程度，往往存在较多争议。总体上，大学教育更擅长系统深入的基础理论学习，而非职业实践训练（马永红、赵婷婷、郑晓齐，2009）。无论文硕士在实践能力和职业素养培养方面介于传统学术学位和典型专业学位之间，是大学结合自身教育能力和教育使命做出的一种具有一定合理性的选择，是对不同观点进行折中的一种表现。

硕士生发展与社会、经济发展与一定的联系。第二次世界大战后美国专业性硕士教育得以迅猛发展的原因主要有：基础教育教师资格证书制度的实施、企事业单位和政府机构对高级应用型人才的需求旺盛、大学自身发展的需求（洪成文，2002）。同时，并不是所有学生都有兴趣或能力进行更高层次的学术研究，无论文学位的设置也是出于对现实情况的考虑，成为对一部分学生的抚慰。

普渡大学这样的研究型大学十分重视博士教育，很多专业也鼓励学生选择论文硕士，而非无论文硕士。比如机械工程专业明确推荐其学生选择论文硕士，指出论文硕士在继续读博和就业方面都更加有优势。在奖学金制度方面，无论文硕士学生获取的可能性很小。比如，健康科学专业和土木工程专业都明确指出，获取到奖学金的学生需要选择论文硕士。总体来看，普渡大学更倾向于鼓励学生选择论文硕士。但从实际规模来看，工程类专业无论文硕士规模要大于论文硕士规模。美国《工程和工程技术院校统计资料》显示，2013年普渡大学工程类专业（含计算机科学专业）共授予硕士学位508名，其中论文硕士165名，无论文硕士343名[①]，可见更多学生选择了无论文硕士，其中包括在职人员。这说明学生对无论文硕士存在较大需求，也反映出一定的社会需要。

随着社会经济的发展，我国对人才类型的需求变得更加多样化，特别是对高层次应用型专门人才的需求越来越大。同时，近年的就业情况表明，研究生在高校和科研机构的就业比例不断下降，越来越多的研究生在非教学和非科研岗位就

---

① 资料来自 ASEE. *Online profiles* [2016-01-09]. http://profiles.asee.org/.

业。在这样的背景下,大力发展专业学位教育的重要性日益显著。我国专业学位教育的发展历史短,参考和借鉴专业学位教育发展成熟国家的经验,无疑有助于我国专业学位教育的进一步丰富和完善。

总体来看,美国无论文硕士学位是根据社会发展对传统学术学位进行的某种修正,具有比较明显的专业学位特征,也表现出很好的现实适应性。但多样化的无论文硕士学位也引来标准不统一、质量难保障等诸种批评。我国在设计专业学位教育发展时,将专业学位与学术学位进行名称上和本质上的明确区分,是避免上述问题的有效措施。但同时也应认识到不存在唯一的、标准的专业学位教育模式,应鼓励和认可各校根据校情、行业特点、具体学科领域进行多样化设置和发展,避免因过分强调统一带来弊端。

第二节　英国格拉斯哥大学教育学院多元研究生授课项目研究

格拉斯哥大学(University of Glasgow)(以下简称"格大")成立于1451年,是英语国家中第四古老的大学,格拉斯哥大学教育学蜚声国际,在2016TIMES英国大学教育学(education)专业排名第一。格大在研究生教育层次,分为研究型学位PGR(postgraduate research degree)和授课学位PGT(postgraduate taught degree)。授课学位,必须完成课程要求;而研究型学位,一般在学术导师的指导下从事研究,没有必须的课程要求,也没有正式的考核,但必须提交学位论文。本书通过分析格大教育学院研究生授课项目的特色和经验,以利于准确进行国际比较,为我国教育硕士乃至其他专业硕士的改革发展提供借鉴和参考。

一、格大教育学院授课研究生项目介绍与特色

格大教育学院研究生授课项目按不同的学习阶段颁发5种类型证书,分别是研究生证书(Postgraduate Certificate,PgCert)、研究生文凭(Postgraduate Diploma,PgDip)、师范研究生文凭(Postgraduate Diploma in Education,PGDE)、硕士学位和教育博士(Doctorate in Education,EdD)。本节仅就前4种典型的类似硕士层次的研究生项目进行研究。

其中有2个项目包含了2个阶段,这是根据学生的自主选择、考核表现以及推进的阶段不同而综合决定的,学生考核合格可以申请进入下一阶段,或者选择

不进行项目下一阶段。儿童实践项目分为 2 个阶段，选修课得到研究生文凭，完成学位论文再获得硕士学位；融合教育（研究政策与实践融合）项目，完成 3 门课，包括 2 门核心课和 1 门选修课后可以得到研究生证书。再学习 1 门选修课和 1 门研究课可以得到研究生文凭。

这里所提到的某项目只是一个研究生学习项目名称，而不是真正地做科研项目。参加研究生学习项目的学生要学习一系列课程、研讨、辅导、讲座，专题报告等，授课项目的共同特征是都包含课程环节，选择每个项目都有入门书籍阅读介绍。

（一）研究生证书

获得研究生证书的项目有学术实践、小学当代语言教学、学校中层领导和管理、教师领导力和学习、融合教育（研究政策与实践融合）。学制 2 年左右，全部是在职学习，需要修满 60 学分，考核形式是考试或提交作业，或二者兼有。项目对象为获得苏格兰教学协会 GTCS（General Teaching Council for Scotland）注册的教师或格大教师，主要目标是提升他们职业竞争力。该项目不收学费或对本国和欧盟国家教师收取很少的学费。

以学校中层领导和管理项目为例，学制 2 年，面向的群体是首席教师或部门的主任，目标是发展他们对于中层领导和管理的批判性理解等等。项目的核心课程包括：建立一个职业学习团体、学习如何做领导和学习中领导力的提高，每个课程包括在线教学和根据学生工作布置的作业。

再如学术实践项目，学制 2~3 年。2014 年以后，对入职格大的教师职业发展要求发生了变化，要求研究和教学人员在完成 40 学分的教学和监管课程后，会得到高等教育学院（Higher Education Academy）认可的职业资格。项目面向格大教师，提供一个满足英国高等教育职业标准的渠道，注重批判性反思和评价，以证据为基础的教学，评估理论的应用。课程包括 2 门核心和 2 门选修。

（二）师范研究生文凭与研究生文凭

师范研究生文凭包括中学和小学教育项目。这些项目得到苏格兰教学协会（GTCS）的认证，面向迫切成为一名中小学教师的学生。入学条件要求必须通过英国大学和学院招生服务中心（Universities and Colleges Admissions Service，UCAS）考试，并已取得本科学位。中学项目还要求已获得的本科学位中 80 学分要与以后所教的学科相关，其中 40 学分要求是在本科第 2 年及以后取得的，且针对每个领域有更具体的要求。项目为学生提供教师必备的知识、技能和价值观等。项目学制是全日制 10 个月（包括假期），需要修满 120 学分，考核形式是考试或提交作业，或二者兼有。职业预期是中小学教师。

培养过程包括课程和实践。课程共 18 周，在格大上课学习，实践共 18 周，在合作的中小学进行实践。具体的安排是先在格大上课 6 周，然后在中小学实践 6 周，再回格大上课 6 周，如此反复，课程与实践交替进行。

中学和小学教育项目的结构基本相同，包括：理解教和学、中小学课程教学，职业咨询、介绍和了解，宗教教育（完成此课程会得到宗教教师证书）、中小学实践等。

该项目高度重视实践。要求学生以准职业角色进行实践训练，格大有义务确保每个项目都适合学生去实践（fitness to practice），实践适应性的评估根据学生学习成绩、相关的职业标准和期望综合而定。实践是由格大、中小学校、苏格兰教学协会共同组织的复杂过程。每一个学生的实践是可以得到保证的，实践的费用也已包含在学费当中。

研究生文凭与师范研究生文凭属于同一层次，但培养模式不同。2 个在职项目授予研究生文凭，且项目都分为 2 个阶段。儿童实践项目 MEd/PgDip 和融合教育（研究政策与实践融合）项目 PgDip/PgCert，从培养环节来看，研究生文凭比研究生证书多了一些课程，没有学位论文要求。其他方面与儿童实践项目 Med 和融合教育 PgCert 相同，本书对这两个项目里有所介绍。

（三）授课硕士学位

授课硕士学位项目众多，包括社区学习与发展、成人教学、成人与继续教育、社会变革中的成人教育、PGDE 的职业实践、职业学习与咨询、融合教育、儿童实践、高等教育教学、教育、公共政策和公平、博物馆教育、青年研究、心理学研究、儿童文学与素养、对外英语教学（MSc/MEd）、教育研究（MSc/MEd）共 19 种，其中对外英语教学和教育研究可授予科学硕士和教育硕士 2 种学位类型。硕士学位项目可授予 3 种学位类型：国际硕士（International Master, IM）、科学硕士（Master of Science, MSc）和教育硕士（Master of Education, MEd）。

授课硕士学位项目的学习方式有 3 种：仅全日制学习（2 个项目）、仅在职学习（6 个项目）、全日制和在职学习均可（11 个项目）。只招收全日制学生的项目有国际硕士和心理学研究。在职项目全部是在线授课，包括儿童实践、教育、高等教育教学、博物馆教育、职业学习和咨询、PGDE 的职业实践项目。项目需要修满 180 学分，在完成课程的基础上，多数项目要求撰写学位论文，在论文撰写阶段，有学术导师的指导。每个项目均明确提出面向的对象、目的、结构、课程，主要根据个人职业经历和兴趣，深入和扩展对教育的知识和理解，通过讲座、工作坊、小组讨论或者在线教育方式解决实际问题，促进批判性思维、理论联系实际等能力的发展。

1. 准入要求和面对群体

项目入学的学术要求分为 3 种：要求本科学位或同等条件（4 个项目）；要求 2.1 级荣誉学位或同等水平（13 个项目），其中部分项目要求相关学科学位，比如教育、公共政策和公平项目，要求学生已具有教育、社会科学、法律、公共管理等相关学位；特定要求：PGDE 的职业实践项目要求具有 PGDE，高等教育教学项目要求必须有最近的高等教育的教学经验。

总体来看，硕士学位项目面对的群体比前两个阶段面对的群体范围更加宽泛。各项目的具体情况又有所区别。可归纳为以下 3 种群体：一是预期获得本领域职业资格，如儿童实践项目满足了苏格兰社会服务委员会（Scottish Social Services Council，SSSC）对于儿童实践的标准；社区学习和发展项目得到苏格兰社区学习和发展标准委员会（Community Learning and Development Standards Council in Scotland，CLD）的认定；心理研究项目得到英国心理学会（British Psychological Society，BPS）的认定。这 3 个项目的学生毕业即具有职业从业资格。二是项目面对的特定群体，如高等教育教学项目要求必须近期在高等教育机构有教学经验的高等教育工作者。三是对本领域有职业或学术兴趣的人，不论是否具有教育工作背景，可以是拥有不同背景和职业阶段的人，对于未来职业并不是非常明确，格大教育学院授课硕士学位实际上多数项目面对此类人群，如教育研究、心理研究、儿童文学和素养等。

2. 项目结构

授课硕士学位全部项目都有课程要求，但在其他环节并不统一，呈现 5 种形式，如表 14-2 所示。多数项目的课程在 6 门左右，全日制项目课程相对多一些，为 10 门左右。

表 14-2　　　　　　　　授课硕士学位项目环节对比

项目名称举例	项目环节
儿童实践	课程
社区学习和发展	课程 + 研究项目
教育研究	课程 + 论文
儿童文学和素养	课程 + 研究项目 + 论文
博物馆教育	课程 + 实地考察 + 研究项目 + 论文

部分项目有实践环节，这也是课程的一部分。比如成人教学项目，实践环节

可让学生有机会与成人教育机构合作 100 小时，作为项目的两门课程，学生可以自主选择实习机构的类型，实践场所包括工人教育协会（the Workers' Educational Association，WEA），格拉斯哥妇女图书馆，西苏格兰大学和格大等。

在职的学生在就读期间会在工作地点做研究项目，叫作 work-based learning，即在原工作基础上的学习，是理论联系实践的重要途径。这种硕士学位项目能够帮助他们更好的工作，也有利于升职，是他们职业发展的一部分。

实地考察，如博物馆教育项目包含走访格拉斯哥世界一流、种类丰富的博物馆这一环节。学位论文阶段，一般根据学生所做的研究项目或者兴趣，自主选择论文选题。

3. 职业预期

授课硕士学位项目基本是支持学生在本领域的职业发展，包括教育领域、心理学领域等。以教育为例，按岗位和层次分类也体现出多元的特征，如表 14-3 所示。除表 14-3 所示的职业预期外，其他去向还包括地方和国家政府部门、志愿部门、非政府组织等。值得一提的是，部分项目的职业发展还包括学术研究和为博士学习做准备。

表 14-3　　　　授课硕士学位项目教育领域的职业预期

分类	职业预期
不同教育层次	儿童教育、中小学教育、高等教育（多数项目）、继续教育、社区教育等
不同的教育岗位	班主任、讲师、政策制定者、首席教师、教育管理者、研究人员等

（四）小结

从前面研究可以发现，格大授课研究生项目共同之处是都包含课程环节，区别在于培养多元，表 14-4 从多个方面对三种类型进行了对比。

表 14-4　　　　格大教育学院三种授课研究生项目对比分析

对比方面	研究生证书	师范研究生文凭	硕士学位（MED，MSC，IM）
准入条件	GTCS 注册教师或格大教师	英国本科学位或同等水平；中小学课堂工作经验。中学项目还要求相关的 80 个本科学位的学分	本科学位或同等条件；2.1 级荣誉学位或同等水平，其中部分项目要求相关学科

续表

对比方面	研究生证书	师范研究生文凭	硕士学位（MED，MSC，IM）
培养对象	GTCS注册教师或格大教师	想成为中小学教师的学生	想获得职业资格，或对本领域有兴趣或继续深造
学生入学动机	工作进修	教师从业资格	想获得职业资格、对本领域有兴趣或继续高一级学位深造
培养目标	批判性思维和判断，提高教师的从业信心和竞争力等	中小学教师所需的知识、技能、实践等	本领域的基本知识，理论联系实际，批判性思维等
学习时间和形式	2年左右，全部在职	全日制10个月	全日制一般1年，在职多为2年，最长6年或两者都有
结构	课程	课程+中小学实践	课程+项目（主要面向在职人员）+论文（多数项目）
学分要求	60	120	180
职业发展	教师职业进修	中小学教师（毕业即具备从业资格）	不同的教育部门（多数项目），政府部门，工作或学术研究

从表14-4可见，硕士证书、师范研究生文凭和硕士学位在培养目标等方面区别明显。面对不同背景和动机的学生，采取不同的培养过程和安排，最后预期不同的职业发展。生源多元化方面，从准入条件、培养对象和入学动机来看，学生的教育背景、工作经历、兴趣偏好和职业发展预期有所不同。培养目标的多元化方面，不同的生源培养目标不同。培养过程多元化方面，体现在学制长短不一，学习的形式、学分要求以及课程安排都不尽相同。如课程安排就包含讲座、工作坊、小组讨论、在线教育、实地考察等多种形式。然后是职业发展的多元化，如师范研究生文凭有明确的行业导向，而硕士学位则没有统一的导向，而是以培养应用型人才为主，学生根据各个项目所在领域进入相应的教育部门或其他机构，也有一部分会继续从事学术研究或深造。

二、思考与启示

通过分析，我们发现格大教育学院研究生授课项目体现了极大的多元性，而我国教育领域的专业学位则比较单一，目前只有教育硕士这一种类型，且以全日制学生攻读为主。一般认为英国的授课硕士学位与我国硕士专业学位常与相对应或类似。因此，将格大授课教育硕士学位与选取我国最具代表性的北京师范大学全日制教育硕士进行对比，如表 14-5 所示。

表 14-5　　格大授课教育硕士学位项目与北京师范大学全日制教育硕士对比

对比方面	格大教育硕士学位（MED，MSC，IM）	北京师范大学全日制教育硕士学位
准入条件	本科学位或同等条件（4 个项目）；多数要求 2.1 级荣誉学位或同等水平（13 个项目）	（1）中华人民共和国公民。 （2）拥护中国共产党的领导，品德良好，遵纪守法。 （3）身体健康要求。 （4）学历要求：应届本科毕业生等
培养对象	部分项目要求相关学科；其他特定要求	具有与招生领域相关的如教育学本科背景等的学生
学生入学动机	想获得职业资格、对本领域有兴趣或继续高一级学位深造	对本领域有兴趣或继续高一级学位深造
培养目标	本领域的基本知识，理论联系实际，批判性思维等	掌握现代教育理论，教育教学实践能力和研究能力
学习时间和形式	全日制一般 1 年，在职多为 2 年，最长 6 年或两者都有	全日制 2 年
学习领域	儿童教育、中小学教育、高等教育（多数项目）、继续教育、社区教育、心理研究、对外英语教育等	心理健康、科学与技术教育、学前教育（教育硕士教育指导委员会设置 9 个专业）
培养环节	多样	课程+实践（不少于半年的中小学实践）+论文

续表

对比方面	格大教育硕士学位（MED，MSC，IM）	北京师范大学全日制教育硕士学位
学分要求	180	不少于 36
职业发展	不同的教育部门（多数项目），政府部门，工作或学术研究	基础教育领域一线教师

二者大相径庭，对应性不强。差异体现在以下方面：从准入条件来看，格大多数项目要求 2.1 级荣誉学位，略高于北京师范大学（以下简称"北师大"）普通本科毕业生；格大培养对象十分宽泛，北师大则比较单一；学习时间和形式格大也放宽；培养环节方面，格大多种培养方式，由于多数学生是在职学习，因此以做项目的方式代替了北师大的实践。最显著的区别在于培养目标不同，格大注重本领域内的知识和批判性思维，领域可谓五花八门，涉及教育的各个层次，以高等教育为主；北师大注重培养学生的研究能力和实践能力，领域较少，主要面向基础教育。从职业预期来看，格大就业范围更广，且就业或继续读博均可；北师大的就业范围则是基础教育领域的一线教师。

本书将格大师范研究生文凭与北京师范大学全日制教育硕士对比，从培养目标和对象选择来看，二者反而比较相似，比较如表 14-6。

表 14-6　　格大师范研究生文凭与北京师范大学全日制教育硕士对比

对比方面	格大师范研究生文凭	北京师范大学全日制教育硕士
准入条件	学术要求：英国本科学位或同等水平。英语 C 级以上，数学 1 或 2 等级。其中中学项目还要求 80 个本科学位的相关学分。 工作经验：要求有一定的学校课堂工作经验。 面试表现	（1）中华人民共和国公民。 （2）拥护中国共产党的领导，品德良好，遵纪守法。 （3）身体健康要求。 （4）学历要求：应届本科毕业生等
培养对象	想成为中小学教师的学生	具有与招生领域相关的如教育学本科背景等的学生
培养目标	中小学教师所需的知识、技能、实践等	掌握现代教育理论、教育教学实践能力和研究能力的基础教育领域一线教师

续表

对比方面	格大师范研究生文凭	北京师范大学全日制教育硕士
学习形式	全日制10个月	全日制2年
培养环节	课程+中小学实践	课程+实践（多数方向要求不少于半年的中小学顶岗实践）+论文
职业发展	中小学教师（毕业即具备从业资格）	基础教育领域一线教师

通过对比发现，格大师范研究生文凭与北京师范大学全日制教育硕士在诸多环节体现出了很高的同质性。二者的培养对象都是具有教育学背景的全日制学生；培养目标和职业发展主要是中小学教师；实践环节都是安排去中小学进行实践。

但在学习时间、培养环节、职业资格等方面具有一定的区别。在学习时间上，前者为10个月，后者为2年，后者学制更长。在培养环节上，前者采取"课程+实践"的形式，课程与实践交替进行；后者采取"课程+实践+论文"的形式，先课程，后集中实践。且多了学位论文这一环节。职业资格方面，前者毕业即具备从业资格，后者则需要参加考试考取职业资格证书。前者只是研究生文凭，但后者多了学位论文这一环节，故具有硕士学位文凭。

基于以上分析和研究，对我国全日制教育硕士专业学位发展启示如下：

（一）英国的授课型硕士学位项目与我国的专业学位认识错位

从以上师范研究生文凭和硕士学位分别与北师大全日制教育硕士对比可见，师范研究生文凭与北师大全日制教育硕士在培养对象、实践环节、培养目标和职业发展方面比较对应。因此，习惯上将我国教育硕士专业学位与英国授课硕士学位相提并论或认为二者类似的表述并不准确，存在一定的错位。

此外，多数格大的授课型教育硕士学位在培养目标、对象选择、职业预期方面更为广泛，具有一定的职业导向，但整体预期更为宽泛，基本涵盖各层次、多领域教育。而我国教育硕士专业学位主要培养面向基础教育和中等职业技术教育，职业导向明确，但是比较狭窄，现实中毕业生职业选择区域宽泛，职业聚焦度不高。

（二）树立专业学位的多元化观点

从与本书相关全国调研中全日制教育硕士的数据来看，学生的求学动机是多样化的，很不符合我国教育硕士的培养目标。为更好的就业占 33.6%，有人生目标和兴趣追求占 22.9%，10.4% 是由于容易被录取或晋升需要，还有 8.8% 是想换个行业或领域，还有学校品牌等。学生的职业选择也是多样化的，进入基础一线的比例仅为 30%，其他事业单位 37%，进入企业（包括国有企业、民营企业、外资企业、上市公司）的占 16.4%，还有政府部门等。面对多样的求学动机和职业选择，单一的培养路径显然难以满足学生的需求。

格大的授课型教育硕士学位面向三种群体招生，在培养目标、对象选择、培养方案设计、职业预期方面均有所不同。各自在专业实践落实、职业资格对接等重要环节优势上也采取了不同的路径。

建议我国教育硕士在培养目标、对象选择、培养方案设计、职业预期方面进行调整，对于已设的 9 个专业、20 个领域，要充分结合现实中毕业生职业选择和社会需求。一类为明确的职业预期；二类为应用性的与教育相关的职业选择。

（三）职业预期聚焦型教育硕士的培养需要课程与实践交替进行

虽然格大师范研究生文凭与我国全日制教育硕士的培养路径都是理论和实践相结合，但具体路径上也存在不同。格大方面，课程和实践均安排 18 周，具体是先在格大上课 6 周，然后实践 6 周，再回格大上课 6 周，课程与实践如此交替反复进行。我国以 2010 年教育硕士综合改革的 12 所高校为例，多数是先在学校学习课程，再去实践基地实践，分段培养。比如山东师范大学"1+1"培养模式，第一年校内课程学习兼实践教学，第二年在实践基地顶岗实习与论文写作；陕西师范大学"1+0.5+0.5"培养模式，一学年的理论学习，一学期的实习实践，再加一学期完成学位论文。

课程与实践交替重复进行，是"做中学"思想的体现。研究生的科研思维应该在学生进入研究生学习时就开始培养，如果入学的第一年全部沉浸于理论知识，教学模式又没有和本科明显的区别，那么研究生的科研思维和实践能力的锻炼就会滞后于理论的学习。课程与实践交替重复进行，理论学习与实习实践应用结合，不断相互印证，学生在入学后很快就在实践中发现问题，带着实践中遇到的问题和对理论知识的需求再进入更高层次的理论学习，在理论与实践的反复中不断思考和讨论，在提高实践能力的同时，也提升了科研水平。实践中发现的问题也多是学位论文的选题，在不断总结、积淀和积累中产生，是来源于教育领域的现实问题，选题与实践相结合，才能体现应用价值。学生才能及时把握专业领域发展的前沿动态。

（四）加快教育硕士与教师职业资格的对接

如果继续保持我国现行教育硕士的培养目标和对象选择，尤其是职业聚焦型的教育硕士，那么教育硕士与教师职业资格的衔接就必须引起足够重视。格大师范研究生文凭得到了 GTCS 认定，实现了与教师职业资格的衔接。GTCS 创设于 1965 年，是世界上最早的教育委员会之一。2012 年，苏格兰议会通过法律，使其成为世界上第一个独立于政府组织的自治的教育机构。其最主要的目标是塑造苏格兰的教学事业，保持和提高教师的职业标准，为教师职业和苏格兰教育作贡献。GTCS 对于初任教师有独立的标准，只有在 GTCS 注册，才能够在苏格兰的公立学校任教，这是对初任教师的法定规定。这种做法体现了精致教学理论思想。20 世纪 70 年代末期，美国学者查理斯·瑞格鲁斯（C. M. Reigeluth）与大卫·曼里尔（M. D. Merrill）等提出了精致教学理论（elaboration theory of instruction）。该理论认为学习过程应该是先有整体概念蓝图，再逐一建构内容知识。目的就是使学习者在学习局部细节知识之前，先要在脑海中建立一个概念地图，即对整个学习任务有一个清晰的整体概念模型，倡导"自上而下"的教学序列。苏格兰教学协会制定了教师资格的标准，描述了要达到的目标，是一个整体概念蓝图，预期培养中小学教师的大学将课程等安排到协会认证，即将目标分成若干个细节，完成某门课程将满足目标中的某个环节，同时学生也了解要达到的目标，有助于有的放矢地提高能力和水平。

由于以上研究生学习项目已经得到苏格兰教师协会的认证，学生在毕业时即具有了职业从业资格。这种资格对于雇主、家长和学生都是一种担保，即教师已达到国家的教学水平。因此，在苏格兰，培养目标旨在培养中小学教师的所有大学都要得到认证，才能使学生得到从业的"敲门砖"。

纵观国内专业硕士，目前只有为数不多的专业学位如临床医学专业学位已成功实现了与职业资格的对接。2014 年《教育部等六部门关于医教协同深化临床医学人才培养改革的意见》确保合格的毕业生可获得《执业医师资格证》《住院医师规范化培训合格证书》《硕士研究生毕业证》和《硕士学位证》，实现了 4 证合一。而教育硕士与教师职业资格却暂无衔接。

2013 年教育部颁布《中小学教师资格考试暂行办法》指出教师资格考试实行全国统一考试，试点省份试点工作启动前已入学的全日制普通高校师范类专业学生，可以持毕业证书申请直接认定相应的教师资格。试点工作启动后入学的师范类专业学生，申请中小学教师资格应参加教师资格考试。从该办法可以看出，考生只需要符合《中华人民共和国教师法》规定的学历要求，有无教育学学习或工作经历与从业资格并无关系。因此，教育硕士毕业后还要考取教师资格证，才能得到教育行业的从业资格。

从现实情况来看，获取教师资格证书不仅是教育硕士从业的期望，也是高校的诉求。从对相关课题的调研来看，在对全国2015年毕业的430份全日制教育硕士的问卷当中，对"学校鼓励或要求您参加相应的职业资格考试（教师资格考试）吗"这一问题，62.1%的学生选择鼓励，22.3%的学生选择要求。可见，大多数学校都是希望教育硕士在校期间就得到从业资格的。

从政策层面来看，我国2015年修订的《教育硕士专业学位设置方案》指出教育硕士是具有特定教育职业背景的专业性学位，逐步使教育硕士专业学位成为基础教育和中等职业技术教育专任教师和管理人员担任较高职务的资格条件之一。但实际上全日制教育硕士的职业背景并无体现，资格条件尤其是专业实践训练部分也没有具体的对接措施，甚至连从业资格这个"敲门砖"都不具备。也就是说，教育硕士的定位比较清晰明确，但是培养过程与教师职业要求不相衔接，硕士学位与教师资格如何对应落实还需斟酌，培养过程和合作实践均有待加强。

无论政策导向还是现实需求都提示着我国政府、行业组织等有关部门，应积极发挥作用，并且对于专业实践有足够的保证，将教育硕士与教师资格之间架起衔接的桥梁。从格大师范研究生文凭和我国临床医学等专业学位来看，职业资格对接已有一定推广，并取得成功经验。英国苏格兰地区的做法值得借鉴，分地区制定统一标准，达到标准的教育硕士自动获得教师资格。这样既降低学生择业成本，也增加学生和社会对教育硕士的认可度，提高学生所学专业与从事工作的相关度。

第三节　法国巴黎综合理工学院科学技术硕士培养项目研究

巴黎综合理工学院建立于1794年，是一所隶属于法国国防部的公立性教学科研机构，是法国享誉盛名的工程师学校，常在法国本土"最好的工程师大学校"的排名中列首位。在2019年QS世界大学排名中位列法国第二，在2017年泰晤士世界大学排名中，学生就业能力一项位于世界第22位。学院致力于培养擅长领导复杂且创新性课题、具有社会责任感的专业人才，以应对当前和未来社会面临的挑战。学院不仅保持高水准的学术科研水平，也在前沿创新领域起到引领作用。这里走出了庞加莱、安培等世界闻名的科学家，培养了三位诺贝尔奖得主和一位菲尔兹奖得主。在政经界，三位法国总统以及雪铁龙、斯伦贝谢的杰出

CEO 也曾在学院学习生活过。

在培养专业应用型人才方面，除了具有法国特色和专业学位特征的工程师教育之外，专业硕士是法国近年来重点发展的对象。巴黎综合理工学院开设的科学技术硕士培养项目，即与工业界联系紧密，以培养在学术界以外的各行业发挥引领作用的人才为主的专业硕士教育项目。该项目在新兴行业（职业）领域的高层次领导型专业人才培养方面的探索，可以为我国创新专业学位研究生培养模式提供一些借鉴意义。

一、科学技术硕士培养项目介绍

科学技术硕士培养项目（master of science and technology programs，MSc&T）是一个两年制的硕士文凭项目，致力于培养未来工业界领导者，毕业生以直接进入就业市场为主。该项目共设有 8 个方向，分别是：人工智能与高级视觉计算（Artificial Intelligence and Advanced Visual Computing Master）、网络安全：威胁与防御（Cybersecurity：Threats and Defenses Master）、商业数据科学（Data Science For Business X – HEC Master）、经济、数据分析与企业金融（Economics，Data Analytics and Corporate Finance Master）、可持续发展生态科技与环境管理（Ecotechnologies for Sustainability and Environment Management Master）、能源环境：科学技术和管理（Energy Environment：Science Technology and Management Master）、物联网：创新与管理（Internet of Things：Innovation and Management Master）、智能城市与城市政策（Smart Cities and Urban Policy Master）。这些项目为学生提供了与职业相关的多学科教育课程，也提供了实用技能和必要的初步工作经验。

MSc&T 的全部项目均以英文授课，面向全球招收具有本科学历的、具有扎实科学或工程背景的高素质学生。整体来看，项目具有如下特色：

第一，凭借学院教授、相关研究中心、国内外学术合作伙伴和顶尖行业中的专业人士所教授的优质课程，确保学生获取丰富的理论与实践知识。从课程体系来看，两年的时间里，学生需要修得140学分，其中包括：科学与工程（包括核心课程和选修课）48~56 学分；商务、技术创新与创业管理 12~16 学分；人文及语言 12~16 学分；个人和团队项目工作 12 学分；研究项目/实习/工作安排或公司内部项目 40 学分；体育活动 4~8 学分。

第二，与世界一流的法国和国际的公司机构紧密合作，以确保学生了解行业动态，获取实际的行业工作经验。每个培养项目都包括实地考察和由行业杰出代表举办的会议，学生有机会参与个人或团队项目与行业伙伴展开合作，从客户的角度出发解决真正的问题。并且在两年的学习时间里,每年都包含了 4~6 个月的国内外实习环节。

第三,跨学科多领域的交叉学习培养。项目多为多个学术部门合作,融合了科学与工程领域的不同视角,例如能源与环境专业是由力学和物理系与应用数学、经济学和人文学系联合开设的。作为获得学位的要求之一,学生需要在 4~6 人的小组中开展跨学科课题,课题在教师的指导下进行,为期一学年或 6 个月,期间会受到团队合作、领导力、沟通和资源规划方面的培训。小组课题题目由学生选择,可与研究中心实验室、外部研究机构或公司合作进行。

二、能源环境:科学技术和管理培养项目

以能源环境:科学技术和管理培养项目(Energy Environment: Science Technology and Management Master, STEEM)为例:该项目旨在培养为顶级制造商、创新型初创企业和公共组织服务的能源转型领导者,项目致力于提供一种强调卓越的应用科学教育,使学生具有环境问题和可再生能源方面的实际技术专长,以及对围绕其发展的经济、社会和地缘政治挑战的深入了解。项目中的管理知识由欧洲顶级的商学院——巴黎高等商学院(HEC)的教授讲授,以确保学生能够掌握能源环境这个快速发展领域的组织和业务。而学生技术方面的培训则由研究前沿能源工程解决方案的来自国立高等先进技术学院(ENSTA)的教授提供。

STEEM 项目强调实际操作和基于经验的学习,入学后每位学生会被分配一名教授进行一对一的指导,每年分为 3 个学期,其中两个学期为课程学习,一个学期为专门实习。第一年的课程主要为学生提供可再生能源与环境方面的科学基础,学生们要学习 7 门科学课程,1 门管理课程,还要完成 1 个数学项目,在第一学年的末尾,学生还要进行为期 16~20 周的研究或行业实习。在第二学年中,学生们开始探索可再生能源和环境之间的联系。他们需要学习 6 门科学课,1 门管理课,并完成 1 个管理项目。另外,第二次研究或行业实习将在第二年年底进行,为期 20~24 周。在两年中,学生还需参加外语、人文和法国文化课程,每周至少进行一次体育锻炼(见表 14-7)。

表 14-7　　　　　　　　　　STEEM 项目课程结构

项目	阶段 1（9~12 月）	阶段 2（1~2 月）	阶段 3（3~8 月）
第一学年 （70 学分）	物理学课程重温 3 门核心课程（3×4 学分） 陆地水文与水资源 风能中的力学 能源与环境 光伏与太阳能 可再生能源电力工程	3 门核心课程（3×4 学分） 能源系统的决策理论应用 流体结构相互作用 气象与环境 水力、风力和海洋资源 基于科技的企业与行业开创 可持续战略和商业模式 用于能量转换和储存的材料科学	至少 4 个月的研究工作或行业实习（26 学分）
	1 门管理课程（4 学分） 能源产业价值链	1 门高级选修课（4 学分） 太阳能和风能项目：资源和性能分析 科技初创企业的诞生 光伏实验室课程 环境物理学实验	
	1 项数学训练（4 学分） 数学课程重温，两人一组完成一项数据建模 可选：Python 初学者工作坊		
	Coriolis 会议与行业参观、1 个外语模块（3 学分）、 2 个人文与法语课程模块（3 学分）、体育（2 学分）		
第二学年 （70 学分）	3 门选修课（3×4 学分） 替代化石资源和应对全球变化的解决方案 化学储能 风能 温室气体的挑战与观察 大气成分：从过程到建模与空气质量章程 用于第三代太阳能电池的有机材料 能源与气候变化建模	3 门选修课（3*4 学分） 可再生热能 城市环境与发展经济学 能源经济学与可持续发展 可再生能源的自适应存储和传输 气候变化与能源转型 薄膜光电 工业光伏技术 可再生能源智能电网 高级实验智能电网	5~6 个月的研究工作或行业实习（30 学分）
	1 门管理课（4 学分） 能源行业项目设计和运营管理	1 门管理课（4 学分） 一项合作管理项目	

续表

项目	阶段1（9~12月）	阶段2（1~2月）	阶段3（3~8月）
第二学年 （70学分）	Coriolis会议与行业参观、1个外语模块（3学分）、2个人文与法语课程模块（3学分）、体育（2学分）		5~6个月的研究工作或行业实习（30学分）

注：表格来自巴黎综合理工学院科学技术和管理培养项目（Energy Environment：Science Technology and Management Master）网站。其中4学分相当于至少30小时的讲座和课程。每个模块的工作量要求（作业和独立学习）为每个ECTS 2小时。

三、特色与启示

第一，扎实的课程学习。MSc&T培养项目要求学生在两年时间内完成总计140学分的培养环节，换算后相当于984小时，其中课程学习需完成76学分，相当于504小时（以STEEM项目为例）。作为比较，以全国工程专业学位研究生教育指导委员会起草的《关于制订工程类硕士专业学位研究生培养方案的指导意见》中的学分要求作为参考，规定课程学习和专业实践实行学分制，总学分应不少于32学分，其中课程学习不少于24学分，课程学习16~20学时可计作1学分。我国高校1学时通常相当于50分钟，这里暂作1小时计，则换算后相当于总计512~640小时，其中课程学习相当于384~480小时。当然该指导意见中规定的学分要求仅为最低标准，实际各高校的培养方案中规定的学分要求不一而足，但MSc&T培养项目对学生课程学习和整体培养的力度和强度由此可见一斑。

第二，充分的行业实习。法国工程师教育多采用多段式实习，实习活动贯穿工程师培养的全过程，且每个实习阶段都较长。从而使理论与实践深度结合，使学习者对问题的认识逐层深入，解决实际问题的能力和主动性不断增强。MSc&T培养项目亦是如此。以STEEM项目为例，每个学年的第一、第二学期期间，学生都要进行行业参观走访，了解行业内各类机构的生存发展动态、工作环境与工作内容；第一学年的第三学期，学生需要进行4~5个月的行业研究或行业实习；第二学年的第三学期，学生需要进行5~6个月的行业研究或行业实习，运用学生的技术知识和管理专长，为领先的制造商、创新创业公司、公共组织和政府机构制定并推动能源环境方面的政策。反过来，由于业界对于这种专业技能在企业、研究和公共部门的需求增长有着清晰的认识和预见，因此对于STEEM培养项目表示了大力的支持。通过这种充分的行业实习和高质量的行业伙伴关系，确保毕业生有着充足的准备进入新的专业领域。

行业实习是学生获得实践经验，提高实践能力的重要环节。充分而高质量的实习对于学生真切了解职业内容、切实掌握专业技能、引领解决行业实际问题具有重要意义。在专业学位研究生教育实践中，由于存在一些企业和高校的目标利益冲突，企业参与实践的积极性不高；专业实践活动流于形式，实践内容与培养方案脱节等问题，专业学位研究生教育的专业实践质量难以保证。为此，可以借鉴 STEEM 培养项目的经验：一方面，高校需要感知服务行业（企业）需求，鼓励并提倡专业学位研究生在实践期间为企业解决研发、生产与管理中的实际问题或形成具有一定应用价值的研究成果。保证实习学生的规模和持续时间，从而满足企业希望岗位保持长期性、稳定性、实效性的要求，提高企业参与研究生实践培养的积极性。另一方面，企业也应建立积极的人才战略，树立社会责任感和反哺精神，认识到参与研究生实践培养对于企业人力资源的补充、行业整体的蓬勃发展所具有的重要意义。

第三，紧贴前沿领域。法国的专业学位发展之初，主要聚焦于传统的成熟专业，如医学、牙医外科、药学等领域。但随着时代的发展，更多紧密贴合前沿科技领域的培养项目应运而生。MSc&T 培养项目的 8 个方向均紧密贴合社会发展需求动态和前沿科技领域，不少方向围绕人类社会发展面临的安全问题和时代转型所面临的重要紧迫问题，包括生态环境、能源、网络安全、大数据、物联网、人工智能等，其中人工智能与高级视觉计算、网络安全：威胁与防御两个项目开设于 2018 年，凸显了培养项目对社会发展态势的敏锐捕捉与迅速反应。

除了传统的与高等教育联系密切的行业以外，其他社会行业和产业对人才素质的需求在层次、类型和规格上发生了巨大变化，尤其是当下科技的飞速发展和知识经济时代的转型催生了许多新型行业和职业，在这样的社会需求背景下，高等教育特别是专业学位研究生教育需要快速适应、做出应对。专业学位领域的设置与调整，可给予高校适当程度的自主权；国务院学位委员会尽快制定专业目录的设置与管理办法；教育部有关职能部门、专业学位教育指导委员会做好审核、备案、评议等工作；高校根据经济和社会发展需求、本单位人才培养条件与专业发展基础，提出专业领域的增设方案，并进行必要性、可行性论证。从而完善专业学位领域的设置调整机制，实现社会需要什么人才，院校就能迅速响应培养什么人才。

第四，跨学科培养。MSc&T 培养项目均为多个学术部门合作，融合了科学与工程领域的不同视角。其实从开设的方向名称即可看出，每个方向都是融合了诸多专业领域的复合型命题，例如 STEEM 项目是由力学和物理系联合应用数学、经济学和人文学系开设的。招生要求中规定学生须具有工程、机械或物理专业的学士学位，或者法国本土的工程师文凭，如不符合以上条件，则需证明本人具有较强的以上学科的知识背景，并且在课程结构中，第一学年的第一阶段，分别设有物理学和数学科目的重温，这就保证了录取学生的专业知识基础。此外，除了以上强烈的专业背景知识，课程体系中还包含了很多涉及决策、创业、设计运营等管理、商科和人文方面的课程学习要求，为培养能够引领解决行业实际问题的领导型人才提供了知识储备。

如今，随着全球化、信息化和科学技术的急速发展，人类社会的知识呈现爆炸式的增长。这既带来了专业领域的细化，也带来了知识体系的庞杂。譬如环境、能源等种种课题早已超越了单一专业领域之力所能及，而是涵盖了人类、社会、自然等诸多影响人类社会可持续发展的深刻复杂问题，解决这些问题需要高层次的专业化人才具有更加广博的知识和对不同学科专业的理解能力。越来越多的高校认识到这一点，因而逐渐推出了跨学科的专业学位人才培养项目。未来，我国的专业学位教育也需随着现实需求的持续变化，以及社会行业和职业不断细分所提出的要求，以多个学科理论为支撑，在主要学科的专业背景下，融合管理、商务、法律、人文、社会等领域知识，不断创设新的专业领域和复合型培养项目。

第五，机构间的密切合作。在内部组织上，MSc&T 培养项目均是由多个学科专业联合开设。在外部合作上，一方面，由于巴黎综合理工学院是一所专而精的小规模的工程师学院，因此项目的部分课程邀请了来自其他研究机构、教育机构的教授讲授，例如在 STEEM 项目中，管理知识由来自巴黎高度商学院（HEC）的教授讲授，技术方面的培训则由来自国立高等先进技术学院（ENSTA）的教授提供。这种合作授课的方式在法国非常普遍。另一方面，通过持续而充分的实习环节、合作开展的课题研究、定期举办的行业会议和访问，使得 MSc&T 培养项目与行业领先的制造商、创业公司、公共组织和政府机构也建立了密切合作以实现专业人才的培养与输送。

每个院校的学科专业基础不同，不可能完全满足新形势新专业的需要，院校系所之间的合作和资源共享，可以保证优质资源对专业学位研究生教育的支撑。而行业（企业）和院校的优势互补，才能培养造就出真正适应行业（企业）需求乃至解决行业（企业）难点痛点、引领行业（企业）发展的高水平人才。今后我国的专业学位研究生教育发展还需要进一步加强院校之间、校企之间的密切联系与合作。

第四节　教育博士培养模式的困境与变革

教育博士（Ed. D.）学位作为一种专业博士产生于 20 世纪初的美国，随后迅速发展，并成为世界上其他国家借鉴和仿效的成功范例。教育博士专业学位的出现回应了美国教育专业专门化运动对教育专业实践人员的广泛需求。1989年，美国全国教育管理政策委员会提出了把教育博士学位作为中层教育管理岗位从业资格的建议，教育博士作为一种相对独立的学位得到了社会的广泛承认，许多大学的教育学院纷纷设立了教育博士学位。1995年，在美国127个教育管理博士点中有104个授予教育博士专业学位（文东茅、阎凤桥，2004）。1990年，墨尔本大学在澳大利亚首开先河设立教育博士学位，随后，Ed. D. 在澳洲遍地开花。截至2011年，澳大利亚的Ed. D. 项目数为28个，占专业博士学位项目总数的14%（邓涛、李婷，2014）。1992年，英国的教育博士在布里斯托尔大学诞生，一经开设便受到了学生的欢迎。截至2005年，英国Ed. D. 项目数量发展到了40多个，成为英国博士生教育中发展最快的领域（李广平、饶从满，2010）。

经过多年的实践努力，美国、澳大利亚、英国等国家的教育博士项目不仅初具规模，其社会声誉和影响也逐步扩大，但Ed. D. 项目的培养模式长期以来却饱受社会的诟病。中国目前也正在15所重点大学试办Ed. D. 项目，但究竟如何培养Ed. D.，中国的大学也遇到了同样的困惑。正是基于这样的现实，本书通过介绍英美国家在Ed. D. 培养中普遍遇到的困境及一些典型学校的改革案例，为我国相关专业博士学位项目人才培养提供借鉴。

一、教育博士培养模式面临的尴尬：与教育哲学博士的趋同

教育博士专业学位从诞生之日起，在理论上其设计者就给予了其独特的定位以区别于教育哲学博士学位，这就是：Ph. D. 是一种学术学位（Academic Degree），要求学生进行原创性的研究，为人类知识的积累做出贡献，许多毕业生选择学术机构作为工作去向；Ed. D. 是一种专业学位（Professional Degree），要求学生综合掌握专业知识以解决教育领域中的实际问题，许多毕业生选择教育管理作为工作去向。如哈佛教育学院首任院长霍尔姆斯在哈佛教育学院成立后推出的Ed. D. 就是面向教育从业者的学位，培养中关注的重点应该是教育实践中的实际教学和管理。从文字表述上看，哈佛教育博士的培养目标是专业的而非学术的。直到当今，哈佛大学教育研究生院的网页上都是这样界定教育博士的培养目标：“同其他院校相同，哈佛哲学博士注重培养'专业化的研究人员'，主要是高校教师及研究人员；而教育博士培养'研究型的专业人员'，主要是教育领域的管理者和政策制定者。"（吕梅桂，2010）

1934年，威廉·罗素在哥伦比亚大学创设教育博士学位也是力求体现专业

学位教育的特点。其教育博士的培养方案包括：课程学习、书面和口头的考试、一篇项目报告。课程学习的内容按规定应覆盖教育实际工作中出现的问题，最初包括教育史、教育心理学、教育哲学、教育社会学，后来扩展到包括教育管理、教育督导、课程与教学。书面和口头的考试，是为了评估学生是否适合特定教育领域的领导职位。项目报告是就某一项教育活动和服务所做的报告，旨在考查学生是否具备了专业应用方面的能力。项目报告的选择范围比教育哲学博士宽广，例如对新课程教学大纲、某个州或地区的课程开发、管理和组织改革的建议（王霁云等，2012）。

以上可以看出，Ed. D. 人才培养的定位与教育哲学博士学位截然不同。然而，在规模扩张的同时，其培养模式与教育哲学博士（Ph. D.）的人才培养模式越来越混淆不清，从"入口"（招生）到"出口"（毕业）都逐渐趋同。卡内基教学发展基金会主席李·舒曼（Lee Shulman，2006）严厉地指出："我们现在已陷入尴尬境地，既没有培养教育博士的那种令人赏识赞美的模式，也没有培养哲学博士的优秀模式，因为我们基本上是在用相同的模式来培养两者，不管培养的是教育博士还是教育学科的哲学博士。"具体来说，二者的趋同主要体现在以下方面：

（一）入学标准趋同

从当前美国、英国、澳大利亚等国家的做法来看，Ed. D. 教育的招生主要看学生是否具有相应的专业工作经验，但这并不是唯一标准，不少大学对招生对象的学术水平也提出了类似于对 Ph. D. 招生对象的要求。

李·舒曼（Lee Shulman，2006）的研究表明，"从招生的角度来看，Ed. D. 与 Ph. D. 的差异是极其微小的，申请项目时所要求的经历（课程）和业绩（学术论文）是极其相似的"，这种入学标准方面的趋同性实际上违背了 Ed. D. 教育的本来宗旨。

（二）培养目标趋同

从理论上看，美国、澳大利亚、英国等国家在实施 Ed. D. 项目时，都强调其目标是：通过博士学习的专业训练，培养"研究型的专业人员"（researching professionals），即为实践领域造就高层次的、具有实践研究和反思能力的"专家型"教育专业工作者，"实践性"是其主要价值取向。而哲学博士教育的目标是培养"专业型的研究人员"（professional researchers），其宗旨在于为高校和科学研究机构输送具有从事原创性学术研究能力的教学和科研人员，"学术性"是它的主要价值取向。

然而，在实践中，教育博士与哲学博士的培养目标却逐步趋同，Ed. D. 在实践中逐渐偏离"实践性"的定位，而滑向追求"学术性"的误区。"在美国，人们对 Ed. D. 的批评不是没有根据的，Ed. D. 确实没有按照自己的预定目标，与教育实践领域的'真问题'建立起有机联系"。"在英国，教育、心理、医学、工商管理等学科领域的专业博士学位日益失去自己的特色而与 Ph. D. 趋同，这将会对 Ed. D. 的市场产生莫大影响。"（邓涛，2009）

（三）课程设置趋同

从各国 Ed. D. 教育的课程设置来看，它们大都实行模块化的课程，一般分为核心课程模块（如教育学原理等基本理论知识）、教育前沿与实践性问题研讨模块（如教育政策与法律、教育组织与管理等）、教育研究方法课程模块（如社会科学研究方法、教育统计与计量）、选修课程模块、学科专业课程模块（有些 Ed. D. 教育项目将此模块合并在选修课程模块）。从表面上看，这些模块课程似乎已经突出了 Ed. D. 教育的特点，但从实践效果来看，Ed. D. 教育的课程设置与学习仍存在着明显的弊端，即这些课程的学习内容、学习方式存在着学术色彩过于浓厚而与 Ph. D. 课程趋同的问题。很多学者指出，Ed. D. 教育的课程设置与学习存在着理论与实践脱节的问题，没有关注行业实践的需要和学生的专业发展的需要。

莱文（Levine，2007）批评说，"教育实践领域的变革日益频繁，但美国的 Ed. D. 教育却忽视了这一点，其开设的课程与教育领导者的现实需要并不相关，人们正在担心 Ed. D. 教育是否能够继续承担起造就具有卓越管理能力的教育领导者队伍的重任。"

（四）论文要求及评价标准趋同

在实施 Ed. D. 项目过程中，各国普遍把毕业论文看成是授予学位的硬性要求。Ed. D. 学位论文的框架结构、学术水准、评审与答辩程序等基本上参照了 Ph. D. 的标准。2008 年，美国有研究者对随机抽取的 200 篇教育博士论文进行研究时发现，教育博士论文不仅在选题、研究方法等方面与哲学博士论文非常相似，甚至在呈现形式上也如此。通常情况下，平均 190 页的教育博士论文被编排为"五章样式"，开篇是研究问题及文献综述，接下来是研究结果的具体呈现与分析，结尾是从定量或定性研究的具体发现中概括出的一般化研究结论以及由此提出的理论与实践的未来方向。几乎所有的教育博士论文都在进行以发展学术为旨趣的定量或定性研究，而鲜有基于实践场域的现实问题研究，这就导致教育博士论文与哲学博士论文并无二致。

总之，无论美国、澳大利亚还是英国等在实施 Ed. D. 教育时，基本上都选择"以大学为中心"的培养模式。由于大学具有学术研究的优势和偏好，致使 Ed. D. 教育在培养过程中普遍存在着重理论轻实践、重学轻术的现象。导师与教学人员基本上是依靠 Ph. D. 教育的师资队伍，而这些导师大部分人接受的是 Ph. D. 的学术训练；在价值观念上，他们信奉学术，内心里不太重视专业学位教育；在教学、指导方法与论文要求上，他们也习惯以对待 Ph. D. 学生的方式来指导 Ed. D. 专业学位研究生。正如李·舒曼（Lee Shulman）所指出的那样，"以大学为背景而设立的博士学位在本质上和程序上都必然以学术为根基"。

教育博士和教育哲学博士两种学位人才培养模式日益趋同的原因是复杂的。从历史上来看，两者的混淆从两所龙头大学，即哈佛大学和哥伦比亚大学最初设置教育博士学位时就已埋下种子，随着时间的推移，这种混淆在实践中不仅没有消除，反而愈演愈烈。到 20 世纪中期，教育博士学位教育已经承载了众多的功能：摆脱文理学院控制、培养大学研究人员、提供专业教育证书、建立大学教育专业学院以跻身学术殿堂等。面对种种诉求，教育博士学位教育的培养目标定位难免不受影响，与教育哲学博士学位的区分也变得更为困难。事实上，各教育学院也无意区分这两个学位，它们似乎更关注通过设立教育博士学位来满足各自的利益诉求。

二、教育博士人才培养新趋势：适应时代需求的变革

2006 年，李·舒曼（Lee Shulman）等呼吁全美教育学院对教育博士和教育哲学博士做出明确的区分，同时提升两个学位的培养质量。2007 年，美国卡内基教学促进委员会发起了为期三年的重新评估教育博士行动（Carnegie Project on the Education Doctorate），其目的不仅是研究教育博士的现状，也是为了通过参与院校的协力改革，使得教育博士学位教育的质量得以提升，培养高水平的教育从业人员为国家教育体系服务（徐铁英，2012）。一言以蔽之，进入 21 世纪，为了适应时代的新需求和新环境，改革成为美国、英国、澳大利亚等国家教育博士学位教育的主要趋势，这种改革的根本是让教育博士项目回归教育实践，但这种回归不是简单地走"回头路"，而是螺旋式的上升。当然，不同国家、不同学校又呈现自身特色。这里我们选择五所有代表性的学校就其改革予以介绍。

（一）哈佛教育学院的回应——顶岗实习

就在 21 世纪初，许多美国大学的教育学院积极行动，尝试重新设计自己的 Ed. D. 项目时，哈佛教育学院作为 Ed. D. 教育的开山鼻祖迟迟不动声色。2009 年 9 月，哈佛教育学院终于打破沉默，宣布设立新的博士学位——教育领导博士

学位（Ed. L. D.），并于同年开始招生。哈佛教育学院设立 Ed. L. D. 的目的在于培养能够致力于美国学前教育和中小学教育改革的、系统层面的高级教育领导，试图从根本上改变美国的公立教育系统[①]。

与这一宏大目标相对应的还有这个学位项目创新的培养模式：项目为期三年，学生以学习小组形式全脱产学习，前两年为课程学习，最后一年是学生带薪顶岗实习，在实习单位从事有意义的领导工作，以取代传统的博士论文。另外，该项目还具有以实践为基础、跨学科合作培养、全程免费等特点。需要说明的是，尽管哈佛新推出的博士学位拥有一个新名称，但它并不是一种新的学位类别，还是属于培养教育领导的教育博士专业学位的范畴。

带薪顶岗实习是哈佛教育学院新设博士学位独具的特点。Ed. L. D. 的学生在第三年，即项目的最后一年，将进入为期一年的有偿实习期：在与哈佛合作的单位实习，并获得该合作单位支付的工作报酬。这些合作单位遍布全美，都是颇具影响、有活力的组织，包括公立学校系统、教育部、营利或非营利教育组织、慈善机构等。这些合作单位与哈佛教育学院一样，都致力于美国 K-12 教育改革，并拥有一个共同的目标，即确保每个学生都有机会充分发挥自己的潜能。

精心设计历时一年的实习经历，学生在实习单位直接面对来自专业领域的实实在在的挑战，以此来检验学生所学的领导技能和有关的变革理论。在实习中，学生负责实际的项目，组织安排他人的工作，与该机构的成员共同努力，并对所从事的领导工作承担责任。在实习中，学生们可获得专业指导和实践经验，并建立人际关系网络。所有这些，都是他们今后成为出色管理人员的基础。

实习期间，Ed. L. D. 的学生与哈佛和学习小组的其他学员保持通讯联络，并定期回哈佛参加项目集训活动。实习期间，学生也需完成毕业项目研究（capstone project），并接受实习单位和 Ed. L. D. 项目教师的共同审核，合格后方能获取学位（曹珊，2013）。

哈佛教育学院对教育博士专业学位教育进行了大刀阔斧的改革，借鉴了法律博士和医学博士的培养经验，基于职业目标选择实习单位，凸显了研究者和实践者的双重身份，实现了三方共赢（见表 14-8）。

表 14-8　哈佛大学 Ed. L. D. 的顶岗实习与传统博士论文的比较

项目	传统博士论文	带薪顶岗实习
研究目的	理论导向的知识生产	在实习单位的领导岗位从事管理工作，检验所学的理论与实践经验

[①] 出自 Harvard Graduate School of Education. Ed. D. Student Guide. Sep. 18, 2014。

续表

项目	传统博士论文	带薪顶岗实习
研究问题	由学生和/或导师构建	实习单位由学生和 Ed. L. D. 项目教师共同商讨确定,要考虑学生的职业取向和地理便利,解决工作中的真实问题和挑战
资格确定	完成课程学习,通过博士候选人资格考试,进入论文阶段	完成课程学习,进入实习期,实习于第三学年开始,持续一年
完成方式	论文由学生独自完成	与实习单位的同事协同完成实习工作,学生独立完成毕业项目研究
审核方式	论文接受论文委员会审核	实习工作接受实习单位的审核,毕业项目研究接受实习单位与哈佛教师的共同审核
预期影响	对所研究的对象的预期影响极小	完成的实习工作直接影响实习单位,对其工作结果负直接的责任

(二) 南加州大学的专题博士论文

南加州大学罗西耶教育学院致力于对教育博士(Ed. D.)和教育哲学博士(Ph. D.)的学位教育进行严格区分,同时做了相应改造。新 Ed. D. 项目于 2001 年开始运行,学院认为新的 Ed. D. 学位应与学生的实际工作及未来专业目标紧密联系,因此新的 Ed. D. 毕业环节应该采用能够促进教育实践的形式,即改传统博士论文为专题博士论文(顾建民、王霁云,2012)。

专题博士论文的具体做法是,教师根据自己的专长和教育实践领域的研究方向,组建专题组,并在专门会议上,由每个专题组的教师分别进行介绍,每名学生可以挑选其中三场介绍会参加,一周内,学生选择并提交三个与自身专长、需要和职业生涯目标最符合的专题,大部分学生均能满足第一志愿。每个专题组一般由 8 名学生组成,每名学生选择该专题下的不同问题进行研究。

学生对个人的研究负责,撰写各自的论文,但由于专题组成员的研究是相互联系的,每个成员可从他们的专题组中获得相关理论和概念框架的建议、文献和研究设计的推荐、研究成果的反馈等信息,不同的经验和视角能够更有效地理解和解决教育方面的实际问题。有些专题还能成为持续的项目,供后面的学生继续研究(张晓煜,2013)(见表 14-9)。

表 14-9　　南加州大学罗西耶教育学院的专题
博士论文与传统博士论文的比较

项目	传统博士论文	专题博士论文
研究目的	理论导向的知识生产	解决学校的实际问题
研究问题	由学生和/或导师构建	由学区和研究团队共同构建
研究路径	查阅文献—发现理论空白—确定研究问题—展开研究活动	从教育实践中发现和确定研究问题—查阅文献—展开研究活动
资格确定	完成课程学习，通过博士候选人资格考试，进入论文阶段	完成课程学习，通过博士候选人资格考试，进入论文阶段
完成方式	论文由学生独自完成	根据学生兴趣、工作经验和专业方向组成论文小组，论文工作由论文小组成员共同协作、独立完成
指导方式	导师对学生"一对一"指导	导师对论文小组"多对多"指导
审核方式	论文接受论文委员会审核	接受论文委员会、教育学院专家代表和校外同行的共同审核
预期影响	对研究对象的预期影响极小	对研究对象的预期影响极大

专题博士论文强调对实际问题的研究，培养了教育管理人员在工作实践中所需要的解决问题、集体协作、协调组织和责任担当等能力，符合教育专业人员的实际需求。

(三) 范德堡大学的毕业项目研究

范德堡大学皮博迪教育学院也致力于对教育哲学博士学位与教育博士学位进行严格区分，并于 2002~2004 年先后对 Ph. D. 和 Ed. D. 教育进行大刀阔斧的改革。改革以后，Ph. D. 项目只培养两类人员：大学教师、大学、政府机构和非政府机构的研究人员；Ed. D. 项目则培养各级各类学校的管理人员。该学院新的 Ed. D. 项目最重要的特点就是不再要求由单个学生完成至少五个章节组成的传统博士论文，改用以客户为中心、基于团队协作的毕业项目研究（张秀峰、高益民，2014）。

毕业项目研究的问题：来自校外的教育专业人员和政策制定者根据该系教师的建议提供的一些教育领域的实际问题，再由该系教师选择其中一些问题作为毕业项目研究要解决的问题。这些问题选择会考虑到项目研究指导教师的专长并对应该系 Ed. D. 项目的两个专业方向（K—12 教育领导和政策，高等教育领导和政策）。每个专业方向一般选择 3~4 个问题，每个问题由不超过 4 名学生共同进行研究。

Ed. D. 项目的学生在第三年完成毕业项目研究，具体采用咨询模式，包括独立的研究和分析活动，采取群体项目的形式，学生在项目策划和执行中需要综合运用所学的理论和工具，以检验他们是否掌握了关键的概念和方法。项目研究为 Ed. D. 项目学生提供了一个自我证明的机会，使其充分展示在整个培养过程中掌握的知识和技能，包括背景知识、分析能力、专业理解、团队技能，并且运用这些知识和技能为现实世界的真实客户提供了管理咨询服务（见表 14 - 10）。

表 14 - 10　　　　范德堡大学皮博迪教育学院的毕业项目研究与传统博士论文的比较

项目	传统博士论文	毕业项目研究报告
研究目的	建立在前人研究和相关文献的基础之上，旨在促进知识的增加	联系相关文献，旨在分析和解决当今现实问题
研究问题	源自或致力于理论研究，关注学校、州、国家的重要政策问题	源自客户的需求，致力于解决运作问题
资格确定	完成课程学习，通过博士候选人资格考试，进入论文阶段	完成课程学习，通过博士候选人资格考试，进入"顶峰体验"课程，即独立研究阶段
论文形式	内容结构为五章，可发表文章的形式	管理咨询报告的形式
论文导向	学术导向	实践取向，以客户为中心
审核方式	接受论文委员会审核，委员会一般由 4 位教师组成，其中一位来自外系	毕业项目研究报告接受专门委员会审核，一般由 3 人组成，除导师以外，其他 2 人之中必须有 1 位来自外系或者"顶峰体验课程"的校外合作方
预期影响	作为专业工作的代表性内容有助于今后研究型职业的发展	作为专业工作的代表性内容，有助于今后管理型职业的发展

与之相适应，皮博迪教育学院对 Ed. D. 项目的培养目标、招生录取、课程设置、教学模式、师资队伍、学位授予等一系列环节都进行了相应的改革（陈粤秀等，2009）。与皮博迪教育学院合作的机构包括政府部门（如田纳西州立教育委员会）、大学（如肯塔基卫斯理大学、林恩大学、伊利诺东部大学等）、科研机构（如田纳西州技术中心）、中小学等多家机构。

（四）澳大利亚西悉尼大学的论文包

近十几年来，澳大利亚 Ed. D. 革新的一大亮点就是用"论文包"（Portfolios）替代传统博士论文（Dissertations）。所谓论文包，就是把博士生在学期间所取得的各种形式的研究成果收集起来，形成一个系列化的研究成果集，以展示研究者已经开展的具有博士水平的研究并作为授予专业博士学位的一个重要依据（马爱民，2012）。

以西悉尼大学为例，其 Ed. D. 论文包由 3 个相互独立的单元再加上 1 个"个人、专业、学术发展陈述"构成。每个独立的单元代表 Ed. D. 项目学生所从事的特定专业实践及其相应的理论与文献研究作支撑，以证明博士生的研究既达到了博士学位授予的学术水准，又与专业实践充分融合。每个单元又由"与专业工作场所相关的研究性实践或成果""学术论文"（A scholary paper）两个部分组成。"个人、专业、学术发展陈述"在 Ed. D. 论文包中起着统领作用，它必须对三个独立单元作出解释，主要包括它们的时间顺序、相互关联性、理论基础、文献综述研究方法以及它们对于促进博士生的专业发展和专业实践改善的贡献（邓涛、李婷，2014）（见表 14-11）。

表 14-11　澳大利亚西悉尼大学的 Ed. D. 毕业论文包

项目	研究活动	研究结果	字数要求
1	个人、专业和学术发展陈述	既是对论文包的总体介绍，也作为展示博士研究的贡献和影响（如专业发展、课程开发、政策应用、公共知识传播等）的证据	1万~1.5万
2a	与专业工作场所相关的研究性实践或成果	研究性实践包括评价现有专业实践或者开展创新性专业实践活动。如果这些成果不是以文本形式呈现的，那么必须附上一篇书面论文来作为支撑	1万~1.5万
2b	学术论文	学术论文利用相关文献、实验研究、理论与政策对专业工作场所相关的成果或实践进行论证以证明其合理性，并发表在期刊上或其他出版物上以便传播	0.7万~1万

续表

项目	研究活动	研究结果	字数要求
3a	与专业工作场所相关的研究性实践或成果	同 2a	1 万 ~ 1.5 万
3b	学术论文	同 2b	0.7 万 ~ 1 万
4a	与专业工作场所相关的研究性实践或成果	同 2a	1 万 ~ 1.5 万
4b	学术论文	同 2b	0.7 万 ~ 1 万

相对于传统论文，论文包的优势体现在三个方面，即灵活性、应用性和研究宽度。论文包不仅在形式上实现了 Ed. D. 论文的创新，而且在功能上也有助于教育博士充分展示其专业知识、专业能力的广度以及表达能力、科研方法、研究视角等。

（五）英国伦敦大学教育研究院的过程监控

作为教育博士专业学位教育的后来者，英国的做法在避免 Ed. D. 和 Ph. D. 趋同问题上具有"后发者"的优势。因此，英国的经验无疑具有重要的参考价值。以英国伦敦大学教育研究院（Institute of Education，University of London，IOE）为例，它对 Ed. D. 学生的毕业评价凸显了过程导向。

年度进度审核：每学年末，学生都必须和导师共同回顾过去一年的学习进展，并提交一份年度进展报告。Ed. D 项目团队和学生所在的系会根据这份报告掌控学生的学习情况，确保教育教学、导师指导和支持是否达到要求，及时发现学生或导师遇到的困难，负责学士后研究工作的系主任会代表系研究生委员会对所有学生的年度进展报告进行检查。

课程学习环节：评价形式包括四篇作业组成的档案袋，每篇作业不少于 5 000 字，另加一篇反思性陈述（a reflective statement）。这份陈述一般包含以下内容：（1）对作业内容的简单描述和反思，包括从撰写作业中获得的新洞见和理解；（2）对作业之间以及课程与作业之间关系的反思；（3）说明从教师获得的反馈在多大程度上影响了自己的学术思维；（4）思考 Ed. D 的学习与自身的专业实践和发展之间的关系；（5）证明自己已经形成关于 IFS 和学位论文的想法，并揭示课程学习与这些想法之间的关系（饶从满，2010）。

个案研究环节：针对某个教育类机构的个案研究（The institution—focused study，IFS）是 IOE 项目所独有的。IFS 要求学生在 IOE 指导教师的指导下做一项对于自己在职业上有关的某个教育机构或组织的个案研究。尽管 IOE 没有要求这项研究必须是关于各自工作单位的研究，但是大多数 Ed. D 学生都选择研究自己的职场。IOE 要求学生在完成这项研究之后必须撰写一份约 2 万字的研究报告，这份报告要能够展现 IFS 对拓展专业理解和促进专业发展的作用。除了 IOE 的专家提供研究指导和支持之外，IOE 还举办 IFS 工作坊（workshops）指导学生撰写研究计划、实施研究和撰写研究报告。学生通常要在第三学年末提交 IFS 报告。

学位论文环节：IOE 要求学生的学位论文通常应该与 IFS 和课程学习阶段的工作有关联，大约 45 000 字。IOE 主要通过导师与学生的定期会面以及由 IOE 教师定期组织的论文工作坊对学生的学位论研究提供支持。学生通常要在第五学年末提交学位论文，答辩将在整个培养的最后阶段进行，答辩既要审查学位论文，也要审查学生对各培养环节和要素整合性的概念性理解。

由此可见，IOE 的 Ed. D 项目具有强烈的过程本位而非内容本位的倾向。IOE 对 Ed. D 项目的过程指导与过程监控有机结合、环环相扣、相得益彰，效果尤为突出，值得借鉴。

三、小结

综上所述，由于历史原因和现实需求，国外教育博士培养的"学术化"倾向未能有效体现教育博士的专业学位特征，严重影响了其培养质量和社会认同。美国、英国、澳大利亚等国家的大学，针对教育博士专业学位教育进行的一系列改革和探索，突破了教育博士培养的"课程学习+论文写作"的传统模式，在招生录取、课程设置、教学模式、师资队伍、学位授予等方面突出了教育博士的专业学位属性，强调专业实践能力的培养和团队协作，注重解决来自当下教育界的真实问题，从而有效地提高了教育博士的培养质量。

从对教育实践介入的深度来讲，哈佛大学的改革力度最大，哈佛学生由于要在现场进行一年的顶岗实习，要解决的实际问题远远不止一个；从实施时间及成效来看，南加州大学、范德堡大学、西悉尼大学、伦敦大学的 Ed. D. 改革已历时近十年，均取得了良好效果和经验反馈。

我国从 2010 年开始试办的教育博士项目已经陆续有学生毕业，据笔者了解，试点的 15 所高校，有的 Ed. D 项目由于招生名额少，基本就在学校与普通博士生混同培养；有的学校规模稍微大一些，单独上课，但课程设置、师资队伍、论文要求和普通博士也没有太大的区别，难以显示教育博士作为专业博士学位人才培养的特点。如何避免美国 Ed. D 项目曾经遭遇的尴尬是我们必须严肃思考的现实问题，美国、英国、澳大利亚等国家相关院校的 Ed. D. 项目人才培养模式改革和探索，必将给我国教育博士的发展带来很多有益的启示。

第四部分

关于创新专业学位研究生培养模式的建议

第十五章

政府：完善专业学位研究生培养的政策法规

第一节 优化专业学位研究生教育体系

专业学位是随着现代科技与社会的快速发展，针对社会特定职业领域的需要，培养具有较强的专业能力和职业素养、能够创造性地从事实际工作的高层次应用型专门人才而设置的一种学位类型。而我国开展专业学位教育的历史较短，培养专业学位研究生的经验还不足。现实中存在的问题和经济社会发展对人才的需求变化都迫切需要我国专业学位研究生教育在培养理念的转变、培养目标的确定、培养方案和课程体系的优化、导师队伍的建设、培养方式的改革、质量标准的设定、考试评价的变革等方面进行创新和改革，以全面提高专业学位人才的培养质量，适应经济社会发展和个体学习发展的需求。

第一，关于研究生学位类型，应该尽快走出"二分法"的框架，可以有多种类型，至少在现有的专业学位和学术学位之间，可以探索设置第三种类型。如工程专业方面，很多未必一定要戴上"专业学位"或者"学术学位"的帽子。有些专业学位是"伪专业学位"或者根本就没有必要区分其是专业学位还是学术学位。

第二，学位类型划分的标准，可以借鉴英美国家的做法，不必拘泥于某一个维度，不用过于刚性，可以是多元的、弹性的。研究和重新定义与专业学位有关的相关概念，梳理专业学位体系，改革专业学位目录管理办法。达成概念共识，避免理解的层次谬误。推进与专业学位相关联的职业资格建设，维护专业学位类别的稳定性、规范性。进一步完善、修订专业学位人才培养目标。对于Ⅰ型、Ⅱ型专业学位，加强其人才培养目标与职业任职资格之间的衔接，使岗位胜任力在培养目标中更加精确。对于Ⅲ型Ⅳ型的专业学位，在培养目标中进一步凸显对综合能力与综合素质的要求。

第三，学位类型设置的原则应该在反映学科本身特征的同时，最大限度地满足社会的需求，特别是劳动力市场对人才类型的需求。

第四，在研究生按学位类型分类招生的前提下，我国现有的硕士研究生招生结构应该做重大的调整。今后所谓"学术型"硕士学位应该就是一个继续攻读博士学位的过渡性学位，而不是一个终结性的学位。因此，其招生规模应该大大的缩小，最高比例不应该超过硕士学位招生总人数的25%；其他类型的硕士学位应该是培养可直接在相关专业领域就业的终结性学位，招生名额应该比现在的比例大大提高，至少达到硕士招生总人数的75%，主要用来满足社会多样化的需求，促进硕士学位类型走向多样化、跨学科化和专业化（professionalization，不是专业型），进而真正做到人尽其才，名副其实。

第二节 明确专业学位法律地位

《中华人民共和国学位条例》是指导与规范我国学位设置及学位教育发展的专门性法规，但由于颁布时间较早在1981年，且只经过2004年一次修正，其中未对专业学位或学术学位等学位类型做出界定，条例内容也是针对学术学位而制定的。因此，需要尽快修订《中华人民共和国学位条例》，同时出台《中华人民共和国学位法》，明确专业学位的定位和培养目标，制定明确的专业学位授予标准。此外，《中华人民共和国教育法》和《中华人民共和国高等教育法》中涉及学位授予标准的有关内容也需相应进行修订，建立一套完整而明确的保障专业学位合法地位的法律制度。

另外，还需对专业学位研究生培养环节涉及的事项提供法律保障。应用型人才培养离不开实习实践，而实习实践环节中与企业相关的经济风险和与参与实习实践人员的安全风险尚未有法律制度层面的防控。为此，需要研讨制定《中华人民共和国实习法》等法律文件，例如减免税收、允许国有企业在成本支出栏目中设立学生培养专项经费，免除其可能面临的审计风险等。国家提出指导性意见，各省进行具体实施允许企业的培训费用用于专业学位教育。并且对于研究生的实习实践需要加强规范管理,如要求实践前研究生必须签署三方协议,明确各方的权利和义务,协议中应对研究生实习实践期间的薪酬待遇、安全责任、知识技术产权等诸项问题加以规定。

第三节 优化专业学位教师结构

我国高校开展全日制专业学位研究生教育,学生培养过程如实践、学位论文撰写等不同于学术型学位研究生,这种差别实现的源头在于师资队伍的建设。由于学校在师资评聘和晋升等方面基本上还是以传统的学术科研要求为导向,大量引进的海归教师和青年教师(如工科教师)未能具有相应的工程实践经历。而教育机构的主体性地位不能削弱,因此,急需加强校内导师的工程实践能力,建设"双师型"导师队伍。

在专业学位研究生导师队伍建设方面,一是根据专业学位研究生培养的需要,建立导师分类评聘制度,构建"双师型"导师队伍,提高鼓励学术型教师、年轻教师进入设计院、企业、校外实践基地挂职锻炼,提升职业素养。建设组织化、结构化的专业学位研究生导师团队,发挥不同领域教师间的优势互补和新老教师间的传帮带作用,提升专业学位研究生导师的指导水平。2015年3月公布的《中共中央国务院关于深化体制机制改革加快实施创新驱动发展战略的若干意见》提出,要"建立健全科研人才双向流动机制,允许高等学校和科研院所设立一定比例流动岗位,吸引有创新实践经验的企业家和企业科技人才兼职。试点将企业任职经历作为高等学校新聘工程类教师的必要条件。[①]"高校需要根据不同专业学位类别的特点,对研究生导师按专业学位和学术学位分类制定聘用条件和考核评价标准体系,引进了解市场行业需求、熟悉生产管理实践的人才担任专业学位研究生导师,切实指导研究生解决实际问题、提高实践能力。

二是加强校内外导师培训,提高导师指导水平。在校内导师方面,对于选聘为专业学位研究生指导教师的导师进行培训,帮助导师明确专业学位研究生培养规格,选派教师到企业或相关行业单位兼职、挂职,提高实践教学能力。在校外导师方面,目前的遴选注重工程实践,不强制要求学历,而多数校外导师对研究

[①] 新华社. 中共中央国务院关于深化体制机制改革加快实施创新驱动发展战略的若干意见 [EB/OL]. [2015-03-23]. http://www.gov.cn/xinwen/2015-03/23/content_2837629.htm.

生教育是比较陌生的，不了解研究生培养规律，缺乏指导经验，只是学生的项目指导教师或现场师傅。为弥补部分校外导师理论知识的不足，应为校外导师定期举办学术研讨会，建立校外导师与校内导师进行学术交流的机会和平台，加强对校外导师的培训，明确校外导师的职责，熟悉工程硕士研究生培养过程中各个阶段的要求和标准，有计划、有步骤地培养工程硕士。共建导师考评机制，对于责任心不强、工作繁忙无暇培养学生的校外导师，取消其指导研究生的资格。建立校外导师遴选与培训体系，制定定期培训、考核和退出制度，有针对性地提升基地导师的实践指导能力和水平，保证实践指导活动的质量。在规范和约束企业导师指导的同时，随之而来的问题是如何激发其参与实践指导的积极性。对此，建议鼓励基地导师针对研究生实践表现给予相应学分，以激发企业导师的自觉性和教师身份认同感。并且与企业导师建立劳动契约关系，通过发放津贴，鼓励企业对担任导师的人员适当奖励，或与其绩效考核挂钩等方法，形成对校外导师的进一步激励。

第四节 合理规划招生名额

从培养结构来看，在世界主要教育发达国家，专业学位研究生数量在研究生教育体系中皆占据较高比例。法国自2000年起专业硕士的规模增长迅猛，专业硕士学位授予数量占授予硕士学位总数高达69%；英国的专业学位研究生教育在2000年就已成为研究生学位教育的主体，近年来专业学位研究生授予人数占研究生学位授予总数均在80%以上；美国在20世纪八九十年代就已经建立起门类齐全、规模庞大的专业学位教育体系，近些年专业硕士学位授予数量占硕士学位授予总数均在80%以上。而我国目前专业硕士学位授予数占硕士学位授予总数尚不足50%，相比之下，专业硕士培养还有很大提升空间。

从品种结构来看，现有的专业学位品种中，工程、医学、法学、工商管理等专业发展比较迅速，但更多的专业学位培养规模小，且一些先进制造业以及新兴产业领域尚未设置相应的专业学位，专业学位品种结构与经济发展和产业结构的适切性还需提升，专业学位培养的人才与职业需求的人才的匹配度还需更加吻合。

随着我国经济产业的不断发展，未来社会职业分工会越来越精细，新兴职业层出不穷，对于高端应用人才的需求也会增长。为了填补可能出现的人才缺口，政府应统计切实的行业人才需求，定期发布人才需求报告，调整各专业学位类别招生规模，从招生名额上给予专业学位更大的倾斜支持。应继续提高专业学位研究生招生比例，稳步扩大专业学位研究生教育规模。

第五节 发挥专业学位教指委职能

专业学位教指委是国务院学位委员会、教育部、人力资源和社会保障部指导的专业学位研究生教育的专业性组织。成立教指委，组成教育界和产业界专家团队，发挥同行专家作用，是教育部转变政府职能的重要举措。未来，还需进一步发挥专业学位教指委职能，明确教指委在相关专业学位指导学会中的法人地位，加强教指委的组织建设，发挥教指委的自组织作用，促进教指委的可持续发展。

第一，明确专业学位教指委职能。包括组织研究专业学位研究生教育发展重大问题，制订有关发展规划；研究推动专业学位研究生培养体系建设；加强与行业联系，构建产学研协同创新机制，推动专业学位与职业资格的衔接认证；对专业学位授权进行评议审核，组织开展评估监测工作；开展专业学位研究生教育相关调研，向主管部门、研究生培养单位提供咨询建议；组织开展国内外交流与合作等。

第二，加强专业学位教指委自身建设。完善教指委内部各项规章制度，如委员选拔机制、教指委与院校及行业间的沟通机制、定期活动机制等。鼓励更多行业专家参与教指委决策，吸纳更多来自行业的意见和建议。

第三，积极发挥教指委对高校的评估监管作用，包括制定标准：授权点准入标准、合格标准、学位标准、相关教学环节标准或指导性意见等；评估评优：专项评估首次100%，合格评估抽查20%。各类评优活动相关排名指标，如MBA优秀案例，工程教指委突出工程硕士学位获得者、优秀实践项目学位获得者、示范性实践基地等；基础建设：在线教育、教材建设、培训与交流等；综合改革：教育认证、职业资格衔接等；推进外联：搭建平台，对接校园之外。如工程教指委正在对接的广东省开放实习实践平台、LinkedIn领英中国职业社交网、慧科教育集团IT新技术课程与应用等。

第十六章

行业（企业）：健全高层次人才协同培养机制

第一节 促进行业（企业）协会有效参与专业学位研究生教育

行业协会作为一种以社群利益为导向，为其成员谋求发展的社会组织，承担着加强行业自律、协调行业内外关系、促进行业发展等使命（邓光平，2010），势必希望专业学位研究生教育可以培养输送大量符合市场需求、与从业能力素质标准相匹配的高质量专业人才，这对于确保人才供给与市场需求相协调、人才培养和人才使用相一致至关重要。因此，行业协会对参与专业学位研究生教育，指导人才培养工作是非常必要的。具体来说，行业协会参与专业学位研究生教育的职责应该包括开展行业调研以制定本行业人才需求预测，向各院校相关专业的设置与变革、招生规模、课程内容大纲等提供标准，制定专业认证标准、认证程序，指导各院校的认证申请，参与评估各院校相关专业的办学效果等（董秀华，2004）。具体而言，行业（企业）协会需要重点发挥以下作用：

第一，制定专业认证标准。对于发展成熟、相应职业专业化程度高、已具备足够的专业资质的行业来说，可以建立起由该行业（企业）协会参与或主导的专业认证机制。这类行业（企业）协会在获得国家批准认可成为专业认证代理机构后，应负责相应专业的认证审批工作。对照相应行业及职业的执业能力要求，对专业设置与培养目标、组织与管理、教学内容与方式、师资、招生与学生服务、图书馆与信息资源、硬件设备等方面制定详细标准。

第二，开展行业从业人员发展状况调研。行业（企业）协会应定期开展本行业从业人员发展状况调研并公布报告，从而了解行业人才供给需求的规模变化情况、人才培育与成长发展情况、各类职位的胜任力需求以及本行业职业目录更新等，为国家、高校、行业（企业）掌握行业人才培养发展态势提供必要信息。

第三，加强职业道德伦理和专业精神的培养。在招生、培养目标、课程设置、现场实习等各个环节中不断强调行业和职业所需的职业素养，使学生从入学前便开始了解未来所要从事行业的从业资格标准。同时，职业道德与职业伦理教育应作为专业学位研究生培养中的必要环节。专业学位研究生教育着重培养能够解决复杂现实问题的高级应用型人才，而现实中的很多问题都是复合型的，无论是人文领域还是技术领域，许多决策都牵涉着价值观和道德伦理问题。行业（企业）协会需要指导院校专业开展这一类教育，通过从业者讲座、案例研讨、现场考察、实习实践等灵活多样的方式培养学生在复杂伦理情境下进行独立思考和决策，塑造职业道德，遵守职业规范和相关法律法规等基本准则。

第四，采用多种方式加强实习实践。行业（企业）协会对课程设置的要求彰显了重实践的鲜明特点，这与专业学位教育本身的实践性、应用性要求是相契合的。要根据专业学位教育的特点，为学生设计仿真模拟课程来培养应用实践能力，并且联合教师和实习现场管理者共同开发、参与、指导、评价学生的实习表现，保障实践教学的质量。

第五，关注教师的指导、投入和发展。教师作为指导专业学位研究生的直接责任人，深刻影响着专业人才培养的质量。因此，行业（企业）协会对专业教师的资格、教学任务、课程开发设计、理论与实践教学、学生指导、薪酬等方面也应提出指导意见。同时，行业（企业）协会也需注重教师自身能力的培养与提升，尽可能为教师提供行业（企业）资源以辅助教学和研究。并将经验丰富的行业（企业）专家作为兼职教师纳入教学资源，对于参与人才培养的行业专家给予指导、监督和评估，使其为教学计划的实施发挥实质性作用，从而保证人才培养的效率与质量。

在高等教育领域的三螺旋理论中，行业（企业）协会作为代表市场一方的民间组织，长期以来在我国高等教育中处于权力和影响力不足的状态。为了能够真正有效发挥行业（企业）协会的作用，反映其作为市场方的诉求，政府、高校以及行业（企业）协会自身需要充分配合、通力合作，具体来说：

第一，争取行业（企业）协会的合法地位。发挥行业（企业）协会在专业学位研究生培养中的作用，需要树立行业（企业）协会在专业学位研究生教育体系中的权威性与独立性。行业（企业）协会对市场准入和专业认证等具体业务的承办，应是通过国家立法授权委托的，保证操作的公平、公正、规范、权威。同时行业（企业）协会的这些行为相当一部分是跨部门、跨系统、跨所有制的，必须获得国家认可的合法地位，有了制度保障，才能有效组织专业认证、资格考试、标准制定、人才培养的开展。

第二，高校积极配合，建立协同教育机制。不管高校属何种类型、隶属何处，只要它开设带有行业特色的高级专门人才培养计划，就受该行业（企业）协会或专业教育协会的监督和指导。只有积极主动面向行业需求，制定相应培养方案与教学计划，并随着行业的发展、职业标准的提升随时调整培养模式，高校才能培养出更多能够胜任职业岗位的要求、并与市场需求相适应的专业人才，同时，高校与行业协会也应建立起良好的对话机制，共同商讨专业人才培养问题，保证行业制定的认证标准等能够有效落实。

第三，投入研究力量，加强行业（企业）协会参与决策的能力。这里说的行业（企业）协会不指那些规范经营行为的组织，而是指那些带有较强学术性色彩的专业组织，或设有研究部门、教育委员会的协会。因为专业人员的职业资格所涉及的考试标准、评价体系等都是专业性很强的问题，只有保证行业（企业）协会行为的专业性，以及标准制定的科学性、可行性，才能加强行业（企业）协会参与决策的能力，树立其在专业学位研究生教育中的重要地位，发挥其应有的效用。

第二节 切实发挥行业（企业）在专业学位研究生培养中的作用

校企合作、产教融合是专业学位研究生培养的必由之路，但经过调研发现，在当前的专业学位研究生培养过程中，行业（企业）的参与积极性不高、来自行业（企业）的参与深度有限、校企合作流于形式的情况并不鲜见。如何使行业（企业）在人才培养中切实发挥作用，与高校形成合力，已成为摆在专业学位研究生教育面前的关键问题，亟待破解。根据本研究对来自行业（企业）与高校人员的座谈、访谈等资料进行分析，除了通过政策法规规定企业在研究生培养中的权利和义务，通过财税政策、科技立项等鼓励企业与高校合作之外，关键还是要逐渐形成行业（企业）全过程参与的紧密协作机制。高校与企业建立联合培养的合作关系后，需从以下人才培养的各个环节发挥来自企业的作用，使合作企业获得参与感、使命感以及人力资源。

第一，招生选拔。专业学位研究生的招生选拔目前还未能突破学术学位研究生招生选拔的方式，未能反映专业学位研究生选拔的客观需要和内在规律，也没能形成清晰的、易执行的标准。因此，从招生复试阶段，就应该让联合培养的合作企业参与进来，从企业的角度帮助筛选合适的人才。而企业也可以在这个过程中发现潜在人才，对企业自身的人才储备非常有利。

第二，培养计划与课程体系的制定。充分听取企业对所需人才的知识、能力和素质的要求，共同分析行业或企业发展趋势和人才需求的动向，设置与企业实际工作以及未来发展密切相关的专业课程，安排适当的由企业负责的课程讲座、实践教学等培养环节。另外，根据实际教学情况和企业培养环节反馈的信息及时进行培养计划与课程内容的更新，以保证人才培养适应行业发展的变化。

第三，实践基地的建设。实践基地作为联结高校与行业（企业）的纽带，为双方提供了对话、合作和互利共赢机会的良好平台，保证其长效稳定运行的基本条件是要实现高校与行业（企业）双方的共同利益。为此，高校与行业（企业）应该加强沟通，积极对话，实现双方的互惠互利，在国家政策的规范、扶持与引导下，通过建设研究生实践基地和健全长效合作机制，实现提高专业学位研究生实践质量、完善高级应用型人才培养的共同目标。高校需要感知和服务行业（企业）的需求，鼓励并提倡专业学位研究生在实践期间为行业（企业）解决研发、生产与管理中的实际问题或形成一定具有应用价值的研究成果。而行业（企业）应建立起正确的人才培养理念和积极的人才战略，树立社会责任感和反哺精神。行业（企业）需要将目光放长远，认识到参与研究生实践培养对于企业人力资源的补充、行业整体的蓬勃发展所具有的重要意义。通过参与专业学位研究生实习实践活动、建立实习实践基地，可以证明并提升企业的技术力量、研发能力等行业竞争力，扩大企业的知名度，推广企业的文化理念，形成品牌效应和良性循环。

第四，学业考核评价。专业学位研究生培养的质量最终是要由市场端，也就是就业情况来检验，而来自企业的专家的意见在一定程度上可以代表专业学位研究生的培养结果是否被市场接纳。因此，在阶段性的考核评价，如实践教学、应用性课题、论文的选题与中期报告，以及终结性的毕业考核评价等，都可以适当地邀请有着丰富行业经验、且此前参与了专业学位研究生培养过程的企业资深专家担任考核评价小组成员，形成由高校和用人单位共同参与的质量监控体制，保证专业学位研究生培养质量符合行业（企业）的要求。

第三节 搭建校企合作的第三方培养平台

为了深化专业学位研究生培养模式的改革,提高培养质量,教育部于2015年5月印发《教育部关于加强专业学位研究生案例教学和联合培养基地建设的意见》。该意见中提到,联合培养基地是专业学位培养单位为加强专业学位研究生实践能力培养,与行业、企业、社会组织等共同建立的人才培养平台,是专业学位研究生进行专业实践的主要场所。第三方平台联合培养模式在这样的背景下应运而生。

一、校外专业学位研究生培养平台(教育企业)的属性

第三方平台联合培养模式是由高校理论教学+产业教学科研中心创新实践能力培养+企业项目培养几个部分构成,做到由理论到实践的项目制培养,其特点是培养方案及课程体系以职业为导向进行设计,以研究生创新实践能力培养为目的,从而实现教学项目化、项目课程化,以项目制培养实例开发教学案例,以研究院科技项目为实践教学。它拥有以下几个属性:

第一,衔接性:以创新培养模式实现理论知识到实践应用的转化。

第二,规模化:以规模化培养降低育才成本,实现统一管理,满足产业快速发展对人才的需求。

第三,整合性:依托产业集群,整合高校与企业需求及资源。

第四,公益性:平台需为高校和企业减轻负担。

二、校外专业学位研究生培养平台(教育企业)的特点

校外专业学位研究生培养平台(教育企业)力求达成政产学研一体化发展的平台,其特点有:

第一,综合性:学科专业的多样性、岗位要求的综合性、服务企业的全面性、产学研结合的协同性。

第二,服务性:服务政府、服务高校、服务产业、服务学生。

第三,灵活性:产业需求的多变性、课程方案的创新性及灵活性、内部组织架构的柔性。

第四，专业性：工艺专业性，让理论逻辑与工艺逻辑匹配；教育专业性，统一管理教育；商品专业性，重视商业价值的体现。

三、校外专业学位研究生培养平台（教育企业）的机制

良好的运行机制是校外专业学位研究生培养平台（教育企业）能够发挥其作用的保障。其机制主要体现在以下方面：

第一，定位明晰：高校、平台、企业三方职责明确是合作的基础。

第二，学制规划：将实践能力培养纳入学制计划是教学实施的保障。

第三，培养系统："理论+实践能力+项目"培养方案的系统性是创新教育的关键。

第四，约束机制：平台和企业对学生具有约束力是重视联合培养的开始。

第五，考核体系：对高校导师、企业导师、学生考核体系的改良是教改的动力。

第六，正向反馈：弥合校企利益冲突、形成多赢局面是该模式长效发展的根本。

第十七章

高校：创新多样化专业学位研究生培养模式

第一节 改革专业学位研究生招生模式

2016年，国家取消在职人员攻读硕士专业学位的全国联考，专业学位硕士研究生招生被纳入全国硕士研究生招生考试，又称全日制与非全日制专业学位招生考试的"并轨"，实现了专业学位招生的规范化管理。然而现行的招生考试还存在一些弊端，特别是在人才选拔过程中没有考虑到不同类别的专业学位的特征差异；人才选拔依旧是侧重于考核知识记忆，对实践应用能力的考核不够清晰，也不够到位。尤其是"并轨"以后，以知识立意的考试策略更有利于应届毕业生，而在职人员长期脱离课堂学习且复习考试科目困难，工作经验与实践能力难以被有效评价。

考虑到专业学位研究生教育的人才培养目标定位是高层次应用型人才，学位获得者应具有该职业所需的知识、能力和素质，专业学位研究生教育的发展定位是强调与职业需求的关联度，强调市场的驱动作用，凸显专业能力和职业特性。因此，专业学位研究生在招生环节上应当明显区别于学术型学位研究生。专业学位研究生培养单位在进行招生时应面向国家和社会需求，对于全日制与非全日制学生的招收应具有明确的指向性，体现自身的特长与特色。建议在国家的招生政策指导下，创新探索多维度的符合自身办学特点和培养目标的招生方式。具体来说：

第一，分类考虑专业学位研究生教育的招生选拔标准。对于报考专业学位研究生的考生，在考察其通识性知识和能力的同时，还应着重考察其应用型知识、分析和解决实际问题的能力以及职业素养和职业胜任力等。

第二，明确初试与复试的功能定位。通过初试选拔出符合一般性、基础性标准的人才，并且对于应届毕业生和在职人员等不同经历背景的考生应该符合公平原则，即重点考察通识性能力，而非专业理论或职业经验等具体专业内容。在复试环节重点筛选出该专业所需的特殊性、专业性能力，不同类别的专业学位项目可以根据自身专业特点和培养特色设置适合的考察方式和多元评价手段。

第三，发挥行业企业的协同作用。在制定招生选拔标准时，思考企业、行业对专业学位人才的需求，紧扣专业学位的"职业性"特色。在复试阶段，可以邀请行业专家参与考察复试考生的应用能力和实践能力，从而选拔出符合该行业人才需求与培养目标定位的人才。

第四，探索多元化的招生选拔方式。尤其是伴随着新兴行业和职业的诞生，以及实际问题的复杂化、领域交叉化，行业或具体职业对于人才的需求也相应发生变化，院校和行业（企业）需要及时感知不断变化的需求，积极探索最适合选拔符合需求的人才的方式。

第二节 持续改进课程体系

加强课程建设，大力建设系统的、高质量的综合性课程（或模块）以及紧密联系实际的实务型课程，以此加大对专业学位研究生实践能力与综合解决问题能力的培养；将职业伦理课程作为必修课纳入人才培养方案中，并将职业伦理教育贯穿于课堂教学、专业实践及论文训练中，使其不流于形式。

一方面，需要重申课程体系中对于高深专业教育的基本标准。专业学位的设置中对于培养目标的设定，之前大家更多关注实践性和职业导向性，却容易将研究生层次对于高深专业教育的"风向标"搁置。我们在能力提升维度的研究中发现，团队合作和职业实践类显性能力的提升较大，但创新能力和国际视野处于最低点。这说明我们对于专业教育的高深要求做得不够好，在课程设置等方面需要更多地注意高深性，如开设更多创新性或国际性的课程。

另一方面，目前我国专业学位教育中，伦理教育还未得到应有的充分重视，很多专业学位点尚未将职业伦理类课程作为培养方案中一项不可或缺的必修模块，现有专业伦理教育目标不够清晰具体，教学内容不够丰富全面，教学手段和方法还有待改进完善。加之，我国职业伦理教育起步较晚，职业伦理教育研究薄弱，对职业伦理教育的目标缺乏科学的认识和把握，这又使得高校在设计、选择职业伦理教育目标时存在一定的盲目性、随意性、主观性，导致我国专业伦理教育目标笼统、抽象。

近年来，一些高校逐渐认识到伦理教育的重要性，开始探索加强伦理教育。例如，清华大学目前强调恪守价值塑造、能力培养和知识传授的"三位一体"的人才培养理念，将价值塑造摆在首要地位。清华大学副校长、研究生院院长杨斌认为，作为价值塑造载体的学术规范和职业伦理教育课程，在研究生培养中起着基石性的作用。"我们开设的许多课程，是为了让学生在今后取得的成绩后面增加好多'0'，而学术规范和职业伦理教育课程是为了让学生在好多'0'前面写上'1'"。他把传授专业知识和技能的课程称为"有用之学"，把学术规范和职业伦理教育课程称为"无用之学"，认为这些"无用之学"决定着"有用之学"的方向。从 2014 年 4 月启动课程建设至今，清华大学共开设 34 门研究生学术规范和职业伦理教育课程，除了研究生院组织开设的 5 门公共课程外，共有 22 个院系开设 29 门具有专业性质的课程，其中 17 个院系的 19 门课为新开设课程。在清华研究生培养方案改革中，学术规范和职业伦理教育课程被纳入必修环节——从 2014 年 9 月开始，清华研究生新生至少要选修 16 学时的学术规范或职业伦理课程。

清华大学 MBA 教育改革和创新实践也很重视伦理教育。其新课程体系包含五大必修模块（软性技能、科学思维与决策、管理基础知识、中国和世界、整合实践），涵盖品格、知识和实践三个方面。其中软性技能模块帮助学生在伦理与价值观、批判性与分析性思维、沟通及领导力方面奠定良好基础。开设"伦理与企业责任"等课程，加强伦理教育。清华 MBA 教育改革的理念和举措对 MBA 培养院校产生推动性影响。一批 MBA 培养院校借鉴增设了整合实践项目、商业伦理等课程。

因此，针对我国目前专业学位教育中对伦理教育重视程度不足、伦理教育目标不明确、教学内容不全面、教学手段有待改进等问题，我们建议在专业学位教育中大力加强伦理教育。高校和专业学位点应树立先进的伦理教育理念，充分认识到伦理教育对于培养完整的全面发展的职业人的意义和价值，视伦理教育为专业学位教育一个不可或缺的重要组成部分，把伦理教育渗透和贯穿于专业学位教育的全过程。开发多元化的伦理课程，建构适合当前社会发展的专业学位伦理课程体系。

确定职业伦理课程建设的目标。台湾学者朱建民认为一个有良好专业道德教养的专业人士应具备5项职业伦理品质：（1）具有良好的一般道德的教养，即从职人员除了有比较成熟的道德认知发展，也已养成了道德实践的习惯。（2）对于自身专业领域曾经涉及的伦理议题有相当的认识。（3）对于自身专业领域较常涉及的一般伦理原则有相当的认识。不同专业领域涉及的伦理原则有许多相同之处，但亦有不同之偏重，例如，大众传播着重的是自由、知之权利、真理与公平原则，生命医学则着重自主、非暴力、仁爱、公正等原则。（4）在专业方面具有相关的知识，足以认清事实，做出正确的事实判断。（5）能够将一般伦理原则应用到自身专业领域涉及的伦理议题上，或有助于阐明问题、解决问题。

职业伦理课程应包含完整的知识体系。职业伦理课程内容应包括：（1）基础伦理理论：主要介绍目的论、义务论、德性论三类道德哲学，以便学生获得理解职业伦理概念和伦理决策的理论框架。（2）伦理原则：可以介绍带有共性的职业伦理原则，也可以是不同领域的专业伦理涉及的伦理原则。职业伦理行为或判断需要靠伦理原则来提供合理的根据，而伦理原则却要靠伦理理论来指导、证明。伦理理论及伦理原则提供了说明，这些理由可以作为个人在审慎行动时的理性根据，也可成为制定公共政策的理论基础。（3）以实际案例说明原则：讲解职业伦理原则需要用职业领域内曾经发生的个案来支撑、佐证。（4）以实际案例展现职业伦理的两难困境。

开设以体验为重点的情境类职业伦理课程。伦理教育的目标不仅仅是传授关于职业伦理的知识，而还要培养个体的职业伦理意识和职业伦理情感，增进学生职业伦理的决策能力和实践能力。教学中，建议教师不直接告诉学生该如何行动，而是让学生们运用所学伦理知识，自行讨论和决定其伦理判断，从而加深其对相关伦理原则和问题的认识，提高解决伦理问题的能力。

第三节　继续强化师资力量

在师资力量建设方面，加大实践系列教师比例，强调导师组的作用。扩大校外师资力量参与学生培养，使校外导师、实践导师可以更多地参与到学生的招收与培养环节中而不仅仅只参与课程与论文环节。

目前，以学术型为主的师资队伍已经难以符合专业学位研究生应用型人才培养的需求，随着国家积极发展专业学位研究生教育、推进专业学位研究生培养模式改革进程的不断深入，根据专业学位研究生教育特点，调整师资队伍结构，科学合理制定考核评价标准势在必行。其中，特别要建立健全校内外导师的互通机制，聘请实践经验丰富的行业企业专家兼职授课、指导，选派青年教师到企业或相关行业单位兼职、挂职，提高实践教学能力。

针对校外导师队伍，同样需要在与企业充分沟通、深度合作的基础上，逐步形成一套遴选、培训与培养体系，以保证校外实践指导活动的质量。例如，中国石油大学的经验是，学校在对合作企业导师进行遴选时，要考核其工程技术水平，没有工程技术成绩，或成绩不够理想的企业人员是无法担任导师的。学院导师的评价也将成为聘请校外导师的重要参考意见。之后，向合作企业的导师发放导师手册，就研究生的指导工作内容进行培训，使其逐渐掌握专业学位研究生培养的规律与技巧。另外，还需培养企业导师的责任意识和育人观念，鼓励基地导师针对研究生实践表现给以相应学分，激发导师的自觉性和教师身份认同感，并给导师发放一定津贴，建立劳动契约关系，或可鼓励企业对担任校外导师的人员进行适当奖励，并与其绩效考核等挂钩，从而形成对校外导师的约束与激励。

此外，学校管理者、导师都应更多地从研究生发展的角度考虑，秉持以研究生为中心的育人理念，思考为了使研究生更好地发展，需要培养什么能力、如何培养这些能力的问题，只有主观上深刻认识到实践的重要性，客观上培养实践型导师师资，才能充分发挥实践环节的作用，实现专业学位研究生应用型人才培养的目标。

第四节　改革探索多元化毕业考核方式

第一，明确改革方向，遵循专业学位教育规律。在进行专业学位硕士培养模式改革时，首先必须明确改革方向。专业学位硕士与学术型学位硕士有着明显不同的培养目标和培养模式，我们必须将其区分开。在专业学位硕士的培养中，我们需要遵循其独特的教育规律，应当强调进行多样化的人才培养、强调实践能力培养以及其运用所学知识综合解决实际问题的能力。

第二，对学位审查提交材料进行改革。为了从根本上区分专业硕士学位论文与学术型硕士学位论文，重点评价学生是否具有"独立担负专门技术工作"的能力，建议对学位审查提交材料进行名称上的修改。将提交材料改为"专业实践报告"，学生可以结合实际工作特点，将问题研究报告、系统规划或实现、产品创新研发、案例分析、管理方案、发明专利、文学艺术作品等形式作为"专业实践报告"的主要内容，报告需要反映学生具有"独立担负专门技术工作"的能力。

第三，对评价平台及机制进行改革。对专业学位论文模式的改革是一个多方位的改革，在对论文形式进行改革之后，也需要对整个评价平台及机制进行改革。各个专业硕士培养单位可以搭建能有效反映和展示学生相关能力的多种形式的评价平台，例如通过建立专题论坛、设计竞赛、作品展览（"论""赛""展"）等平台对学生的成果进行多元的评价及审核，突破原有的"答辩"及审核的单一平台；各培养单位还应建立起能及时准确地观察、分析和反映行业、职业需求的各类专家组成的顾问委员会，为项目定位和培养环节精细化设计和评判标准设计提供建议；建立能科学准确地判断学生相关能力要求的相关委员会，积极规范地引入校外行业专家参与；精简目前学术型学位论文送审——答辩——审核的冗长的评审机制，建立符合专业学位能力评价要求并与教育项目定期整体评价相结合的评价机制，基于评价结果自主地调整教育项目的设计和评审环节，更好、更有效地发展专业学位教育，实现以需求和职业为导向、目标明确、设计精细、规格明确、评价多维、受社会与师生欢迎的良性发展道路。

第四，对学生存档材料进行改革。各培养单位可探索建立档案袋制度，以便更为规范地开展专业学位教育，提高人才培养的质量。相对于学术型教育，专业学位教育项目面对的是动态变化的基于实际的需求（而不是学科门类教育需求），在教育背景和工作背景方面"方差"很大的学生（而不是推免或者统考选拔的学生），教育依托资源丰富的背景（包括行业企业背景，实践案例，授课师资和形式，课程作业要求等都很丰富，而不是学术型教育主要依托大学内的教师、课程、图书馆和实验室），因此需要用更多能反映学生选拔质量（包括针对性强弱）、课程学习质量、实践环节质量、过程中的发展质量和专业实践报告质量的资料，从多个维度综合地反映学生的教育质量和专业学位教育项目的质量。包括反映上述质量材料的档案袋，能够为将来科学评价每个培养单位、培养项目和毕业学生的质量提供丰富的资料，有利于推动专业学位教育在高质量的基础上更好地发展。

第五，支持部分院校进行自定学位授予机制的改革试点。由于专业学位硕士培养模式的改革是统筹性的改革，建议国家支持部分院校进行自定学位授予机制的改革试点。试点院校对于专业学位硕士培养的核心环节：课程、实践实习、论文模式进行统筹改革，成立专业学位委员会，对学位的评价、质量保障体系进行监控。可以在审批材料、存档材料以及论文的抽检环节做出一定程度的模式创新。试点院校向国务院学位办提交自定学位授予制度改革的方案，经国务院学位委员会审批后实施。试点院校可在校内选出部分专业进行培养模式改革试点。规定进行×年的试点，在试点结束后认真总结和验收。

第五节　建立内外联动的培养机制

高校需要明确自己的主体性地位，做到不闭关自守也不外推责任，同时也需要考量校内资源的重新配置，积极寻找与校外资源联动的强化途径和策略。

第一，在实践环节的设计上要适度适当和多样化，要以合理的逻辑为出发点。本研究表明，实践时间长短与学生对实践满意度之间是存在一个饱和点的。实践时间过长会导致学生产生厌烦情绪，降低对实践的满意度。同时，教育机构和各高校应该积极构建实践教学体系，设计多样化的专业实践，如融合课程讲授和教学方式、设计特定课程、构建综合实验平台、选择更适合的实践基地、"田野调查"等，要做到实践有针对性、有效性以及实践时间的有效性。从而提高实践环节质量，切实提高学生的实践能力。

第二，关注校内外导师的激发和激励作用。校内导师对于学生的影响不可忽视，即使是校内外双导师制度，也不可以外推教育的责任；同时需要正视校外导师的多元化。不同的专业学位体现出的导师作用的不同，说明各专业的成熟度不同，社会需求的响应程度也会不同，生源的不同对于导师依赖不同。这方面需进一步考量；现阶段"双师型"导师比例较小，同时从差异性分析中我们发现校外导师对学生的影响也很大，而各校对于校外导师的遴选激励以及支持环境存在很多差异，并不能保证充足和良好的校外导师资源。因此各高校可以通过提升校外导师的数量和质量来提升专业学位的质量；同时要做到坚持校内"双师型"导师的适当比例及培训。

第三，学校应加强冷门专业学位硕士的就业指导和就业服务。从专业学位应届毕业生的就业情况来看，工程硕士、工商管理硕士、会计硕士等热门专业学位就业情况非常好，而艺术硕士、翻译硕士、教育硕士等较为冷门的专业学位就业情况都不太理想。专业学位是以就业为导向的，因此学校应该对目前就业较为困难的专业学位提供更多的就业指导和帮助，包括召开学校现场招聘会、为学生提供更多的合作培养单位等，有效地帮助学生获得就业机会。

第四，学校要理解专业学位研究生教育的开放性和跨界性，理解要实现专业学位的学术性、实践性、职业导向性的三合一，仅仅依靠教育机构本身是无法完成的，教育机构和其利益相关者必须共同营造学生乐于体验的良好的教育——社会大环境，才能保证专业学位研究生教育的实施。要正确认识和理解教育界与职业界在学校教育培养人才过程中所扮演的不同角色应有的定位和相应责权。从政府层面进行企业面向学生的实习制度、企业社会责任等相关制度立法、官产学研合作教育培养学生的设立，合作教育相关基金的促进等，以激励行业等校外机构支持学校教育，共同促进专业学位以及我国研究生教育整体的健康发展。至于如何提高校外机构主动参与度，可以从自愿合作动力激发机制和应用型知识和人才生产模式两方面着手，具体包括：

（1）基于情感交互机制：校友、导师社会关系、家庭社会关系。

（2）基于多赢共享机制：协同创新、合作教育、功能交互、利益博弈与交换，从科研合作到联合培养研究生的良性循环—提供实践基地—提供校外导师。

（3）基于国家支持机制：①企业税法—减免税；②多方共同出台实习实践引导和激励政策；③政府或基金设立专项企业合作激励基金。

第六节 探索多样化培养模式

一方面，高等院校可根据培养单位的地方特色与自身办学特长进行专业学位研究生培养模式的多样化尝试，如开设专业学位课程硕士、专业硕士兼修学位等。也可积极与社会行业、企业合作，依托项目制模式，进行订单式的人才培养。教学培养模式或可不拘泥于学校理论教育和企业实践课程模式，采取学校学习年限＋校外实践年限结合模式，充分发挥专业学位研究生培养与经济社会发展结合紧密的特性，使专业学位培养模式更加灵活与多样化。

另一方面，创新培养模式也是为了便于实现专业学位研究生教育同职业资格的衔接。目前，除风景园林专业学位教育与注册风景园林师职业资格认证、翻译硕士专业学位教育与翻译专业（水平）认证、建筑学专业教育与注册建筑师职业资格认证具备衔接制度外，其他专业学位教育与职业资格认证尚无有效的联系、衔接办法。国际上专业学位教育与职业资格衔接的模式可以总结为三种：一是取得专业博士和专业硕士同时取得相应的职业资格；二是专业学位获得者申请职业资格的，其在攻读学位过程中通过考核的部分科目在职业资格考试中予以认可，可以免考；反之，职业资格获得者，其在职业资格考试中通过的科目，在攻读相应专业学位予以认可，可以免修；三是在一些专业化程度较高的职业领域，将取得专业学历文凭作为获得职业资格的前提条件。

实现专业学位研究生教育与职业资格相衔接，核心是要保证专业学位研究生培养模式必须能够适应相关职业对从业人员的标准。专业学位研究生教育的人才培养目标、规格以及具体的教学目标、教学计划等，均需与相关职业的资格标准紧密联系，实现专业学位研究生教育教学大纲与职业资格考试大纲相一致，为此，必须高校、行业（企业）与政府等多方通力合作，将高校人才培养标准、职业资格标准与职业胜任力标准进行对标。但需要注意的是，即便都是与职业紧密联系，但不同性质、不同发展程度的职业也体现着不同的侧重点，对于职业成熟度高、有着明确准入标准的职业来说，需要优先进行专业学位研究生教育与职业资格准入的对标工作并构建衔接模式。对于职业成熟度低、尚未形成明确准入标准的职业来说，则要先实现人才培养与职业胜任力需求的匹配，再慢慢发展过渡到能够建立职业资格标准的阶段。

附录 A

我国专业学位授权点类别分布

2016 年博士专业学位授权点类别分布

类别名称	授权点数量
教育博士	15
工程博士	24
兽医博士	7
临床医学博士	35
口腔医学博士	13
中医博士	17
合计	111

资料来源：根据国务院学位委员会办公室提供的数据整理。

2016 年硕士专业学位授权点类别分布

类别名称	授权点数量
金融	149
应用统计	101
税务	45
国际商务	90
保险	43
资产评估	52

续表

类别名称	授权点数量
审计	41
法律	201
社会工作	105
警务	6
教育	142
体育	91
汉语国际教育	110
应用心理	68
翻译	216
新闻与传播	106
出版	19
文物与博物馆	34
建筑学	37
工程	406
城市规划	26
农业	106
兽医	42
风景园林	59
林业	18
临床医学	113
口腔医学	57
公共卫生	61
护理	87
药学	74
中药学	46
中医	46
军事	46
工商管理	227
公共管理	222
会计	199

续表

类别名称	授权点数量
旅游管理	66
图书情报	31
工程管理	92
艺术	220
合计	3 900

资料来源：根据国务院学位委员会办公室提供的数据整理。

附录 B

访谈提纲

全日制专业学位研究生培养模式现状调研（全国教指委委员）

尊敬的领导，您好！

　　为全面了解我国专业学位研究生培养现状，受教育部委托，我们课题组现开展专业学位研究生培养调研。您是我们了解培养现状的重要对象，您提供的信息对本次调研非常重要，感谢您接受访谈。此次调研结果将只用于科研统计分析，不会泄露任何个人信息，请放心填写。非常感谢您的帮助与配合！

本课题组
2014 年 6 月

访谈提纲

1. 您认为各个学校在建设该专业学位时最需要把握的特点是什么？
2. 您认为就全国范围内，各校该专业学位是否都达到了教指委的基本要求？这些基本要求是否需要修改？
3. 您认为就全国范围内，各校该专业学位在满足教指委基本要求的基础上，采取了哪些好的做法？您认为这些做法是否能够推广？
4. 您认为当前本专业学位面临的主要问题是什么？

5. 产生这些问题的原因是什么？制度性的障碍有哪些？学校自身的障碍有哪些？

6. 为了解决这些问题，您认为有什么改革措施？

7. 您对本专业学位未来发展规划有何建议？

8. 就全国而言，您认为用人单位对该专业学位毕业生的满意度如何？

9. 全国教指委如何获取该专业学位相对应的行业/职业的人才需求规划及趋势的信息？

10. 您认为该专业学位对应的行业/职业情况如何？

全日制专业学位研究生培养模式现状调研（管理人员）

尊敬的领导，您好！

为全面了解我国专业学位研究生培养现状，受教育部委托，我们课题组现开展调研。您是我们了解培养现状的重要对象，您提供的信息对本次调研非常重要，感谢您接受访谈。此次调研结果将只用于科研统计分析，不会泄露任何个人信息，请放心填写。非常感谢您的帮助与配合！

本课题组
2014 年 6 月

访 谈 提 纲

1. 您如何理解专业学位研究生教育？专业学位研究生与学术型学位研究生是否有明显差异？

2. 您对我国专业学位研究生教育的总体评价如何？如：教育质量、社会贡献、发展障碍及期望。

3. 您认为贵校专业学位研究生教育有哪些成功的经验值得介绍和推广？

4. 您认为，本校专业学位在人才培养目标、招生、课程、实践、论文各环节，以及奖助学金、就业、师资队伍建设等方面存在什么问题？有什么好的建议和举措来解决这些问题？试举例介绍。

5. 您认为，政府、用人单位、社会团体应在专业学位研究生教育中发挥怎样的作用？将为专业学位研究生教育继续提供怎样的支持？试举例介绍您是如何和各方合作的。

6. 您认为在专业学位的校外培养基地和校外导师方面存在哪些问题？您认

为有哪些好的措施或举措来提高校外培养基地和校外导师对专业学位人才培养质量的促进？

7. 您认为在促进专业学位发展方面，学校和院系在制度和投入上存在哪些问题？您认为有哪些好的措施来提高学校和院系在专业学位发展方面的制度和投入水平？

8. （试点校请回答）本校专业学位试点改革最重要的经验是什么？是否具有推广性？

MBA 培养模式状况调研访谈提纲

一、培养模式整体

1. 对于全日制与非全日制的 MBA，其培养模式会有很大的不同吗？具体这些不同体现在哪里？

2. 清华在 MBA 培养模式上（学制、招生、培养方案设计、教学、评价（如毕设）等）有过怎样的改革尝试？效果如何？这些改革的动因分别是什么？

二、招生制度

1. 您认为中国现行的 MBA 招生考试制度是否合理？现行制度的优点与问题分别是什么？

2. 对于 MBA 报考资格您有怎样的看法，限制毕业年限和工作年限的合理性与问题分别是什么？

3. 对于 MBA 入学考试，您有怎样的看法？如果需要改革现状，您有怎样的改革建议？

4. 对于 MBA 招生的录取，清华是如何操作的，存在问题吗？

三、联合培养（双学位）

1. 我们了解到国外的双学位或联合培养主要分为三种：同校跨专业的双学

位、跨校不同专业的联合学位；跨校的 MBA 学位联合培养。

根据您的了解，国内现在与 MBA 相关的联合培养或双学位是怎样的现状？以上三种联合培养模式都存在吗？国内最常见、最普遍的联合培养是怎样的形式？

2. 请您介绍一下清华大学 MBA + X 的双学位试点工作。

（1）清华推动这样的联合培养有着怎样的动因（主要想知道是从用人单位需求出发、还是学生或学校或政府的需求出发的）？

（2）前期在设计这样的联合学位时，清华做过怎样的调研与分析？

（3）实际执行的过程中遇到过怎样的困难？如何解决的（或计划如何解决）？

（4）第一年招生的情况如何？

（5）是如何处理招考环节的？学生要考两次不同专业的入学考试吗？

（6）在管理上与其他院系是如何合作的（如学费、学分互认、学位论文问题等）？

（7）您对这一跨专业联合培养的试点是如何评价的？您觉得今后这会是 MBA 教育发展的趋势之一吗？

3. 在您看来，联合培养或 MBA 双学位相较于单纯的 MBA 学位，其具备怎样的优势？会存在（或已经发现存在）怎样的问题？

四、国际化与本土化

1. 美国的 MBA 教育很强调国际化，到世界各地（尤其是发展中国家）的企业去实践，了解国外当地的商业实际。中国的 MBA 培养是如何解读所谓的"国际化"的？有哪些代表性的举措或项目？

2. 您认为对中国的 MBA 教育来说，国际化必要吗？其意义是什么？弊端又是什么？

3. 也有学者提出，中国的 MBA 教育更需要解决的不是国际化的课题而是本土化的课题，比如我们需要更多的本土化案例，而不是仅仅翻译国外的教材。您对本土化这个概念有怎样的理解？您认同这些学者的看法吗？

4. （您觉得国际化与本土化是否能/需要兼顾？）这两者是否存在一定的冲突？在 MBA 教育实践中该如何平衡这看似矛盾的一对概念？

五、课程教学

1. 请您介绍一些我国 MBA 教育近年来比较流行的教学法或者是您最认同的

几种教学法的使用实例。

2. 您觉得国内 MBA 教育在教学上存在怎样的问题？又该如何去改变？

3. 在您看来，国内 MBA 项目在教学上做得相对较好的是哪几家？他们的优势在哪里？

六、政策建议

1. 现在国家想要对专业学位的培养模式做出创新与改革，您对于 MBA 教育的改革有哪些政策建议？

2. 您认为，在中国如果要改革 MBA 教育的话，哪些内容需要通过政府来推、哪些通过学校来自主进行、又有哪些是需要靠市场的牵引力来推的？

全日制专业学位研究生培养模式现状访谈提纲
（院校主管领导，导师，高年级在校生，毕业校友）

1. 您认为学生入学前有无工作经历在专业学位研究生培养过程中有何不同？是否需要在入学初增添实习等实践环节？

2. 您认为专业学位研究生培养过程中现有的课堂学习与校外培养（或实习实践）环节安排是否合理？有何建议？

3. 您认为现有的校外培养（或实习实践）环节能否满足专业学位培养需求、切实提升学生职业能力？有何改进空间？

4. 您认为"入学实践—课堂教学—校外培养—实践总结"的专业学位培养模块设计是否合理？有何建议？

5. 您认为现行培养模式下校内外导师是否很好地合作发挥了指导作用？有何改进空间？

6. 您如何理解培养目标？有些哪些制度、规范来明确培养目标？有哪些手段、措施来落实培养目标？实现情况（或者说实际效果）如何？

7. 您认为各校（贵校）在职业伦理、职业准备方面做得如何？有何建议？

8. 您认为现行培养模式下的专业学位研究生能否很好地适应职业需求？如果不能，问题出自哪里？

9. 您认为各校（贵校）专业学位研究生毕业考查环节能否合理反映专业学位培养特点？与学术学位培养有无区别？

10. 您认为培养单位现有专业学位研究生培养过程的各个环节中有哪些优势、缺陷和不足？这些问题源自哪里？应该如何改进？

11. 您认为各校（贵校）在专业学位研究生培养过程的各个环节中有哪些具有借鉴意义和可推广性的做法？

12. 学校不同学科在培养过程管理上存在哪些差异？学校管理层面如何应对这些差异，避免"一刀切"？

13. 学校的培养过程管理中相关规章制度是如何制定、执行的？其依据是什么？执行效果如何？淘汰制度为什么容易流于形式？

14. 哪些环节在培养过程中最为关键？采取什么样的手段或措施来保障培养质量？

15. 在培养过程中，学校（研究生院）、院系的权责如何划分？过程管理的重心在哪？为什么？

16. 请您就贵单位培养的实际情况，谈谈对培养过程管理的体会或感受？这些年的培养有哪些变化？哪些是发展趋势？目前的培养过程有哪些担忧，有哪些困难的解决办法？

临床医学硕士专业学位培养模式改革访谈提纲
（导师版）

一、招生

1. ※您招了几个临床医学专业学位研究生？更愿意招专业学位还是科学学位？为什么？

2. ※对于专业学位研究生，您觉得对其素质的要求跟科学学位有什么不一样？

二、课程

1. ※您给专业学位研究生讲课吗？是怎样的授课方式？脱产式的集中授课/结合临床的分散式授课/不结合临床的分散式授课？课程效果如何？

2. 您工作很繁忙，给学生讲课会充分备课吗？会不会布置作业？有没有运用网络平台？

3. 你感觉学生听课是应试为导向的还是学知识为导向的？

三、实践

1. ※您认为自己招的专业学位研究生，去其他专业轮转有没有必要？
2. 您给学生实践带教时，会让学生动手操作吗？
3. ※您认为怎样才能提高学生的临床实践能力，怎样调动学生从事临床的积极性？
4. ※您认为各科轮转时间分配是否合理？是否应该给学生有机动时间？应该是多长时间的机动时间？

四、住院医师规范化培训

1. ※住院医师规范化培训制度出台后，您带学生的方式有什么变化吗？
2. ※您对学生的要求有一套自己的规定吗？是否会根据培训大纲来制定？
3. ※您的学生之间有没有良性竞争关系？有没有多源反馈的机制？

五、学生

1. ※您跟自己的学生交流多吗？每次都交流多长时间？学生会主动找您汇报近来的学习实践情况吗？
2. ※您是否是导师组的一员？导师组是如何运作的？您感觉导师组的好与不好的地方？
3. 您如何看待学生与自己的关系，平等/依附/顺从？
4. ※您指导过学生临床型科研的方法吗？
5. 您会鼓励学生学习国外先进的医学进展吗？
6. 学生有出国深造的想法吗？您意见如何？

六、科研

1. ※您的科研压力大不大，有没有招科学学位研究生，专业学位研究生需要参与您的科研项目吗？

2. ※您做科研的目的是什么？解决临床遇到的问题/发文章晋升职称需要？
3. ※您做过哪方面的临床型科研，临床试验/病例对照研究/病例分析？
4. ※从事临床科研最大的壁垒在哪里，理念/工具/时间？
5. ※您的科研成果有结合到临床，为病人提供更好的医疗服务吗？

七、考核

1. 出科考核、年度考核、阶段考核、结业考核，您参与了以上哪个考核？这些考核对学生的难度和侧重点分别是什么？
2. ※您所在的科室出科考核由几人组织？难度大吗？怎样的方式？
3. ※您觉得出科考核主要考核学生的是知识还是能力？体现哪方面的能力？
4. 学生考核不过的机会如何？有第二次补考吗？

八、经费

1. ※您或者科室会给专业学位研究生发一定的津贴吗？
2. ※您带学生的经费主要来源是？专业学位和科学学位的工资分别如何计算？
3. ※专业学位研究生和住院医师谁的收入更多？造成这种差异的原因是什么？
4. 您觉得评奖学金的制度是否合理公平？奖励了真正热爱医学，潜心钻研的人才吗？
5. 您是否支持在经费方面多维护学生的利益？改善学生的生活水平。

临床医学硕士专业学位培养模式改革访谈提纲
（管理者版）

一、招生

1. ※您所在的单位近年来招专业学位和科学学位的比例如何变化？生源质量如何变化？学生和导师对专业学位的认识怎么样？
2. ※您认为现在的统招制度是否合理，有没有选拔出真正对专业学位感兴趣并且有实力的学生?

二、课程与实践

1. ※您所在单位如何给专业学位研究生上课?脱产式的集中授课/结合临床的分散式授课/不结合临床的分散式授课?
2. ※有没有课程的监督管理机制,学生和导师有课程发展方面的互动吗?
3. 讲课的老师现在有没有运用网络平台与同学交流或起督促作用?
4. 学生反映各科轮转时间分配是否合理?是否应该有机动时间?应该是多长时间的机动时间?
5. 若学生希望增加专业学位的轮转机动时间,管理部门会如何协调?
6. ※您认为怎样才能提高学生的临床实践能力,怎样调动学生从事临床的积极性?

三、住院医师规范化培训

1. ※住院医师规范化培训制度实施得怎么样?实施不下去,您认为难点是什么?
2. ※学生希望参加住院医师规范化培训吗?是否觉得比以前辛苦很多?
3. ※导师愿意带参与了住院医师规范化培训的专业学位研究生吗?
4. 您认为现在专业学位研究生培养的特色是什么?

四、师资队伍

1. ※该校的导师模式是?您认为这样比单一导师制有什么好处和坏处?
2. ※您认为现在导师对专业学位的认识程度如何?带教方式跟学术型的区别明显吗?
3. 导师对带专业学位研究生有热情吗?
4. 单位或高校对带专业学位研究生的导师有激励措施吗?

五、考核

1. 出科考核、年度考核、阶段考核、结业考核,您负责组织了以上哪个考核吗？该考核主要体现学生的知识还是能力？

2. 学生考核不过的话？有第二次补考吗？如何组织，难度会不会降低或升高？

六、经费

1. ※学生的经费主要来源是什么？专业学位和科学学位的津贴与工资分别如何计算？

2. ※当地的住院医师和专业学位研究生的待遇怎么样？经费来源分别？有没有相应政策平衡他们的收入？

3. 您觉得评奖学金的制度是否合理公平？奖励了真正热爱医学，潜心钻研的人才吗？

4. 您是否支持在经费方面多维护学生的利益？改善学生的生活水平。

临床医学硕士专业学位培养模式改革访谈提纲
（学生版）

一、招生

1. ※这是你第一选择的学科吗？如果不是，为什么没能进入？对调剂后的结果是否满意？

2. ※您认为考上专业学位研究生，你觉得是知识重要还是能力重要？

3. 您为什么想学临床医学专业学位？

二、课程

1. ※您刚开始进入研究生阶段时，遇到的最大的学业上的困难是什么？有没有很好地解决？有没有寻求导师或管理层人员的帮助？

2. 你在行医过程中感觉过去所学知识够用吗？如果不够，主要欠缺的知识是？平时如何去弥补？

3. ※现在是怎样的授课方式？脱产式的集中授课/结合临床的？课程效果

如何？

  4. 有结合临床的课后作业吗？如病例讨论。课程压力大不大？网络学习建设得怎么样？

三、实践

  1. ※其他专业的轮转是不是必要的？

  2. ※实践轮转的效果怎么样？重复性的劳动多吗？病种多样性如何？电脑操作、病历书写耗费的时间精力多吗？临床参与程度怎么样？动手还是只能看？

  3. ※您认为怎样才能提高实践能力，怎样调动您从事临床的积极性？

  4. ※您认为各科轮转时间分配是否合理？是否希望有机动时间？应该是多长时间的机动时间？如果有机动时间，您希望用于哪方面的轮转？

四、住院医师规范化培训

  1. 你了解住院医师规范化培训制度吗？尤其是培养目标、内容和要求。您了解自己的权利和义务吗？

  2. ※您现在进入了住院医师规范化培训吗？培养单位有没有全部按照这个方案来制订您的培训计划？

  3. ※学员之间有没有同侪之间的良性竞争关系？有没有多源反馈的机制？

五、导师

  1. ※您跟导师的交流多吗？每次都交流多长时间？导师一般会过问你一些什么问题？会主动找导师汇报近来的学习实践情况吗？能否起到促进成才、职业发展的作用？

  2. ※导师组的构成？是如何运作的？导师组的好与不好的地方？导师组的成员是如何指导您的？

  3. 您如何看待自己与导师的关系，平等/依附/顺从？

  4. ※您的导师科研压力大不大，有没有招科学学位研究生，您需要参与吗？如果您的临床轮转得不到保证，有没有申诉的渠道？

  5. ※您能理解导师做的科研吗？对临床实际有没有帮助？

  6. ※您尝试过临床型科研吗？即以解决问题为目的做研究？

7. ※如果没有做过临床型科研，您觉得壁垒在哪里，理念/工具/时间？

8. 您的导师有执行医学新发展的成果吗？即对病人有没有采取过创新的治疗方案或手术方式？

9. 导师提倡你多学习国外先进的医学进展吗？

10. 你有出国深造的想法吗？导师的意见如何？

六、考核

1. 出科考核、年度考核、阶段考核、结业考核，您进行了以上哪个考核？难度和侧重点分别是？

2. ※出科考核有没有严格把关？由几人组织？科室之间要求程度怎么样？

3. ※考核难度怎么样？主要考核的是知识还是能力？能力主要是哪方面的能力？

4. 哪个考核最难过，有第二次补考的机会吗？

七、经费

1. 您对现在的研究生奖助补助情况满意吗？

2. ※您和住院医师谁的收入更多？

3. 您觉得评奖学金的制度是否合理公平？奖励了真正热爱医学，潜心钻研的人才吗？

4. 如果帮导师做了科研的话，有没有给你额外的补助？如果补助是一种激励措施，您如何选择？做科研赚钱还是省时间搞临床？

5. ※经费方面有没有保障、监督机制，维护学生的利益？

附录 C

调查问卷

全日制专业学位研究生培养模式现状调研（全国教指委委员）

尊敬的领导，您好！

　　为全面了解我国专业学位研究生培养现状，受教育部委托，我们课题组现开展专业学位研究生培养调研。您是我们了解培养现状的重要对象，您提供的信息对本次调研非常重要，请帮助我们认真填写本问卷。此次调研结果将只用于科研统计分析，不会泄露任何个人信息，请放心填写。非常感谢您的帮助与配合！

　　填写说明：请在您认为符合的选项上打"√"或在空格中填写相应内容。如无特殊说明，每题限选一项。

本课题组
2014 年 6 月

一、基本信息

1. 您是现任或曾任_____（专业学位名称）全国教学指导委员会委员。
2. 您现供职单位（或高校）名称_____。
3. 您主要负责指导的专业学位名称_____（或工程硕士领域名称_____；

或教育硕士方向名称_____）。

4. 该专业学位课程总量与相关的学术型学位相比：

（1）与学术型学位相当　（2）大于学术型学位　（3）小于学术型学位

5. 该专业学位双导师共同指导的研究生占本专业学位研究生总数的比例，一般为：

（1）低于50%　　（2）50%~60%　（3）60%~70%　（4）70%~80%

（5）80%~90%　（6）90%~100%

6. 估计该专业学位研究生学位论文选题来源于"社会实践或工作实际的现实问题"的比例：

（1）低于50%　　（2）50%~60%　（3）60%~70%　（4）70%~80%

（5）80%~90%　（6）90%~100%

7. 该专业学位研究生学位论文答辩时是否一般邀请校外行业人士参加：

（1）是　　　　（2）否

8. 该专业学位全日制攻读的研究生在学期间一般要求实习实践时间累积有：

（1）6个月　　（2）6~12个月　（3）12个月　　（4）12~18个月

（5）其他_____

9. 该专业学位与相关职业资格机构是否有对接：

（1）是　　　　（2）否　　　　（3）不清楚

10. 您是否建议应将行业/职业标准引入到该专业学位的培养方案中：

（1）不予引入　　　　　　（2）基本标准引入

（3）基本以及其他部分标准引入　（4）全部引入

11. 对全国本专业学位培养质量的总体评价：

（1）非常低　（2）比较低　（3）一般　（4）比较高

（5）非常高

12. 对我国专业学位培养质量的总体评价：

（1）非常低　（2）比较低　（3）一般　（4）比较高

（5）非常高

13. 近期该专业学位全国范围内主要在哪些方面已做出改进（可多选）：

（1）招生过程　　　　　　（2）课程设置

（3）师资　　　　　　　　（4）实习实践

（5）考核方式　　　　　　（6）相关行业/企业参与

（7）社会团体介入评价　　（8）学位论文

二、现状调查

1. 以下是关于专业学位面临的实际情况的描述，您认为是否合理？请在相应方格里打"√"。选项从 1~5 程度逐渐增大。

题项	1 非常 不合理	2 比较 不合理	3 一般	4 比较合理	5 非常合理
专业学位设置满足了职业行业现实发展的需求					
专业学位设置满足了职业行业未来发展需求，有前瞻性					
政府已经通过立法或政策很好地支持保障专业学位发展					
行业应该有长期稳定的措施支持专业学位发展					

2. 您认为专业学位在以下各个环节设计的合理程度如何？请在相应方格里打"√"。选项从 1~5 程度逐渐增大。

题项	1 非常 不合理	2 比较 不合理	3 一般	4 比较合理	5 非常合理
培养方案的制定					
培养目标的确定					
招生环节					
课程内容的前沿性					
课程内容的职业性					
课程教学方式（讲授、案例、项目、讨论等）					
课程学习与实习实践占用时间的比例					

续表

题项	1 非常 不合理	2 比较 不合理	3 一般	4 比较合理	5 非常合理
课程的考核方式					
校内、外培养基地的安排					
学位论文指导方式					
学位论文的评价标准					
奖助学金制度					
就业指导和职业生涯规划					
对专业学位的专项投入					
国际合作交流					

3. 专业学位和与之对应的学术型学位是否存在差异，如果有差异，您认为差异程度如何？请在相应方格里打"√"。选项从1~5程度逐渐增大。

题项	1 差异 非常小	2 差异较小	3 不清楚	4 差异较大	5 差异 非常大
培养方案的制定					
培养目标的确定					
招生环节					
招生对象					
授课教师的构成（校外教师的比例）					
课程总量					
课程设置中关注对应的职业标准					
课程内容的前沿性					
课程内容的职业性					
课程教学方式（讲授、案例、项目、讨论等）					
课程学习与实习实践占用时间的比例					
课程的考核方式					
校内、外培养基地的安排					

续表

题项	1 差异非常小	2 差异较小	3 不清楚	4 差异较大	5 差异非常大
学位论文指导方式					
学位论文的评价标准					
授课教师的构成					
指导教师的构成					

4. 合作培养单位（行业/企业）在以下各环节参与专业学位学生的培养，您认为是否合理？请在相应方格里打"√"。选项从 1~5 程度逐渐增大。

题项	1 参与非常少	2 参与较少	3 不清楚	4 参与较多	5 参与非常多
培养方案的制定					
招生环节					
参加授课					
指导实践环节					
学位论文					
合作学校的专业学位指导小组					
作为社会团体组织或成员参与专业学位教育评价活动					
作为社会团体组织或成员参与职业资格相关认证活动					

5. 是否有社会团体或组织参与专业学位以下各环节的评价，如果有，您认为其参与程度如何？请在相应方格里打"√"。选项从 1~5 程度逐渐增大。

题项	1 参与非常少	2 参与较少	3 一般	4 参与较多	5 参与非常多
培养方案的制定					
招生环节					

续表

题项	1 参与非常少	2 参与较少	3 一般	4 参与较多	5 参与非常多
参加授课					
指导实践环节					
学位论文					
合作学校的专业学位指导小组					
专门的专家咨询委员会					

6. 以下关于专业学位的师资队伍的描述,您认为是否符合?请在相应方格里打"√"。选项从 1~5 程度逐渐增加。

题项	1 非常不符合	2 比较不符合	3 一般	4 比较符合	5 非常符合
授课教师的构成合理					
指导教师的构成合理					
专业学位指导教师遴选制度合理					
校内导师与校外导师的合作形式合理					
合作单位提供的校外导师资源充足					
学校教师经常参与职业训练和实践					

三、开放性问题

1. 您对专业学位研究生教育质量的总体评价如何?
2. 您对专业学位研究生教育的未来发展有什么好的建议?
3. 您认为该专业学位是否具有与所对应的职业资格衔接的可能性?以何种方式衔接?

全日制专业学位研究生培养模式现状调研（管理人员）

尊敬的领导，您好！

  为全面了解我国专业学位研究生培养现状，受教育部委托，我们课题组现开展调研。您是我们了解培养现状的重要对象，您提供的信息对本次调研非常重要，请帮助我们认真填写本问卷。此次调研结果将只用于科研统计分析，不会泄露任何个人信息，请放心填写。非常感谢您的帮助与配合！

  填写说明：请在您认为符合的选项上打"√"或在空格中填写相应内容。如无特殊说明，每题限选一项。

本课题组
2014 年 6 月

一、基本信息

1. 学校名称_____。
2. 贵校有_____类专业学位，请列出_____。
3. 贵校全日制专业学位研究生生源中来自 985 和 211 学校学生所占比例：
 （1）低于 30% （2）30%～50% （3）50% 以上
4. 贵校固定的校外合作培养基地有多少个？
 （1）0 （2）1～5 （3）6～10 （4）11～15
 （5）16～20 （6）21 以上
5. 2013 年本校专业学位中毕业生去相关职业行业的就业比例：
 （1）低于 50% （2）50%～60% （3）60%～70% （4）70%～80%
 （5）80%～90% （6）90%～100%
6. 对本校专业学位培养质量的总体评价：
 （1）非常低 （2）比较低 （3）一般 （4）比较高
 （5）非常高
7. 对我国专业学位培养质量的总体评价：
 （1）非常低 （2）比较低 （3）一般 （4）比较高
 （5）非常高

二、现状调查

1. 以下是关于本校专业学位面临的实际情况的描述,您认为是否符合?请在相应方格里打"√"。选项从 1~5 程度逐渐增大。

题项	1 非常 不符合	2 比较 不符合	3 一般	4 比较符合	5 非常符合
专业学位设置满足了职业行业现实发展的需求					
专业学位设置满足了职业行业未来发展需求,有前瞻性					
用人单位已经采取了长期的措施支持专业学位发展					
政府已经通过立法或政策很好地支持保障专业学位发展					

2. 总体上来看,您认为本校专业学位在以下各个环节设计的合理程度如何?请在相应方格里打"√"。选项从 1~5 程度逐渐增大。

题项	1 非常 不合理	2 比较 不合理	3 一般	4 比较合理	5 非常合理
培养方案的制定					
培养目标的确定					
招生环节					
课程内容的前沿性					
课程内容的职业性					
课程教学方式(全讲授、全案例)					
课程学习与实习实践占用时间的比例					
课程的考核方式					
校内、外培养基地的安排					

续表

题项	1 非常 不合理	2 比较 不合理	3 一般	4 比较合理	5 非常合理
学位论文指导方式					
学位论文的评价标准					
奖助学金制度					
就业指导和职业生涯规划					
对专业学位的专项投入					
国际合作交流					

3. 本校专业学位和与之对应的学术型学位是否存在差异，如果有差异，总体上看本校在以下各环节是如何体现的？请在相应方格里打"√"。选项从 1～5 程度逐渐增大。

题项	1 差异 非常小	2 差异较小	3 不清楚	4 差异较大	5 差异 非常大
培养方案的制定					
培养目标的确定					
招生环节					
课程总量					
课程设置中关注对应的职业标准					
课程内容的前沿性					
课程内容的职业性					
课程教学方式（讲授、案例、项目、讨论等）					
课程学习与实习实践占用时间的比例					
课程的考核方式					
校内、外培养基地的安排					
学位论文指导方式					
学位论文的评价标准					
授课教师的构成					
指导教师的构成					

4. 总体上来看，合作培养单位（行业/企业）在以下各环节参与专业学位学生的培养，您认为参与程度如何？请在相应方格里打"√"。选项从 1~5 程度逐渐增大。

题项	1 参与 非常少	2 参与较少	3 不清楚	4 参与较多	5 参与非常多
培养方案的制定					
招生环节					
参加授课					
指导实践环节					
学位论文					
合作学校的专业学位指导小组					
作为社会团体组织或成员参与专业学位教育评价活动					
作为社会团体组织或成员参与职业资格相关认证活动					

5. 是否有社会团体或组织介入本校部分专业学位以下各环节的评价，如何有，您认为其介入程度如何？请在相应方格里打"√"。选项从 1~5 程度逐渐增大。

题项	1 介入 非常少	2 介入较少	3 不清楚	4 介入较多	5 介入 非常多
培养方案的制定					
招生环节					
参加授课					
指导实践环节					
学位论文					
合作学校的专业学位指导小组					

6. 以下关于本校专业学位的师资队伍的描述，您认为是否符合？请在相应方格里打"√"。选项从 1~5 程度逐渐增加。

题项	1 非常 不符合	2 比较 不符合	3 一般	4 比较符合	5 非常符合
授课教师的构成合理					
指导教师的构成合理					
本专业学位指导教师遴选制度合理					
校内导师与校外导师的合作形式合理					
合作单位提供的校外导师资源充足					
学校教师经常参与职业训练和实践					

7. 目前，本校专业学位的毕业生在以下能力达到了多大程度？请在相应方格里打"√"。选项从1~5程度逐渐增加。

题项	1 非常弱	2 比较弱	3 一般	4 比较强	5 非常强
良好的职业素养					
扎实的专业知识					
良好的职业实践能力					
良好的沟通能力					
良好的团队协作能力					
良好的组织协调能力					
良好的动手能力					
良好的分析能力					
良好的创新能力					
良好的国际视野					
良好的职业发展潜力					

8. 以下关于本校专业学位毕业生的就业现状的描述，您是否同意？请在相应方格里打"√"。选项从1~5程度逐渐增加。

题项	1 非常 不同意	2 比较 不同意	3 一般	4 比较同意	5 非常同意
毕业时已获得相应职业资格证书的人数较多					
毕业生的工作岗位与所学专业学位相匹配					
毕业生在相关职业领域得到了很好发展					

三、开放性问题

1. 您对本校专业学位研究生教育质量的总体评价如何？存在的主要问题是什么？

2. 您对本校专业学位研究生教育的未来发展有什么好的建议？

全日制专业学位研究生培养模式现状调研（在校生）

亲爱的同学，您好！

  为全面了解我国专业学位研究生培养现状，受教育部委托，我们课题组现开展专业学位研究生培养调研。您是我们了解培养现状的重要对象，您提供的信息对本次调研非常重要，请帮助我们认真填写本问卷。此次调研结果将只用于科研统计分析，不会泄露任何个人信息，请放心填写。非常感谢您的帮助与配合！

  填写说明：请在您认为符合的选项上打"√"或在空格中填写相应内容。如无特殊说明，每题限选一项。

本课题组
2014 年 6 月

一、基本信息

1. 您的性别：

(1) 男　　　　　(2) 女

2. 您硕士专业学位研究生就读的学校名称_____。

3. 您硕士就读专业学位名称_____方向_____，入学年份_____。

4. 您所修课程有多大比例与相应的学术型学位的学生所修课程相同？

(1) 10%~30%　(2) 31%~50%　(3) 51%~80%　(4) 81%~99%

(5) 100%

5. 您的导师指导形式：

(1) 只有校内导师　　　　　　(2) 只有校外导师

(3) 校内外导师组　　　　　　(4) 其他_____

6. 您学位论文的选题来源"社会实践或工作实际的现实问题"：

(1) 是　　　　　　　　　　　(2) 否

7. 您专业学位在学期间实习实践时间累积有：

(1) 6个月　　(2) 6~12个月　(3) 12个月　　(4) 12~18个月

(5) 其他_____

8. 您认为您所就读专业学位符合社会需求的情况：

(1) 非常不符合　(2) 比较不符合　(3) 基本符合　(4) 比较符合

(5) 非常符合

9. 您当初报考本专业学位的主要原因是：

(1) 未来更好就业　　　　　　(2) 容易被录取

(3) 调剂录取　　　　　　　　(4) 扩展人脉

(5) 其他_____

10. 如果再给您一次机会，您还会选择本专业学位就读吗？

(1) 会，就在本校　　　　　　(2) 会，但是换学校

(3) 不会，换读学术型学位　　(4) 不会，本校换另一专业学位

(5) 不会，换学校换另一专业学位

11. 对本校本专业学位培养质量的总体评价：

(1) 非常低　　(2) 比较低　　(3) 一般　　　(4) 比较高

(5) 非常高

二、现状调查

1. 经过一段时间的学习，您对本校本专业学位在以下各个环节的满意程度如何？请在相应方格里打"√"。选项从1~5程度逐渐增加。（根据您现在的学习阶段，未涉及的环节可不填）

题项	1 非常 不满意	2 比较 不满意	3 一般	4 比较满意	5 非常满意
培养方案的制定					
培养目标的确定					
招生环节					
课程内容的前沿性					
课程内容的职业性					
课程教学方式（讲授、案例、项目、讨论等）					
课程学习与实习实践占用时间的比例					
课程的考核方式					
校内、外培养基地的安排					
学位论文指导方式					
学位论文的评价标准					
奖助学金制度					
就业指导和职业生涯规划					
国际合作交流					

2. 经过一段时间的学习，您认为在以下方面您达到了什么程度？请在相应方格里打"√"。选项从 1~5 程度逐渐增加。

题项	1 非常弱	2 比较弱	3 一般	4 比较强	5 非常强
良好的职业素养					
扎实的专业知识					
良好的职业实践能力					
良好的沟通能力					
良好的团队协作能力					
良好的组织协调能力					
良好的动手能力					
良好的分析能力					
良好的创新能力					

续表

题项	1 非常弱	2 比较弱	3 一般	4 比较强	5 非常强
良好的国际视野					
良好的职业发展潜力					

3. 经过一段时间的学习，您对本校本专业学位实践体系的满意度如何？请在相应方格里打"√"。选项从1~5程度逐渐增加。

题项	1 非常不满意	2 比较不满意	3 一般	4 比较满意	5 非常满意
实践时间的要求					
实践基地的配套条件					
实习补助或津贴					
实践基地的选择					
案例教学的开展					
校外导师对实践的指导					
实践项目的安排					
实践活动对论文的帮助					
实践活动对能力的提升					

4. 经过一段时间的学习，您对本校本专业学位师资评价如何？请在相应方格里打"√"。选项从1~5程度逐渐增加。

题项	1 非常不满意	2 比较不满意	3 一般	4 比较满意	5 非常满意
校内导师与校外导师的合作形式					
校内导师的指导					
校外导师的指导					
校内导师对职业标准的熟悉情况					
校内导师和行业人员共同指导					

5. 经过一段时间的学习，合作培养单位（行业/企业）在以下各环节参与专业学位学生的培养，您认为参与程度如何？请在相应方格里打√。选项从 1~5 程度逐渐增大。（未涉及的环节可不填）

题项	1 参与非常少	2 参与较少	3 不清楚	4 参与较多	5 参与非常多
招生环节					
参加授课					
指导实践环节					
学位论文					

三、开放性问题

1. 经过一段时间的学习，您对本校本专业学位研究生教育质量的总体评价如何？存在的主要问题是什么？
2. 您对本校本专业学位研究生教育的未来发展有什么好的建议？

全日制专业学位研究生培养模式现状调研（在校生）

亲爱的同学，您好！

　　为全面了解我国专业学位研究生培养现状，受教育部委托，我们课题组现开展专业学位研究生培养调研。您是我们了解培养现状的重要对象，您提供的信息对本次调研非常重要，请帮助我们认真填写本问卷。此次调研结果将只用于科研统计分析，不会泄露任何个人信息，请放心填写。非常感谢您的帮助与配合！

　　填写说明：请在您认为符合的选项上打"√"或在空格中填写相应内容。如无特殊说明，每题限选一项。

本课题组
2014 年 6 月

一、基本信息

1. 您的性别：

    (1) 男 　　　　　　　　　　　(2) 女

2. 您硕士专业学位研究生就读的学校名称_____。

3. 您硕士就读专业学位名称_____方向_____，入学年份_____。

4. 您所修课程有多大比例与相应的学术型学位的学生所修课程相同？

    (1) 10%~30%　(2) 31%~50%　(3) 51%~80%　(4) 81%~99%

    (5) 100%

5. 您的导师指导形式：

    (1) 只有校内导师　　　　　　(2) 只有校外导师

    (3) 校内外导师组　　　　　　(4) 其他_____

6. 您学位论文的选题来源"社会实践或工作实际的现实问题"：

    (1) 是　　　　　　　　　　　(2) 否

7. 您专业学位在学期间实习实践时间累积有：

    (1) 6个月　　　　　　　　　 (2) 6~12个月

    (3) 12个月　　　　　　　　　(4) 12~18个月

    (5) 其他_____

8. 您认为您所就读专业学位符合社会需求的情况：

    (1) 非常不符合　　　　　　　(2) 比较不符合

    (3) 基本符合　　　　　　　　(4) 比较符合

    (5) 非常符合

9. 您当初报考本专业学位的主要原因是：

    (1) 未来更好就业　　　　　　(2) 容易被录取

    (3) 调剂录取　　　　　　　　(4) 扩展人脉

    (5) 其他_____

10. 如果再给您一次机会，您还会选择本专业学位就读吗？

    (1) 会，就在本校　　　　　　(2) 会，但是换学校

    (3) 不会，换读学术型学位　　(4) 不会，本校换另一专业学位

    (5) 不会，换学校换另一专业学位

11. 对本校本专业学位培养质量的总体评价：

    (1) 非常低　　(2) 比较低　　(3) 一般　　　(4) 比较高

    (5) 非常高

二、现状调查

1. 经过一段时间的学习，您对本校本专业学位在以下各个环节的满意程度如何？请在相应方格里打"√"。选项从1～5程度逐渐增加。（根据您现在的学习阶段，未涉及的环节可不填）

题项	1 非常 不满意	2 比较 不满意	3 一般	4 比较满意	5 非常满意
培养方案的制定					
培养目标的确定					
招生环节					
课程内容的前沿性					
课程内容的职业性					
课程教学方式（讲授、案例、项目、讨论等）					
课程学习与实习实践占用时间的比例					
课程的考核方式					
校内、外培养基地的安排					
学位论文指导方式					
学位论文的评价标准					
奖助学金制度					
就业指导和职业生涯规划					
国际合作交流					

2. 经过一段时间的学习，您认为在以下方面您达到了什么程度？请在相应方格里打"√"。选项从1～5程度逐渐增加。

题项	1 非常弱	2 比较弱	3 一般	4 比较强	5 非常强
良好的职业素养					
扎实的专业知识					

续表

题项	1 非常弱	2 比较弱	3 一般	4 比较强	5 非常强
良好的职业实践能力					
良好的沟通能力					
良好的团队协作能力					
良好的组织协调能力					
良好的动手能力					
良好的分析能力					
良好的创新能力					
良好的国际视野					
良好的职业发展潜力					

3. 经过一段时间的学习，您对本校本专业学位实践体系的满意度如何？请在相应方格里打"√"。选项从1~5程度逐渐增加。

题项	1 非常 不满意	2 比较 不满意	3 一般	4 比较满意	5 非常满意
实践时间的要求					
实践基地的配套条件					
实习补助或津贴					
实践基地的选择					
案例教学的开展					
校外导师对实践的指导					
实践项目的安排					
实践活动对论文的帮助					
实践活动对能力的提升					

4. 经过一段时间的学习，您对本校本专业学位师资评价如何？请在相应方格里打"√"。选项从1~5程度逐渐增加。

题项	1 非常 不满意	2 比较 不满意	3 一般	4 比较满意	5 非常满意
校内导师与校外导师的合作形式					
校内导师的指导					
校外导师的指导					
校内导师对职业标准的熟悉情况					
校内导师和行业人员共同指导					

5. 经过一段时间的学习，合作培养单位（行业/企业）在以下各环节参与专业学位学生的培养，您认为参与程度如何？请在相应方格里打"√"。选项从1~5程度逐渐增大（未涉及的环节可不填）。

题项	1 参与 非常少	2 参与较少	3 不清楚	4 参与较多	5 参与 非常多
招生环节					
参加授课					
指导实践环节					
学位论文					

三、开放性问题

1. 经过一段时间的学习，您对本校本专业学位研究生教育质量的总体评价如何？存在的主要问题是什么？
2. 您对本校本专业学位研究生教育的未来发展有什么好的建议？

全日制专业学位研究生培养模式现状调研（校友）

亲爱的校友，您好！

  为全面了解我国专业学位研究生培养现状，受教育部委托，我们课题组现开展专业学位研究生培养调研。您是我们了解培养现状的重要对象，您提供的信息对本次调研非常重要，请帮助我们认真填写本问卷。此次调研结果将只用于科研统计分析，不会泄露任何个人信息，请放心填写。非常感谢您的帮助与配合！

填写说明：请在您认为符合的选项上打"√"或在空格中填写相应内容。如无特殊说明，每题限选一项。

本课题组
2014 年 6 月

一、基本信息

1. 您硕士专业学位研究生毕业的学校_____。
2. 您硕士就读专业学位名称_____方向_____，入学年份_____。
3. 您的性别：

   （1）男　　　　　　（2）女

4. 您的年龄_____。
5. 您毕业的时间：

   （1）1~5 年　　　（2）6~10 年　　　（3）11 年以上

6. 您当年就读时导师的指导形式：

   （1）只有校内导师　　　　（2）只有校外导师

   （3）校内外导师组　　　　（4）其他_____

7. 您当初报考本专业学位的主要原因是：

   （1）未来更好就业　　　　（2）容易被录取

   （3）调剂录取　　　　　　（4）扩展人脉

   （5）其他_____

8. 您所修课程有多大比例与相应的学术型学位的学生所修课程相同？

   （1）10%~30%　　　　　　（2）31%~50%

   （3）51%~80%　　　　　　（4）81%~99%

   （5）100%

9. 当年您学位论文的选题来源于"社会实践或工作实际的现实问题"：

   （1）是　　　　　　（2）否

10. 当年是否有校外行业人士或您的校外导师参加您的学位论文答辩：

    （1）是　　　　　　（2）否

11. 您现就职的单位类型属于：

    （1）企业　　　　　（2）行政事业单位

12. 以下哪项对您就业及职业发展帮助最大?

(1) 本专业学位课程学习　　　　　(2) 校内导师

(3) 校外导师　　　　　　　　　　(4) 实践经历

(5) 学位论文

13. 对本校本专业学位培养质量的总体评价:

(1) 非常低　　(2) 比较低　　(3) 一般　　(4) 比较高

(5) 非常高

14. 您第一份工作与所学专业学位是否相关:

(1) 是　　　　　　　　　　　　　(2) 否

15. 您当年第一份工作的平均月收入:

(1) 5 000 元以下　　　　　　　　(2) 5 001~10 000 元

(3) 10 000 元以上　　　　　　　 (4) 20 000 以上

16. 您认为您原就读专业学位的培养经历促进职业发展的重要性:

(1) 非常不重要　(2) 比较不重要　(3) 一般　　(4) 比较重要

(5) 非常重要

17. 您对自己目前的就业现状的满意程度:

(1) 非常不满意　(2) 比较不满意　(3) 一般　　(4) 比较满意

(5) 非常满意

18. 如果再给你一次机会,您还会选择本专业学位就读吗?

(1) 会,就在本校　　　　　　　　(2) 会,但是换学校

(3) 不会,换读学术型学位　　　　(4) 不会,本校换另一专业学位

(5) 不会,换学校换另一专业学位

二、现状调查

1. 以下是关于当年就读的专业学位面临的实际情况的描述,您认为是否合理?请在相应方格里打"√"。选项从 1~5 程度逐渐增大。

题项	1 非常 不合理	2 比较 不合理	3 一般	4 比较合理	5 非常合理
本专业学位设置满足了职业行业现实发展的需求					

续表

题项	1 非常 不合理	2 比较 不合理	3 一般	4 比较合理	5 非常合理
本专业学位设置满足了职业行业未来发展需求，有前瞻性					
政府已经通过立法或政策很好地支持保障本专业学位发展					
用人单位已经采取了长期的措施支持本专业学位发展					

2. 您对当年就读的专业学位在以下各个环节的满意程度如何？请在相应方格里打"√"。选项从1~5程度逐渐增大。

题项	1 非常 不满意	2 比较 不满意	3 一般	4 比较满意	5 非常满意
课程设置					
实习实践					
学位论文					
校内校外导师指导					
合作培养单位参与					
奖助学金制度					
就业指导和职业生涯规划					
国际合作交流					

3. 您认为当年就读的专业学位教育经历对您以下能力提升的作用如何？请在相应方格里打"√"。选项从1~5程度逐渐增加。

题项	1 非常弱	2 比较弱	3 一般	4 比较强	5 非常强
良好的职业素养					
扎实的专业知识					

续表

题项	1 非常弱	2 比较弱	3 一般	4 比较强	5 非常强
良好的职业实践能力					
良好的沟通能力					
良好的团队协作能力					
良好的组织协调能力					
良好的动手能力					
良好的分析能力					
良好的创新能力					
良好的国际视野					
良好的职业发展潜力					

4. 以下关于您毕业后职业现状的描述，您是否同意？请在相应方格里打"√"。选项从 1~5 程度逐渐增加。

题项	1 非常 不满意	2 比较 不满意	3 一般	4 比较满意	5 非常满意
已获得相应职业资格证书					
工作岗位与所学专业学位相匹配					
在相关职业领域得到了很好发展					

三、开放性问题

1. 您对当年所就读专业学位研究生教育质量的总体评价如何？存在的主要问题是什么？
2. 您对本校本专业学位研究生教育的未来发展有什么好的建议？

临床医学硕士专业学位培养模式改革问卷（导师版）

尊敬的老师：您好！

非常感谢您参与此次问卷调查。此次调查由全国医学专业学位研究生教育指导委员会秘书处组织实施，旨在为临床医学硕士专业学位研究生培养模式改革提供基础依据，不作其他用途，调查数据将被严格保密。调查数据的真实性、准确性和全面性将直接影响着改革方案的调整内容和结果，请各位导师根据实际情况认真填写问卷。请您在最合适的答案上打"√"，或将选项填写在（   ）内，不得有空项和遗漏。

感谢您的配合以及对临床医学硕士专业学位研究生培养模式改革的贡献！

全国医学专业学位研究生教育指导委员会秘书处
2014 年 7 月

一、基本信息

1. 您所在学校_____所在医院_____所在科室_____。
2. 年龄____岁。
3. 性别（   ）。
   A. 男　　　　　B. 女
4. 您的技术职称是（   ）。
   A. 正高　　　B. 副高　　　C. 中级　　　D. 初级
5. 您最终获得的学位是（   ）。
   A. 博士学位　　B. 硕士学位　　C. 学士学位
6. 您本人所获得的临床医学学位类型是（   ）。
   A. 学术学位（科学学位）　　B. 专业学位
   C. 学术学位（临床技能型）
7. 您已担任该临床医学专业学位导师工作_____年。
8. 您已担任临床医学学术学位导师工作_____年。
9. 目前，您正在指导的研究生_____人，其中专业学位研究生_____人。

二、招生环节

1. 您本人的研究生招生结构是否需要调整（　　）（原因请在横线注明）。
   A. 不需要调整指标　　　　　　　　　　原因：_____
   B. 增加专业学位指标，减少学术学位指标　原因：_____
   C. 增加学术学位指标，减少专业学位指标　原因：_____
   D. 同时增加专业学位和学术学位指标　　　原因：_____

2. 在生源质量方面，您认为贵单位临床医学硕士专业学位生源质量与学术学位相比（　　）。
   A. 生源质量更高　　　　　　B. 生源质量较差
   C. 两者持平

3. 您认为近几年，您招收的临床医学硕士专业学位研究生生源质量变化趋势为（　　）。
   A. 有提高的趋势　　　　　　B. 有下降的趋势
   C. 持平

4. 您觉得目前临床医学硕士专业学位研究生的录取方式比较注重（　　）。
   A. 入学考试得分　　　　　　B. 知识考查
   C. 能力考查　　　　　　　　D. 综合素质
   E. 其他_____

5. 您觉得临床医学硕士专业学位研究生复试时最应强调的是（　　）。
   A. 基础医学知识　　　　　　B. 临床专业知识
   C. 人文知识　　　　　　　　D. 临床操作能力
   E. 临床思维能力　　　　　　F. 创造性解决问题的能力
   G. 其他_____

6. 从您自身角度出发，专业学位研究生和学术学位研究生您更愿意招收（　　）。
   A. 专业学位研究生　　原因：_____
   B. 学术学位研究生　　原因：_____
   C. 没有明显区别

7. 您认为影响临床医学硕士专业学位研究生生源质量的因素的重要程度，请在方框内打"√"：

题目	非常不重要	不重要	一般	重要	非常重要
A. 本科生招生规模大幅增加					
B. 本科院校的层次及培养水平					
C. 临床医学长学制的设立					
D. 招生院校的学科水平					
E. 招生院校的知名度					
F. 考生对招生院校专业学位培养的认可度					
G. 社会对招生院校专业学位培养的认可度					
H. 招生院校对学生的奖助体系资助力度					
I. 其他：_____					

8. 您认为临床医学硕士专业学位研究生入学时不同能力的重要程度，请在方框内打"√"：

项目	非常不重要	不重要	一般	重要	非常重要
A. 英语					
B. 政治					
C. 医学基础知识					
D. 临床专业知识					
E. 科研素质					
F. 临床实践能力					
G. 其他素质					

三、人才培养

1. 您认为目前贵单位对临床医学硕士专业学位研究生的培养是否达到应用型人才的培养目标（　　）。

A. 完全未达到　　　　　　　B. 大部分未达到
C. 基本达到　　　　　　　　D. 大部分未达到
E. 完全达到

2. 您认为贵单位在课程设置上临床医学专业学位与学术学位研究生的区别？（　　）。

A. 区别非常大　　　　　　　B. 区别较大
C. 没有区别

3. 您对贵单位临床医学硕士专业学位研究生的课程设置情况进行评价，请在方框内打"√"：

题目	完全不满足	较不满足	一般	较满足	完全满足
A. 课程设置的针对性					
B. 课程内容的前沿性：体现新进展、新技术、新方法					
C. 课程内容的实践性：与实际工作和社会需要紧密结合					
D. 课程内容的综合性：与多学科交叉，涉及多学科知识					
E. 教学方法的多样性：PBL教学、案例教学等					
F. 考核方式的合理性：笔试、论文报告等					

4. 目前，您指导的临床医学硕士专业学位研究生平均临床轮转的时间是_____月，其中在本学科临床轮转的时间为_____月。

5. 您认为临床医学硕士专业学位研究生各方面能力培养的重要程度，请在方框内打"√"：

题目	非常不重要	不太重要	一般	重要	非常重要
A. 专业知识					
B. 基础知识					

续表

题目	非常不重要	不太重要	一般	重要	非常重要
C. 临床实践能力					
D. 临床思维能力					
E. 人文及职业道德					
F. 人际交往能力					
G. 科研能力					
H. 论文写作能力					
I. 创新能力					
J. 自我学习能力					
K. 其他能力					

5.1 在上述能力中，临床医学专业学位研究生应高于学术学位研究生的是（　　）。[可多选]

5.2 在上述能力中，临床医学专业学位研究生应高于住院医师的是（　　）。[可多选]

5.3 在上述能力中，临床医学专业学位研究生最缺少的是（　　）。[可多选]

6. 您认为目前临床医学硕士专业学位研究生培养质量的主要影响因素是（　　）。[可多选]

  A. 对临床医学硕士教育特点认识不足

  B. 学校重视程度不足

  C. 生源质量不高

  D. 教学内容与课程设置存在问题

  E. 师资队伍水平局限

  F. 投入经费不足

  G. 住院医师规范化培训制度不完善

  H. 其他_____

7. 您所在高校的附属医院开展住院医师规范化培训情况是（　　）。

  A. 已开展了住院医师规范化培训，运行良好

  B. 刚刚开展住院医师规范化培训，尚不完善

  C. 未开展住院医师规范化培训

8. 贵单位临床医学硕士专业学位研究生培养是否与住院医师规范化培训相衔接（　　）。

A. 是　　　　　　　　　　B. 否（原因：_____）

9. 您本人是否支持临床医学硕士专业学位研究生按照住院医师规范化培训要求接受为期 33 个月的临床轮转（　　　）。

　　A. 支持　　原因：_____

　　B. 不支持　原因：_____

10. 您对住院医师规范化培训制度的认识，请在方框内打"√"：

项目	非常不赞同	不赞同	一般	比较赞同	非常赞同
A. 住院医师规范化培训有助于提高临床医学硕士专业学位研究生临床实践能力					
B. 临床专业学位研究生培养纳入住院医师规范化培训有助于学生就业					
C. 学校支持临床医学硕士专业学位研究生培养同住院医师规范化培训制度衔接					
D. 导师支持临床医学硕士专业学位研究生培养同住院医师规范化培训制度衔接					
E. 学生支持临床医学硕士专业学位研究生培养同住院医师规范化培训制度衔接					

11. 您所在单位对临床医学专业学位研究生临床能力考核情况是（　　　）。

　　A. 非常严格　　B. 较严格　　C. 基本严格　　D. 不太严格

　　E. 非常不严格

12. 您认为采用以下哪种考核方法最能反映临床医学硕士专业学位研究生培养效果（　　　）。[可多选]

　　A. 书面考试　　　　　　　B. 临床研究论文

　　C. 口试　　　　　　　　　D. 科研成果

　　E. 技能操作考试　　　　　F. 其他_____

13. 您认为哪种考核方法最能正确评价临床医学专业学位研究生的临床工作

能力（　　）。[可多选]

  A. 病例讨论　　　　　　　B. 病案评价

  C. 门诊观察考核　　　　　D. 临床操作考试

  E. 标准化病人考核　　　　F. 导师评估报告

  G. 患者满意调查　　　　　H. 个人临床工作日志

  I. 其他_____

14. 您所在单位对专业学位硕士研究生导师是否有带教津贴或补助（　　）。

  A. 有　　　　　　　　　　B. 无

15. 专业学位硕士研究生导师在职称晋升上是否有特殊政策或优势（　　）。

  A. 有　　　　　　　　　　B. 无

16. 您认为高校对临床医学硕士专业学位研究生导师激励程度如何（　　）。

  A. 非常强　　B. 比较强　　C. 一般　　D. 比较弱

  E. 基本没有

17. 在工作过程中，您个人的时间或精力在临床工作付出_____%，科研工作付出_____%，教学工作付出_____%。

18. 您的个人收入中，临床工作有关收入约占_____%，科研工作有关收入约占_____%，教学工作有关收入约占_____%。

19. 从职业发展来讲，医教研对于您自身未来发展影响最大的是（　　）。

  A. 临床工作　　B. 科研工作　　C. 教学工作

20. 从用人角度出发，您认为您所在科室招收的临床医生看重其（　　）。[可多选]

  A. 专业知识　　　　　　　B. 基础知识

  C. 临床实践能力　　　　　D. 临床思维能力

  E. 科研能力　　　　　　　F. 人文及职业道德

  G. 人际交往能力　　　　　H. 论文写作能力

  I. 创新能力　　　　　　　J. 自我学习能力

  K. 导师背景　　　　　　　L. 毕业学校

  M. 学历层次

四、科研与学位论文

1. 您所指导的专业学位研究生是否参与到您的科研工作当中（　　）。

  A. 是　　　　　　　　　　B. 否

2. 您所指导的专业学位研究生从事科研工作的时间平均为_____月。

3. 您所指导的专业学位研究生主要从事的科研工作类型为（　　）。

　　A. 临床研究（病例随访观察、病例综述）

　　B. 应用基础研究（应用于临床的新诊断、新技术、新方法的研究）

　　C. 基础研究（从细胞、分子和基因等水平上探索疾病的本质，阐明某一机制）

4. 通过科研训练，您希望提高专业学位研究生的哪些能力（　　）。[可多选]

　　A. 查阅和处理文献资料的能力

　　B. 实验设计能力

　　C. 实验操作能力

　　D. 数据的统计处理能力

　　E. 实验的总结

　　F. 归纳综述能力

　　G. 论文撰写能力

　　H. 获取有效信息能力

　　I. 其他_____

5. 在科研方面，专业学位研究生的最缺乏的是（　　）。[可多选]

　　A. 查阅和处理文献资料的能力

　　B. 实验设计能力

　　C. 实验操作能力

　　D. 数据的统计处理能力

　　E. 实验的总结

　　F. 归纳综述能力

　　G. 论文撰写能力

　　H. 获取有效信息能力

　　I. 其他_____

6. 您对您所指导的临床医学硕士专业学位研究生是否有发表论文要求（　　）。

　　A. 有　　　　　　　　　　　　　　　B. 没有

五、教育过程评价

1. 您对自己培养的临床硕士专业学位研究生能力评价的情况，请在方框内打"√"：

项目	非常不满意	不满意	一般	满意	非常满意
A. 沟通与磋商的技能					
B. 整体行医胜任力					
C. 资料收集、分析和解释的能力					
D. 临床诊断和决策的能力					
E. 临床管理能力					
F. 处理复杂医疗状况能力					
G. 初级卫生保健管理和风险管理能力					
H. 与同事的团队协作能力					
I. 学习和教学能力					
J. 遵守职业道德的能力					
K. 健康行医的能力					

2. 结合自身实际情况，您的认同程度如何，请在方框内打"√"：

题目	完全不认同	不太认同	一般	较认同	完全认同
A. 临床医学专业学位目前在国内的发展趋势很好					
B. 对目前课程教学质量的总体印象很满意					
C. 现行的课程体系能满足学生提升自身能力的需求					
D. 临床医学硕士的课程内容与临床实践结合得非常紧密					
E. 临床医学硕士的课程内容与临床科研结合得非常紧密					
F. 在临床实践过程中，学生自身的临床能力得到了充分锻炼					
G. 临床培训期间，专业学位研究生能单独管理床位					

续表

题目	完全不认同	不太认同	一般	较认同	完全认同
H. 您对住院医师规范化培训十分了解					
I. 把临床型研究生培养纳入住院医师规范化培训培养对提高专业学位研究生临床能力有帮助					
J. 通过临床轮转，专业学位研究生的临床能力能达到同年资住院医师能力培训的要求					
K. 若把临床型研究生培养纳入住院医师规范化培训，对您今后的就业有帮助					
L. 目前临床各科室制定了规范的临床技能考评体系					
M. 临床各科室组织的临床技能考核程序严格					
N. 您重视实践教学，能按照专业学位的特点进行指导					
O. 您对学生临床实践的指导情况能给予帮助					
P. 师生互动信息顺畅					
Q. 您对专业学位研究生毕业论文的选题有很好的指导性					
R. 导师组提供的专业指导频率和质量能得到保证					
S. 您对学生的指导非常满意					
T. 科研训练能够结合临床实际					
U. 通过科研训练能更好地指导学生的临床工作					
V. 医院有较严格的教学管理制度					
W. 医院管理部门重视实践带教工作，定期了解培养状况信息					

临床医学硕士专业学位培养模式改革调查问卷

尊敬的老师：您好！

  非常感谢您参与此次问卷调查。此次调查由全国医学专业学位研究生教育指导委员会秘书处组织实施，旨在为临床医学硕士专业学位研究生培养模式改革提供基础依据，不作其他用途，调查数据将被严格保密。调查数据的真实性、准确性和全面性将直接影响着改革方案的调整内容和结果，请各位老师根据所在单位的实际情况，认真填写问卷。请您在最合适的答案上打"√"，或将选项填写在（ ）内，不得有空项和遗漏。

  感谢您的配合以及对临床医学硕士专业学位研究生培养模式改革的贡献！

全国医学专业学位研究生教育指导委员会秘书处
2014 年 7 月

一、个人基本情况

1. 您所在单位_____。
2. 年龄_____岁。
3. 性别（ ）。

  A. 男   B. 女

4. 您在贵单位的所在岗位为（ ）。[可多选]

  A. 学校研究生管理人员   B. 医院研究生管理人员

  C. 研究生导师   D. 临床科室带教教师

  E. 其他

5. 您的技术职称是（ ）。

  A. 正高   B. 副高   C. 中级   D. 初级

6. 您对临床医学专业学位研究生培养熟悉程度（ ）。

  A. 非常熟悉   B. 比较熟悉   C. 一般了解   D. 不熟悉

  E. 十分不熟悉

二、招生环节

1. 您认为贵单位目前临床医学硕士专业学位研究生的招生规模（数量）的变化趋势为（   ）。

  A. 有增加的趋势　　　　　　　　B. 有减少的趋势

  C. 没有变化

2. 您认为贵单位临床医学硕士专业学位研究生和科学学位研究生的招生比例是否需要调整（   ）。

  A. 是　　　　　　　　　　　　　B. 否

2.1　您认为需要调整的原因为（   ）。

  A. 行业需要更多应用型的人才

  B. 行业需要更多研究型人才

  C. 行业需要更多复合型人才

  D. 其他_____

2.2　您认为临床医学硕士专业学位研究生招生规模应该如何进行调整（   ）。

  A. 大幅增加　　　　　　　　　　B. 小幅增加

  C. 维持现有规模　　　　　　　　D. 小幅减少

  E. 大幅减少

2.3　您认为临床医学硕士学术学位研究生招生规模应该如何进行调整（   ）。

  A. 大幅增加　　　　　　　　　　B. 小幅增加

  C. 维持现有规模　　　　　　　　D. 小幅减少

  E. 大幅减少

3. 在生源质量方面，您认为贵单位临床医学硕士专业学位生源质量与学术学位相比（   ）。

  A. 生源质量更高　　　　　　　　B. 生源质量较差

  C. 两者持平

4. 您认为近几年，贵单位临床医学硕士专业学位研究生生源质量变化趋势为（   ）。

  A. 有提高的趋势　　　　　　　　B. 有下降的趋势

  C. 持平

5. 您认为影响临床医学硕士专业学位研究生生源质量的因素的重要程度，

请在方框内打"√":

项目	非常不重要	不重要	一般	重要	非常重要
A. 本科生招生规模大幅增加					
B. 本科院校的层次及培养水平					
C. 临床医学长学制的设立					
D. 招生院校的学科水平					
E. 招生院校的知名度					
F. 考生对招生院校专业学位培养的认可度					
G. 社会对招生院校专业学位培养的认可度					
H. 招生院校对学生的奖助体系资助力度					
I. 其他					

6. 您认为能有效保证临床医学硕士专业学位研究生招生质量的关键在于（　　）。[可多选]

　　A. 良好的学术竞争机制

　　B. 良好的校内约束机制

　　C. 学校教育质量监控体系

　　D. 良好的校际竞争

　　E. 用人单位评议、社会评议

　　F. 社会办学声誉

　　G. 行业或临床医院的参与

　　H. 其他_____

7. 您认为与学术学位相比考生对临床医学硕士专业学位认可度（　　）。

　　A. 考生对专业学位的认可度更高，报考意愿更强烈

　　B. 考生对专业学位的认可度较低，缺乏报考意愿

　　C. 两者持平

8. 您认为与学术学位相比用人单位对临床医学硕士专业学位的认可度为（　　）。

　　A. 专业学位认可度更高　　　　B. 专业学位认可度较低

C. 两者持平

9. 您认为对于统招硕士研究生来说，统考笔试分数和复试部分哪个更重要（   ）。

  A. 统考笔试重要　　　　　　　B. 复试重要

  C. 同等重要

9.1　您认为目前复试部分权重在录取中的合理比例应该占（　　）%。

10. 您认为目前临床医学专业学位研究生招生制度是否需要改革（　　）。

[选 D 请跳第 11 题]

  A. 急需改革　　　　　　　　　B. 需要改革

  C. 可改可不改　　　　　　　　D. 不需要改革

10.1　改革临床医学硕士专业学位研究生的统招制度可从哪些方面着手（   ）。[可多选]

  A. 取消统考

  B. 设置与学术学位相区别的招生改革

  C. 改革专业课程考试

  D. 取消统一划线

  E. 加强学校自主招生

  F. 增加能力考核

  G. 加强复试

  H. 其他_____

11. 您认为临床医学硕士专业学位研究生入学时不同能力的重要程度，请在方框内打"√"：

项目	非常不重要	不重要	一般	重要	非常重要
H. 英语					
I. 政治					
J. 医学基础知识					
K. 临床专业知识					
L. 科研素质					
M. 临床实践能力					
N. 其他素质					

12. 您认为目前实行的"5＋3"贯通式培养（即本硕连读）的方式是否可行

（　　）。

  A. 可行   B. 不可行

  13. 您认为制约"5＋3"贯通式培养方案可行性的因素是（　　）。[可多选]

  A. 学生对学习年限增加的不满

  B. 高校对优秀学生的吸引力不足

  C. 缺乏长学制与"5＋3"学生的平稳过渡机制

  D. 附属医院支持力度不够

  E. 学校培养能力有限

  F. 其他_____

三、课程方面

  1. 目前贵单位临床医学硕士专业学位研究生课程的授课方式是（　　）。

  A. 脱产式集中授课   B. 分散式授课

  C. 两者相结合   D. 其他_____

  1.1　贵单位临床医学硕士专业学位研究生脱产式集中授课时间为一个月。

  2. 您认为，临床医学硕士专业学位研究生课程最合理的授课方式是（　　）。

  A. 脱产式集中授课   B. 分散式授课

  C. 两者相结合   D. 其他_____

  3. 贵单位临床医学硕士专业学位研究生课程与住院医师规范化培训课程结合程度是（　　）。

  A. 结合紧密   B. 结合程度一般

  C. 结合程度较差

  4. 贵单位临床医学硕士专业学位研究生课程学分认可情况是（　　）。

  A. 课程学分完全得到住院医师规范化培训的认可

  B. 部分课程学分得到住院医师规范化培训的认可

  C. 课程学分完全未得到住院医师规范化培训的认可

  5. 您认为贵单位在课程设置上临床医学专业学位与学术学位研究生的区别是（　　）。

  A. 区别非常大   B. 区别较大

  C. 没有区别

  6. 请您对贵单位临床医学硕士专业学位研究生的课程设置情况进行评价，请在方框内打"√"：

题目	完全不满足	较不满足	一般	较满足	完全满足
课程设置的针对性					
课程内容的前沿性：体现新进展、新技术、新方法					
课程内容的实践性：与实际工作和社会需要紧密结合					
课程内容的综合性：与多学科交叉，涉及多学科知识					
教学方法的多样性：PBL 教学、案例教学等					
考核方式的合理性：笔试、论文报告等					

7. 您认为贵单位临床医学硕士专业学位研究生的课程设置的学时安排是否合适，请在方框内打"√"：

项目	过多	较多	合适	较少	过少	备注
政治理论课程						
公共外语						
专业外语						
统计及方法课程						
人文类课程						
临床实践课程						
科研技术类课程						
科研思路与设计课程						
其他专业课程						

住院医师规范化培训制度实施情况

1. 您所在省（市）住院医师规范化培训开展情况是（　　）。

A. 规范有序，已经建立完善的住院医师培训制度

B. 正在着手建立，尚未成型

C. 未建立住院医师培训制度

D. 其他_____

1.1　您所在省（市）指导和保障住院医师规范化培训相关法律、法规完善程度（　　）。

A. 非常完善　　　B. 比较完善　　　C. 一般　　　D. 较不完善

E. 非常不完善

2. 您所在高校的附属医院开展住院医师规范化培训情况是（　　）。

A. 已开展了住院医师规范化培训，运行良好

B. 刚刚开展住院医师规范化培训，尚不完善

C. 未开展住院医师规范化培训

3. 您认为省级卫生行政部门对住院医师规范化培训的重视程度是（　　）。

A. 非常重视　　B. 比较重视　　C. 一般　　　D. 较不重视

E. 非常不重视

4. 您认为政府对高校附属医院开展住院医师规范化培训的支持力度是（　　）。

A. 非常支持　　　B. 比较支持　　　C. 一般　　　D. 较不支持

E. 不支持

5. 您所在省（市）住院医师规范化培训经费来源的主要渠道：

第一位的是（　　）；第二位的是（　　）；第三位的是（　　）。

A. 中央专项经费　　　　　　B. 省级卫生部门专项资金

C. 高校自筹资金　　　　　　D. 医院自筹资金

E. 培训生缴纳的培训费　　　F. 其他_____

6. 您认为政府对住院医师规范化培训的投入情况是（　　）。

A. 非常充足　　　　　　B. 比较充足

C. 基本足够　　　　　　D. 不太充足

E. 非常不足

7. 据您了解当地参加住院医师规范化培训的住院医师政府平均补贴为_____/人年。

7.1　据您了解参加住院医师规范化培训的临床医学专业学位研究生平均补贴为_____/人年。

8. 您所在省（市）是否制定了完善的住院医师规范化培训细则（　　）。

A. 已经制定了较为完善的培训细则

B. 正在着手制定培训细则，尚未成型

C. 未制定培训细则

D. 其他_____

9. 您所在省（市）是否建立了完善的住院医师规范化考核方案（　　）。

A. 具有完善的考核方案

B. 正在着手建立，尚未成型

C. 无考核方案

临床实践情况

1. 目前贵单位要求临床医学硕士专业学位研究生临床轮转的时间是（　　）月。

2. 贵单位临床医学硕士专业学位研究生培养是否与住院医师规范化培训制度相衔接（　　）。

A. 是　　　　　　　　　　B. 否，原因：

3. 您认为目前贵单位对临床医学硕士专业学位研究生的培养是否达到应用型人才的培养目标（　　）。

A. 完全达到　　　　　　　B. 大部分达到

C. 基本达到　　　　　　　D. 大部分未达到

E. 完全未达到

3.1　未达到的原因

4. 您认为临床医学硕士专业学位研究生各培养要素按重要程度：

第一位是（　　）；第二位是（　　）；第三位是（　　）。

A. 生源质量　　　　　　　B. 教学管理质量

C. 任课教师水平　　　　　D. 临床实践条件

E. 住院医师规范化培训制度　F. 其他_____

5. 您认为目前临床医学硕士专业学位研究生培养质量的主要影响因素是（　　）。[可多选]

A. 对临床医学硕士教育特点认识不足

B. 学校重视程度不足

C. 生源质量不高

D. 教学内容与课程设置存在问题

E. 师资队伍水平局限

F. 投入经费不足

G. 住院医师规范化培训制度不完善

H. 其他_____

6. 您对目前临床专业学位研究在住院医师规范培训规定的科室轮转制度的看法是（　　）。

A. 很赞同，值得发展

B. 比较赞同，可以接受

C. 一般，小部分有待完善

D. 不太赞同，希望有进一步的完善

E. 无所谓

7. 您认为贵单位临床医学专业学位研究生在临床实践过程中执行《住院医师规范化培训细则》情况（   ）。

A. 严格执行《培训细则》

B. 执行《培训细则》，根据各科室情况有小幅调整

C. 未能严格执行《培训细则》

7.1 临床医学专业学位研究生在临床实践过程中未能严格执行《培训细则》的原因（   ）。

A. 省（市）未制定《培训细则》

B. 学校无执行要求

C. 医院层面不愿执行

D. 导师不愿执行

E. 其他_____

8. 您所在单位对临床医学专业学位研究生临床能力考核情况（   ）。

A. 非常严格　　　B. 较严格　　　C. 基本严格　　　D. 不太严格

E. 非常不严格

9. 您认为采用以下哪种考核方法最能反映临床医学硕士专业学位研究生培养效果（   ）。

A. 书面考试　　　　　　　　B. 临床研究论文

C. 口试　　　　　　　　　　D. 科研成果

E. 技能操作考试　　　　　　F. 其他

10. 您认为哪种考核方法最能正确评价临床医学专业学位研究生的临床工作能力？（   ）

A. 病案评价　　　　　　　　B. 临床操作评价

C. 标准化病人考核　　　　　D. 其他

11. 您认为由（   ）组织住院医师规范化培训考核最为合适。

A. 科室　　　　　　　　　　B. 医院

C. 学校　　　　　　　　　　D. 卫生局

E. 学校和医院合作　　　　　F. 其他

12. 您认为临床医学硕士专业学位研究生各方面能力培养的重要程度，请在

方框内打"√"：

项目	非常不重要	不太重要	一般	重要	很重要
A. 专业知识					
B. 基础知识					
C. 临床实践能力					
D. 临床思维能力					
E. 人文及职业道德					
F. 人际交往能力					
G. 科研能力					
H. 论文写作能力					
I. 创新能力					
J. 自我学习能力					
K. 其他能力					

12.1 您认为，在上述能力中，临床医学硕士专业学位研究生应高于科学学位研究生的是（　　）。[可多选]

12.2 您认为，在上述能力中，临床医学硕士专业学位研究生应高于住院医师的是（　　）。[可多选]

12.3 您认为，在上述能力中，目前专业学位研究生最缺少的是（　　）。[可多选]

13. 您对临床医学硕士专业学位研究生的培训整体效果是（　　）。
    A. 非常满意　　　　　　　　B. 较满意
    C. 一般　　　　　　　　　　D. 较不满意
    E. 非常不满意

四、师资队伍

1. 您认为适合临床医学硕士专业学位研究生培养的导师模式是（　　）。
   A. 导师组制　　　　　　　　B. 单一导师制
   C. 导师与带教老师相结合　　D. 其他_____

2. 您认为临床医学硕士专业学位研究生培养模式改革后老师对教学的热情度（　　）。

A. 提高　　　　B. 没有变化　　　C. 降低

3. 您认为导师对临床医学专业学位的认识是（　　）。

A. 认识十分到位　　　　　　B. 认识基本到位

C. 认识不到位

4. 您所在单位对临床医学硕士专业学位研究生培养导师如何进行激励（　　）。

A. 物质奖励　　　　　　　　B. 优先职称晋升

C. 精神奖励　　　　　　　　D. 无

E. 其他_____

5. 您认为高校对临床医学硕士专业学位研究生导师激励程度是（　　）。

A. 非常强　　　　　　　　　B. 比较强

C. 一般　　　　　　　　　　D. 比较弱

E. 基本没有

6. 您对目前师资队伍建设、提高导师指导积极性有什么意见或建议：

五、管理机制方面

1. 您所在学校或医院与地方卫生行政部门联系程度（　　）。

A. 密切联系　　　　　　　　B. 较联系

C. 一般　　　　　　　　　　D. 较不联系

E. 没有联系

2. 在临床医学硕士专业学位培养模式改革过程中，您对高校管理工作的评价是（　　）。

A. 非常有序、规范　　　　　B. 比较有序、规范

C. 不是很有序、规范

3. 在临床医学硕士专业学位培养模式改革过程中，您对实践基地（或医院）管理工作的评价是（　　）。

A. 非常有序、规范　　　　　B. 比较有序、规范

C. 不是很有序、规范

4. 在临床医学硕士专业学位培养模式改革过程中，学校对培养基地的管理是否严格（　　）。

A. 非常严格　　　　　　　　B. 比较严格

C. 一般　　　　　　　　　　D. 比较松散

E. 十分松散

5. 在临床医学硕士专业学位培养模式改革过程中，学校对导师管理是否严格（   ）。

    A. 非常严格   B. 比较严格   C. 一般   D. 比较松散

    E. 十分松散

6. 下列各单位对临床医学硕士专业学位研究生培养模式的改革积极性，请在方框内打"√"：

项目	很低	较低	一般	较高	很高
省级（地方）政府					
省级卫生行政部门					
省级教育行政部门					
高校					
实践基地（医院）					
导师					
专业学位研究生					

7. 您认为影响省级（地方）政府改革积极性的因素是（   ）。

    A. 经费不足   B. 重视程度不够

    C. 部门间利益不协调   D. 其他

8. 您认为影响高校改革积极性的因素是：第一位（   ）；第二位（   ）；第三位（   ）。

    A. 政府支持力度不足

    B. 各方面财政投入不足

    C. 以科研为主的评估考核制度

    D. 高校对改革重视程度不够

    E. 学生培养与行业需求不接轨

    F. 高校对医院或实践基地的约束力不足，政策难以执行

    G. 高校对导师的约束力不足，导师对专业学位认识不够

    H. 住院医师规范化培训制度不完善

9. 您认为影响实践基地（医院）改革积极性的因素是：第一位（   ）；第二位（   ）；第三位（   ）。

    A. 政府政策支持力度不足

    B. 各方面财政投入不足

    C. 以科研为主的评估考核

D. 缺乏对临床人才培养的重视

E. 学科培养与行业需求不接轨

F. 高校支持力度不足

G. 对导师的约束力不足

H. 其他_____

10. 您认为影响导师改革积极性的因素是：第一位（   ）；第二位（   ）；第三位（   ）。

A. 以科研为主的评估考核体系，促使其希望多招学术学位研究生

B. 激励机制以及补偿机制不成熟

C. 对专业学位认识的偏差

D. 学生各科室轮转，影响教学

E. 各项约束及管理制度不规范

F. 其他_____

11. 您对临床医学硕士专业学位培养模式改革的意见和建议：_____

六、临床在职人员获得专业学位改革

1. 贵单位目前是否开展授予同等学力人员硕士、博士学位工作（   ）。[选择 D 请跳至第 5 题]

A. 开展授予同等学力人员硕士、博士学位工作

B. 仅开展授予同等学力人员博士学位工作

C. 仅开展授予同等学力人员硕士学位工作

D. 没有开展此项工作

2. 贵单位授予同等学力人员硕士、博士学位的学位类型是（   ）。[可多选]

A. 科学学位硕士   B. 专业学位硕士

C. 科学学位博士   D. 专业学位博士

3. 您认为贵单位近年授予同等学力人员硕士（博士）学位的规模（数量）的变化趋势为（   ）。

A. 有增多的趋势   B. 有减少的趋势

C. 没有变化

4. 您认为贵单位近年授予同等学力人员临床医学硕士（博士）专业学位的规模（数量）的变化趋势为（   ）。

A. 有增多的趋势   B. 有减少的趋势

C. 没有变化

5. 您认为同等学力人员对科学学位与专业学位的认可度如何（　　）。

　　A. 对专业学位的认可度更高，同等条件下愿意申请专业学位

　　B. 对科学学位的认可度更高，同等条件下愿意申请科学学位

　　C. 两者无明显区别

6. 您认为同等学力人员所在工作单位对科学学位与专业学位的认可度如何（　　）。

　　A. 对专业学位的认可度更高，支持单位在职职工申请专业学位

　　B. 对科学学位的认可度更高，支持单位在职职工申请科学学位

　　C. 两者无明显区别

7. 您认为目前同等学力人员申请硕士学位须通过的外国语水平全国统一考试和学科综合水平全国统一考试难易程度如何（　　）。

　　A. 考试内容较难，考生通过率不高

　　B. 考试内容不难，考生通过率较高

　　C. 考试难易程度适中

8. 您认为目前在职人员申请临床医学博士专业学位须通过的全国医学博士外语统一考试难易程度如何（　　）。

　　A. 考试内容较难，考生通过率不高

　　B. 考试内容不难，考生通过率较高

　　C. 考试难易程度适中

9. 您认为目前同等学力人员申请临床医学硕士、博士专业学位的考试方式是否需要改革（　　）。［选择 D 请跳至第 10 题］

　　A. 急需改革　　　　　　　　B. 需要改革

　　C. 可改可不改　　　　　　　D. 不需要改革

9.1 您认为需要改革同等学力人员申请临床医学硕士、博士专业学位考试方式的原因是什么（　　）。［可多选］

　　A. 目前考试为申请学位的资格考试与学校选拔生源关系不密切

　　B. 目前其他领域在职人员攻读硕士专业学位基本均采取在职人员攻读硕士学位全国联考方式进行

　　C. 目前考试方式决定了各学位授予单位对同等学力人员的培养模式差异较大

　　D. 许多高校已将目前的申请学位资格考试作为入学考试

　　E. 目前的考试方式不利于国家对在职人员获得专业学位的宏观管理

　　F. 其他_____

9.2 您认为改革同等学力人员申请临床医学硕士、博士专业学位的考试方式可以考虑哪些方面（　　）。［可多选］

A. 取消申请学位的全国合格考试

B. 设置在职攻读专业学位的在职联考作为入学考试

C. 取消统一划线

D. 加强学校复试

E. 增加能力考核项

F. 其他_____

9.3 您认为如果改革同等学力人员申请临床医学硕士、博士专业学位的考试方式，全国统考应该包含的科目是（　　　）。[可多选]

A. 外语　　　　B. 政治　　　　C. 医学综合　　　　D. 其他_____

10. 贵单位目前授予临床医学硕士（博士）专业学位的同等学力人员是否必须完成住院医师规范化培训（　　　）。（未开展此项工作可不填写）

A. 是　　　　　　　　　　B. 否

11. 贵单位目前对同等学力人员申请临床医学硕士（博士）专业学位所要求的住院医师规范化培训是如何认定的（　　　）。（未开展此项工作可不填写）

A. 认可申请人员在任何培训基地获得的培训合格证书

B. 仅认可申请人员在贵单位附属医院和教学医院获得的培训合格证书

C. 仅认可申请人员在指定培训基地获得的培训合格证书

D. 认可申请人员在任何培训基地获得的培训合格证书，但是需要接受贵单位的重新考核

E. 申请人必须重新参加贵单位指定的培训基地的住院医师规范化培训

F. 其他_____

12. 您认为如果进一步改革同等学力人员获得临床医学硕士（博士）专业学位工作，住院医师规范化培训的认定工作应如何考虑（　　　）。

A. 认可申请人员在任何培训基地获得的培训合格证书

B. 仅认可申请人员在贵单位附属医院和教学医院获得的培训合格证书

C. 仅认可申请人员在指定培训基地获得的培训合格证书

D. 认可申请人员在任何培训基地获得的培训合格证书，但是需要接受贵单位的重新考核

E. 申请人必须重新参加贵单位指定的培训基地的住院医师规范化培训

F. 其他_____

13. 您所在省（市）由何种单位开展住院医师规范化培训（　　　）。

A. 由政府牵头，各高校分别承担

B. 由一所高校完全承担

C. 其他_____

14. 您认为同等学力人员获得临床医学硕士专业学位是否应要求本科毕业并获得学士学位（　　）。

　　A. 可以要求本科毕业，不必要求获得学士学位

　　B. 应要求本科毕业并获得学士学位

　　C. 两种要求都可以

15. 您认为影响同等学力人员获得临床医学硕士、博士专业学位质量的因素有（　　）。［可多选］

　　A. 考试方式　　　　　　　　　B. 学位课程设置

　　C. 住院医师规范化培训质量　　D. 学位论文要求

　　E. 培养年限　　　　　　　　　F. 临床能力考核

　　G. 其他_____

16. 您认为获得执业医师资格证书是否应作为同等学力人员获得临床医学硕士、博士专业学位的必要条件（　　）。

　　A. 应该要求

　　B. 不应该要求

17. 您认为同等学力人员获得临床医学硕士、博士专业学位的培养计划和培养年限应该如何设置（　　）。

　　A. 按照全日制专业学位硕士、博士的培养计划进行

　　B. 简化课程，修满学分即可

　　C. 其他_____

18. 您认为同等学力人员获得临床医学硕士、博士专业学位的学位论文应该如何要求（　　）。［可多选］

　　A. 病例报告

　　B. 文献综述

　　C. 不需要提交学位论文，提供代表性的学术成果即可

　　D. 应为基础研究、应用研究或综合研究性论文

　　E. 其他_____

临床医学硕士专业学位培养模式改革问卷（学生版）

亲爱的同学：您好！

　　非常感谢您参与此次问卷调查。此次调查由全国医学专业学位研究生教育指

导委员会秘书处组织实施,旨在为临床医学硕士专业学位研究生培养模式改革提供基础依据,不作其他用途,调查数据将被严格保密。调查数据的真实性、准确性和全面性将直接影响着改革方案的调整内容和结果,请各位同学根据实际情况认真填写问卷。请您在最合适的答案上打"√",或将选项填写在(　　)内,不得有空项和遗漏。

感谢您的配合以及对临床医学硕士专业学位研究生培养模式改革的贡献!

全国医学专业学位研究生教育指导委员会秘书处
2014 年 7 月

一、基本情况

1. 年龄_____性别_____。
2. 目前就读学校_____医院_____。
3. 临床专业是_____。
4. 硕士研究生入学年份_____。
5. 生源地_____本科毕业院校_____。
6. 家庭年收入/万元(　　)。
   A. >20 万元　　　　　　　　B. 10 万~20 万元
   C. 5 万~10 万元　　　　　　D. 3 万~5 万元
   E. <3 万元
7. 您实习医院的等级是(　　)。
   A. 三级　　　B. 二级　　　C. 社区医院　　　D. 其他_____
8. 您是否已经参加执业医师资格考试(　　)。
   A. 是　　　　　　　　　　　B. 否
9. 您是否通过参加执业医师资格考试(　　)。
   A. 已经通过　　B. 未通过　　C. 成绩未公

二、招生

1. 您希望自己将来成为一名(　　)。
   A. 临床医疗专家　　　　　　B. 临床教育者
   C. 临床管理者　　　　　　　D. 临床研究者
   E. 其他_____
2. 您选择报考临床医学硕士专业学位研究生是因为(　　)。(可多选)

A. 兴趣爱好

B. 提高学历，获得更多发展机会

C. 进一步提高自己的临床实践能力

D. 职业发展方向明确，职业竞争力强

E. 与学术型相比，更易被录取

F. 被迫选择

3. 您觉得目前临床医学硕士专业学位研究生的录取方式比较注重（　　）。

A. 入学考试得分　　　　　　B. 知识考查

C. 能力考查　　　　　　　　D. 综合素质

E. 其他_____

4. 您觉得临床医学硕士专业学位研究生复试时最应强调的是（　　）。

A. 基础医学知识　　　　　　B. 临床专业知识

C. 人文知识　　　　　　　　D. 临床操作能力

E. 临床思维能力　　　　　　F. 创造性解决问题的能力

G. 其他_____

5. 临床医学硕士专业学位研究生入学时以下能力非常重要，请在方框内打"√"：

项目	完全不认同	不太认同	一般	较认同	完全认同
A. 英语					
B. 政治					
C. 医学基础知识					
D. 临床专业知识					
E. 科研素质					
F. 临床实践能力					
G. 其他素质					

6. 研究生入学时，您认为自己医学知识水平在同级学生中所在的位置（　　）。

A. 前1/3水平　　　　　　　B. 中间1/3水平

C. 后1/3水平

7. 研究生入学时，您认为自己临床能力（临床思维、临床技能等）水平在同级学生中所在的位置（　　）。

A. 前1/3水平　　　　　　　B. 中间1/3水平

C. 后 1/3 水平

三、培养目标与培养质量

1. 您觉得在临床医学专业学位教育中，关键环节是？

第一位：（　　）；第二位：（　　）；第三位（　　）。

A. 招生方式　　　　　　　　B. 课程学习

C. 临床实践　　　　　　　　D. 科研训练

E. 导师（组）指导　　　　　F. 过程评价

G. 出科考核　　　　　　　　H. 终末考核

I. 其他_____

2. 您觉得临床医学专业学位教育中，影响培养质量的关键因素是？

第一位（　　）；第二位（　　）；第三位（　　）。

A. 培养目标

B. 生源质量

C. 导师水平

D. 临床实践带教教师水平

E. 临床培训的时间长短

F. 临床训练评估考核标准

G. 临床医院（实践基地）的医疗水平

H. 临床医院（实践基地）对教学重视程度

I. 医疗体制与医疗环境

J. 行业主管部门的配合程度

K. 专业学位研究生培养经费投入机制

L. 其他_____

3. 您在行医过程中感觉过去所学知识够用吗？（　　）

A. 够用　　　　B. 一般　　　　C. 不够用

3.1 如果不够，主要欠缺的知识是（　　）。

A. 生物医学知识　　　　　　B. 临床医学知识

C. 其他_____

4. 您认为临床医学硕士专业学位要保证质量和特色，最关键的是（　　）。

A. 课程教学的实用性　　　　B. 与专业资格证书的衔接

C. 实践过程的规范化　　　　D. 完善的考核机制

E. 导师组的指导　　　　　　F. 其他_____

5. 您觉得临床轮转期间工作强度（　　）。

　　A. 很紧张　　　　　　B. 强度适中　　　C. 很轻松

6. 您在临床轮转期间临床轮转的情况是（　　）。

　　A. 完全执行培养方案，实施各科临床轮转

　　B. 部分执行培养方案，部分临床轮转科室有调整

　　C. 并不执行培养方案，完全听从导师安排

7. 在导师学科学习的时间是_____月。

8. 出科鉴定人员组成（　　）。（可多选）

　　A. 科主任　　　　　　　　　　B. 教学主任

　　C. 主治医师　　　　　　　　　D. 护士长

　　E. 导师　　　　　　　　　　　F. 患者

　　G. 辅导员　　　　　　　　　　H. 其他_____

9. 毕业前临床考核形式为（　　）。

　　A. 院内单独考试　　　　　　　B. 校内单独考试

　　C. 全市统考　　　　　　　　　D. 全省统考

　　E. 其他_____

四、课程

1. 目前临床医学硕士专业学位研究生课程的授课方式是（　　）。

　　A. 脱产式集中授课　　　　　　B. 分散式授课

　　C. 两者相结合　　　　　　　　D. 其他_____

　1.1　脱产式集中授课时间为_____个月。

2. 您认为，临床医学硕士专业学位研究生课程最合理的授课方式是（　　）。

　　A. 脱产式集中授课　　　　　　B. 分散式授课

　　C. 两者相结合　　　　　　　　D. 其他_____

3. 您通过课程学习不能提升的能力是（　　）。

　　A. 语言表达能力　　　　　　　B. 组织能力

　　C. 学科教学能力　　　　　　　D. 教育科研能力

　　E. 其他_____

4. 您最渴望通过课程学习提升的能力是（　　）。

　　A. 语言表达能力　　　　　　　B. 组织能力

　　C. 学科教学能力　　　　　　　D. 教育科研能力

　　E. 其他_____

5. 对于该校开设的专业课程，以下（　　）情况与您的情况相符。

A. 专业课程的实用性较强，与实际课堂教学的联系较为紧密

B. 与临床医学实践联系不太紧密，较难运用到以后的工作，实用性一般

C. 脱离临床医学实践，根本没法运用到以后的工作，没有实用价值

D. 说不清楚

6. 您对临床医学硕士专业学位研究生的课程设置情况满意情况，请在方框内打"√"：

题目	完全不认同	不太认同	一般	较认同	完全认同
课程设置的针对性					
课程内容的前沿性：体现新进展、新技术、新方法					
课程内容的实践性：与实际工作和社会需要紧密结合					
课程内容的综合性：与多学科交叉，涉及多学科知识					
教学方法的多样性：PBL教学、案例教学等					
考核方式的合理性：笔试、论文报告等					

7. 您认为贵单位临床医学硕士专业学位研究生的课程设置的学时安排是否合适，请在方框内打"√"：

题目	过少	较少	合适	较多	过多	备注
政治理论课程						
公共外语						
专业外语						
统计及方法课程						
人文类课程						
临床实践课程						
科研技术类课程						
科研思路与设计课程						
其他专业课程						

五、临床实践

1. 您现行的临床实践安排是（　　　）。
   A. 边学习理论知识边临床实践
   B. 集中时间学习理论知识后临床实践
   C. 集中时间学习理论知识后理论与实践交替进行
   D. 其他_____

2. 总体来说，临床轮转期间理论或课程学习对提高您的临床水平是否有帮助（　　　）。
   A. 完全没有帮助　　　　　　　B. 没有帮助
   C. 一般　　　　　　　　　　　D. 有帮助
   E. 非常有帮助

   2.1　如果没有帮助，客观原因出在（　　　）。
   A. 培训的内容太难　　　　　　B. 培训内容脱离临床实际
   C. 培训缺乏互动参与　　　　　D. 其他_____

   2.2　如果没有帮助，主观原因出在（　　　）。
   A. 缺少时间和精力　　　　　　B. 不感兴趣
   C. 不习惯这种学习方式　　　　D. 其他_____

3. 您所在高校的附属医院开展住院医师规范化培训情况（　　　）。
   A. 已开展了住院医师规范化培训，运行良好
   B. 刚刚开展住院医师规范化培训，尚不完善
   C. 未开展住院医师规范化培训

4. 您在学期间，收入为_____万元/人年，其中，研究生奖学金为_____万元/人年、导师助研津贴为_____万元/人年、医院或科室临床实习补贴或奖金为_____万元/人年。

5. 据您了解本院与您同年资住院医师规范化培训的住院医师收入为_____万元/人年。

6. 您所在实习医院是否制定了完善的住院医师规范化培训细则（　　　）。
   A. 已经制定了较为完善的培训细则
   B. 正在着手制定培训细则，尚未成型
   C. 未制定培训细则
   D. 其他_____

7. 您所在实习医院是否安排临床医学硕士专业学位研究生单独管理床位

(　　)。

  A. 是   B. 否

 7.1　不能单独管理床位的主要原因是（　　）。

  A. 科室床位不足

  B. 尚未取得执业医师资格

  C. 临床能力不过关，科室不允许

  D. 进修医生、住院医规培人员等较多

  E. 其他_____

 8. 您所在实习医院是否安排临床医学硕士专业学位研究生参加诊疗性操作（　　）。

  A. 是   B. 否

 8.1　不能参加诊疗性操作主要原因是（　　）。

  A. 科室没有研究生可操作项目

  B. 临床型研究生普遍没有执业医师资格

  C. 临床型研究生临床能力不过关，科室不允许

  D. 进修医、住院医较多，操作数有限

  E. 其他_____

 9. 您对住院医师规范化培养政策的态度是（　　）。

  A. 支持   B. 反对   C. 无所谓

 10. 在研究生培养期间您愿意进入住院医师规范化培训吗？（　　）

  A. 愿意   B. 不愿意   C. 没有考虑过

  如选择 B，原因是_____

 11. 若把临床医学硕士专业学位研究生临床能力培养纳入住院医师规范化培训，您认为是否必要（　　）。

  A. 有必要   B. 没必要

 11.1　有必要的理由是（　　）。（可多选）

  A. 规范了专业学位研究生的培养

  B. 利于提高研究生的临床医疗水平

  C. 增加了今后就业或留当地就业的机会

  D. 减少了毕业后再次接受住院医师规培的麻烦

  E. 其他_____

 11.2　没有必要的理由是（　　）。（可多选）

  A. 待遇低

  B. 培养时间长

C. 培训质量难以保证

D. 增加了个人学习压力

E. 晋升、待遇等方面与未参加规培人员没有差别

F. 其他_____

12. 您获取新知识、新技能的主要途径是（　　）。（可多选）

A. 上级医师教学讲课　　　　B. 查房或临床病例讨论

C. 参加学术活动　　　　　　D. 医学专著或期刊

E. 同事间的讨论　　　　　　F. 视听资料

G. 其他_____

13. 获得新知识、新进展的最大阻力是（　　）。

A. 缺少时间和精力　　　　　B. 不感兴趣

C. 外语水平限制　　　　　　D. 其他_____

14. 是否曾经运用新知识、新进展提出成功的治疗方案或创新术式（　　）。

A. 是　　　　　　　　　　　B. 否

15. 运用新知识、新进展解决临床问题的最大阻力是（　　）。

A. 上级大夫的保守　　　　　B. 团队的保守

C. 患者的担忧　　　　　　　D. 其他_____

16. 您认为采用以下哪种考核方法最能反映临床医学硕士专业学位研究生培养效果（　　）。

A. 书面考试　　　　　　　　B. 临床研究论文

C. 口试　　　　　　　　　　D. 科研成果

E. 技能操作考试　　　　　　F. 其他_____

17. 您认为由谁来组织临床出科考核最为合适（　　）。

A. 科主任　　　　　　　　　B. 带组负责医生

C. 主要带教医生　　　　　　D. 组内任何医生

18. 您认为哪种考核方法最能正确评价临床医学专业学位研究生的临床工作能力（　　）。

A. 病案评价　　　　　　　　B. 临床操作评价

C. 标准化病人考核　　　　　D. 其他_____

19. 您认为由谁来组织住院医师规范化培训结业考核最为合适（　　）。

A. 科室　　　　　　　　　　B. 医院

C. 学校　　　　　　　　　　D. 卫生局

E. 学校和医院合作　　　　　F. 其他_____

20. 您认为临床医学硕士专业学位研究生各方面能力培养的重要程度，请在

方框内打"√":

题目	非常不重要	不太重要	一般	重要	很重要
A. 专业知识					
B. 基础知识					
C. 临床实践能力					
D. 临床思维能力					
E. 人文及职业道德					
F. 人际交往能力					
G. 科研能力					
H. 论文写作能力					
I. 创新能力					
J. 自我学习能力					
K. 其他能力					

20.1 您认为在上述能力中,专业学位研究生应高于科学学位的是（   ）。（可多选）

20.2 您认为在上述能力中,专业学位研究生应高于住院医师的是（   ）。（可多选）

20.3 您认为在上述能力中,目前专业学位研究生最缺少的是（   ）。（可多选）

六、科研与就业

1. 您是否参与到导师的日常科研工作当中（   ）。
   A. 是　　　　　　　　　　B. 否
2. 参与到导师的日常科研工作的时间为_____月。
3. 您参与到导师的日常科研工作类型为（   ）。
   A. 临床研究（病例随访观察、病例综述）
   B. 应用基础研究（应用于临床的新诊断、新技术、新方法的研究）
   C. 基础研究（从细胞、分子和基因等水平上探索疾病的本质,阐明某一机制）
4. 通过科研训练,您希望提高（   ）能力。[可多选]
   A. 查阅和处理文献资料的能力　　B. 实验设计能力

C. 实验操作能力　　　　　　　D. 数据的统计处理能力

E. 实验的总结　　　　　　　　F. 归纳综述能力

G. 论文撰写能力　　　　　　　H. 获取有效信息能力

I. 其他_____

5. 在科研方面，您觉得自身最缺乏的是（　　）。[可多选]

A. 查阅和处理文献资料的能力　B. 实验设计能力

C. 实验操作能力　　　　　　　D. 数据的统计处理能力

E. 实验的总结　　　　　　　　F. 归纳综述能力

G. 论文撰写能力　　　　　　　H. 获取有效信息能力

I. 其他_____

6. 您的导师对临床医学硕士专业学位研究生是否有发表论文要求（　　）。

A. 有　　　　　　　　　　　　B. 没有

7. 您打计划毕业后的首选去向为（　　）。

A. 三级医院　　　　　　　　　B. 二级医院

C. 一级医院　　　　　　　　　D. 民营医院

E. 医药企业　　　　　　　　　F. 卫生事业单位

G. 读博　　　　　　　　　　　H. 出国

I. 自主创业　　　　　　　　　J. 其他_____

8. 您所了解到的临床医学硕士专业学位研究生毕业后的就业情况是（　　）。

A. 就业并不好

B. 就业一般

C. 就业很好，但专业不太对口

D. 就业很好，专业对口

9. 您对自己将来的就业（　　）。

A. 表示担忧　　　　　　　　　B. 相信能够找到好工作

C. 有目标，充满信心

七、教育过程评价

1. 您在研究生学习期间，各项能力培养的情况，请在方框内打"√"：

题目	完全达不到	达不到	一般	达到	完全达到
A. 沟通与磋商的技能					
B. 整体行医胜任力					
C. 资料收集、分析和解释的能力					
D. 临床诊断和决策的能力					
E. 临床管理能力					
F. 处理复杂医疗状况能力					
G. 初级卫生保健管理和风险管理能力					
H. 与同事的团队协作能力					
I. 学习和教学能力					
J. 遵守职业道德的能力					
K. 健康行医的能力					

2. 结合自身实际情况，您的认同程度如何，请在方框内打"√"：

题目	完全不认同	不太认同	一般	较认同	完全认同
A. 在报考之前，您对临床医学专业学位非常了解					
B. 入学前，您对临床医学专业学位教育的总体期望很高					
C. 临床医学专业学位目前在国内的发展趋势很好					
D. 对目前课程教学质量的总体印象很满意					
E. 现行的课程体系能满足您提升自身能力的需求					
F. 您觉得临床医学硕士的课程内容与临床实践结合得非常紧密					
G. 您觉得临床医学硕士的课程内容与临床科研结合得非常紧密					

续表

题目	完全不认同	不太认同	一般	较认同	完全认同
H. 临床实践过程中自身的临床能力得到了充分锻炼					
I. 临床培训期间，您能单独管理床位					
J. 您对住院医师规范化培训十分了解					
K. 把临床型研究生培养纳入住院医师规范化培训培养对提高专业学位研究生临床能力有帮助					
L. 通过临床轮转，自身的临床能力能达到同年资格住院医师能力培训的要求					
M. 若把临床型研究生培养纳入住院医师规范化培训，对您今后的就业有帮助					
N. 目前临床各科室制定了规范的临床技能考评体系					
O. 临床各科室组织的临床技能考核程序严格					
P. 导师重视实践教学，能按照专业学位的特点进行指导					
Q. 导师对您临床实践的指导情况能给予帮助					
R. 师生互动信息顺畅					
S. 导师对毕业论文的选题有很好的指导性					
T. 导师组提供的专业指导频率和质量能得到保证					
U. 您对导师的指导非常满意					
V. 科研训练能够结合临床实际					
W. 通过科研训练能更好地指导临床工作					

续表

题目	完全不认同	不太认同	一般	较认同	完全认同
X. 医院有较严格的教学管理制度					
Y. 医院管理部门重视实践带教工作，定期了解培养状况信息					

参考文献

[1] 北京航空航天大学课题研究组：《研究生层次工程教育创新案例研究》，北京航空航天大学高等教育研究所2012年版。

[2] 北京师范大学外国教育研究所：《国外学位制度》，地震出版社1981年版。

[3] 别敦荣、陶学文：《我国专业学位研究生教育质量保障体系的反思与创新》，载于《高等教育研究》2009年第3期。

[4] 别敦荣、陶学文：《我国专业学位研究生教育质量保障体系设计》，载于《现代教育管理》2009年第8期。

[5] 别敦荣、万卫：《论我国专业学位研究生教育人才培养模式改革》，载于《研究生教育研究》2011年第4期。

[6] 伯顿·克拉克，王承绪等译：《研究生教育的科学研究基础》，浙江教育出版社2001年版。

[7] 伯顿·克拉克：《探究的场所：现代大学的科研和研究生教育》，浙江教育出版社2001年版。

[8] 蔡建华、周宏力：《专业学位研究生教育的职业特性及其实现》，载于《中国高教研究》2011年第4期。

[9] 曹珊：《美国哈佛大学教育博士专业学位教育项目的特色及启示》，载于《学位与研究生教育》2013年第9期。

[10] 曾宪义：《中国法律硕士专业学位教育的创办与发展》，载于《法学家》2007年第3期。

[11] 茶世俊：《研究生教育制度渐进变迁》，北京大学出版社2010年版。

[12] 查有梁：《教育建模》，广西教育出版社1998年版。

[13] 陈谷纲、陈秀美：《专业学位研究生教育的质量观》，载于《学位与研究生教育》2006年第7期。

[14] 陈杰：《专业学位硕士研究生教育及其衍生策略研究》，华东师范大学硕士学位论文，2005年。

[15] 陈旻敏：《临床专业学位研究生（住院医师）与传统临床型研究生培养模式的比较分析》，载于《中国高等医学教育》2013 年第 12 期。

[16] 陈旻敏：《临床医学专业学位研究生培养与住院医师规范化培训相结合的可行性探究》，载于《中国高等医学教育》2011 年第 9 期。

[17] 陈学飞等：《西方怎样培养博士——法、英、德、美的博士与经验》，教育科学出版社 2002 年版。

[18] 陈学敏：《对中国专业学位教育发展的思考》，载于《辽宁教育研究》2004 年第 3 期。

[19] 陈怡婷、陈地龙、谢鹏等：《临床医学专业学位研究生培养中的问题及对策》，载于《医学教育探索》2007 年第 6 期。

[20] 陈粤秀等：《美国教育博士学位的背景与发展》，载于《复旦教育论坛》2009 年第 3 期。

[21] 成中梅：《学习型高校的人才培养模式研究》，华中科技大学博士学位论文，2008 年。

[22] 程斯辉、詹健：《研究生培养模式研究的新视野》，载于《清华大学教育研究》2006 年第 5 期。

[23] 崔爽、段丽萍：《临床医学专业学位教育中的问题与思考》，载于《西北医学教育》2009 年第 1 期。

[24] 丹尼尔·里夫、斯蒂文·赖斯、弗雷德里克·G. 菲克：《内容分析法——媒介信息量化研究技巧》，嵇美云译，清华大学出版社 2010 年版。

[25] 邓光平、郑芳：《"专业"与专业学位设置》，载于《江苏高教》2005 年第 5 期。

[26] 邓光平、周守军、郑芳：《中国专业学位设置政策的生成与制度化研究》，载于《江苏高教》2006 年第 5 期。

[27] 邓光平：《国外专业博士学位的历史发展及启示》，载于《比较教育研究》2004 年第 10 期。

[28] 邓光平：《英国专业博士学位设置的政策分析》，载于《中国高教研究》2005 年第 11 期。

[29] 邓光平：《美国行业组织与第一级专业学位教育的质量保障——以 ABA 在 J.D. 学位计划中的作用为例》，载于《高等教育研究》2010 年第 7 期。

[30] 邓玲玲：《专业学位研究生教育质量保证体系的构建》，中南大学硕士学位论文，2006 年。

[31] 邓锐、崔爽、贾金忠等：《我国临床医学硕士专业学位研究生培养现状分析》，载于《中华医学教育杂志》2013 年第 1 期。

[32] 邓涛、孔凡琴：《美国教育博士（Ed. D.）专业学位教育的问题与改革论争》，载于《比较教育研究》2009年第4期。

[33] 邓涛、李婷：《澳大利亚教育博士的代际发展与改进》，载于《外国教育研究》2014年第6期。

[34] 邓涛：《国外教育专业博士教育的成效与问题——兼谈对我国开展教育博士专业学位教育的思考》，载于《学位与研究生教育》2009年第8期。

[35] 邓涛：《美国教育博士学位论文改革：理论探索与实践样态》，载于《学位与研究生教育》2014年第2期。

[36] 刁承湘、王亚平、陈渭、彭裕文：《抓住机遇，转变观念，推进改革——试行临床医学专业学位的几点思考》，载于《学位与研究生教育》1999年第1期。

[37] 董秀华：《专业认证：中国高教评估不可忽视的视角》，载于《中国高等教育评估》2004年第4期。

[38] 董泽芳：《博士生创新能力的提高与培养模式改革》，载于《高等教育研究》2009年第5期。

[39] 方仪：《艺术教育的实践性回归——谈中国艺术硕士专业学位（MFA）教育》，载于《艺术百家》2006年第1期。

[40] 付丽、线福华、吕兆丰：《试论高等医学院校与附属医院之关系》，载于《医院院长论坛》2007年第6期。

[41] 傅利平、张志刚、刘一方：《哈佛大学专业学位研究生联合培养项目及其启示》，载于《学位与研究生教育》2012年第2期。

[42] 高玲央：《试论临床医学硕士专业学位研究生的培养教育》，载于《中国高等医学教育》2005年第1期。

[43] 高益民：《日本专业学位研究生教育的初步发展》，载于《比较教育研究》2007年第5期。

[44] 龚怡祖：《论大学人才培养模式》，江苏教育出版社1999年版。

[45] 顾建民、王霁云：《创建新型毕业环节——美国教育博士学位论文革新的个案分析》，载于《高等工程教育研究》2012年第2期。

[46] 顾建民：《美国工程专业学位的现状分析与前景展望》，载于《机械工业高教研究》1999年第3期。

[47] 郭道晖：《社会权力与公民社会》，译林出版社2009年版。

[48] 郭静竹、姜保国、曲琳、董娟：《培养临床医学专业学位研究生的配套措施》，载于《学位与研究生教育》2001年第10期。

[49] 郭述贤、聂克珍、李春英：《谈我国医学专业学位的建立和发展》，载于《医学教育》2002年第1期。

［50］郭肖宁、王星月、曹钰等：《住院医师规范性培训制度存在的问题和对策》，载于《中国医院管理》2004年第8期。

［51］国家卫生计生委等：《关于建立住院医师规范化培训制度的指导意见》，2013年。

［52］国家中医药管理局：关于印发《医师资格考试报名资格规定（2014版）》的通知，2014年。

［53］国务院学位委员会：关于印发《教育硕士专业学位设置方案（2015年修订）》的通知［EB/OL］.（2015-06-16）［2016-7-10］. http：//www.cdgdc.edu.cn/xwyyjsjyxx/gjjl/zcwj/280492.shtml。

［54］国务院学位委员会：《关于印发临床医学、口腔医学和中医硕士专业学位研究生指导性培养方案的通知》，2015年。

［55］韩映雄：《我国专业学位研究生教育发展规划与改革》，载于《现代教育管理》2010年第3期。

［56］郝晓明：《法律硕士专业学位研究生培养的实践与探索》，载于《法学家》2007年第6期。

［57］何明娥、常军武、邢晓辉等：《临床医学专业学位教育存在的问题及其对策》，载于《医学教育探索》2004年第1期。

［58］贺克斌、郑娟：《我国工科博士生培养模式改革及其效果分析》，载于《高等工程教育研究》2016年第2期。

［59］洪成文：《美国硕士生教育发展的历史考察》，载于《学位与研究生教育》2002年第2/3期。

［60］侯建林、董哲、王维民等：《重新审视我国高等医学教育扩招问题》，载于《中国卫生人才》2013年第6期。

［61］胡冰玉：《中美专业学位硕士研究生教育比较研究》，华南理工大学硕士学位论文，2011年。

［62］胡光丽、原玲玲：《谈临床医学专业学位研究生教育中的困惑及思考》，载于《西北医学教育》2012年第6期。

［63］胡河宁：《大学精神与公共管理之道——兼论公共管理专业学位研究生行政意识养成途径》，载于《学位与研究生教育》2006年第2期。

［64］胡玲琳、潘武玲：《学术性学位与专业学位研究生培养模式的现状调查及对策》，载于《教育发展研究》2005年第19期。

［65］胡玲琳：《学术性学位与专业学位研究生培养模式的特性比较》，载于《学位与研究生教育》2006年第4期。

［66］胡小唐、钟登华、李云章等：《校企合作培养工程硕士的创新与实

践》,载于《学位与研究生教育》2010年第9期。

[67] 黄宝印:《我国专业学位教育发展的回顾与思考（上）》,载于《学位与研究生教育》2007年第6期。

[68] 黄宝印:《我国专业学位教育发展的回顾与思考（下）》,载于《学位与研究生教育》2007年第7期。

[69] 黄宝印:《我国专业学位研究生教育发展的新时代》,载于《学位与研究生教育》2010年第10期。

[70] 黄红、许铁峰、李宏为等:《上海市建立住院医师规范化培训制度的探索与实践》,载于《中华医院管理杂志》2011年第7期。

[71] 黄华:《浙江高职院校实践教学质量评价指标体系构建》,浙江师范大学硕士学位论文,2003年。

[72] 黄瑞:《高校管理类专业硕士培养模式研究——以MBA/MP为例》,清华大学出版社2014年版。

[73] 黄云剑、张璟、赵景宏等:《浅析临床医学硕士研究生导师的有效指导》,载于《西北医学教育》2012年第1期。

[74] 季明明:《国家公务员队伍专业化建设的一个途径——论我国设置公共管理硕士专业学位的必要性与可行性》,载于《中国行政管理》1999年第3期。

[75] 贾金忠、曹炜、于晨等:《护理硕士专业学位教育的特征、发展基础与发展路径》,载于《中华现代护理杂志》2016年第17期。

[76] 贾金忠、王志锋等:《基于利益相关者视角的临床医学硕士研究生培养模式改革分析》,载于《学位与研究生教育》2014年第5期。

[77] 贾生超、张新科:《中德高等职业教育制度设计历程与框架比较研究》,载于《职教论坛》2012年第12期。

[78] 焦胜利:《基于服务质量差距模型的MBA教育创新——以清华大学MBA新版的变革为例》,载于《中国集体经济》2009年第28期。

[79] 教育部等六部门关于医教协同深化临床医学人才培养改革的意见［EB/OL］．（2014－11－27）［2016－7－10］http：//www.nhfpc.gov.cn/qjjys/s3593/201411/fd019826ce734430b3ea91edff5e6cb7.shtml。

[80] 教育部关于印发《中小学教师资格考试暂行办法》《中小学教师资格定期注册暂行办法》的通知［EB/OL］．［2016－7－10］http：//www.moe.edu.cn/publicfiles/business/htmlfiles/moe/s7151/201309/156643.html。

[81] 鞠学红、管英俊:《临床医学硕士专业学位工作的现状及发展方向》,载于《中国高等医学教育》2008年第5期。

[82] 克拉克·科尔,陈学飞译:《大学的功用》,江西教育出版社1993年版。

[83] 雷庆、樊文强:《主要国家学位授予模式研究》,北京航空航天大学高等教育研究报告,2011年。

[84] 黎学平:《英国专业博士学位的形成、初步发展及主要特点》,载于《比较教育研究》2004年第10期。

[85] 李斌:《为全民健康提供更有力的人才支撑》,载于《中国科技投资》2015年第9期。

[86] 李广平、饶从满:《美、澳、英三国教育博士的培养目标与培养过程研究》,载于《学位与研究生教育》2010年第9期。

[87] 李好好、卡尔-维尔海姆:《德国的应用科技大学研究》,载于《外国教育研究》2002年第12期。

[88] 李红:《谈法律硕士专业学位研究生培养》,载于《学位与研究生教育》2004年第1期。

[89] 李俭川、周伟、刘勇波:《加快建设相对独立的专业学位研究生教育体系》,载于《学位与研究生教育》2012年第1期。

[90] 李娟:《构建专业学位研究生教育外部质量评价体系》,载于《中国教育报》2014年1月13日。

[91] 李森、王振华:《中美教育专业学位研究生培养模式比较研究》,载于《中国高教研究》2011年第2期。

[92] 李盛兵:《现代研究生教育的新模式——协作式》,载于《比较教育研究》1997年第4期。

[93] 李盛兵:《研究生教育模式嬗变》,教育科学出版社1997年版。

[94] 李艳慧、李绵莎、林佳玫:《针灸临床带教PBL教学法的应用》,载于《继续医学教育》2012年第5期。

[95] 李智:《我国全日制工程硕士的培养模式研究》,华南理工大学硕士学位论文,2010年。

[96] 李忠、熊玲、陈小平:《建立全日制专业学位硕士研究生奖助体系、实践教学基地的探讨》,载于《学位与研究生教育》2010年第2期。

[97] 连铸淡、陈新超、徐永刚:《临床医学专业学位与科学学位研究生培养模式比较分析》,载于《中国高等医学教育》2011年第3期。

[98] 梁栋:《大众化高等教育背景下的临床医学精英教育模式探讨》,福建医科大学硕士学位论文,2009年。

[99] 廖文婕:《我国专业学位研究生培养模式的系统结构研究》,厦门大学出版社2003年版。

[100] 林蕙青:《积极探索开拓创新深入开展专业学位研究生教育综合改革

试点》，载于《中国高等教育》2011 年第 6 期。

[101] 林青、罗瑾、梁锦军：《临床医学专业学位研究生培养模式的创新与探索》，载于《中华医学教育杂志》2008 年第 5 期。

[102] 刘朝东、付劲草、王洪志等：《以临床问题为主导对临床思维培养的重要作用》，载于《医学教育探索》2008 年第 3 期。

[103] 刘国瑜：《论专业学位研究生教育的基本特征及其体现》，载于《中国高教研究》2005 年第 11 期。

[104] 刘辉煌、谭飞燕：《可持续发展的专业学位研究生人才培养模式研究》，载于《当代教育论坛》2008 年第 4 期。

[105] 刘洁：《临床医学专业学位研究生培养与住院医师规范化培训并轨的探索与思考》，载于《学位与研究生教育》2014 年第 6 期。

[106] 刘隽、胡鸿毅：《医学院校的社会责任：卓越医学教育再认识——全球医学院校社会责任标准共识（GCSA2010）形成述评》，载于《复旦教育论坛》2012 年第 2 期。

[107] 刘谦：《医教协同深化临床医学人才培养改革为维护和增进人民健康提供有力的人才支撑》，载于《学位与研究生教育》2015 年第 1 期。

[108] 刘彤：《法律硕士专业学位教育及其完善——兼与美国 JD 教育制度比较》，载于《河南教育学院学报（哲学社会科学版）》1999 年第 3 期。

[109] 刘晓武、何静静等：《中国专业硕士学位发展障碍分析及对策研究》，载于《技术与创新管理》2006 年第 1 期。

[110] 柳礼泉：《大学思想政治理论课实践教学研究》，湖南大学出版社 2006 年版。

[111] 罗飞：《关于在我国开展会计硕士专业学位研究生教育的探讨》，载于《学位与研究生教育》2003 年第 5 期。

[112] 骆四铭：《中国学位制度：问题与对策》，华中科技大学出版社 2007 年版。

[113] 吕梅桂：《我国教育博士的培养：来自美国的启示》，载于《大学（学术版）》2010 年第 4 期。

[114] 马爱民：《澳大利亚教育博士改革动向——以新英格兰大学为例》，载于《高等教育研究》2012 年第 2 期。

[115] 马健生、滕珺：《论我国教育博士（Ed. D.）专业学位设置的迫切性和可行性》，载于《学位与研究生教育》2007 年第 8 期。

[116] 马永红、李汉邦、郑晓齐：《解读美国工程硕士教育》，载于《清华大学教育研究》2008 年第 4 期。

[117] 马永红、杨晓波：《国外工程硕士职业资格管理体系研究》，北京航空航天大学高等教育研究报告，2011 年。

[118] 马永红、赵世奎、李晔：《全日制专业学位研究生教育跟踪研究思考》，载于《研究生教育研究》2011 年第 1 期。

[119] 马永红、赵婷婷、郑晓齐：《中美材料领域工程硕士课程体系的比较研究》，载于《学位与研究生教育》2009 年第 1 期。

[120] 马永红、李汉邦、郑晓齐：《解读美国工程硕士教育》，载于《清华大学教育研究》2008 年第 4 期。

[121] 马永红、赵婷婷、郑晓齐：《中美材料领域工程硕士课程体系的比较研究》，载于《学位与研究生教育》2009 年第 1 期。

[122] 马永红：《全日制专业学位研究生教育跟踪研究》，北京航空航天大学高等教育研究报告，2011 年。

[123] 迈克尔·吉本斯等：《知识生产的新模式》，北京大学出版社 2011 年版。

[124] 孟小平：《浅谈临床医学研究生培养基地的建设》，载于《中华医院管理杂志》2005 年第 3 期。

[125] 潘懋元：《新高等教育学》，北京师范大学出版社 1996 年版。

[126] 朴雪涛：《英国专业博士学位教育发展的特征及启示》，载于《教育研究》2005 年第 5 期。

[127] 钱旅扬、陈勇：《临床医学专业学位教育的问题探讨》，载于《中国高等医学教育》2001 年第 4 期。

[128] 秦发兰、陈新忠、汪华等：《关于全日制专业学位研究生特色化培养的思考》，载于《中国高教研究》2012 年第 4 期。

[129] 秦惠民：《关于我国学位类型的多样化趋势》，载于《学位与研究生教育》1994 年第 1 期。

[130] 全国工程硕士专业学位教育指导委员会秘书处：《工程硕士专业学位教育的实践与探索》，清华大学出版社 2001 年版。

[131] 饶从满：《英国教育博士研究生的培养及其特征——以伦敦大学教育研究院和格拉斯哥大学为中心》，载于《外国教育研究》2010 年第 11 期。

[132] 石中英：《论专业学位教育的专业性》，载于《学位与研究生教育》2007 年第 1 期。

[133] 史雯婷：《专业学位研究生教育的基本属性探讨》，载于《学位与研究生教育》2004 年第 10 期。

[134] 史耀媛、许克毅：《职业化背景下中国专业学位高等教育发展研究》，

载于《中国高教研究》2005年第6期。

[135] 司托克斯：《基础科学与技术创新：巴斯德象限》，科学出版社1999年版。

[136] 孙超平、张昌华：《基于SCP理念的体验式MBA人才培养模式研究》，载于《合肥工业大学学报（社会科学版）》2012年第4期。

[137] 孙晓云、吴玉章：《全球医学教育改革背景下医学研究生培养模式探索》，载于《中国科教创新导刊》2012年第35期。

[138] 谭机永、邓砚、王云：《关于临床医学专业学位硕士学位论文评价体系的思考》，载于《医学与哲学》2009年第5期。

[139] 唐嘉佑、吴静、徐纪平等：《上海市2010年进入住院医师规范化培训基地受训医师培训现状调查》，载于《上海医药》2012年第15期。

[140] 唐燕、汤磊、陈晓明等：《医学硕士专业学位课程设置改革研究》，载于《上海预防医学》2003年第6期。

[141] 佟福锁、李勇、刘晓萍：《农业推广硕士专业学位研究生培养评估体系研究》，载于《南京林业大学学报（人文社会科学版）》2004年第2期。

[142] 佟野、于晓松：《住院医师规范化培训改革的现状与思考》，载于《现代医院管理》2011年第3期。

[143] 托马斯·库恩：《科学革命的结构》，上海科学技术出版社1962年版。

[144] 托尼·比彻、保罗·特罗勒尔：《学术部落及其领地：知识探索与学科文化》，北京大学出版社2008年版。

[145] 汪玲、何珂、包江波：《临床医学科学学位与专业学位教育培养模式的比较研究》，载于《研究生教育研究》2014年第6期。

[146] 汪玲、贾金忠、段丽萍：《我国临床医学教育综合改革的探索和创新——"5+3"模式的构建与实践》，载于《研究生教育研究》2015年第3期。

[147] 汪玲、吴海鸣：《推进住院医师规范化培训改革临床医学研究生教育》，载于《中华医学教育杂志》2011年第4期。

[148] 汪玲：《临床医学专业学位教育综合改革的探索和创新——以上海"5+3"人才培养模式为例》，载于《学位与研究生教育》2012年第10期。

[149] 王晨光、李红：《在职法律硕士专业学位教育管理探索》，载于《清华大学教育研究》2003年第5期。

[150] 王东红、刘东、郑小林、何德忠、方祯云：《中国工程硕士培养模式实证研究》，载于《重庆大学学报（社会科学版）》2007年第5期。

[151] 王根顺、曹瑞红：《中美专业学位研究生教育的比较研究》，载于《高等教育研究（成都）》2009年第4期。

[152] 王光花、李铭、李觉：《临床医学专业学位研究生（住院医师）培养质量初探》，载于《学位与研究生教育》2013年第2期。

[153] 王海民、郑佩荣：《对我国会计硕士专业学位教育几个问题的思考》，载于《会计研究》2005年第7期。

[154] 王霁云、顾建民、严文蕃：《美国教育博士与教育哲学博士之争的缘起和发展》，载于《大学教育科学》2012年第3期。

[155] 王秀槐：《德国、日本与美国主要大学学位授予比较研究》，载于《复旦教育论坛》2006年第2期。

[156] 王亚杰、任增林：《我国建筑学专业学位的建立发展及其质量保证体系》，载于《学位与研究生教育》2000年第1期。

[157] 王莹、朱方长：《美国专业学位研究生教育的特征及其启示》，载于《湖南农业大学学报（社会科学版）》2009年第2期。

[158] 王莹、朱方长：《我国专业学位与学术学位研究生教育模式的比较分析》，载于《当代教育论坛（上半月刊）》2009年第2期。

[159] 王忠烈：《台湾、香港、澳门学位制度与研究生教育研究》，中国人民大学出版社1997年版。

[160] 韦巧燕：《高校人才培养模式的探讨》，载于《改革与战略》2007年第11期。

[161] 文东茅、阎凤桥：《美国"教育博士"（Ed.D.）的培养及其启示》，载于《国家教育行政学院学报》2004年第3期。

[162] 文冠华、姜文忠、陈宏量：《抓好专业实践环节 确保全日制专业学位研究生培养质量》，载于《学位与研究生教育》2010年第8期。

[163] 吴静、李觉、王光花：《上海市临床医学专业学位硕士研究生（住院医师）教学现状与需求分析》，载于《中华医学教育杂志》2014年第2期。

[164] 吴珂、贾金忠、王志锋等：《临床医学硕士专业学位研究生培养体系标准化、规范化建设的难点与对策》，载于《中华医学教育探索杂志》2016年第1期。

[165] 吴启迪：《转变观念 提高认识 积极促进专业学位教育的健康、快速发展》，载于《学位与研究生教育》2005年第9期。

[166] 线福华：《高等医学教育的特点及其相关问题的思考》，载于《医学教育》2005年第3期。

[167] 谢锦、李民、任谦等：《临床医学硕士专业学位研究生和住院医师规范化培训并轨培养模式的分析及探讨》，载于《课程教育研究》2014年第35期。

[168] 谢佩娜：《美国印第安纳大学健康、体育和娱乐学院的健康教育专业

学位培养计划及特点》，载于《体育学刊》2002年第3期。

[169] 谢锡善：《中国工程硕士专业学位研究》，高等教育出版社2000年版。

[170] 熊玲、李忠：《全日制专业学位硕士研究生教学质量保障体系的构建》，载于《学位与研究生教育》2010年第8期。

[171] 熊璋、于黎明、徐平等：《法国工程师学历教育认证指南》，科学出版社2012年版。

[172] 徐慧：《产学研相结合的工程硕士培养模式探索》，载于《今日科苑》2009年第7期。

[173] 徐铁英：《透视美国教育博士学位：历史变迁与发展趋势》，载于《清华大学教育研究》2012年第3期。

[174] 徐小龙、孔媛媛、李梦娥：《专业学位硕士研究生"螺旋提升型"培养模式》，载于《高等工程教育研究》2011年第2期。

[175] 薛天祥：《中国学位与研究生教育的历史、现状和发展趋势》，载于《国家教育行政学院学报》2005年第9期。

[176] 薛天祥等：《研究生教育学》，广西师范大学出版社2001年版。

[177] 研究生专业学位总体设计研究课题组：《开创我国专业学位研究生教育发展的新时代》，中国人民大学出版社2010年版。

[178] 杨昌鸣：《建筑学专业学位硕士研究生培养对策》，载于《建筑学报》2000年第6期。

[179] 杨承印：《港台与内地教育硕士专业学位研究生教育比较》，载于《学位与研究生教育》2001年第5期。

[180] 杨伟吉：《我国临床医学专业硕士学位研究生课程体系设置现状的分析及设想》，载于《西北医学教育》2014年第3期。

[181] 杨杏芳：《高等教育人才培养模式新论》，华中科技大学，2002年。

[182] 杨震：《国内外专业学位硕士研究生培养模式研究》，载于《湖南师范大学教育科学学报》2013年第3期。

[183] 姚启和、康翠萍：《学位制度改革的一项新课题——论设置教育管理博士专业学位培训大学校长的必要性和可行性》，载于《高等教育研究》2000年第6期。

[184] 叶宏：《学术学位与专业学位研究生培养模式比较研究》，载于《中国成人教育》2007年第22期。

[185] 袁贵仁：《全面推进医教协同加快构建中国特色标准化、规范化医学人才培养体系》，载于《学位与研究生教育》2015年第1期。

[186] 袁锐锷：《教育硕士专业学位中英教育的国际比较研究》，载于《华

南师范大学学报（社会科学版）》2000年第2期。

[187] 翟亚军、王战军：《我国专业学位教育主要问题辨识》，载于《学位与研究生教育》2006年第5期。

[188] 张翠琴：《德国应用科技大学（FH）研究》，西南大学硕士学位论文，2008年。

[189] 张东海、陈曦：《研究型大学全日制专业学位研究生培养状况调查研究》，载于《高等教育研究》2011年第2期。

[190] 张海英、汪航：《我国工程硕士专业学位教育发展若干问题分析》，载于《清华大学教育研究》2007年第10期。

[191] 张慧、王洪松：《对我国开展教育硕士专业学位试点工作的认识与思考》，载于《山东教育科研》1999年第9期。

[192] 张建功：《中美专业学位研究生培养模式比较研究》，华南理工大学博士学位论文，2011年。

[193] 张兰：《专业学位研究生教育课程教学若干问题思索》，载于《中国高教研究》2011年第1期。

[194] 张乐平、朱敏、王应密：《研究型大学全日制专业学位硕士研究生培养特性及矛盾分析》，载于《学位与研究生教育》2013年第8期。

[195] 张乐勇、肖立山、姚成郡：《工程硕士专业学位研究生教育应正确处理六个关系》，载于《学位与研究生教育》2008年第9期。

[196] 张磊：《"双元制"在德国高等教育中的延伸与创新——以代根多夫应用科技大学为例》，载于《职业技术教育》2013年第11期。

[197] 张良、丛杭青：《岗位制：研究生淘汰制的新路径》，载于《中国高教研究》2015年第1期。

[198] 张森年：《提高高校思想政治理论课实效性的思考与探索》，载于《清华大学学报（哲学社会科学版）》2006年第S2期。

[199] 张文修、王亚杰：《中国工程硕士教育的实践与发展》，清华大学出版社2001年版。

[200] 张晓枫、梁万年：《医学教育学制学位与专科医师的培养》，载于《心肺血管病杂志》2006年第2期。

[201] 张晓明、何艳茹：《提高MEA教育师资质量，打造专业学位品牌》，载于《中国高等教育》2005年第12期。

[202] 张晓煜：《美国教育博士学位论文革新对我国的启示——以南加州大学罗西耶教育学院为例》，载于《中国成人教育》2013年第19期。

[203] 张秀峰、高益民：《美国教育博士培养"学术化"问题的改革和探

索——以范德堡大学教育学院为例》，载于《比较教育研究》2014年第3期。

[204] 张振刚：《开展工程博士专业学位教育的对策研究》，载于《中国高等教育》2007年第18期。

[205] 张志红、潘紫微：《全日制专业硕士：产学研合作培养模式的探索》，载于《高等工程教育研究》2011年第4期。

[206] 郑冬梅：《产学研相结合 探索全日制专业学位研究生培养模式》，载于《中国高校科技与产业化》2009年第6期。

[207] 郑莲敏：《中外专业学位教育发展的比较研究》，载于《现代教育科学》2006年第5期。

[208] 中国高等教育学会：《高职院校教学质量保障体系建设指导手册》，高等教育出版社2012年版。

[209] 中国学位与研究生教育发展年度报告课题组：《中国学位与研究生教育发展年度报告（2014）》，高等教育出版社2015年版。

[210] 钟宏桃：《试论艺术硕士专业学位研究生教育工作》，载于《学位与研究生教育》2003年第8期。

[211] 钟尚科、杜朝辉、邵松林、蒋慧：《英国工程博士专业学位研究生教育的研究》，载于《学位与研究生教育》2006年第7期。

[212] 钟怡：《二十世纪八十年代以来美国专业硕士学位教育质量控制的研究》，华南师范大学硕士学位论文，2003年。

[213] 周富强：《美、澳、英专业博士教育模式浅论》，载于《学位与研究生教育》2006年第6期。

[214] 周富强：《英国专业博士教育发展研究》，载于《清华大学教育研究》2006年第4期。

[215] 周洪宇：《学位与研究生教育史》，高等教育出版社2004年版。

[216] 周升铭：《高等教育国际化对中国高校人才培养模式的影响及对策研究》，南昌大学硕士学位论文，2008年。

[217] 周四军. 基于香港经验的专业学位硕士研究生课程改革 [EB/OL]. [2014-10-20]. http：//gra. csu. edu. cn/yjsy/pygl/wjtzxq31372_11_3. html.

[218] 周远清：《重视专业学位教育、搞好MPA教育试点工作》，载于《中国高教研究》2001年第10期。

[219] 周远清：《在第一次全国普通高等学校教学工作会议上的讲话》，载于《深化教学改革培养适应21世纪需要的高质量人才——第一次全国普通高等学校教学工作会议文件和资料汇编》，高等教育出版社1998年版。

[220] 专业学位总体设计研究课题组：《开创我国研究生专业学位教育发展

的新时代——专业学位总体设计研究报告》，中国人民大学出版社 2010 年版。

［221］庄晖、高松、叶青：《以行动学习为核心的"三位一体"MBA 培养模式中教师角色的转换》，载于《上海管理科学》2012 年第 5 期。

［222］邹碧金、陈子辰：《中国专业学位的产生与发展——兼论专业学位的基本属性》，载于《高等教育研究》2000 年第 5 期。

［223］邹海燕：《美国专业博士及其培养研究》，载于《中国高教研究》2005 年第 2 期。

［224］Alise, M. A. Disciplinary Differences in Preferred Research Methods: A Comparison of Groups in the Biglan Classification Scheme, Doctoral dissertation, Louisiana State University, 2008.

［225］Anne M. D. Quality Assessment of Professional Degree Programs ［J］. *Research in Higher Education*, 38（2）: 241 - 264.

［226］Arbaugh J. B. Is There an Optimal Design for On - Line MBA Courses? ［J］. *Academy of Management Learning & Education*, 2005, 4（2）: 135 - 149.

［227］Arthur L. Educating researchers ［EB/OL］. http://www.edschools.org/EducatingResearchers/educating_researchers.pdf. 2010.

［228］ASEE. Online Profiles ［EB/OL］. ［2016 - 01 - 09］. http://profiles.asee.org/.

［229］Becher, T. *Professional Practices: Commitment and Capability in a Changing Environment* ［M］. Transaction Publishers, 1999.

［230］Berelson B. *Graduate Education in the United States* ［M］. McGraw - Hill, 1960.

［231］Biglan, A. Relationships Between Subject Matter Characteristics and the Structure and Output of University Departments ［J］. *Journal of Applied Psychology*, 1973, No. 57.

［232］Biglan, A. The Characteristics of Subject Matter in Different Academic Areas ［J］. *Journal of Applied Psychology*, 1973, 57（3）: 204 - 213.

［233］Blume S S, Amsterdamska O. *Post-graduate Education in the 1980s* ［M］. Organisation for Economic Co-operation and Development, 1987.

［234］Bourner T, Bowden R, Laing S. *Professional Doctorates: The Development of Professional Doctorates in England in the 1990s* ［M］. Education Research Centre, 2000.

［235］Bourner T., Bowden R. & Laing S. Professional Doctorates in England ［J］. *Studies in Higher Education*, 2001, 26（1）: 65 - 83.

［236］Budd J. W. Practicing What We Preach：Using Professional Degree Principles to Improve HRIR and Management Teaching ［J］. *Human Resource Management Review*，2005，15（3）：187 – 199.

［237］Campbell C. D.，Sanchez G. J.，Tierney W. G. *The Road Ahead*：*Improving Diversity in Graduate Education* ［M］. Center for Higher Education Policy Analysis，Rossier School of Education，University of Southern California，2004.

［238］Christiane G.，Peter A. Zervakis. Implementing Bologna：Experience from German Higher Education Institutions ［J］. http：//www. international. ac. uk/media/6232/bolognahandbook – pdf. pdf. 2011.

［239］Chyi Lee C.，Yang J. Knowledge Value Chain ［J］. *Journal of Management Development*，2000，19（9）：783 – 794.

［240］Clifton F. C. A Silent Success：*Master's Education in the United States* ［M］. the Johns Hopkins University press，1993.

［241］Clinton H. R.，et al. Assessing Ethics Education Needs in the MBA Program ［J］. *Teaching Business Ethics*，2002（4）：447 – 476.

［242］Collins，R. *Conflict Sociology*：*Toward an Explanatory Science* ［M］. New York：McGraw Hill，1975.

［243］Connolly M. The End of the MBA as We Know It? ［J］. *Academy of Management Learning & Education*，2003，2（4）：365 – 367.

［244］Conrad C.，Haworth J. G.，Millar S. B. *A Silent Success*：*Master's Education in the United States* ［M］. Johns Hopkins University Press，1993.

［245］Crawford C. B.，Brungardt C. L.，Scott R. F.，et al. Graduate Programs In Organizational Leadership：A Review of Programs，Faculty，Costs，And Delivery Methods ［J］. *Journal of Leadership & Organizational Studies*，2002，8（4）：64 – 74.

［246］Degraffenreid，G. M. The General Education Challenge to Professional Degrees in Music ［J］. *Arts Education Policy Review*，2001，102（4）：3 – 9.

［247］Delaney A. M. Quality Assessment of Professional Degree Programs ［J］. *Research in Higher Education*，1997，38（2）：241 – 264.

［248］Denning，Peter J. . Professional Software Engineering Education ［J］. *Annals of Software Engineering*，1998，6：145 – 166.

［249］Devaney M. MBA Education，Business Ethics and the Case for Shareholder Value ［J］. *Journal of Academic Ethics*，2007，5（2 – 4）.

［250］Division of Student Financial Aid. HEA 1270 Transition ［EB/OL］. ［2013 –

10－11］http：//www. in. gov/ssaci/2566. htm.

［251］Dorato P. *The First Professional Degree*：*Master of Engineering*？［M］// Advances in Statistical Control, Algebraic Systems Theory, and Dynamic Systems Characteristics，2008.

［252］Dunne D，Martin R. Design Thinking and How It Will Change Management Education：An Interview and Discussion［J］. *Academy of Management Learning & Education*，2006，5（4）：512－523.

［253］Education Commission of the States. Postsecondary Governance and Structures［EB/OL］.［2013－10－11］http：//www. ecs. org/html/issue. asp？issueid＝185.

［254］Elliott P. R. C. *The Sociology of the Professions*［M］. Herder and Herder，1972.

［255］Feldman D. C. . The Food's No Good and They Don't Give Us Enough：Reflections on Mintzberg's Critique of MBA Education［J］. *Academy of Management Learning & Education*，2005，4（2）：217－220.

［256］Francis S. K. ，Goodwin L. ，Lynch C. *Professional Science Master's*：*A CGS Guide to Establishing Programs*［M］. Council of Graduate Schools, Incorporated，2011.

［257］Frenk J. ，Chen L. ，Bhutta Z. A. ，et al. Health Professionals for a New Century：Transforming Education to Strengthen Health Systems in an Interdependent World［J］. *Rev Peru Med Exp Salud Publica*，2011，28（2）：337－341.

［258］Ghosh J. ，Roy S. D. . Winds of Change：New UK Immigration Rules and Future of Surgical Training for Overseas Graduates［J］. *Indian Journal of Surgery*，2007，69（5）：216－217.

［259］Glazer J. S. . *The Master's Degree. Tradition*，*Diversity*，*Innovation*［M］. Association for the Study of Higher Education，1986.

［260］Glazer N. . The Schools of the Minor Professions［J］. *Minerva*，1974，12（3）：346－364.

［261］Glazer－Raymo J. . *Professionalizing Graduate Education*：*The Master's Degree in the Marketplace*：*ASHE Higher Education Report*［M］. Wiley，2005.

［262］Grigg C. M. Graduate Education［M］. Center for Applied Research in Education，1965.

［263］Hernaut K. European Engineers：Unity of Diversity［J］. *Journal of Engineering Education*，1994，83（1）：35－40.

[264] Hoddell, S. *The Professional Doctorate and the PhD – Converging or Diverging Lines* [R]. A Presentation to the Annual Conference of SRHE, University of Leicester, 2000, 12: 21.

[265] Imperato P. J., Larosa J. H., Schechter L. The Development of a Master of Public Health Program with an Initial Focus on Urban and Immigrant Health at the State University of New York, Downstate Medical Center [J]. *Journal of Community Health*, 2005, 30 (6): 417-449.

[266] Jain S. C., Stopford J. Revamping MBA Programs for Global Competitiveness [J]. *Business Horizons*, 2011, 54 (4).

[267] Levine A. Educating Researchers [J]. *Education Schools Project*, 2007: 188.

[268] Martin T. Problems in the Transition from Elite to Mass Higher Education [J]. *Educational Problems*, 1974: 57.

[269] NASPAA. Accreditation Standards for Master's Degree Programs [EB/OL]. (2009-10-16) [2016-01-09]. https://naspaaaccreditation.files.wordpress.com/2014/09/naspaa—standards.pdf.

[270] Navarro, P. The MBA Core Curricula of Top-Ranked U. S. Business Schools: A Study in Failure? [J]. *Academy of Management Learning & Education*, 2008, 7 (1): 108-123.

[271] Noble K. A. *Changing Doctoral Degrees: an International Perspective* [M]. Society for Research into Higher Education, 1994.

[272] Norton S. D., Hammer P. W., Czujko R. Mastering Physics for Non-Academic Careers [M]. AIP Report, 2001.

[273] Pham N. T. P., Gijselaers W. H., Segers M. R.. The Effect of the Trainees' Perception of the Training Design on Transfer of Training [J]. *Advances in Business Education & Training*, 2011: 215-233.

[274] Reigeluth C. M., Darwazeh A. The Elaboration Theory's Procedure for Designing Instruction [J]. *Journal of Instructional Development*, 1982, 5 (3): 22-32.

[275] Rubin R. S., Dierdorff E. C. Building a Better MBA: From a Decade of Critique Toward a Decennium of Creation [J]. *Academy of Management Learning & Education*, 2013, 12 (1): 125-141.

[276] Rubin R. S., Dierdorff E. C. How Relevant is the MBA? Assessing the Alignment of Required Curricula and Required Managerial Competencies [J]. *Academy of Management Learning & Education*, 2009, 8 (2): 208-224.

［277］Rubin R. S. , Dierdorff E. C. *On the Road to Abilene*: *Time to Manage Agreement about MBA Curricular Relevance* ［M］. Academy of Management Learning & Education, 2011.

［278］Rudd E. *A New Look at Postgraduate Failure* ［M］. Society for Research Into Higher Education & Nfer – Nelson, 1985.

［279］Schein E. , Kommers D. W. Professional Education: Some New Directions ［J］. *Change Agents*, 1972: 174.

［280］Scott D. , Brown A. , Lunt I. , et al. *Professional Doctorates*: *Integrating Academic and Professional Knowledge* ［M］. McGraw – Hill Companies, 2004.

［281］Seliger G. , Reise C. , Bilge P. *Curriculum Design for Sustainable Engineering – Experiences from the International Master Program "Global Production Engineering"* ［M］. Advances in Sustainable Manufacturing, 2011.

［282］Selke M. The Professional Development of Teachers in the United States of America: The Practitioners Master's Degree ［J］. *European Journal of Teacher Education*, 2001, 24（2）: 205 – 214.

［283］Shulman, Lee S. Theory, Practice, and the Education of Professionals ［J］. *The Elementary School Journal*, 1998, 98（5）: 511 – 526.

［284］Shulman, Lee. et al. Reclaiming Education's Doctorates: A Critique and a proposal ［J］. *Educational Researcher*, 2006, 35（3）: 25 – 32.

［285］Stephen H. S. *Academic Degree Structures*: *Innovative Approaches* ［M］. New York: McGraw – Hill, 1970.

［286］Stephen H. The Professional Doctorate and the PhD: Converging or Diverging Lines, A Presentation to the Annual Conference of SRHE. University of Leicester. 21 December 2000.

［287］Storr R. J. . *The Beginning of the Future*: *A Historical Approach to Graduate Education in the Arts and Sciences* ［M］. McGraw – Hill, 1973.

［288］Thompson J. B. , Edwards H. M. , Hardy C J. Providing Masters Level Computing Students with Real – Life Learning Experiences Via Capstone Projects ［J］. *Information and Communication Technologies and Real – Life Learning*, 2005, （182）: 231 – 242.

［289］Threlkeld A. J. , Jensen G. M. The Clinical Doctorate: A Framework for Analysis in Physical Therapist Education ［J］. *Physical Therapy*, 1999, 79（6）: 567 – 581.

［290］Vernardakis G. *Graduate Education in Government*: *In England*, *France*, and the United States [M]. University Press of America, 1998.

[291] Walters E. *Graduate Education Today* [M]. American Council on Education, 1965.

[292] White S S, Mayo J. M.. Environmental Education in Graduate Professional Degrees: The Case of Urban Planning [J]. *The Journal of Environmental Education*, 2005, 36 (3): 31 – 38.

[293] Basil Bernstein. Class, Codes and Control, Volume 3: Towards a Theory of Educational Transmissions. Routledge & Kegan Paul: London, 1975.

后　记

在过去的30年里，我国专业学位研究生教育经历了从无到有的跨越式发展，与学术学位研究生教育一道，构成了完整的研究生教育体系，为我国社会主义现代化建设培养并输送了大批高水平应用型专门人才。专业学位研究生教育已初具规模与形态，在国家经济社会发展对高层次应用型人才需求越来越旺盛的背景下，正值从初级阶段向更高台阶迈进的关键时期，既需要来自政府与市场的持续支持，也需要来自高校的研究生教育管理者和师生的共同努力，更需要研究生教育研究者的不懈深耕。但是，由于专业学位研究生教育发展历史尚短，还没有形成特色鲜明的、符合新时期社会经济发展规律的专业学位人才培养模式，还有诸多问题亟待破解。为此，我们组建了跨单位的研究团队，围绕专业学位研究生培养模式这一问题展开系统研究。

在来自清华大学、北京大学、北京航空航天大学的专家与团队成员的通力协作下，历经五年的广泛调研、深入讨论、成果汇总，《创新专业学位研究生培养模式研究》课题得以顺利结题并出版。其间，课题得到了国务院学位办、各省级学位办、各专业学位教育指导委员会等单位的大力支持，也得到了来自全国各地研究生培养单位的支持和协助，在此，向上述单位致以衷心的感谢！同时，本书研究进行了大量面向专业学位研究生教育相关者的座谈、访谈以及问卷调查，正是基于这些来自政府、行业、高校的一线工作者的丰富资料和宝贵数据，本书才得以完成。在此，向所有参与调研的人员表示由衷的感谢！

在本书研究期间，清华大学袁本涛教授组织完成了课题研究工作，清华大学王孙禺和刘惠琴、北京航空航天大学马永红、北京大学医学部段丽萍等教授付出了诸多心血，王顶明和李莞荷为本书统校工作付出了很大努力。感谢在本书评审过程中提出宝贵指导意见的专家们，感谢对本书出版予以支持的教育部社科司、经济科学出版社。本书参考了很多同仁的研究成果，在此一并致以谢意！本书是团队合作的产物，凝结了所有课题参与人员的心血与汗水，再次对所有参与本书写作成员表示由衷的感谢！书中如有错漏或不当之处，敬请读者们谅解并批评指正！

教育部哲学社会科学研究重大课题攻关项目
成果出版列表

序号	书 名	首席专家
1	《马克思主义基础理论若干重大问题研究》	陈先达
2	《马克思主义理论学科体系建构与建设研究》	张雷声
3	《马克思主义整体性研究》	逄锦聚
4	《改革开放以来马克思主义在中国的发展》	顾钰民
5	《新时期 新探索 新征程——当代资本主义国家共产党的理论与实践研究》	聂运麟
6	《坚持马克思主义在意识形态领域指导地位研究》	陈先达
7	《当代资本主义新变化的批判性解读》	唐正东
8	《当代中国人精神生活研究》	童世骏
9	《弘扬与培育民族精神研究》	杨叔子
10	《当代科学哲学的发展趋势》	郭贵春
11	《服务型政府建设规律研究》	朱光磊
12	《地方政府改革与深化行政管理体制改革研究》	沈荣华
13	《面向知识表示与推理的自然语言逻辑》	鞠实儿
14	《当代宗教冲突与对话研究》	张志刚
15	《马克思主义文艺理论中国化研究》	朱立元
16	《历史题材文学创作重大问题研究》	童庆炳
17	《现代中西高校公共艺术教育比较研究》	曾繁仁
18	《西方文论中国化与中国文论建设》	王一川
19	《中华民族音乐文化的国际传播与推广》	王耀华
20	《楚地出土战国简册〔十四种〕》	陈伟
21	《近代中国的知识与制度转型》	桑兵
22	《中国抗战在世界反法西斯战争中的历史地位》	胡德坤
23	《近代以来日本对华认识及其行动选择研究》	杨栋梁
24	《京津冀都市圈的崛起与中国经济发展》	周立群
25	《金融市场全球化下的中国监管体系研究》	曹凤岐
26	《中国市场经济发展研究》	刘伟
27	《全球经济调整中的中国经济增长与宏观调控体系研究》	黄达
28	《中国特大都市圈与世界制造业中心研究》	李廉水

序号	书名	首席专家
29	《中国产业竞争力研究》	赵彦云
30	《东北老工业基地资源型城市发展可持续产业问题研究》	宋冬林
31	《转型时期消费需求升级与产业发展研究》	臧旭恒
32	《中国金融国际化中的风险防范与金融安全研究》	刘锡良
33	《全球新型金融危机与中国的外汇储备战略》	陈雨露
34	《全球金融危机与新常态下的中国产业发展》	段文斌
35	《中国民营经济制度创新与发展》	李维安
36	《中国现代服务经济理论与发展战略研究》	陈宪
37	《中国转型期的社会风险及公共危机管理研究》	丁烈云
38	《人文社会科学研究成果评价体系研究》	刘大椿
39	《中国工业化、城镇化进程中的农村土地问题研究》	曲福田
40	《中国农村社区建设研究》	项继权
41	《东北老工业基地改造与振兴研究》	程伟
42	《全面建设小康社会进程中的我国就业发展战略研究》	曾湘泉
43	《自主创新战略与国际竞争力研究》	吴贵生
44	《转轨经济中的反行政性垄断与促进竞争政策研究》	于良春
45	《面向公共服务的电子政务管理体系研究》	孙宝文
46	《产权理论比较与中国产权制度变革》	黄少安
47	《中国企业集团成长与重组研究》	蓝海林
48	《我国资源、环境、人口与经济承载能力研究》	邱东
49	《"病有所医"——目标、路径与战略选择》	高建民
50	《税收对国民收入分配调控作用研究》	郭庆旺
51	《多党合作与中国共产党执政能力建设研究》	周淑真
52	《规范收入分配秩序研究》	杨灿明
53	《中国社会转型中的政府治理模式研究》	娄成武
54	《中国加入区域经济一体化研究》	黄卫平
55	《金融体制改革和货币问题研究》	王广谦
56	《人民币均衡汇率问题研究》	姜波克
57	《我国土地制度与社会经济协调发展研究》	黄祖辉
58	《南水北调工程与中部地区经济社会可持续发展研究》	杨云彦
59	《产业集聚与区域经济协调发展研究》	王珺

序号	书　名	首席专家
60	《我国货币政策体系与传导机制研究》	刘　伟
61	《我国民法典体系问题研究》	王利明
62	《中国司法制度的基础理论问题研究》	陈光中
63	《多元化纠纷解决机制与和谐社会的构建》	范　愉
64	《中国和平发展的重大前沿国际法律问题研究》	曾令良
65	《中国法制现代化的理论与实践》	徐显明
66	《农村土地问题立法研究》	陈小君
67	《知识产权制度变革与发展研究》	吴汉东
68	《中国能源安全若干法律与政策问题研究》	黄　进
69	《城乡统筹视角下我国城乡双向商贸流通体系研究》	任保平
70	《产权强度、土地流转与农民权益保护》	罗必良
71	《我国建设用地总量控制与差别化管理政策研究》	欧名豪
72	《矿产资源有偿使用制度与生态补偿机制》	李国平
73	《巨灾风险管理制度创新研究》	卓　志
74	《国有资产法律保护机制研究》	李曙光
75	《中国与全球油气资源重点区域合作研究》	王　震
76	《可持续发展的中国新型农村社会养老保险制度研究》	邓大松
77	《农民工权益保护理论与实践研究》	刘林平
78	《大学生就业创业教育研究》	杨晓慧
79	《新能源与可再生能源法律与政策研究》	李艳芳
80	《中国海外投资的风险防范与管控体系研究》	陈菲琼
81	《生活质量的指标构建与现状评价》	周长城
82	《中国公民人文素质研究》	石亚军
83	《城市化进程中的重大社会问题及其对策研究》	李　强
84	《中国农村与农民问题前沿研究》	徐　勇
85	《西部开发中的人口流动与族际交往研究》	马　戎
86	《现代农业发展战略研究》	周应恒
87	《综合交通运输体系研究——认知与建构》	荣朝和
88	《中国独生子女问题研究》	风笑天
89	《我国粮食安全保障体系研究》	胡小平
90	《我国食品安全风险防控研究》	王　硕

序号	书名	首席专家
91	《城市新移民问题及其对策研究》	周大鸣
92	《新农村建设与城镇化推进中农村教育布局调整研究》	史宁中
93	《农村公共产品供给与农村和谐社会建设》	王国华
94	《中国大城市户籍制度改革研究》	彭希哲
95	《国家惠农政策的成效评价与完善研究》	邓大才
96	《以民主促进和谐——和谐社会构建中的基层民主政治建设研究》	徐 勇
97	《城市文化与国家治理——当代中国城市建设理论内涵与发展模式建构》	皇甫晓涛
98	《中国边疆治理研究》	周 平
99	《边疆多民族地区构建社会主义和谐社会研究》	张先亮
100	《新疆民族文化、民族心理与社会长治久安》	高静文
101	《中国大众媒介的传播效果与公信力研究》	喻国明
102	《媒介素养：理念、认知、参与》	陆 晔
103	《创新型国家的知识信息服务体系研究》	胡昌平
104	《数字信息资源规划、管理与利用研究》	马费成
105	《新闻传媒发展与建构和谐社会关系研究》	罗以澄
106	《数字传播技术与媒体产业发展研究》	黄升民
107	《互联网等新媒体对社会舆论影响与利用研究》	谢新洲
108	《网络舆论监测与安全研究》	黄永林
109	《中国文化产业发展战略论》	胡惠林
110	《20世纪中国古代文化经典在域外的传播与影响研究》	张西平
111	《国际传播的理论、现状和发展趋势研究》	吴 飞
112	《教育投入、资源配置与人力资本收益》	闵维方
113	《创新人才与教育创新研究》	林崇德
114	《中国农村教育发展指标体系研究》	袁桂林
115	《高校思想政治理论课程建设研究》	顾海良
116	《网络思想政治教育研究》	张再兴
117	《高校招生考试制度改革研究》	刘海峰
118	《基础教育改革与中国教育学理论重建研究》	叶 澜
119	《我国研究生教育结构调整问题研究》	袁本涛 王传毅
120	《公共财政框架下公共教育财政制度研究》	王善迈

序号	书　名	首席专家
121	《农民工子女问题研究》	袁振国
122	《当代大学生诚信制度建设及加强大学生思想政治工作研究》	黄蓉生
123	《从失衡走向平衡：素质教育课程评价体系研究》	钟启泉 崔允漷
124	《构建城乡一体化的教育体制机制研究》	李　玲
125	《高校思想政治理论课教育教学质量监测体系研究》	张耀灿
126	《处境不利儿童的心理发展现状与教育对策研究》	申继亮
127	《学习过程与机制研究》	莫　雷
128	《青少年心理健康素质调查研究》	沈德立
129	《灾后中小学生心理疏导研究》	林崇德
130	《民族地区教育优先发展研究》	张诗亚
131	《WTO主要成员贸易政策体系与对策研究》	张汉林
132	《中国和平发展的国际环境分析》	叶自成
133	《冷战时期美国重大外交政策案例研究》	沈志华
134	《新时期中非合作关系研究》	刘鸿武
135	《我国的地缘政治及其战略研究》	倪世雄
136	《中国海洋发展战略研究》	徐祥民
137	《深化医药卫生体制改革研究》	孟庆跃
138	《华侨华人在中国软实力建设中的作用研究》	黄　平
139	《我国地方法制建设理论与实践研究》	葛洪义
140	《城市化理论重构与城市化战略研究》	张鸿雁
141	《境外宗教渗透论》	段德智
142	《中部崛起过程中的新型工业化研究》	陈晓红
143	《农村社会保障制度研究》	赵　曼
144	《中国艺术学学科体系建设研究》	黄会林
145	《人工耳蜗术后儿童康复教育的原理与方法》	黄昭鸣
146	《我国少数民族音乐资源的保护与开发研究》	樊祖荫
147	《中国道德文化的传统理念与现代践行研究》	李建华
148	《低碳经济转型下的中国排放权交易体系》	齐绍洲
149	《中国东北亚战略与政策研究》	刘清才
150	《促进经济发展方式转变的地方财税体制改革研究》	钟晓敏
151	《中国—东盟区域经济一体化》	范祚军

序号	书　名	首席专家
152	《非传统安全合作与中俄关系》	冯绍雷
153	《外资并购与我国产业安全研究》	李善民
154	《近代汉字术语的生成演变与中西日文化互动研究》	冯天瑜
155	《新时期加强社会组织建设研究》	李友梅
156	《民办学校分类管理政策研究》	周海涛
157	《我国城市住房制度改革研究》	高　波
158	《新媒体环境下的危机传播及舆论引导研究》	喻国明
159	《法治国家建设中的司法判例制度研究》	何家弘
160	《中国女性高层次人才发展规律及发展对策研究》	佟　新
161	《国际金融中心法制环境研究》	周仲飞
162	《居民收入占国民收入比重统计指标体系研究》	刘　扬
163	《中国历代边疆治理研究》	程妮娜
164	《性别视角下的中国文学与文化》	乔以钢
165	《我国公共财政风险评估及其防范对策研究》	吴俊培
166	《中国历代民歌史论》	陈书录
167	《大学生村官成长成才机制研究》	马抗美
168	《完善学校突发事件应急管理机制研究》	马怀德
169	《秦简牍整理与研究》	陈　伟
170	《出土简帛与古史再建》	李学勤
171	《民间借贷与非法集资风险防范的法律机制研究》	岳彩申
172	《新时期社会治安防控体系建设研究》	宫志刚
173	《加快发展我国生产服务业研究》	李江帆
174	《基本公共服务均等化研究》	张贤明
175	《职业教育质量评价体系研究》	周志刚
176	《中国大学校长管理专业化研究》	宣　勇
177	《"两型社会"建设标准及指标体系研究》	陈晓红
178	《中国与中亚地区国家关系研究》	潘志平
179	《保障我国海上通道安全研究》	吕　靖
180	《世界主要国家安全体制机制研究》	刘胜湘
181	《中国流动人口的城市逐梦》	杨菊华
182	《建设人口均衡型社会研究》	刘渝琳
183	《农产品流通体系建设的机制创新与政策体系研究》	夏春玉

序号	书名	首席专家
184	《区域经济一体化中府际合作的法律问题研究》	石佑启
185	《城乡劳动力平等就业研究》	姚先国
186	《20世纪朱子学研究精华集成——从学术思想史的视角》	乐爱国
187	《拔尖创新人才成长规律与培养模式研究》	林崇德
188	《生态文明制度建设研究》	陈晓红
189	《我国城镇住房保障体系及运行机制研究》	虞晓芬
190	《中国战略性新兴产业国际化战略研究》	汪 涛
191	《证据科学论纲》	张保生
192	《要素成本上升背景下我国外贸中长期发展趋势研究》	黄建忠
193	《中国历代长城研究》	段清波
194	《当代技术哲学的发展趋势研究》	吴国林
195	《20世纪中国社会思潮研究》	高瑞泉
196	《中国社会保障制度整合与体系完善重大问题研究》	丁建定
197	《民族地区特殊类型贫困与反贫困研究》	李俊杰
198	《扩大消费需求的长效机制研究》	臧旭恒
199	《我国土地出让制度改革及收益共享机制研究》	石晓平
200	《高等学校分类体系及其设置标准研究》	史秋衡
201	《全面加强学校德育体系建设研究》	杜时忠
202	《生态环境公益诉讼机制研究》	颜运秋
203	《科学研究与高等教育深度融合的知识创新体系建设研究》	杜德斌
204	《女性高层次人才成长规律与发展对策研究》	罗瑾琏
205	《岳麓秦简与秦代法律制度研究》	陈松长
206	《民办教育分类管理政策实施跟踪与评估研究》	周海涛
207	《建立城乡统一的建设用地市场研究》	张安录
208	《迈向高质量发展的经济结构转变研究》	郭熙保
209	《中国社会福利理论与制度构建——以适度普惠社会福利制度为例》	彭华民
210	《提高教育系统廉政文化建设实效性和针对性研究》	罗国振
211	《毒品成瘾及其复吸行为——心理学的研究视角》	沈模卫
212	《英语世界的中国文学译介与研究》	曹顺庆
213	《建立公开规范的住房公积金制度研究》	王先柱

序号	书 名	首席专家
214	《现代归纳逻辑理论及其应用研究》	何向东
215	《时代变迁、技术扩散与教育变革：信息化教育的理论与实践探索》	杨 浩
216	《城镇化进程中新生代农民工职业教育与社会融合问题研究》	褚宏启 薛二勇
217	《我国先进制造业发展战略研究》	唐晓华
218	《融合与修正：跨文化交流的逻辑与认知研究》	鞠实儿
219	《中国新生代农民工收入状况与消费行为研究》	金晓彤
220	《高校少数民族应用型人才培养模式综合改革研究》	张学敏
221	《中国的立法体制研究》	陈 俊
222	《教师社会经济地位问题：现实与选择》	劳凯声
223	《中国现代职业教育质量保障体系研究》	赵志群
224	《欧洲农村城镇化进程及其借鉴意义》	刘景华
225	《国际金融危机后全球需求结构变化及其对中国的影响》	陈万灵
226	《创新法治人才培养机制》	杜承铭
227	《法治中国建设背景下警察权研究》	余凌云
228	《高校财务管理创新与财务风险防范机制研究》	徐明稚
229	《义务教育学校布局问题研究》	雷万鹏
230	《高校党员领导干部清正、党政领导班子清廉的长效机制研究》	汪 曦
231	《二十国集团与全球经济治理研究》	黄茂兴
232	《高校内部权力运行制约与监督体系研究》	张德祥
233	《职业教育办学模式改革研究》	石伟平
234	《职业教育现代学徒制理论研究与实践探索》	徐国庆
235	《全球化背景下国际秩序重构与中国国家安全战略研究》	张汉林
236	《进一步扩大服务业开放的模式和路径研究》	申明浩
237	《自然资源管理体制研究》	宋马林
238	《高考改革试点方案跟踪与评估研究》	钟秉林
239	《全面提高党的建设科学化水平》	齐卫平
240	《"绿色化"的重大意义及实现途径研究》	张俊飚
241	《利率市场化背景下的金融风险研究》	田利辉
242	《经济全球化背景下中国反垄断战略研究》	王先林

序号	书　名	首席专家
243	《中华文化的跨文化阐释与对外传播研究》	李庆本
244	《世界一流大学和一流学科评价体系与推进战略》	王战军
245	《新常态下中国经济运行机制的变革与中国宏观调控模式重构研究》	袁晓玲
246	《推进21世纪海上丝绸之路建设研究》	梁　颖
247	《现代大学治理结构中的纪律建设、德治礼序和权力配置协调机制研究》	周作宇
248	《渐进式延迟退休政策的社会经济效应研究》	席　恒
249	《经济发展新常态下我国货币政策体系建设研究》	潘　敏
250	《推动智库建设健康发展研究》	李　刚
251	《农业转移人口市民化转型：理论与中国经验》	潘泽泉
252	《电子商务发展趋势及对国内外贸易发展的影响机制研究》	孙宝文
253	《创新专业学位研究生培养模式研究》	贺克斌

……